中文社会科学引文索引（CSSCI）来源集刊

人文论丛

2019年

第2辑（总第32卷）

冯天瑜　主编

教育部人文社会科学重点研究基地
武汉大学中国传统文化研究中心　　主办

WUHAN UNIVERSITY PRESS
武汉大学出版社

KEY RESEARCH INSTITUTE IN UNIVERSITY

图书在版编目(CIP)数据

人文论丛.2019年.第2辑:总第32卷/教育部人文社会科学重点研究基地,武汉大学中国传统文化研究中心主办.—武汉:武汉大学出版社,2019.11

ISBN 978-7-307-21327-2

Ⅰ.人…　Ⅱ.①教…　②武…　Ⅲ.社会科学—2019—丛刊　Ⅳ.C55

中国版本图书馆 CIP 数据核字(2019)第 273926 号

责任编辑:李　程　　　责任校对:汪欣怡　　　版式设计:马　佳

出版发行:**武汉大学出版社**　　(430072　武昌　珞珈山)

(电子邮箱:cbs22@ whu.edu.cn 网址:www.wdp.com.cn)

印刷:湖北金海印务有限公司

开本:787×1092　1/16　　印张:25.5　　字数:618 千字　　插页:2

版次:2019 年 11 月第 1 版　　2019 年 11 月第 1 次印刷

ISBN 978-7-307-21327-2　　　　定价:89.00 元

《人文论丛》2019年第2辑（总第32卷）

学术顾问（以姓氏笔画为序）

卜松山　瓦格纳　艾　兰　池田知久

刘纲纪　朱　雷　杜维明　宗福邦

章开沅　谢和耐　裘锡圭

编委会成员（以姓氏笔画为序）

冯天瑜　刘礼堂　李维武　陈文新

陈　伟　陈　锋　吴根友　沈壮海

余来明　张建民　杨　华　杨逢彬

罗国祥　尚永亮　郭齐勇　储昭华

主　编　冯天瑜

副主编　郭齐勇　陈　锋　陈文新　杨　华

本卷执行主编　储昭华

本卷执行编辑　姚彬彬

本 卷 编 务　王　迪　李小花

目　　录

人文探寻

文史考证

经学·礼学

文学·诗学

人文探寻

☞ 编者按：2019 年 4 月 17 日，由武汉大学中国传统文化研究中心、武汉大学历史学院、武汉研究院"一个人一座城"制作组共同主办的珞珈中国传统文化论坛第 111 期之"文化名家四手联谈（一）：轴心时代中西文化比较"成功举行。本次活动由"世界文明阅读与行走"创办人陈浩武先生主持，由武汉大学人文社会科学资深教授冯天瑜先生、华中师范大学国学院院长唐翼明先生、武汉大学哲学学院教授赵林先生担纲主讲。本文系此次"联谈"的谈话记录整理稿，并由各位主讲者分别进行了订正修改。（整理者：姚彬彬、汪军民）①

轴心时代中西文化比较
——文化名家四手联谈

□ 唐翼明　冯天瑜　赵　林　陈浩武②

◎ 陈浩武：

　　今天我们荣幸邀请到冯天瑜先生、唐翼明先生、赵林先生三位著名人文学者，一起来探讨人类文明史上的"轴心时代"主题，因为是四个人，我们把今天的讨论称作"四手联谈"（借两人四手联弹钢琴以喻四人对谈），以轴心时代和轴心文明的话题为中心。本人陈浩武，也是武汉大学毕业的学生，当年读的是经济学系，今天回到母校非常高兴。

　　感谢武汉大学中国传统文化研究中心和历史学院，感谢杨华主任，为我们提供这么好的交流场所，也感谢杨俊女士的"一个人一座城"栏目组的策划。

　　德国有一个非常著名的学者叫雅斯贝尔斯，他提出了一个概念，叫"轴心时代"。所谓"轴心时代"，是指在公元前 8 世纪，到公元前 3 世纪左右，发生的一场非常重要的人类文明突破。这场文明突破发生在北纬 25 度到北纬 35 度之间的一个地理带上，同时发生在公元前 8 世纪到公元前 3 世纪这么一个时间轴心上。"轴心时代"或"轴心文明"概念的提出，在历史学上有非常重要的意义。不知道现在的学校里教科书还用不用所谓"四大文明古国"这个说法，我认为所谓四大文明古国这个说法并不科学，也不完全符合事实，而称为"轴心时代"则合理得多。所以我们今天的对话主要围绕轴心文明这个话题

---

　　① 录音文字处理工作由"中潮教育"的肖珍珍、彭琼、孔路路、王超、王沁、万亚西、匡琛等同志担任。

　　② 作者按齿德排序。

来展开。

我们开始谈第一个问题，就是什么叫"轴心文明"？什么叫"轴心时代"？我们怎么来界定这个概念？这个问题我想先请冯天瑜先生来讲一讲，欢迎冯天瑜老师。

◎ 冯天瑜：

人类诞生意味着文化的开始，经历蒙昧时代（旧石器时代，采集-渔猎经济）、野蛮时代（新石器时代，农业发明），再跨入文明门槛（以金属工具发明、文字发明和国家建立为标志），经千百年文明积淀，进入一个重要节点，这便是轴心时代。在公元前 8 世纪至公元前 2 世纪前后的几百年间，在东地中海沿岸、南亚次大陆、东亚大陆黄河长江流域，不约而同地涌现了几种原创性、高水平的"轴心文明"——希腊文明、希伯来文明、印度文明、中华文明。

"轴心时代"这一概念由卡尔·雅斯贝尔斯正式提出，他在《历史的起源与目标》一书中把公元前 600 年前后同时出现在中国、印度、希伯来、波斯、希腊等地区的人类文化突破现象称为"轴心时代"。当然，关于"历史的轴心"这一观念的提出，还要早得多，在雅斯贝尔斯之前约一个世纪，也就是在 19 世纪初由黑格尔所提出，他在《历史哲学》中说："上帝只有被认为是'三位一体'以后，才被认为是'精神'。这个新原则是一个枢纽，'世界历史'便在这枢纽上旋转。'历史'向这里来，又从这里出发。"黑格尔将基督教和《圣经》的产生视为"历史的轴心"，认为历史都是向着一个目标走的，这个目标就是记录上帝之子，这显然是立足于基督教世界的"西方中心论"的产物。

其实，中国人也有与之类似的提法，在黑格尔之前两千多年，公元前 6 世纪的孔子，他有一个很著名的，对于中国的文明史的过程的一个概括："周监于二代，郁郁乎文哉，吾从周。"意思是说，周代的文明已经非常繁盛，这是因为它借鉴学习和继承了夏、商文化，在此基础上，形成了一个"郁乎文哉"的，非常发达、非常繁荣的文明。显然，"监于二代"的周王朝就是孔子心目中的"轴心时代"。

实际上，雅斯贝尔斯对"轴心时代"的阐述，其贡献在于完整性和系统性。我很赞成陈先生前面所说，"四大文明古国"的说法虽然有一定的道理，但并不十分确切。除了中国、印度、埃及、巴比伦以外，还有好几个至少比中国还要古老的国家（比如波斯），因此这一说法并不十分妥当。比较而言，"轴心文明"之说更深刻、更有涵盖力一些。

从轴心文明产生的时间和空间上看，包含有非常丰富的内涵。在时间上，即雅斯贝尔斯强调的公元前 8 世纪到公元前 2 世纪这段时间，尤其是公元前 6 世纪到公元前 2 世纪之间。就空间而言，轴心文明产生在被称作人类文明发生线的北纬 30 度左右，在亚欧大陆这个宽阔的胸膛上发生。自西徂东，乃至于南亚次大陆和中国的长江和黄河流域。在这一时段，这些地区的文明基本上都是独立发展起来的，我们的中国文化尤为典型，基本上没有受到域外文化诸如希腊文化和印度文化的影响。——各大文化圈彼此都是独自、而且几乎是同时达到了很高水准的文明程度，深刻影响后世至今。

就精神文明而论，从西方文化的两大源头，即希腊与希伯来来看，东地中海出现了希腊的群哲，如苏格拉底、柏拉图、亚里士多德等。希伯来的那些宗教的祭司和先知们，也有重要的思想创造。在印度半岛，出现了一系列对人类的思想发生了深刻影响的元典，如《奥义书》乃至佛教的佛经，他们对于宇宙的博大乃至其构造的分析十分精致，比如佛教提出了"三千大千世界"的假说，这用现在的天文学的知识看，也是十分充分和深刻的，他们认识到宇宙浩瀚无垠，我们生活的这个世界，不过是当中一个小小的尘埃。

在中国，老子、孔子、墨子、孟子、庄子等哲人也是在一个相近的时间段内出现的，构成中国文化的"诸子时代"，成就辉煌，光被后世。——有人说，整个西方的哲学史或思想史，不过是柏拉图的注脚，就此而论，我们中国的思想也是对《周易》和诸子思想的一个注脚。当然"注脚"绝不指的是重复，而是围绕着"轴心"的螺旋式上升运行，因此称"轴心文明"。

◎ **陈浩武：**

冯先生对"轴心时代"做了一个全面的讲解，非常精彩。下面请唐翼明先生来谈一下，谢谢！

◎ **唐翼明：**

"轴心时代""轴心文明"虽然是西方学者提出来的概念，现在基本上已经成为人文学者的共识，是我们研究人类文明史的时候一定会接触到的。"轴心时代"这个概念，由雅斯贝尔斯在黑格尔的基础上加以重新诠释之后，有一个大的进步，就是在很大程度上纠正了黑格尔的西方霸权主义思想。因为在黑格尔看来，世界是绕着耶稣在转，耶稣的诞生就是轴心，雅斯贝尔斯至少照顾到希腊、印度、中国这几个文明。认为这几个文明在同一个时代，出现了很大的飞跃。虽然雅斯贝尔斯也是德国人，也是西方哲学家，但视野显然比黑格尔更宽广、更值得欣赏。

我们人类从那以后到现在2000余年，基本上没有脱离"轴心时代"的笼罩。有人说过，整部西方哲学史就是在给柏拉图作注释。其实中国的传统思想，中国的整个文明体系，何尝又不是给先秦诸子作注释，尤其是给孔子作注释。所以"轴心文明"的理论也适合用来观照中国文明史。但是这个理论还有一些不足之处，包括它的定义以及时限。"轴心时代"的时限，我看到的至少有三种说法，一个是公元前1000年，即第一个千禧年。第二种说法是公元前800年到公元后200年，这样也是1000年。还有一种说法是公元前600年到公元后100年，共700年。这其实不奇怪，因为"轴心文明"本身就是一个模糊概念，历史这个东西是很难一刀切的，有时候一个模糊的概念反而比精确的概念更有用。比方说我们去人群中找一个同学，你告诉他，说要找一个大概1米7左右、比较清秀的男生，他可以找得到。你明确告诉他要找一个1米73，体重61公斤的男生，他可能反而找不到了。所以概念有时候模糊一点是必要的。但定义的不确定同时也就证明这个问题是需要进一步认识和探讨的。我们中国的"轴心文明"时代，我看比较合适的提法，应该是从西周初年即周公的那个年代（大约公元前1000年）开始，一直到秦朝的建立（大约公元前200年）。把这一段约800年的时间称为中国的"轴心时代"，我认为是比较合适的。

◎ **冯天瑜：**

我有一个很初步的想法，即夏商，或者从商的前期开始至周朝建立，可看作中国的"前轴心时代"，是"轴心时代"的准备阶段。从周初的周公制礼作乐，下迄战国，秦朝建立结束封建，进入大一统的专制帝制时代，这个历史阶段是我们中国的"轴心时代"。

◎ **陈浩武：**

好，下面我们欢迎赵林教授。

◎ **赵林：**

刚才冯先生、唐先生也谈到了一些基本概念问题，我就不再进一步论述了，但是我觉得这里边关于时间的概念，可能东西方确实是不一样的，它不可能是一次性形成的。雅斯贝尔斯也特别谈到了，"轴心时代"主要是针对当时三个主要文明而言的，一个是中国，一个是印度，一个是西方，这些文明在彼此隔绝的情况下都发生了非常重要的文化变革过程。那么我现在想谈的就是这个时间节点问题。

雅斯贝尔斯是个哲学家，而不是历史学家。雅斯贝尔斯在谈到"轴心时代"的时候，他更多是从观念思想、也就是观念史的角度来谈的。所以他谈的主要是"轴心时代"在人类这三个不同的地区，不约而同地都发生了一些重大的思想的或精神的变革。而这些精神变革的结果，一直到今天，仍然深深地影响着人类不同文明共同体的历史命运。比如说西方文明从"两希"传统的融合、更新，最后导致了基督教的产生，基督教一直到今天仍然是西方人安身立命的根本。那么同样在中国，经历了从商周一直到秦汉这段时间的变化，最后生成了以儒家伦理为主体的文化观念和价值体系，基本上成为中国人2000年来安身立命的根本。在大体相当的时间里，在印度，从婆罗门教、佛教一直到印度教，历经变革，形成了一脉相承的宗教信仰，一直到今天，印度教仍然是绝大多数印度人信仰的宗教。所以就此而言，"轴心时代"最重要的意义就在于通过一系列重要的思想变革，产生了对后来2000多年来一直具有巨大影响的一些价值体系和信仰形态。这就是雅斯贝尔斯所谈的问题。但是由于雅斯贝尔斯毕竟是一个从事哲学研究的人，他的很多观点是比较形而上的，基本上是从思想逻辑中推论出来的。当然他也大体上考察了人类不同的这些文明地区，表述了大体上发生的历史情况，但是我始终认为他的观点有两个比较薄弱的环节。

近年来，我一直对西方文明尤其是基督教文明的发生过程比较感兴趣，同时也参照了中国文化在商周至秦汉之际所发生的一些重大变化。我觉得雅斯贝尔斯的第一个薄弱环节就是，他并没有从历史学角度来说明中国、印度和西方在"轴心时代"各自具体发生了怎样的文化变革，而只是从哲学角度论述了这个时代的重要精神革命所导致的文化结果，即导致了基督教、佛教-印度教以及中国儒家伦理这样一些思想体系的出现。但是问题恰恰在于，这些过程是怎么变化的、怎么发展的？这可能应该是历史学研究的问题，因为这些问题肯定不能从思辨的概念里面直接推论出来，而必须要深入地进行历史研究。比如说，西方文明是如何从希伯来的犹太教传统和希腊的哲学理论孕育出基督教的？基督教最初是如何从西亚传到西方，传到希腊罗马世界，然后怎么样一方面实现了希腊罗马的基督教化，另一方面又实现了更加深刻的基督教的希腊罗马化？这两个方面的关系，就像我们今天所面临的"中国的马克思主义化"与"马克思主义的中国化"的问题一样，是极其复杂的。这些问题是需要做一些具体的历史研究的，我觉得雅斯贝尔斯在这方面是比较欠缺的，所以我说这是一个薄弱环节。

第二个薄弱环节，或者说是一个难以解决的大问题，那就是为什么会出现"轴心时代"？这是一个大问题。因为我们知道在"轴心时代"来临之前，在旧大陆已经有了一些古老的文明形态，如两河流域文明、尼罗河流域文明、印度哈拉巴文明、中国黄河流域文明以及西方的爱琴海文明。从文明的发生来说，在距今 5000—4000 年前，就已经出现了最早的文明形态。从地理上看，旧大陆的几个早期文明都分布在一个狭长的纬度带上，大体上都在北回归线到北纬 35 度之间。文明的发生往往是依傍一条或两条大河，以农耕作为主要的生产方式，在游牧地区是不可能产生文明的。在文化上，早期文明地区的人们都崇拜大地和母神，具有很强的生殖崇拜和母权主义的特点，与后来的文明崇拜天空、崇拜男神不一样。

我们知道希腊文明是西方最早的文明形态，但是在我们所熟悉的希腊城邦文明之前，还曾经有过一个更加古老的爱琴文明，即克里特-迈锡尼文明。这几年我去了七次克里特岛，目的就是为了考察爱琴文明。克里特文明与后来的希腊城邦文明差别非常大，它更接近于埃及和西亚文明。在东方，中国的夏商周三代文明也与秦汉以后的中国文明差别很大，"尊神事鬼"的色彩较为浓郁。在印度，婆罗门教建立以前，曾经有一个哈拉帕文明，是由一些身材矮小的印度土著达罗毗荼人所创建，他们后来被来自西北方的雅利安语入侵者所征服，沦为社会底层。公元前 14 世纪前后，操持原始雅利安语的入侵者征服了印度河流域，开始建立了婆罗门教和种姓制度。同样，两河流域从最早的苏美尔文明，历经变化，一直到新巴比伦，最后被来自北方的波斯人所征服，开启了波斯帝国的历史。与上述的文明变更相应，地中海南岸的古埃及文明也经历了一些历史变迁。人类最早发生的这五个文明一字排开，其中四个都是依傍一条或者两条大河为生，只有爱琴海文明是海洋文明，大家只要看看地图就可以知道。

我最近在讲古希腊文明的时候，专门讲过一个观点，我认为旧大陆的这五个早期文明，由于地理环境的缘故，分别形成了两个中心。一个中心就是东亚的中国，由于崇山峻岭的阻隔，中国自古以来就与葱岭（即帕米尔高原）以西的世界基本上没有什么交往，处于比较闭塞的状态中，成为一个相对独立的中心。还有一个中心就是东地中海中心，包括三个文明在内，即西亚文明、埃及文明和希腊文明。大家看看地图就知道了，从两河流域到腓尼基，就是今天的叙利亚这一带，这是西亚文明；然后是埃及文明，埃及文明主要是在尼罗河中下游地区；再然后就是爱琴海文明。这三个文明都处于东地中海世界，它们之间相对来说比较容易交往，因为跨越海洋要比翻越高山大川容易得多，而且东地中海的航海环境比较便利。所以早在有史记载之前，这三个文明地区的人们彼此之间就多有交流和渗透。考察"轴心时代"来临之前这五个文明的基本状况，以及它们与北方蛮荒世界之间的动态关系，恐怕就是雅斯贝尔斯理论要面临的最大问题。这个问题太大了，乃至于至今还没有人可以解决。

为什么这五个古老的文明在大体相同的时间里会不约而同地出现"轴心时代"的文化变革？这些不同文明地区的人们，在彼此没有交往的情况下，尤其是东边、西边和中间印度这三块地方基本上没什么文化交流的情况下，会不约而同地产生一批伟大的人物？例如西方出现了毕达哥拉斯、苏格拉底、柏拉图、亚里士多德，当然还包括希伯来人中间出现的以赛亚、以西结等先知；在中国出现了老子、孔子、墨子、孟子、庄子、荀子等等这样一批伟大的诸子百家；在印度出现了释迦牟尼、筏驮摩那这样一些重要的宗教创教者。他们所处的时代都差不多，他们为什么会在彼此隔绝的情况下几乎同时出现呢？

这个问题长期以来让我百思不得其解，而且更要命的是关于这个问题几乎没有什么文字资料可以借鉴。但我倒是得到过一个启发，我本人虽然现在在哲学系任教，但是我曾经学了七年历史，应该还具备一些历史学根基。我当时在读大学本科和研究生的时候，深受世界史大师吴于廑先生的一个思想的影响，那就是关于游牧民族和农耕世界的冲突及其融合的理论。

这个问题后来没有人接着进行研究，非常可惜，我觉得几乎成了绝学。当然，吴于廑先生当年也意识到这个问题很难找到资料支持，他谈到了三次游牧民族对农耕世界的大冲击，其中尤其以第一次最为重要，那就是操持原始雅利安语的游牧民族对爱琴海文明、对西亚文明乃至于对印度河流域文明这三大文明的冲击。这次大冲击涉及三个古老文明，但是它并没有越过帕米尔高原，没有影响到中国，也没有影响到地中海南岸的埃及文明。这次大冲击造成了深远的历史后果，我们发现所有受到第一次游牧民族大冲击的地区，都不约而同地在这次大冲击的尘埃落定以后，发生了重要的精神文化变革。

所以我们只能从这个结果来看，但是这一点并没有资料可以证实。我们发现，大家今天所有比较熟悉的那些民族概念，都是第一次游牧民族对农耕世界大冲击以后的结果。比如说希腊半岛出现了阿卡亚人、多利亚人等，都是第一次大冲击的结果。在意大利的各种族群，包括伊特鲁里亚人、翁布利亚人、伊里利亚人等，还有偏北一点的高卢人，他们应该都属于广义的凯尔特人这个大族类。在欧洲最西部的地方，比如早先的爱尔兰人、英格兰的威尔士人，苏格兰的皮克特人，法国的布列塔尼人、西班牙西部的人群等，基本上都与凯尔特人有关系。他们都是在游牧民族对农耕世界第一次大冲击的过程中从东方来到西欧定居的，后来又在游牧民族对农耕世界的第二次大冲击的时候，被日耳曼入侵者赶到了欧洲的最西部。例如公元后5世纪，日耳曼人越过英吉利海峡来到不列颠，这就是盎格鲁-撒克逊人，他们是比凯尔特人更晚来的一些族群，而凯尔特人则被赶到了不列颠的最西部。此外，还有进入伊朗高原的赫梯人、喀西特人、胡里特人，以及米底人、波斯人，等等，这些族群都是在游牧民族对农耕世界第一次大冲击时进入文明地区的。

这些操持原始雅利安语的游牧民族来到欧洲和伊朗高原定居之后，就逐渐与当地文明世界的农耕民族相融合，最后促进了这些古老文明的"轴心时代"的来临。同样，我刚才讲到有一支操持原始雅利安语的游牧民族向东南方向进入了印度河流域。这些人身材比较高大，皮肤比较白皙，他们征服了当地的那些身材矮小、肤色黝黑的达罗毗荼人，把这些建立哈拉巴文明的印度土著蔑称为"达萨"，"达萨"在雅利安语里就是没有鼻子的意思。可见这些征服者的鼻子比较高，所以他们把当地的土著叫做"没有鼻子的人"。由此可见，征服者和被征服者的身体形态完全不一样。但是这些肤色较白的征服者来到印度河流域之后，在后来长期的居住过程中，由于纬度辐射的原因，他们的肤色也开始发生变化，这是获得性遗传的结果。所以今天我们看到印度上流社会的人，他们出身于印度的高级种姓，如婆罗门、刹帝利等，他们的相貌仍然非常像欧洲人，只不过肤色比较黑了。而那些被征服的达罗毗荼人的社会地位却非常低下，他们主要生活在印度的南部地区，很多人都是传统的"贱民"后裔。所以，在游牧民族对农耕世界的第一次大冲击中，操持原始雅利安语的征服者分别向西南、正南和东南三个方向冲入到农耕的文明地区，摧毁了人类的第一代文明（爱琴文明、两河流域文明和印度哈拉巴文明），形成了创建第二代文明的希腊人、罗马人、米底人、波斯人、印度人，以及文明边缘地带的凯尔特人，后来的

"轴心时代"就是在这些第二代文明的历史背景下发生的。

当然，我们中国没有受到操持原始雅利安语的游牧民族的冲击，但是中国也在大体相当的时间里遭受了一直操持蒙古利亚语的游牧民族的冲击。从最早的《商书》《周书》里面所讲的鬼方、獯鬻、猃狁，还有杀死周幽王的犬戎，一直到春秋战国时期形成的匈奴。这些夷狄族对华夏族的冲击，实际上就是游牧民族对农耕世界第一次大冲击在帕米尔高原以东的中国文明地区的表现，它同样也造成了一个文化大融合，导致了中国第二代文明形态、即秦汉帝国的产生，并且使中国文明与西方文明、印度文明一样，经历了"轴心时代"的文化变革。

只有一个唯一的例外，它在大体相同的时间里没有遭受到来自北方的游牧民族的大入侵，这就是古代埃及文明。埃及由于地中海的阻隔，它地处地中海南岸，因此在游牧民族对农耕世界的第一次大冲击中幸免于难，埃及因此而成为人类文明史上的"纯系种"，保持了其文化的纯洁性。古埃及文明虽然也曾在公元前1600年前后遭受了一次短暂的喜克索斯人的入侵，但是喜克索斯人并不是从北方来的，他们属于与埃及人具有文化同源性的闪米特-含米特文化类型，而且这些入侵者很快就被赶走了，埃及文明又重新回到了"纯洁"状态。看起来埃及当时是非常幸运的，但是从文化发展更新的角度来说，我觉得埃及的幸运恰恰也就是它的不幸。大家知道，生物学上的"纯系种"是没有生命力的，不经过不同品种的杂交，生命是不可能长期延续和发展的。古代埃及文明就是由于过分"纯洁"，所以它的文化生命力很快就开始衰竭了，逐渐蜕化为文明的"化石"。当经历了文化杂交的其他文明地区产生了第二代文明形态之后，埃及很快就成为这些新兴文明的俎上肉和盘中餐——它首先被波斯帝国的冈比西斯所征服，后来被希腊的亚历山大帝国所征服，然后又被罗马帝国所征服。到了公元7世纪以后，埃及地区又被信奉伊斯兰教的阿拉伯人所征服，乃至于在一千多年的时间里完全被纳入到伊斯兰教文明中。时至今日，埃及人以及广义的北非民族（包括利比亚人、阿尔及利亚、突尼斯人等）都已经成为新阿拉伯人，完全被融入到阿拉伯伊斯兰教文明中。

我觉得，埃及今天就像它的典型文化象征一样，成为一个保持着古代文明木乃伊的历史金字塔，一个文明的"化石"而已。所以五个文明到了这个时候就只剩下四个了，而且其中有三个文明都遭受了操持原始雅利安语的游牧民族的大冲击，这些地区后来都产生了第二代文明形态，发生了"轴心时代"的文化大变革，产生了一些高级宗教，如基督教、琐罗亚斯德教和佛教-印度教等，形成了后来的基督教文明体系和佛教-印度教文明体系。在西亚地区，到了更晚一些时候，随着波斯文明的衰落和阿拉伯帝国的崛起，又出现了一个更新的高级宗教——伊斯兰教，取代了琐罗亚斯德教的主流地位，最后形成了伊斯兰教文明体系。在中国，虽然未曾遭到操持原始雅利安语的游牧民族的冲击，但是同样也受到了来自北方的游牧民族的大入侵，造成了文化杂交的历史结果，产生了第二代文明形态，并且经过"轴心时代"即商周秦汉之际的文化大变革，形成了独具特色的儒家文明体系。一直到今天，人类社会仍然可以大体上划分为四大文明体系，即西方基督教文明、中东伊斯兰教文明、南亚印度教文明和东亚儒家文明。这四大文明体系都是以某种高级宗教-伦理价值系统作为文化根基和精神纽带的。旧大陆文明基本上如此，深受旧大陆文明影响的其他地区也是如此。例如北美、澳洲和南美地区基本上都属于西方基督教文明，撒哈拉大沙漠以南的非洲地区正处于伊斯兰教文明和基督教文明的争夺之中。由此可见，一直延续到今天的四大文明体系都是在"轴心时代"开始孕育，在后来的历史境遇中逐渐成型的。而"轴心时代"的出现，又似乎可以从游牧世界对农耕世界的第一次大入侵以及随后而至的文化大融合中寻找根据，虽然在这方面目前还找不到充分的资料，但是我们至少可以做这样一种推测。这就是关于"轴心时代"之所以产生的一种理论解释。

◎ 陈浩武：

所谓轴心时代，有一个非常重要的特征，就是在原有文明上的突破。正如古希腊的轴心文明是对荷马诸神世界的突破。古犹太文明是对《旧约》和摩西传统的突破，古印度文明是对《吠陀》传统的突破，而在中国，则是对三代礼乐传统的突破。所以文明突破是轴心时代一个重要的特点。刚才赵林教授讲到埃及，埃及我们称为"绝嗣文明"，为什么叫"绝嗣"？就是因为它没有在轴心时代实现突破，所以埃及人今天变成了阿拉伯人。世界上曾经有过多种文明，有人说达到几十上百种，其他的都慢慢地灭亡了，唯独这四种文明，即古犹太文明、古希腊文明、古印度文明和古中华文明，他们在轴心时代实现了自己的突破，所以他们一直保存下来，而且对今天人类社会，对今天的历史都还在产生着深刻的影响。

下面我们进入到第二个题目的讨论，也就是讨论一下轴心文明产生的历史条件，为什么会在那个时代出现轴心文明？刚才三位学者都说到一个问题，就是孔子、释迦牟尼、苏格拉底出生的年代，竟然非常的接近，他们之间彼此没有关联，为什么突然就出现了这么多伟大的人物呢？我们首先还是请冯天瑜教授谈一下。

◎ 冯天瑜：

赵林等几位先生提到的问题，非常复杂难解。关于吴于廑先生对世界文明的发展的基本看法，在古代社会，他认为因游牧和农耕这两种不同生产方式影响了社会发展乃至世界格局变化；近代则表现为重农和重商。轴心文明的形成，为什么在当时那个时候出现？虽然跟游牧民族的冲击所造成的农耕文明和游牧文明之间的冲突和融会有一定关系，也同时具有其他多元因素。正如中国轴心文明的产生，就未必与游牧文化的冲击直接相关。——所谓华夏夷狄之争，在更古老的先民中早已出现。但在中国的"轴心时代"也就是春秋战国时，诸子百家虽然经常议论到这个问题，却并不具有核心重要性。上溯夏商周三代文化，恐怕也都不能说是主要受到了游牧文明的冲击所产生的，虽然确实存在相关因素的影响。

在公元前 8 世纪到公元前 2 世纪，不同文化圈的"轴心文明"何以在北半球的 30 度上下同时产生。雅斯贝尔斯确实没有真正解决这个问题，正如刚才赵林教授所说，因为他是哲学家或者是哲学史家，不太可能从历史学的角度做出比较完整深入的探讨。我们作为历史学工作者，倒是不妨进一步做一点探讨，我简单概括了六点：

第一点，高级农业的出现。农业文明在我们这个星球上的发展，迄今至少有 1 万多年了，在轴心时代前后，正值农业革命完成，这个非常重要，因为在农业、畜牧业产生之前，人类直接依赖天然物生活，处在采集经济和渔猎经济阶段，包括畜牧业在内的农业文明发达以后，则把那些植物或动物进行了人工改造，成为农作物和被人所掌控的牲畜，所以农业革命使得人类的历史大幅度地向前跨进了一步。需要注意，游牧文明也是农业文明的一个分支，因为他们养马也好，养牛也好，也还是属于畜牧业，不过由于他们生活无定，故而迁徙无定，长期的战争冲突，也导致他们的生活方式的破坏性很强，所以游牧文化中恐怕注定产生不了高水平的轴心文明。——游牧民族中可以产生像成吉思汗这样的一代天骄，征服半个地球，却未必能产生伟大的思想家。所以，只有在种植业为主的狭义农业下，人民拥有比较稳定的生活状态，文明才能够稳定发展，从而进入到轴心时代。——人类的几大早期文明，开始广泛使用青铜器或铁器等硬度大、延展性强的金属工具，人类征服自然的能力显著提高。由于生产力都较早达到比较高的水平，在经济生活上完成了农业、手工业的分工，以及体力劳动和脑力劳动的分工，等到这些分工达到比较精密和高水准的时候，轴心时代出现的条件就产生了。

第二点，高水平城市的出现。公元前6世纪前后的几百年，北半球这一带高水平城市的出现，与农业革命的完成直接相关。随着生产水平的提高和交换的发展，导致手工业与农业的分工和城乡的分离。各种不同性质的城市（军事堡垒、政治中心、工商业中心，或兼具几者）在东地中海沿岸、南亚次大陆、东亚大陆竞相出现，如中国在战国时，仅韩国便"有城市之邑七十"（《战国策·赵策一》）。中国的"国"其本义就是城市，到了轴心时代，城市不仅仅是军事中心、政治中心，也已经发展成了文化中心。这就是轴心时代、轴心文明产生的一个重要的，不可或缺的一个要素。在这个阶段，城市发展到比较高的水平，比如希腊的雅典，当时的政治家伯里克利把雅典称为"希腊的学校"，也是巨大的图书馆，亚里士多德、希罗多德他们都曾长期居于此，是希腊诸哲生息之所。中国当时齐国的首都临淄，因"稷下学宫"而形成千古闻名的文化中心，淳于髡、孟轲、邹衍、彭蒙、田骈、接子、慎到、宋钘、尹文、环渊、鲁仲连、荀况曾讲学论道于此，人称"稷下先生"。其他如鲁都曲阜、魏都大梁、楚都郢、赵都邯郸、秦都雍城等，也是政治、经济、军事重镇兼文化中心，是哲人聚会、文学游说之士论辩的所在。——此外，希伯来的耶路撒冷是希伯来先知们的聚集地，《圣经》即修订于此。印度的华氏城是由阿育王组织的佛经第三次结集之处。总之，城邦作为文明的集结中心，构成智者荟萃、典籍撰写与传播的处所。为轴心文明的产生提供了一个重要的条件。

第三点，国家制度初步成熟。与城市的日渐发达紧密相联，轴心时代前后各大文明圈中的国家典章制度也应运而生，这也是轴心时代政治环境特色所在。当时已进入社会等级截然有别的阶段，国家典章制度初具规模。印度的种姓制度日益琐细苛严，以孔雀王朝为高峰的古代国家体系在此间形成；希腊的城邦国家崛起，寡头政治（以斯巴达为代表）与民主政治（以雅典为代表）在此间并存；中国的宗法封建制度以及君主政治，在这一时段基本成型。这些国家体制对于文明的发展起了很重要的作用。同时，前国家的原始民主记忆仍然鲜活，这二者的互动关系，是轴心时代政治环境特色所在。

第四点，专业文化人的诞生。轴心时代的一大进步，是专司文化事务的人群及其创制的记载文化事迹的文籍出现，与此同时，文化传播获得较便捷的手段。

首先，由于剩余产品的日益丰富，脑力劳动与体力劳动的分离进一步明显，专职文化人脱颖而出。希伯来祭司，印度婆罗门和佛教僧侣，希腊哲人和剧作家，中国聚徒讲学、著书立说的"诸子"，便是这种以宗教活动、艺术创造或教育后生、整理典籍为职志的专业文化人。他们摆脱沉重的体力劳动的压力，从求生负担下得到解放，以"劳心"为务，专心致志，从事精神性创造、理性思考、历史反思、哲学玄想、艺术创造成为这部分人的特长和职业。

其次，民族文字及修辞方式基本成熟，印度的梵文、巴利文，希伯来和希腊的拼音文字，中国的汉字及文言文，都在这一时段定型。而且，其时各民族也都有了载籍材料，如纸草、牛羊皮、竹简、帛等。总之，著书立说的主观条件（学者的知识积累与思维能力）和客观手段（文字、书写材料）大体齐备，学者们这时不仅产生了思想学说，而且"恐后世子孙不能知也，故书之竹帛"（《墨子·明鬼下》）。人类第一批系统的典籍具备了诞生的条件。

第五点，文化传播的日益发达。随着车辆、舟楫等交通工具的广泛使用，以及商业活动和战争的进行，人们逐渐走出狭窄的天地，各区间人群交往增多，文化传播的规模日盛，孤立、静态的生活格局被打破，异质文化相互碰撞、彼此融会，波澜壮阔，蔚为大观。如中国有南北之学（老庄与孔孟）的交会，有农耕文明与游牧文明的互摄（"赵武灵王胡服骑射"为典型事例）；希伯来则躬逢巴比伦、埃及、波斯、亚述、迦南文化的聚会；印度处在本土哈拉巴文化与外来雅利安文化的碰撞，以及吠陀与反吠陀的论争之中；对于希腊文化，就像赵林教授说的，兼收埃及、巴比伦、波斯、亚述、腓尼基文化的恩泽，直接承接了埃及文化，又接续了腓尼基文化，腓尼基的拼音字母，就是被克里特岛乃至被整个爱琴海文明的改造发展出来的，从而有后来的拉丁字母，整个西方语言系统都是这一路过来。另外，柏拉图的《理想国》也不是他一个人的空想，埃及的国家体制给他提供了很多素材。——多种因素的冲突、交织与渗透，提供了文化选择、文化重组的机会，有可能形成"杂交优势"。所以文化传播、文化的交流碰撞，在这个阶段由于生产力的发展和交流手段的逐渐具备，构成这个时候产生轴心文明的一个重要原因。

第六点，自由思想充分发展。轴心时代是一个独断论尚未确立的时代，之前被神所支配人们的思想得到很大程度的解放，自由思索得到鼓励，起码没有被严厉禁止。如印度在释迦牟尼出现前后，唯物论、怀疑论、感觉论、诡辩论、虚无论等思想流派竞相涌现，许多城邦国家的统治者对哲学论争颇感兴趣，从不迫害文人学士；希腊古典时期，众哲人纷纷创立学说，群贤毕至，相与论难，而希腊诸城邦提供了这种宽松活泼的学术环境；中国的春秋战国时期，当时还没有形成专制一统的政治体制，也没有形成一家独大的思想霸权，这个时候各种思想都在发展，且与诸侯们竞相变法相关联，"求士"之风大盛，所谓"道术将为天下裂"（《庄子·天下》），诸子之学"各引一端，崇其所善，以此驰说，取合诸侯。其言虽殊，譬犹水火"（《汉书·艺文志》），儒、墨、道、法等学派蜂起，成一空前绝后的百家争鸣局面。这轴心文明产生的一个千载难逢的机会。

此外，当时的统治者都没有以哲学王自居，而是热心于向这些士人学习。孟子到列国去周游，梁惠王见了孟子就说："老夫子你不远千里来了，你何以教我。"然后孟子侃侃而谈，完全把梁惠王当为小学生来进行教育，梁惠王居然也洗耳恭听。他说："你主张要行王道，我这人有毛病就是好货，我喜欢别人的财产。"孟子说："你好货可以，但是你不要让天下的老百姓没饭吃，如果天下老百姓都没饭吃，你的货也保不住了。所以你要行王道。"然后梁惠王就说："我还有毛病，我好色，后宫佳丽很多。"你看孟子多会说话，他不是批评梁惠王好货和好色，他说："你好色可以，但是如果因为你好色，天下的老百姓都成了鳏夫。这个时候，你后宫的佳丽就要保不住。所以要行王道，行仁政。"在这个时期，有学识的人是真正的王者之师，王者也愿意听，这也是能产生出高水平的自由发展的思想的必要条件。

着眼于后世，情况则不同了，唐宋时期很多大文人都当想帝王之师，想"得君行道"，但实际上根本无法实现。清代更是如此，像纪晓岚这么大学问的人，在乾隆皇帝面前一谈政治，马上就被呵斥，说你不过就是一个文学侍从而已。但在春秋战国时期的轴心时代，确实有这个条件。正是在这种思想相对自由、学术空气比较活跃的条件下，几大古文明才有可能进行独立的、富于创造性的精神劳作，在继承性的创新过程中产生了轴心文明。

◎ 陈浩武：

今天赵林教授和冯天瑜教授其实是在完善雅斯贝尔斯的问题。因为轴心文明产生的原因，雅斯贝尔斯并没有清晰的回答，赵林教授提出了这个观点，也是吴于廑教授的观点，就是游牧民族对农耕文明的大冲击导致了轴心时代的发生。冯老师则从历史的多维视角阐述了六个方面，我们如果把这些东西整理出来，应该是很有贡献的。

下面我们进入第三个话题：中西轴心文明的差异。

为什么讨论这个问题？我补充一个情节：前些天我跟冯天瑜教授通电话，我说，我们将于4月28号组织一个去美国的"五月花号之旅"，今年是"五月花号"的四百周年，1620年一帮清教徒坐着"五月花号"到了美国，这些人的思想对于美国后来的建国产生了非常重要的影响。电话中冯老师给我提了一个问题："假如当时'五月花号'坐的是一些中国人，会是什么情况？"

我觉得这个问题太有趣，也太深刻了。"五月花号"的这些清教徒，他们在上岸之前就立了一个契约，叫"五月花号公约"，体现的是一种"公约"精神，一种自治精神。这种自治精神的源头是什么？为什么民众会有这种自治的精神？而在中国，我们现在的国民非常缺乏这种精神。由此我们想到，中西方文明的差异，其实在轴心时代就形成了。正是由于轴心时代文明的差异，中西方文明才走出不同的路径。

下面我们请赵林教授和唐翼明教授，请他们分别来讲讲东方和西方，也就是轴心时代生长出的这两种文化，它们有哪些差异？最后再请冯老师来总结。

◎ 唐翼明：

我觉得应该由赵林老师先讲。因为轴心文明这个概念是西方先提出来的。我们接受了这个概念，我们中国人是在西方人提出的理论的语境中来看中国的轴心突破，所以我觉得他先讲比较合适。

◎ 赵林：

首先我想接着浩武先生的话来说"五月花号"，因为这是我的研究方向之一。实际上"五月花号公约"更为重要，它是一个"约"。这个"约"的概念在西方是非常重要的，从犹太教的"旧约"到后来基督教的"新约"，强调的都是"约"，即人与神之间的契约，它构成了人与人之间的契约的根基。我觉得这个问题涉及"轴心时代"文化变革的重要内涵，西方文明在这里有一个非常重要的突破。

我先简单地对照一下中国的情况，我们中国从商周的时候开始，从商人的"尊神事鬼"和周人的"尊礼敬德",然后再到先秦诸子百家,特别是孔孟的仁义礼智内化于心,经历了一个不断向内敛聚的过程。

周朝建立以后,建立在血缘宗亲关系之上的宗法礼仪开始取代商人的鬼神崇拜。因为周和商不是源于同一个地区的,一个来自东边,一个来自西边,他们的文化传统不一样。所以周代商祀之后,在宗法制度的基础上逐渐把"德""礼"的思想提出来,而不再是对鬼神的单纯崇拜。当然鬼神也还有,但是它已经不是最重要的了,最重要的是建立在宗法血缘关系之上的礼乐规范,实际上开始以人和人的关系来取代人和鬼神的关系。也就是说,在重要性上,鬼神虽然还是有的,但是已经无关紧要了。

到了孔孟时代,更是敬鬼神而远之,鬼神被淡化了,更多地强调人和人的伦理关系。正是由于这样一个变化,从商周之际的"尊神事鬼"到"尊礼敬德",然后再到春秋战国时期儒家先贤把外在的礼法制度内化于人心,逐渐形成了一套自觉的伦理意识。

所以中国人从此以后只注重一个维度,即人伦的维度,这个维度落实在六合之内,人们关注的无非就是君臣、父子、兄弟、夫妻、朋友这些伦理关系。所以,中国后来的儒家知识分子以及整个社会制度都执着于这五伦之中。

从这个意义上来说,与西方基督教文明注重人与神的关系不同,中国儒家文明只注重人与人的关系,其中最重要的是父子关系和君臣关系。从父子推出君臣,从兄弟推出朋友,此外还有夫妻,都是建立在血缘宗亲的基础上。所以中国儒家知识分子基本上不关注现实世界之外的东西,所谓"六合之外,圣人存而不论",所谓"未知生焉知死""未能事人焉能事鬼",等等。这种现实维度的好处在于使中国人不追求那些虚无缥缈的东西,中国儒家知识分子非常清醒,始终关注现实,关注内在的道德修为和外在的经世致用。人生在世追求立德、立言、立功三不朽,追求建功立业,成己成物、内圣外王,这是中国社会精英即儒家知识分子关注的主要问题。

与此相对,西方文明在"轴心时代"发生的最重要变化就是从"两希传统"(希腊传统和希伯来传统)中产生出基督教,把关注的眼光投向六合之外的神。

我们先来看看希腊的情况。其实我觉得"希腊"这个概念是一个非常复杂的概念,"希腊"是哪个希腊?我们说希腊本身包括克里特、迈锡尼,以及后来的希腊城邦,甚至还有希腊化时期的希腊,这些时代的文化精神都不相同。我这几年研究希腊比较多,我觉得从迈锡尼时代开始,实际上就是北方的影响开始居上。我们中国有一个传统叫"以夏变夷","以夏变夷"就使得我们很少去关注"夷"怎么对"夏"产生影响。但是西方由于一支一支不同的北方民族入侵,它更多地造成了一种"以夷变夏"或"以夷更夏"的历史结果。比如"荷马史诗"中所讲述的奥林匹斯宗教,奥林匹斯宗教就是北方人带来的,它不是克里特文明的,克里特文明带有浓郁的埃及文化特点。

克里特人在身体形态和文化形态上都深受埃及影响,克里特男人平均身高才1.55米,他们肤色发黑发红,崇尚束腰之风。但后来迈锡尼时代从北方来的希腊人,他们都长得人高马大、皮肤白皙,他们带来的一批神就是奥林匹斯神。这些神话观念在迈锡尼时代开始出现,然后在"黑暗时代"广泛流行。到了城邦时代,在奥林匹斯宗教的基础上产生了希腊一系列的辉煌文化。无论是荷马史诗,无论是希腊奥林匹亚竞技会,无论是抒情诗、叙事诗,乃至雕塑、建筑、悲剧、歌舞,全都深受奥林匹斯宗教的影响。这就是北方人带来的文化产物。后来奥林匹斯宗教里面又发生了重要的变革,因为奥林匹斯宗教充满了感性朴素的色彩，具有"神人同形同性"的显著特点。希腊人一开始很虔诚，非常迷信，但是到了"轴心时代"的苏格拉底、柏拉图、亚里士多德等人那里，他们开始批判和超越这种与人同形同性的神，超越崇拜肉体的神。苏格拉底之死就是因为两条罪名，其中之一就是指责他不信旧神，而苏格拉底自己对此也供认不讳。

所以400年以后，当基督教产生，一位希腊护教士就明确地指出："鼓舞苏格拉底去死的那个灵就是基督耶稣。"所以这种对奥林匹斯宗教的批判和超越实际上就是希腊在"轴心时代"所进行的最重要的文化变革。具体地说，就是用一种无形的东西，一种形而上的、精神性的神，取代了希腊早前崇拜的有血有肉的、感性的奥林匹斯诸神。可见西方文明在"轴心时代"走了一条超越的路线，追求一种形而上的东西。

在希伯来这边，最重要的一个概念就是关于弥赛亚的概念。希伯来人或古代犹太人的社会革命和现世解放意义上的弥赛亚主义，到了希腊罗马世界以后，受到希腊形而上学的影响，逐渐灵性化为道成肉身和死而复活的基督信仰，明显走上了一条超越的道路。初期基督教摆脱犹太教的母体之后，就是在希腊罗马的文化土壤中生根发芽的，最后形成了两支具有西方文化特点的高级宗教：一支是希腊正教，另一支是罗马公教，也就是我们所说的东正教和天主教，这是在两块不同的文化土壤上生长出来的。基督教在希腊罗马世界的生长发展，一方面逐渐取代了传统的希腊罗马多神教，成为西方世界的主流宗教；另一方面也打上了浓重的希腊罗马文化烙印，尤其是希腊哲学，把基督教提升到一种形而上的高度，使其发展成为一套博大精深的神学理论。

犹太人的弥赛亚主义是一场社会解放运动，期盼一个复国救主的到来，他将引导人们过上一千年的幸福生活，可见它期盼的是人活着就能够进入一个幸福的乐园。基督教超越犹太教的最重要的地方就是把得救的希望从此生搬到了彼岸，从人间搬到了天国，这一点显然是深受希腊形而上学的影响。这是一个很漫长的过程，基督教在希腊罗马世界传播的时候，开始潜移默化地受到希腊哲学的影响，不断提高自己的文化品味，融会了希腊的形而上学理想，所以基督教就逐渐演化成为一个追求彼岸得救的唯灵主义宗教。

这样一种唯灵主义的理想，对于基督教在希腊罗马世界中的传播也是非常重要的，因为它感召了那些在现实生活中无法得到幸福、生活在水深火热之中同时又不能改变自己命运的弱势群体，他们是最早信仰基督教的人群。早在希腊化时代，有教养的希腊人想用高雅的哲学来改变东方低俗的宗教，结果没想到反而被东方低俗的宗教给改变了。所以到底是希腊征服了东方，还是东方征服了希腊？这件事情很难说，但是基督教到了希腊果然深受希腊哲学的影响，提高了自己的品位，把一个追求现实解放的弥赛亚运动改造成为一个追求灵魂得救的基督信仰，使自己具有了超越的唯灵主义特点。

到了罗马帝国一统江山的时候，与我们秦汉帝国的大一统情况很相像。如果说希腊城邦与我们的春秋战国很相像，那么罗马帝国就与我们的秦汉帝国很类似。罗马的行省制度和秦汉的郡县制度几乎是一样的，而且也是车同轨、书同文，统一度量，也是统一的货币、统一的军事、统一的财政、统一的法律。但是西方后来的过程是跟我们不一样了，罗马帝国后来崩溃了。几百年以后，到了公元4世纪末，罗马帝国就分成东、西两个罗马帝国了。不久以后西罗马帝国又遭到了日耳曼蛮族的入侵，被大卸八块，进入了分崩离析的封建社会。当时中国的南北朝时代也曾经发生了分裂，但是两三百年后又统一了；而欧洲的封建社会持续的时间很长，有1000多年。所以中国作为一个整体的文明，它在政治上的一个主旋律就是一统天下，而不像西方是长期分裂。这就像《三国演义》所说，"天下合久必分，分久必合"。中国是以合为主，所以它需要有一个强有力的中央集权，一个强有力的中央政府。中国的社会精英（儒家知识分子）又不信鬼神，所以就只有靠一个强有力的政权来维系社会的统一和管理了。

但是西方不一样，西方到罗马帝国后期分裂了，不久以后日耳曼人来了，把罗马帝国大卸八块。我们今天所说的那些西方国家，比如说法兰西、德意志、意大利等，那都是后来的概念，这些国家当年不是罗马的一个行省，就是罗马境外的蛮荒之地，后来才形成今天意义上的民族国家。而且中世纪西方社会的分裂，不仅是就国家而言，而且每个国家内部也是高度分裂的。以德国为例，中世纪的德国叫神圣罗马帝国，一直到马丁·路德搞宗教改革的时候，德意志神圣罗马帝国还分为 300 多个诸侯国，1400 多个骑士领地，完全是分崩离析的，比我们春秋战国还分裂得厉害。

然而另一方面，基督教会却随着国家的分裂而逐渐强大。基督教在罗马帝国后期就已经成为合法宗教和国教了，它在 313 年成为合法宗教，380 年成为国教。后来罗马帝国崩溃了，基督教却因祸得福，北方来的日耳曼人摧毁了罗马帝国，他们却接受了基督教信仰，普遍皈依了罗马天主教会。在罗马天主教的影响之下，在公元 5 世纪到 8 世纪末的"黑暗时代"，一种新思想开始改造刚刚进入欧洲文明世界的野蛮民族。正是在基督教信仰的影响之下，日耳曼人开始告别蛮荒，走向文明殿堂。所以在中世纪，上帝对于他们来说，比国家更加重要。到了中世纪中期以后，教会的权力也变得越来越大了，形成了"君权神授"的政治传统。早在公元 751 年，篡夺法兰克王位的矮子丕平就开始由罗马教皇加冕了；而 800 年查理称帝，也是到罗马去跪在当时的罗马教皇面前，由罗马教皇给他戴上一顶王冠，授予他一个小棍子叫权杖，罗马帝国的皇帝手里都拿着这个权杖，然后给他一个金球。这三个东西就表示你的世俗统治具有神圣性和合法性，没有这些东西，诸侯不承认你，人民也不承认你，你的江山就坐不稳。所以这样一个传统，从 751 年开始，一直持续到近代，连拿破仑一代枭雄，最后也还得把罗马教皇请到巴黎圣母院来为他加冕。尽管拿破仑桀骜不驯，把皇冠拿过来自己戴上，但是他毕竟还得履行这个手续，还得把罗马教皇请到巴黎圣母院来。在西方，基督教的影响巨大，"君权神授"的传统根深蒂固，罗马帝国崩溃之后，王权日益衰落，教权却不断强化，最后就形成了教权高于王权的状况。所以教皇和罗马教会在相当长的时间里，从中世纪中期一直到近代早期，都高高地凌驾于王权之上。这样一个传统就导致了西方长期以来的二元权力体系，也就是在人民心中除了现实的国王以外，还有一个就是天上的国王即上帝，而上帝在人间的代表就是罗马教皇和罗马教会。到了近代以后，随着西方民主、自由精神的出现，17 世纪社会契约论思想高涨。西方人主张我们大家制定一个契约，把权力让渡出来交给一个国家或者政府的统治者，让他更好地维护我们的权利。所以国家的基础就是社会契约，这个契约是人和人定的契约，但是人和人定的契约是以人和神定的契约为前提的，宪约是以圣约为基础的。这种"约"的精神深深地埋藏在基督教的文化传统里面。

近代的加尔文教，也就是所谓的"清教徒"，对整个西方现代的宪政民主所产生的影响是极大的，他们在十六十七世纪时就主张政教分离。很多加尔文教信徒在法国和欧洲其他地方遭到了当政者的迫害，因此他们主张国王不应该因为我们的宗教信仰不同而迫害我们，剥夺我们作为一个公民的权利。这样他们就发展出来一种政权归政权，教权归教权的理论，这个理论后来被 17 世纪的一些思想家如霍布斯、洛克等人进一步发展，形成了"君权民授""天赋人权""主权在民"的观念。

霍布斯所说的"君权民授"，和"君权神授"之间只差一个字。君权民授，这种政治理论认为君主的权力来自人民。那么人民的权利又从哪里来的呢？是由上天赋予的、与生俱来的，这就叫"天赋人权"。人民的权利是上天赋予的，说到底还是来自上帝。作为一切权力的最后根据，上帝把权力赋予了人民，而不是赋予了教会，人民再把权力赋予国王。所以"君权神授"和"君权民授"一字之差，精神实质还是一样的，只不过以前"君权神授"是由罗马教会代表神把权力交给国王，给国王加冕，授予国王皇冠、权杖等。但是到了近代，按照社会契约论的说法，"天赋人权"实际上就是上帝给予人民一些与生俱来的神圣不可侵犯的基本权利，包括生命的权利、安全的权利、追求幸福和自由的权利，以及私有财产权，等等，这些权利是人之为人的根本。具有了这些权利你才是真正意义上的人，你才从一个生物学意义上的人成为一个社会学和政治学意义上的人。正是因为人从上帝那里获得了这些神圣不可侵犯的基本权利，所以他们才能够通过社会契约，把其中的一部分权利转交给国王或统治者。由此可见，"君权民授"与"君权神授"，看起来差别巨大，其内在的核心精神还是一致的，权利的最终根据都是至高无上的神或上帝，差别只在于由谁来作为中介，是由罗马教皇来授权，还是由广大的民众来授权。所以西方的传统还是这样一种二元权力结构。大家看今天的美国总统虽然是民选，但是他在就职宣誓时一定要手按着《圣经》宣誓，在美国联邦最高法院门前悬挂的是《摩西十诫》。所以有人说美国人生活在两个国度中，一个是人和人制定契约而形成的国家，还有一个是人和神制定契约而形成的团契。宪约由国家来保证，圣约由教会来维系，所以美国人是生活在两个国度中的。

因此虽然美国今天有许多流行文化出现，但它在实质上仍然是一个基督教国家，美国人的一些核心概念，什么人权、人道主义等，都是源于他们的基督教理想。美国有 80%的人信仰基督教，40%人还经常要去教堂的，所以美国人认为欧洲人堕落了，因为他们信教的少了，去教堂的不多了。所以从这个意义上来说，美国可以说是从西方文化的传统中延续了二元权力结构，这一切源头都是在"轴心时代"开启的。

中国在"轴心时代"完成了向内敛聚的过程，确立了以"四端之心"为原点的文化进路。在此基础上，人生在世的一切功夫都从与生俱来的人性良知出发，由内圣到外王，由成己到达人，由格物致知正心诚意到修身齐家治国平天下。这样一条人生进路是从内到外的，因为一切都已经内于心了，所以一切都要从自己的当下内心做起。西方文化却不一样，西方文化在"轴心时代"发生了一种超越的转化，关注的重心转向了形而上的天国和救赎的神性，对于这些超越的东西你只能期盼，所以信仰就成为最重要的东西。后来随着历史的变迁又发生了一个重要的变化，从超越的神性中演变出一些普遍性的原则，比如普遍的人权、普遍的理性法则等，它们仍然具有超越性。

这就是中西方文明在"轴心时代"所发生的重要变革，它们走了两条不同的道路，但是不能说哪条路好，哪条路不好。我在这里只是做了一个客观描述，并不想做价值判断，而且事实上也无法做价值判断，中西方文明由于不同的历史背景，只能各走各的路，不存在谁比谁好的问题。

最后我还想谈一点，就是刚才冯先生与唐先生谈及的黑格尔的"西方中心论"观点。

我的博士论文就是关于黑格尔宗教哲学的，我觉得我要替黑格尔说几句公道话。黑格尔的观点看起来确实是"西方中心论"，甚至是"德国中心论"。他有一个基本思想，他的四大讲演录，无论是《历史哲学讲演录》《美学讲演录》《哲学史讲演录》还是《宗教哲学讲演录》，都是从东方开始讲起，从古代开始讲起，从逻辑上最抽象的阶段开始讲起。我们一般说黑格尔的原则是逻辑与历史相统一，但是实际上黑格尔是"三统一"，除了逻辑和历史以外，还有一个地理的统一。最高的东西叫做"绝对精神"，它总是从古代开始，从抽象的东西开始，而且还是从东方开始，所以黑格尔的四大讲演录都是从旧大陆的最东边、从中国开始的。黑格尔还有一个观点，那就是在世界历史舞台上每一个时代都只能由一个民族来独领风骚，引领时代精神。一旦这个时代结束，这个民族也就退出世界历史舞台了。所以黑格尔的历史论述总是由东向西地从中国开始，然后是印度，然后是波斯，然后是埃及，然后是希腊罗马，然后是中世纪欧洲那些国家，最后到英、法、德这些西欧国家。历史哲学讲到普鲁士国家制度结束，宗教哲学讲到德国等西北欧国家的基督新教为止，哲学史讲到黑格尔自己的哲学终结。可见黑格尔最要命的就是这个问题，这就是我们经常指责的黑格尔的保守体系。他的方法（辩证法）是非常革命的，但是他的体系却太保守了，以至于革命的方法被保守的体系给闷死了。但是实际上黑格尔的体系中还是留下了一条缝隙，这条缝隙是什么呢？那就是大西洋彼岸。在英、法、德这些西欧国家的西面，就是大西洋了，在大西洋彼岸，还有美国。尽管在黑格尔时代美国尚未崛起，但是黑格尔已经睿智地意识到美国可能是绝对精神发展的下一个目标。绝对精神要突破保守的体系，必须向大西洋彼岸进发，所以黑格尔明确地表示美国是明日的希望。

可见黑格尔的体系中还是留下了一条缝隙，他并不满足于绝对精神的停滞不前，历史还得发展，所以他认为美国将是明日的希望。后来的历史发展果然证明了黑格尔的这个预言，今天美国已经开始取代西欧成为世界上最强大的国家。那么，我们不妨顺着黑格尔的思路继续往前推进，如果按照黑格尔的方法论再往下走，大家想到了什么结果？地球是圆的，美国在中国的东方，中国在美国的西方。我们常常把美国叫做西方，其实大家看看地图，我们才是美国的西方。21世纪初，美国人率先做出了战略中心转移，美国人是最敏感的，他们最擅于根据国际形势的变化来调整自己的全球战略。美国人意识到21世纪将不再属于大西洋时代，而属于亚太时代，所以美国人率先把战略中心转移到亚太地区。而我们在亚太的西边，美国在东边，所以历史发展的方向整个还是向西。即使我们接着"西方中心论"的观点说，按照"西方中心论"，世界的中心最初是希腊罗马世界，即地中海世界，先是东地中海（希腊），然后到西地中海（罗马）。再往后到了中世纪，经过一千多年，向西北方向发展到了北大西洋地区。北大西洋地区包括北大西洋东边的英国、法国、荷兰、德国等，也包括北大西洋西边的美国、加拿大，等等，这些国家开始相继引导世界潮流。从20世纪中叶开始，美国成为引领历史潮流者，而美国一边是大西洋，另一边是太平洋，所以美国在21世纪又做了一个转变，它再度把眼光投向了西方，这就是亚太地区。大西洋比地中海更西，太平洋又比大西洋更西，中国也比美国更西，而中国提出的"一带一路"倡议还是向西。所以按照黑格尔的历史发展观，绝对精神或时代精神的发展永远都是"向西、向西"，从旧大陆最东部的中国出发，绕了一圈，最后又回到中国。然后由中国引领时代潮流，通过"一带一路"，再重新走向地中海世界。这就是我从黑格尔的保守的体系和革命的方法的矛盾中读出的更深含义。

◎ **唐翼明：**

赵林教授刚才讲到西方文明的转型，也提到中国的哲学突破。所以实际上已经讲到了二者的差异，我现在想从另外一个角度来探讨：中西轴心文明有什么共同点？

我觉得中西轴心文明最重要的共同点就是哲学上的"突破"。刚才赵林教授讲了西方的哲学"突破"，现在我们来看看中国的哲学"突破"。例如《庄子·天下篇》评论当时各派的学说，说各家都只是得古人之一体，最后他感叹说："道术将为天下裂。"刚才冯老师也提了这个话。这就是说，古人的道术本来是一个整体，现在你讲道术的一个面，我讲道术的一个面，他讲道术的另一面。好比同一个师父的徒弟，你带一帮子人，我带一帮子人，他带另一帮子人，几帮子人打官司。原来是整体不分的道术，现在被几帮子人分成了几块，互相指责，互相攻击，"列（裂）道而议，分徒而讼"（《淮南子·俶真》）。其实这说的就是哲学"突破"，突而破之，裂而议之，所以不仅西方有"突破"，中国也有"突破"。哲学上的"突破"是中西轴心文明的共同点。

作为突破，我们要问的是，它在什么基础上突破，原来是什么东西？它怎么突破？它突破到哪里去？突破以后有什么后果产生，因而使得突破成为一种跃进，一种超越，而且影响以后几乎 2000 多年的文明史？如果不回答这些问题，突破就不好谈。各个突破的基础不同，刚才陈浩武先生已经提到，以色列的文明是突破旧约，印度突破吠陀，希腊突破以前诸神的世界，那么中国"突破"的是什么东西呢？这个问题，余英时先生在他的近著《论天人之际》中有详细的论述，他认为，中国轴心文明突破的是三代礼乐传统。

所以讲突破要弄清楚文化背景，突破以后达到一个什么样的新局面，主要表现在什么地方？我认为轴心突破主要表现在人的个人意识的觉醒。我觉得这个问题可以从人、时、地三个方面来讨论。冯天瑜教授谈的基本上是"时"的因素，就是各种条件的具备。如果从"地"的因素来看，我们要问为什么是北回归线 35 度左右这个范围？我们或许可以这样来解释，即北回归线 35 度左右是最适合文明发展的，因为更北的地方太冷，比如说加拿大那么大的国家，面积跟我们中国差不多，可人口才 3000 多万，很多地方都没有人烟，人都聚不到一块，这样文明就很难产生，也很难发展。又或者像蒙古这样的戈壁草原，人们靠游牧生活，好远好远才有一个蒙古包，这文明如何发展得起来？如果再往南呢，草木茂盛，随便上树就可以摘果子吃，所以热带人都比较懒，因为他吃了果子就饱了，无需努力去追求更好的生活。从地的因素来看，大概只能这样来解释。我觉得最难解决的是"时"的问题，为什么是这个时候而不是别的时候？我只能说偶然性很大，如果有什么必然性在里面，恐怕要请上帝来说明。有句话说："人类一思考，上帝就发笑。"人啊，你们瞎想些什么？但是有一点，这几大民族在这一个时代具备了这些条件，然后实现了哲学突破、发展了轴心文明以后，别的民族、别的文明基本上没份了，因为这个舞台已经站满了。这倒是一个事实，所以我们看不到第五个轴心文明、第六个轴心文明。对一个民族来讲，时机非常的重要。

有人可能会问：人为什么会寻求突破，从而产生轴心文明？我的解释是，人是一种追求意义的动物，没有意义人活不下去。我们看许多自杀的人，并不是因为缺衣少食，大部分是找不到生命的意义。这些人往往过得不错，家庭还挺富裕的，地位还挺高的，他的问题是对生活充满了疑问，他回答不了自己这个生命到底有什么意义？我自己也问过自己这个问题，答案是颇为悲观的。坦白地讲，我会说人生其实没有意义。一个人在宇宙当中是那样渺小得不能再渺小的一个微粒。地球上人有 70 亿，除了人还有动物，而地球在太阳系里面不过是个微粒，太阳在银河系中又不过是个微粒，银河系在宇宙中也是。从时间上看，人的寿命不过百年左右，而这个宇宙已经不知道有多少亿万年。你说人到底算什么？意义在哪里？但是人偏要追求意义，人没有意义就活不下去。打个比方，人就像蜘蛛，它不能够像兽一样在地上爬，也不能像鸟一样在空中飞，它绝大部分时间要把自己挂在网上，这个网也不是现成的，是它自己织的。人的处境就有点像蜘蛛。人也需要一个网，一个意义之网，一个价值之网，没有这样的网，我们的生命就会在虚空中飘荡，就没有着落，就活不下去。而这个网也不是现成的，是需要我们自己去织的。在这一点上，人甚至还不如蜘蛛，每个蜘蛛都可以结出一张网，而人却不是每个人都能织网，只有少数伟人才有织网的能力。人类的意义之网、价值之网，是一批伟大的"蜘蛛"织出来的。轴心文明其实就是人类结网的时代。几个古老文明，差不多同时出现一些伟大的"蜘蛛"，各自结了一些完整的意义网、价值网，使得我们这些无力结网的普通的"蜘蛛"可以挂在他们结好的网上，从而心安理得活下去。设想我们没有孔孟老庄给中国人织网，我们到底怎么过？到底怎么活？如果不是孔孟老庄，把这些问题说清楚了，而且是非常有逻辑的，有说服力的，那我们真的就会像一个没有网的蜘蛛，无处可挂，无所适从。轴心文明的意义，就在于这几大文明差不多同时出现了一批伟大的"蜘蛛"，结成了相对完整的意义网、价值网。下面我们来谈谈中国的轴心突破，到底突破了什么东西？

轴心突破中最核心的东西就是个人意识的形成。意识到人是一个人，意识到人在宇宙中的位置，而且努力把人和社会和宇宙打通，使我们成为一体。儒家说的"为天地立心，为生民立命，为往圣继绝学，为万世开太平"其实就是这个意思。

中国的前文明社会，或说轴心突破以前的社会，也就是我们通常讲的三皇五帝，一直到夏商。从周以后，我们进入文明社会。在中国的前文明社会，人是如何认定自己的意义，如何判定自己在宇宙当中的位置，从我们现在读到的古籍来看，人那个时候基本上没有什么个体意识，人基本上就是一个工具，至少我们现在没有任何确切的资料证明当时的人已经具有明确的个人意识。

我是一个人，而且我这个人并不比任何其他人的价值更低，哪怕你是天子，在人这一点上，我也不比你低，这个概念以前是没有的。虽然在轴心时代以后，也不见得大家都有了，但是至少在轴心时代提出了这个概念。从前中国人心目当中，上面有个天，天有天帝，简称帝，也叫上帝。这天帝是一个人格神，就是说他跟人差不多的，他还有个朝廷，叫天庭。大家看《西游记》就很清楚，天上有个玉皇大帝，玉皇大帝下面有一批官僚，跟现实中的朝廷差不多。下面就是人间社会，这个社会的头是天子，这个天子是上面的天帝任命的，这个任命叫天命。上帝说我把这个交给你，你给我好好做下去，如果做得不好，我会把天命收回来，交给另外一个人再做下去。

沟通天帝和人间社会的，是一批当时最有文化的精英，叫做巫觋。地上的王要知道天上的王的意思，例如这个仗可不可以打，就通过巫觋来问。问的方法是在龟壳或兽骨上钻几个洞，拿到火上去烤，烤出一些裂纹。然后由巫觋把这些裂纹勾连起来，据说巫觋就可以由此看出天帝的意思，然后再向地上的王报告，说这个仗可以打。这些在龟甲和兽骨上勾连起来的裂纹就是我们今天讲的甲骨文。那个时候沟通天地的人就是巫觋。

巫觋在沟通天人的时候，常常伴随着唱一些咒语，围着篝火跳舞，用来愉神，讨神的欢喜。到了轴心时代，周公在巫觋歌舞的基础上发展出一套礼乐，即后世所谓"制礼作乐"。这一套礼乐就不再完全是愉神的了，而是以德行为中心，提倡以德行来获得天帝的信赖，以维持天命不变。从依靠巫觋到依靠德行，这个改变是一个革命性的进步。这个进步意义在哪里呢？这意义在于，你别以为老天爷把这个天命给你，你可以肆无忌惮地搞下去，随你怎么压迫人民都行。现在不是了，你还要注意德行，你要实行德政，你如果不实行德政，这个天命，就不会再属于你了。

为什么呢？因为后来周公以及周公以后的人对天命有了新的解释，他说"天视自我民视，天听自我民听"，就是说天帝怎么看待地上的王朝，以前是凭巫觋报告，现在却是根据老百姓的意见来判断。天帝通过百姓的意见来决定是不是继续赋予地上的王朝以天命。然后到了孔子，对于这种三代传下来的礼乐传统，又有新的解释和改造。孔子把周公从德行方面对三代礼乐传统的解释，转到人心方面的解释，即所谓"归礼于仁"。孔子明确地说，这个天命，这个礼乐全部要建立在人性的基础上。他说："人而不仁，如礼何？人而不仁，如乐何？"如果不仁的话，礼和乐都没有意义。这又是一个革命性的进步，个体意识、个人情感从此就变得很重要了。

◎ 陈浩武：

如果说从轴心时代开始，中西方文明就有差异这个观点能够成立，那么我们继续讨论第四个问题，就是从轴心时代出现的这个文明差异，在什么样的路径上影响到今天？我们这个时代中西文明的差别究竟是怎样形成的？先请冯老师。

◎ 冯天瑜：

赵林先生为黑格尔作解释，讲得有道理，黑格尔确乎多次说文明从东方升起，《历史哲学》开宗明义论此，但黑格尔以欧洲、基督教为文明轴心的思想是一目了然的。斯宾格勒、雅斯贝尔斯、汤因比则主文明多元论，是一大进步。我们今天讨论轴心文明问题、东西方文明关系问题，当然是在这一基点向前迈进。

另外，我接着唐先生的问题再简单谈一下。无论在中国、希腊还是印度，轴心文明都经历了一场重大的精神"突破"，尤其在人的存在意义、人的生活意义方面经历了某种类似的精神觉醒。刚才唐先生有一个很形象的说法，在轴心时代出现几个很伟大的蜘蛛，编织了有关"意义"的蜘蛛网。我就此略作一些引申，关于人的"意义"问题，荀子曾有一段很好的话，他说人虽然力气没有牛大，跑起来也没有马快，但人为什么能够驾驭牛马呢？因为人还有义（道义的义），明白义理是非，具备理性。荀子还说，就是人之所以为人，何以能超越在某些方面能力很强大的动物，原因是"人能群，彼不能群"，能够建立社会。——当然有些人会说，有些动物是社会动物，比如蚂蚁和蜜蜂，但动物的群体归根结底还是凭本能建立起来的，而人则是通过理性来组建了社会。——这样，人就不仅是生命个体，更是一个社会人。人类之所以强大，之所以能够为万物之灵长，成为宇宙之精华，用哈姆雷特的一句戏剧台词就是："人是一件多么了不起的杰作！多么高贵的理性！多么伟大的力量！"首先人要具备个体的独立性，实现个体自由很重要，这一点也是轴心时代所解决的一个问题；但同时人还属于一个社会群体，否则都是单打独斗，也做不成什么事。所以我觉得，轴心时代无论在中国还是西方，都解决了人的意义问题，以及与之关联的，人的个体与群体的关系问题。

中国古人在群的问题上有许多思考，以群为基础建立社会。汉代以后社会的建立以儒家的"五伦说"为根基，就是君臣、父子、兄弟、夫妇、朋友。"五伦说"最初由孟子提出，也是轴心时代的产物，成为主宰中国两千余年的社会意识。1898 年，在面临"古今中西之变"的大环境下，张之洞写了一本很著名的书，叫《劝学篇》，分《内篇》和《外篇》两部分，核心思想强调"中学为体，西学为用"。《内篇》里面有一篇讲纲常的文字，他认为三纲（君为臣纲，父为子纲，夫为妻纲）是中国文化的精髓。但有人不同意，写了一本《劝学篇书后》来批评反驳张之洞，作者是香港的两位思想家何启、胡礼垣，我曾做了一个工作，把《劝学篇》和《劝学篇书后》做了一些对比的研究，并附以注释和翻译，后来在中华书局出版了。

何启、胡礼垣明确地指出，三纲说并非先秦元典中所有，是在秦汉以后，在专制帝制下形成的观念。具体来说是在东汉章帝时的白虎观会议，这是在天子的监督下举行的一次学术会议，才开始强调三纲思想。何启、胡礼垣说得非常好，五伦说才是我们的元典精神，先秦儒家、墨家他们都强调五伦，而三纲说则实可称之为"糟粕"。何以说五伦说有别于三纲说呢？三纲说表达的是垂直威权主义的社会关系，是为专制帝制服务的；而五伦说强调的是双向互动的、相互协调的关系。君义臣忠，统治者也要讲道义，"臣"才能够报之以忠心。先秦时期有很多这样的话，孟子说："君之视臣如手足，则臣视君如腹心；君之视臣如犬马，则臣视君如国人；君之视臣如土芥，则臣视君如寇仇。"认为如果国君昏暴不义，就不要去追随他。父慈子孝，当长辈的要慈爱，要爱护自己的子女；反过来，当子女的后辈要孝顺长辈。兄友弟恭，当哥哥的要友善对待自己的弟弟，同时，当弟弟的要恭敬兄长。夫义妇顺，夫妻之间也是要相互尊重，朋友之间更是讲双向原则。后来梁启超在《先秦政治思想史》中将"五伦"之精义概括为"相人偶"，即互敬互助，给古人的这一思想很高的评价。"五伦说"即使在今天看，也是很好的东西，但我们现在都没有完全能做到。

中国的轴心文明处在宗法封建时代，形成"周制"文明，儒道墨讲的是"五伦"的双向协和，民本主义为其旗帜。而中国的后轴心文明则转为"秦制"文明，儒表法里、霸王道杂之，以君主专制为核心的"三纲"说占据统治地位。中国的轴心文明有许多辉煌处，但为什么在后轴心时代被三纲说所笼罩，原因是多方面的，其中之一便是富于治民术而缺乏民治思想，尤其是缺乏民治的制度构建。在这一方面，我们要研习轴心时代的希腊，他们从那时开始就已经出现了民主政治的制度建设，而我们则比较缺乏。——现在有些人动辄把民主制度说成是西方资产阶级的东西，其实这是不通之论，那些早在古希腊就有了，当然后来有更进一步的完善。民主制度本身当然还存在很多问题，但正如一位哲人所说：民主不是一个好制度，但是相比较起来是一个最不坏的制度。我很欣赏这句话。诸如此类，在西方轴心时代就已经产生了的东西，应值得我们学习，当然中国文化中也有许多值得西方学习之处，东西方文化的互动间，应互相学习交流，取长补短。

东西方没有哪一个文化圈的轴心文明是完美无缺和面面俱到的，现在地球已经成了一个"地球村"，互相交流的条件更加便利，已经有些中外学者提出，现在人类文明有可能进入第二个轴心时代，创建第二个轴心文明。我对此抱持谨慎乐观的态度，虽然有这种可能，现在还相差甚远。——当今社会科技和生产力高度发达，同时又带来很多严重的问题。这要靠我们以及我们的子孙后代，来共同努力。

我就说到这，谢谢大家。

◎ **陈浩武：**

我们的四手联谈到此告一段落。今天我们讨论的整个思路是非常清晰的，即：什么叫轴心文明？轴心文明是怎么产生的？轴心文明在中西发展的原点上有什么区别？这些原点区别到今天又有什么影响？我们相信，这样的讨论是有意义的。冯天瑜老师在总结的时候说，谨慎寄希望于一个新的轴心时代产生，这也是我们共同的期盼，谢谢大家！

地理环境与审美范畴："幽玄"在中日的衰与兴[*]

□ 陈秋宁

【摘要】地理要素对文化传播、文化生产、文化变革都有着重要的作用，语言、词汇的跨国交流是地理环境影响文化塑造的具体表现之一。"幽玄"作为一个中国渐渐疏于使用的词汇，依靠发达的水运交通、经由遣唐使传入日本后被快速接受并得到广泛应用，成为一种审美范畴。究其原因，中国疆域辽阔、资源丰富的地理环境塑造了重神韵、讲平和的文化特点，"幽玄"的含义与儒学主导下的主流文化相悖；日本资源匮乏、孤立的海岛环境使其文化更具有脆弱、不安的特征，与"幽玄"一词的语义相契合。"幽玄"反向塑造和改变着日本的人文地理景观，指导日本创造出别具特色的庭院建筑、庙宇建筑等。地理环境、审美范畴与文化心理的互相作用关系，反映了文化之美与生产力布局因地制宜的统一。

【关键词】地理环境；审美范畴；文化心理；幽玄；中日

"幽玄"最早是汉语词，在有利的地理条件下经由遣唐使传入日本，直到江户时期一直被广泛使用，并在学者的推崇下成为一种审美范畴，影响着日本文学艺术的创作和地理景观的塑造。反观中国，从宋代开始，"幽玄"的使用频率极大降低，几近消亡。"幽玄"的传播及兴衰受地理要素所影响，又反作用着地理环境的更迭塑造，为研究地理环境与文化的关系提供了新的切入点。

地理环境与文化的关系在学界基本可概括为两种态度，一是单向的"地理环境决定论"。站在这一立场的学者认为地理环境对人类文化有直接的生理影响、心理影响、对社会组织和经济发达的影响、支配人类迁徙与分布的影响（拉采尔，1882）。如博克尔提出"气候、土地、食物等是文化发达的决定性因素"①；艾伦·塞珀尔也指出"各种文化的

　* 本文为国家重点研发计划项目"服务价值与文化传播评估理论与技术"（2017YFB1400400）阶段性成果。

　① ［英］托马斯·博克尔著，胡肇椿译：《英国文化史》，上海古籍出版社 2018 年版，第 27 页。

形式是由于各地区的人适应不同的自然环境的行为结果”①等。这一观点在《礼记》《管子》等古籍中均有反映，侧重水文和地形要素对文化的决定性作用。在近代译介西学之后，“地理环境决定论”在我国产生了更明显的影响，如梁启超提出“气候、地势之别，是亚洲文明与欧洲文明大相径庭的原因”②等。二是双向的“相互作用论”。如明代文学家杨慎在《贵州乡试录序》中就表现出类似思想：“人也者，非水土不生，而非水土所能囿也……习也者则系乎君之令，师之教，而非水土所函也。”再如卡尔·索尔明确指出“人和自然不是单向的因果关系”。支持这一论调的学者认为人类和地理空间是互相依存、彼此链接的生态圈和食物链，是互动共生、不可或缺的（德勒兹，2001）。如黑格尔指出“我们不应该把自然界估量的太高或太低”③，冯天瑜认为“自然的人化即是文化”④等。在地理环境与美学的关系上，学者普遍认可地理环境会在不同程度上塑造、改变和影响着人的审美活动，如丹纳就曾指出环境（地理环境）是影响一个国家精神文明与审美活动的三要素之一⑤；梁启超指出“燕赵多慷慨悲歌之士，吴楚多放诞纤丽之文”等。叶朗将二者关系归纳为“地理环境、天然景物，必然会深刻地影响一个民族的生活方式和精神气质，而这种生活方式和精神气质，又必然会影响一个民族的审美情趣和审美风貌”⑥。这类问题的探讨一般是将美学作为文化的一个分支，或将美学与艺术等同起来进行分析，研究较为分散且个案研究较多。如温克尔曼在分析希腊艺术形式时提到“希腊人在艺术中所取得的优越性，它的原因和基础部分的应该归结为气候的影响，部分的归结为国家的体制和管理以及由此产生的思维方式”⑦。

整体上看，学界往往从不同的地理环境会孕育不同的文化这一观点入手，选取某一宏观的文化类别，对不同地理环境下该类文化表现出的不同形态进行研究。但地理环境是一个广阔的概念，文化亦是在动态变化、交流中发育、改变的，二者既然是一个整体就不该被割裂，而应被视为一个完整的、变化的文化地理空间。故目前的研究存在两点不足。第一，对于同一种文化要素受到不同地理环境影响、经历不同的发展、孕育不同的文化这一切入点的相关研究较少。第二，研究大多是对宏观文化特征或某一具象的艺术表现领域进行研究，对地理环境与审美活动之间关系的研究较少。此外，目前关于“幽玄”的相关研究较少，且成果多为单篇论文，如王向远《释“幽玄”——对日本古典文艺美学中的一个关键概念的解析》（2011），陈贇《幽玄意识与中国哲学》（2002）等。故本研究将地理与文化视为完整、动态的空间，以“幽玄”一词在中日两国的兴衰为例，探讨在文化传播过程中，同种文化要素受到不同地理环境影响所显现的不同发展、演变情况，归纳

---

① ［英］迈克·布朗著，杨淑华、宋慧敏译：《文化地理学》，南京大学出版社 2005 年版，第 13 页。

② 梁启超：《中国地理大势论》，《饮冰室文集》（卷十），中华书局 1989 年版，第 84~87 页。

③ ［德］黑格尔著，王造时译：《历史哲学》，三联书店 1956 年版，第 123 页。

④ 冯天瑜：《中国文化生成史》，武汉大学出版社 2013 年版，第 179 页。

⑤ ［法］丹纳著，傅雷译：《艺术哲学》，人民文学出版社 1963 年版，第 34~36 页。

⑥ 叶朗：《美学原理》，北京大学出版社 2010 年版，第 153 页。

⑦ ［德］温克尔曼著，邵大箴译：《论古代艺术》，中国人民大学出版社 1989 年版，第 156~157 页。

符号在文化传播中的规律性内涵，分析地理环境、审美范畴与文化的关系。

一、"幽玄"流变的轨迹

"幽玄"原用于表达老庄思想的幽深玄妙。由中国传入日本后，在内涵与用法上产生了较大的改变。在中国，"幽玄"是一个兼具哲学性与宗教性的词汇，多用于道教、佛教典籍；在日本，"幽玄"除了作为一个宗教词汇，还逐渐发展为一种审美范畴，在诸多文化门类中得到应用。"幽玄"流变的轨迹反映出中日文化发展历程的相异。

（一）"幽玄"的产生与内涵

"幽玄"一词发源于道家，在相关著作中，"幽"与"玄"单独使用的情况相对较多，内涵上侧重"玄"的思想。"幽"的常见释义，其一是深邃、阴暗、潜藏。如《尔雅·释诂》中有："幽，微也"①；《玉篇》中有"幽，深远也"②；《说文解字》中段注："幽，从山，犹隐从阜，取遮蔽之意"③。其二是囚禁。如杨倞为《荀子》注释有："幽，囚也。"④ 其三是阴间或鬼神之地。如《礼记·檀弓》中有："望及诸幽，求诸鬼神之道也。"⑤ 其四是黑色，如《诗·小雅·隰桑》中有："其桑有幽。"⑥ "玄"的常见释义，其一是深奥、难以捉摸。如《老子》中有："玄之又玄，众妙之门。"⑦ 其二是幽远、寂静。如《说文解字》中释"玄"："幽远也。象幽而入覆之也"⑧；《淮南子》中有："天道玄默，无容无则"⑨。其三是深厚。如《楚辞》中有："临沅湘之玄渊兮，遂自忍而沈流。"⑩ 其四是黑色。如汉代刘桢《公宴》一诗写道："遗思在玄夜，相与复翱翔。"其五是天空，如《尔雅·释言》中有"玄，天也。"⑪

对比"幽"与"玄"的含义，二者大有相似之处，在诸多古籍中以几乎相同的含义被运用。雅各布森在《语言和其他交流系统的关系》中谈道："书面语言易于发展自己特有的结构性质。"⑫ "幽""玄"二字合并使用成为"幽玄"这样一个同意复合词，最早见于僧肇《宝藏论》："真宗一乱，诸见竞兴，乃为流浪。故制离微之论，显体幽玄。"⑬ 此

① 〔东晋〕郭璞注解：《尔雅》，中华书局 2014 年版，第 95 页。
② 〔南朝〕顾野王：《玉篇》（影印版），中华书局 1985 年版，第 49 页。
③ 〔东汉〕许慎：《说文解字》，中华书局 1963 年版，第 84 页。
④ 〔战国〕荀卿：《荀子》，中华书局 2007 年版，第 71 页。
⑤ 〔西汉〕戴圣：《礼记》，中华书局 2009 年版，第 355 页。
⑥ 王秀梅译注：《诗经》，中华书局 2006 年版，第 302 页。
⑦ 〔战国〕李耳：《老子》，中华书局 2007 年版，第 2 页。
⑧ 〔东汉〕许慎：《说文解字》，中华书局 1963 年版，第 84 页。
⑨ 〔西汉〕刘安：《淮南子》，中华书局 2009 年版，第 140 页。
⑩ 〔战国〕屈原：《楚辞》，中华书局 2009 年版，第 139 页。
⑪ 〔东晋〕郭璞注解：《尔雅》，中华书局 2014 年版，第 247 页。
⑫ Roman Jakobson. *Language in Relation to Other Communication Systems*. The Hague: Mouton Publishers, 1971, p. 2.
⑬ 〔东晋〕僧肇撰，〔清〕李调元编：《宝藏论 一卷》，《函海》，人民出版社 2012 年版，第 56 页。

后，随着魏晋时期玄学的盛行以及此后佛教在中国的推广，"幽玄"一词的使用频率逐步上升。如《后汉书·皇后纪下·灵思何皇后》中有："逆臣见迫兮命不延，逝将去汝兮适幽玄"①；《周书·武帝纪上》中记载"至道弘深，混成无际，体色空有，理极幽玄"②；唐代诗人骆宾王《代女道士灵妃赠道士李荣》一诗中写道："自言少小慕幽玄，只言容易得神仙"等。能势朝次在《幽玄论》中对二字合用进行了解释："'幽玄'的中心是'玄'，'幽'是明确地限定它的特性而添加的。"③ 因此，从涵义上来看，"幽玄"融合了"幽""玄"二字的核心要义，根据 2012 年编纂的《汉语大词典》，"幽玄"一词有"幽深玄妙"；"谓玄虚的释道哲理"；"幽昧、昏暗"；"幽冥，阴间"四个含义。④

（二）"幽玄"在中国的兴起与式微

"幽玄"最初作为一个用以表达道家哲学思想的词语，内涵上有一定的"神灵""鬼神"意味。这为"幽玄"一词在佛教中国化时期被宗教化、神圣化创造了前提。魏晋时期，老庄玄学盛行，道教思想体系与佛教思想体系相互碰撞、互融互摄。佛教由西域、东南亚传入中国，其教义、经文有强烈的汉译需求。为了能够进一步促进佛教中国化以推动佛学思想在中国境内的传播，亟须利用当时环境下接受度高、流传度广的词汇对经文加以翻译，故在魏晋文人中盛行的道家经典著作中的词语自然进入了汉译佛经人士的视野之中。由于"幽玄"一词涵义中带有的神鬼意味，其被赋予哲学性的同时也具有了潜在的宗教性。因此，儒释道三教融合的背景下，"幽玄"开始在汉译佛经中广泛使用，并在原有的道家思想上增加了禅宗意味，如华严宗第二祖智俨《金刚般若经略疏》中有："宗本冲寂，神凝湛一，独曜幽玄，圆明等觉"⑤；唐代元康《肇论疏》中有："将心于大乘水中得浴，将怀于幽玄之津取悟"⑥；临济义玄《临济语录》中有："佛法幽玄，解得可可地"⑦ 等。佛教经文中的"幽玄"一词，意指佛法深奥、难以穷测，以及微妙、不可言喻，心行所灭等境地。⑧ 彼时，由于文学贵族化的倾向以及统治阶级的重视，"幽玄"依托汉译佛经在中国得到了进一步的应用，但仅停留在宗教词语的阶段，未能成为一种文学风格或审美范畴。

隋唐之后，玄学的热潮消退，新儒学、程朱理学的思想逐渐形成、发展，儒释道三教合一的趋势渐渐向儒学倾斜。从宋代开始，伴随着中国文学风格逐步走向世俗化，几乎已经成为佛教专用词的"幽玄"的使用频率极大降低，几近消亡，文学界更多地延续了最

① 〔东晋〕范晔：《后汉书》，中华书局 2007 年版，第 299 页。

② 〔唐〕令狐德棻：《周书》，同心出版社 2003 年版，第 63 页。

③ 〔日〕能势朝次等著，王向远译：《幽玄论》，《日本幽玄》，吉林出版集团有限责任公司 2011 年版，第 3 页。

④ 王向远：《论日本美学基础概念的提炼与阐发——以大西克礼的〈幽玄〉、〈物哀〉、〈寂〉三部作为中心》，《东疆学刊》2012 年第 3 期，第 1~7 页。

⑤ 〔唐〕智俨：《金刚般若经略疏》，金陵刻经处，年代不详，第 1 页。

⑥ 〔唐〕释元康：《肇论疏 卷三》，金陵刻经处，年代不详，第 4 页。

⑦ 古尊宿语录：《佛光大藏经》，台湾佛光出版社 1994 年版，第 125 页。

⑧ 〔日〕能势朝次等著，王向远译：《幽玄论》，《日本幽玄》，吉林出版集团有限责任公司 2011 年版，第 18 页。

初"幽""玄"的单字用法,或是使用替代性词语,"幽玄"一度沦为"死词"。直至目前,收录古汉语为主词汇的《辞源》尚未收录此词,仅在《汉语大辞典》中能够查找到这一词语。

(三)"幽玄"在日本的传播与发展

日本在古代和中世长期接受从中国传来的汉字文化,汉字及汉字词汇构成日本文字和词汇系统的基石。① 日本平安时代,仿唐文化极盛,禅宗东渐日本,遣唐使从中国带回了大量汉译佛经与文论典籍,道家思想、佛学思想也随之在日传播开来。如空海在《般若心经秘键》中有:"释家虽多,未钓此幽,独空毕竟理,义用最幽玄。"② 此外,他还将中国诗学、诗论、语言学等知识融会进其著作《文镜秘府论》《篆隶万像名义》中,为此后日本"歌学"的建构及"幽玄"升格为一种审美范畴奠定了基础。

"幽玄"一词在日本文学领域得到应用始于 10 世纪初,见于《古今和歌集》的"真名序"中:"或事关神异,或兴入幽玄。"③ 随后壬生忠岑将"幽玄"作为和歌的一种体例加以应用,有"义入幽玄"之语。以此为开端,藤原基骏将"幽玄"作为和歌的判词;藤原俊成、藤原家定进一步深化了"幽玄"的艺术性和理论性,象征优艳的"心"与"幽玄"同时出现的频率亦大幅增加,如"心词幽玄""思幽玄"等说法在和歌判词里屡见不鲜;鸭长明在《关于近代歌体》中定义了"幽玄体"为"言辞以外的余情,不显现于外的景气"④。渐渐地,"幽玄"在歌学领域得到了统驭性的地位。吉野朝时代,"幽玄体"作为一种理想的歌体越来越受到当时文人的重视和研究。如白居易《燕子楼三首》"燕子楼中霜月夜,秋来只为一人长"就被歌人二条良基认为是典型的"幽玄体"。

在逐渐发展的过程中,"幽玄"不再仅仅是一个用来表达宗教神秘感的词语,而成为一种审美范畴,被频繁地应用于文学、艺术领域。如观阿弥和世阿弥将这一概念引入到能乐之中,如谷崎润一郎所礼赞的"阴翳"就是"幽玄"的一种表现,他写道:"古歌吟咏道:'耙草结柴庵,散落还野原。'我们的思维方式就是如此。美,不存在于物体之中,而存在于物与物产生的阴翳的波纹和明暗之中。"⑤ 此外,日本在建筑领域也创造出了诸多富有"幽玄"意味的建筑艺术作品,改变和塑造着日本的人文地理景观和文化地理空间,如知恩院与不审庵——"日本人比起喜欢灼灼发光的东西,更倾慕于青苔之下的绿意;比起热衷于雍容华贵,倒更看重小巧素雅"⑥。

进入江户时代后,市井町人文化崛起,"幽玄"一词在文论中的应用渐渐减少,更多地被作为一种"高雅"的代名词存在于日本文化的美学体系之中,塑造和影响着日本的文化形态。

---

① 冯天瑜:《新语探源》,中华书局 2004 年版,第 318 页。

② 〔唐〕空海:《般若心经秘键》,《般若心经秘键/菩提心论》,清代手抄本,第 27 页。

③ 纪贯之编,杨烈译:《古今和歌集》,复旦大学出版社 1983 年版,第 1 页。

④ [日]渡部泰明、小林一彦、山本一等:《歌论歌学集成(第七卷)》,日本三弥井书店 2006 年版,第 17 页。

⑤ [日]谷崎润一郎著,陈德文译:《阴翳礼赞》,上海译文出版社 2016 年版,第 35 页。

⑥ 程麻:《零距离的日本》,人民文学出版社 2007 年版,第 31 页。

二、"幽玄"兴衰的文化渊源

所谓"文化心理"，就是指在文化传统长期塑造下的人们心理中的情理结构的特定状态，主要表现为自然情欲和社会理性的不同比例、配置和关系的组合。① 文化心理是塑造、选择、改变一个民族文化形态的主要因素之一，亦是"幽玄"一词在中日遭遇不同命运的根源。

（一）"幽玄"在中国消亡的原因探析

从宗教观来看，中国文化的核心是信仰非人格神的儒学思想体系，而非某一种宗教。罗素认为中国文化的特征之一，即以孔子伦理为准则而无宗教。② 儒学以道德标准替代了宗教的教义信仰，使华夏民族文化心理倾向于"努力奋斗，自强不息"的入世而非"人间外事不外儿戏"的出世，如梁漱溟认为中国文化是如《礼记》中所说"乐行而伦清，耳目聪明，血气和平，移风易俗，天下皆宁"③。能够推论，"幽玄"一词所带有的神学意味和宗教意义，是与中国传统文化心理相悖的。从生死观来看，中国文化彰显出"重生安死"的实务主义和实用理性精神。如《论语·先进篇》中"未知生，焉知死"；《庄子·养生主》中"保身全生"等。理性态度将人世无常、无神依靠、忧患忧惧的内心感受转化为"不安则不乐，不乐则无德"④ 的乐感文化，讲求人生的伦理纲常、安宁平和、意义价值。因此，相比于带有寂寥感、不安感的"幽玄"，满足了使用理性精神指导下人生态度要求的"神韵"更加受到中国主流文化的青睐。从文化结构来看，中国文化具有统一且多样的特征。如宋代地域文化可分为北方地区、东南地区、四川地区、中南地区，各地区文化风貌皆有特色，内在机理又相统一。在多民族文化中，尤以语言景观为盛。故在中国传统美学、文学领域，"幽玄"的替代词众多，以"幽"为词素的词汇近 100 个，如"幽冥""幽昧"；以"玄"为词素的词汇 200 余个，如"玄寂""玄秘"，故在文艺作品的创作中大可不必拘泥于"幽玄"这一单个词汇。

总的来看，中国文化在本土形成、发展并吸纳消融外来文化，实现了稳定而富有生命力的发展。在此基础上华夏民族的文化心理积极、安定且理性，追求活力、力量感和飘逸感，崇尚清远超诣与雄奇豪健。综上所述，受到中国宗教观、生死观以及文化结构的影响，"幽玄"在中国基本没有脱离作为词语的功能，不仅未能形成一种规范的美学概念或文论概念，也没有从宏观层面作为一种审美范畴或文学风格得以生存延续。

（二）"幽玄"在日本发展的心理探源

儒学思想从中国传入日本，不仅没有淡化日本一直抱有的神道信仰，反而进一步强化和巩固了神道教在日本文化中的地位。如吉田兼俱指出"佛法乃万法之花实，儒教为万

---

① 李泽厚：《中日文化心理比较试说略稿》，《华文文学》2010 年第 9 期，第 15~36 页。
② ［英］罗素著，秦悦译：《中国问题》，学林出版社 1999 年版，第 24 页。
③ ［西汉］戴圣：《礼记译注》，上海古籍出版社 2007 年版，第 465 页。
④ 荆门市博物馆编：《郭店楚墓竹简》，文物出版社 1998 年版，第 29 页。

法之枝叶，神道为万法的根本"①。宗教思想指导下形成的日本文化心理，即"大和魂"，一种神秘性甚强，要求彻底献身的非理性的情感态度和行为准则。② 因此，"幽玄"这一宗教词语顺利地被日本文化吸纳，并且一度被用于反对儒学，如本居宣长就以"事物的幽情"代替道德的善恶。佛教在日本的输入和传播，使大和民族潜在的生死无常、厌离秽世的心理有据可依，佛教与神道教相融相生，加深了日本将宇宙、世界、生命、个体都视为虚幻与空无的意识。与中国不同，日本虽也认为人生无常，内在态度却与"乐感文化"截然相反，表现出轻生喜灭的"崇死观"，崇拜神祇、权威、神秘。这种神秘主义是与实用理性相对的，较之实际生活中人世伦常、历史现实、政治事件，更重视对情绪的捕捉和对空寂的向往。"幽玄"一词中所蕴含的凄怆、悲凉与孤独感恰恰符合了大和民族文化心理中对神秘主义的追求。此外，日本文化"饮似长鲸吸百川"，为了形成独立的文化体系，就需要开展各文化形式领域的"纯化运动"。"幽玄"在中国的应用范围不甚广泛，内涵亦稍显薄弱，日本对这一词语的青睐，正如以樱花替代梅花，侧面反映出其力图摆脱中国影响、打造纯粹日式文化的强烈愿望。

日本美学概念中的"幽玄"，是一种富含"虚、哀、艳、寂"的，在言辞之外的"余情"，用以反映日本民族文化心理特征的一种审美趣味。大和民族包容性、偶然性的文化结构及心理上的孤苦漂泊、注重因缘导致了"幽玄"所富含的阴柔之美、哀伤之意与宿命论等美学意义对日本有着强烈的吸引力，能够反映和慰藉整个民族的不安感、体现其审美趣味和美学追求。

三、地理环境影响下的文化心理与"幽玄"兴衰

在通常情况下，地理环境只为文化发展提供多种可能性，至于某种可能性以某种形态转变为现实性，则取决于人类的选择。③ 地理环境作为一项重要的客观物质基础，在一定程度上塑造了一个民族独有的地域文化特色。在人类历史的发展过程中，不同民族由于受到不同的自然地理环境、政治经济条件和文化宗教形态的影响，形成各自不同的审美意识、文化取向与民族心理。

(一)"地理场"与文化心理建构的内在逻辑

"地理场"是地理学借鉴物理学研究方法形成的、用以研究区域内人类活动以及地理对区域的外部效应的一种理论。美国地理学家哈维最早提出"空间场"的概念，试图应用衰减函数与扩散方程验证地理空间的基础作用；继而哈格特和巴罗洛米分别研究了"地理场"及其强弱程度及其扩散机制，进一步验证了"地理场"的存在。相比于地理实体，"地理场"既包含有形的人口场、资源场，也包含无形的文化场。诸多学者对于地理环境影响空间形成的研究，实质上就是对于"地理场"的研究。

因此，将文化特点及文化心理视作一种"文化场"，即赋予了地理环境影响文化建构

① 李泽厚：《中日文化心理比较试说略稿》，《华文文学》2010 年第 9 期，第 15~36 页。
② 李泽厚：《中日文化心理比较试说略稿》，《华文文学》2010 年第 9 期，第 15~36 页。
③ 冯天瑜：《中国文化生成史》，武汉大学出版社 2013 年版，第 184 页。

的内在合理性。一方面,"文化场"包含在"地理场"之中,"地理场"的距离衰减效应会作用"文化场"的形成。"地理场"在实体区域内的传递受到距离因素的影响,最终划分出不同的地理区;同理,文化传播亦受此影响,形成不同的文化圈。另一方面,与"地理场"相同,"文化场"也具有渗透效应,某一区域的文化能够渗透并影响该地的地理实体,证明地理环境与文化的关系是双向作用的。

(二)"幽玄"兴衰背后地理与文化的关联

中国疆域辽阔、资源丰富,国境线是由大海、荒漠、高原组成的天然屏障,形成了一种与外部半隔绝的地理状态。诸子百家的学术建构,就是以地域为基础形成的。如梁启超所说,"孔墨之在北,老庄之在南,商韩之在西,管邹之在东"[①]。中国疆土内部广阔的回旋余地为儒学的传播创造了条件,划分了儒学学派的空间维度,并进一步加强了儒学在中原的影响力。从宗教信仰的角度来看,受半隔绝的地理环境影响,中国国民乐于独自经营、喜好和平温顺,讲究保守中庸、关注现实生活,富有自信心并且无过度向外部拓展的渴求和野心。儒学思想的实用主义和理性精神恰恰符合了中国国民的心理需求,故为主流社会所接受。由于国土面积广大且民族众多,以儒学为核心的中国传统文化具有高度的统一性并在此基础上孕育了多样的民族文化。柳诒徵指出中国文化成因即在于幅员广袤、种族复杂、开化甚早[②];梁漱溟晚年口述史中亦提到"中国以偌大民族,偌大地域,各方风土人情之异,语音之多隔,交通之不便,所以树立其文化之统一者……异族迭入而先后同化不为碍"。这一特性促进了儒释道三教融合,并为中国文化以道德代替宗教作了注解。从生死观的角度来看,外族难以入侵、资源丰厚多样的生存环境会塑造具有安全感的人格特质,尽管中国国民也认为人生无常、世事难测,但受地理环境与儒学影响的文化心理建构依旧呈现出了安全、务实而稳定的面貌:安土重迁、重生安死。

与中国不同,日本的文化心理则表现出了明显的"岛国情结"。"岛国情结"呈现出四种文化心理:自我封闭、排他意识、强烈的危机感、狂傲又不安于现状的性格。[③] 首先,日本是多山的岛国,易与四周隔离,难以推进文明进程的变革,因此各原始部落氏族自然形成的多神信仰不易被改变,并得以在民族性格底色中长久地维持。同时,由于多山岛国异常艰苦的生活环境,死亡的降临常有突发性、袭击性和不可预计、不可理解、不可抗拒性(如多地震、台风)的特点,这使得其人生观比中国更显沉重、感伤和无奈。如丰臣秀吉辞世俳句:"露落露消吾身,浪花之梦还多";再如福泽谕吉:"喜怒哀乐如梦景,一去了无痕迹"的感叹等,都反映出日本文化内核中的漂浮、虚幻、消极、不安。此外,由于四面环海的地理特征使得日本处于一种完全暴露于外界的状态,高度不安全感与强烈的求生欲使其产生向外部拓展的野心,也形成了高吸收性的"耻"文化特质。恶劣的自然条件决定了日本国民为谋求民族生存注定要耗费极大的精力,同时也加大了日本国民创造独立的精神文化的难度,使学习外来文化成为一种迫切的需求。但"耻"加重了地理环境带给日本国民的不安,使日本在吸收东亚他国及西方文化的同时,增强了成

① 梁启超:《中国地理大势论》,《饮冰室文集》(卷十),中华书局1989年版,第84~87页。
② 柳诒徵:《中国文化史》,商务印书馆2007年版。
③ 冯天瑜、任放:《日本对外侵略的文化渊源》,高等教育出版社2017年版,第4页。

为强盛国家的欲望、形成独立文化体系的渴求。

正如日本追求"物哀""侘寂",中国推崇"神韵""雄奇","幽玄"一词在中日的衰与兴,实质上是地理环境影响下形成的相异文化心理的缩影,从中可进一步窥见地理与文化的关联与规律:审美趣味对于地理美学的发展极为深刻,反映了美学表现与生产力布局因地制宜的统一。美学和生产都同地理、地域条件密切联系。经由地理条件促成的文化传播,会使得同样的语言景观和审美概念进入不同的文化地理空间,随之受到不同地理环境影响,经历不同的发展和演变过程,形成不同地域之间的审美差异、文化思想。经过文化濡化的、外来的审美概念可能会发展成为一种本土的审美范畴,继而从各方面反作用于地理环境,形成富有不同意涵的人文地理景观,构成不同的文化系统。

四、结　语

从词源学的角度看来,语言和词汇是深层文化心理及文化心理变迁的反映,也是研究相异民族文化心理的新路径。"幽玄"在中国的衰落,表现出以儒学思想体系为主导的中国文化中无宗教、喜安定、求务实的心理特质;而其在日本的发展,则体现了日本文化中信神佛、重神秘、少稳定的心理特征。地理环境因素对于中日文化心理的差异产生了重要的影响,在一定文化背景下,地理环境会为文化传播创造物质条件,使同一种文化元素在不同环境下分别发展演变成为可能。在发展演变的过程中,地理环境通过影响人们的生产生活方式、心理性格特征、民族文化特征、政治经济形态等间接影响某一文化元素的发展与演变。在不同的地理环境下,同样的地理元素可能会兴盛,可能会衰落。当这种文化元素兴盛并成为一种传统时,它就会指导人的生产生活活动,继而反向塑造或改变人文地理景观。

(作者单位:武汉大学国家文化发展研究院)

悲剧概念在东亚的早期传播：以东西方语言间的字典编纂为中心（1815—1855）

□ 斯 维

【摘要】萨义德把字典编纂作为西方对东方想象性构造的方式之一，字典编纂的这种性质在西学东渐的过程中充分展现出来。国际文化传播离不开国际政治形势，西学东渐尤其如此。维也纳体系的建立意味着一种以西方为中心的国际政治体系开始走向成熟，在维也纳体系建立之后，西方从不稳定的战争状态转入一种暂时稳定的均势状态，这就为西方向东方扩张行动提供了前提。在贸易扩张和军事扩张之前，西方首先尝试了文化扩张的手段，西学东渐就是维也纳体系建立之后西方文化帝国主义的产物。不过文化手段并未能达到效果，西方最终通过军事手段迫使东方进入以西方为中心的世界体系。从维也纳体系建立到东方进入以西方为中心的世界体系的这四十年是西学东渐最初的时期，一些重要概念在这个时期传播到东方。对这时期概念传播的考察，可以梳理出国际政治形势下西学东渐的过程。

【关键词】字典；西学东渐；西方；东方；传播；悲剧

在 19 世纪西学东渐的背景下，一批西学概念传播到东方，这就是王国维所说的"新学语之输入"①。其中一些概念，在 20 世纪中国被反复讨论，"悲剧"就是其一。对于这类概念，有必要从西学东渐的起点梳理清楚其流变的过程。同时，因为国际文化传播与国际政治形势息息相关，所以，从概念传播的角度出发可以有效地考察国际政治形势下的西学东渐过程。维也纳体系的建立使得欧洲形成均势状态，在这样的背景之下，西方开始尝试通过文化扩张配合贸易扩张的手段将东方卷入以西方为中心而建立起来的世界体系之中。这种尝试最终未能奏效，因此西方先后在 19 世纪 40 年代和 50 年代对中国和日本采取军事扩张的手段使之被迫进入世界体系之中。因此，本文即选取维也纳体系建立之后的

① 王国维：《论新学语之输入》，傅杰、邬国义编：《王国维全集》第一卷，浙江教育出版社、广东教育出版社 2009 年版，第 126~130 页。

1815 年和日本被迫卷入世界体系之后的 1855 年作为考察的起止时间。

1814 年 4 月 14 日、1815 年 7 月 7 日，法国皇帝拿破仑·波拿巴两次退位，长达二十五年的欧洲战争终于结束。其间，1814 年 9 月 18 日至 1815 年 6 月 9 日，欧洲列强召开维也纳会议，维也纳体系自此建立，标志着以欧洲为中心的世界体系走向成熟。在维也纳体系建立之前，欧洲列强被各阶级间的阶级矛盾、各民族间的民族矛盾和各政治集团间的军事冲突所束缚。在此之后，欧洲暂时形成均势局面，以欧洲为中心构建世界政治经济体系的行动逐渐展开，其中就包括了加速把东亚等处于世界政治经济体系边缘的空间卷入这个体系中。

西方把东方卷入以西方为中心构建的世界体系，首先表现在思想、文化、意识形态方面的扩张，也就是我们所说的西学东渐。萨义德在《东方学》的第二章“东方学的结构和再结构”中专辟一节题为“东方的居处（to reside）和研究：字典编纂和想象的必要”来讨论这个问题。他指出：

> 它将由在探险、传教、军事和商业活动中零零星星搜集起来的一大堆碎片重新转换、重新结构为字典编纂式的、图书馆式的、部门化了的以及文本化了的东方学意义。到 19 世纪中叶……在这里，人们不仅可以重新构造、重新复活东方，而且可以重新构造、重新复活自己。①

也就是说，西学东渐的一项重要事业是编纂西方语言和东方语言之间的字汇辞典。《华语字典三种》和《道译法儿马》是这项文化事业的早期代表成果，先后问世于维也纳体系建立之后的 1815 年、1816 年，分别由前荷兰东印度公司驻日本国的职员、英国东印度公司驻中国的职员完成，具有非常典型的意义。维也纳体系建立之初的西学东渐，成为后来很多关键概念的源头。

《华语字典三种》问世于 1815 年，包含“华英字典”“同音字典”“英华字典”三个部分的字典，凡六卷，其中华英字典三卷，同音字典两卷，英华字典一卷。封面所题“A Dictionary of the Chinese Language, in Three Parts”，即“华语字典三种”，是这部字典的总名，这一书名表现出把东方对象化的西方中心主义色彩，是故也是此书在西方通行的名称；不同的是，此书在中国则以第三部分首页上的书名“An English and Chinese Dictionary”，即“英华字典”通行。编纂者罗伯特·马礼逊（Robert Morrison）是伦敦传道会（London Missionary Society）的一名新教公理会传教士，时任英国东印度公司职员。在编纂字典前后那段时间，他正在中国广州工作，广州是中国被卷入西方中心的世界体系前唯一的对外贸易港口，马礼逊在这里工作了二十五年。

《法尔马道译》问世于《华语字典三种》一年以后。1815 年，作为维也纳体系的商定内容之一，一度被拿破仑兄弟统治的荷兰地区，南尼德兰和北尼德兰被合并为新的荷兰王国（Het Verenigd Koninkrijk der Nederlanden），欧洲列强之间的权力关系进一步得到平衡。在这样的历史背景下，荷兰也接踵英国对东亚文化的步伐。一年以后，前荷兰东印度公司职员、时任荷兰驻日本长崎的加必丹（カピタン）亨得利克·道夫与长崎通词吉雄

---

① 爱德华·瓦迪厄·萨义德著，王宇根译：《东方学》，三联书店 1999 年版，第 214 页。

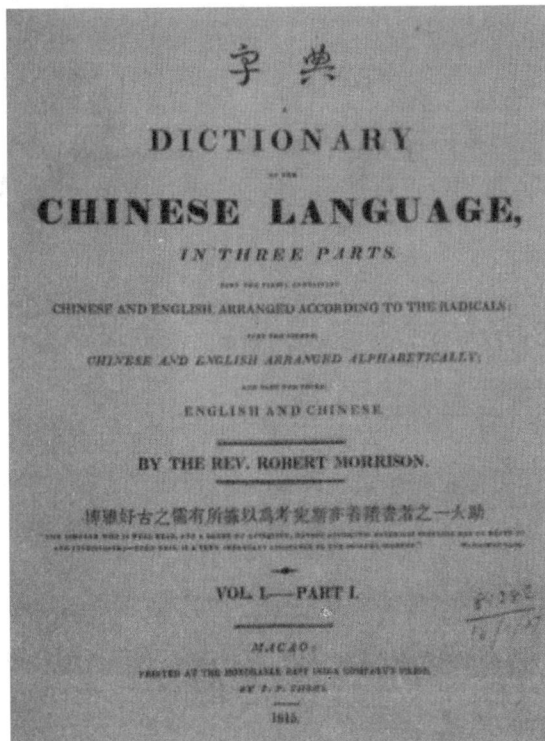

1815 年《华语字典三种》封面

劝之助合作完成了一部荷兰语-日本语字汇词典《法尔马道译》。加必丹是最早与日本进行贸易的西方国家葡萄牙的语言"Capitão"之音译，意即"长官"。宽永十年（1633），日本颁布第一次锁国令；十四年至十五年（1637—1638）岛原之乱以后，日本锁国体制完全建立，南蛮贸易（Nanban Trade）终结，葡萄牙也被排除在日本贸易国之外，除了中国和荷兰以外，其他国家的商船只能停泊在长崎。至此，荷兰成为唯一一个能够与日本进行合法贸易的西方国家，从而取代了葡萄牙的加必丹地位，这一职务也更名为"Opperhoofden"，也是"长官"的意思，指荷兰东印度公司日本商馆的长官，不过日本国对此职务的称呼仍延续了此前葡萄牙语的音译。自 1803 年接替威廉·瓦德纳（Willem Wardenaar）以来至 1817 年被简·库克·布卢霍夫（Jan Cock Blomhoff）接替为止，亨得利克·道夫担任加必丹。① 亨得利克·道夫早年任职于爪哇岛巴塔维亚（Batavia，即今雅加达）的荷兰东印度公司总部，1799 年荷兰东印度公司解散后，他被派驻日本长崎出岛②贸易港，从一位书记员逐渐成长为驻长崎的加必丹。吉雄劝之助又名吉雄如渊，精通西方文化，著有《英吉利文话之凡例》等，译有雅骨弗斯冷吉《外科新书》等。他们组

---

① 亨得利克·道夫把这段经历写成《追忆日本》（*Herinneringen uit Japan*）。参见《追忆日本》，哈勒姆：弗朗索瓦·博恩继承人（Haarlem, de erven Francois Bohn），1833 年。

② 宽永十八年（1641），荷兰东印度公司的日本商馆从长崎迁移至长崎港内的扇形人工岛——出岛。

成的文化团队合作发起了许多东西方文化交流之举，除了《法尔马道译》以外，该团队还将岛原之乱期间荷兰商馆长官尼可拉斯·科切贝克（Nicolaes Coeckebacker）的日记中与岛原之乱相关记录翻译成了《天马异闻》。

《华语字典三种》《法尔马道译》先后问世，在编纂上具有很强的历史同构性。（参见表一）从编纂时间上看，它们都问世于维也纳体系建立之初，处于均势环境下的欧洲开始着力于对欧洲中心以外的地方进行扩张。从产生地点上看，《华语字典三种》产生在广州，那是中国当时唯一一个合法的贸易港口；《法尔马道译》产生在长崎，那是日本当时唯一一个合法的贸易港口。从编纂者身份来看，罗伯特·马礼逊是英国东印度公司职员，亨得利克·道夫是荷兰东印度公司职员、驻长崎加必丹，而英国和荷兰则分别是当时与中国、日本在广州、长崎有贸易关系的主要国家。从字典内容上看，前者是第一部英语-汉语字典，后者是第一部荷兰语-日语字典，都是西方语言-东方语言之间的最早字汇辞典之一。总的来看，1815 年、1816 年，英语-汉语字典《华语字典三种》和荷兰语-日语字典《法尔马道译》先后在广州、长崎由英国东印度公司职员、荷兰驻日本加必丹编纂完成，这种历史同构性表现出历史必然性，说明两部东西方语言间的字典编纂，与英国、荷兰两个东印度公司所代表的以西方为中心的世界体系向东方的扩张密不可分。在维也纳体系建立之初的时代下，这种扩张尚以文化方面的扩张为先导，也就是西学东渐。从根本性质上讲，作为 19 世纪文化扩张的主要表现方式，西学东渐与西方的贸易扩张、军事扩张是相辅相成的关系。不论是文化扩张、贸易扩张还是军事扩张，其目的都是从不同方面把东方卷入以西方为中心的世界体系中来。

表一　　　　　维也纳体系建立之初两部东西方语言字典的基本信息对照表

	《华语字典三种》	《法尔马道译》
最早版本出版时间	1815 年	1816 年
西方语言	英语	荷兰语
东方语言	汉语	日语
主要责任人	罗伯特·马礼逊	亨得利克·道夫
所属国家	英国	荷兰
所属机构	英国东印度公司	荷兰东印度公司、出岛
主要地点	中国广州、澳门	日本国长崎

《华语字典三种》中的悲剧概念包含三个面向，即肃剧、苦情戏和悲戏。罗伯特·马礼逊对悲剧概念的解释是这样的："TRAGEDY, serious drama, 苦情的戏, koo tsing tĕĭh he; 悲戏 pei he"。①首先，英文解释"serious drama"，意为严肃戏剧，即现今"肃剧"之谓，这是对古希腊悲剧概念的溯源。刘小枫在《古希腊悲剧注疏集·出版说明》中继

---

①　马礼逊：《华语字典三种》之第三部分"英汉字典"，英国东印度公司出版社澳门印刷厂，1822 年，第 440 页。

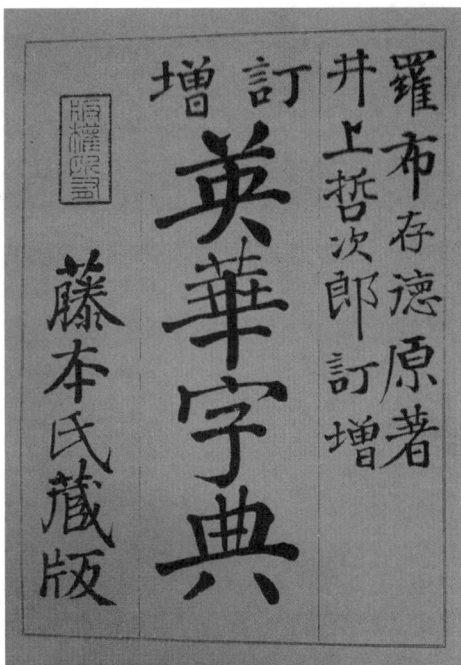

井上哲次郎《增订英华字典》，1884 年藤本氏藏版

承罗念生的观念如此解释肃剧：

> 我国古代没有"悲剧""喜剧"的分类，只有剧种的分类。如今我们已经习惯把古希腊的 tragedy 译作"悲剧"，但罗念生先生早就指出，这个译法其实并不恰当，因为 tragedy 并非表达"伤心、哀恸、怜悯"的表演。Tragedy 来自希腊文，词尾 edy =［祭歌］即伴随音乐和舞蹈的敬拜式祭唱：Trag-edy 的前半部分 Trag 的原义是"雄兽"，与 -edy 合拼就是"雄兽祭歌"，意思是给狄俄尼索斯神献祭雄兽时唱的祭歌，形式庄严肃穆。因此，Trag-edy 的恰切译法当是"肃剧"——汉语的"肃"意为"恭敬、庄重、揖拜"，还有"清除、引进"的意思，与古希腊 Trag-edy 的政治含义颇为吻合。①

其次，中文解释"苦情的戏"，继承中国传统术语"苦情戏"，是对戏曲理论中类似概念的挖掘。前两个英文、中文的解释，分别是对西方传统和东方传统的接续。最后，"悲戏"才是罗伯特·马礼逊对西语"Tragedy"的汉字定名，即王国维所谓"造译西语之汉文"②。

《法尔马道译》对悲剧的解释是"引起悲哀的戏剧"，具体而言则由于其复杂的版本

---

① 刘小枫：《出版说明》，《古希腊悲剧注疏集》，华夏出版社 2008 年版。

② 王国维：《论新学语之输入》，傅杰、邬国义编：《王国维全集》第一卷，浙江教育出版社、广东教育出版社 2009 年版，第 127 页。

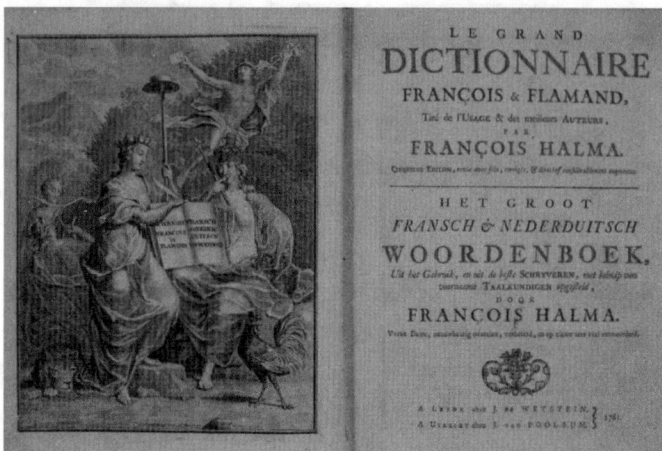

《法语佛兰芒语辞典》封面

问题有所出入。在《法尔马道译》的书名中，"法尔马"即 Halma 的音译，"道"即 Doeff 的音译，后者指亨得利克·道夫（Hendrik Doeff），前者指荷兰出版商弗朗西斯·法尔马（François Halma）。1761 年，荷兰莱顿的威斯汀出版社（J. de Wetstein）和乌得勒支的普尔散出版社（J. Van Poolsum）联合出版了弗朗西斯·法尔马编纂的《法语佛兰芒语①辞典》（Le grand dictionnaire françois & flamand）。《法尔马道译》并非独立撰写的西方语言和东方语言之间的字汇词典，而是在《法语佛兰芒语辞典》这部两种西方语言之间的字汇辞典的基础上翻译而成，因此题名"法尔马道译"，意为亨得利克·道夫所译弗朗西斯·法尔马《法语佛兰芒语辞典》。1998 年，东京大学文学部名誉教授松村明监修影印的ゆまに书房"近世兰语学第 3 期"《道译法儿马》是以文政十三年（1833）抄本为底本的。该本现为静嘉堂所藏，凡八卷，半叶三十行，版心题"道译法儿马"及"三省堂藏"，是这部字汇辞典目前最通行的、最权威的版本。早稻田大学图书馆贵重书库藏有此书的另一个抄本，为坪井信道旧藏。坪井信道是一位医学家、兰学家，著有《诊侯大概》，译有《制炼发蒙》《万病治准》《扶歇兰杜神经热论》等，培养了青木周弼、绪方洪庵、川本幸民、杉田成卿、黑川良安等一批医学家、兰学家。坪井信道藏本凡八卷，每卷首页上有诚轩图书印，半叶三十行，版心题"道庵秘本"及"法尔马道译"，正文之前有荷兰文和日文《绪言》、日文《反例》、日文《辞书中诸符》。荷兰文和日文《绪言》落款时间分别为"ad 1816"和"文化十三年九月"，即 1816 年 9 月，应是这部字汇辞典最早的版本。

两个版本比较而言，涉及日文假名的，文化十三年的道庵秘本《法尔马道译》中全用平假名，而文政十三年的三省堂本《道译法儿马》则全用片假名。尽管两个版本使用的假名形式不同，但在内容表述上基本是一一对应的。就悲剧相关概念而言，两个版本在动词"treuren"（悲哀）和形容词"treurig"（悲哀的）的表述上是相同的；前者表述为

---

① 佛兰芒语，即现今所谓荷兰语。

"近世兰语学第 3 期"影印静嘉堂文库藏文政十三年抄本《道译法儿马》中的悲剧概念

坪井信道旧藏亨得利克·道夫、吉雄劝之助《法尔马道译》，早稻田大学图书馆藏

"悲しむ又歎く（悲シム又歎ク）"即表示悲叹的行为，后者表述为"悲てをる又歎てをる（悲テヲル又歎テヲル）"即形容悲叹的状态。而名词"treurspel"（悲剧）的表述，从表

面上看似乎有差异。三省堂本《道译法儿马》表述为"哀ヲ催ス芝居",而道庵秘本《法尔马道译》的表述则形如"哀を催春芝居"。此处形如"春"的符号 当为"す"的变体假名。该假名除了从汉字"寸"变化而来的现代标准日本语形式以外,还有从汉字"春""须""寿""数"变化而来的变体假名 等,道庵秘本《法尔马道译》中的即从汉字"春"变化而来的写法。因此,道庵秘本《法尔马道译》对悲剧的表述实应读如"哀を催す芝居",这也就和三省堂本《道译法儿马》的表述是一样的了,意为引起悲哀的戏剧,这也是悲剧概念在东方的最早表述。

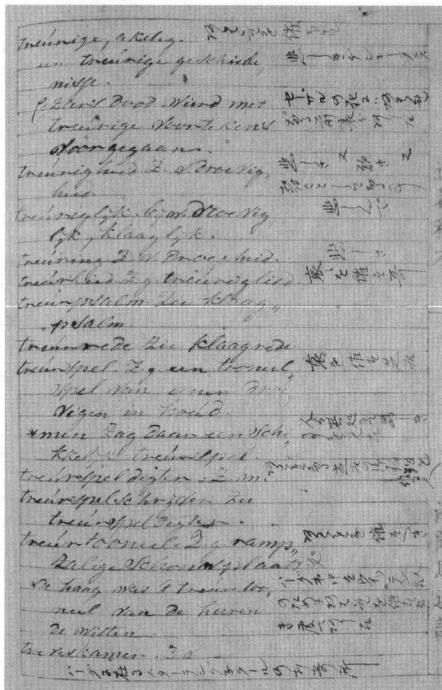

道庵秘本《法尔马道译》中的悲剧概念

两个版本的内容,大部分情况如上文所举的例子那样,尽管分别使用平假名、片假名甚至变体假名,但内容上多是一致的。不过,也有这样的情况出现,那就是即使不考虑假名文字形式的区别,两个版本在遣词表达上仍不尽相同。比如,三省堂本《道译法儿马》把形容词"treurige"表述为"哀ヲ催ス",即形容引起悲哀的;而道庵秘本《法尔马道译》的表述则形如"阿王连を催布春"。现代标准日本语的平假名"あ"是从汉字"安"变化而来的,而"あ"的写法除此之外还有汉字"阿""爱""恶"(甚至"恶"的简写"亚")变化而来的等变体假名,道庵秘本《法尔马道译》中的即从汉字"阿"变化而来的写法;同理,现代标准日本语的平假名"わ"是从汉字"和"变化而来的,而道庵秘本《法尔马道译》中的则是从汉字"王"变化而来的写法;同理,现代标准日本语的平假名"れ"是从汉字"礼"变化而来的,此外,这个平假名还有从汉字"连""丽"变化而来的等变体假名,道庵秘本《法尔马道译》中的即从"连"而来的写法;现代标准日本语的平假名"ふ"是从汉字"不"变化而来的,此外,这个平假名还有从汉字"布""妇"甚至"风"变化而来的变体假名ちぬ几等，道庵秘本《法尔马道译》中的﹏即从汉字"布"变化而来的写法。综上所述，道庵秘本《法尔马道译》中"treurige"条中形如"阿王连を催布春"的表述，实则应读如"あわれを催ふす"，其中"あわれ"即"哀れ"的训读。那么，道庵秘本《法尔马道译》中的"哀れを催ふす"和三省堂本《道译法儿马》中的"哀ヲ催ス"尽管大致意味上差不多，遣词却明显不同。同样的，名词"treurlied"（悲歌）的表述上，三省堂本《道译法儿马》是"哀ヲ催ス哥"，而道庵秘本《法尔马道译》则是"哀みを催す哥"，其中"哀み"是动词"哀む"的名词形式（即今所写"哀れみ""哀れむ"），尽管与三省堂本《道译法儿马》大致无差，都相当于"令人悲哀的歌曲"的意味，但两者的遣词仍然有所差别。由此可见，道庵秘本《法尔马道译》与文政十三年的三省堂本《道译法儿马》之间紧密关联却又不尽相同。①

《华语字典三种》和《法尔马道译》无疑是东西方文化交流的产物，但这种文化交流有着特殊的时代背景和政治企图。其时代背景就是维也纳体系的建立，其政治企图就是把东方卷入新的世界体系中来。在维也纳体系之下，这种文化扩张与贸易扩张相配合的手段并没有有效达到把东方卷入世界体系的目的，于是，西方转而把军事扩张作为叩开中国、日本大门的主要手段。

在罗伯特·马礼逊的《华语字典三种》问世前一年，他的长子马儒翰（John Robert Morrison）出生了。道光二十年（1840），中英鸦片战争爆发，西方开始通过暴力侵略来迫使东方进入以西方为中心的世界体系，马儒翰参加了鸦片战争。道光二十二年（1842），中国战败，中英启动《南京条约》谈判，马儒翰担任英方谈判翻译。鸦片战争使得中国正式被卷入世界体系，其间英属香港政府成立，马儒翰出任议政局委员、定例局委员兼代辅政司。马礼逊父子分别代表了西方在东方扩张的两个阶段，马儒翰所参与的侵略战争和殖民统治，与马礼逊所参与的文化事业是一脉相承的。

鸦片战争以后，字典编纂所代表的文化扩张不再是西方在东方扩张的主要模式。在西学东渐的新时期里，两部新编英语-汉语字典问世了，即卫三畏《英华韵府历阶》和麦都思《两卷本英华字典》，它们在罗伯特·马礼逊的《英华字典三种》的基础上既有承续，又有新变。

《英华韵府历阶》封面题道光癸卯年（1843）镌，香山书院梓，卫三畏（Samuel Wells Williams）鉴定。其英文名"*An English and Chinese Vocabulary in the Court Dialect*"意为英华字典（官话注音），这与美国传教士卫三畏在两年前辅助裨治文（Elijah Coleman Bridgman）《中文文选（粤语注音）》（*Chinese Chrestomathy in the Canton Dialect*）所强调的粤语注音不同，同时也与《英华字典三种》中常用的粤语注音形成差异。因此，卫三畏一方面继承了马礼逊将"悲戏"作为 Tragedy 的汉文名称，一方面又将马礼逊的粤语注

---

① 以上所引，文化十三年道庵秘本《法尔马道译》，见早稻田大学图书馆藏道庵秘本《法尔马道译》第七卷；文政十三年三省堂本《道译法儿马》，见松村明监修影印"近世兰学第3期"《道译法儿马》第七卷，ゆまに书房1998年版，第197~198页。此外，大阪大学适塾记念中心藏又新堂本《道译法儿马》中头文字"T"的部分疑为阙如，兹不赘述。

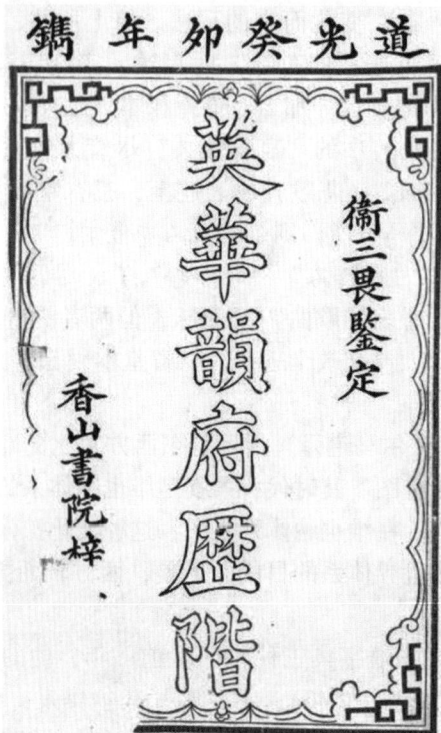

卫三畏《英华韵府历阶》，香山书院梓，道光癸卯年镌

音"pei hei"改为官话注音"pei hi"。① 从这里可以看到，鸦片战争以后的英语-汉语字典编纂适应了中国从一口通商被迫改为五口通商的新形势，其文化扩张的视野开始从广府一地转向整个中国。

三年后，《两卷本英华字典》由上海的墨海书馆（Missionary Society Press）出版，作者麦都思（Walter Henry Medhurst），自号墨海老人，也就是墨海书馆的联合创始人。相比于《英华字典三种》的粤语注音、《英华韵府历阶》的官话注音，《两卷本英华字典》则更接近于吴语注音。这表明鸦片战争之后，华东地区开始逐渐成为与华南地区并列的中外交流主要空间。麦都思着意于把 Tragedy 的多种内涵的汉文表达都尽可能罗列出来，包括悲、悲戏、哭戏、悲欢相合、可哀之事、可悲、灾害，前四种意思显然受到马礼逊的影响，后三种则意在解释悲剧概念在戏剧之外的意思。②

作为第一个在上海传教的传教士，麦都思自 1843 年来华至 1856 年离华大多在上海活动。除了创办麦家圈（即墨海书馆、天安堂和仁济医院）以外，还曾担任第一届上海工部局董事。与麦都思以一地为主要活动地点不同，卫三畏既经历了中国被迫卷入世界体系的历程，也参与了日本被迫卷入世界体系的历程，他经历的历史事件作为西学东渐的转折点具有典型意义。卫三畏在 1833 年到达广州和 1837 年到达长崎所乘坐的商船正是著名的

---

① 卫三畏：《英华韵府历阶》，澳门香山书院 1843 年版，第 299 页。
② 麦都思：《英华字典》，上海墨海书馆 1847 年版，第 1310 页。

马礼逊号（SS Morrison），而马礼逊号抵达长崎正是日本被迫卷入世界体系的开端。

1837 年 7 月，在广州的美国商人查尔斯·W. 金（Charles W King）试图遣送上个月因日本在文政八年（1825）颁布的《异国船驱逐令》（《異國船打払令》）政策下炮击美国马礼逊号商船而造成的马礼逊号事件（Morrison incident）中的山本音吉等日本漂流民，并希望以此达到与日本通商的目的。这时，美国试图通过和平外交打开日本国门。1849 年，詹姆斯·格林（James Glynn）在首次美日谈判后，向美国国会提出了炮舰外交（gunboat diplomacy）的政策。从和平外交转向炮舰外交后，1853 年，美国海军准将马修·卡布雷什·佩里（Matthew Calbraith Perry）携带米勒德·菲尔莫尔（Millard Fillmore）总统的国书，率领一支美国海军舰队攻入东京湾的浦贺水道，卫三畏作为翻译参与了本次军事侵略。次年，美国和日本签署了《神奈川条约》（Kanagawa Treaty），即《日米和亲条约》（Convention of Kanagawa），自此，日本也被迫卷入以西方为中心而建立的世界体系之中。

美国发行的日本开国百周年纪年邮票

在东方被动进入世界体系的时刻，东西方所持的不同心态可以从图像资料中反映出来。日本把这次关键事件称为黑船来航，美方则称之为佩里远征。从名称到图像资料，都反映出东方和西方对这次事件全然不同的观照视角。从作为霸权中心的西方来看，佩里远征是继 1840 年鸦片战争把中国卷入长 19 世纪世界体系之后，西方对东方的又一次胜利，其意义在于，从此日本也将被迫卷入长 19 世纪世界体系。因此，一百年后，在一张美国发行的邮票的题名上，美国把佩里远征称为日本开放或者说开国百周年——一个西方中心主义立场的名字。从图像所表达的意义来看，那是一个宁静祥和的夜晚，明朗的圆月之下，温润的水面之上，近处的青松与远处的富士山都散发出一种令西方文化感到别致的日本式美学，两艘笔画简洁得甚至不像战舰的小船缓缓地驶入东京湾，而在巨大的画外画里，佩里准将展现出西方的威严与自信。但在日本的视角之下，美军舰队绝不像美国邮票里绘制的那样悠闲，四艘战舰有计划、有目的地从浦贺水道攻向东京湾。从日本绘制的神奈川县历史博物馆藏萨斯喀那号战舰（USS Susquehanna）图和东京大学史料编纂所藏帕哈坦号战舰（USS Powhatan）图中可以看出，在日本人眼里，它们高大、精良，悬挂的美国国旗显示出对东方的野心，绝不是美国邮票里所试图伪装出来的一副毫无攻击性的表象；佩里等美国海军诸将领的形象也不是邮票里着重展现的高大伟岸的救世主姿态，从美国国会图书馆藏《合众国提督水师之上书》图中可以看出，日本人眼中的美利坚合众国提督水师正周密地注视着地球仪上的世界体系之外的东方国度。

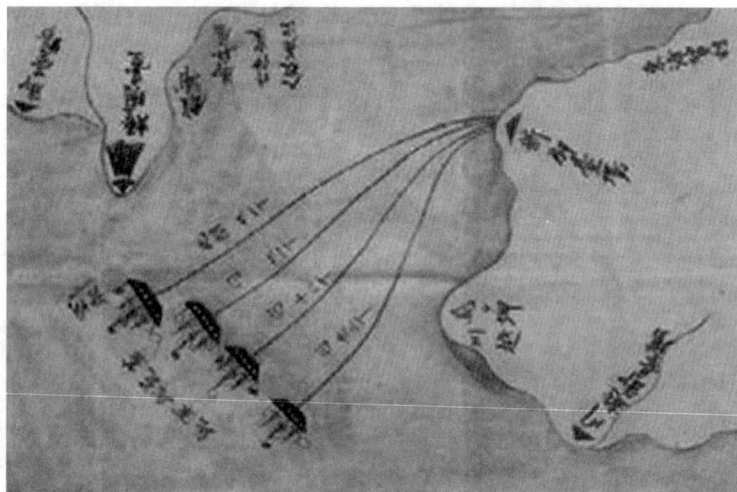

日本绘制美国舰队着岸图

日本视角下的黑船来航，神奈川县历史博物馆藏萨斯喀那号战舰图

在美国邮票里，日本人所有的情绪和态度都被掩盖下去。佩里的正面大头贴下，一位日本成年人和一位日本未成年人在岸边静静地望着美军舰队的驶入。这意味着，在西方的视角里，日本只能有背影，因为这样的图像结构可以把他们的情绪和态度全部抽离掉——

而那些东西正是西方所没有兴趣去面对的，抽离掉之后，仿佛东方对西方的情绪和态度也像整幅画所描绘的那样平静。实际上真是如此吗？

同样是对那个夜晚的描绘，那时的一则狂歌就表达了日本真实的情绪和态度：泰平の眠りを覚ます上喜撰、たった四杯で夜も眠れず。据猪口孝的解读，喜撰是一种宇治绿茶品牌，上喜撰即上等的喜撰，此处"上喜撰"谐音"蒸汽船"（じょうきせん）。这则狂歌的意思是，蒸汽船让太平的睡眠觉醒，只饮四杯夜里无法安睡了。①蒸汽船象征西方帝国主义的炮舰外交，在蒸汽船来航以前，日本是安心睡眠的状态，来航以后则是无法安睡的状态——狂歌里精到地提炼出"眠"与"觉"两种状态，这正是对日本被迫卷入长 19世纪世界体系前后状态的最好的描绘。无法安睡才是日本在那时真实的情绪和态度，它所反映出的是日本在面对世界体系霸权时的焦虑，那不仅是歌者的焦虑或者浦贺水道遥望美军舰队的日本父子的焦虑，而且是整个民族的，或者说一种东方的焦虑。由于人物背面的处理和整体氛围的营造，这些焦虑在美国邮票中完全被消解了、忽视了；邮票的发行时间已经是短 20 世纪中叶了，当帝国主义回顾长 19 世纪的扩张史，其西方中心主义的立场依然止不住跃然纸上。

日本视角下的黑船来航：东京大学史料编纂所藏帕哈坦号战舰图

在《日米和亲条约》签署后的第二年（1855），西学在日本的传播又有了新进展。桂川家的第四代当主桂川甫周（1826—1881）开始校订《法尔马道译》，并定名为"和兰字汇"。《和兰字汇》封面题有"侍医法眼桂川甫周藏梓"，法眼是幕府侍医中的最高职位，桂川甫周又名桂川国瑞，同《法尔马道译》的收藏者坪井信道一样，他不但是一位医学家，还是一位兰学家。《和兰字汇》凡六卷，根据《和兰字汇》封面"安正乙卯新镌"字样可知其最终出版时间为安政五年（1858），又根据其版权页可知，出版社为桥通二町目山城屋佐兵卫发弘书林。如果只看《和兰字汇》所依据的书名及其中使用的片假名，似乎可以轻易判断桂川甫周所参照的版本是文政十三年三省堂本《道译法儿马》而非更

---

① 详参猪口孝：《猪口孝が読み解く"ペリー提督日本遠征記"》，日本东京 NTT 出版，1999 年。

早的文化十三年道庵秘本《法尔马道译》（参见表二）。

表二   **道庵秘本《法尔马道译》、三省堂本《道译法儿马》与发弘书林《和兰字汇》中的悲剧概念对照表**

荷兰文	词性	日文			中文含义
		道庵秘本《法尔马道译》	三省堂本《道译法儿马》	发弘书林《和兰字汇》	
treuren	动词	悲しむ 又歎く	悲シム 又歎ク	悲ム 又歎ク	表示悲叹的行为
treurig	形容词	悲てをる 又歎てをる	悲テヲル 又歎テヲル	悲テ居ル 又歎テ居ル	形容悲叹的状态
treurige	形容词	あわれを催ふす	哀ヲ催ス	哀レヲ催ス	形容引起悲哀的
treurlied	名词	哀み を催す哥	哀ヲ催ス哥	哀レヲ催フス哥	引起悲哀的歌
treurspel	名词	哀を催す芝居	哀ヲ催ス芝居	哀ヲ催フス芝居	引起悲哀的戏剧 （悲剧）

不过，有很多迹象表明，《和兰字汇》也可能是以道庵秘本《法尔马道译》为校订底本。从其中对悲剧概念的翻译来说，比较明显的是"哀（あわ）"与"哀（あわ）れ"这个词的两种表达方式，尽管意味上没有差别，但《和兰字汇》在表达方式上与道庵秘本《法尔马道译》相同而与三省堂本《道译法儿马》不同。尤其重要的是，《和兰字汇》中出现的一种错误表达，即"催フ"。这个问题在三省堂本《道译法儿马》中并未出现，而在道庵秘本《法尔马道译》确凿是有的。这样来看，《和兰字汇》更有可能是以校订道庵秘本《法尔马道译》而成。至于假名形式的问题或许只是不同时代的使用习惯而已，毕竟，在时间上《和兰字汇》与三省堂本《道译法儿马》更接近。[①]

同样是在《日米和亲条约》的签署一年以后，日本开设了洋学所，标志着东方在西学东渐的过程中开始具有主观能动性。次年，洋学所更名藩书调所，文久二年（1862）又更名洋书调所，这是西学东渐的重要机构，在此担任教授的堀达之助、村上英俊、西周等人，成为西学东渐新时期的代表人物。

这之后的西学东渐过程及其国际政治背景，笔者将另撰文分析。兹谨简要说明维也纳体系建立之初所编纂的字典在西学东渐新时期依然保持着很强的影响力。首先，在表示"引起悲哀"（即"哀みを催"）的意味时，《法尔马道译》使用的关键词不是"悲"而是"哀"。哀并不是悲剧概念在西方文化里所本来蕴含的意味，而是带有鲜明的日本文化

---

①   安政五年发弘书林《和兰字汇》中的悲剧概念，见《和兰字汇》影印本，杉本つとむ解说版，早稻田大学出版部 1974 年版，第 3006~3007 页。

特色。堀达之助在《英和对译袖珍辞书》里，把悲喜剧（Tragi-comedy）解释为"哀卜乐卜ヲ催ス芝居"①（引起悲哀和快乐的戏剧），就是承袭了《和兰字汇》中的"哀ヲ催フス芝居"（引起悲哀的戏剧）这一表达。其次，在表示悲的状态时，《法尔马道译》还使用"叹"作为关键词之一。堀达之助即把英文悲剧作家、悲剧演员（Tragedian）解释为"叹歌ヲ作ル人，叹歌ヲ咏ル人"，并把 Tragedy 解释为"哀叹ノ歌，仝上ノ芝居"②；村上英俊的《佛语明要》（1864）把法文 tragédie 解释为"愁叹ノ场芝居ノ"③。

19 世纪的英语-汉语字典全部继承了马礼逊的"悲戏"概念，无一例外。此外，罗布存德（William Lobscheid）《英华字典（含粤语和国语发音）》（1866）继承了麦都思的"可哀之事"并以此为基础申发出"忧事""悲事""可悲之事"等解释④；卢公明（Justus Doolittle）《英华翠林韵府（普通话标音）》（1872）还继承了马礼逊的"苦情戏"和麦都思的"悲欢相合"⑤；邝其照的《华英字典集成》（1875）则继承了麦都思的"悲"和"哭戏"的概念⑥。马礼逊把"悲欢离合"理解为戏剧的所有形式（all the forms of the Dramas）⑦，王国维在此基础上重组为两组对应的概念，即悲—离、欢—合，悲即悲剧，欢即喜剧，离即结局的破裂，合即结局的团圆。在这种认识之下，王国维在讨论《红楼梦》的悲剧精神时，斥责一些作品"始于悲者终于欢，始于离者终于合，始于困者终于亨"的戏剧结构⑧，又在论证元代戏曲有悲剧在其中时，认为元代戏曲有悲剧的理由就是没有先离别后聚合、始于逆境终于顺境的团圆结局⑨。由于王国维在西学东渐过程中的承上启下地位，他这样的观念影响了整个 20 世纪中国悲剧观念中对团圆结局的理解，而这些都能追溯到维也纳体系建立之初西学东渐的起点。

从维也纳体系建立到东方进入以西方为中心的世界体系这四十年间，西学东渐随着国际政治形势的变化而兴起。维也纳体系的建立、中国被迫卷入世界体系、日本被迫卷入世界体系分别带来了西学东渐最初的三次高潮。任何一种文化事件，尤其是国际文化事件，都不能单纯从文化的角度来理解，而要置之于政治形势发展的大背景下做历史化考察。

（作者单位：中山大学中文系）

---

① 堀达之助：《英和对译袖珍辞书》，日本洋书调所 1862 年版，第 841 页。

② 堀达之助：《英和对译袖珍辞书》，日本洋书调所 1862 年版，第 841 页。

③ 村上英俊：《佛语明要》，影印达理堂本，日本株式会社カルチヤノ 1864 年版，第 63~64 页。

④ 罗布存德：《英华字典》，香港日报出版社 1866 年版，第 1811 页。

⑤ 卢公明：《英华翠林韵府》，Rozario, Marcal, and Company, 1872 年版，第 498 页。

⑥ 邝其照：《华英字典集成》，光绪十三年重镌，第 401 页。

⑦ 马礼逊：《华语字典三种》之"英汉字典"，英国东印度公司出版社澳门印刷厂，1822 年，第 440 页。

⑧ 王国维：《〈红楼梦〉评论》，傅杰、邬国义编：《王国维全集》第一卷，浙江教育出版社、广东教育出版社 2009 年版，第 64 页。

⑨ 王国维：《宋元戏曲史》，胡逢祥编：《王国维全集》第三卷，浙江教育出版社、广东教育出版社 2009 年版，第 114 页。

文史考证

说　衽*

□　王　锷

【摘要】 学术界对"衽"字之解说，意见不一。从先秦两汉文献记载看，衽有三义：一指衣襟，是上衣胸前之左右两幅，即左襟、右襟，又名左衽、右衽。深衣衣裳相连，故裳亦曰衽。引申之，士丧礼中覆盖重和鬲之苇席亦曰衽。二指固定棺材的木橛，又曰木楔子、小要。三指卧席，铺设席亦曰衽。

【关键词】 衽；名物；三礼

先秦两汉文献多言"衽"，然对于"衽"字之解释，自汉代郑玄以来，唐孔颖达、贾公彦，宋朱熹，清江永、段玉裁、孙希旦等人之解说不一。今就《仪礼》《礼记》《周礼》等文献之记载，在前贤研究基础上，略加梳理，以就教于方家。

一

衽即衣襟，本作"袊"，借作"襟"，又作"衿"，指上衣胸前之左右两幅，今曰前襟，分左襟、右襟。上衣有交领、直领之别，直领者曰对襟，交领者曰旁襟。旁襟则左襟两幅，右襟一幅，左襟之半掩盖于右襟之上，故右襟亦名"里襟"，襟上系带结于右腋之下，谓之右衽，常服均右衽，死者服左衽，先秦时期，夷狄之服多左衽。

《说文》："衽，衣袊也。""袊，交衽也。"段玉裁《注》曰："袊之字，一变为衿，再变为襟，字一耳。此则谓掩裳际之衽，当前幅后幅相交之处，故曰交衽，袊本衽之偊，此其推移之渐，许必言其本义为言。"《尔雅》《毛诗传》《方言》皆以"领"释"襟""衿"，段玉裁曰："袊者，交领之正字，其字从合，《左传》作'襘'，从会，与从合一也。交领宜作袊，而《毛诗》《尔雅》《方言》作衿，殆以衿、袊为古今字与。"① 《方言》曰："裺谓之衽。"郭璞《注》曰："衣襟也，或曰裳际也。"段玉裁曰："衣襟者，谓正幅也。云裳际者，谓旁幅也。谓衽为正幅者，今义非古义也。"②

---

* 本文是国家社科基金重大项目"中国传统礼仪文化通史研究"（18ZDA021）阶段性成果。

① 〔汉〕许慎撰，〔清〕段玉裁注，许惟贤整理：《说文解字注》上册，凤凰出版社 2007 年版，第 683 页下栏。

② 〔清〕钱绎撰集，李发舜、黄建中点校：《方言笺疏》，中华书局 1991 年版，第 150~151 页。

《礼记·丧大记》曰:"小敛大敛,祭服不倒。皆左衽,结绞不纽。"郑玄《注》曰:"左衽,衽乡左,反生时也。"孔颖达《正义》曰:"衽,衣襟也。生乡右,左手解,抽带便也。死则襟乡左,示不复解也。'结绞不纽'者,生时带并为曲纽,使易抽解,若死时则无复解义,故绞束毕结之,不为纽也。"① 绞者,绳相交也。纽者,结而可解。《论语·宪问》子曰:"微管仲,吾其被发左衽矣。"邢昺《疏》曰:"微,无也。衽谓衣衿,衣衿向左谓之左衽,夷狄之人被发左衽。"②

《礼记·曲礼下》曰:"苞屦、扱衽、厌冠,不入公门。"郑玄《注》曰:"此皆凶服也。"孔颖达《正义》曰:"扱衽者,亲始死,孝子徒跣,插上衽也。"③ 苞屦是蔍蒯草所做丧鞋。扱衽即扱上衽,是把丧服前襟插入腰带。厌冠是丧冠。孙希旦曰:"厌,伏也。丧冠谓之厌冠者,以其无武而其状卑伏也。"④

《礼记·问丧》曰:"亲始死,鸡斯徒跣,扱上衽,交手哭。"郑玄《注》曰:"亲,父母也。鸡斯,当为'笄纚',声之误也。徒,犹空也。上衽,深衣之裳前。"孔颖达《正义》曰:"笄,谓骨笄。纚,谓绲发之缯。言亲始死,孝子先去冠,唯留笄纚也。'徒跣'者,徒,空也。无屦而空跣也。'扱上衽'者,上衽,谓深衣前衽,扱之于带。以号踊履践为妨,故扱之。"⑤ 父母亲刚去世时,孝子扱衽。《礼记·丧大记》曰:"凡主人之出也,徒跣,扱衽,拊心,降自西阶。"⑥ 此谓孝子在出迎吊唁宾客时,当扱衽。

《礼记·玉藻》曰:"深衣三袪,缝齐倍要,衽当旁,袂可以回肘。"郑玄《注》曰:"衽,谓裳幅所交裂也。凡衽者,或杀而下,或杀而上,是以小要取名焉。衽属衣,则垂而放之;属裳,则缝之以合前后。上下相变。"⑦ 袪是袖口,缝通丰,齐通齌,此谓深衣腰围尺寸是袖口之三倍,即七尺二寸,下摆周长是腰之一倍,即一丈四尺四寸,衣襟开在旁边,左襟掩盖右襟。

《礼记·深衣》曰:"古者深衣,盖有制度,以应规、矩、绳、权、衡。短毋见肤,长毋被土。续衽,钩边。"郑玄《注》曰:"深衣,连衣裳而纯之以采者。素纯曰长衣,有表则谓之中衣。""续,犹属也。衽,在裳旁者也。属连之不殊裳前后也。钩,读如'鸟喙必钩'之钩。钩边,若今曲裾也。续,或为'裕'。"孔颖达《正义》曰:"衽,谓深衣之裳,以下阔上狭,谓之为衽。接续此衽而钩其旁边,即今之

① 〔汉〕郑玄注,〔唐〕孔颖达正义,吕友仁整理:《礼记正义》下册,上海古籍出版社 2008 年版,第 1742 页。

② 〔清〕阮元校刻:《十三经注疏》上册,中华书局 1980 年版,第 2512 页上栏。

③ 〔汉〕郑玄注,〔唐〕孔颖达正义,吕友仁整理:《礼记正义》上册,上海古籍出版社 2008 年版,第 150、152 页。

④ 〔清〕孙希旦撰,沈啸寰、王星贤点校:《礼记集解》上册,中华书局 1989 年版,第 115 页。

⑤ 〔汉〕郑玄注,〔唐〕孔颖达正义,吕友仁整理:《礼记正义》下册,上海古籍出版社 2008 年版,第 2153、2156~2157 页。

⑥ 〔汉〕郑玄注,〔唐〕孔颖达正义,吕友仁整理:《礼记正义》下册,上海古籍出版社 2008 年版,第 1706 页。

⑦ 〔汉〕郑玄注,〔唐〕孔颖达正义,吕友仁整理:《礼记正义》中册,上海古籍出版社 2008 年版,第 1201~1202 页。

朝服有曲裾而在旁者是也。"" '祍当旁'者，凡深衣之裳十二幅，皆宽头在下，狭头在上，皆似小要之祍，是前后左右皆有祍也。今云'祍当旁'者，谓所续之祍当身之一旁，非为余祍悉当旁也。云'属连之，不殊裳前后也'，若其丧服，其裳前三幅，后四幅，各自为之，不相连也。今深衣，裳一旁则连之相着，一旁则有曲裾掩之，与相连无异，故云'属连之，不殊裳前后也'。云'钩，读如"鸟喙必钩"之'者，案《援神契》云：'象鼻必卷长，鸟喙必钩。'郑据此读之也。云'若今曲裾也'，郑以后汉之时裳有曲裾，故以续祍钩边似汉时曲裾。今时朱衣朝服，从后汉明帝所为，则郑云：'今曲裾'者，是今朝服之曲裾也。其深衣之祍，已于《玉藻》释之，故今不得言也。"①

深衣之制，有一定的样式，以便合乎规、矩、绳、权、衡之要求，深衣再短不可露出脚背，再长不能拖在地上。深衣自腰以下部分曰裳，据郑《注》，祍是裳旁边之斜裁部分，裳右边的前后祍是分开的，左边前后祍是缝合在一起的，即郑玄所谓"属连之不殊裳前后也"。贾《疏》谓祍就是深衣之裳，"以下阔上狭，谓之为祍"。"续祍，钩边"者，"接续此祍而钩其旁边，即今之朝服有曲裾而在旁者是也"。意谓深衣左襟所续之祍，向右掩盖，如"曲裾掩之，与相连无异"。即将衣襟延长，延长部分亦曰祍。衣襟延长，由左向右缠绕至身后斜裹，即"曲裾"。②

深衣衣裳相连，故裳亦曰祍。《周礼·考工记·辀人》曰："终岁御，衣衽不敝。"郑玄《注》曰："衽，谓裳也。"③

孙希旦《礼记集解》总结曰：

凡祍者，皆所以掩衣裳之交际者也。然有礼衣之祍，有深衣之祍，有在衣之祍，有在裳之祍。郑氏之注既未晰，而后之说者或混衣之祍于裳，或混礼衣之祍于深衣，或又即指深衣之裳幅为祍，是以其说愈繁而愈乱也。古之礼衣，皆直领而对襟，其祍在左襟之上。若舒其祍以掩于右襟之内，谓之袭；折其祍于左襟之内，谓之衽。此礼衣在衣之祍也。礼衣之裳，前三幅，后四幅，前后不属。而其祍二尺有五寸，属于衣而垂于裳之两旁，以掩其前后际，此礼衣在裳之祍也。深衣之衣，为曲领相交，其祍亦在左襟之上，而恒以掩于右襟之外，此深衣在衣之祍也。其裳则前六幅，后六幅，皆交裂之，宽头在下，狭头在上，于前裳之左为祍而缝合于后裳，于前裳之右为祍而不缝合，至衣时则交于后裳，此深衣在裳之祍也。在裳之祍，礼衣与深衣皆在两旁，唯在衣之祍，则礼衣之祍狭而又掩于襟内，其袭而见于外，则当心而直下；深衣之祍稍阔，又缘其旁而掩于襟外，以交于右腋之侧。此言"祍当旁"，以见其异于礼衣，乃指在衣之祍，而非指在裳之祍也。至小要之取名于祍，则当独指深衣在裳之祍，而其在衣之祍与礼服之祍皆无与焉。《丧服·记》云"祍二尺有五寸"，郑《注》云：

---

① 〔汉〕郑玄注，〔唐〕孔颖达正义，吕友仁整理：《礼记正义》下册，上海古籍出版社 2008 年版，第 2191~2195 页。江永《深衣考误》对"祍"有解读，另文讨论，此不赘述。

② 孙机：《中国古代物质文化》，中华书局 2015 年版，第 97 页。

③ 〔清〕阮元校刻：《十三经注疏》上册，中华书局 1980 年版，第 914 页中栏。

"上正一尺，燕尾二尺有五寸，凡用布三尺五寸。"贾《疏》云："取布三尺五寸，广一幅，留上一尺为正。一尺之下，旁入六寸，乃邪向下一畔一尺五寸，去下畔亦六寸，横断之，留下一尺为正，则用布三尺五寸，得两衽，衽各二尺五寸。"盖礼衣在裳之衽，其制若此。深衣之衽，在裳之左右者亦然。阔头在上，狭头在下，其所交后裳之幅，则阔头在下，狭头在上。如此则上下相交，正如小要之形，故《深衣》记谓之"钩边"，而郑氏喻之以"曲裾"也。①

孙氏将衽分为礼衣之衽、深衣之衽、在衣之衽、在裳之衽，较诸他说，比较明晰。

衽为衣襟，先秦其他文献常用。《左传·成公十七年》"抽戈结衽"②。《襄公三十一年》"衰衽如故衰"③，《战国策》"连衽成帷"④，皆其证。

《离骚》："跪敷衽以陈辞兮。"王逸《注》曰："衽，衣前也。"⑤《悲回风》："抚佩衽以案志兮。"洪兴祖《补注》曰："衽，衣袵也。"⑥《招魂》："衽若交竿，抚案下些。"王逸《注》曰："言舞者回旋，衣衽掉摇，回转相钩，状若交竹竿，以手抑案而徐来下也。"又征引五臣《注》云："衽，衣襟也。言舞人回转，衣襟相交如竿也。"⑦

二

衽又指衣下两旁掩裳之部分，形如燕尾。《仪礼·丧服·记》曰："衽二尺有五寸。"郑玄《注》曰："衽，所以掩裳际也。二尺五寸，与有司绅齐也。上正一尺，燕尾一尺五寸，凡用布三尺五寸。"贾公彦《疏》曰："用布三尺五寸，得两条衽，衽各二尺五寸，两条共享布三尺五寸也，然后两旁皆缀于衣，垂之向下掩裳际，此谓男子之服。妇人则无，以其妇人之服连衣裳。"⑧段玉裁《说文解字注》曰："凡言衽者，皆谓裳之两旁。"⑨ 三尺五寸布裁剪成左右二衽，衽上为矩形缀于衣，下端斜裁成燕尾形掩裳，长二尺五寸，与绅带齐，在衣裳之两旁，为掩裳而设，是男子之服，后代衣服无此衽。

士丧礼中覆盖重和鬲之苇席亦曰衽。《仪礼·士丧礼》曰："幂用苇席，北面，左衽。"郑玄《注》曰："左衽，西端在上。"贾公彦《疏》曰："据人北面，以席先于重北面南掩之，然后以东端为下向西，西端为上向东，是为辟屈而反，两端交于后，为左衽、

---

① 〔清〕孙希旦撰，沈啸寰、王星贤点校：《礼记集解》中册，中华书局1989年版，第799~800页。

② 〔清〕阮元校刻：《十三经注疏》下册，中华书局1980年版，第1922页中栏。

③ 〔清〕阮元校刻：《十三经注疏》下册，中华书局1980年版，第2014页下栏。

④ 诸祖耿编撰：《战国策集注汇考》（增补本），上册，凤凰出版社2008年版，第520页。

⑤ 〔宋〕洪兴祖撰，白化文等点校：《楚辞补注》，中华书局2000年版，第25页。

⑥ 〔宋〕洪兴祖撰，白化文等点校：《楚辞补注》，中华书局2000年版，第158页。

⑦ 〔宋〕洪兴祖撰，白化文等点校：《楚辞补注》，中华书局2000年版，第210页。

⑧ 〔清〕阮元校刻：《十三经注疏》上册，中华书局1980年版，第1125页下栏。

⑨ 〔汉〕许慎撰，〔清〕段玉裁注，许惟贤整理：《说文解字注》上册，凤凰出版社2007年版，第683页上栏。

右衽，然后以繻加束之，结于后也。”① 此谓用苇席将重和鬲圈盖，苇席由北向南，席东端在下向西绕至北，席西端在上向东绕至北，就像衣襟向左一样，故曰左衽。此盖衽之引申义。

沈从文先生根据战国中晚期江陵马山一号楚墓发掘报告以及出土的锦、绣衣服实物认为，“衽”是汉代人所言“小要”。他说：

> 当“上衣”、“下裳”、领、缘各衣片剪裁完毕之后，还需另外正裁两块相同大小的矩形衣料作“嵌片”（长三七，宽二四厘米左右）。然后，将其分别嵌缝在两腋窝处：即“上衣”、“下裳”、袖腋三交界的缝际简。这一实例和文献相印证，就可以断定，它（嵌片）便是古深衣制度中百注难得其解的“衽”。衽，通常所指为交领下方的衣襟，如左襟叫左衽，右襟为右衽。这里要讨论的则是作为狭义词的“衽”，亦即汉代人所谓的“小要（腰）”。如《礼记·玉藻》：“深衣三祛……衽当旁。”郑注：“凡衽者，或杀而下，或杀而上，是以小要取名焉。”同书《檀弓上》：“棺束，缩二衡三，衽每束一。”这里，称束合棺缝的木榫也叫衽。郑注：“衽，今小要也。”孔颖达作疏谓：“其形两头广中央小也，既不用钉棺，但先凿棺边及两头合际处作坎形，则以小要连之，令固棺。”据文献所载和考古发现的实物，都表明合棺缝的木榫——“衽”或“小要”其形象均为此▶◀式（后世多称之为细腰，也叫燕尾榫、鱼尾榫或大头榫，银匠锭。在木石金属等材料的结合方面应用较广）。若把它和N-15绵袍上所设的“衽”（小要）相对照，原来衣服上这种矩形“嵌片”当被插缝于袖腋处时，两短边相对扭转约90°-180°，变成如此▷◁样子。即是把衣服摊平放置，“嵌片”中部也必然蹙绉而成束腰状。故无论正面还是侧面看去，衣“衽”的轮廓恰和木榫“小要”相互类似（它们的功用也相一致）。所以说：“衽，今小要也。”“小要，又谓之衽。”（见《释名·释丧制》）异物而同名。从衣“衽”的位置和结构关系方面考察，也和《礼记》中有关深衣形制：“续衽钩边”，“衽当旁”等记述相合。……东汉经学家郑玄为《深衣》篇作注时已难得具体准确。此后，特别是清代学者、现代国内外专家，都曾对深衣形制作过广泛考证，但在释“衽”问题上，却始终未能有所突破；或隐约近其仿佛而止；或刻意泥古反背道相远。所幸近年马山楚墓成系统的袍服实物出土，才打破了两千年来深衣释“衽”以书证书字面猜索局面。使我们对深衣制度的总体情况也有了一些生动的了解。②

沈从文先生认为，衽，通常指交领下方的衣襟，然汉代人所讲“小要”之“衽”和《深衣》“续衽钩边”“衽当旁”之“衽”，应该是指深衣之衣、裳、腋三交界处的连接物，即矩形嵌片，嵌片的插入，使衣服立体化，既可体现人身的形体美，还能够使两臂举伸自如，此为新见，可备一说。

---

① 〔清〕阮元校刻：《十三经注疏》上册，中华书局1980年版，第1135页上栏、中栏。

② 沈从文编著：《中国古代服饰研究》（增订本），上海书店出版社1997年版，第89页。

三

固定棺材的木榫曰衽。《礼记·檀弓上》曰："棺束缩二衡三，衽每束一。"郑玄《注》曰："衽，今小要。衽，或作'漆'，或作'髹'。"孔颖达《正义》曰："'衽每束一'者，衽，小要也，其形两头广，中央小也。既不用钉棺，但先凿棺边及两头合际处作坎形，则以小要连之，令固棺并相对。每束之处，以一行之衽连之。若竖束之处，则竖着其衽，以连棺盖及底之木，使与棺头尾之材相固。汉时呼衽为小要也。"① 用皮带束紧棺盖和棺身，纵向两道，横向三道，每一道下有一小腰衽。此衽是指连接棺盖和棺身的木榫，两头宽，中间窄，汉人谓之小腰。

《礼记·丧大记》曰："君盖用漆，三衽三束。大夫盖用漆，二衽二束。士盖不用漆，二衽二束。士殡见衽，涂上帷之。"郑玄《注》曰："衽，今小要。"孔颖达《正义》曰："士掘肂见衽，其衽之上所出之处。"②《仪礼·士丧礼》曰："掘肂见衽。"郑玄《注》曰："肂，埋棺之坎者也，掘之于西阶上。衽，小要也。"③ 此谓在大殓之时，在西阶上掘坑，坑的深度必须使棺放下去后可以露出固定棺盖的木榫，即衽。

这种固棺的小要形之衽，至今在甘肃天水一带制作的棺木中仍然使用。制作棺材，不用铁钉，棺身木板用胶水粘结，外侧两块木板合际处作坎形，单另制作一小要形状如▶◀之衽，嵌入坎形，固定两块棺板，用衽数量不等，少则四个，多则八个，盖古礼之遗存。但棺盖和棺身是榫卯结合，严丝合缝。

四

卧席曰衽。《周礼·太宰·玉府》曰："掌王之燕衣服、衽席、床第，凡亵器。"郑玄《注》曰："燕衣服者，巾絮、寝衣、袍襗之属，皆良货贿所成。第，簀也。郑司农云：'衽席，单席也。亵器，清器，虎子之属。'"贾公彦《疏》曰："衽席者，亦燕寝中卧席。"④《礼记·曲礼上》曰："奉席如桥衡，请席何乡？请衽何趾？"郑玄《注》曰："衽，卧席也。坐问乡，卧问趾。"⑤ 此谓为尊者铺设座席，要问面向何方；为尊者铺设卧席，要问脚朝何方。

《礼记·坊记》："子云：'觞酒、豆肉，让而受恶，民犹犯齿。衽席之上，让而坐下，

---

① 〔汉〕郑玄注，〔唐〕孔颖达正义，吕友仁整理：《礼记正义》上册，上海古籍出版社 2008 年版，第 335~336 页。

② 〔汉〕郑玄注，〔唐〕孔颖达正义，吕友仁整理：《礼记正义》下册，上海古籍出版社 2008 年版，第 1766、1768 页。

③ 〔清〕阮元校刻：《十三经注疏》上册，中华书局 1980 年版，第 1139 页中栏。

④ 〔清〕阮元校刻：《十三经注疏》上册，中华书局 1980 年版，第 678 页中栏。

⑤ 〔汉〕郑玄注，〔唐〕孔颖达正义，吕友仁整理：《礼记正义》上册，上海古籍出版社 2008 年版，第 54 页。

民犹犯贵。朝廷之位，让而就贱，民犹犯君。'"①《礼记·中庸》："衽金革，死而不厌，北方之强也，而强者居之。"郑玄《注》曰："衽，犹席也。"孔颖达《正义》曰："衽，卧席也。金革，谓军戎器械也。"②

铺设卧席亦曰衽。《仪礼·士昏礼》曰："妇说服于室，御受。姆授巾。御衽于奥，媵衽良席在东，皆有枕，北止。"郑玄《注》曰："衽，卧席也。妇人称夫曰良。"③御是新郎之随从，媵是新娘之随从。此谓御在室之西南隅为新娘铺设卧席，媵把新郎的卧席铺设在新娘卧席东边。

《士丧礼》曰："设床笫于两楹之间，衽如初。"郑玄《注》曰："衽，寝卧之席也，亦下莞上簟。"④《既夕礼》曰："设床笫当牖，衽下莞上簟。"郑玄《注》曰："衽，卧席。"⑤《礼记·内则》："父母舅姑将坐，奉席请何乡；将衽，长者奉席请何趾。"郑玄《注》曰："将衽，谓更卧处。"⑥钱玄先生说："席，古有二用，或卧或坐，皆下莞上簟。莞，以蒲草编制。簟，以竹篾为之。莞粗簟细，此衽席为床上所铺设之竹席，故郑司农释为单席。"⑦

从先秦两汉文献记载看，衽有三义：一指衣襟，本字作"裣"，借作"襟""衿"，是上衣胸前之左右两幅，即左襟、右襟，又名左衽、右衽。深衣衣裳相连，故裳亦曰衽。丧服两旁掩裳之部分，形如燕尾亦曰衽，引申之，士丧礼中覆盖重和鬲之苇席亦曰衽。二指固定棺材的木楔，又曰木楔子、小要。三指卧席，铺设席亦曰衽。沈从文先生结合考古实物，认为汉代人所讲"小要"之"衽"和《深衣》"续衽钩边""衽当旁"之"衽"，应该是指深衣之衣、裳、腋三交界处的连接物，即矩形嵌片，聊备一说。

（作者单位：南京师范大学文学院）

①　〔汉〕郑玄注，〔唐〕孔颖达正义，吕友仁整理：《礼记正义》下册，上海古籍出版社 2008 年版，第 1959 页。

②　〔汉〕郑玄注，〔唐〕孔颖达正义，吕友仁整理：《礼记正义》下册，上海古籍出版社 2008 年版，第 1994~1995 页。

③　〔清〕阮元校刻：《十三经注疏》上册，中华书局 1980 年版，第 967 页中栏。

④　〔清〕阮元校刻：《十三经注疏》上册，中华书局 1980 年版，第 1136 页中栏。

⑤　〔清〕阮元校刻：《十三经注疏》上册，中华书局 1980 年版，第 1158 页上栏。

⑥　〔汉〕郑玄注，〔唐〕孔颖达正义，吕友仁整理：《礼记正义》中册，上海古籍出版社 2008 年版，第 1120 页。

⑦　钱玄、钱兴奇：《三礼辞典》，江苏古籍出版社 1998 年版，第 588 页。

抚州本《礼记注》"周人卒哭而致事"考辨*

□ 侯 婕

【摘要】 国家图书馆藏南宋孝宗赵昚淳熙四年（1177）抚州公使库刻《礼记注》是今存最早的《礼记》版本。根据我们对顾广圻《抚本礼记郑注考异》中关于抚州本"初刻作某、后改作某"条目的考察，结合清代学者尤其是段玉裁、顾广圻关于"周人卒哭而致事"经注的辨证，我们认为"周人卒哭而致事"七字当是注文，抚本初刻如此，后据兴国本刬添此七字入经，又改注为"则卒哭而致事"，其误袭自旧监本，明嘉靖本，元十行本，闽、监、毛各本又因袭其误。顾广圻所提出的抚州本《礼记注》有初刻、后改的差异，值得我们重视。

【关键词】 抚州本；礼记；初刻；周人卒哭而致事

南宋孝宗赵昚淳熙四年（1177）抚州公使库刻《礼记注》（简称"抚州本"）二十卷，是现存最早的《礼记注》刻本。流传至今仅存一部，该书曾经顾从德、徐乾学、顾之逵、汪士钟、杨绍和等多人收藏，最后皮藏于国家图书馆。

王锷先生认为，从版本价值上看，抚州本是一部现存最精审、完整的《礼记注》版本；从学术价值上看，抚州本可校正《礼记》其他版本之讹脱衍倒，具有重要的学术价值。①《中华再造善本》收录除抚州本外，还有南宋孝宗乾道初年婺州义乌酥谿蒋氏崇知斋刻巾箱本《礼记注》（简称"婺州本"）、宋余仁仲万卷堂家塾刻本《礼记注》（简称"余仁仲本"）、南宋绍熙年间福建建阳坊刻本《纂图互注礼记》（简称"绍熙本"）、宋绍熙三年（1192）两浙东路茶盐司刻宋元递修本《礼记正义》（简称"八行本"）四种，通过对以上四种版本的版本特征、递藏源流、书目题跋等方面的考察，结合附录《释文》以及《礼记》经注文字变化的情况，王锷先生认为四本刊刻时间应该晚于抚州本，抚州

* 本文是国家社科基金重大课题"中国传统礼仪文化通史研究"（18ZDA021）阶段性成果。

① 王锷：《南宋抚州本〈礼记注〉研究》，《〈礼记〉版本研究》，中华书局 2018 年版，第 1~40 页。《再论抚州本郑玄〈礼记注〉》，《郑玄经学与中国文化国际学术研讨会论文集》，第 223~234 页。

本应该是今存最早的《礼记注》版本。①

张丽娟先生《宋代经书注疏刊刻研究》一书更是通过考察抚州本存世两部②的版本特征,并结合今存抚州本《春秋公羊经传解诂》《春秋经传集解》各本版心下刻工姓名的比较研究,认为现存的这四种(加之《周易》)抚州本经书,是同时同地的同一批刻书,即黄震所说抚州先刻的"旧板""六经三传"。③ 其次,通过详致考察抚州本经书的修补过程,认为国家图书馆藏抚州本版心无任何补版纪年,为未经修补的初印本。④ 将国图藏本与台北"央图"藏本进行比较,提出:"国图藏本版面清晰,纸洁墨莹,初印精湛;而'央图'藏本经多次补版,原版叶和较早补版叶皆字迹漫漶,硕果仅存的数叶原版,亦多经局部修整。"⑤ 又根据日本所存旧刻《春秋经传集解》附嘉定六年(1213)江公亮跋及阿部隆一观点,得知江公亮在嘉定五年至六年间主持了抚州本经书的修整补版工作。⑥ 此外,根据宋度宗咸淳九年(1273)黄震《修抚州六经跋》⑦ 推论"央图"藏抚州本很可能就是经过黄震、高梦璞修整勘正过的印本。并认为2008年公布的第一批国家珍贵古籍名录中将国图藏抚州本著录为"宋淳熙四年(1177)抚州公使库刻咸淳九年(1273)高梦炎重修本"与实际情况不符。⑧

我们认为王锷、张丽娟先生对国图藏本与台北"央图"藏本的考察基本是符合实际的,但国图藏本是否当是抚州本的初印本,值得进一步讨论。这一问题,在顾广圻《抚本礼记郑注考异》中有所揭示。

一、问题的提出

清嘉庆二年(1797),黄丕烈跋所藏残宋本《礼记郑氏注》九卷,称:"宋本《礼记》惟故人顾抱冲小读书堆有全本,《曾子问》中多'周人卒哭而致事'句,定为太平兴

---

① 详见王锷:《南宋婺州本〈礼记注〉研究》《南宋余仁仲本〈礼记注〉研究》《宋本〈纂图互注礼记〉二十卷的流传和文献学价值》《国图藏八行本〈礼记正义〉研究》,《〈礼记〉版本研究》,中华书局2018年版,第41~59、60~104、105~144、260~379页。

② 一为全本,即经顾之逵所藏,今藏国家图书馆;一为残本,存卷三至五,十六至二十,今藏台北"央图",且为修补后印本。见张丽娟:《宋代经书注疏刊刻研究》,北京大学出版社2013年版,第58~59页。

③ 张丽娟:《宋代经书注疏刊刻研究》,北京大学出版社2013年版,第68页。

④ 张丽娟:《宋代经书注疏刊刻研究》,北京大学出版社2013年版,第70~78页。

⑤ 张丽娟:《宋代经书注疏刊刻研究》,北京大学出版社2013年版,第79页。

⑥ 张丽娟:《宋代经书注疏刊刻研究》,北京大学出版社2013年版,第81~82页。

⑦ "《六经》官板,旧惟江西抚州、兴国军称善本。己未虏骑偷渡,兴国板已毁于火,独抚州板尚存。咸淳七年某叨恩假守,取而读之,漫灭已甚,因用国子监本参对整之。凡换新板再刊者一百一十二,计字五万六千一十八;因旧板整刊者九百六十二,计字一十一万五千七百五十二。旧本虽善,中更修缮,任事者不尽心,字反因之而多讹,今为正其讹七百六十九字。又旧板惟六经三传,今用监本添刊《论语》《孟子》《孝经》,以足《九经》之数。"黄震:《慈溪黄氏日抄分类》,《中华再造善本》影印上海图书馆藏元后至元三年刻本,卷92页34b至页35a。

⑧ 张丽娟:《宋代经书注疏刊刻研究》,北京大学出版社2013年版,第82~83页。

国本。"① 可知当时黄丕烈、顾之逵视小读书堆所藏宋本《曾子问》经文多"周人卒哭而致事"七字，判定其为南宋兴国军学刻本。②

嘉庆五年，阮元延客校勘《十三经注疏》，顾之逵所藏宋本，于《礼记注疏校勘记》中多次被引据，被称为"宋监本"。

嘉庆十一年，张敦仁闻顾之逵所藏宋本，借而抄校刻印，嘱托顾广圻校勘。顾广圻通过校勘考证，认为小读书堆所藏宋本当是抚州公使库于南宋孝宗赵昚淳熙四年所刻官书。原本附有《礼记释文》四卷，卷末有刊刻名衔一页，但被后来的装潢匠误装裱在《礼记释文》之首，而此后《礼记释文》与《礼记》又分别流传，导致后人将抚州本误认为是宋旧监本。③

嘉庆二十一年，黄丕烈复记称："丙子季夏检点群经及此，抱冲已于丁巳年作古，其所藏宋本《礼记》经注全者，系宋时抚州本。阳城张古馀守江宁，介抱冲从弟千里影写付刊，外间颇多传播。"④ 可知黄丕烈对此前关于顾之逵所藏宋本的鉴定做了修正，肯定其为抚州本，支持顾广圻的判断。

综上，顾之逵小读书堆所藏宋本《礼记》在版本鉴定过程中曾被认为"兴国本""宋监本"，直到顾广圻为张敦仁校刻时方有定论，且判定依据主要为顾之逵所藏抚州本《礼记释文》末尾所附名衔一页，题"抚州公使库新刊礼记二十卷并释文四卷"，版心中刊"礼记"二字。

嘉庆十一年，顾广圻协助张敦仁翻刻抚州本《礼记注》，并代撰《抚本礼记郑注考异》（简称"《考异》"）两卷，对抚州本经注做以校勘，出校 575 条。其中涉及抚州本初刻面貌的条目有以下 12 条：

（1）抚州本《礼记注》卷 2 页 12a 行 1 经文：饰棺墙置翣。

> 各本"墙"下有注云"墙之障柩，犹垣墙障家"凡九字。盖他本取正义语附载

---

① 黄丕烈撰，余鸣鸿、占旭东点校：《黄丕烈藏书题跋集》，上海古籍出版社 2013 年版，第 37 页。

② 据张丽娟《宋代经书注疏刊刻研究》第三节《南宋兴国军学刻〈六经〉》考论："兴国军，北宋太平兴国三年改永兴军置，宋隶江南西路，治所在今湖北阳新县。兴国军本《六经》与抚州本并称，是当时为人所重的善本。据黄震《修抚州六经跋》，兴国军本经书书板在宋代即毁于战火，因而流传甚稀，在宋代恐亦不多见。"见张书第 84~97 页。又，张书第二章第一节论述兴国本时认为《九经三传沿革例》所谓将"周人卒哭而致事"大写为经文的兴国本是兴国于氏本而非兴国军学本。见张书第 126 页。侯按：据《九经三传沿革例》称，兴国于氏本特征有二，一是有句读标点，二是其音义不列于经注下，而是"率隔数页，始一聚见"。顾之逵小读书堆所藏宋本《礼记注》既无句读，又不附《释文》于经注中，以黄氏此跋证之，当是兴国军学本。

③ "此抚州公使库刻本《礼记》，是南宋淳熙四年官书，于今日为最古矣。末有名衔一纸，装匠误分入《释文》首，不知者辄认以为旧监本，非也。嘉庆丙寅顾广圻题。""近张古渔太尊开工重雕行世，嘉惠学子，兼成先从兄收藏此书之志，良可感也。若古香龛龊，原本独绝，我'小读书堆'中其永永宝之哉！涧薲并记。"见郑玄注：《礼记注》，《中华再造善本》影印南宋孝宗赵昚淳熙四年抚州公使库刻本第 6 册末尾顾广圻跋文两篇。

④ 黄丕烈撰，余鸣鸿、占旭东点校：《黄丕烈藏书题跋集》，上海古籍出版社 2013 年版，第 37 页。

之，遂误入郑注也。抚本初刻并无此九字，最是。修板时误于他本，剜挤入之，故其添补痕迹，今犹宛然。山井鼎云"古本无此九字，谨按：下注云'墙柳衣'，此注衍文"云云，与此初刻为同矣。①

（2）抚州本《礼记注》卷6页10b行9经文：君大夫士一节也。

毛居正曰："作'君大夫主节'，误。"彼谓监本也，此抚本初刻盖亦然，其后剜改"主"作"士一"，今痕迹尚可验。②

（3）抚州本《礼记注》卷6页13b行7经文：自卿大夫士之家。

嘉靖本、岳本、十行本皆无"士"字，此处抚本剜改，盖初刻亦然。案：唐石本有，正义复举有，有者是也。俗注疏本与此后刻同。③

（4）抚州本《礼记注》卷6页14b行7经文：殷人既葬而致事。

抚本此下有"周人卒哭而致事"七字，以行字计数，剜改添入也，初刻无之。唐石本及各本皆与初刻同。岳氏《沿革例》云："注中'周卒哭而致事'一句，独兴国本大书而为经文，曰'周人卒哭而致事'，视注复添一'人'字。"然则岳所见抚本未剜添也。今案：正义云："注'致事'至'致事'。"可见其本"周卒哭而致事"一句在注也，其下云"知周卒哭而致事者"，又云"以此推之，故知周卒哭也"，说皆出于皇侃疏，可见经文自来无此一句也，兴国本改注为经，而抚本乃依之剜添，失之矣。又案：兴国本经有"周人卒哭而致事"七字，注无"周卒哭而致事"六字。他本则皆注有而经无，故岳氏云云，剜添乃两有，亦不可通。山井鼎曰："古本经有七字，足利本同。"彼非剜添而亦两有，尤误。其正义下又云"孔子既前含周人卒哭而致事，则无从金革之理"者，以子夏再问，仍是据周，故取注义合和说之。今正义"含"作"答"者，误字耳。或因此谓正义本有者，误。唯今何休《公羊》宣元年注乃有之，本非一家，难以为据者矣。④

（5）抚州本《礼记注》卷10页15a行3注文：注易以污泽。

此"污"字，抚本有修改痕迹，乃初刻作"汙"也。嘉靖本、十行本作"污"，

---

① 张敦仁：《抚本礼记郑注考异》，国家图书馆藏清嘉庆十一年张敦仁影刻宋淳熙四年抚州公使库本《礼记注》第8册，卷上页4b行5至行8。下文引此文献版本信息同，不再注明。
② 张敦仁：《抚本礼记郑注考异》，卷上页13a行5至行6。
③ 张敦仁：《抚本礼记郑注考异》，卷上页13b行3至行4。
④ 张敦仁：《抚本礼记郑注考异》，卷上页13b行7至页14a行4。下文引此不重出注。

岳本、俗注疏本作"汗"。《释文》以"汗泽"作音，云："户旦反，一音乌。"案："一音"即"污"字也。①

(6) 抚州本《礼记注》卷 11 页 3b 行 5 注文：注孙顺也。

此三字有修改痕迹，盖初刻无"也"字耳。②

(7) 抚州本《礼记注》卷 11 页 5a 行 6 注文：注西折而南。

此四字有修改痕迹，盖初刻无"南"字耳。正义云："'此西折而南'，'南'字亦郑所加。"故初误去。③

(8) 抚州本《礼记注》卷 11 页 7b 行 8 注文：注比犹同也。

"同"字有修改痕迹，盖初刻误作"司"耳。《六经正误》曰："'同'作'司'，误。"④

(9) 抚州本《礼记注》卷 14 页 22b 行 4 注文：注谓有事于君之祭者也。

"君之"二字修改，初刻无"之"字也。嘉靖本、十行以来本皆无，唯岳本有。⑤

(10) 抚州本《礼记注》卷 15 页 1b 行 5 经文：故德配天地。

抚本"配"下空一字，盖初刻有衍字，刻既成而去之也。⑥

(11) 抚州本《礼记注》卷 17 页 12a 行 7、8 经文：则民有孙心。

《六经正误》曰："作'民有愻'，误。"案：抚本"孙心"二字有修改痕迹，初刻当与监本同也。《释文》云："孙心，音逊，注同。"指注"孙，顺也"言之。唐石本亦作"孙心"二字，不作"愻"一字，极完好可验。计宋时经注各本，必更有

① 张敦仁：《抚本礼记郑注考异》，卷上页 21a 行 8 至行 9。
② 张敦仁：《抚本礼记郑注考异》，卷下页 1a 行 8 至行 9。
③ 张敦仁：《抚本礼记郑注考异》，卷下页 1b 行 2 至行 3。
④ 张敦仁：《抚本礼记郑注考异》，卷下页 1b 行 5 至行 6。
⑤ 张敦仁：《抚本礼记郑注考异》，卷下页 9a 行 4 至行 5。
⑥ 张敦仁：《抚本礼记郑注考异》，卷下页 9b 行 7。

如唐石作"孙心"者，但谊父之书不详耳。今所有各本，则固无不分二字，近惠氏《九经古义》谓："《缁衣》犹存古字，毛居正从而改之。"其实谊父之说，合于《释文》、唐石，乃其是者。至于《说文》心部有"愻"，自是《尧典》"五品不逊"古文，而非此所用，未可傅合也。正义本亦必是"孙心"，但正义中不见释此经之文，盖今本有脱落，无从取证矣。①

(12) 抚州本《礼记注》卷 20 页 12a 行 6 经文：故射者各射己之鹄。

《六经正误》曰："作'各己之鹄'，欠'射'字。"此"者各射己"四字，有改刻痕迹，是初刻监、抚同脱"射"字也。凡抚改刻而知其所以然者，详言之，于其所不知，盖阙如也矣。②

将顾氏出校的 12 条，核查今《中华再造善本》据国图藏抚州本影印本，多可验证其刓改痕迹。但围绕《考异》"殷人既葬而致事"及其下"注则卒哭而致事"两则校语，以段玉裁为代表的清代学者对顾氏观点提出异议并展开辩论。我们认为这场关于"周人卒哭而致事"七字当为经文还是注文的争论，不仅关乎对《礼记·曾子问》经、注、疏文义的理解，更对抚州本有无初刻，初刻后刻是否存在差异的考察有着进一步的认识空间。

二、"周人卒哭而致事"经注文义简述

抚州本卷六《曾子问》"子夏问曰三年之丧"节经、注曰：

> 子夏问曰："三年之丧，卒哭，金革之事无辟也者，礼与？初有司与？"疑有司初使之然。孔子曰："夏后氏三年之丧，既殡而致事；殷人既葬而致事；周人卒哭而致事。致事，还其职位于君。则卒哭而致事。《记》曰：'君子不夺人之亲，亦不可夺亲也。'此之谓乎！"二者，恕也，孝也。子夏曰："金革之事无辟也者，非与？"疑礼当有然。孔子曰："吾闻诸老聃曰：'昔者鲁公伯禽有为为之也。'伯禽，周公子，封于鲁，有徐戎作难，丧，卒哭而征之，急王事也。征之，作《费誓》。今以三年之丧，从其利者，吾弗知也。"时多攻取之兵，言非礼也。③

记载子夏向孔子问礼之事，子夏问于孔子，人子为父母服三年之丧，卒哭祭之后，国君有征伐之事，有命则行，无敢推辞，是出于礼仪规定还是官吏强行要求？孔子回答以三代礼

---

① 张敦仁：《抚本礼记郑注考异》，卷下页 13b 行 4 至行 9。
② 张敦仁：《抚本礼记郑注考异》，卷下页 20b 行 6 至行 8。
③ 郑玄注：《礼记注》，《中华再造善本》影印南宋孝宗赵昚淳熙四年抚州公使库刻本，卷 6 页 14b 至页 15a。

仪差异：夏朝时，孝子服丧三年，在举行完既殡仪式后就向国君辞官守丧；商朝时，孝子在举行完下葬仪式后辞官守丧；至周代，孝子到卒哭之祭后才辞官守丧。并引《记》言："君子不夺人之亲，亦不可夺亲也。"即孔颖达《正义》所谓："人臣有亲之丧，在上君子许其致事，是不夺人丧亲之心，此谓恕也，以己情恕彼也，据君许于下也。亦不可夺亲者，谓人臣遭亲之丧，若不致事，是自夺思亲之心也，故遭丧须致事，是不夺情以求利禄，此谓孝也，此据孝子之身也。言孝子居丧，不可以不致事，人君不可以不许。"① 国君不可剥夺孝子丧亲的哀痛之心，故当准许其辞官居丧，孝子亦当辞官守丧，以向亲人表达哀思。孔子认为夏、商、周辞官守丧之礼，正与《记》文义合。子夏又问，既辞官守丧，遇征伐之事却不加推辞，是否违背礼仪？孔子称其听老子曾言鲁公伯禽在为母守丧卒哭后，时有徐戎作难，不得已出兵征讨之事。虽按照周礼，卒哭后孝子当辞官守丧，但征伐之事不当推辞，但今人卒哭后守丧期间却专攻征伐之事，是出于功利之心，于礼无所据。

孔氏《正义》解此经注，总括曰："此一节论君不夺孝子情之事，各依文解之。"首先疏解经文"子夏问曰三年之丧"至"初有司与"，曰："子夏以人遭父母三年之丧，卒哭之后，国有金革战伐之事，君使则行，无敢辞辟，为是礼当然与？为当初时有司强逼遣之与？"其次解注文"致事"至"致事"，曰："皇氏云：'夏后氏尚质，孝子丧亲恍惚，君事不敢久留，故既殡致事还君。殷人渐文，思亲弥深，故既葬毕，始致事还君。周人极文，悲哀至甚，故卒哭而致事。'"又曰："知'周卒哭致事'者，以丧之大事有三：殡也、葬也、卒哭也。夏既殡，殷既葬，后代渐远，以此推之，故知周卒哭也。"其下依次疏解经文"记曰"至"谓乎"，注文"二者：恕也，孝也"，经文"子夏曰：金革之事无辟也者，非与"，及"孔子曰：吾闻诸老聃曰：昔者鲁公伯禽有为为之也"，注文注"伯禽"至"费誓"，经文"今以三年之丧"至"弗知也"。将以上八行本孔氏疏解之处以"加底纹"的形式反映在上文经注中，可见经文唯"孔子曰"至"周卒哭而致事"无疏文，元十行本，闽、监、毛及阮刻本亦然。

就抚州本经注而言，此节文意通顺。但与世行各本相较，则有文字出入。区别有二，一则经文"周人卒哭而致事"七字，他本皆无，二则注文"则卒哭而致事"之"则"，他本有作"周"者。

三、段、顾二人围绕"周人卒哭而致事"之争议

如前文所引据《考异》"殷人既葬而致事"条目可知，顾氏认为抚州本经文"周人卒哭而致事"七字不当有，此为注文误入经文，且注文当作"周卒哭而致事"。进一步推论抚州本初刻本无此七字，是后人依照兴国本剜改添入致误。

嘉庆十二年，段玉裁作《周人卒哭而致事经注考》对顾氏观点进行批驳。以下即从版本和郑注体例两个方面，对段、顾二人的观点加以考察，探究"周人卒哭而致事"七

① 郑玄注，孔颖达正义：《礼记正义》，《中华再造善本》影印宋淳熙三年两浙东路茶盐司刻宋元递修本，卷27页28b至页29b，下引孔疏同。

字究竟当属经文还是注文？

首先，据顾氏参校各本①，自唐石本至明嘉靖本、岳本、元刻明修十行本，及闽、监、毛本经文皆无此七字，是；抚州本经文有此七字者，误。注文"则卒哭而致事"，旧监本，嘉靖本，元刻明修十行本，闽、监、毛本同，误。岳本及山井鼎所据宋板"则"作"周"，是。但是段氏并不认可顾氏观点，加以版本佐证，称："明有澄江本，但刻经文，每半页二十三行，每行二十七字，书贾谓为南宋巾箱本。此经有'周人卒哭而致事'七字，独古本面目。"② 以为书商所称澄江本即南宋巾箱本，为古本面目。

王士禛《分甘馀话》："近无锡秦氏摹宋刻小本《九经》，剞劂最精，点画不苟，闻其版已为大力者负之而趋。余曾见宋刻于倪检讨雁园檗许，与秦刻方幅正同，然青出于蓝而青于蓝矣。"③ 称清有无锡秦氏仿刻宋本《九经》，版刻精美。

吴寿旸《拜经楼藏书题跋记》录其父吴骞《九经》白文跋语，跋曰：

> 右《九经》白文，乃宋麻沙本之佳者，盖明锡山秦氏刊本之所祖也。楮墨古雅，经卢抱经、鲍绿饮、黄荛圃诸公所赏鉴。其经文字较时本间多不同，如《曾子问》"殷人既葬而致事"下有"周人卒哭而致事"句，殆宋人因皇氏之说而增之，与日本《七经孟子考文》所引古本相符。其余字句，不及备载。④

丁丙《善本书室藏书志》亦载此嘉庆十三年吴氏题跋，又题云：

> 昔王文简尝见宋刻小本《九经》于倪雁园检讨家，载《分甘馀话》，此本不知即雁园所藏否？有"宋本甲秀水""朱氏潜采堂图书""红药山房收藏私印""事学钟离存义概""书求宛委读余编""拜经楼吴氏藏书""兔床山人第一孙""臣骞""槎客"诸印。⑤

王绍曾《无锡刻书考》：

---

① 据《考异》序称："仍取世行各本，校雠出入，为之考异。凡经文与开成石本每合，明嘉靖时有单行经注本，又相台岳氏有附音本，互相不同，抚本为近之矣。又明南雍有附音注疏本，乃俗本之祖，而讹舛滋多，今所论说，只以明是非差隐者，至于抚本既是，而又较然易知，不更详著，或各本以外，于正义、释文具得显证，则稍稍省之。与夫本并无误，而后人不察，轻为谭议，致生枝叶，若柯山毛氏之辈连类所及，亦刊正焉。"小字附记曰："南雍本，世称十行本，盖原出宋季建附音本，而元、明间所刻，正德以后，递有修补，小异大同耳。李元阳本、万历监本、毛晋本，则以十行为之祖，而又转转相承，今于此三者不更区别，谓之俗注疏而已。"可知顾广圻《考异》参校以唐石经、明嘉靖本、岳本、元刻明修十行本，及闽、监、毛本。

② 段玉裁撰，钟敬华点校：《经韵楼集》，上海古籍出版社 2011 年版，第 283 页。

③ 王士禛著，张世林点校：《分甘馀话》，《清代史料笔记丛刊》，中华书局 1989 年版，第 54～55 页。

④ 吴寿旸：《拜经楼藏书题跋记》，《清人书目题跋丛刊》（十），中华书局 1995 年版，第 607 页。

⑤ 丁丙：《善本书室藏书志》，《清人书目题跋丛刊》（二），中华书局 1990 年版，第 441 页。

清康熙间，同邑有秦蟠刻《九经》，为世所称道。……盖《九经》版本，有白文，有单注，有合疏于注。单注者以《相台五经》为佳，注疏合一者，以阮元南昌学刻《十三经注疏》为佳，而白文则以无锡秦蟠刻巾箱本《九经》为最胜。秦本白文，亦摹宋刻巾箱本不分卷，简端有音，世称为澄江本，实临江府刻本也。秦蟠于清康熙年间订正重刊。①

据吴氏跋语及王绍曾所称，可知澄江本实为秦蟠于康熙年间摹宋刻巾箱本，书商之言不可为据。而澄江本所祖宋刻《九经》本，吴氏拜经楼曾藏，此本经文确多"周人卒哭而致事"七字，但吴氏认为此当是宋人妄仍皇侃之说而增入。段氏称此为古本面目，未免过于武断。

又，根据岳氏《九经三传沿革例》："《曾子问》'夏后氏三年之丧，既殡而致事，殷人既葬而致事'。而注中'周卒哭而致事'一句，独兴国本大书为经文曰'周人卒哭而致事'，视注复添一'人'字，以三代之礼并言之，未为非也。及考旧监本，注'周'乃作'则'字，如此则是第言夏殷而不及周人，今皆从旧不敢改也。"② 可知相台书塾所藏唐石刻本、晋天福铜板本、京师大字旧本、绍兴初监本、监中见行本、蜀大字旧本、蜀学重刊大字本、中字本，又中字有句读附音本、潭州旧本、抚州旧本、建大字本、俞韶卿家本，又中字凡四本、婺州旧本并兴国于氏、建余仁仲凡二十本，又以越中旧本注疏、建本有音释注疏、蜀注疏，合二十三本。③ 唯独兴国本将他本作注之"周卒哭而致事"六字大写刻入经文，并增添一"人"字。黄丕烈或据岳氏所载以为顾之逵小读书堆所藏宋本为兴国本。顾广圻亦据《沿革例》称兴国本经有"周人卒哭而致事"七字，注无"周卒哭而致事"六字。

在此基础上，顾氏又做了进一步的推论，认为各本于此经，皆注有而经无，兴国本经有而注无，抚州本剜改则经注皆有，是其非，而山井鼎所据古本、足利本虽非剜改致误，亦经注皆有，更误。顾氏虽手持抚州本，却不为所囿，认为抚州本经有"周人卒哭而致事"，注作"则卒哭而致事"文本有误，"以行字计数，剜改添入也，初刻无之"，"兴国本改注为经，而抚本乃依之剜添，失之矣"。

而段氏认为顾说颇误，提出"抚本并非依兴国剜添也，计其字数，去此七字，则此行空二寸许，决不然也"④，认为抚州本版面并不存在剜改而产生的空行。

今据抚州本此页（见图一）版心所记经文字数"大二百三十六"，可知经文大字当为二百三十六个，但实际上确实有二百四十三字，恰好多出七字。版心记注文字数"二佰四十"，实则二百四十一字。按抚州本版心记大小字数，则经文当无"周人卒哭而致事"七字，若此七字入注文，注作"周卒哭而致事"，少一"人"字，正与小字计数相符，顾

① 王绍曾：《目录版本校勘学论集》，上海古籍出版社 2005 年版，第 579~580 页。
② 岳珂（旧题）：《相台书塾刊正九经三传沿革例》，日本国立国会图书馆藏清嘉庆二十年汪氏影宋刊本，页 31b 行 2 至行 8。
③ 岳珂（旧题）：《相台书塾刊正九经三传沿革例》，日本国立国会图书馆藏清嘉庆二十年汪氏影宋刊本，页 3ab。
④ 段玉裁撰，钟敬华点校：《经韵楼集》，上海古籍出版社 2011 年版，第 282 页。

氏推论的确有迹可循。综上，从版本方面来看，段氏对顾氏观点的反驳不能成立。

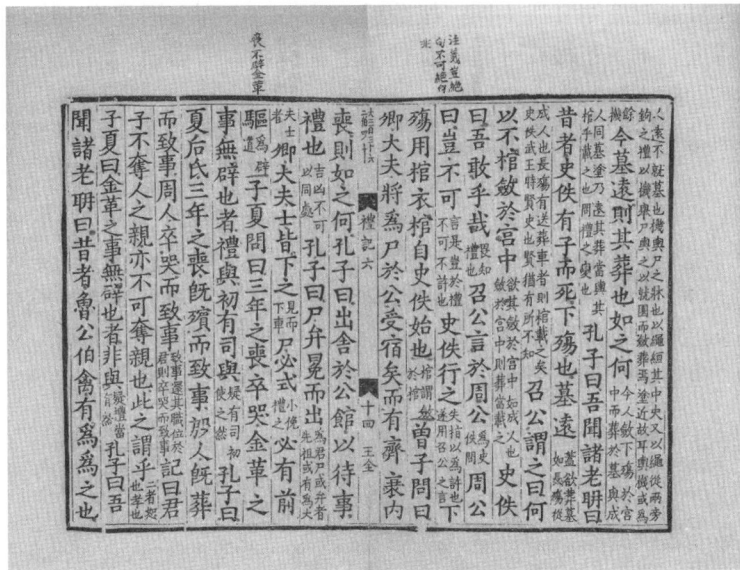

图一　抚州本《礼记》卷六页十四

　　而从文理考校方面，段氏又提出：山井鼎所见古本、足利本有此七字，"此正可见学在四夷，而必不之信，必云'不应经、注两有'，则不知文理之过也"①。批评顾氏不知文理。但是根据我们对郑注体例的考察，段氏未免妄下雌黄。

　　《三礼》多有考论三代礼制因革之解说，郑玄作注，或勾稽经传杂说以解之，如《檀弓》云：

　　　　夏后氏尚黑，以建寅之月为正，物生色黑。**大事敛用昏**，昏时亦黑。此大事谓丧事也。**戎事乘骊**，戎，兵也。马黑色曰骊。《尔雅》曰："騋，牝骊，牡玄。"**牲用玄**。玄，黑类也。**殷人尚白**，以建丑之月为正，物牙色白。**大事敛用日中**，日中时亦白。**戎事乘翰**，翰，白色马也。《易》曰："白马翰如。"**牲用白**。**周人尚赤**，以建子之月为正，物萌色赤。**大事敛用日出**，日出时亦赤。**戎事乘騵**，騵，騮马，白腹。**牲用骍**。骍，赤类。②

郑玄意主博通，于经纬群籍多有注述，于此章即据三统之说，糅合其所注《春秋纬》《礼纬》加以阐释。

　　或辨其施用，又如《檀弓》云：

　　　　重，主道也。始死未作主，以重主其神也。重既虞而埋之，乃后作主。《春秋传》曰："虞主用桑，练主用栗。"**殷主缀重焉**，缀犹联也。殷人作主，而联其重，县诸庙也。去显考，乃埋

---

①　段玉裁撰，钟敬华点校：《经韵楼集》，上海古籍出版社 2011 年版，第 282 页。
②　阮元校刻：《十三经注疏》附《校勘记》，中华书局 1980 年版，第 1276 页上栏。

之。**周主重彻焉**。周人作主，彻重埋之。①

辨析殷人、周人对重的施用有所不同。按照殷人礼俗，下葬后把重放在庙庭中，等到虞祭立了木主后，将重和木主连缀在一起，悬挂于逝者所殡葬的庙中。周人则在虞祭为死者立木主之后，就将重撤去，埋在土中。

或考论因革以解之，如《明堂位》云：

> **有虞氏之绥，夏后氏之绸练，殷之崇牙，周之璧翣**。绥亦旌旗之缕也。夏绸其杠，以练为之旒。殷又刻缯为重牙，以饰其侧，亦饰弥多也。汤以武受命，恒以牙为饰也。此旌旗及翣皆丧葬之饰。《周礼》：大丧葬，巾车执盖，从车持旌，御仆"持翣"。旌从遣车，翣夹枢路左右前后。天子八翣，皆戴璧垂羽。诸侯六翣，皆戴圭。大夫四翣，士二翣，皆戴绥。孔子之丧，公西赤为志，亦用此焉。《尔雅》说旌旗曰："素锦绸杠，纁白缥素，升龙于缥，练旒九。"②

器物形制随时代变化，所尚之色与文质所趋有异。《明堂位》多载虞、夏、商、周器物形制，此章郑玄即对四代丧葬所用旌旗之饰的增益变化加以注释。

或释其所取之义以解之，如《祭统》云：

> **凡为俎者，以骨为主。骨有贵贱。殷人贵髀，周人贵肩。凡前贵于后。俎者，所以明祭之必有惠也。是故贵者取贵骨，贱者取贱骨，贵者不重，贱者不虚，示均也。惠均则政行，政行则事成，事成则功立。功之所以立者，不可不知也。俎者，所以明惠之必均也。善为政者如此，故曰"见政事之均焉"**。殷人贵髀，为其厚也。周人贵肩，为其显也。凡前贵于后，谓脊、胁、臂、臑之属。③

礼经所载名物器数多有寓意，往往有吉凶贵贱之分，此章言骨有贵贱，殷人以髀为尊，周人以肩为尊，皆有所取。故郑玄于注解释其所取之义，盖因髀厚，殷尚质，肩显，周尚文，故取之。

郑氏于以上经文皆有所引申发明，未有复述经文重复出注者。故于"周人卒哭而致事"，按郑注体例，入经则不入注，入注则不入经，经注不得两有。

正是因为经注两有的情况不合体例，故有改注之"周"作"则"者，《考异》于"注则卒哭而致事"下云：

> 嘉靖本、十行以来本皆同。《沿革例》曰："及考旧监本注'周'字乃作'则'。"是其误久矣，岳本及山井鼎所据宋板作"周"，以正义证之，是也。④

顾氏称自旧监本就误改"周"作"则"。段氏则言："云'周则'者，近承夏、商言之，

---

① 阮元校刻：《十三经注疏》附《校勘记》，中华书局 1980 年版，第 1301 页中栏。
② 阮元校刻：《十三经注疏》附《校勘记》，中华书局 1980 年版，第 1492 页上栏。
③ 阮元校刻：《十三经注疏》附《校勘记》，中华书局 1980 年版，第 1605 页下栏至 1606 页上栏。
④ 张敦仁：《抚本礼记郑注考异》，卷上页 14b 行 4 至行 6。

远与所问针对，言周制则如此，乃可不避金革乎，周人不当从周制乎。一'则'字而义已憭然也。"① 认为注当作"周则卒哭而致事"，"周则"二字都有，今本各夺其一，非也。阮元《礼记注疏校勘记》于注文"周卒哭而致事"出校云：

> 惠栋校宋本作"周"，岳本同，《考文》引足利本同。此本"周"误"则"，闽、监、毛本同，嘉靖本同，卫氏《集说》同。浦镗校云："按皇氏疏，则'周人卒哭致事'是郑君从夏、殷推而知之，当是注文。而孔氏云孔子既前答'周人卒哭而致事'，则又似属经文而误入注耳。"②

参考惠栋校宋本、岳本、山井鼎《考文》所引古本、足利本，及浦镗《礼记注疏正字》，认为所据元十行本及闽、监、毛本，嘉靖本、卫湜《礼记集说》注文作"则"非也。

由此观之，阮氏、顾氏持论相同，即注文当作"周"，作"则"误也。但值得注意的是，不同于经文有"周人卒哭而致事"七字的抚州本，明嘉靖本，元刻明修十行本，闽、监、毛本各本经文无此七字，注文亦作"则"，盖是版本刊刻流传过程中，刊刻者难以断定是非，择取不慎导致的结果。

四、段、顾同时学者关于"周人卒哭而致事"的讨论

如前文所述，虽可排除经注两有以及经无注有但注作"则"的情况，"周人卒哭而致事"究竟是经是注，仍无法确认，清代学者又据以其他经文献加以论证。

《公羊传》宣公元年传曰：

> **古者臣有大丧，则君三年不呼其门。**
>
> 何注曰：重夺孝子之恩也。礼，父母之丧三年不从政，齐衰、大功之丧三月不从政，故孔子曰："夏后氏三年之丧，既殡而致事，殷人既葬而致事，周人卒哭而致事。君子不夺人之亲，亦不可夺亲也。"
>
> 疏曰：注"故孔子"至"卒哭而致事"。解云：《曾子问》文。郑云"致事者，还其职位于君"是也。③

何休注引《曾子问》经文此章有"周人卒哭而致事"七字。顾氏《考异》称："唯今何休《公羊》宣元年注乃有之，本非一家，难以为据者矣。"认为《公羊》《礼记》二书本非一家，不得据此佐证《礼记》于此经当有此七字。段氏则言："何统系之'孔子曰'，徐统系之《曾子问》文。曾谓经无此七字乎？固汉、唐本之可据者也。"④ 认为何休、徐彦所据当是汉唐文献原貌。又言："梁皇氏作疏时有夺七字者，而皇从之，而《开成石

经》从之，原其所以去此七字者，浅人以为注与经不应重复，故删经存注。皇乃附会为之说，而徐彦所执之本固不夺。至宋有兴国军本不夺，见于岳氏《沿革例》，又有抚州旧本不夺，注作‘则卒哭而致事’，今现存阊门顾安道家。岳氏无识，经多七字，注作‘则’字，皆不敢依改，其浅陋如此。"① 批驳顾氏因循皇侃之说与唐石经文献，删经存注，识力浅薄。认为一则有《公羊》注疏之文献依据，二则有兴国本、抚州旧本版本支撑，岳氏却不敢据改，可谓浅陋。

除段氏之外，朱大韶《实事求是斋经义》也认为经文当有此七字，亦以《公羊传》徐彦疏为证，又据以《孔子家语·曲礼子夏问》：

> 子夏问："三年之丧既卒哭，金革之事无避，礼与？初有司为之乎？"孔子曰："夏后氏之丧三年，既殡而致事；殷人既葬而致事；周人既卒哭而致事。《记》曰：君子不夺人之亲，亦不夺故也。"子夏曰："金革之事无避者，非与？"孔子曰："吾闻老聃曰：鲁公伯禽，有为为之也。公以三年之丧从利者，吾弗知也。"②

称："王肃不好郑学，若此七字为注文，王必不袭郑。是《家语》即本此文，此经本有此七字之明证也。"③ 又按："岳云‘视注重复添一"人"字’，是注本作‘周卒哭而致事’，今注疏本作‘则’，无‘周人’字，文义不顺。盖经误为注，故或作‘周’，或作‘则’，各本岐异，当以兴国本为正。"④ 对顾氏《考异》所提观点，朱氏认为："正义本标起止处其为后人增删者不胜枚举，安得偏据此遂定此句为注，至谓‘苔’字作‘含’，尤属臆说。正文若无此句，注安得臆测。凡正文所无，郑以意知者，皆为疑辞，如《染人》注‘元’⑤：‘其六人与。’若如皇说，郑当云‘周则卒哭与’，未有经文所无，横益一句者也。正文若不言卒哭，作疏者何由知周人卒哭而致事，而谓孔子已前含此句乎？"⑥

朱大韶主要从三个方面提出论证：（1）《孔子家语》经有此七字，王肃与郑玄非一家之学，《孔子家语》无引郑注之理，因此王肃所据本七字即为经文；（2）若七字入注，各本文字有异，有作"周卒哭而致事"，或作"则卒哭而致事"，文义不顺，当从岳氏所见兴国本大写为经文；（3）若如皇侃所言"以此推之，故知周卒哭也"，七字是注文，推郑注体例，凡意会经文所无者皆用疑辞，如"其六人与"之例，郑玄注当作"周则卒哭与"，且经文若无此七字，作疏者无以谓孔子已前含此句，《考异》谓今正义作"苔"误，当作"含"，此说不足为据。

孙志祖《读书脞录》："今注疏本误以‘周卒哭’句入注，汲古阁本改‘周’作

① 段玉裁撰，钟敬华点校：《经韵楼集》，上海古籍出版社 2011 年版，第 282 页。

② 王肃注：《孔子家语》，《四部丛刊初编·子部》，上海书店 1989 年版，第 116 页。

③ 朱大韶：《实事求是斋经义》，《续修四库全书》第 176 册，上海古籍出版社 1996 年版，第 302 页下栏。

④ 朱大韶：《实事求是斋经义》，《续修四库全书》第 176 册，上海古籍出版社 1996 年版，第 302 页下栏。

⑤ 当作"玄"。

⑥ 朱大韶：《实事求是斋经义》，《续修四库全书》第 176 册，上海古籍出版社 1996 年版，第 302 下栏至 303 页上栏。

'则'。"案曰："何休《公羊·宣元年》注引孔子语有'周人卒哭而致事'句，疏云'《曾子问》文'，则知此句当从兴国本作经文明矣。"① 亦引《公羊传》疏为据，与段氏、朱氏观点一致，认为当从兴国本，此七字为经文。

至阮元《公羊注疏校勘记》"周人卒哭而致事"出校曰：

> 今本《曾子问》无此文，此与岳珂《九经三传沿革例》引兴国本合，段玉裁说。②

又于《礼记注疏校勘记》"殷人既葬而致事"，引抚州本、山井鼎《考文》、段说及岳氏《沿革例》出校云：

> 闽、监、毛本同，石经同，岳本同，嘉靖本同，卫氏《集说》同。宋监本下有"周人卒哭而致事"七字，《考文》引古本、足利本同。段玉裁云："《公羊·宣元年》注有'周人卒哭而致事'一句，疏统谓《曾子问》文。"岳氏云："兴国本《礼记》有'周人卒哭而致事'一句，大书为经文。"按：此同《公羊》注疏，而与本疏不合。③

洪震煊编《礼记注疏校勘记》，参用段玉裁校本，因袭"宋监本"之称，认为抚州本经文及山井鼎《考文》所引古本、足利本，岳氏《沿革例》所言兴国本皆以"周人卒哭而致事"为经文，与《公羊传》注疏合，但阮氏所据元十行本及所参校闽、监、毛本，唐石经、岳本、嘉靖本经文皆无此七字。并未确切支持段氏观点，认为《礼记》版本流传与《公羊传》注疏非同一版本系统，不可相提并论。可以说是比较客观的。

卢文弨曾言："大凡昔人援引古书，不尽如本文。故校正群籍，自当先从本书相传旧本为定。况未有雕版以前，一书所传各异者，殆不可以遍举。今或但据注书家所引之文，便以为是，疑未可也。"④ 认为古人引用文献不悉同本文，因此在校书作业中，要尽可能以本经校正本经，以他经所引校本经，不足为据。顾氏在与段氏往复辩论学制"西郊""四郊"的学术争论中，亦提出孙志祖"只及《王制》经，彼看《刘芳传》时模糊于'西''四'不同之故，又未详考诸经注正义，而信口谈道，不出近来依他书以乱本书之陋习耳"⑤，与卢氏持论正同。

综上，就清人引据《公羊传》注疏的观点来看，段氏、朱氏、孙氏观点亦不能反驳顾氏持论。

---

① 孙志祖：《读书脞录》，《续修四库全书》第1152册，上海古籍出版社1996年版，第230下栏至231页上栏。
② 阮元校刻：《十三经注疏》附《校勘记》，中华书局1980年版，第2282页上栏。
③ 阮元校刻：《十三经注疏》附《校勘记》，中华书局1980年版，第1403页下栏。
④ 卢文弨：《抱经堂文集》（二），陈东辉主编：《卢文弨全集》第9册，浙江大学出版社2017年版，第389页。
⑤ 顾广圻著，王欣夫辑：《顾千里集》，中华书局2014年版，第104~105页。

五、结　论

对抚州本的鉴定，令清代著名的版本校勘学家黄丕烈、顾广圻大费周折，也曾使得诸如阮元、段玉裁等知名学者误引误用。就当下而言，我们现在可以看到的《礼记》版本要远远超过前人，可以运用的电子文献资源和信息检索技术让我们具备验证、审视前人研究成果的条件，纠正或者进一步深化他们对《礼记》文本的认识。依据清人所引据及我们现在可见版本的文本情况，就"周人卒哭而致事"一文，主要存在五种文本情况，如下表所示：

	经文	注文	版　本
1	周人卒哭而致事		兴国本①、宋《九经》白文巾箱本、澄江本
2		周卒哭而致事	唐石经、抚州本初刻【顾意当作】
3	周人卒哭而致事	周卒哭而致事	兴国本、岳本、山井鼎所据占本、足利本【段意当作】
4	周人卒哭而致事	则卒哭而致事	旧监本、抚州本
5		则卒哭而致事	明嘉靖本、元刻明修十行本、闽、监、毛本

"周人卒哭而致事"或为经文、或为注文，是《礼记注》流传过程中最初的两种形态，此后的版本在形成过程中，刊刻者难以断定二本是非，因此出现了经注两有，或者在经注两有的基础上，为避免重复，改注之"周"为"则"的情况。其世愈后，其误愈深，甚至出现了经无注有，注却作"则"的情况。可见后世学者对《礼记注》文本文义的认识更为模糊。直到乾嘉时期，学者围绕此七字的讨论仍有待辨析。

我们通过从版本、注疏体例等方面对《曾子问》"周人卒哭而致事"经注之辨的论证，认为段氏等人对顾氏观点的驳斥并不合理，顾氏《考异》所谓抚州本初刻无、后剜改添入的观点更接近于历史真相，即《曾子问》此章自唐石经以来，各本"周人卒哭而致事"七字在注文中，抚州本初刻亦然，后据兴国本剜添此七字入经，又改注为"则卒哭而致事"，其误袭自旧监本，而明嘉靖本，元十行本，闽、监、毛各本又因袭其误。

此外，基于对顾氏指出抚州本初刻痕迹的考察、验证，我们认为目前所能看到的国图藏抚州本，并非如前人所说是抚州本的初印本，在此之前应当还有更早的抚州本，这一版本与国图本存在部分差异，很有可能就是岳氏《沿革例》所提到的抚州旧本。目前虽未有明确的实物印证，但是借助顾氏《考异》的相关校语，我们对抚州本《礼记注》的认识得以深化，其所提出的抚州本初刻、后刻的版本差异，值得我们重视。

（作者单位：南京师范大学文学院）

---

① 对于兴国本经注情况，据岳氏《沿革例》所载，顾氏认为经有而注无，段氏认为是岳氏所未言者，不得以此臆断兴国本经有此句注无，提出兴国本存在经注两有的可能，故表格存其两者。

《文献通考·经籍考》的分类体系与归类调整*

□ 连 凡

【摘要】《文献通考·经籍考》由于其辑录体的特殊体制决定其分类体系与书目归类具有综合众家而折衷以己意的特征，并与作为其主要史料来源的六部目录书之间存在着从分类体系到具体图书归类上的众多差异。导致这些差异的主要原因包括：分类体系中由分类项目的设置及其横向关系与纵向沿革造成的类目调整，以及图书归类中由分类者的主观视角与思想立场的差异造成的归类调整。分析历代目录与学术史，特别是与古籍目录集大成者《四库总目提要》相对照可知，《文献通考·经籍考》中对其分类类目与具体图书归类的调整往往是承上启下的重要环节，反映了学术思想的时代变迁。马端临基于自身朱子学立场的同时融会众家，从而构建了兼具时代特色和个人思想烙印的分类与归类体系。

【关键词】《文献通考·经籍考》；马端临；辑录体；分类体系；归类调整

　　元代著名史学家马端临编纂的《文献通考·经籍考》（简称《经籍考》）由于其辑录体的目录体制决定其分类体系也具有综合众家而折衷以己意的特征，因此弄清其与前代目录的因革关系极为重要。其实不仅是宏观的分类体系，具体到各类之下著录的每一条书目莫不如此。由于《经籍考》的书目与解题基本承袭自前代目录，决定了其每部书的具体归类也基本来自前代目录，但这决不意味着全盘照抄，马氏依据其体系和思想立场做了许多调整。每一类下所有书目的归类及其调整汇聚起来，就构成了该类总体的分类特征。对此学术界虽然已有不少相关研究，① 但基本停留在大的宏观类目及其个别例证的分析上，还缺乏对全书中的分类异同及其书目归类调整的系统分析。为此笔者从穷尽分析《经籍考》所引前代目录书籍的条目入手，分析其整合过程，进而对其分类体系与归类调整做出自己的评判。

---

　　* 本文系教育部人文社会科学重点研究基地重大项目（16JJD720014）阶段性研究成果。

　　① 相关研究参见连凡：《海内外〈文献通考·经籍考〉研究述评》，《西华师范大学学报》（哲学社会科学版）2018 年第 1 期，第 57~67 页。

一、《经籍考》的分类体系及其渊源

关于《经籍考》的分类体系，高路明指出："其分类依四部分类法，经部分为十三类，史部分为十四类，子部分二十二类，集部分六类。子目的设置归属，参考汉隋唐宋四代官修、私修目录的分类，斟酌优劣，择其善考而从之。如对以往目录的分类有所调整，则附有按语说明其理由。"① 这是依据《文献通考·自序》的四部 55 类说。杨寄林通过考察《经籍考》所收书目的实际情况，得出《经籍考》四部分类的实际类目如下：

> 经部：易、书、诗、礼、春秋、论语、孟子、孝经、经解、乐、仪注、谥法、谶纬、小学；
> 史部：正史、编年、起居注、杂史、传记（杂传）、伪史霸史、史评史钞、故事、职官、刑法、地理、时令、谱牒（谱系）、目录；
> 子部：儒、道、法、名、墨、纵横、杂、小说、农、天文（自此以迄形法，统以阴阳之目）、历算（历谱）、五行、占筮、形法、兵、医、神仙（其前虚列房中）、释氏、类书、杂艺术；
> 集部：赋诗、别集、诗集、歌词、章奏、总集、文史。②

这样经部、集部比《文献通考·自序》所言各多 1 类，子部则少 2 类，四部类目总计的结果仍是 55 类。此外，桂罗敏统计为 56 类，因其将子部有小序无书目的虚目——房中类也统计在内。③ 雷晓庆则将子部有小序无书目的两个虚目——房中和阴阳类都统计在内，这样便得出 57 类。④ 由于阴阳、房中两类仅有小序（来自《汉志》）而无书目，是马端临为了反映学术源流而有意保留该分类及其小序，实际并无该类图书著录，不应与其他类目同等看待，因此杨寄林的 55 类说更为符合实际情况。

关于《经籍考》的分类渊源。姚名达在其《中国目录学史》中附有一张"四部分类源流一览表"。该表依次开列《七略》（《汉书·艺文志》之蓝本）、《七录》、《隋书·经籍志》、《古今书录》（《旧唐书·经籍志》之蓝本）、《新唐书·艺文志》、《崇文总目》、《郡斋读书志》、《遂初堂书目》、《直斋书录解题》、《文献通考·经籍考》⑤、《宋史·艺文志》、《明史·艺文志》、《四库全书总目》共十三部主要目录书籍之分类类目的对照表格。其功用如其所言："循左而右，则部类始末，此废彼兴，莫不明悉。

① 高路明：《古籍目录与中国古代学术研究》，江苏古籍出版社 1997 年版，第 161 页。
② 杨寄林：《〈文献通考·经籍考〉分类体系发覆》，刘乃和主编：《洪皓马端临与传统文化》，中国青年出版社 1997 年版，第 195 页。
③ 桂罗敏：《〈文献通考·经籍考〉分类法新探》，《江苏图书馆学报》2001 年第 4 期，第 46~49 页。
④ 雷晓庆：《〈文献通考·经籍考〉分类体系得失略论》，《晋图学刊》1992 年第 3 期，第 52~54 页。
⑤ 该表（包括《文献通考·经籍考》的部分）尚有一些错误。可参看邢丽冰：《姚名达先生〈四部分类源流一览表〉订正》，《四川图书馆学报》2008 年第 1 期，第 62~64 页。

自上至下，则某录分类若干，总为几部，分合删并，触目会心"①，从而给后人的研究提供了便利。昌彼得、雷晓庆、桂罗敏等人根据该表指出《经籍考》的分类体系是基于《直斋书录解题》并损益前代目录而来的。② 该表虽然大体不差，但其中反映的不同目录类目范围的对应关系基本是依据类目名称及其序文所规定的内涵和外延，以及类目本身的历史沿革等，不可能具体到每一本书的归类异同。笔者当然不是要强求该表得反映具体书目归属的对应关系，而是想强调类目之间的范围关系归根结底还是由大量书目的归属关系呈现出来。如果忽视微观的分析，只停留在类目名义的分析上，往往只能得出一个大概的结论。

为此笔者通过数据库系统对其进行了全面分析。具体做法是在笔者建立的"《文献通考·经籍考》全文分析数据库"中将《经籍考》3938 条书目下的 6074 条引文与其来源文献一一链接，进而提取其中来自《汉书·艺文志》（简称《汉志》）、《隋书·经籍志》（简称《隋志》）、《新唐书·艺文志》（简称《新唐志》）、《崇文总目》（简称《崇文》）、《郡斋读书志》（简称《郡斋》）、《直斋书录解题》（简称《直斋》）六部主要书目中的 4693 条解题进行各部类的统计分析。因为这六部目录是《经籍考》大到分类、小到书目著录与归类的主要依据与来源，而且几乎《经籍考》每条书目下都辑录有这六部书目中的至少一条解题，并据以将书目进行归类，所以具有普遍性和代表性。下面即以《经籍考》中各部类为单位，分析其引用这六部书目的情况及其所反映的学术信息。

《经籍考》中来自六部目录的辑录条数在其总叙及经、史、子、集四部中的数量分布与所占比率如下表所示：

目录名	总叙	经	史	子	集	合计	百分比
《汉志》	1	26	9	46	6	88	1.88%
《隋志》	11	28	23	28	5	95	2.02%
《新唐志》	4	18	15	18	7	62	1.32%
《崇文》		143	21	29		193	4.11%
《郡斋》		244	307	542	344	1437	30.62%
《直斋》		416	758	684	960	2818	60.05%

概括来说，这六部目录中以《直斋》与《郡斋》为绝对主体，这两大私修目录再加上官修的《崇文》共三部宋代目录是《经籍考》分类类目与图书归类的主要来源和依据，而所引《汉志》《隋志》和《新唐志》的材料则基本是在各部类的小序和小计中作为反映学术源流与图书兴衰的文字出现的。

下面分别考察《经籍考》经、史、子、集四部引用六部主要书目的分布情况并予以

---

① 姚名达：《中国目录学史》，上海古籍出版社 2002 年版，第 80 页。
② 参见邹明军：《〈文献通考·经籍考〉研究》，华中师范大学博士学位论文，2011 年，第 59~66 页。昌彼得、潘美月：《中国目录学》，台湾文史哲出版社 1986 年版，第 180 页。雷晓庆：《〈文献通考·经籍考〉分类体系得失略论》，《晋图学刊》1992 年第 3 期，第 52~54 页。

分析。

首先，《经籍考》经部条目以引用《直斋》经部条目（318）为最多，引用《郡斋》经部（225）次之，《崇文》经部（141）再次之，三者占《经籍考》经部引用六家书目总条数（875）的78.17%。除前代书目的经部之外，《经籍考》经部引用的条目还涉及《汉志》的诸子略（儒家），《隋志》的史部（仪注）、子部（儒家），《新唐志》的史部（仪注）、子部（儒家），《崇文》的子部（儒家），《郡斋》的史部（仪注）、子部（儒家），以及《直斋》的史部（礼注、目录）、子部（儒家、杂家、音乐、杂艺、类书）。这反映了《经籍考》经部范围与前代书目范围有比较多的交错现象，前代书目归入史部、子部的书目有不少被《经籍考》归入经部之中。

其次，《经籍考》史部条目以引用《直斋》史部条目（748）为最多，引用《郡斋》史部（292）次之，二者占史部引用六部书目总条数（1133）的91.79%。除前代书目的史部外，《经籍考》史部所引用的条目还涉及《汉志》的六艺略（春秋），《郡斋》的子部（儒家、农家、类书）以及《直斋》的经部（书）、子部（小说家、杂艺、类书）、集部（文史）。

再次，《经籍考》子部条目以引用《直斋》子部条目（679）为最多，引用《郡斋》子部（521）次之，二者占子部引用总条数（1347）约89.09%。除前代书目的子部外，《经籍考》子部所引用的条目还涉及《崇文》的史部（杂史），《郡斋》经部（易）、史部（杂史、职官、传记、谱牒、书目），以及《直斋》的史部（杂史、法令、目录）。

最后，《经籍考》集部条目以引用《直斋》集部条目（959）为最多，《郡斋》集部（337）次之，二者占集部引用六部书目总条数（1322）约98.03%。除前代书目的集部外，《经籍考》集部所引用的条目还涉及《郡斋》的子部与《直斋》的史部，其中7条来自《郡斋》子部小说类，1条来自《直斋》史部典故类。

由上述分析可知，《经籍考》与作为其著录与归类之主要来源与依据的六部目录之间存在着错综复杂的关系，即从具体书目归类的差异上升到类目范围的诸多差异。因此《经籍考》与这六部目录类目之间的渊源关系并不像上述姚名达所作"四部分类源流一览表"反映的那样简单整齐。因此，笔者认为应将《经籍考》与作为其主要来源的六部目录之间的类目关系的分析，及与具体图书归类调整的分析结合起来，即宏观分类与微观归类相结合，同时注意将对象放在整个目录学史与学术史的发展过程中予以考察。

二、古籍目录中分类与归类的异同

为了对《经籍考》全书中的分类异同及其图书的归类调整进行全面系统的分析，下面将先从宏观理论上做一番探讨，然后从《经籍考》中选取典型部类对其分类类目与图书归类的调整进行具体分析。

其一是分类体系中由于分类项目的设置及其横向关系与纵向沿革造成的调整。《经籍考》卷22史部伪史霸史类辑录郑樵《通志·校雠略》云：

> 夹漈郑氏曰：古今编书所不能分者五：一曰传记，二曰杂家，三曰小说，四曰杂

史，五曰故事。凡此五类之书，足相紊乱。又如文史与诗话，亦能相滥。①

郑樵所说的"不能分者"，实际上反映了古籍目录中这些类目的内涵领域和外延界限相近而容易混淆。相应地，同一种书从不同的角度或立场出发，很可能被归入这些相近的类中，从而使得分类类目与书籍归类之间存在一定的模糊性。

郑樵所指出的传记、杂家、小说、杂史、故事这五类的横向关系非常复杂。杂史虽然在体裁上与正史的纪、志及编年相似，记载一代或一时之事，但因其体制不纯，或内容芜杂，所以不得入正史或编年类。但这种区别往往见仁见智，可能产生分歧。如《郡斋》卷9将"《开元天宝遗事》四卷"归入史部传记类。而《经籍考》卷22则将其调整入史部杂史类。由马端临在《经籍考》卷22史部传记类小序的按语中杂史与传记的区分可知，② 传记在体裁上与杂史相似，都是记载一人之事。相较而言，杂史是记载一代或一时之事，但由于一人之事也可能关系到一代一时之事，有时两者可能共存于一部书中，所以杂史与传记有时会有交错的情况出现。马氏因杂史、杂传两类性质相近，而前代书目中两类相距较远，故将杂传提升至与杂史相连。这固然是依类相从的编纂原则，同时也反映了马氏在书目编纂中为方便读者利用而着想的灵活变通。如《经籍考》卷23中将《郡斋》卷6史部杂史类著录的"《国史补》二卷""《幸蜀记》三卷""《次柳氏旧闻》一卷"等37部，以及《直斋》卷5史部杂史类著录的"《奉天录》四卷""《燕南记》三卷""《建中河朔记》六卷"等76部都调整归入史部传记类，地位有所下降，当是认为这些书皆记载一人之事。

郑樵所提到的"文史"与"诗话"则涉及学术发展及其分类类目的纵向沿革。"文史"类主要收录诗文评论与史学评论类的书籍。诗文评论兴起于南北朝时（以刘勰《文心雕龙》、钟嵘《诗品》为代表），但由于当时这类书籍数量较少，所以在《隋志》及《旧唐书·经籍志》中均将其附入"总集"类中。史学评论则至唐代兴起，而以《史通》为代表，《崇文》卷2将其归入史部"杂史"类中。由于这两类从内容上看都是评论，且不断发展壮大，书籍渐多，到《新唐志》开始在集部中专门设立"文史"类收录它们，《崇文》沿袭这一做法。到南宋的晁公武则在《郡斋》中分立史部"史评"类与集部"文说"类，分别著录史评与诗文评。但《直斋》《经籍考》仍然以"文史"类统摄史评与诗文评。最后到《四库总目》才采纳了《郡斋》的分类，在其史部设"史评"类，又在其集部设"诗文评"类。"诗话"是宋代欧阳修（《六一诗话》）创立的一种介于小说与诗文评论之间（因其多寓评论于叙事中）的著述体裁。由于其体裁形式灵活，内容多样，为人们所喜爱，所以自欧阳修之后续作与仿作者不绝（如司马光的《续诗话》等），但在宋代尚未多到需要独立成类的程度。所以《郡斋》卷13将7部"诗话"类著作归入子部"小说"类中。③ 更多的处理方法是将其当作诗文评议置于"文史"类中，《经籍考》中便是如此。《四库总目》则将"诗话"类著作置于集部"诗文评"类中。

其二是图书归类中由分类者的主观视角与思想立场的差异造成的归类调整。马端临引

① 马端临：《文献通考·经籍考（上）》，华东师范大学出版社1985年版，第539页。

② 马端临：《文献通考·经籍考（上）》，华东师范大学出版社1985年版，第538页。

③ 参见蔡镇楚：《诗话学》，湖南教育出版社1990年版，第44~50页。

《通志·校雠略》云：

> 编书之家，多是苟且，有见名不见书者，有看前不看后者。《尉缭子》，兵书也，班固以为诸子类，置于杂家，此之谓见名不见书。《隋》、《唐》因之，至《崇文目》，始入兵书类，颜师古作《刊谬正俗》，乃杂记经史，惟第一篇说《论语》，而《崇文目》以为《论语》类，此之谓看前不看后。应知《崇文》所释，不看全书，多只看帙前数行，率意以释之耳。按《刊谬正俗》当入经解类。①

如果说由于类目之间界限不明而造成的书目归类分歧还情有可原的话，那么郑樵指出的古籍目录编纂（尤其是官修目录）中存在着的"见名不见书"和"看前不看后"的问题，则是典型的人为失误了。即编目者对所著录书籍的内容并没有深入了解，就以偏概全地仅仅依据书名或部分内容下判断并予以归类，从而造成了图书归类不当的问题。郑樵所指出的影响图书准确归类的主观因素虽然确实存在，但其所举的《尉缭子》与《刊谬正俗》这两个具体例子却并不很恰当。考《汉志》在诸子略杂家类著录有"《尉缭》二十九篇。六国时"，又在兵书略形势类著录有"《尉缭》三十一篇"，二者并非同一著作，后来归入杂家类的《尉缭》佚失而归入兵书的《尉缭》尚存，所以《崇文总目》只在兵书类著录。后者则是因为《崇文总目》没有设立经解类，所以将《刊谬正俗》附在论语类中。如同《汉志》将《尔雅》附于孝经类中一样。因为《论语》和《孝经》都不主一经，实为"五经之总汇"，所以在经解类图书独立成类之前，兼论群经的著作一般都归入论语或孝经类中。②

由上述可知，古籍书目中归类的分歧大多有其历史背景和学术思想的客观学术背景，并随分类者的主观视角与思想立场的差异而不同，不可一概归之于编目者的疏忽大意。进而追究其分类体制的内部原因可知，古籍目录的分类本身就是一个基于多重标准的复杂体系，并以政治（意识形态）、文化的标准为优先考虑因素，在依据图书内容进行分类的同时，存在着雅与俗、正统与异端等其他标准，由于非学术因素造成的错乱与人为割裂相当多。所以其类目之间的交叉与模糊性只能尽量避免而不可能完全克服。这可以说是古籍分类体系在顶层设计上存在的先天缺陷。好在一部目录书的类目一般只有几十种，数量有限，一一分析起来还不算太繁。但是具体图书归类中存在的歧义和问题则往往大量存在，不胜枚举。所以马端临接着上引郑樵的话直接下按语评论道：

> 按：夹漈言古今编书所不能分者五，可以订历代艺文志之失。所谓"见名不见书，看前不看后"者，尤足以究其所失之源。③

虽然从理论上讲，对于内容复杂涉及多门的书籍的归类应当尽量做到条分缕析，对于所著录的书籍也理当一一研读，全面把握其内容，才不致以偏概全造成归类混乱。但是受

---

① 马端临：《文献通考·经籍考（上）》，华东师范大学出版社 1985 年版，第 539 页。
② 张舜徽：《汉书艺文志通释》，华中师范大学出版社 2004 年版，第 243 页。
③ 马端临：《文献通考·经籍考（上）》，华东师范大学出版社 1985 年版，第 539 页。

主客观条件特别是时代和书籍条件的限制，还是会造成历代目录间的诸多分歧。所以《经籍考》在以具体图书为单位辑录前代目录时，就不可避免地会遇到同一种书而前代目录归类不同的问题。这之间的取舍与调整就在所难免。那么《经籍考》中对此是如何处理的呢？马氏在按语中接着指出：

> 然愚尝考之，经录犹无此患，而莫谬乱于史。盖有实故事而以为杂史者，实杂史而以为小说者。又有《隋志》以为故事，《唐志》以为传记，《宋志》以为杂史者。若一一考订，改而正之，则既不欲以臆见改前史之旧文，且所录诸书，盖有前史仅存其名，晚学实未尝见其书者，则亦无由知其编类之得失，是以姑仍其旧。而于所录先儒议论诸书本末，则不详加考订，但以类相从，而不尽仍前史之旧云。①

通观《经籍考》全文，可知马氏对前代书目的归类分歧基本上采取了存而不论的做法。也就是将具体图书按照自己判断的分类类目归类之后，对其书归类不同于所辑录目录的情形一般没有给出取舍调整之理由。其原因主要是由于资料有限，无法一一考订而"姑仍其旧"，再加上如果一一指出，势必将不胜其烦，有喧宾夺主之嫌。《经籍考》主要还是一个图书资料的分类汇编，而不像胡应麟《国史经籍志》那样专注于纠谬与考证。

但是，这并不是说马端临在《经籍考》中对前人的分类与归类只是简单照抄，没有自己的取舍和立场。如上所述，《经籍考》的史源主要为《郡斋》与《直斋》，《经籍考》的类目设置与具体书籍的归类也自然以此两部目录为主，所以会大量出现某书因《郡斋》《直斋》归于不同类目之下，使得《经籍考》著录时有同一种书在不同门类下重复出现的现象。这属于《经籍考》中的一书重见问题。事实上，历代学者在使用和研究过程中早就发现《经籍考》中存在大量同一种书在不同类别下重复著录的情况。对其原因的分析可归纳为以下三种意见：疏漏说②、互著说③、材料来源不同说④，而以材料来源不同说最为合理。虽然一书重见现象确实是导致书籍归类分歧的重要问题之一，但并不能涵盖《经籍考》中所有的归类分歧情况。

根据笔者的分析，一书重见中最普遍的"跨类重见"共计51例，涉及《经籍考》中经、史、子、集四部共25个二级部类，而《经籍考》总计55类，也就是说接近一半的类目存在着重见（或部分重见）的现象。其中大部分确实是由于《经籍考》的两大主要著录来源《郡斋》与《直斋》因分类类目体系不同而将同一书归入不同类目之下，而马端临在《经籍考》中由于其类目同时兼有《直斋》与《郡斋》之类目，抄录时在两类中分别依据《郡斋》与《直斋》著录而导致一书重见。同时《郡斋》与《直斋》所著录的

---

① 马端临：《文献通考·经籍考（上）》，华东师范大学出版社 1985 年版，第 539 页。
② 钱大昕：《十驾斋养新录》，上海书店 1983 年版，第 310 页。
③ 刘石玉：《〈经籍考〉互著小考》，《图书馆学研究》1987 年第 2 期，第 148~151 页。
④ 严文儒：《〈文献通考·经籍考〉一书重见研究》，《华东师范大学学报》（哲学社会科学版）1993 年第 1 期，第 50~61 页。温志拔：《论〈文献通考·经籍考〉的重出与互著》，《图书馆理论与实践》2010 年第 10 期，第 59~62 页。

也不是无源之水，如《郡斋》的分类与归类同于《崇文》者居多。而且这种跨类重见本身就反映了图书在内容上的跨类性。那么，马端临是否清楚自己分抄《郡斋》与《直斋》两书而导致的这种重见呢？笔者认为马氏自己是意识到了这一点的。最明显的例证就是这其中有多条是马氏依《直斋》或《郡斋》中的一条书目自行重复分著两类，而且抄录的解题也大体一致，如《经籍考》卷 27 史部伪史霸史类与卷 33 史部地理类重复著录有"《高丽图经》四十卷""《南诏录》三卷""《契丹疆宇图》一卷""《海外使程广记》三卷""《诸蕃志》二卷"五部，都来自《直斋》地理类下的同一条，马氏重复著录并引用《直斋》的同一解题。更何况有几条还有互著的提示。虽然其他大多数只是分抄两类而没有特别提示，但这是因为互著提示在马端临那里只是偶然使用，没有将其上升到编纂体例的高度。而马氏对其重见的现象不仅清楚且有意为之这点当无可置疑。因此笔者认为，虽然由辑录体所决定的材料来源不同的客观原因带来的一书重见（多为跨类重见）是导致《经籍考》中归类调整的重要原因，但马端临本人对这些分歧是有自己的取舍判断和思想立场的，并不是无意识无原则的存而不论，更何况马氏在很多地方都引用材料或自己直接下按语来表明了自身的立场。

三、《经籍考》中分类类目的调整

对于马氏在《经籍考》中一些不同以往的分类，人们往往从一些具体的分类得失上予以评论。如刘石玉指出《经籍考》分类上的疏漏和不妥特别表现为"分类思想的复古守旧和泥古不化"，并认为马端临将术数分为五行、占筮、形法，就是盲目跟从《汉志》、宋《中兴馆阁书目》的表现。① 笔者经过分析，认为刘石玉此说有失偏颇。考《经籍考》卷 46 子部形法类首先辑录有《汉志》数术略形法类的小序，其后是《汉志》形法类，《隋志》《新唐志》《宋三朝志》《宋两朝志》《宋四朝志》《宋中兴志》的子部五行类，以及《宋中兴志》子部蓍龟类、杂占类、形法的小计。其下引《直斋》卷 12 子部阴阳家的小序：

> 陈氏曰：自司马氏论九流，其后刘歆《七略》、班固《艺文志》皆著阴阳家，而天文、历谱、五行、卜筮、形法之属，别为《术数略》，其论"阴阳家者流，盖出于羲、和之官，敬顺昊天，历象日月星辰。拘者为之，则牵于禁忌，泥于小数"。至其论术数，则又以为羲、和、卜史之流。而所谓《司星子韦》三篇，不列于天文，而著之阴阳家之首。然则阴阳之与术数，似未有以大异也。不知当时何以别之，岂此论其理，彼具其术邪？今《志》所载二十一家之书皆不存，无所考究，而隋、唐以来子部遂阙阴阳一家。至董逌《藏书志》始以星占、五行书为阴阳类。今稍增损之，以时日、禄命、遁甲等备阴阳一家之阙，而其他术数各自为类。②

---

① 刘石玉：《〈文献通考·经籍考〉分类探析》，《四川图书馆学报》1987 年第 2 期，第 60~66 页。

② 马端临：《文献通考·经籍考（下）》，华东师范大学出版社 1985 年版，第 1057 页。

考《汉志》的诸子略有"出于羲和之官"① 的阴阳家类，同时有"明堂羲和史卜之职"② 的数术略。其数术略分为天文、历谱、五行、蓍龟、杂占、形法六种。从内容上看，阴阳与数术两类同出观察天象制定时历的"羲和"之官，都以阴阳五行学说为指导思想。陈振孙因而指出《汉志》中"阴阳家"与"数术"是关系十分密切的两大类。所以其中如《司星子书》等书籍的归类有可议之处。陈氏指出这两类的区别是"此论其理，彼具其术"。这一点也是马端临所肯定的。《汉志》诸子略中的"阴阳家"书籍，后世皆已亡佚，所以《隋志》以后的官修书目中子部都没有"阴阳"类。南宋董逌在其《广川藏书志》（今已亡佚，《直斋》卷8史部目录类收录并有解题）子部重新设立阴阳类并以后世之"星占、五行"之书归之。陈氏因而推广之，在子部设"阴阳家类"，以"时日、禄命、遁甲等备阴阳一家之阙"，又设"卜筮""形法"类以充"术数"类之书，即所谓"其他术数各自为类"。马端临对陈氏这一做法批评道：

> 按：陈氏之说固然矣，然时日、禄命、遁甲独非术数乎？其所谓"术数各自为类"者，曰卜筮，曰形法，然此二者，独不本于阴阳乎？③

马端临对陈振孙以"时日、禄命、遁甲等备阴阳一家之阙，而其他术数各自为类"的做法不以为然。因为在马氏看来，时日、禄命、遁甲也是术数，为什么单拿它们来充"阴阳"类。而所谓"其他术数"的五行、卜筮与形法诸类何以不入"阴阳"类呢？也就是说前后两类并无本质的不同。马氏接着在按语中给出自己的处理意见说：

> 盖班史《艺文志》阴阳家之后，又分五行、卜筮、形法，各自为类。今班《志》中五行、卜筮、形法之书虽不尽存，而后世尚能知其名义，独其所谓阴阳家二十一种之书，并无一存，而《隋史》遂不立阴阳门。盖隋、唐间已不能知其名义，故无由以后来所著之书续立此门矣。④

《汉志》中诸子略的阴阳家类与数术略本是同源，只是前者侧重于理论层面，后者侧重于技术层面。马氏认为《汉志》的阴阳家（言理）后世中绝，其书皆亡佚。后世兴起之阴阳五行之书应当依据《汉志》数术略中的门类各归其类，不必再充数于子部设立一个有名无实的阴阳家类。而对于后世"五行类"的设立问题，马氏接着在按语中指出：

> 然《隋书》、《唐书》及宋九朝《史》，凡涉乎术数者，总以五行一门包之，殊欠分别。独《中兴史志》乃用班《志》旧例，以五行、占卜、形法各自为门，今从之。⑤

---

① 班固：《汉书》，中华书局 1962 年版，第 1743 页。
② 班固：《汉书》，中华书局 1962 年版，第 1775 页。
③ 马端临：《文献通考·经籍考（下）》，华东师范大学出版社 1985 年版，第 1058 页。
④ 马端临：《文献通考·经籍考（下）》，华东师范大学出版社 1985 年版，第 1058 页。
⑤ 马端临：《文献通考·经籍考（下）》，华东师范大学出版社 1985 年版，第 1058 页。

马端临采纳宋《中兴国史艺文志》用《汉志》旧例的做法,以五行、蓍龟、杂占、形法各自为类,而不是像宋九朝《志》(指前后相续的北宋九朝《国史艺文志》,即《三朝志》《两朝志》与《四朝志》)那样笼统以五行类包括。马端临关于数术类书籍的分类意见和做法在那个时代无疑是颇为通达的。其后《四库全书总目》在子部重新设立"术数类"这一大类,其下又设"数学、占候、阴阳五行、占卜、杂技术、相宅相墓、命书相书"这些二级小类,实际上是将《隋志》、《新唐志》、宋九朝《志》(术数类只有一个大类"五行")与《经籍考》(术数类无大类,只有占卜、形法等小类)的分类综合起来,从而使阴阳、术数类书籍的分类最终趋于完善。而马氏的观点及其分类可谓承前启后的重要一环。

笔者重点分析此例,意在说明马端临的分类调整往往有其深层的历史内涵与合理性,只有结合目录学与学术史的发展进行深入考察才能揭示出来,否则只看到表面现实极易造成误解。如清人张宗泰对马端临不从惯例,将仪注类诸书不入史部而归入经部提出质疑。① 考《汉志》无"仪注"类,其中"《古封禅群祀》二十二篇""《封弹议对》十九篇""《汉封禅群祀》三十六篇""《议奏》三十八篇"四部"仪注"类书籍皆附入经部礼类中。《隋志》《旧唐志》《新唐志》《崇文》《郡斋》都设立"仪注"类(《直斋》在史部设有"礼注"类,名异实同),但都归入史部,到了《经籍考》才调整上升到经部。因为在马端临看来礼乐是治国安邦之大典,后世制定的礼乐虽然不能与经部"三礼"(《周礼》《仪礼》《礼记》)相提并论,但仍然应该列入经部。《经籍考》的具体做法是在经部礼类只著录古代"三礼"及其后世注释类著作,同时后代制定的礼书则归入经部仪注类,界限很清晰。马氏之前,《崇文》虽然有"礼"与"仪注"两类,但其礼类除"三礼"外还著录有"《江都集礼》"(隋代)、"《开元礼义鉴》"(唐代)等后世礼书,同时《崇文》的史部仪注类也著录有"《礼阁新仪》""《唐礼纂要》"(皆唐代)等后世礼书,这样便与经部礼类混淆了界限。因此《经籍考》对其进行了调整,将8部在《崇文》混入经部礼类的后世礼书都调整到经部仪注类。同样,《郡斋》经部礼类著录的"《开宝通礼》二百卷""《太常因革礼》""《元丰郊庙礼文》三十卷"和《崇文》中的归类一样,都是后世礼书混入礼类("三礼"),因而都被马端临调整到仪注类。《经籍考》对"三礼"和后代礼书的区分做法为《四库总目》所继承并予以细化,即在经部设立礼类二级类目,其下分立"周礼""仪礼""礼记"这些"三礼"类目,又并列有"杂礼书""三礼总义""通礼"诸类。

又如雷晓庆认为马氏将奏议归入集部是不妥的。② 其实奏议从形式上看有文章美富,富于文学性;从编辑形式上看,奏议大多编入了个人别集中。因此奏议可以归入集部。《宋史·艺文志》以后,直到《四库全书总目》多从政治历史的角度出发,着眼于惩戒劝惩,偏重于以图书内容来掌握分类的标准,因此将奏议归入史部。③ 应该说这是一个学术

① 张宗泰:《书马贵与〈经籍考·议注〉后》,沈云龙主编:《近代中国史料丛刊续编 第十七辑 鲁岩所学集》,台湾文海出版社1975年版,第355~356页。

② 雷晓庆:《〈文献通考·经籍考〉分类体系得失略论》,《晋图学刊》1992年第3期,第52~54页。

③ 刘石玉:《〈文献通考·经籍考〉分类探析》,《四川图书馆学报》1987年第2期,第60~66页。

标准随着时代背景而转移的问题，我们还原到当时的学术背景下考察，这样很多问题和疑惑就可冰释而解。

四、《经籍考》中图书归类的调整

关于《经籍考》在具体图书归类上的调整及其特点，虽然时贤已有相关研究，①但更多停留在描述现象上，缺乏从学术思想背景出发对其原因作深入分析。下面以《经籍考》经部小学类中书目涉及的归类调整作为典型进行分析。

考察《经籍考》经部小学类与其所引用的六部主要书目的关系，可知《经籍考》经部小学类著录的条目以来自《直斋》经部小学类为最多，此外，还引用《郡斋》经部小学类和子部类书类，以及《直斋》史部目录类与子部的类书、儒家、杂家、杂艺诸类之条目。这反映了《经籍考》小学类与《直斋》类目有着错综复杂的关系。这也使得《经籍考》的小学类所收书籍内容十分庞杂，除了传统的文字、音韵、训诂等小学类图书外，还包括字典、幼教、蒙学、书法类的著作。

字典著作如《直斋》卷8史部目录类著录有"《隶释》一十七卷、《隶续》二十一卷"，《经籍考》将其调整到经部小学类。《直斋》把它视作分类编排的检字工具书，《经籍考》则着眼于其记载之对象本身是文字而不论其实际功用（与下文所述书法类著作归入小学类出于同一理由）。但因其所载并非先秦古文字，而是隶变后的今文。所以究其实质，工具书性质还是大于其文字考证之作用。所以《四库总目》卷86同《直斋》将其归入史部目录类。

幼教著作如《直斋》卷9子部儒家类著录有"《童蒙训》一卷""《少仪外传》二卷""《辨志录》一卷"与"《小学书》四卷"这四部"幼教"读物。正如《经籍考》在"《小学书》四卷"之下引《朱子语录》（《朱子语类》的前身）②所说，这类教授童蒙及初学者为人处世的具体行为规范（属于"事"的层面）的图书，属于儒家初等教育的内容。在前代书目中一般都归入儒家类中，直到朱熹开始主张将其从儒家中独立出来归入"小学"类，意在与讲述为人处世之道理的"大学"相表里（属于"理"的层面），以之作为修身立命的根基，并从而规定了修身治学的先后次序（先事而后理，先小学而后大学，下学而上达）。马端临依据朱熹的意见将幼教类书籍归入小学类中绝非偶然，是由其朱子学的思想立场所决定的。事实上，马端临作为朱熹的再传弟子曹泾的门人③，与乐平程登庸等学者相友善，都信奉朱子学④。这一点反映在《经籍考》中便是马端临大量吸收程朱理学，尤其是朱熹的意见和看法，并以之作为其立论的根基，由此例可见其一斑。

又《直斋》卷10子部杂家类著录有"《弟子职》等五书一卷"。由《经籍考》辑录《直斋》解题可知陈振孙以其五书为一卷、内容丛杂而归入杂家。⑤《经籍考》则以其

---

① 邹明军：《〈文献通考·经籍考〉研究》，华中师范大学博士学位论文，2011年，第66~79页。
② 马端临：《文献通考·经籍考（上）》，华中师范大学出版社1985年版，第436页。
③ 黄宗羲、全祖望：《宋元学案（第4册）》，中华书局1986年版，第2972、2977、2980页。
④ 邓瑞：《马端临与〈文献通考〉》，山西古籍出版社2003年版，第23~26页。
⑤ 马端临：《文献通考·经籍考（上）》，华东师范大学出版社1985年版，第437页。

具体内容属于童蒙修身的幼教书而调整归入小学类。两者侧重点不同，当以《经籍考》的做法为优。

蒙学著作如《郡斋》卷14子部类书类著录有"《蒙求》三卷""《左氏蒙求》三卷""《左氏纲领》四卷"与"《两汉蒙求》五卷，《唐史属辞》五卷，《南北史蒙求》十卷"，《经籍考》将这几部蒙学著作调整归入小学类中。同样，《直斋》卷14子部类书类著录有"《蒙求》三卷""《补注蒙求》八卷"等8部蒙学故事集，与《郡斋》子部类书类著录的4部情况一样。马端临因其本质为儒学初级读本而调整归入小学类中。《四库全书总目》则从《郡斋》和《直斋》归入子部类书类中，当是着眼于其以一定的编纂体例汇聚故事而成书的特征。

书法著作如《直斋》卷14子部杂艺类著录有刘次庄"《武冈法帖释文》二十卷"、张彦远"《法帖要录》十卷"、释适之"《金壶记》一卷"、钱惟演"《飞白叙录》一卷"、黄伯思"《法帖刊误》二卷"、翟耆年"《籀史》二卷"、姜夔"《绛帖评》一卷"（《经籍考》著录为二十卷）、桑世昌"《兰亭博议》十五卷"、桑世昌"《兰亭考》十二卷"、蔡端"《法书撮要》十卷"与陈思"《书苑菁华》二十卷"等13部著作。《经籍考》卷17将以上诸书皆调整归入经部小学类中，并在陈思的"《书苑菁华》二十卷"后以按语说明其理由。马端临首先承认陈振孙《直斋》所谓论"书法"的著作是"技艺"，与作为学问根基的传统小学不可混为一谈，但在书籍的具体归类处理上持不同意见。他不赞成陈氏将"书法"类著作从小学分出的做法。因为在马氏看来，"书法"与"字书""韵书"一样，同样都以文字为对象，虽然其侧重点各有不同，但没有必要分立两门。所以他没有依从《直斋》，仍然将"书法"著作保留在小学类中。①

综上所述，《经籍考》将"工具""幼教""蒙学""书法"诸类著作，分别从《郡斋》与《直斋》的目录类、儒家类、类书类、杂艺类中调整归入其"小学"类中。这些调整大多并非马氏首创，一般都有其历史依据。根据《四库全书总目》卷40经部小学类小序的论述，可知将"书法"著作从艺术类中分出归入小学类始于《新唐志》，将"幼教"著作从儒家类中分出归入小学类则由朱熹所倡导，并首先由南宋赵希弁在其《读书附志》中予以实践（但马端临并未见到《读书附志》，《经籍考》中未著录此书），将"蒙学"著作从类书类中分出归入小学类则始自晁公武《郡斋读书志》。②

作为清代考据学结晶的《四库全书总目》主张小学类中只载文字、音韵、训诂类书籍，而将上述"论幼仪""论笔法""蒙求""金石"及"便记诵"之书各归其类，从而恢复了《汉志》的"小学"传统。使得"小学"类变得纯粹了。同时《四库全书总目》虽未直接说明，但其实际上加以批判并从小学类中取出的上述几类书籍，却恰好都收录在《经籍考》经部小学类中。《经籍考》可谓汇集前代书目小学类于一炉。这一方面是由其辑录体的特殊体制所决定的，一方面也体现了马端临本人的学术思想立场。不仅如此，马端临还自行将检字类"字典"书籍从前代书目的目录类中分出归入其小学类中，从而使其"小学"类所包括的范围更加庞杂。

当然《经籍考》小学类的收书范围是建立在广泛汇集前代书目并吸收程朱理学思想

---

① 马端临：《文献通考·经籍考（上）》，华东师范大学出版社1985年版，第433页。

② 纪昀、陆锡熊、孙士毅：《钦定四库全书总目（上册）》，中华书局1997年版，第526页。

的基础上的,而清代出于对宋明理学以义理解经的空疏弊病的批判和反思,提倡返回先秦儒学经典并对其本义予以忠实的解释。自清代考据学的开山鼻祖顾炎武提倡"知音""考文"以通《九经》并以其《音学五书》等著作做出示范后,作为考据学家解经之基础的文字、音韵、训诂的传统"小学"的研究日趋兴盛,先后涌现出了戴震、王念孙、王引之、段玉裁等一大批以小学功底见长的经学大家,而官方出于钳制思想以维护专制统治的需要,对于钻故纸堆与现实关系不大的小学也是大力提倡。正是在上述学术发展的内在理路与外在政治形势的交互作用下,清代小学由经学附庸一跃而蔚为大观,所以反映在《四库全书总目》中自然会主张恢复《汉志》的"小学"传统。两者的差别一方面是由《经籍考》与《四库全书总目》辑录体与叙录体的不同体制所决定的,同时也直接反映了学术随时代背景的不同而发生的变异,《经籍考》与《四库全书总目》都不过是各自予以忠实的记录罢了。

五、结　语

由上述分析可知,《经籍考》与作为其主要史料来源的六部目录在分类类目及书籍归类上存在诸多分歧。追究其原因,从客观分类体系上来看,古籍目录中的不少类目之间的界限不是很清晰,所涉及的领域相近而容易混淆,并且随着时代学术的发展,类目的内涵和外延往往会发生变化,从而导致不得不做出相应的调整。从主观思想立场上来看,编目者从不同的学术立场和视角出发,很可能将同一部书归入领域相关的不同类目中。这其中当然也不能完全排除编目者的疏忽大意,但事实上,古籍书目中分类与归类的分歧大多有其历史背景和学术思想的深层原因。总的来看,马端临在辑录前代书目的过程中对其分类类目与图书归类进行了取舍和调整。这些取舍和调整是由材料来源不同的客观原因与马端临本人的主观立场所共同决定的,并且背后往往都有其深层的学术背景,集中反映了学术思想的时代变迁。进而通过历代书目与学术史的分析,特别是与古籍四部书目的集大成者《四库全书总目》相对照可知,《经籍考》中的分类与归类调整往往是继往开来的重要环节。马端临在《经籍考》中基于自身立场博采众长并加以融会贯通的同时,又敏锐地抓住了学术发展的脉搏,并最终形成了自己的一套完整分类与归类体系。其承前启后的理论与经验均值得人们深入思考和挖掘。这对于深入理解《经籍考》乃至整个目录学史与学术思想史的发展都有相当重要的参考价值。

（作者单位：武汉大学哲学学院）

《女仙外史》评点者新考

□　朱燕玲

【摘要】本文借助清代地方志、清人诗文集等文献之记载，补充了《女仙外史》的评点者韩象起、杨颙、王九征、顾维祯等人的生平、著述、交游等资料。搜集了汪鹤孙、乔寅与时人往还酬唱之大量诗文材料，并于孙枝蔚《溉堂后集》寻得汪氏佚诗一首。通过新发现之材料考证了汤永宽、孟缵祖的生卒年月，并凭借孟氏之生卒年月重新确定了吕熊创作《女仙外史》之时间。

【关键词】吕熊；《女仙外史》；评点者

　　《女仙外史》（简称《外史》）为江苏昆山吕熊所著。有关吕熊生平考证、作品辑佚的研究，学界目前已有一些成果，① 此处不赘。本文旨在考证《外史》的评点者汤永宽、韩象起、汪鹤孙、孟缵祖、乔寅、杨颙、王九征、顾维祯的生平、著作、交游等信息，及其与作者吕熊和其他评点者的关系。这八位评点者已被刘倩、杨梅考证确定了真实身份，但所列资料较为简略。② 本文通过搜寻清代地方志、清人诗文集等相关文献，收集了上述评点者字号、生卒年月、生平履历、佚诗、佚文、交游对象等具体资料，补充了刘倩、杨梅论述之不足，对于读者深入、全面理解《外史》的作者及评点者想必有所帮助。

一、汤硕人

　　汤永宽，字硕人，号宝田。③ 江西南丰人。汤来贺之子。著有《随遇堂集》十六

---

①　分别见刘倩：《"靖难"及其文学重写》，中国社会科学院博士学位论文，2003 年，第 74~75 页。杨梅：《吕熊与〈女仙外史〉研究》，南京师范大学硕士学位论文，2006 年，第 5~11 页。宋华燕：《〈女仙外史〉研究》，南开大学博士学位论文，2008 年，第 8~13 页。

②　分别见刘倩：《"靖难"及其文学重写》，中国社会科学院博士学位论文，2003 年，第 127~131 页。杨梅：《吕熊与〈女仙外史〉研究》，南京师范大学硕士学位论文，2006 年，第 11~31 页。

③　〔清〕董天工修撰、方留章等点校：《武夷山志》卷 17《名贤下·寻胜》，方志出版社 1997 年版，第 568~569 页。

卷。① 《〔乾隆〕沧州志》卷十、《武夷山志》卷十七、《〔同治〕南丰县志》卷二十五、《〔光绪〕重修天津府志》卷四十四、《〔民国〕南丰县志》卷二十七、《〔民国〕沧县志》卷八有其小传。《〔康熙〕江西通志》卷四十六、《〔康熙〕宜春县志》卷十八、《〔康熙〕庐山志》卷八、《武夷山志》卷二十三、《〔同治〕星子县志》卷十三、《〔同治〕兴国县志》卷四十三、《〔光绪〕保定府志》卷四十四、《〔民国〕庐山志》卷十分别载有汤氏所作《游白鹿洞》《游珠泉亭》《鹿洞步朱子韵》《游武夷二首》《湖山堂集序》《赠张太史》《畿辅七名家诗钞序》《石嵩隐先生传》等诗文。② 《艺菊志》卷八、《国朝诗的》江西卷二、《鹤岭山人诗集》、《全清词·顺康卷》分别录有汤氏所撰《题槎溪艺菊图》《怀虹诗》《仙掌峰》《鹤岭山人诗集跋》《千秋岁》等诗文。③

汤氏与蔡衍鎤为知交，蔡氏为汤氏作有《燕台留别汤硕人、宋豫庵，并呈吴匪庵银台》《七夕喜汤硕人至闽见惠佳章，因携二子往见》《九日张中丞席上吟，送汤硕人归建昌》《送南丰汤硕人》《喜逢汤硕人记》《赠南丰汤硕人》等诗文。④ 汤氏则为蔡氏《操斋集》撰有一篇序文及三十五条评语。据章藻功《汤硕人冰雪词序》《跋汤硕人尊公惕庵先生寿序后》、屈大均《送汤氏兄弟归建昌省其尊人惕庵先生，时先生八十余矣》、卓尔堪《答汤硕人》、陈鹏年《汤硕人见过，次来韵》、查慎行《答汤硕人见投三章，次原

① 《〔乾隆〕建昌府志》卷56《艺文纪一·书目》，《中国方志丛书》，台湾成文出版社1989年影印本，华中地方第830号，第2550页。

② 分别见〔清〕汤永宽：《游白鹿洞》，《〔康熙〕江西通志》卷46，《中国方志丛书》，台湾成文出版社1989年影印本，华中地方第781号，第4846~4847页。〔清〕汤永宽：《游珠泉亭》，《〔康熙〕宜春县志》卷18，《中国方志丛书》，台湾成文出版社1989年影印本，华中地方第789号，第1727页。〔清〕汤永宽：《鹿洞步朱子韵》，〔清〕毛德琦：《庐山志》卷8，《四库全书存目丛书》史部，第240册，齐鲁书社1996年版，第35页。〔清〕汤永宽：《游武夷二首》，〔清〕董天工修撰，方留章等点校：《武夷山志》卷23，方志出版社1997年版，第798~799页。〔清〕汤永宽：《湖山堂集序》，《〔同治〕星子县志》卷13，《中国方志丛书》，台湾成文出版社1989年影印本，华中地方第834号，第1633~1636页。〔清〕汤永宽：《赠张太史》，《〔同治〕兴国县志》卷43，《中国方志丛书》，台湾成文出版社1989年影印本，华中地方第939号，第1927页。〔清〕汤永宽：《畿辅七名家诗钞序》，《〔光绪〕保定府志》卷44，《中国地方志集成·河北府县志辑》，第31册，上海书店出版社2006年影印本，第86~87页。〔清〕汤永宽：《石嵩隐先生传》，〔民国〕吴宗慈：《庐山志》卷10，台湾明文书局1980年版，第1132~1133页。

③ 分别见〔清〕汤永宽：《题槎溪艺菊图》，〔清〕陆廷燦：《艺菊志》卷8，《四库全书存目丛书》子部，第81册，齐鲁书社1995年版，第401页。〔清〕陶煊、张璨辑：《国朝诗的》江西卷2，《四库禁毁书丛刊》集部，第157册，北京出版社2000年版，第189页。〔清〕汤永宽：《鹤岭山人诗集跋》，〔清〕王泽弘：《鹤岭山人诗集》，《四库全书存目丛书补编》第53册，齐鲁书社2001年版，第442页。〔清〕汤永宽：《千秋岁》，《全清词·顺康卷》，中华书局2002年版，第10284~10285页。

④ 〔清〕蔡衍鎤：《操斋集》，《清代诗文集汇编》第208册，上海古籍出版社2010年版，第40、66、68~69、99、281~282、498页。

韵》、郑重《长安忆武夷二首》、李绂《随遇堂集序》等诗文,① 可知汤氏与诸人相识。汤氏为《外史》的评点者汤永诚之弟②。另外,据《送汤硕人还建昌》一诗,③ 可知汤氏与《外史》的评点者黄鷟来认识。汤氏为《外史》留下十三条评语,散见于第一、十一、十四、三十二、三十五、三十九、五十二、五十七、五十九、六十八、八十二、九十二、一百回。

按:关于汤氏之生卒年,《〔同治〕南丰县志》言:"雍正戊申卒于沧州"④,可知汤氏卒于雍正六年(1728)。《〔光绪〕重修天津府志》曰:"以株累谪沧,寓城北水月寺,颜其庐曰安晦,年七十七卒于沧。"⑤ 由此逆推,则汤氏生于顺治壬辰九年(1652),汤氏之生卒年似为顺治九年至雍正六年(1652—1728)。然《〔乾隆〕建昌府志》云:"汤椿年,字祚培,号思勍。南丰人。来贺孙。事庶母委曲承欢。雍正丙午,父永宽以事株连入京,椿年冒雪徒步三千里,号吁法司,鞭笞乱下不稍避,众感叹,许入侍汤药。已而,永宽安置沧州,椿年往来卖卜,以供菽水。三年父卒,扶枢旋里……"⑥ 可知汤氏雍正四年(1726)"以事株连入京",雍正七年(1729)卒于沧州。由此逆推,则汤氏生于顺治十年癸巳(1653),汤氏之生卒年似为顺治十年至雍正七年(1653—1729)。拙见以为,在没有找到更加确凿的证据之前,1652—1728、1653—1729 两种观点可以并存。

二、韩洪崖

韩象起,字敬一,号姑射山人。⑦ 山西洪洞人。监生。康熙十五年(1676)任山东福

---

① 分别见〔清〕章藻功:《思绮堂文集》卷 2,《清代诗文集汇编》第 198 册,上海古籍出版社 2010 年版,第 402~403、406 页。〔清〕屈大均:《翁山诗外》卷 7,《续修四库全书》第 1411 册,上海古籍出版社 2002 年版,第 453 页。〔清〕卓尔堪编:《遗民诗·近青堂诗》,华东师范大学出版社 2012 年版,第 832~833 页。〔清〕陈鹏年撰,李鸿渊校点:《陈鹏年集·浮石集》卷 3,岳麓书社 2013 年版,第 201 页。〔清〕查慎行撰,张玉亮、辜艳红点校:《查慎行集·敬业堂诗续集》卷 1,浙江古籍出版社 2014 年版,第 1241 页。〔清〕郑重:《长安忆武夷二首》,〔清〕董天工修撰,方留章等点校:《武夷山志》卷 23,方志出版社 1997 年版,第 763 页。〔清〕李绂:《穆堂初稿》卷 33,《清代诗文集汇编》第 232 册,上海古籍出版社 2010 年版,第 401 页。

② 〔清〕董天工修撰,方留章等点校:《武夷山志》卷 17《名贤下·寻胜》,方志出版社 1997 年版,第 568 页;卷 22《怀武夷长歌,时读崇安王适庵明府诸著述》,方志出版社 1997 年版,第 746 页。

③ 〔清〕黄鷟来:《友鸥堂集》卷 3《送汤硕人还建昌》,上海古籍出版社 1979 年影印本,第 164 页。

④ 《〔同治〕南丰县志》卷 25《人物志三·国朝一》,《中国方志丛书》,台湾成文出版社 1989 年影印本,华中地方第 827 号,第 1111 页。

⑤ 《〔光绪〕重修天津府志》卷 44《传六·人物四·国朝·沧州》,《续修四库全书》第 691 册,上海古籍出版社 2002 年版,第 294 页。

⑥ 《〔乾隆〕建昌府志》卷 47《人物传十一·国朝》,《中国方志丛书》,台湾成文出版社 1989 年影印本,华中地方第 830 号,第 2192 页。

⑦ 〔清〕杨宾著,柯愈春主编:《杨宾集·晞发堂文集》卷 4《黄复庵墓志铭》注 428,浙江古籍出版社 2011 年版,第 150 页。

山县知县,① 二十年（1681）擢户部主事,② 三十七年（1698）升江西驿盐道③。崇祀南昌名宦祠。《〔民国〕洪洞县志》卷十二言韩氏"著有《泛舟草》一册、《诗词》八卷",卷十七谓韩氏"著《泛舟草》",《清人诗文集总目提要》则称韩氏撰有《姑射山人集》。④《〔民国〕洪洞县志》卷十二有其小传。《白鹿书院志》卷十六、《〔民国〕洪洞县志》卷十七分别载有韩氏所作《白鹿篇赠毛心斋》《师旷故里》之诗。⑤ 另外,韩氏撰有《游金山十首》,⑥ 为重修千佛寺写有记文,⑦ 为索芬《无题》题有和诗,⑧ 马道畊《清诗二集》卷三选有韩氏所作诗歌⑨。据陈廷敬《旭白韩君传》、朱彝尊《封文林郎韩君墓表》、顾永年《题韩敬一观察尊人〈永思录〉》《代题〈永思录〉九言古体》等诗文,⑩ 可知韩氏与三人相识。据《牡丹》及《早春集韩金事筠斋,即席分赋二首》所载,⑪ 可知韩氏与《外史》的评点者刘廷玑熟识。韩氏应是在与刘氏同事时结识担任其幕僚的吕熊,并为《外史》撰写点评的。韩氏为《外史》留下八条评语,散见于第二、三十一、三十三、五十一、五十四、六十二、六十九、八十九回。

————————————

① 《〔乾隆〕福山县志》卷 7《职官志·知县》,《中国地方志集成·山东府县志辑》第 51 册,凤凰出版社 2004 年版,第 476 页。

② 《〔光绪〕增修登州府志》卷 28《文秩四·福山县》,《中国地方志集成·山东府县志辑》第 48 册,凤凰出版社 2004 年版,第 287 页。

③ 《〔雍正〕江西通志》卷 48《秩官三·国朝》,《景印文渊阁四库全书》第 514 册,台湾"商务印书馆"1984 年版,第 559 页。

④ 分别见《〔民国〕洪洞县志》卷 12《人物志上·列传》,《中国方志丛书》,台湾成文出版社1968 年影印本,华北地方第 79 号,第 783、1723～1724 页。柯愈春:《清人诗文集总目提要》,北京古籍出版社 2001 年版,第 282 页。

⑤ 分别见〔清〕韩象起:《白鹿篇赠毛心斋》,〔清〕毛德琦撰,〔清〕周兆兰增修:《白鹿书院志》卷 16,《四库全书存目丛书》史部,第 246 册,齐鲁书社 1996 年版,第 326 页。〔清〕韩象起:《师旷故里》,《〔民国〕洪洞县志》卷 17,《中国方志丛书》,台湾成文出版社 1968 年影印本,华中地方第830 号,第 1652 页。

⑥ 《〔光绪〕京口三山志（金山志）》卷 3《碑刻·国朝》,《中国方志丛书》,台湾成文出版社1974 年影印本,华中地方第 150 号,第 2812 页。

⑦ 《〔民国〕洪洞县志》卷 8《建置志·寺观》,《中国方志丛书》,台湾成文出版社 1968 年影印本,华中地方第 830 号,第 444 页。

⑧ 柯愈春:《清人诗文集总目提要》,北京古籍出版社 2001 年版,第 328 页。

⑨ 谢正光、陈谦平、姜良芹合编:《清诗初选五十六种引得》,社会科学文献出版社 2013 年版,第 455 页。

⑩ 分别见〔清〕陈廷敬:《午亭文编》卷 42《旭白韩君传》,《清代诗文集汇编》第 153 册,上海古籍出版社 2010 年版,第 432～433 页。〔清〕朱彝尊:《曝书亭集》卷 73《封文林郎韩君墓表》,《清代诗文集汇编》第 116 册,上海古籍出版社 2010 年版,第 550～551 页。〔清〕顾永年:《梅东草堂诗集》卷 8,黑龙江大学出版社 2014 年版,第 300、301 页。

⑪ 分别见〔清〕刘廷玑撰,张守谦点校:《在园杂志》卷 3,中华书局 2005 年版,第 115 页。〔清〕刘廷玑:《葛庄编年诗》补遗,《四库全书存目丛书》集部,第 260 册,齐鲁书社 1997 年版,第708 页。

三、汪梅坡

　　汪鹤孙（1643—1712），① 字雯远，号梅坡。浙江钱塘人。祖籍徽州歙县丛睦坊。汪汝谦之孙，汪继昌之侄。康熙八年（1669）己酉科举人，康熙十二年（1673）癸丑科进士，选庶吉士。② 著有《汇香词集》③《延芬堂集》④《蔗阁诗余》一卷⑤。《延芬堂集》卷首、《今世说》卷六、《国朝诗的》浙江卷七、《诗观初集》卷七、《国朝词综》卷五、《两浙𬨎轩录》卷七、《词林辑略》卷二、《〔民国〕杭州府志》卷一百四十五、《晚晴簃诗汇》卷三十七有其小传。《东白堂词选》卷六、卷十二，《清诗初集》卷七、卷十二，《瑶华集》卷三，《国朝诗的》浙江卷七，《诗观初集》卷七，《百名家词钞》，《今词初集》卷上，《国朝词综》卷五，《两浙𬨎轩录》卷七，《晚晴簃诗汇》卷三十七，《全清词·顺康卷》分别载有汪氏所作《踏莎行·春情》《石州慢·次高季迪韵》《秋感》《哭东岳酒家许大》等诗词。⑥ 另外，汪氏曾为汪观《梦香词》题词，为吴之骥《坐花阁词》作序。⑦

　　据吴嘉纪《四月一日送汪梅坡之东亭》《送汪梅坡兼寄悔斋、蛟门》《留别汪梅坡二

　　① 江庆柏编著：《清代人物生卒年表》，人民文学出版社2005年版，第355页。

　　② 《〔康熙〕徽州府志》卷9《选举志上·科第》，《中国方志丛书》，台湾成文出版社1975年影印本，华中地方第237号，第1347页。

　　③ 《延芬堂集》卷首言："别有《汇香词》，同里陆拒石、毛稚黄两先生皆有序，先已刊行。"分别见〔清〕汪鹤孙：《延芬堂集》，《清代诗文集汇编》第162册，上海古籍出版社2010年版，第1页。〔清〕毛先舒：《潠书》卷1《汪闻远填词序》，《四库全书存目丛书》集部，第210册，齐鲁书社1997年版，第633~634页。〔清〕陆繁弨撰，〔清〕吴自高注：《善卷堂四六》卷3《汪雯远诗余序》，《四库全书存目丛书》集部，第257册，齐鲁书社1997年版，第429~432页。

　　④ 〔清〕汪鹤孙：《延芬堂集》，《清代诗文集汇编》第162册，上海古籍出版社2010年版，第1~26页。

　　⑤ 〔清〕聂先、曾王孙编：《百名家词钞》，《续修四库全书》第1721册，上海古籍出版社2002年版，第467~473页。

　　⑥ 分别见〔清〕佟世南选：《东白堂词选》卷6《踏莎行·春情》、卷12《石州慢·次高季迪韵》，《四库全书存目丛书》集部，第424册，齐鲁书社1997年版，第625、728~729页。〔清〕蒋鑨、翁介眉辑：《清诗初集》卷7《秋感》、卷12《哭东岳酒家许大》，《四库禁毁书丛刊》集部，第3册，北京出版社2000年版，第504、636页。〔清〕汪鹤孙：《桃源忆故人·咏画眉》，〔清〕蒋景祁编：《瑶华集》卷3，中华书局1982年版，第175~176页。〔清〕陶煊、张璨辑：《国朝诗的》浙江卷7，《四库禁毁书丛刊》集部，第157册，北京出版社2000年版，第300页。〔清〕邓汉仪辑：《诗观初集》卷7，《四库禁毁书丛刊》集部，第1册，北京出版社2000年版，第469页。〔清〕聂先、曾王孙选：《百名家词钞·蔗阁诗余》，《续修四库全书》第1721册，上海古籍出版社2002年版，第467~472页。〔清〕汪鹤孙：《昭君怨·咏骰子》，〔清〕顾贞观、纳兰性德辑：《今词初集》卷上，《续修四库全书》第1729册，上海古籍出版社2002年版，第499页。〔清〕汪鹤孙：《浣溪沙·午睡》，〔清〕王昶：《国朝词综》卷5，《续修四库全书》第1731册，上海古籍出版社2002年版，第48页。〔清〕阮元、杨秉初辑，夏勇等整理：《两浙𬨎轩录》卷7，浙江古籍出版社2012年版，第503~505页。徐世昌编，闻石点校：《晚晴簃诗汇》卷37，中华书局1990年版，第1374页。《全清词·顺康卷》，中华书局2002年版，第8954~8967页。

　　⑦ 分别见〔清〕汪观：《梦香词》，张宏生编：《清词珍本丛刊》，凤凰出版社2007年影印本，第1册，第10~11页。冯乾编校：《清词序跋汇编》卷4，凤凰出版社2013年版，第367、376~377页。

首》《携美人图题赠汪梅坡》、施闰章《酬汪闻远》、孙枝蔚《暮春雨中，汪梅坡翰林招同纪伯紫饮寓斋，分得元字》《汪子真惠画扇梅坡小阮》《次韵答汪梅坡翰林赠炭》、赵执信《次韵呈梅坡前辈》等诗文，① 及汪氏为施闰章、孙枝蔚、吴嘉纪、赵执信所作《雨中湖上访施愚山》《真州暮春雨中同孙豹人、纪楝子、程隐庵、家子真寓斋小集》《雪中柬孙豹人》《哭吴处士野人十首》《吴陵答赠野人先生》《龙山旅次对雪》《颜山赠赵秋壑太史》等诗歌，② 可知汪氏与诸人熟识。此外，徐崧、孔尚任、毛先舒、徐倬、汪楫、陆繁弨等人亦作有酬赠汪氏之诗文，此处不赘。

汪氏与《外史》的评点者洪昇交好，汪氏为洪昇作有《早春与洪稗村水亭闲坐》《以旧评唐人诗集赠稗村》《题稗村寓斋井》《寓感呈洪稗村》《洪昉思见访维扬，出所制新乐府见示》《绮罗香·赠洪昉思》等诗词。③ 洪昇为汪氏撰有《寄汪雯远》《喜汪雯远初授太史兼述近状，却寄三十二韵》《微雪过汪梅坡》《梅坡以手评古集见赠》等诗歌。④ 汪氏与《外史》的评点者徐秉义为康熙十二年癸丑科进士同年，⑤ 汪氏为徐氏作有《泊舟玉峰柬同年徐果亭先生》一诗。⑥ 汪氏与《外史》的评点者陈履端亦相识，汪氏为陈氏撰有《山阳赠陈求夏广文》《满庭芳·酬山阳陈求夏广文》《临江仙·淮上赠陈晚耘广文》等诗词。⑦ 汪氏为《外史》留下六条评语，散见于第十五、二十六、三十九、四十

① 分别见〔清〕吴嘉纪著，杨积庆笺校：《吴嘉纪诗笺校》卷9《四月一日送汪梅坡之东亭》《送汪梅坡兼寄悔斋蛟门》、卷10《留别汪梅坡二首》、卷12《携美人图题赠汪梅坡》，上海古籍出版社1980年版，第271、275、294、341页。〔清〕施闰章著，吴家驹点校：《施闰章诗》卷28《酬汪闻远》，广陵书社2006年版，第640页。〔清〕孙枝蔚：《溉堂后集》卷2《暮春雨中，汪梅坡翰林招同纪伯紫饮寓斋，分得元字》、卷3《汪子真惠画扇梅坡小阮》《次韵答汪梅坡翰林赠炭》，《清代诗文集汇编》第71册，上海古籍出版社2010年版，第581、584页。〔清〕赵执信：《次韵呈梅坡前辈》，〔清〕汪鹤孙：《延芬堂集》卷下，《清代诗文集汇编》第162册，上海古籍出版社2010年版，第24~25页。

② 分别见〔清〕汪鹤孙：《延芬堂集》卷上《雨中湖上访施愚山》《真州暮春雨中同孙豹人、纪楝子、程隐庵、家子真寓斋小集》《雪中柬孙豹人》《哭吴处士野人十首》《吴陵答赠野人先生》，《清代诗文集汇编》第162册，上海古籍出版社2010年版，第7、8、12~13页；《延芬堂集》卷下《龙山旅次对雪》《颜山赠赵秋壑太史》，《清代诗文集汇编》第162册，上海古籍出版社2010年版，第24、25页。

③ 分别见〔清〕汪鹤孙：《延芬堂集》卷上《早春与洪稗村水亭闲坐》《以旧评唐人诗集赠稗村》《题稗村寓斋井》《寓感呈洪稗村》，《清代诗文集汇编》第162册，上海古籍出版社2010年版，第2、3页；《延芬堂集》卷下《洪昉思见访维扬，出所制新乐府见示》，《清代诗文集汇编》第162册，上海古籍出版社2010年版，第19页。〔清〕汪鹤孙：《绮罗香·赠洪昉思》，《全清词·顺康卷》，中华书局2012年版，第8961页。

④ 分别见〔清〕洪昇著，刘辉笺校：《洪昇集·啸月楼集》卷1《寄汪雯远》《喜汪雯远初授太史兼述近状，却寄三十二韵》，浙江古籍出版社2012年版，第55、93~94页。〔清〕洪昇著，刘辉笺校：《洪昇集·稗畦续集》卷3《微雪过汪梅坡》《梅坡以手评古集见赠》，浙江古籍出版社2012年版，第399页。

⑤ 〔清〕朱汝珍辑：《词林辑略》卷2，周骏富辑：《清代传记丛刊》，第16册，台湾明文书局1985年影印本，第40~42页。

⑥ 〔清〕汪鹤孙：《延芬堂集》卷下《泊舟玉峰柬同年徐果亭先生》，《清代诗文集汇编》第162册，上海古籍出版社2010年版，第21页。

⑦ 分别见〔清〕汪鹤孙：《延芬堂集》卷下《山阳赠陈求夏广文》，《清代诗文集汇编》第162册，上海古籍出版社2010年版，第22页。《全清词·顺康卷》，中华书局2012年版，第8963、8966页。

四、四十八、八十三回。

四、孟芥舟

孟缵祖（1655—1686），字聿修，号芥舟。直隶永平人。孟乔芳之孙，孟熊飞之子。康熙十四年乙卯（1675）科举人，① 康熙十五年丙辰（1676）科进士②。任大理寺右评事。生于顺治乙未六月二十七日（1655 年 7 月 30 日），卒于康熙丙寅十月初八日（1686年 11 月 23 日），年三十二。康熙丁卯正月壬寅葬于孟乔芳墓侧。③ 生平事迹见韩菼所撰墓志铭。④ 据陈元龙《题孟聿修小照》、陈维崧《征孟太母王太夫人六十寿言启》，⑤ 可知孟氏与二人相识。据刘廷玑《孟芥舟评事、祝渭公宗人过访》一诗，⑥ 可知孟氏与《外史》的评点者刘廷玑交好。孟氏为《外史》留下三条评语，散见于第三、六、九十四回。

五、乔东湖

乔寅，字孚五，号东湖。山西平阳人。⑦ 明诸生，隐居安丰。著有《碧澜堂集》、⑧《理咏堂集》、⑨《游黄山诗》⑩。《〔民国〕宝应县志》卷二十三言乔寅撰有《黄山游草》，⑪ 不知是否即《游黄山诗》。《诗观二集》卷十四、《淮海英灵集》戊集卷二、《〔嘉庆〕东台县志》卷三十有其小传。《百城烟水》卷一、《诗观二集》卷十四、《淮海英灵

---

① 《〔康熙〕顺天府志》卷 7《人物·举人》，中华书局 2009 年版，第 403 页。

② 《〔康熙〕宛平县志》卷 5《人物上·国朝进士》，北京燕山出版社 2007 年版，第 112~113 页。

③ 《〔光绪〕顺天府志》卷 26《地理志八·冢墓》，北京古籍出版社 1987 年版，第 845 页。

④ 〔清〕韩菼：《有怀堂文稿》卷 15《大理寺右评事孟君墓志铭》，《清代诗文集汇编》第 147 册，上海古籍出版社 2010 年版，第 198 页。另外，江庆柏谓孟缵祖字洙源，生于顺治十五年（1658），卒年不详。江庆柏编著：《清代人物生卒年表》，人民文学出版社 2005 年版，第 533 页。

⑤ 分别见〔清〕陈元龙：《爱日堂诗》卷 5《登瀛集·题孟聿修小照》，《清代诗文集汇编》第 183 册，上海古籍出版社 2010 年版，第 153 页。〔清〕陈维崧：《陈检讨四六》卷 16《征孟太母王太夫人六十寿言启》，《景印文渊阁四库全书》第 1322 册，台湾"商务印书馆"1985 年版，第 210~212 页。

⑥ 〔清〕刘廷玑：《孟芥舟评事、祝渭公宗人过访》，《葛庄编年诗》壬戌，《四库全书存目丛书》集部，第 260 册，齐鲁书社 1997 年版，第 504 页。

⑦ 潘承玉：《清初诗坛：卓尔堪与遗民诗研究》，中华书局 2004 年版，第 66、68~69、74~75、79、94~95、174~178 页。

⑧ 《〔嘉庆〕重修扬州府志》卷 62《艺文志一·集部别集类》，广陵书社 2006 年版，第 1209 页。

⑨ 《〔嘉庆〕东台县志》卷 39《录四·撰述》，《中国方志丛书》，台湾成文出版社 1970 年影印本，华中地方第 27 号，第 1610 页。

⑩ 《〔嘉庆〕江都县续志》卷 8《经籍》，《中国方志丛书》，台湾成文出版社 1983 年影印本，华中地方第 394 号，第 302 页。

⑪ 《〔民国〕宝应县志》卷 23《艺文志·书目》，《中国方志丛书》，台湾成文出版社 1970 年影印本，华中地方第 31 号，第 1296 页。

集》戊集卷二、《〔嘉庆〕高邮州志》卷十一上、《〔嘉庆〕东台县志》卷八、《〔同治〕苏州府志》卷八、《雪桥诗话三集》卷二、《清诗纪事·顺治朝卷》分别载有乔寅所作《山楼晤松之先生，赋此留别》《太湖晚望》《流民归》等诗歌。① 另外，《街南文集》卷十九、《街南续集》卷二录有乔寅之评语。②

乔寅与孔尚任交好，孔氏为乔寅作有《蒋前民、乔东湖过署馆》《雨后方朴士招同桑楚执、蒋前民、宗子发、殷简堂、朱天饮、乔东湖、方宝臣、张谐石、吴云逸、陈鹤山集倡园送春分赋》《夜集吴园次太守种字林同王武征、乔东湖、王汲公、朱其恭、马高陵、赵念昔、吴彤本、木华话石门山孤云草堂之胜即席分赋》《岁暮欲移海陵吴园次、朱西柯、乔东湖、王景州、朱其恭、闵义行、张谐石、茅与唐、郑若千集晓莺堂东斋醉别分赋》《天宁寺后同蒋前民、王武征、乔东湖、朱其恭、卓子任、吴元音看竹林》《同王武征、乔东湖、朱其恭、俞陈芳集周冰持寓馆作问菊诗每拈一字即吟一韵韵完诗成共三十六韵》《吴园次太守招同蒋前民、王武征、朱云卿、乔东湖、朱其恭、卓子任、俞陈芳禅智寺登高》《碧澜堂诗集序》《答乔东湖》等诗文、书信。③

据汤豹处《酬乔孚五见赠兼属山水》、宗元豫《乔孚五诗序》、叶丹《雨过憩百花洲同乔东湖蔡静子》、杜濬《碧澜堂集序》、上思《送乔东湖北上》等诗文，④ 可知乔寅与诸人相识。此外，吴嘉纪、方文、徐崧、孔传铎、施闰章、王仲儒、王熹儒、李驎、卓尔

---

① 分别见〔清〕乔寅：《山楼晤松之先生，赋此留别》，〔清〕徐崧、张大纯辑：《百城烟水》卷1，《四库全书存目丛书》史部，第237册，齐鲁书社1996年版，第232页。〔清〕乔寅：《太湖晚望》，〔清〕邓汉仪辑：《诗观二集》卷14，《四库禁毁书丛刊》集部，第2册，北京出版社2000年版，第505页。〔清〕阮元辑：《淮海英灵集》戊集卷2，《续修四库全书》第1682册，上海古籍出版社2002年版，第256页。〔清〕乔寅：《流民归》，《〔嘉庆〕高邮州志》卷11上，《中国方志丛书》，台湾成文出版社1970年影印本，华中地方第29号，第2159~2160页。〔清〕乔寅：《东亭日暮诗》，《〔嘉庆〕东台县志》卷8，《中国方志丛书》，台湾成文出版社1970年影印本，华中地方第27号，第355页。〔清〕乔寅：《太湖秋望》，《〔同治〕苏州府志》卷8，《中国方志丛书》，台湾成文出版社1970年影印本，华中地方第5号，第226页。杨钟羲撰集，刘承干参校：《雪桥诗话三集》卷2，北京古籍出版社1991年版，第80~81页。钱仲联主编：《清诗纪事·顺治朝卷》，江苏古籍出版社1987年版，第2418~2419页。另外，《过日集》卷1、卷5、卷8选有乔寅之诗作。谢正光、陈谦平、姜良芹合编：《清初诗选五十六种引得》，社会科学文献出版社2012年版，第363页。

② 分别见〔清〕吴肃公：《街南文集》卷19《书张菊水二仆事》，《清代诗文集汇编》第101册，上海古籍出版社2010年版，第122页。〔清〕吴肃公：《街南续集》卷2《读书论世序》，《清代诗文集汇编》第101册，上海古籍出版社2010年版，第165页。

③ 汪蔚林编：《孔尚任诗文集》，中华书局1962年版，第65、79、113、114、131、165~166、170~171、452、532页。另外，卷3《一瓢行为闵在东赋》、卷4《纪梦》亦涉及乔寅，分别见第185、354页。

④ 分别见〔清〕汤豹处：《酬乔孚五见赠兼属山水》，〔清〕孙鉱辑评：《皇清诗选》卷4，《四库全书存目丛书》集部，第398册，齐鲁书社1997年版，第111页。〔清〕宗元豫：《乔孚五诗序》，〔清〕汪廷儒编纂，田丰点校：《广陵思古编》卷1，广陵书社2011年版，第11页。〔清〕叶丹：《雨过憩百花洲同乔东湖蔡静子》，〔清〕曾燠辑：《江西诗征》卷70，《续修四库全书》第1689册，上海古籍出版社2002年版，第501页。〔清〕杜濬：《碧澜堂集序》，《〔嘉庆〕东台县志》卷39，《中国方志丛书》，台湾成文出版社1970年影印本，华中地方第27号，第1610~1611页。〔清〕上思：《送乔东湖北上》，〔清〕王豫、阮亨辑：《淮海英灵续集》辛集卷3，《续修四库全书》第1682册，上海古籍出版社2002年版，第457页。

堪、吴绮、王源等人亦作有酬赠乔寅之诗文，此处不赘。

据《题乔孚五游庐山诗卷》《乔东湖、吕文兆、倪永清相会于浦上之苇庐，感而有赋》《江上行为乔处士赋》三诗，① 可知乔寅与《外史》的作者吕熊、评点者刘廷玑、倪匡世熟识。据刘氏为《外史》所撰《品题》言："甲申秋，叟自南来，见余曰：《外史》已成。以稿本见示。"② 可知乔寅可能是在甲申年清江浦与吕熊等相会之时，得以目睹《外史》稿本全帙。据乔寅为《内省斋文集》所作评语，③ 可知乔寅与《外史》的评点者汤永诚、汤永宽之父汤来贺相识。乔寅为《外史》留下三条评语，散见于第六、七十六、八十五回。

六、杨念亭

杨颙，字孚若，号念亭。陕西华州人。康熙十七年戊午（1678）科解元，④ 康熙三十三年甲戌（1694）科进士⑤。康熙二十八年（1689）任岐山县教谕。⑥ 四十五年（1706）由四川道监察御史提督江西学政。⑦ 崇祀华州乡贤祠。⑧《〔雍正〕江西通志》卷四十八、《乾隆再续华州志》卷六，《清秘述闻》卷二、卷九，《〔同治〕兴国县志》卷四十，《〔光绪〕江西通志》卷十五，《国朝御史题名》有其小传。《〔康熙〕南安府志》卷二十、《〔康熙〕南康县志》卷十五、《〔雍正〕江西通志》卷一百三十五、《〔乾隆〕南康县志》卷十五、《〔同治〕南安府志》卷二十五、《〔同治〕赣县志》卷四十九之四、《〔同治〕兴国县志》卷四十、《〔同治〕南康县志》卷十、《〔同治〕赣州府志》卷二十四、《〔光绪〕上犹县志》卷十五分别载有杨颙所作《阳玉岩遗翰序》《兴国县学初建明伦堂记》

① 分别见〔清〕刘廷玑：《葛庄编年诗》，《四库全书存目丛书》集部，第 260 册，齐鲁书社 1997 年版，第 616、636 页。〔清〕刘廷玑：《江上行为乔处士赋》，《葛庄分体诗钞》，《清代诗文集汇编》第 187 册，上海古籍出版社 2010 年版，第 373 页。

② 〔清〕吕熊著，《古本小说集成》编委会编：《女仙外史·江西廉使刘廷玑在园品题》，上海古籍出版社 1990 年版，第 27 页。

③ 〔清〕汤来贺：《内省斋文集》卷 28《文用昭铨部像赞》《熊约生同卿像赞》，《清代诗文集汇编》第 26 册，上海古籍出版社 2010 年版，第 262 页。

④ 《〔康熙〕续华州志》卷 4《人物列传·科贡考》，《中国地方志集成·陕西府县志辑》第 23 册，凤凰出版社 2007 年版，第 272 页。

⑤ 《〔雍正〕陕西通志》卷 30《选举一·进士》，《景印文渊阁四库全书》第 552 册，台湾"商务印书馆"1984 年，第 650 页。

⑥ 《〔乾隆〕重修凤翔府志》卷 5 上《官师·职官》，《中国方志丛书》，台湾成文出版社 1970 年影印本，华北地方第 292 号，第 153 页。

⑦ 《〔光绪〕江西通志》卷 15《职官表十七·国朝二》，《续修四库全书》第 656 册，上海古籍出版社 2002 年版，第 369 页。

⑧ 《〔乾隆〕再续华州志》卷 2《祠祀》，《中国地方志集成·陕西府县志辑》第 23 册，凤凰出版社 2007 年版，第 292 页。

《前赣守郎公德政祠祭田记》。① 据李伍溇《刘氏家乘序》言："向曾请关西杨念亭先生序其首简"，② 可知杨颙曾为《刘氏家乘》作序。据《阳玉岩遗翰序》，可知杨颙与《外史》的评点者陈奕禧熟稔。杨颙为《外史》留下两条评语，散见于第十二、二十一回。

七、王竹村

王九征，字明侯，号卧山。福建侯官人。王国玺之子，王九宁之弟。③ 康熙间诸生。著有《竹村诗集》《北征日记》《墨禅草》《水云草》等。④《〔乾隆〕福建通志》卷五十一、《〔乾隆〕福州府志》卷六十、《侯官县乡土志》卷三、《〔民国〕闽侯县志》卷七十一、《闽江金山志》卷五有其小传。《清诗初集》卷七、卷十二，《皇清诗选》卷二十一，《诗观二集》卷十一，《全闽诗录》初集卷十，《晚晴簃诗汇》卷六十四，《全清词·顺康卷》分别载有王氏所作《阜城阻风》《韩侯钓台》《重游喝水岩》《千秋岁·和王丹麓五十自寿韵》等诗词。⑤《皇清诗选》卷十七、卷二十二分别录有黄张美、王九宁为王氏所

———————————

① 分别见《〔康熙〕南安府志》卷20《艺文志下·序》，《中国方志丛书》，台湾成文出版社1989年影印本，华中地方第808号，第1329~1331页。〔清〕杨颙：《阳玉岩遗翰序》，《〔康熙〕南康县志》卷15，《中国方志丛书》，台湾成文出版社1989年影印本，华中地方第821号，第764~766页。《〔雍正〕江西通志》卷135《艺文记十四·国朝》，《景印文渊阁四库全书》第517册，台湾"商务印书馆"1984年版，第781~782页。〔清〕杨颙：《阳玉岩遗翰序》，《〔乾隆〕南康县志》卷15，《中国方志丛书》，台湾成文出版社1989年影印本，华中地方第822号，第1014~1016页。《〔同治〕南安府志》卷25《艺文八·序》，《中国方志丛书》，台湾成文出版社1975年影印本，华中地方第268号，第2163~2165页。《〔同治〕赣县志》卷49之4《艺文志·文征》，《中国方志丛书》，台湾成文出版社1975年影印本，华中地方第282号，第1847~1848页。《〔同治〕兴国县志》卷40《艺文六·国朝文》，《中国方志丛书》，台湾成文出版社1989年影印本，华中地方第939号，第1586~1591页。〔清〕杨颙：《阳玉岩遗翰序》，《〔同治〕南康县志》卷10，《中国地方志集成·江西府县志辑》第86册，凤凰出版社2013年版，第791~792页。《〔同治〕赣州府志》卷24《经政志·学校》，《中国方志丛书》，台湾成文出版社1970年影印本，华中地方第100号，第484~485页。《〔光绪〕上犹县志》卷15《艺文志·序》，《中国方志丛书》，台湾成文出版社1975年影印本，华中地方第266号，第1061~1063页。

② 〔清〕李伍溇：《墼云篇文集》卷3《刘氏家乘序》，《清代诗文集汇编》第141册，上海古籍出版社2010年版，第536页。

③ 〔清〕郑杰等辑录：《全闽诗录》初集续卷4，福建人民出版社2011年版，第552页。

④ 乾隆《福建通志》卷68《艺文一·福州府》《景印文渊阁四库全书》第530册，台湾"商务印书馆"1984年版，第426页。

⑤ 分别见〔清〕蒋鑨、翁介眉辑：《清诗初集》卷7《阜城阻风》、卷12《韩侯钓台》，《四库禁毁书丛刊》集部，第3册，北京出版社2000年版，第515、633页。〔清〕王九征：《重游喝水岩》，〔清〕孙鋐辑评：《皇清诗选》卷21，《四库全书存目丛书》集部，第398册，齐鲁书社1997年版，第573页。〔清〕王九征：《重游喝水岩》，〔清〕邓汉仪辑：《诗观二集》卷11，《四库禁毁书丛刊》集部，第2册，北京出版社2000年版，第381页。〔清〕郑杰等辑录：《全闽诗录》初集卷10，福建人民出版社2011年版，第208~215页。徐世昌编，闻石点校：《晚晴簃诗汇》卷64，中华书局1990年版，第2643~2644页。〔清〕王九征：《千秋岁·和王丹麓五十自寿韵》，《全清词·顺康卷》，中华书局2012年版，第6701页。

撰《怀王九征》《仲秋送明侯弟北游》之诗。① 另外，据陈梦雷《赠王卧三》及《外史》的评点者龚崶《送王卧三回闽》《元宵和王卧三原韵》《赵水偶咏次王卧三原韵》等诗歌，② 可知二人与王卧三相识，然不知二人所说王卧三是否即王卧山九征。王氏为《外史》留下一条评语，详见第二十七回。

八、顾幼铁

顾维祯，字幼铁。江苏昆山人。诸生。顾鼎臣七世孙，顾需枚从祖弟，顾景星从子。性偶傥，然诺不苟，工诗。著有《心声集》、③《纪游草》④。《道光昆新两县志》卷二十七、《〔同治〕苏州府志》卷一百三十七、《〔光绪〕昆新两县续修合志》卷三十一有其小传。顾景星为顾维祯作有《闻幼铁将至》《风雨子星诗酒至，同儿昌、侄维祯次韵》《同维祯、昌醉潘氏五芝堂》《示幼铁因致申梅江》《暮雨怀季深、幼铁有约不至》《送幼铁粤游》《幼铁纪游草序》《幼铁心声序》等诗文。⑤ 据徐嘉炎《送顾幼铁之楚》、张贞《题顾幼铁文集》《跋王内史三月帖》、吴曰焕《湖上遇顾幼铁》、费锡璜《天宁寺访顾幼铁》《柬王次峰顾幼铁黄叔威》、孔传铎《行香子·送顾幼铁归吴中》、顾永年《喜遇幼铁五兄》《题五兄小照》《彭子载、赵绣翎同学，兼怀幼铁家兄》、向兆麟《次韵送顾幼铁归昆山》、高以永《顾五幼铁过内乡赋赠》、涂始《送顾幼铁先生之内乡，兼寄襄阳王姚锡》等诗文，⑥ 可知顾氏与诸人相识。顾氏为《外史》留下一条评语，详见第二十九回。

---

① 〔清〕黄张美：《怀王九征》，〔清〕孙鋐辑评：《皇清诗选》卷17，《四库全书存目丛书》集部，第398册，齐鲁书社1997年版，第475页。〔清〕王九宁：《仲秋送明侯弟北游》，〔清〕孙鋐辑评：《皇清诗选》卷22，《四库全书存目丛书》集部，第398册，齐鲁书社1997年版，第592页。

② 分别见〔清〕陈梦雷：《松鹤山房诗集》卷3，《清代诗文集汇编》第179册，上海古籍出版社2010年版，第71页。〔清〕龚崶：《山影楼诗钞》，《清代诗文集汇编》第200册，上海古籍出版社2010年版，第684、688页。

③ 《〔道光〕昆新两县志》卷38《著述目·国朝》，江苏古籍出版社1991年版，第628页。

④ 〔清〕顾景星：《白茅堂集》卷35《幼铁纪游草序》，《清代诗文集汇编》第76册，上海古籍出版社2010年版，第560页。

⑤ 〔清〕顾景星：《白茅堂集》，《清代诗文集汇编》，上海古籍出版社2010年版，第393、397、398~399、403、423、560、563~564页。

⑥ 分别见〔清〕徐嘉炎：《抱经斋诗集》卷8，《四库全书存目丛书》集部，第250册，齐鲁书社1997年版，第408页。〔清〕张贞：《杞田集》卷14，《清代诗文集汇编》第147册，上海古籍出版社2010年版，第566、570页。〔清〕吴曰焕：《湖上遇顾幼铁》，〔清〕吴霭：《名家诗选》卷3，《四库禁毁书丛刊》集部，第170册，北京出版社2000年版，第147页。〔清〕费锡璜：《掣鲸堂诗集》，《清代诗文集汇编》第213册，上海古籍出版社2010年版，第101、117页。〔清〕孔传铎：《红萼词》卷下，《清代诗文集汇编》第231册，上海古籍出版社2010年版，第307页。〔清〕顾永年：《梅东草堂诗集》，黑龙江大学出版社2014年版，第297、325页。〔清〕向兆麟：《次韵送顾幼铁归昆山》，〔清〕廖元度辑：《楚诗纪》卷3，《四库禁毁书丛刊》集部，第122册，北京出版社2000年版，第49页。〔清〕高以永：《顾五幼铁过内乡赋赠》，〔清〕阮元、杨秉初辑，夏勇等整理：《两浙輶轩录》补遗卷2，浙江古籍出版社2012年版，第3072页。〔清〕涂始：《送顾幼铁先生之内乡兼寄襄阳王姚锡》，王德镜主编：《竟陵历代诗选》，中国文史出版社1993年版，第109页。

　　本文通过查检清代地方志、清人诗文集等有关文献，补充了《外史》的评点者韩象起、杨颙、王九征、顾维祯等人的生平、著述、交游等资料。尤其是搜集了汪鹤孙、乔寅与时人往还酬唱之大量诗文材料，并于孙枝蔚《溉堂后集》寻得汪氏佚诗一首："万间广厦徒虚愿，一领绨袍解亦难。独念高人方卧雪，稍分炉火为驱寒。"① 此外，通过新发现之材料考证了汤永宽、孟缵祖的生卒年月。而借由孟氏之生卒年月，可以重新确定吕熊创作《外史》之时间。学界一般认为，《外史》成书于康熙甲申，即康熙四十三年（1704），大约在康熙三十三年（1694）之前，吕熊已经开始写作《外史》，至迟在康熙三十九年（1700），吕熊已经完成了《外史》的大部分内容。《外史》"不是一时一地之作，创作时间起码长达十年之久"②。若《外史》所存三条评语出自孟氏手笔真实不虚，韩菼所言孟氏卒于康熙丙寅准确无误，那么至迟在康熙二十五年（1686），吕熊已经完成了《外史》的绝大部分创作。

（作者单位：暨南大学文学院）

---

　　① 〔清〕孙枝蔚：《溉堂后集》卷3，《清代诗文集汇编》第71册，上海古籍出版社2010年版，第584页。
　　② 关于吕熊创作《女仙外史》之具体情形，参见刘倩：《"靖难"及其文学重写》，中国社会科学院博士学位论文，2003年，第74~79页。

范源濂（廉）名考

□　蒋纯焦

【摘要】民国三任教育总长、北京师范大学首任校长范源廉，学界有"范源濂"和"范源廉"两种写法。通过检索相关资料，当今学界多作"范源濂"。但检索民国时期的相关文献，则多作"范源廉"。再检索他本人的签名，一律作"范源廉"。范源廉有弟，名范源让，后改名范旭东。综合各种史料和证据，确证其名当为"范源廉"。而误作"范源濂"者，一是源自民国时期部分资料的纰漏，二是"源濂"较"源廉"更容易被人接受。
【关键词】范源濂；范源廉；考证

研究中国近代高等教育史，不可不提"范源濂（廉）"，此人曾任晚清学部主事、民国初年三度出任民国教育总长，还是北京师范大学首任校长、南开大学创始人之一。但其名向来有"范源濂"和"范源廉"两种写法，学界莫衷一是，随意使用，很不统一。现为此略作考证，探其源而究其本，以求得确切的定论。

一、"范源濂（廉）"其人

"范源濂（廉）"（1875—1927），字静生，湖南湘阴人，是近现代中国社会的一位重要人物，早年就读于时务学堂，与蔡锷、杨树达等是同学。维新变法失败后，东渡扶桑留学，先后在大同学校、东京高等师范学校、东京弘文学院速成师范科、法政大学法政科学习，1904年回国。

1905年学部成立，"范源濂（廉）"到京任学部主事。① 当时学部的重要职位是尚书、侍郎、郎中、员外郎，大致相当于部长、副部长、司长、副司长，主事属于级别较小的办事官吏，最多相当于处级。宣统二年（1910），范连升两级，任专门司郎中；宣统三年（1911）再升任参事官，与罗振玉并列。② 晚清学部的主要官员多是进士举人出身，少部分人是贡生或附生，只有范的身份是"学生"，也就是新式学堂毕业，且是留过洋的。

民国成立后，"范源濂（廉）"曾任教育部次长，1912年7月接任蔡元培，为第二

---

① 顾明远主编：《教育大辞典》（第10卷），上海教育出版社1991年版，第245页。
② 《第一次中国教育年鉴》戊编，开明书店1934年版，第211~212页。

任教育总长，1913 年 1 月辞职，后赴上海任中华书局总编辑；1916 年 7 月再任教育总长，1917 年 6 月辞职；1920 年 8 月三任教育总长，次年 5 月辞职。① 1923 年北京高等师范学校改为北京师范大学，教育部任命“范源濂（廉）”为首任校长，次年 3 月范辞职。② 另外，南开大学创办时，“范源濂（廉）”曾任校董，为学校创始人之一。③

“范源濂（廉）”之名，历来有两种写法，孰是孰非，没有引起重视，亦无人来做较为详实的考订。尽管人们在研究近代教育史尤其是高等教育史时，经常提到他，但到底写成“范源濂”，还是“范源廉”，却比较随意，有时甚至一本书中兼而有之。

二、当代学界“范源濂（廉）”之名的统计分析

要详细了解当今学界关于“范源濂（廉）”之名的使用情况。我们不妨借助网络检索工具，对所获得的信息进行统计分析。

（一）中国知网所检索的题名含“范源濂（廉）”的论文

我们先以“范源濂”为题名检索中国知网（CNKI），得到期刊论文 19 篇，如表一：

表一 **知网上检索的题名含“范源濂”的论文**

作者	篇名	刊名	年/期
张祚崑	范源濂与中国近代教育	延边教育学院学报	2019/01
张礼永	范源濂与近代中国的高师教育	当代教师教育	2018/02
杨实生、甘丹	范源濂西方教育观探析	凯里学院学报	2017/04
任静	范源濂义务教育思想探析	科教导刊（上旬刊）	2016/06
张党诺	民国教育家范源濂的“军国民教育”	兰台世界	2015/07
常超	略论范源濂教育思想及其历史价值	兰台世界	2014/24
杨实生	范源濂与民国初期的教育改革	遵义师范学院学报	2014/04
张雪侠	教育家范源濂的教育思想及其民国实践研究	兰台世界	2014/04
杨实生	范源濂教育救国思想探析	教育评论	2014/03
田正平、阎登科	教育行政系统的内外合作与民国前期教育——基于蔡元培与范源濂三度合作的考察	社会科学战线	2013/03
杨俊	范源濂普通教育思想对当代师范生教育的启示	贵州师范学院学报	2012/11
许晓明	范源濂教育思想探析	河北师大学报（教科版）	2012/01

① 《第一次中国教育年鉴》戊编，开明书店 1934 年版，第 205~206 页。

② 《北京师范大学纪事》（1902—2011），北京师范大学出版社 2012 年版，第 43~47 页。

③ 王文俊等选编：《南开大学校史资料选》（1919—1949），南开大学出版社 1989 年版，第 3、13、15 页。

续表

作者	篇名	刊名	年/期
张志民	时遇与机缘——谈范源濂、梁启超与北京美术学校之创建	中国书画	2010/12
慈波、朱艳艳	范源濂略论	广西教育学院学报	2010/05
杨晓镇、孟召光	浅论范源濂的义务教育思想	文史博览（理论）	2009/10
刘学坤	范源濂：矢志不渝的近代民主教育领袖	教育与职业	2008/04
张钦	范源濂教育思想述论	船山学刊	1995/02
张钦	范源濂	民国档案	1995/01
张书丰	范源濂的教育活动及教育主张初探	山东师大学报（社科版）	1989/03

再以"范源廉"为题名检索中国知网（CNKI），仅得到期刊论文 5 篇，如表二：

表二　　　　　　　　知网上检索的题名含"范源廉"的论文

作者	篇名	刊名	年/期
邓晓影、瞿岳荣	范源廉"实业教育强国"观评析	湖南省社会主义学院学报	2015/06
张绍春	论范源廉高等教育思想	高教发展与评估	2015/01
姜文	范源廉与北京师范大学	教育学报	2012/03
欧阳哲生	《范源廉集》前言	书屋	2010/05
李枢强	范源廉与静生生物调查所	生物学通报	2004/06

由表一和表二可见，当今学界对于"范源濂（廉）"的名字大多数采用的是"范源濂"，只有少部分人使用"范源廉"，且多出现在 21 世纪以后，尤其是 2010 年以来。此统计分析虽有助于我们了解学界对"范源濂（廉）"的使用情况，但不足以下定论。

（二）书籍中"范源濂（廉）"的使用情况

为了获得更多的数据以便作更深入的分析，我们再查相关的书籍。由于书籍资料难以穷尽，我们只能说查阅了部分书籍，以得到一个大致的情形。

首先查含有"范源濂（廉）"词条的工具书，分别得到表三和表四：

表三　　　　　　　　含有"范源濂"词条的工具书（部分）

书名	作者	出版单位	页码
中国近现代高等教育人物辞典	周川主编	福建教育出版社，2012	第 391 页
上海大辞典	王荣华主编	上海辞书出版社，2007	第 1826 页
晚清七百名人图鉴	闵杰编著	上海书店出版社，2007	第 107 页

书名	作者	出版单位	页码
师典	吴圣苓主编	上海人民出版社，2004	第 1103 页
中华文化辞典	冯天瑜主编	武汉大学出版社，2001	第 561 页
中华民国史大辞典	张宪文等主编	江苏古籍出版社，2001	第 1137 页
上海名人辞典 1840—1998	吴成平主编	上海辞书出版社，2001	第 304 页
教育管理辞典	李冀主编	海南出版社，1997	第 482 页
实用教育大词典	王焕勋主编	北京师范大学出版社，1995	第 92 页
中国教育大系·历代教育名人志	顾明远总主编	湖北教育出版社，1994	第 401 页
中外师范教育辞典	李友芝主编	中国广播电视出版社，1994	第 404 页
高等教育辞典	朱九思、姚启和主编	湖北教育出版社，1993	第 63 页
湖南历代人名词典	杨慎之主编	湖南出版社，1993	第 384 页
教育大辞典（第 10 卷）	顾明远主编	上海教育出版社，1991	第 245 页
中国历代人名辞典	邱树森主编	江西教育出版社，1989	第 1242 页
教育词典	李诚忠主编	黑龙江科学技术出版社，1989	第 863 页
中国历代名人辞典	南京大学历史系编	江西人民出版社，1982	第 586 页

表四　　　　　　　　　　　**含有"范源廉"词条的工具书（部分）**

书名	作者	出版单位	页码
中国现代史词典	李盛平主编	中国国际广播出版社，1987	第 574 页
中国近代史词典	陈旭麓、方诗铭、魏建猷主编	上海辞书出版社，1982	第 426 页

从表三和表四发现，这些工具书籍存在惊人的一致，绝大多数采用"范源濂"，只有极少数采用"范源廉"。而且后者都属于 20 世纪 80 年代的成果。为什么到了 90 年代和 21 世纪，辞书编撰者们要舍弃"范源廉"而一致使用"范源濂"，仿佛达成了某种默契，原因不得而知。值得指出的是：顾明远主编《教育大辞典》第 10 卷（上海教育出版社 1991 年版）正文作"范源濂"（第 245 页），索引则作"范源廉"（第 503 页）。

其次查含有"范源濂（廉）"的非工具书，分别得到表五和表六：

表五　　　　　　　　　　　**含有"范源濂"的非工具书（部分）**

书名	作者	出版单位	页码
陆费逵谈教育	陆费逵	辽宁人民出版社，2015	第 148 页
中华书局与中国近现代文化	复旦大学历史系编	上海人民出版社，2013	第 270 页
康有为往来书信集	张荣华编校	中国人民大学出版社，2012	第 338、342 页等

续表

书名	作者	出版单位	页码
黄兴集	湖南省社会科学院编	中华书局，2011	第 227 页
民国人物碑传集	卞孝萱、唐文权编著	凤凰出版社，2011	第 79 页
近代中国教育人物像传	傅任敢编	首都师范大学出版社，2011	第 59 页
中国现代教育之大家与大事	李剑萍，杨旭主编	广东教育出版社，2011	第 26 页
中华民国史·人物传（第 2 卷）	李新、孙思白等主编	中华书局，2011	第 739 页
张伯苓私档全宗（上）	梁吉生、张兰普编	中国档案出版社，2009	第 79、111 页等
中国教育史（第三版）	孙培青主编	华东师范大学出版社，2009	第 385 页
中国教育史研究·现代分卷	高奇主编	华东师范大学出版社，2009	第 6、9 页
熊希龄集	周秋光编	湖南人民出版社，2008	第 164、209 页等
杨昌济集	王兴国编注	湖南教育出版社，2008	第 226、1224 页
康有为全集（第 10 集）	姜义华、张荣华编校	中国人民大学出版社，2007	第 364 页
清末民初新式体育的传入与嬗变	陈晴	华中师范大学出版社，2007	第 165 页
中华民国史（第 9 册）	杨群主编	四川人民出版社，2006	第 369 页
中国教育制度史（第七卷）	于述胜	山东教育出版社，2000	第 35 页
中国近代教育史资料汇编·教育思想	璩鑫圭、童富勇编	上海教育出版社，1997	第 699、724 页
民国教育史	李华兴主编	上海教育出版社，1997	第 420、453 页
胡适书信集（中）	耿云志、欧阳哲生编	北京大学出版社，1996	第 277 页
胡适遗稿及秘藏书信	耿云志主编	黄山书社，1994	第 248 页
北京大学史料：1898—1911	北京大学校史研究室编	北京大学出版社，1993	第 306 页
清华大学史料选编（第 1 卷）	清华大学校史研究室编	清华大学出版社，1991	第 132 页
南开大学校史资料选：1919—1949	王文俊等选编	南开大学出版社，1989	第 13 页
杨度集	刘晴波主编	湖南人民出版社，1986	第 708 页
护国运动资料选编	李希泌等编	中华书局，1984	第 717、719 页
北洋军阀统治时期史话	陶菊隐	三联书店，1983	第 554 页

书名	作者	出版单位	页码
蔡锷集	毛注青等编	湖南人民出版社，1983	第 637 页
中国高等教育史	熊明安编著	重庆出版社，1983	第 417 页

表六　　　　　　　　　　　含有"范源廉"的非工具书（部分）

书名	作者	出版单位	页码
中国近代教育行政史	熊贤君	人民教育出版社，2014	第 169~171 页等
木铎金声：北师大先生记	顾明远、王淑芳主编	北京师范大学出版社，2013	第 45 页
晏阳初全集 第 4 卷书信卷	宋恩荣主编	天津教育出版社，2013	第 24、25 页
北京师范大学纪事（1902—2011）	北师大党办、校办编	北京师范大学出版社，2012	第 41~47、57 页
范源廉集	欧阳哲生主编	湖南教育出版社，2010	全书
北京师范大学名人志·校长篇	顾明远主编	北京师范大学出版社，2010	第 113 页
师范之光——北京师范大学百杰人物	王淑芳、邵红英主编	北京师范大学出版社，2002	第 32 页
北京师范大学百年图志	马新国、刘锡庆主编	北京师范大学出版社，2002	第 86、87 页
永恒的怀念——中华传世挽联注评	陈可文编著	中国文联出版社，2000	第 272 页
北京大学纪事：1898—1997（上册）	王学珍、王效挺等主编	北京大学出版社，1998	第 37、38 页
北京传统文化便览	陈文良主编	北京燕山出版社，1992	第 1133 页
奉系军阀档案史料汇编（第 2 册）	辽宁省档案馆编	江苏古籍出版社、香港地平线出版社，1990	第 605 页
细说北洋（上、下）	陈锡璋	台湾传记文学出版社，1982	第 94、530 页等

综合表五和表六，采用"范源濂"者明显多于"范源廉"，时间分布上二者并不存在差异。值得仔细分析的有两点：一是表中所涉及的 9 种校史资料，6 种采用"范源廉"，只有 3 种采用"范源濂"，说明校史资料比较注意这个问题，基本以"范源廉"为主，且北京师范大学的校史资料中一致采用"范源廉"，说明该校的资料编撰者们似乎已经达成共识。二是与"范源濂（廉）"同时代的人物文集中，多采用"范源濂"，仅有《晏阳初全集》采用"范源廉"。这些资料多是与"范源濂（廉）"往来的信函，但民国时期，信件的抬头一般称字而不称名，故原文多称"静生"，文集的编纂者给这些信件起标题

时，便名之以"致范源濂"，但没有深究到底是"范源濂"，还是"范源廉"。

通过上述统计分析，我们基本知道了当今学界对"范源濂（廉）"之名两种写法的基本情况，但到底孰是孰非，还需要进一步溯源，看看"范源濂（廉）"所处的那个时代，关于他名字的使用，究竟是个什么情况？

三、晚清民国"范源濂（廉）"之名的统计分析

上海图书馆全国报刊索引开发了"晚清期刊全文数据库（1833—1911）"和"民国时期期刊全文数据库（1911—1949）"，为我们全面检索 1949 年以前的期刊资料提出了很大的方便，从而可以一窥历史上"范源濂（廉）"名字的使用问题。

（一）以"范源濂（廉）"为作者的检索结果

我们以"范源廉"为作者，检索"晚清期刊全文数据库（1833—1911）"和"民国时期期刊全文数据库（1911—1949）"，得 1178 篇，其中多为《政府公报》或其他杂志对公文的转载，以"范源廉"署名的个人文章只有 15 篇，除去 3 篇重名，实为 12 篇（见表七）。

表七　　　　　　　　　　　署名"范源廉"的期刊文章

篇　　名	期刊名	年/期	页码
序《万竹小学》	万竹小学	1913 年第 1 期	第 3 页
论义务教育当规定于宪法①	宪法新闻	1913 年第 22 期	第 60~66 页
教师之大任	中华教育界	1914 年 2 月第 14 号	第 1~5 页
说新教育之弊	中华教育界	1914 年 5 月第 17 号	第 1~8 页
今日世界大战中之我国教育②	中华教育界	1914 年 11 月第 23 号	第 1~7 页
论教育当注重训练③	中华教育界	1915 年（第 4 卷）第 1 期	第 1~8 页
学生与政治	中华学生界	1915 年（第 1 卷）第 5 期	第 1~6 页
学校休假之本义	中华学生界	1915 年（第 1 卷）第 8 期	第 1~4 页
调查美国教育报告	中华教育界	1919 年（第 8 卷）第 1 期	第 1~15 页
教育改进谭	尚贤堂纪事	1920 年（第 11 卷）第 12 期	第 10~11 页
促进农业	教育与人生	1923 年第 1 期	第 2 页
美人之注重体育	生活	1926 年（第 2 卷）第 10 期	第 61~62 页

再以"范源濂"为作者，检索"晚清期刊全文数据库（1833—1911）"和"民国时

---

① 另见《中华教育界》1913 年第 7 期，第 75~80 页。
② 另见《昆明教育月刊》1914 年（第 1 卷）第 3 期，第 21~28 页。
③ 另见《昆明教育月刊》1916 年（第 1 卷）第 8 期，第 31~40 页。

期期刊全文数据库（1911—1949）"，得 11 篇，其中 6 篇属于转载，3 篇属于他人记录的演讲稿，1 篇是信函，仅有 1 篇是以"范源濂"之名发表的文章。此文为《美国美术之一顾》，发表于《美术（上海）》（1919 年第 2 期，第 6~7 页）。

综上所述，范在签发公文、题词、发表文章时，基本都是署名"范源廉"，只有少数杂志在转载公文、文章时署名"范源濂"，当为转载者之误。

（二）以"范源濂（廉）"为题名的检索结果

以"范源濂"为题名，检索全"晚清期刊全文数据库（1833—1911）"和"民国时期期刊全文数据库（1911—1949）"，得 54 篇。而以"范源廉"为题名检索，则多达 502 篇。题名检索所获得的文章（限于篇幅，恕不列举），一般都是各杂志对"范源濂（廉）"的个人介绍、行踪报道、政策评论等。可见当时人们对"范源濂（廉）"的两种写法已经出现混用，但以"范源廉"占绝大多数，"范源濂"比较少见。

最早见到题名中含"范源廉"的文章是《教育杂志》1910 年（第 2 卷）第 4 期刊登的《又奏请派学部郎中范源廉等充游美学务处会办等片》，这是学部宣统二年二月初一日（1910 年 3 月 11 日）上给小皇帝的奏折。最早见到题名中含"范源濂"的文章是《生活（上海）》1913 年第 10 期刊登的《范源濂氏肉体精神平均发达说》。因此，从晚清民国期刊的题名检索上，我们似乎可以判断"范源廉"要比"范源濂"更早、更普遍。

（三）以"范源廉"为作者的书籍

"范源濂（廉）"作为教育家，不只是做过教育总长和北京师范大学的首任校长，而且编撰和校阅了一些有较大影响的新式教科书。这些教科书的署名，全为"范源廉"（见表八）。

表八   "范源廉"编校的新式教科书

书　　名	编校者	出版单位
新式修身教科书（小学用，共 8 册）	方钧编，范源廉等校阅	中华书局，1910
新编中华修身教科书（小学用，共 8 册）	戴克敦等编，范源廉阅	中华书局，1913
新制国文教本（中学用，共 4 册）	谢蒙编，范源廉、姚汉章阅	中华书局，1914
新编中华地理教科书（高小用，共 6 册）	史礼绶、徐增编，范源廉、沈颐阅	中华书局，1914
新制修身教本（中学用）	谢无量编，范源廉、姚汉章阅	中华书局，1914
新制单级国文教科书（小学用，全套 12 册）	范源廉、沈颐编	中华书局，1914，1920 重印
新式修身教科书（高小用，共 6 册）	吴兴、方浏生编辑，范源廉校订	中华书局，1916

续表

书　　名	编校者	出版单位
新式地理教科书（高小用，共 6 册）	吕思勉编辑，范源廉等阅订	中华书局 ，1918，1922 重印
新制修身教本（中学用）	李步青编，范源廉、姚汉章阅	中华书局，1920
新制各科教授法	李步青编，范源廉、姚汉章阅	中华书局，1921
新制教育史	李步青著，范源廉校阅	中华书局，1922

值得指出的是：民国教育部编纂的《第一次中国教育年鉴》（开明书店 1934 年版）出现"范源濂（廉）"混用。该书"教育杂录·主要教育行政人员一览"（戊编第 205～213 页）中，皆作"范源廉"（曾任学部参事官、专门司郎中，民国教育次长、总长）。而在"教育先进传略"（戊编第 423～424 页），作"范源濂传略"。朱有瓛、戚名琇等编《中国近代教育史资料汇编·教育行政机构及教育团体》（上海教育出版社 2007 年版，第 25～28、119～120 页）在收录这两则材料时均作"范源濂"，且不予说明。

综合上述几个方面的材料与分析，晚清民国时期，"范源廉"的使用明显占优势，尤其是"范源濂（廉）"的正式署名一般作"范源廉"，而署"范源濂"者，当为转载之误。这样，我们离真实答案越来越近了，但还需要其他材料予以最终确证、坐实。

四、确证"范源濂（廉）"之名

确证"范源濂（廉）"之名，有两条极为重要的证据。一是范的身世与家人，二是范的亲笔签名。

范为湖南省湘阴人，书香门第，祖父曾任直隶省顺天府大兴县知县，居官清正廉洁。父亲范琛，以教书为业。母亲谢氏，长沙西乡白泉（今长沙市望城区白泉乡）人。母亲生子女三人，长兄"范源濂（廉）"，字静生；二姑许宁乡周氏，未婚而卒；老三原名范源让，字明俊。① 我们从"范源让"之名倒推，可知其兄当为"范源廉"，兄弟以"廉""让"对举，符合中国人的命名习惯。范源让后来留学日本时改名范旭东，1910 年毕业于日本京都帝国大学理化系。回国后，1914 年集资五万银元，在塘沽购地设厂，采用钢板平底锅熬煮精盐，成为我国盐碱工业的先驱。1917 年创设永利碱厂（后称永利化学工业公司）。1934 年范旭东创建民族化工史上第一座合成氨联合化工企业——南京永利宁厂，任总经理，聘请侯德榜任总工程师。②

"范源濂（廉）"身为政府高官、社会贤达，曾经多次为学校、社会组织、杂志等题词，署名皆为"范源廉"。比如 1914 年《教育周报（杭州）》第 37 期第 1 页刊载范的祝词："教化普畅，辉光日新"；1927 年《体育》第 1 期第 5 页刊载范的题词："积健为雄"。另外，1917 年《南洋华侨杂志》第 1 期刊载范的题词"木铎金声"；同年《菲律宾

---

① 张能远：《范旭东传略》，《民国档案》1988 年第 1 期，第 129～136 页。
② 赵志：《盐碱工业先驱——范旭东》，《盐业史研究》1989 年第 4 期，第 52～55 页。

华侨教育丛刊》第 1 期刊载范的题词"欧风东渐，吾道南行……"1921 年《青年进步》第 43 期刊载范为中华基督教青年会新会所落成祝词"程材范道"，均署"范源廉"。

"范源廉"为什么会误作"范源濂"呢？其原因有二：一是不慎误传。民国初期一些杂志转载署名范源廉的文章和公文时，将"廉"误作"濂"，没有及时纠正，不断流传开来，但这在民国时期并不多见。二是认知习惯。"濂"有四种含义：①同"溓"，薄水；②水名，湖南省道县有濂溪，江西安远县有濂江；③濂溪学派；④姓。① 从字面上讲，"源濂"比较符合语言习惯，"源廉"则比较费解。而且，范源廉字静生，容易使人联想起主静的宋明理学。理学的开山鼻祖周敦颐，湖南道县人，字茂叔，号濂溪，世称濂溪先生。范源廉恰好也是湖南人。因此，从意义上讲，"源濂"比"源廉"更符合思维习惯。这里犯了一个致命的错误，就是将"源"与"濂"合起理解，并赋予其意义。我们从其弟范源让的名字可以推测，中间的"源"字可能是辈分，只有后面一个字才是名字的真实意义，哥"廉"弟"让"，体现了命名者良好的道德期盼。如果说，从字静生来推测"廉"字可能兼取了"濂"的部分含义，但这只是推测，没有实际根据。对于他人姓名应当尊重、慎重，我们不能靠臆测擅自改之。这也提醒我们，认知习惯可能会使我们对事物的理解发生偏离而不自知，以致人们在错误的道路上越走越远，今天学人频繁采用"范源濂"，已经大大超过了"范源廉"。

有的著作认为："范源濂，亦作源廉。"② 这一说法没有史料证实，不可采信。从上述分析可知，"濂"字原本系讹传，我们不能将错误视为当然，以讹传讹。由范本人的署名、签名和弟弟范源让的名字可知，"范源濂（廉）"仅有一种写法，即"范源廉"。

（作者单位：华东师范大学教育学部教育学系）

---

① 《汉语大字典》（第二版），四川辞书出版社、崇文书局 2010 年版，第 1889 页。
② 顾明远总主编：《中国教育大系·历代教育名人志》，湖北教育出版社 2004 年版，第 461 页。

经学·礼学

王力先生主编《古代汉语》中礼学知识问题商榷十二则*

□ 吕友仁

【摘要】经学今日已是"绝学",而礼学则是绝学中的冷门,今人于斯学之疏忽,虽成名学者亦莫能外。王力先生主编的《古代汉语》是全国高等学校文科的通用教材,是普通高等教育"十二五"国家级规划教材,读者很多,声誉很高,影响很大。但是,其中的礼学错误甚多。这既有客观原因,也有主观原因。兹针对相关问题提出商榷十二则,所言不敢必是,欢迎批评指正。
【关键词】经学;礼学;《古代汉语》;王力

经学今日已为绝学,而礼学则更是绝学中的冷门。首先,从历史上来看。《通典》卷十五:"开元八年七月,国子司业李元瓘上言:'三礼、三传及《毛诗》《尚书》《周易》等,并圣贤微旨,生人教业,必资事经远,则斯文不坠。今明经所习,务在出身,咸以《礼记》文少,人皆竞读。《周礼》,经邦之轨则;《仪礼》,庄敬之楷模;《公羊》《穀梁》,历代崇习。今两监及州县,以独学无友,四经殆绝。"《四库全书总目》著录明代王应电《周礼传》十卷云:"《周礼》《仪礼》,至明几为绝学。"① 又,《四库全书总目》著录清任启运《宫室考》十三卷云:"《仪礼》一经,久成绝学。"② 可知清代以前,《周礼》《仪礼》之学是绝学。其次,从现实情况来看。自从光绪三十一年(1905)下诏废除科举至今,经学退出国民教育体系已经一个多世纪了。按照三十年一世来计算,已经有三四代人陌生于经学了。主观原因则是由于今之学界对经学在认识上的忽略和轻视。经学之重要性,若《颜氏家训·文章篇》说:"夫文章者,原出五经。"《四库全书总目·经部总叙》:"经者非他,即天下之公理而已。"范文澜《文心雕龙注》云:"道沿圣以垂文,圣因文而明道,文体繁变,皆出于经。"今人姜广辉在《〈中国经学史〉新纂》则说:"经学是维护华夏民族统一性和稳定性的知识体系、价值原则和意识形态。"一言以蔽之,从汉武帝"罢黜百家,表章六经"开始,到光绪三十一年废除科举为止的两千年间,经学

---

* 本文是贵州省 2019 年度哲学社会科学规划国学单列课题研究成果。
① 《四库全书总目》,中华书局 1965 年版,第 154 页下栏。
② 《四库全书总目》,中华书局 1965 年版,165 页下栏。

始终是人们的指导思想，在学术研究上必须给予充分重视。

兹举数十年来影响广泛的王力先生主编的《古代汉语》所涉及的礼学问题十二则，略作商榷，以说明经学和礼学的重要性，亦可见今人于斯学之疏忽，虽成名学者亦莫能外。

一

《古代汉语·古代文化常识三》讲到谥号时说："古代帝王、诸侯、卿大夫、高官大臣等死后，朝廷根据他们的生平行为给予一种称号以褒贬善恶，称为谥或谥号。"（第 975 页）①

吕按：说"古代诸侯、卿大夫、高官大臣死后"的谥号是朝廷给的，没有错。至于说"古代帝王死后的谥号"，就不能简单地这样说了。为什么？因为在我国历史上，从东汉明帝即位建武中元二年（57）到元末（1368）这一千三百多年，帝王死后的谥号不是朝廷给的，而是天给的。准确地说，是走个过场，假借天的名义给的。根据何在呢？

《礼记·曾子问》曰："贱不诔贵，幼不诔长，礼也。"郑玄注："诔，累也，累列生时行迹，读之以作谥。谥当由尊者成。"②

《曾子问》又曰："唯天子称天以诔之。"郑玄注："以其无尊焉。《春秋公羊》说以为读诔制谥于南郊，若云受之于天然。"孔颖达疏："'唯天子称天以诔之'者，诸侯及大夫，其上犹有尊者为之作谥。其天子，则更无尊于天子者，故唯为天子作谥之时，于南郊告天，示若有天命然，不敢自专也。"③ 这就是"唯天子称天以诔之"的理论根据。《论语》说"天何言哉！"天是不会说话的，不难看出，这实际上是一场君权神授的表演而已。

《后汉书·明帝纪》建武中元二年夏四月有"太尉（赵）憙告谥南郊"之文，李贤注云："应劭《风俗通》曰：'礼，臣子无爵谥君父之义也，故群臣累其功美，葬日，遣太尉于南郊告天而谥之。'"④ 这是史书上第一次南郊请谥（为东汉开国皇帝光武帝请谥）的记载。

《白虎通义·谥》："天子崩，臣下至南郊谥之者何？以为人臣之义，莫不欲褒大其君，掩恶扬善者也，故之南郊，明不得欺天也。故《曾子问》：'孔子曰：天子崩，臣下之南郊告谥之。'"⑤ 按《后汉书·儒林传序》："建初中，大会诸儒于白虎观，考详同异，连月乃罢。肃宗亲临称制，如石渠故事，顾命史臣，著为《通义》。"李贤注："即《白虎通义》是。"⑥ 白虎观会议，是一次经学会议，会议由汉章帝亲自主持并对所讨论的经学问题作出最后的决断。这就是说，《白虎通义》是皇帝钦定之书。具体到"天子

---

① 括注页码，是王力主编《古代汉语》1999 年校订重排本页码，下同。

② 《礼记正义》，上海古籍出版社 2008 年版，第 796 页。

③ 《礼记正义》，上海古籍出版社 2008 年版，第 796 页。

④ 《后汉书》，中华书局 1965 年版，第 96~97 页。

⑤ 《白虎通义疏证》，陈立撰，吴则虞点校，中华书局 1994 年版，第 72 页。

⑥ 《后汉书》，中华书局 1965 年版，第 9 册，第 2546 页。

崩，臣下至南郊谥之"这一句来说，已经从经书的条文，变成了皇帝认可南郊请谥的理论根据。

今本《后汉书·礼仪下》："太尉诣南郊。未尽九刻，大鸿胪设九宾随立，群臣入位。太尉行礼，执事皆冠长冠，衣斋衣。太祝令跪读谥策，太尉再拜稽首，治礼告事毕。太尉奉谥策，还诣殿端门。"① 这是史书第一次对南郊请谥仪式的记载。

南朝梁刘勰《文心雕龙·诔碑》："周世盛德，有铭诔之文。诔者，累也，累其德行，旌之不朽也。又贱不诔贵，幼不诔长。在万乘，则称天以诔之。"② 这说明，天子诔文（即谥议），南朝时已经成为一种独立的文体。

以宋代为例，下面是部分宋代皇帝死后南郊请谥的记载，见于《宋史》卷一二二《礼志》二十五："嘉祐八年三月晦日，仁宗崩，英宗立。七月，宰臣以下请谥于南郊。治平四年正月八日，英宗崩，神宗即位。四月三日，请谥（按：据上下文，此处疑脱"于南郊"三字）。元丰八年三月五日，神宗崩。七月五日，请谥于南郊。绍兴五年四月甲子，徽宗崩于五国城。七年正月，问安使何藓等还以闻。六月，张浚请谥于南郊。绍兴三十一年五月，金国使至，以钦宗讣闻。七月，宰臣陈康伯等率百官诣南郊请谥，庙号钦宗。"③

《元史》卷十七《世祖本纪》："三十一年夏四月丙午，中书右丞相鄂勒哲及文武百官议上尊谥。壬寅，为坛于都城南七里。甲辰，遣司徒鄂都岱、平章政事博果密、左丞张九思率百官请谥于南郊。五月戊午，遣摄太尉臣鄂都岱奉册上尊谥曰圣德神功文武皇帝，庙号世祖。"④

汪受宽《谥法研究》认为"西周时期，谥法初起"⑤。然则，《古代汉语》对谥号的上述表述仅适用于周代至西汉（短促的秦代废除了谥法）、明代、清代以及辽朝和金朝。

二

《古代文化常识三·婚姻》："古代的婚姻，据说要经过六道手续，叫做六礼。第一是纳采，男家向女家送一点小礼物（一只雁），表示求亲的意思；第二是问名，男家问清楚女子的姓氏，以便回家占卜吉凶；第三是纳吉，在祖庙卜得吉兆以后，到女家报喜，在问名纳吉时当然也要送礼；第四是纳徵，这等于宣告订婚，所以要送比较重的聘礼，即致送币帛；第五是请期，这是择定完婚吉日，向女家征求同意；第六是亲迎，也就是迎亲。"（第983页）

吕按：这段文字有三点失误。第一，给学生讲课，为什么要用"据说"一词？据何人说？据何书说？明白无误地告诉学生不好吗？如何引书，前人有说，详下。第二，《礼

① 《后汉书》，中华书局1965年版，第3145页。

② 刘勰：《文心雕龙》，范文澜注，人民文学出版社1978年版，第212页。

③ 以上宋代诸帝请谥南郊的记载，分别见于《宋史》第9册，中华书局1977年版，第2853、2854、2857~2859、2860页。

④ 《元史》，中华书局1976年版，第376页。

⑤ 汪受宽：《谥法研究》，上海古籍出版社1995年版，第17页。

记·表记》："子曰：'无礼不相见也，欲民之毋相亵也。'"郑玄注："礼，谓贽（见面礼）也。"① 婚礼六礼中的每一步，都是须要有贽的，而编者对贽的介绍则时有时无，且欠准确，很不到位。我怀疑编者的"据说"不是第一手资料。第三，古代婚姻的六礼，并非都是由男方主动实施，也有特殊情况。下面逐一说之。

第一，清季学者陈澧《东塾续集》卷一《引书法》："前人之文，当明引不当暗袭，《曲礼》所谓'必则古昔'，又所谓'毋剿说'也。明引而不暗袭，则足见其心术之笃实，又足征其见闻之渊博。若暗袭以为己有，则不足见其渊博，且有伤于笃实之道。明引则有两善，暗袭则两善皆失之也。"②

第二，记述婚礼"六礼"的第一手资料是《仪礼·士昏礼》。据《士昏礼》，古代婚礼六礼中的五礼（纳采、问名、纳吉、请期、亲迎）都是用一只生雁为贽。《古代汉语》编者说雁是"一点小礼物"，言外之意，似乎在计较礼之厚薄。实际上，除纳徵外，五礼都用雁为贽，可见古人对以雁为贽的看重。之所以以雁为贽者，不在于其礼之厚薄，而在于取其象征意义。《士昏礼》郑注云："纳采而用雁为挚者，取其顺阴阳往来。"贾公彦疏："'顺阴阳往来'者，雁木落南翔，冰泮北徂。夫为阳，妇为阴，今用雁者，亦取妇人从夫之义，是以昏礼用焉。"③ 朱熹《家礼》补充说："凡贽用雁，程子曰：'取其不再偶也。'"④ 至于纳徵，编者说："纳徵，这等于宣告订婚，所以要送比较重的聘礼，即致送币帛。"也有斤斤计较之嫌，殊不知古人看重的仍然是其象征意义。《士昏礼》云："纳徵，玄纁束帛、俪皮。"郑玄注："玄纁者，象阴阳备也。束帛，十端也。俪，两也。皮，鹿皮。"⑤ 按：玄是黑色，象征天，象征阳；纁是浅绛色，象征地，象征阴。二丈为一端，二端为一两。十端则是五两。据贾公彦疏："阳奇阴耦，三玄二纁也。"⑥ 何以要用鹿皮为贽？而且必须是"俪（繁体字作'儷'）皮"？因为鹿是吉祥的动物，汉字中含有"鹿"字者也多有吉祥义。例如繁体字"慶"，《说文》云："行贺人也。从心夂（段注：谓心所喜而行也。）从鹿省。吉礼以鹿皮为贽，故从鹿省。"⑦ 再如"麗"字，《说文》云："旅行也。鹿之性，见食急则必旅行。"⑧ 请注意，此所谓"旅行"，不是现代汉语的"旅行"，而是"两两结伴而行"。这个"旅"字，后人写作伴侣之"侣"。再如"俪"字，汉语词汇里有"伉俪"一词，习指夫妇。不独此也，连"鹿"的同源字"禄"也有吉祥义。张舜徽先生《说文解字约注》云："禄、鹿二字，本有可通之迹。'禄'字在金文中，但作'录'，不从'示'。知从示之'禄'，乃后起增偏旁体也。古'鹿'、'录'声通，或即一字。'簏'，或体作'箓'；'漉'，或体作'淥'；'睩'，读若鹿，皆其证也。本书《鹿部》'丽'下云：'礼，丽皮纳聘，盖鹿皮也。'可知鹿之为物，于古为重，聘问赏赐，悉取用焉。字既变而为'禄'，故'禄'亦有赏赐义。'禄'之得义，

① 阮元刻：《十三经注疏》，中华书局1980年版，第1638页。
② 陈澧：《东塾续集》，台湾文海出版社1966年版，第28页。
③ 阮元刻：《十三经注疏》，中华书局1980年版，第961页。
④ 朱熹：《家礼》，《影印文渊阁四库全书》第142册，第545页。
⑤ 阮元刻：《十三经注疏》，中华书局1980年版，第962页。
⑥ 阮元刻：《十三经注疏》，中华书局1983年版，第963页。
⑦ 段玉裁：《说文解字注》，上海古籍出版社1981年版，第505页。
⑧ 段玉裁：《说文解字注》，上海古籍出版社1981年版，第471页。

实源于'鹿'。"①

　　第三，古代婚姻的六礼，并非都是由男方主动实施。例如，《宋史》卷一百十五《礼志》十八："嘉祐初，礼官言：《礼阁新仪》：'公主出降前一日，行五礼。'古者，结婚始用行人，告以夫家采择之意，谓之纳采；问女之名，归卜夫庙，吉，以告女家，谓之问名、纳吉。今选尚一出朝廷，不待纳采；公主封爵已行诞告，不待问名。若纳成则既有进财，请期则有司择日。宜稍依五礼之名，存其物数，俾知婚姻之事重而夫妇之际严如此，亦不忘古礼之义也。"② 然则，宋代皇室公主出嫁，六礼的施行由女方主动。

　　实际上，这种六礼的施行由女方主动，可以上溯到唐代。知者，《大唐开元礼》卷一一六《公主降嫁·纳采》："前一日，主人设使者次于大门之外道右，南向。其日大昕，使者至于主人大门外，赞礼者延入次。使者出次，赞礼者引至大门外之西，东面。主人立于东阶下，西面。傧者立于主人之左，北面受命，出立于门东，西面，曰：'敢请事。'使者曰：'朝恩贶室于某公之子某，某公有先人之礼使某也（某公，称父名。某也，使者名），请纳采。'傧者入告，主人曰：'寡人敢不敬从。'"③

　　可以下及明代。知者，《明集礼》卷二七《纳采问名仪注》："公主将出降，奉制择婿讫，令某王或某官为掌昏。至期，掌昏者先具纳采时日奏闻讫，前一日，婿家设香案于正厅，南向；设表案于香案之北。设掌昏者立位于香案之东，设婿父拜位于厅下正中，北向，婿拜位于其后。"看这阵势，女方之主动，一目了然。

<h2 style="text-align:center">三</h2>

　　《古代文化常识三·婚姻》："以上所说的六礼当然只是为贵族士大夫规定的，一般庶民对这六礼往往精简合并。"（第983页）

　　吕按：这两句概括的话，至少不符合南宋以后的社会实际情况。何者？按朱熹《家礼》卷三《婚礼》只有三礼：纳采、纳徵、亲迎。省去了问名、纳吉和请期，其"纳币"下注云："古礼有问名、纳吉，今不能尽用，止用纳采、纳币，以从简便。"④ 黄榦：《勉斋集》卷三十六《朱文公行状》："所辑《家礼》，世多用之。"⑤ 所谓"世多用之"，非谓仅仅"一般庶民"用之也。

　　而从元代开始，朱熹《家礼》有关婚礼六礼的简化逐渐被朝廷接受，上升为国家的法律。知者，《元典章》卷三十《婚礼·婚姻礼制》："至元八年九月，尚书礼部，契勘人伦之道，婚姻为大。照得朱文公《家礼》内《婚礼》，酌古准今，拟到下项事理，呈奉尚书省，札付再送翰林院兼国史院披详，相应移准。中书省咨议，得登车、乘马、设次之礼，亦贫家不能办外，据其余事，依准所拟，遍下合属，依上施行。"⑥ 婚礼六礼，《元

　　① 张舜徽：《说文解字约注》，上册卷一，中州书画社1983年版，第6页。
　　② 《宋史》，中华书局1977年版，第2733~2734页。
　　③ 《大唐开元礼》，《影印文渊阁四库全书》第646册，第685页。
　　④ 朱熹：《家礼》，《影印文渊阁四库全书》第142册，第540页。
　　⑤ 黄榦：《勉斋集》卷三六，《影印文渊阁四库全书》第1165册，第47页。
　　⑥ 《元典章》卷三十，《续修四库全书》第787册，上海古籍出版社2002年版，第315页。

典章》所载仅有三礼：纳采、纳徵、亲迎。

《明集礼》卷二十八《品官昏礼》并问名于纳采，也透露出简并信息。

《钦定大清通礼》卷二十四，六礼只有纳采、纳币、请期、亲迎四礼，并问名、纳吉于纳采，其适用范围，遍及士人、庶人。①

总而言之，朱熹《家礼》首开简化六礼的先河，继而不同程度地影响了元明清三代官方对婚礼六礼的简化，影响所及，不仅是一般庶民，而且包括贵族士大夫在内。

四

《古代文化常识三·丧服》："大功次于齐衰，这是用熟麻布做的，比齐衰精细些。功，指织布的工作。"（第 991 页）

吕按："大功"之"大"字怎么讲？"功"字是"指织布的工作"吗？窃以为，其中的"大"字很关键，该讲而未讲，而其中的"功"字则讲错了。按："大功"之"大"，乃粗略之义。知者，《仪礼·丧服》："大功布衰裳。"郑玄注："大功布者，其锻治之功粗沽之。"清胡培翚《仪礼正义》云："斩衰、疏衰不言功与布者，以不加人功，未成布也。此则稍加以人功，而其锻治之功粗略，故谓之大功布也。沽，犹略也。'沽'下'之'字，敖继公作'也'，似长。"② 郑注以"粗沽"释"大"字，胡培翚以"粗略"释"大"字，故曰"大，乃粗略之义"。又，《仪礼·丧服》："冠者沽功也。"郑玄注："沽，犹粗也。"③ 是"沽"字亦有"粗"义。《集韵·上声·姥韵》："沽、苦，略也，或作'苦'，通作'盬'。"④ 在"粗略"意义上，"沽""苦"为借字，"盬"为本字。

再说"功"字。郑注以"锻治"一词释"功"字，是"功"字非谓"织布"也。按《广雅·释诂》："锻，椎也。"王念孙《疏证》："锻者，《说文》：'小治也。'徐锴《系传》曰：'椎之而已。不销，故曰小治。'李善注《长笛赋》引《仓颉篇》云：'锻，椎也。'"⑤ 吕按：椎，同"捶"，即捶打、捶击。"功"字的含义，具体地说，就是将用来制作大功衰的布洗过以后用木棒加以捶打。

至此可知，所谓"大功布"，就是将布洗过以后，用木棒加以粗略捶打而已。此与古人之"捣衣"有相通之处。

五

《古代文化常识四·衣饰》："衮，这是天子和最高级的官吏的礼服。据说衮上绣有蜷曲形的龙。后代所谓'龙袍'就是衮的遗制。"（第 1007 页）

吕按：窃以为《古代汉语》编者对"衮"字的释义有三个问题。第一，衮上的龙形

① 《钦定大清通礼》，《摛藻堂四库全书荟要》第 200 册，第 320～325 页。

② 胡培翚：《仪礼正义》，《续修四库全书》第 92 册，上海古籍出版社 2002 年版，第 407 页。

③ 阮元刻：《十三经注疏》，中华书局 1980 年版，第 1103 页。

④ 《集韵》，《影印文渊阁四库全书》第 236 册，第 585 页。

⑤ 王念孙《广雅疏证》，《续修四库全书》第 191 册，上海古籍出版社 2002 年版，第 66 页。

图案是绣上去的吗？衮上只有一种龙形图案吗？龙形图案，天子和最高级官吏完全一样吗？答案都是否定的。

我们且来看看经学家对"衮"字的说解。《周礼·春官·司服》："享先王则衮冕。"郑司农云："衮，卷龙衣也。"郑注："《书》曰：'予欲观古人之象，日、月、星辰、山、龙、华虫，作缋；宗彝、藻、火、粉米、黼、黻，希绣。'此古天子冕服十二章（章，谓图案），舜欲观焉。王者相变，至周而以日、月、星辰画于旌旗，所谓'三辰旗旗，昭其明也'。而冕服九章，登龙于山，登火于宗彝，尊其神明也。九章：初一曰龙，次二曰山，次三曰华虫，次四曰火，次五曰宗彝，皆画以为缋；次六曰藻，次七曰粉米，次八曰黼，次九曰黻，皆希以为绣，则衮之衣五章，裳四章，凡九也。"① 清代学者多不同意郑玄此"王者相变"之说，认为天子既有十二章之衮，亦有九章之衮。孙诒让《周礼正义·司服》云："今依戴震、金鹗说，天子有十二章与九章之衮，又依孔广森说，不改《虞书》十二章之次，则大裘之衮衣裳皆从偶数，衣六章，日、月、星辰、山、龙、华虫（有五色文采的虫类）也；裳六章，宗彝（虎与蜼。蜼是一种长尾猿）、藻（水草）、火、粉米（白米）、黼（黑白相间的斧形图纹）、黻（黑青相间的两己相背形图纹）也。其九章之衮，衣五章，山、龙、华虫、宗彝、藻也；裳四章，火、粉米、黼、黻也。"② 其他则同郑说。然则，天子之衮服，或十二章，或九章，龙的图案仅仅是其中的一章，且不居首章。龙的图案，是绘上去的，不是绣上去的。

又，《仪礼·觐礼》郑玄注："上公衮，无升龙。"贾疏："云'上公衮无升龙'者，案《白虎通》引《礼记》曰：'天子乘龙，载大旗，象日月升龙。'传曰：'天子升龙，诸侯降龙。'以此言之，上得兼下，下不得僭上，则天子升降俱有，诸侯直有降龙而已。"③ 然则，天子和最高级的官吏（即上公）的礼服是有区别的，不能一概而论。

最后，让我们看看沈从文《从文物中所见古代服装材料点点滴滴》怎么说的："西周是个讲究制度排场的时代，史称周公制礼作乐，不会完全是空谈。相传《虞书》帝王冕服十二章的绣绘文饰，也应当成熟于此时。"④

六

《古代文化常识四·什物》："筷子古代叫箸，但是先秦时代，吃饭一般不用筷子。《礼记·曲礼上》：'毋抟饭。'意思是不要用手把饭弄成一团来吃，可见当时是用手送饭入口的。"（第1013页）

吕按：《礼记·曲礼上》："毋抟饭。"郑玄注："为欲致饱，不谦。"孔疏："'毋抟饭'者，共器，若取饭作抟，则易得多，是欲争饱，非谦也。故注云：'为欲致饱，不谦也。'"⑤ 可见"毋抟饭"句的本义是批评抟饭这种吃相不雅。如果要证明"先秦时代，

① 《周礼注疏》，上海古籍出版社2010年版，第791页。

② 孙诒让：《周礼正义》，中华书局1987年版，第1632页。

③ 《仪礼注疏》，北京大学出版社2000年版，第592~593页。

④ 《沈从文全集》第三十卷《物质文化史》，北岳文艺出版社2002年版，第210页。

⑤ 阮元刻：《十三经注疏》，中华书局1980年版，第1242页。

吃饭一般不用筷子，用手"，应当选择合适的例子。而合适的例子并不遥远，就在"毋抟饭"此句的上文："共饭不泽手。"郑玄注："为汗手不洁也。泽，谓挼莎也。礼，饭以手。"孔疏："'共饭不泽手'者，亦是共器盛饭也。泽，谓光泽也。古之礼，饭不用箸，但用手，既与人共饭，手宜洁净，不得临食始挼莎手乃食，恐为人秽也。"① 郑注说"礼，饭以手"，孔疏云"古之礼，饭不用箸，但用手"，说得何等清楚明白！

<h2 style="text-align:center">七</h2>

《苛政猛于虎》："孔子过泰山侧，有妇人哭于墓者而哀，夫子式而听之。"王力《古代汉语》注释：式，通"轼"，车前横木，这里用如动词，扶轼。古时乘车，遇到应表敬意的事，乘者即俯身扶轼。在这里，孔子扶轼是表示对妇人哭墓的注意和关怀。（第210页）

吕按：窃以为，注释所说"遇到应表敬意的事"以下四句欠妥。换言之，把孔子为什么"式"的原因搞错了。按《礼记·檀弓下》："子路曰：'吾闻之也，过墓则式，过祀则下。'"孔疏："'过墓则式，过祀则下'者，墓，谓他家坟垄；祀，谓神位有屋树者。居无事，主于恭敬，故或式或下也。他坟尚式，则己先祖坟墓当下也。"② 可知原因简单而又明确，就是"过墓则式"。式是一种表敬之礼，表敬的对象，或者是人，或者是物，从来不对"事"。式作为表敬之礼，主要载于《礼记》。兹摘录数例，供读者阅览裁决。

《礼记·曲礼上》："君知所以为尸（按：尸是代替死者接受祭祀的活人）者，则自下之，尸必式。"郑注："礼之。"孔疏："尸必式者，庙门之外，尸尊未伸，不敢亢礼，不可下车，故式为敬，以答君也。式，谓俯下头也。"③ 这是尸式国君以表敬。同篇："故君子式黄发"郑玄注："敬老也。"④ 这是人们式老者以表敬。又，《礼记·曲礼上》："入里必式。"郑玄注："不诬十室。"孔疏："'入里必式'者，二十五家为里，里巷首有门。十室不诬，故入里则必式而礼之为敬也。《论语》云：'十室之邑，必有忠信如丘者焉。'是'不诬十室'也。"⑤这是对某个固定的地方式以表敬。又，《礼记·曲礼上》："大夫士下公门，式路马。"郑玄注："皆广敬也。路马，君之马。"孔疏："'大夫士下公门，式路马'者，公门，谓君之门也。路马，君之马也。敬君，至门下车。重君物，故见君马而式之也。马比门轻，故有下、式之异。"⑥ 这是对国君的马式以表敬。

总而言之，式以表敬的对象，可以是人，可以是物，可以是固定的场所，但不可以是"事"。这是由"事"的不确定性决定的。

① 阮元刻：《十三经注疏》，中华书局1980年版，第1242页。
② 《礼记正义》，上海古籍出版社2008年版，第409页。
③ 《礼记正义》，上海古籍出版社2008年版，第96~97页。
④ 《礼记正义》，上海古籍出版社2008年版，第125页。
⑤ 《礼记正义》，上海古籍出版社2008年版，第125~129页。
⑥ 《礼记正义》，上海古籍出版社2008年版，第125页。

八

《大同》："昔者仲尼与于蜡宾。"王力《古代汉语》注释：蜡（zhà），古代国君年终祭祀叫蜡。（第210~211页）

吕按：这条注释的问题有五，请次第说之。

第一，祭祀的主体仅限于"国君"吗？答曰：非也。知者，《礼记·郊特牲》："天子大蜡八。"孔颖达疏："蜡云'大'者，是天子之蜡，对诸侯为大。云诸侯亦有蜡者，《礼运》云'仲尼与于蜡宾'，是诸侯有蜡也。"①《周礼·春官·籥章》："国祭蜡。"孙诒让《周礼正义》："'国祭蜡'者，此祭亦通于王国及都邑也。"② 所谓"都邑"，谓公卿大夫之采地。然则采地亦有蜡也。

第二，这个"年终"，是夏历的年终？还是周历的年终？在不作交代的情况下，学生十之八九会理解为夏历的年终，即夏历的十二月。而注释之所以以"年终"一词解之，应该是看到郑玄的注中有个"岁十二月"③，未加深思，就以"年终"解之。而孔颖达的疏却是把这个问题说明白了："十二月者，据周言之。若以夏正言之，则十月，谓建亥之月也。"建亥之月，即夏历十月，是秋收完毕的月份。蜡祭与否，与秋收的好坏很有关系，所以定在夏历十月举行。详下。

第三，蜡祭每年都一定举行吗？答案是否定的。蜡祭举行的原则是，丰收了，就举行，否则不举行。为什么这样说呢？《礼记·郊特牲》："八蜡以记四方。四方年不顺成，八蜡不通，以谨民财也。顺成之方，其蜡乃通。"④ 意谓东西南北四方中的哪一方如果谷物收成不好，祭八个神灵的蜡祭就不举行。为什么呢？因为举行蜡祭要花不少钱，收成不好，这笔钱不能乱花呀！孔颖达疏云："所以然者，以蜡祭丰饶，皆醉饱酒食。"⑤ 说的就是这个意思。清代学者孙希旦《礼记集解》说得也很明白："记四方，谓记明四方之丰歉也。通犹行也。顺成，谓风雨和顺，而五谷成熟也。有不顺成之方，则蜡祭不行，其当方党、鄙之祭亦然。盖八蜡所以报功，今神既无功于民，故不行蜡祭，所以使民谨于用财，亦凶荒杀礼之意也。"⑥ 要之，蜡祭的举行，是有条件的。哪年哪个地方丰收，就举行；否则，就不举行。

第四，"祭祀"是一个笼统的概念，注释没有把蜡祭的性质作个交代。祭祀总是有对象的，注释也没有交代。今按，蜡祭是丰收之后的报功之祭。要报答的神灵太多，多得不可胜数，所以《礼记·郊特牲》说"蜡者，索也，合聚万物而索飨之也。"⑦ 所谓"万物"，也就是"万神"。《汉书·武帝纪》元封五年："夏四月，诏曰：'朕巡荆扬，辑江

---

① 《礼记正义》，上海古籍出版社2008年版，第1071页。
② 孙诒让：《周礼正义》，中华书局1987年版，1915页。
③ 《礼记正义》，上海古籍出版社2008年版，第874页。
④ 《礼记正义》，上海古籍出版社2008年版，第1080页。
⑤ 《礼记正义》，上海古籍出版社2008年版，第1081页。
⑥ 孙希旦：《礼记集解》，中华书局1989年版，第698页。
⑦ 《礼记正义》，上海古籍出版社2008年版，1071页。

淮物。"颜师古注引如淳曰："物，犹神也。"① 是"物"有"神"义。清人秦蕙田《五礼通考》说："蜡者，索也，合聚万物而索享之。《楚辞》'吾将上下而求索'，是'索'字义也。"② 实际上，把"万物"都"索"来是办不到的，于是就有"天子大蜡八"之说，也就是天子蜡祭祭祀八种有代表性的神灵。这八种神灵，按照《郊特牲》经文，一是先啬，即神农。二是司啬，即后稷。三是百种，即百谷之种。四是农，即田官。五是邮表畷，即田官督率百姓的办公处。六是猫虎，因为猫吃田鼠，虎吃田猪。七是坊，即堤防。八是水庸，即水沟。这八种神灵，都与收成好坏息息相关。

第五，"古代"这个时间概念太泛泛，按照《汉语大词典》"古代"的释义："在我国历史分期上泛指十九世纪中叶以前的时代。"而据有关专家的研究成果，蜡祭存在的实际时间仅仅是先秦的周代，汉代以后就名存实亡了。《礼记·郊特牲》说："伊耆氏始为蜡。"郑玄注："伊耆氏，古天子号也。"③ 究竟是哪位古天子，他没有交代。孔颖达疏云："《明堂位》云：'土鼓苇籥，伊耆氏之乐。'《礼运》云：'夫礼之初，始诸饮食，蕡桴而土鼓。'俱称'土鼓'，则伊耆氏，神农也。"④ 而陆德明《经典释文》则云："伊耆氏，或云即帝尧。"⑤ 迄无定论。由此看来，说"伊耆氏始为蜡"，不足考信。耳听为虚，眼见为实。从先秦文献记载来看，实实在在的蜡祭，看来只有周代才有。拿《礼记》来说，除了《礼运》《郊特牲》两篇以外，《杂记下》篇也有关于"蜡"的记载："子贡观于蜡，孔子曰：'赐也，乐乎？'对曰：'一国之人皆若狂，赐未知其乐也。'子曰：'百日之蜡，一日之泽，非尔所知也。'"⑥ 写的就是蜡祭之时，人人酒醉饭饱、举国若狂的欢乐场面。实际上这就是世界上最早的狂欢节。⑦《周礼》中有记载，已见上。《诗经》中也有记载。《毛诗·小雅·甫田》："我田既臧，农夫之庆。"笺云："臧，善也。我田事已善，则庆赐农夫。谓大蜡之时，劳农以休息之也。年不顺成，则八蜡不通。"⑧ 从有几分证据说几分话的意义上来说，目前我们还只能说，蜡祭只存在于周代。

蜡祭什么时候名存实亡了呢？根据学者研究的结果，到了汉代，蜡祭就名存实亡了。什么原因呢？因为人们阴差阳错地把蜡祭与腊祭搅混在一起了。周历的十二月（即夏历的十月），除了蜡祭之外，还要举行腊祭。这是两种不同的祭祀。《左传》僖公五年："宫之奇曰：'虞不腊矣！'"⑨ 这是古书中第一次提到腊祭。腊祭的时间，杨伯峻《春秋左传注》说："虞亡于十月朔，《左传》之腊亦是夏正十月。"⑩《礼记·月令》："孟冬之月

① 《汉书》，中华书局1962年版，第196页。
② 秦蕙田：《五礼通考》，《影印文渊阁四库全书》第136册，第254页。
③ 《礼记正义》，上海古籍出版社2008年版，1071页。
④ 《礼记正义》，上海古籍出版社2008年版，1080页。
⑤ 《经典释文》，上海古籍出版社1985年版，第725页。
⑥ 《礼记正义》，上海古籍出版社2008年版，第1675页。
⑦ 李慧玲：《试说中国古代的狂欢节——蜡祭》，《河南师范大学学报》2011年第2期，可以参看。
⑧ 《毛诗注疏》，上海古籍出版社2013年版，第1204页。
⑨ 杨伯峻：《春秋左传注》，中华书局1981年版，第310页。
⑩ 杨伯峻：《春秋左传注》，中华书局1981年版，第310页。

（亦即夏正十月），腊先祖、五祀。"① 可知腊祭的对象，一是先祖，即祖先。二是五祀，即五种和人们日常生活息息相关的神：门神、户神、中霤神（即土神）、灶神、行神（即路神）。为什么叫作"腊"呢？孔颖达疏云："腊，猎也，谓猎取禽兽以祭先祖、五祀也。"② 由此可知，蜡祭与腊祭，是两种不同的祭祀，二者不仅命名不同，而且所祭对象亦异。遗憾的是，礼学权威郑玄在注释《月令》"腊先祖、五祀"这句话时，说了一句错话："此《周礼》所谓蜡祭也。"③ 他把腊祭与蜡祭混同为一了。郑玄是礼学大师，他不应该犯如此低级的错误。究其原因，郑玄可能是受到两汉祭祀实际情况的影响，因为两汉时期已经没有蜡祭而只有腊祭了。我们试查了《汉书》《后汉书》，竟然没有一个"蜡"字，而"腊"字倒是累见不鲜。唐代孔颖达也早就察觉了这种情况，他在疏通《左传》"虞不腊矣"这句话时说："此言'虞不腊矣'，明当时有腊祭。周时，腊与大蜡，各为一祭。自汉改曰腊，不蜡而为腊矣。"④

这条注释的问题如此之多，原因何在？愚以为主要原因是，注者在参考《礼运》郑玄注时，没有抓住要害。试看《礼记·礼运》篇郑玄对"蜡"字的注释："蜡者，索也（这是声训，求语源），岁十二月，合聚万物而索飨之。亦祭宗庙。"⑤ 郑玄注的重心在"蜡者，索也，岁十二月，合聚万物而索飨之"上，而这条注释却把重心放到了"亦祭宗庙"四字上，可谓"丢了西瓜，捡了芝麻"。王引之《经传释词》："亦，承上之词也。"⑥ 承此四字之上的郑注是"蜡者，索也，岁十二月，合聚万物而索飨之"十六字，这才是郑注的主体部分，换言之，是给"蜡"字下的定义。这个定义很权威，因为它并不是郑玄自己的发明，而是郑玄借用的《礼记·郊特牲》的现成经文。只有"亦祭宗庙"四字的著作权才是属于郑玄的。

在此，笔者不揣谫陋，试为"蜡"字释义如下："周代年终（夏历十月），丰收之后举行的一种诚邀诸多有功田事的神灵会聚而报谢之的祭祀。天子、诸侯、卿大夫也乘机祭祀宗庙。收成如果不好，此祭便不举行。"

九

《大同》：孔子曰："大道之行也，与三代之英，丘未之逮也，而有志焉。"王力《古代汉语》注释：**有志焉，指有志于此。孔子这句话是说：大道实行的时代和三代英明之主当政的时代，我都没有赶上，可是我心里向往。**（第 210 页）

吕按：这条注释，乍一看来，似乎合情合理，非常妥帖。深究起来，大谬不然。笔者认为，传统的解释——郑注与孔疏才是正确的。郑玄注："志，谓识古文。"孔疏："虽然不见大道三代之事，有志记之书焉。披览此书，尚可知于前代也。"⑦ 郑注、孔疏是不是

① 《礼记正义》，上海古籍出版社 2008 年版，第 726 页。
② 《礼记正义》，上海古籍出版社 2008 年版，第 727 页。
③ 《礼记正义》，上海古籍出版社 2008 年版，第 726 页。
④ 《春秋左传正义》，阮元刻：《十三经注疏》，中华书局 1980 年版，第 1795 页下栏。
⑤ 《礼记正义》，上海古籍出版社 2008 年版，第 874 页。
⑥ 王引之：《经传释词》，岳麓书社 1984 年版，第 72 页。
⑦ 《礼记正义》，上海古籍出版社 2008 年版，第 874~878 页。

有道理呢？请先看段玉裁《说文解字注》：

> 《说文·心部》："志，意也。"段玉裁注："按此篆小徐本无，大徐以'意'下曰'志也'，补此为十九文之一。'志'所以不录者，《周礼·保章氏》注云：'志，古文识。'盖古文有'志'无'识'，小篆乃有'识'字。《保章》注曰：'志，古文识。识，记也。'《哀公问》注曰：'志，读为识。识，知也。'今之'识'字，古文作'志'，则志者，记也，知也。惠定宇曰：《论语》'贤者识其大者'，蔡邕《石经》作'志'；'多见而识之'，《白虎通》作'志'。今人分志向一字，识记一字，知识一字，古只有一字一音。《哀公问》注云'志，读为识'者，汉时志、识已殊字也。许心部无'志'者，盖以其即古文'识'，而'识'下失载也。"①

段注的意思，简言之，这个"志"字，就是后起的"识"（zhì）字，是"记载"之义，忠实地传达了郑注之义。这是一。

再看古代学者支持郑注者。例如：

宋戴侗《六书故》卷十一："识，职吏切，闻言而志之不忘也。孔子曰：'小子识之。'《记》曰：'博闻强识。'通作'志'。"②

元吴澄《礼记纂言》："谓大道之行与三代英异之主。虽不及身见。而有志记之书存焉。披览尚可知也。志是记识之名。"③

清朱彬《礼记训纂》："刘氏台拱曰：'志，识记之书，如《夏时》、《坤乾》之类。'"④

而当代学者的《礼记》注释著作，几乎一边倒地将此"志"字释作"记载"，限于篇幅，姑略之。

以上是从文字训诂来探讨"志"是何义。下面我们来探讨一下孔子"心里向往"的究竟是什么？

《论语·八佾》："子曰：'周监于二代，郁郁乎文哉！吾从周。'"《集解》引孔安国曰："监，视也。言周文章备于二代，当从之。"邢昺疏："此章言周之礼文尤备也。'周监于二代，郁郁乎文哉'者，监，视也。二代，谓夏、商。郁郁，文章貌。言以今周代之礼法文章回视夏商二代，则周代郁郁乎有文章哉！'吾从周'者，言周之文章备于二代，故从而行之也。"⑤ 朱熹《论语集注》引尹氏曰："三代之礼，至周大备，夫子美其文而从之。"⑥

《论语·阳货》："子曰：'夫召我者而岂徒哉？如有用我者，吾其为东周乎！'"何晏注："兴周道于东方，故曰东周。"南朝梁皇侃疏："'如有'云云者，若必不空然而用

---

① 段玉裁：《说文解字注》，上海古籍出版社 1981 年版，第 502 页。
② 戴侗：《六书故》，《影印文渊阁四库全书》，第 226 册，第 198 页。
③ 吴澄：《礼记纂言》，《影印文渊阁四库全书》，第 121 册，第 90 页。
④ 朱彬：《礼记训纂》，中华书局 1996 年版，第 331 页。
⑤ 《论语注疏》，北京大学出版社 2000 年版，第 39~40 页。
⑥ 朱熹：《四书章句集注》，中华书局 1983 年版，第 65 页。

我时，则我当为兴周道也。鲁在东，周在西，云东周者，欲于鲁而兴周道，故云'吾其为东周'也。"① 朱熹《论语集注》："为东周，言兴周道于东方。"

《论语·述而》："子曰：'甚矣，吾衰也！久矣吾不复梦见周公也。'" 何晏《集解》引孔安国注曰："孔子衰老，不复梦见周公也，明盛时梦见周公，欲行其道也。"②

吕按：从以上三节《论语》的夫子自道来看，孔子向往的并不是五帝时代和夏商二代，孔子向往的是周代，尤其是周公。周公辅佐成王，制礼作乐，这是孔子梦寐以求之事。质言之，孔子向往的是"礼治社会"，所以他说："一日克己复礼，天下归仁焉。"

至此，我们完成了"志"字是"记载"之义的证明。

应该说，把此句的"志"字理解为"心里向往"者，古今大有人在，并非自王力《古代汉语》开始。例如：

①《南齐书·本纪第一高帝上》："皇帝敬问相国齐王，大道之行，与三代之英，朕虽暗昧而有志。"③

②南宋卫湜《礼记集说》引蒋氏君实："夫既以帝者之事为大同，而指三代为小康矣，而均曰'未之逮也，而有志焉'何哉？此有以见圣人思欲还上古之风而不可得，而犹思其次也，故其下历历言之。"④

③元陈澔《礼记集说》："夫子言：我思古昔大道之行于天下，与夫三代英贤之臣所以得时行道之盛，我今虽未得及见此世之盛，而有志于三代英贤之所为也，此亦梦见周公之意。"⑤

④清孙希旦《礼记集解》："孔子言帝王之盛，己不及见，而有志乎此。盖登高远眺，有感于鲁之衰，而思得位行道，以反唐虞、三代之治也。"⑥

说到这里，我们不禁提出质疑：王力《古代汉语·凡例》的第五条说："注释一般采用传统的说法。其中有跟一般解释不一样的，则注明'依某人说'。"据此，《古代汉语》"而有志焉"的注释，并没有采用传统的说法，即郑注孔疏的说法，按照《凡例》，应该注明"依某人说"才是。现在没有注明，难免有掠美之嫌。

十

司马迁《报任安书》："'刑不上大夫'，此言士节不可不勉励也。"王力《古代汉语》注释：语见《礼记·曲礼上》。（第 919 页）

吕按：这条注释很特别，很另类，只告诉读者被注释语的出处，但不予一字的解释。

---

① 皇侃：《论语集解义疏》，《影印文渊阁四库全书》第 195 册，第 499 页。

② 皇侃：《论语集解义疏》，《影印文渊阁四库全书》第 195 册，第 396 页。

③ 《南齐书》，中华书局 1972 年版，第 21 页。

④ 卫湜：《礼记集说》，《影印文渊阁四库全书》第 118 册，第 117 页。

⑤ 陈澔：《礼记集说》，中国书店 1994 年版，第 184 页。

⑥ 孙希旦：《礼记集解》，中华书局 1989 年版，第 581~582 页。

笔者推测，也可能是《古代汉语》编者发现"刑不上大夫"的注释是个众说纷纭的老大难的问题，有此苦衷，所以才这样做。但揆之古人，固有知之为知之不知为不知之成例在也。《论语·子路》："子曰：'君子于其所不知，盖阙如也。'"① 许慎《说文解字序》："于其所不知，盖阙如也。"② 张舜徽《郑学丛著·郑氏经注释例》"阙疑例"云："多闻阙疑，昔贤所尚。郑氏注书，于所不知，辄云'未闻'；亦犹许氏解字，自记云'阙'耳。"③ 博学如司马光者，也曾为不明"刑不上大夫"的真诠而急得挠耳抓腮，以至于在进士策问中直截了当地公开发问：

> 《曲礼》曰："礼不下庶人，刑不上大夫。"按《王制》："修六礼以节民性；冠、婚、丧、祭、乡、相见。"此庶人之礼也。《舜典》："五服三就，大夫于朝，士于市。"此大夫之刑也。夫礼与刑，先王所以治群臣万民，不可斯须偏废也。今《曲礼》乃云如是，必有异旨，其可见乎？④

对照上述古人不知盖阙的做法，对照司马光坦承己惑、求解若渴的做法，王力先生主编《古代汉语》的做法，令人惋惜。

窃不自揣，下面谈谈"刑不上大夫"当作何解。笔者写有《"刑不上大夫"旧解发覆》一文，载彭林主编《中国经学》第五辑（广西师范大学出版社 2009 年版）。后收入拙作《〈礼记〉研究四题》，中华书局 2014 年出版。后又收入拙作《读经识小录》，上海古籍出版社 2017 年出版。拙文约一万四千字，为节省篇幅，谨撮要叙述如下，欢迎批评。

> "刑不上大夫"（还有"礼不下庶人"）一语，郑玄以下，古今说者多矣，之所以不得其解者，是因为切入点选错了。人们总是把切入点放在"上"字上，其结果就是作茧自缚，势必陷入一个论证伪命题的怪圈中。你想啊，从古到今，被杀被关的大夫（官员）多了去了，仅一部二十四史，你就难以数得清。因此，要正确理解"刑不上大夫"这句话，就必须首先调整切入点。具体地说，切入点要放在"刑"字上。其次，要明白这个"刑"字不是包括死刑在内的载入刑典的"五刑"，而是"刑辱"之义，即种种刑讯手段给当事人带来的羞辱。所谓种种刑讯手段，例如当众辱骂、绳捆索绑、脚镣手铐、鞭抽棍打、剃光头、着囚服等等。这对于习惯于养尊处优的大夫来说，这种羞辱给他们带来的难堪之剧烈可想而知。"刑不上大夫"这句话的意思是，大夫犯了罪，该杀就杀，该剐就剐，而由种种刑讯手段给当事人带来的羞辱不能施之于大夫。

上述看法，并非鄙人的发明。在我之前，已经有不少古人、今人如此说解，只是不为

---

① 朱熹：《四书章句集注》，中华书局 1983 年版，第 142 页。
② 段玉裁：《说文解字注》，上海古籍出版社 1988 年版，第 765 页。
③ 张舜徽：《郑学丛著》，华中师范大学出版社 2005 年版，第 90 页。
④ 司马光：《传家集》卷七五《进士策问十五首》，《影印文渊阁四库全书》第 1094 册，第 685 页。

大家留意罢了。例如：

（1）西汉初年的贾谊在上政事疏中说："臣闻之，履虽鲜不加于枕，冠虽敝不以苴履。夫尝已在贵宠之位，天子改容而体貌之矣，吏民尝俯伏以敬畏之矣，今而有过，帝令废之可也，退之可也，赐之死可也，灭之可也。若夫束缚之，系绁之，输之司寇，编之徒官，司寇小吏詈骂而榜笞之，殆非所以令众庶见也。夫卑贱者习知尊贵者之一旦吾亦乃可以加此也，非所以习天下也，非尊尊贵贵之化也。夫天子之所尝敬，众庶之所尝宠，死而死耳，贱人安宜得如此而顿辱之哉！……故古者礼不及庶人，刑不至大夫，所以厉宠臣之节也。古者大臣有坐不廉而废者，不谓'不廉'，曰'簠簋不饰'；坐污秽淫乱男女亡别者，不曰'污秽'，曰'帷薄不修'；坐罢软不胜任者，不谓'罢软'，曰'下官不职'。故贵大臣定有其罪矣，犹未斥然正以呼之也，尚迁就而为之讳也。故其在大遣大何之域者，闻遣何则白冠牦缨，盘水加剑，造请室而请罪耳，上不执缚系引而行也。其有中罪者，闻命而自弛，上不使人颈盭而加也。其有大罪者，闻命则北面再拜，跪而自裁，上不使捽抑而刑之也。"①

吕按：细读此节，可知贾谊所说的"刑不至大夫"的"刑"，不是五种刑名之刑，而是指使用各种刑讯手段令罪人受辱，即所谓"束缚之，系绁之，输之司寇，编之徒官，司寇小吏詈骂而榜笞之"之类是也。

（2）《明史·刑法志三》："太祖常与侍臣论待大臣礼。太史令刘基曰：'古者公卿有罪，盘水加剑，诣请室自裁，未尝轻折辱之，所以存大臣之体。'侍读学士詹同因取《小戴礼》及贾谊疏以进，且曰：'古者刑不上大夫，以励廉耻也。必如是，君臣恩礼始两尽。'帝深然之。"②

（3）今人韩国盘先生《中国古代法制史研究》说："'刑不上大夫'之说从何而来呢？试读《汉书·贾谊传》，在贾谊的上疏中，有专门谈到不应戮辱大臣的一段。……由于当时戮辱大臣，贾谊才上疏，借古事以讽喻当世。"③

笔者的微薄贡献在于，论证了"刑不上大夫"的精神基础是"士可杀而不可辱"。《礼记·儒行》云："儒有可亲而不可劫也，可近而不可迫也，可杀而不可辱也。"④ 由于这三句话是孔子说的，所以其为士大夫所服膺也就非常自然。三句话中对后世影响最大的是"士可杀而不可辱"一句。在古代，士农工商，所谓四民，儒居四民之首。由于儒者的社会地位与士相近，所以"儒"字就变成了"士"字，于是乎就有了"士可杀而不可辱"这句话。请注意，"士可杀而不可辱"这句话中的"士"，不是与大夫相对立的最低级爵位之称，而是"士大夫"的通称，也可以说是"大臣""高官"的通称。司马迁在《报任安书》中说"传曰'刑不上大夫'，此言士节不可不厉也"，可证。"士可杀而不可辱"，就是"刑不上大夫"的精神基础。

① 《汉书》卷四八《贾谊传》，中华书局 1962 年版，第 2256~2257 页。
② 《明史》卷九五《刑法志三》，中华书局 1974 年版，第 4020 页。
③ 韩国盘：《中国古代法制史研究》，人民出版社 1993 年版，第 214~216 页。
④ 孔颖达：《礼记正义》，上海古籍出版社 2008 年版，第 2222 页。

十一

柳宗元《答韦中立论师道书》："本之《书》以求其质；本之《诗》以求其恒；本之《礼》以求其宜；本之《春秋》以求其断；本之《易》以求其动。此吾所以取道之原也。"王力《古代汉语》注释：礼，《周礼》《仪礼》《礼记》。宜，合理。柳宗元认为《礼》的优点是合理。（第1042页）

吕按：这几句话中提到的经书，《书》指《尚书》，《诗》指《毛诗》，《春秋》指《春秋》，《易》指《周易》，都是指单一的一种书。到了《礼》，竟然变作指三部经书，这样的注释，不能不让人生疑。笔者认为，此处的《礼》，是指《礼记》一书。笔者试从两个方面来论证。

第一，《周礼》《仪礼》《礼记》合称"三礼"，分而论之，各有侧重。《周礼》，原名《周官》，《隋书·经籍志》著录作《周官礼》。为了避免与《尚书》中的《周官》篇混淆，后人就以《周礼》称之。所以说，《周礼》是讲设官分职制度的。所以，《周礼》的框架就是六官。即天官冢宰（掌管全面）、地官大司徒（掌管教育）、春官大宗伯（掌管礼乐）、夏官（大司马）（掌管武事）、秋官大司寇（掌管刑狱）、冬官大司空（掌管建设。冬官遗失，悬赏购求而不得，乃以《考工记》代替）。《周礼》的内容与"宜"不搭界。再说《仪礼》。《仪礼》十七篇，是讲人的一生在不同阶段、不同场合的礼仪，如冠礼、婚礼、丧礼、祭礼等，具体得很，也死板得很，抬手动足，都要合辙。韩愈《读仪礼》有云："余尝苦《仪礼》难读，又其行于今者盖寡，沿袭不同，复之无由，考于今，诚无所用之。"[1] 所以说，《仪礼》的内容与"宜"也不搭界。至于《礼记》，就不一样了。《礼记》中谈到"宜"的地方很多。例如，"礼从宜，使从俗"，"礼，时为大，顺次之，体次之，宜次之，称次之"，"义者宜也"，"修其教，不易其俗；齐其政，不易其宜"等。清代学者焦循《礼记补疏序》说："以余论之，《周官》、《仪礼》，一代之书也。《礼记》，万世之书也。《记》之言曰：礼以时为大。此一言也，以蔽千万世制礼之法可矣。"[2]

第二，从唐代的教育环境来看，《礼记》的地位高于《周礼》和《仪礼》。首先，孔颖达奉敕修撰的《五经正义》，其中的《礼》，是《礼记》，不是《周礼》《仪礼》。其次，唐代学者对学习《周礼》《仪礼》缺乏热情。《通典》卷十五："开元八年七月，国子司业李元瓘上言：'三礼、三传及《毛诗》《尚书》《周易》等，并圣贤微旨，生人教业，必资事经远，则斯文不坠。今明经所习，务在出身，咸以《礼记》文少，人皆竞读。《周礼》，经邦之轨则；《仪礼》，庄敬之楷模；《公羊》《穀梁》，历代崇习。今两监及州县，以独学无友，四经殆绝。'"[3]

从以上两点来看，此"礼"字非《礼记》莫属。

---

① 马茂元：《韩昌黎集校注》，上海古籍出版社1986年版，第39页。

② 焦循：《礼记补疏》，《续修四库全书》，第105册，第1页。

③ 杜佑：《通典》，中华书局1988年版，第355页。

十二

柳宗元《答韦中立论师道书》："抑又闻之，古者重冠礼，将以责成人之道（一），是圣人所尤用心者也（二）。"王力《古代汉语》注释（一）责：要求。（二）尤：最。（第1039页）

吕按：注释者可能没有想到，柳宗元"抑又闻之"下边的话，都是来自《礼记·冠义》，只不过文字略有变动罢了。两相对照，柳文的"古者重冠礼"就是《冠义》的"是故古者重冠"；柳文的"将以责成人之道"，就是《冠义》的"已冠而字之，成人之道也"；柳文的"是圣人所尤用心者也"，就是《冠义》的"是故古者圣王重冠"。此处是引用其意，这是古人的意引之例。俞樾《古书疑义举例·古人引书每有增减例》所谓"此皆略其文而用其意"是也。① 由于注释者不知道柳文的出处，所以注释也没有注到点子上。鄙意注释的重点有二：第一，为什么"古者重冠礼"？第二，何谓"成人之道"？尤其是后者。对这两个问题，《冠义》都有答案。为节省篇幅，这里只谈何谓"成人之道"？《冠义》云："成人之者，将责成人礼焉也。责成人礼焉者，将责为人子、为人弟、为人臣、为人少者之礼行焉。"② 换言之，所谓成人之道，就是要求加冠者从此懂得什么是家庭中的为子之道、为弟之道，社会上的为臣之道、为幼之道，并履行相应的义务。

（作者单位：河南师范大学历史系）

---

① 俞樾：《古书疑义举例》，中华书局1956年版，第46页。
② 《礼记正义》，上海古籍出版社2008年版，第2270页。

从新石器时代到国家时代长江中游礼器所见"四方"观念刍议

□ 赵柏熹　郭静云

【摘要】以彭头山文化时期到石家河文化时期的考古材料为基础，结合长江中游地区的自然环境及生计方式，讨论四方纹的演化及四方四时观念的变化。四方观念起源于平原农耕新生活初现的彭头山文化，并得到往后长江中游地区多个文化的传承。最初表达四方观念的是带四方纹的陶祖礼器，到皂市下层文化时始见于盘、碗之圈足底部，象征四方—中央观的出现。而到了屈家岭—石家河文化时期，四方纹则常见于彩陶纺轮礼器上，并透过纺轮的旋转功能，开始强调年岁的循环及时间维度的动态感。同时，石家河人将"四"化约为"二"，在四方观念的基础上发展出二元观，改变了四方四时内原来平等的地位关系。

【关键词】长江中游；新石器；国家时代；四方纹；礼器；四方；四时

长江中游地区（本文以下简称"该地区"）在距今 10000 年左右已开始发展农业并出现了定居农耕社会。这种生计方式在长江中游平原地区长期稳定发展，贯穿整个新石器时代到青铜时代，并形成以稻作为核心的农耕文明，而四方四时这一组重要观念也在渐渐形成。在考古材料中，陶制礼器上的四方纹可以反映出四方四时的观念。本文以考古出土的陶制礼器为基础，结合该地区的自然环境和生计方式，来讨论四方纹的演化及四方四时观念的变化。

一、定居农耕生活产生四方四时观念

在平原出现农业之前，人们游猎于山间，其空间感逶迤曲折，依靠山川等地景作为空间方位的参照。下到平原后，四周宽阔平坦，无显著地景，且新的生活方式需要新的观念来把空间规律化；配合农耕生活的季节规律，一整套"四方""八方"及"中央"观念就逐渐成长为新形成的农耕族群的时空观念。[①] 其具体形成过程是新生计方式与生活环境

---

① 郭静云、郭立新：《从新石器时代刻纹白陶和八角星图看平原与山地文化的关系》，《东南文化》2014 年第 4 期。

共同作用的结果。

相对于农民，猎人们善用其地方知识，在山林间追逐猎物和多种生活资源而不停流动。因此，他们的生活空间没有固定的"中央"，也不会有与中央相应的"四方""八方"空间观。此外，因为不同的季节可供利用的动植物资源不同，要选择的营地也不同，所以猎民对季节规律有一定的认识。但与农人不同，猎人不主动耕作，不涉及播种、灌溉、收成等对时节敏感的工作，因此无需精确把握季节变化的临界点（如二分、二至等节气）。

一年周期是农耕生活的要点。若不能清楚地了解春生秋死、终而复始的规律，依靠农作的生计方式就难以存在。在农耕文化观念中，年岁的规律可以说是农人生活一切行动的模式。长江中游郭店楚墓出土先秦道家《太一》的内容展现了以年岁为万物之母、万物之经的时间哲学。① 这种思想滥觞于上古农民的祭时文化，对二分二至的祭拜是奠基于农耕文化的社会观念。通过疏理新石器时代以来该地区的考古材料，既可以发现崇拜年岁的产生，也可以发现崇拜年岁信仰的哲理化过程。

先民对时间规律的认知来自对天体的观察，天体位置随时间循环流转，对它们的运行规律有一定认识后，循环流转的时间观念也应运而生。在白昼，太阳运行的规律最易掌握，以年为周期在固定的范围内升降，从太阳升降位置之变化即可知季节。长江中游平原位于北回归线以北，春分和秋分时太阳于正东方升起、于正西方落下；夏至时，日出日落于全年最北之位置；冬至时，日出日落于全年最南之位置。这种天文现象只要肉眼就可以观察得到。先民如结合身边自然环境的观察和感受，就能分辨出客观存在的四季，而四季的循环就是一年。

对天体的观察也可以认识到四个方向。春秋二分日出和日落的位置分别为正东方和正西方。中午太阳在最高点时是正南方，其相对的位置就是正北方。此外，在晚上透过对星象的观察也可以发现北天极，即北半球星空旋转的虚拟中心点。由此可见，季节观和方向观的产生与天象的观察密不可分。然而，只有方向观不会产生四方观念，还要有相应的生活景观。

广阔的空间及定居的生活是平原农耕族群产生四方观念的基本条件。山林居民的空间感较狭窄曲折，加上流动为主的生活方式，其空间观可以总结为"多点连接的曲线"，不会产生多面广阔空间的四方观念。而农耕族群在平原定居以后，聚落便成了其生活空间的中心。长江中游平原聚落遗址一般都建在离开水面的平原岗地之上，而环绕聚落的围壕与自然水道连通，平原水网便成为连接各聚落"中心点"的交通线。在对自我与周边他者关系的审视中，形成以自我聚落为中心的观念。同时，平原广阔的空间产生以"面"认知的空间意识，因此其空间观是"中心放射线式平面"。再按照四个方向安排空间就产生四方观念。由此可见，四方的构成实际上包括了东、南、西、北、中"五方"。换言之，"五方"与"四方"实属同一观念。

从各考古文化的遗迹布局及城址结构可知"四方"观念早已形成。例如，彭头山的房址座向近南北向及墓葬为接近东西向；到了早期国家时代，城头山古城城垣设有东、南、西、北四个方向的城门；而长江中游古城的平面形状在早期一般呈圆形或近圆形，较

———————

① 郭静云：《郭店楚简〈太一〉四时与四季概念》，《文史哲》2009 年第 5 期。

晚出现的城址多为圆角方形，近正方向。① 这些例子都显示该地区从新石器时代实行定居农业以来，到大量建城的文明时代一直存在四方观念，并已融入到建筑设计及聚落规划之中。

二、新石器文化发展及其与礼器、四方纹演化的相关性

本文界定的四方纹是一系列展示出相同构图方式并处于同一发展脉络上的纹样总称，具体指该地区自彭头山文化至石家河文化礼器上，以四分结构构图，从中央以放射方式把施纹空间分为二或四公倍数份数的纹样，如二、四、八、十六等；它们与前文所述之四方四时观念有密切的关系，是特定时空背景、生计方式及族群互动下的产物。曾经有研究者针对其中某一类礼器上的四方纹进行讨论，并提出不同的称呼。② 我们梳理该地区新石器至青铜早期相关纹样后，认为这些都是整个四方纹发展脉络中的一员。故本文通篇采用同一名称命名，以强调该种纹饰的共同意义及传承性。

（一）新石器生活方式与四方纹的出现

新石器时代的定居农耕生活产生新的时空观念，原始的四方纹是该观念的反映。在该地区，最早的四方纹出现在彭头山文化陶祖礼器之上，其简单的直线互垂四方纹奠定了以后四方纹的基本结构。彭头山文化（距今 10000~7800 年）③ 主要分布于澧阳平原一带，该地区新石器时代最早的一支考古学文化，被学界定为"农业发生期"④。陶祖礼器在发掘报告之中被称为"陶支座"，是彭头山文化中一种常见而又极具特色的器物。其中一种有宽底座、器身饰有丰富纹样的陶器，应是一种陶祖礼器，与生殖崇拜有关。⑤ 这些陶祖礼器中有部分头部顶面饰有滚压的绳纹或刻划纹，其中一种是该地区已知最早的四方纹（见附图一，1~2）。⑥ 这种四方纹的区间分割平均工整，内里填充简单的平行线纹。但其时陶祖礼器的施纹重点在其鞍座部分，顶面较为次要，且多数顶面纹样并无四方结构，所以当时四方纹应未成为主流。

① 郭立新、郭静云、范梓浩等：《时空之旅：文明摇篮追踪》，上海文化出版社 2017 年版，第 128~144 页。

② 刘德银使用"直线横竖垂直四分纹"和"卵点彩面四分纹"指称彩陶纺轮上的纹样，参见刘德银：《论江汉地区新石器时代出土的陶纺轮》，《湖北省考古学会论文选集（二）》，湖北省考古学会主编，江汉考古编辑部，1991 年，第 36~43 页。张绪球把油子岭早期彩陶碗底纹样描述为"由成组短直线互垂组成的四分纹"，参见张绪球：《简论油子岭文化遗存的分期与特征》，《纪念石家河遗址考古发掘 60 年学术研讨会论文集》，湖北省文物考古研究所，2015 年，第 127~148 页。

③ 郭伟民：《新石器时代澧阳平原与汉东地区的文化和社会》，文物出版社 2010 年版，第 35~37 页。

④ 参见郭静云、郭立新：《论稻作萌生与成熟的时空问题（续）》，《中国农史》2014 年第 6 期，引老朶；《长江中游新石器早期遗存农业初探》，《古今农业》1990 年第 1 期；向安强：《论长江中游新石器时代早期遗存的农业》，《农业考古》1991 年第 1 期；向安强：《洞庭湖区史前农业初探》，《农业考古》1993 年第 1 期。

⑤ 赵柏熹：《长江中游新石器时代陶支座研究》，中山大学硕士学位论文，2015 年。

⑥ 湖南省文物考古研究所：《彭头山与八十垱》，科学出版社 2006 年版，第 413~415、419 页。

（二）　族群互动推动四方纹扩散并丰富其表现形式

在接续的皂市下层文化（距今 8200~7000 年)[①]，四方纹的种类得到扩充，表现形式渐趋多样与复杂。该文化分布于澧阳平原西侧山地到洞庭平原一带，其钱粮湖坟山堡遗址出土了一件饰有八角星图案的器盖［T9H13（上）：8］。[②] 器盖纹饰的中心为圆形捉手，器壁上饰有由三角形组成的八角星纹，三角形之间透雕平行线纹，两者一起形成十六个区间（见附图一，3）。该纹样的具体造型与彭头山文化的虽不相同，但无论视之为八分或十六分都是四的倍数，所以其结构是相同的，因此也属四方纹的一种。这一种四的倍数组合在当时澧阳—洞庭平原及周边山地的考古学文化中十分常见。[③]

到汤家岗文化时期（距今 7000~6000 年前），四分纹可见于重要的白陶礼器上。汤家岗文化的重要礼器白陶圈足盘源于皂市下层文化的刻纹陶器和白陶技术。[④] 安乡汤家岗遗址墓葬中出土多件白陶盘，其圈足底部中央常有由刻划纹组成的四方纹，周围配以多种复杂但有规律的纹样。如汤家岗 M103：9 由内而外依次为：十六角星纹、三角网纹和梯形纹（见附图一，4)[⑤]。这些四方纹占据了纹样的核心、器底的中央，表明其在汤家岗文化中有显要的地位。

另一方面，在汤家岗文化、大溪文化（距今 6300~5300 年前）时期，四方纹的分布范围透过平原农耕族群与山地游猎族群的交流，扩张至湘西山地及峡江地区。这些刻纹陶器、白陶技术和八角星纹由平原农耕族群发明，被山地游猎族群吸收，再融入自身的传统和形象，制作出纹样更丰富繁缛的白陶盘；其中八角星纹所表达的时空观念就是中央和八方。[⑥] 四方纹循此背景而由平原进入山地。湘西辰溪县松溪口遗址曾出土一件夹细砂白陶盘标本，[⑦] 圈足外底饰有八角星纹，中央是一直线互垂四分纹，最外围有圆圈和连弧纹（见附图一，5)[⑧]。而实际上，八角星纹无论是外在的形式结构还是内在的观念都与四方纹相同，是后者多种变体之一。

------

① 本文所述各考古学文化的绝对年代，除特别说明者，余皆依郭静云：《天神与天地之道：巫觋信仰与传统思想渊源》，上海古籍出版社 2016 年版，第 6 页。

② 岳阳市文物工作队、钱粮湖农场文管会：《钱粮湖坟山堡新石器时代遗址试掘报告》，《湖南考古辑刊》，1994 年。

③ 郭静云、郭立新：《从新石器时代刻纹白陶和八角星图看平原与山地文化的关系》，《东南文化》2014 年第 4 期。

④ 郭静云、郭立新：《从新石器时代刻纹白陶和八角星图看平原与山地文化的关系》，《东南文化》2014 年第 4 期。

⑤ 湖南省文物考古研究所：《安乡汤家岗：新石器时代遗址发掘报告》，科学出版社 2013 年版，第 364~365 页。

⑥ 郭静云、郭立新：《从新石器时代刻纹白陶和八角星图看平原与山地文化的关系》，《东南文化》2014 年第 4 期。

⑦ 该遗址位处碳酸钙地区，碳十四年代测试需经过碳酸钙校正，单一标本的测年经过校正后为距今 6014±94 年，该圈足盘出土于遗址的晚期堆积中，其年代或许更晚一些，参见郭静云：《天神与天地之道：巫觋信仰与传统思想渊源》，上海古籍出版社 2016 年版，第 313 页。

⑧ 湖南省文物考古研究所：《湖南辰溪县松溪口贝丘遗址发掘简报》，《文物》2001 年第 6 期。

差不多同时，四方纹随着陶祖礼器的发展进入峡江地区后纹样变得更加丰富而繁缛。该地区陶祖礼器的发展过程可概括为：从澧阳平原的彭头山、皂市下层文化开始出现并往北发展，在宜昌地区以城背溪文化为代表继续演化，再往西进入三峡，在峡区多个遗址中皆有发现①，如柳林溪、朝天嘴、孙家河、花庙堤、杨家湾等②。其中单柳林溪一个遗址就出土了900多件③，其重要性及流行程度不言而喻。这里的陶祖礼器，器身上常见刻划纹，顶面上则多见四方纹。如按时间顺序排列，可清晰地看到四分纹由简单到丰富繁缛的演化过程（见附图一，6~8）。

三、古国社会中四方纹礼器的沿用脉络

（一）四方纹彩陶与毁器礼仪考

四方纹进入山地以后又向东传播，扩散至汉北地区。枝江关庙山遗址大溪文化二期遗存（距今5700~5500年前）④中出现了最早的四方纹彩陶。纹样彩绘于陶碗圈足底部，都是以多条直线或链环纹组成形式较简单的"十字形"（见附图一，9~11）。⑤这种彩绘纹样的手法，显然与前述年代较早、以刻划方式为主的四方纹不同，可能是受当时新兴的彩绘技法所影响。但无论其四分结构、施加对象及部位都明显借鉴了澧阳—洞庭平原的四方纹，是学习和模仿的结果。

同类的纹饰也出现在汉北地区油子岭文化（距今5600~5300年前）⑥天门石家河遗址谭家岭所出的彩陶碗上（见附图一，12~14）⑦。这些四分纹全部都是直线互垂四方纹，都用黑彩饰于彩陶碗外底的圈足内。

此外，观察谭家岭报告中一到三期彩陶碗底四方纹绘制，发现其质量呈逐步下降的趋势，可知先民对该纹样重视程度的改变。第一期的四方纹构图工整，把圈足分为四等分，

① 赵柏熹：《长江中游新石器时代陶支座研究》，中山大学硕士学位论文，2015年。

② 由于这些遗址均没有测年样本，所以只能间接地依据其他遗址来推论其年代。罗运兵认为柳林溪遗址年代早于属于大溪文化的杨家湾遗址，参见罗运兵：《试论柳林溪文化》，三峡文物保护与考古学研究学术研讨会，2003年，第101~114页。但是从柳林溪遗存中出现泥质黑陶、刻划符号等现象来看，其年代可能不早于大溪文化，也不早于杨家湾遗址。

③ 国务院三峡工程建设委员会办公室等：《秭归柳林溪》，科学出版社2003年版，第55页。

④ 本文以关庙山IV和V区大溪文化一期和三期的碳十四测年数据为依归，选取一期晚段的测年数据ZK-994为二期年代上限、三期的ZK-891为二期年代下限。以上数据笔者都在Oxcal v4.3.2.网上平台以IntCal13曲线校正，并选取了中位值。数据来源参见中国社会科学院考古研究所编著：《枝江关庙山》，文物出版社2017年版，第1020页。

⑤ 中国社会科学院考古研究所编著：《枝江关庙山》，文物出版社2017年版，第274~275页。

⑥ 年代上限参见范梓浩：《从泥质黑陶遗存看两湖地区新石器时代晚期文化格局的转换》，《2015年台湾考古工作会报论文集》，台湾史前文化博物馆2016年版，第349~367页；下限参见湖北省文物考古研究所、天门市博物馆编：《天门龙嘴》，科学出版社2015年版，第330页。

⑦ 湖北省荆州博物馆、北京大学考古学系、湖北省文物考古研究所等编著：《谭家岭》，文物出版社2011年版，第21、49、78页。

且彩绘图案条理分明，线条笔直、纤细而平均，显示出制作者较优秀的手艺及工作的细致度（见附图一，12）。第二期，虽可见四分结构，但平行线数量不一，线条长短不齐、粗细不均，更有甚者其外圈把四分纹部分覆盖掉，可知制作者的工艺水平反而不如以前精细，工作较粗疏（见附图一，13）。第三期，无论在构图还是绘画上都比第一、二期更加草率，四分结构只能勉强看出来，线条随意，也有盖掉部分四分纹的情况（见附图一，14）。观乎这种发展趋势，四方纹的重要性从谭家岭一期以后快速下降，变得不受重视。这种情况要到屈家岭文化时期，四分构图由圈足底部转到纺轮上才有所改变。

在长江中游平原四方纹开始大量出现在陶纺轮上之前，它一般见于容器的底部。在平原地区，除了最初出现在彭头山文化陶祖礼器上之外，由皂市下层文化直至屈家岭文化早期，四方纹都施于容器上。这种以容器作为礼器的转型和变化，可能与当时人在仪式中以容器盛载食物祭品有关。施有四方纹、作为礼器的容器，如果在墓中出土，一般比较完整。但谭家岭遗址 1987 年第 III 发掘区第一期至三期的地层堆积中，出土了不少带有彩绘四方纹及少量其他纹样的残圈足。在数量上逐期增加，第三期数量最多。从报告上展示的标本线图可知，在同一堆积中出土的无彩鼎、罐类器物都可以复原（或是完整的，报告中未有详述），保存状况相对良好；但一些彩陶器如碗、盆、杯等多数残破，其中可见彩陶碗残圈足数量较多，大多不能复原。我们推测这种不一致性是由于先民故意打破彩陶器并留下残片于现场。这种行为可能是一种仪式活动，在过程中相关礼器有意被打碎，而剩下"毁器"后的关键部位，被仪式性地埋藏。

这种仪式性行为在该地区并不罕见。① 如上述柳林溪、杨家湾遗址发现被埋藏的碗底上都刻有符号，应是礼器。谭家岭遗址的情况亦如是，只是在器底上没有刻文符号，而有四方纹。柳林溪、杨家湾遗址所埋藏的器底皆出自没有明显功能的地层或土坑中，但是谭家岭遗址第 III 发掘区是一片墓地的边沿，前述饰四方纹的彩陶碗圈足残片及一些器身残片就分布于墓地东面的地层堆积之中。我们推测，这种堆积应为不同时期墓葬旁边地面的废弃堆积，故这些出土物很可能是在墓地附近使用并遗下的器物。因此，这些带四方纹的碎器很可能是葬礼或祭拜亡者等仪式所用之礼器。在这里我们可以参考人类学的认识探讨该行为的结构性含义。

在墓地旁毁损并遗弃礼器，属于过渡礼仪中的分隔礼仪，用于分隔亡者与生者，让亡者从生者的社会中脱离出去。法国民俗学家阿诺尔德·范热内普（Arnold van Gennep）②提出基于仪式过程特征的动态性分类，总结出一套"过渡礼仪模式"。范热内普分析了不同文化的仪式后总结出这套模式：当一个体从一地域到另一地域（物理的或信仰上的）、从一群体到另一群体（如身份地位的转变）、或从一状态到另一状态（如生病、怀孕或生死），其经历的仪式都重复着一个典型的进程顺序，其中包括阈限前礼仪（分隔礼仪，即脱离原来地域、群体或状态）、阈限礼仪（边沿礼仪，即转换中的礼仪）和阈限后礼仪

---

① 参见邱诗萤：《长江中游史前毁器葬》，《三峡大学学报》（人文社会科学版）2014 年第 5 期。

② 张举文指出，范热内普虽被后世称为人类学家、社会学家、民族志学家等，但范热内普始终称自己为民俗学家。参见 [法] 范热内普撰，张举文译：《过渡礼仪》"代译序"，商务印书馆 2010 年版。

（聚合礼仪，即转换、再生或融入到新的地域、群体或状况）。① 就本文所讨论的情况，我们可以尝试结合考古情境、民族志和人类学知识来重构当时可能的祭祀行为。

该区域被先民用作墓地，他们把制作成本较高、外表较特别的彩陶容器带到墓地，当中最常见的似乎是带有四方纹的彩陶碗。在墓地上进行的礼仪活动最少可有葬礼和祭拜亡者两种，生者用带来的彩陶容器放祭品供亡者享用。在仪式完成后，很多文化都有分享祭品的习惯，这种在墓地进行的共餐行为，常常被认为亡者亦参与其中并为了娱悦亡者，是一种团结亡者与生者的聚合礼仪。然而，生者与亡者的世界不同，很多文化都认为亡者会对生者构成危险，在完成所有强调生者与亡者团结的聚合礼仪后，必须以分隔礼仪重新分开两者。为此，生者把亡者使用过的彩陶礼器毁损并留在墓地上，以切断与亡者的联系，防止亡者跟随生者回到居住区。也就是说，彩陶碗在这里被用作亡者的食器和祭器。之所以在碗上绘四方纹，或许跟四方纹所象征的四方世界和四时循环有关，即有助于亡者到另一个世界并再生。②

（二） 强调时间维度令四方纹有了由静到动的改变

从油子岭文化到石家河文化（距今 5100~4300 年）③，四方纹的发展反映先民对时间维度的重视不断增加。前文已经说明了四方、四时是同一种观念，前者是静态的方位观念，而后者则是动态的时间循环观念。在屈家岭文化以前，四方纹大多施于容器的中央、纹样工整、稳定，更多的表现静态方位观。但自屈家岭文化起，四方纹开始由"静"转"动"，这种改变体现在三个方面：（1）屈家岭文化时期四方纹从容器转移到更具动感的纺轮上；（2）"动态四方纹"出现；（3）从屈家岭到石家河时期，动态四方纹占比增加，变得与静态四方纹同等重要。

1. 四方纹载体的改变

进入屈家岭文化时期（距今 5500~4800 年）四方纹很少出现在容器之上，转而出现在彩陶纺轮之上。陶纺轮是屈家岭—石家河文化中常见的器物，可分为素面和有彩两大类。前者是纺线工具，使用时悬于多股纱线或纤维末端高速旋转，把多股细线合成粗线，是一种具动感的旋转工具。后者是彩陶纺轮形礼器，其制作精美、纹样丰富且多为四方纹，在天门石家河邓家湾祭祀遗迹上曾大量出土，表明它普遍被用于祭祀活动。我们认为，四方纹之所以出现在纺轮这种工具之上，或者说，在纺轮上彩绘四方纹已将其礼器化，是因为纺轮旋转的用法，与四方四时观念中动态与轮转循环的元素相合，可以用作为

---

① ［法］范热内普撰，张举文译：《过渡礼仪》，商务印书馆 2010 年版，第 10、137~141 页。

② 再生信仰是理解长江中游上古精神文化的重要切入点，参见郭立新、郭静云、范梓浩等：《时空之旅：文明摇篮追踪》，上海文化出版社 2017 年版，第 183~185 页；郭静云、郭立新：《生命的本源与再生：从石家河到盘龙城丧葬礼仪中的祖先牌位、明器与陶缸》，《纪念石家河遗址考古发掘 60 年学术研讨会论文集》，湖北省文物考古研究所，2015 年。

③ 原思训、陈铁梅、胡艳秋、蒙清平、马力：《碳十四年代测定报告（九）》，《文物》1994 年第 4 期；刘俊男、易桂花：《碳十四测年与石家河文化起讫年代问题》，《华夏考古》2014 年第 1 期。

后者的隐喻和象征。

2. 动态四方纹的出现

除了载体的改变,四方纹中还出现了富有动感的新纹样,特别是在新的彩陶纺轮这一个载体上,纹样的种类变得更丰富和典型。刘德银最早把江汉地区彩陶纺轮纹样分为17种,并总结其都"离不开直线、弧线"。[①] 我们认为,刘氏的分类仔细,但似乎未能展示纹样演化的特色。如果不局限于纹样的外在表现形式,而是透过表象看内在,那么,石家河遗址的彩陶纺轮形礼器纹样可以分为"静态"和"动态"两种结构。本文所谓"静态四方纹"及"动态四方纹",特指这两种构图中符合四方纹构图原则的具体纹样。

所谓"静态四方纹"是相对于新出现的"动态四方纹"而言的,前者实际上是该地区典型的四方纹图案结构的延续。我们分析了邓家湾、谭家岭和罗家柏岭[②]的彩陶纺轮后,发现屈家岭和石家河两个文化时期的静态四方纹没有明显差别,都是以纺轮穿孔为中心,把圆形分为四份,并在区间内填充圆点、线条或色块等不同图案(见附图二,1~8)。在不同的填充组合中,平行线最为常见,有不少是纯粹使用平行线填充的典型"直线互垂四方纹"[③]。另外,仔细观察可以发现四个区间一般填有两种图案,对角图案一样,而邻角不同,可称为"二色"。因此,四方纹的结构以"四"为主,同时也有"二";我们将会稍后讨论这种"四分二色"现象。

新出现的"动态四方纹"是"旋转纹"的一种,以弧线为主,在静置时也有动感,是对四方四时观念中动态与循环元素的强调;由于这种元素更加切合时间的流动性特点,所以,我们认为它们的出现表明社会开始更多关注时间的韵律和节奏。动态风格的纹样在彩陶纺轮上表现为以纺轮穿孔为中心,周围饰以漩涡、弧线、扇叶或逗点状图案,线条皆为弧线,整体走势呈顺时针或逆时针方向发展,同时这些图案会把圆面分为若干份(见附图二,9)。我们称之为"旋转纹"。而"动态四方纹"就是旋转纹中同时也符合四方纹构图原则的纹样。

动态四方纹的产生是旋转纹的动态元素与四方纹四分结构的结合。旋转纹最早可追溯到关庙山遗址大溪文化二期,在其彩陶圈足碗底除了静态四方纹外,亦有旋转纹。有两个标本器底都施有带留白小点纹宽带组成的动态纹样,图案圆心是一大圆点,五或六条宽带以同一角度向同一方向排列,像一个旋转中的图案(见附图三,1)。[④]

与关庙山遗址大溪文化二期差不多同期但稍晚的油子岭文化亦有旋转纹。如谭家岭一、二期的旋转纹有两种形式。一种是与前述一样的带留白小点纹宽带旋转纹(见附图

---

① 刘德银:《论江汉地区新石器时代出土的陶纺轮》,《荆州博物馆建馆五十周年纪念论文集》,文物出版社 2008 年版。

② 湖北省文物考古研究所等:《邓家湾》,文物出版社 2003 年版。湖北省荆州博物馆等:《谭家岭》。湖北省文物考古研究所、中国社会科学院考古研究所:《湖北石家河罗家柏岭新石器时代遗址》,《考古学报》1994 年第 2 期。

③ 即刘德银所指的"直线横竖垂直四分纹",及张绪球所指的"由成组短直线互垂组成的四分纹"。

④ 中国社会科学院考古研究所编著:《枝江关庙山》,文物出版社 2017 年版,第 289~290 页。

三,3、5)。① 另一种是纯由线条组成的圆形动态纹样,圆周有一圈彩绘,圆心留白,多条线条以同一角度向同一方向排列,状似转轮(见附图三,2、4)。② 然而第三期暂未见有动态纹样的例子。在纹样的绘制质量上,第一期的旋转纹结构工整、线条粗细度一致,显示出较优秀的手艺及较高的工作细致度;到第二期则显得结构较松散、线条歪斜,但粗细度仍较为一致,显示绘制时较粗疏。

另外,同属油子岭文化的油子岭遗址一期和三期遗存中亦出现旋转纹。该遗址一期的纹样是上述带留白小点纹宽带转轮图案,施于彩陶杯和薄胎彩陶碗底圈足内(见附图三,6~7)。③ 但其纹样结构较不清晰、线条歪斜、粗细度较不一致。该遗址第三期的旋转纹亦有用于纺轮上的情况,如标本 H2:18(见附图三,8)器表的空间分五份,里面填充了成排的线纹,线纹弧度较小,都向一个方向弯曲,动感较不明显。④

3. 旋转纹占比增加

油子岭文化中,原本各自出现的旋转纹与四方纹,至屈家岭文化时期有将此二者融合的趋势,产生新的动态四方纹;且其占比不断增加,到石家河文化时期成为主流纹样。与此相应,虽然静态四分纹仍然常见于屈家岭文化时期,但到了石家河文化时期其所占比例明显减少。

在罗家柏岭发掘简报中⑤,彩陶纺轮按纹样分类,并列明了每一类的数量,因此可以统计不同纹样所占比例。该遗址出土屈家岭文化彩陶纺轮 34 件,其中静态四方纹有 25 件,占总数的七成;旋转纹数量为 8 件,占总数两成多。但是,到了石家河时期,38 件彩陶纺轮中,只有 3 件属静态四方纹,占总数不到一成;旋转纹达到 26 件,接近总数的七成。⑥ 据此,我们可以看到静态四方纹和旋转纹所占比例在两个文化时期此消彼长——屈家岭文化时期流行静态四方纹,至石家河文化时期旋转纹更为流行。这种变化似乎表明其时人们更加重视时间维度的生命过程,这与石家河文化再生信仰的兴盛现象有关,二者背后体现了相同的社会文化逻辑与趋势。⑦

(三)时空观念焦点的转换与分化

从屈家岭文化到石家河文化时期,旋转纹的分割结构出现了变化,可能暗示了相关

---

① 湖北省荆州博物馆等:《谭家岭》,文物出版社 2011 年版,第 47、49 页。
② 湖北省荆州博物馆等:《谭家岭》,文物出版社 2011 年版,第 21、22 页。
③ 湖北省荆州地区博物馆:《湖北京山油子岭新石器时代遗址的试掘》,《考古》1994 年第 10 期。
④ 湖北省荆州地区博物馆:《湖北京山油子岭新石器时代遗址的试掘》,《考古》1994 年第 10 期。
⑤ 湖北省文物考古研究所、中国社会科学院考古研究所:《湖北石家河罗家柏岭新石器时代遗址》,《考古学报》1994 年第 2 期。
⑥ 《湖北石家河罗家柏岭新石器时代遗址》简报中,屈家岭文化第一、三、四和五种彩陶纺轮的纹样属静态四方纹,第二和第六种的纹样属旋转纹;而石家河文化的只有第五和第六种属静态四方纹,第一、二、四、七、八、九和十种的纹样绝大部分可以归类为旋转纹(第二类中只有一件不属旋转纹)。
⑦ 郭立新、郭静云、范梓浩等:《时空之旅:文明摇篮追踪》,上海文化出版社 2017 年版,第 183~185 页;郭静云、郭立新:《生命的本源与再生:从石家河到盘龙城丧葬礼仪中的祖先牌位、明器与陶缸》,《纪念石家河遗址考古发掘 60 年学术研讨会论文集》,湖北天门,2015 年。

时、空观念体系中焦点的转移。旋转纹的构图亦会把纺轮表面分作多份，标本上可见：不分、二分、三分、四分、五分、六分和八分①，七种分割结构。这些区间一般填入漩涡、弧线、扇叶或逗点状图案，也有留白的情况。

我们尝试统计各种旋转结构的数量比例，但由于各个报告中都没有以此种标准进行分类报导，所以不能够获得完整的数据，只能依靠标本中各种结构的数量比例作一个估算。上述三个考古报告中共有 35 件旋转纹标本，我们把标本线图所显示的分割结构按出土地点及文化时期进行整理后发现，屈家岭文化时期以四分结构最多，占总数一半以上，其次为三分，再次是不分、五分和八分，不见二分和六分。在石家河文化时期，二分和四分比例相当，各占总数的四成，是当时常见的纹样结构，另有少量五分、三分和六分，不见不分和八分。

由此可见，旋转纹从屈家岭文化时期到石家河文化时期出现了两个重要的转变。首先，四分结构（即动态四方纹）在两个文化时期都很常见，但其占比在石家河文化时期有所减少，这个现象与前文所述静态四方纹在两个文化时期由盛转衰互相呼应。其次，在屈家岭文化的旋转纹中，四分最多，不见二分；但到了石家河文化时期，二分结构一跃成为最常见的结构，形成一个二分与四分同样流行的局面。

对于上述变化，我们认为这是一个由"四"到"二"的化约过程。"二"是"四"的因数，二分结构的大量涌现可以视为对四分结构的简化。但"四分"本来对应的是"四方""四时"，即东、南、西、北四方，和二分二至（春分、秋分，夏至、冬至），简化它们意味着其中的两个内涵被化约。四方四时观念最初产生时，四个内涵的地位应是平等和同质的，最早、最典型、沿用最久的直线互垂四分纹清晰地表达和支持这一点（参见附图一，2；图二，5）。到屈家岭文化时期，出现了更多由两种图案组成的四分纹，即"四分二色"构图（见附图二，1、2、4、8），可以认为是先民对时空之四分内涵有了不同的认识，改以成对配置，以二色配置四分，已初具将四化约为二的雏形。

再到石家河文化时期，旋转构图中出现了最简化的纹样，这是以一个彩绘的逗点状图案形成有彩、无彩（留白）的二分对比结构（见附图二，14）。这种从静态四分到动态二分的变化，可能显示精神文化内涵已经历了双重转换与化约。首先如前述，从静态四分到动态四分是从时、空并重转换到更关注时间的韵律和节奏。再次，从动态四分到二分，则是把四分的时间年周期化约为二分。也就是说，随着农耕生活的发展以及知识的细化，先民不再平等地看待四时，而是突出其中关键的二分。参考农业生活的背景，可以推论四方四时观念中春秋二分最有可能被赋与更高的地位。因为从四分到二分结构的转变，体现在强调时间维度的旋转构图上。对农业生产者而言，春分和秋分是一年之中最重要的两个时间点，是最重要的季节变化临界点。② 春分到来意味着不宜作物生长的冬天结束，迎来有利播种育苗的春天；秋分到来代表了作物收成之时，开始步入万物沉寂的冬天。因此，春秋二分是农业生活最具标志性的时间点，最有可能在四时中受到更多的重视。与此同时，

① 本文的"动态四方纹"就是二、四、八分等分割结构的旋转纹。

② 郭静云、郭立新：《从新石器时代刻纹白陶和八角星图看平原与山地文化的关系》，《东南文化》2014 年第 4 期。

已居于次要地位的四方空间也不再平等。春秋二分是一年之中太阳从正东方升起、到正西方落下的日子，同时作物春生秋死与太阳东升西落亦具有同构性。因此在四方空间观念中，与春秋相对应的东西二方亦同时受到重视。近年发掘的印信台正好位于石家河古城城外正西方，是石家河时期的祭台①，这应该不是巧合，背后具有相同的时代信仰背景，即越来越重视死生与东西二元转化过程。

四、结　语

长江中游四方四时观念的产生与发展可能是认识先秦两汉思想概念来源的重要线索。四方纹、八角星图的传播与影响的范围广阔、时间长久。它们在新石器中晚期仍仅见于长江中游，主要是洞庭湖平原的皂市下层、汤家岗文化，周围山区猎民也有模仿。但是从铜石并用时代以来（约距今 5500 年后），四方纹和八角星图成为各地通见的纹饰。崧泽文化陶器、凌家滩玉器、良渚陶器和玉器，一路到山东、东北，传承到殷周、汉代，最后周易八卦、洛书的意思可能也属于这一深远传统所衍生的概念图式。

（作者单位：中山大学社会学与人类学学院）

---

① 湖北省文物考古研究所等：《湖北天门市石家河遗址 2014—2016 年的勘探与发现》，《考古》2017 年 7 期。

◎ 附：

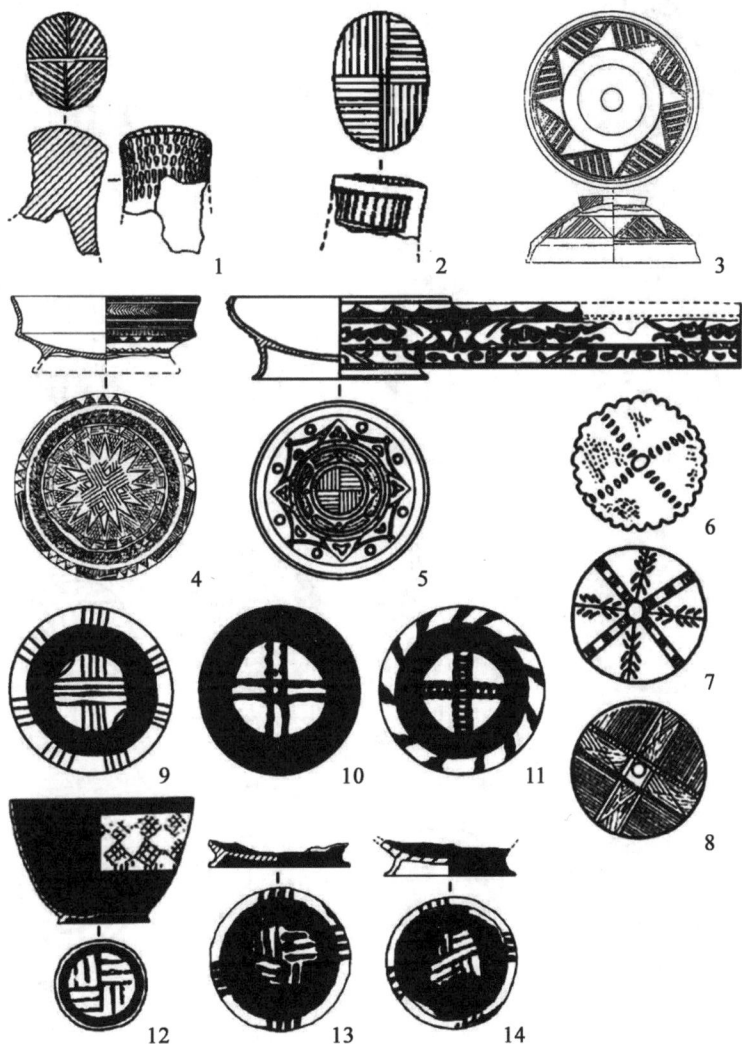

图一

澧县八十垱陶祖：1~2. M8：21、T43⑲：23。

坟山堡器盖：3. T9H13（上）：8。

白陶圈足盘底：4~5. 汤家岗 M103：9、松溪口 T1⑦：6。

柳林溪陶祖礼器顶面四分纹：6~8. T0915⑨：50、T0915⑧：168、T1015⑥：18。

关庙山彩陶碗底：9~11. T56⑤H100：3、T51⑤A：436、T59⑤B：91。

谭家岭彩陶碗底：12~14. ⅣT2211⑧：6、ⅢT1108⑥：111、ⅢT1006⑩：131。

图二

静态四方纹（1~8）和旋转纹（9~16）

屈家岭文化彩陶纺轮：1~4. 邓家湾 AT307⑥：14、T31④：13；谭家岭ⅣT2211⑥B：10；罗家柏岭 T10⑦：6；9~12. 邓家湾 AT307⑤：9、T5⑦：1；谭家岭ⅢH9：2；罗家柏岭 T11⑤：1。

石家河文化彩陶纺轮：5~8. 邓家湾 T34③：21、AT3⑤：88、T34③：3；罗家柏岭 T11④A：2；13~16. 邓家湾 AT104⑦a：17、AT104⑦b：5；谭家岭ⅡK17：31；罗家柏岭 T7⑤：13。

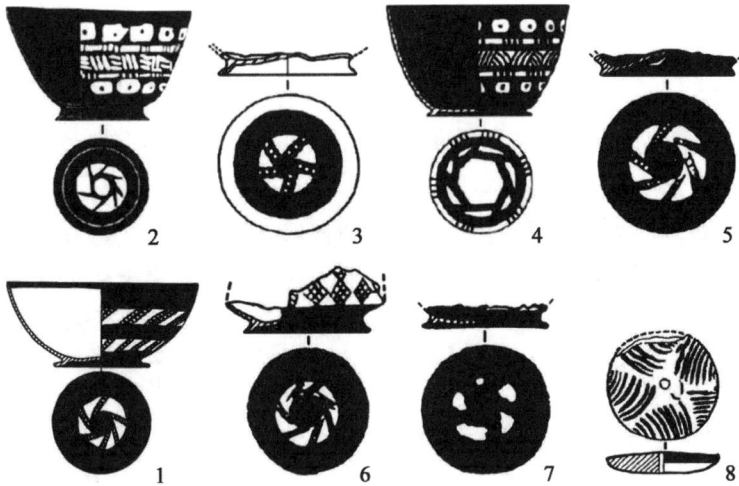

图三

关庙山彩陶碗：1. T62⑤AH141：9。

谭家岭彩陶碗：（第一期）2~3. ⅢT1107⑥：51、ⅢT1006⑬：1；

（第二期）4~5. ⅢT1107⑤C：41、ⅢT906⑥：11。

京山油子岭彩陶器：6. 彩陶杯（T3④：8）；7. 薄胎彩陶碗底（T4③：5）；8. 彩陶纺轮（H2：18）。

南宋大礼卤簿制度及其实践*

□ 朱 溢

【摘要】鉴于卤簿在皇帝"三年一大礼"中发挥的重要作用，南宋统治者对卤簿颇为看重，在与金朝达成第二次绍兴和议后不久，就开始重建卤簿制度，但是其制定和执行过程受到多重因素的制约：首先，南宋始终面临金朝的军事压力，为此统治者在宫室、舆服的花费上比较节制，因此大礼卤簿的规模远不及北宋；其次，南宋大礼卤簿的使用时常受到临安空间状况的束缚，最突出的表现便是临安街道的狭窄造成玉辂无法在举行三大礼时全程使用；再次，由于原有的车辂仪仗散失殆尽，南宋朝廷不得不重新制造，新造器物质量不佳，影响其使用效果。

【关键词】南宋；三大礼；卤簿；玉辂；临安

在中国古代，车舆并不只是作为交通工具而存在，装饰精美的车具、为数众多的扈从是统治者向外界宣示权威的重要工具。到了帝制时代，"车驾"一词更是成为皇帝的代称。刘增贵明确指出："自封建制度崩溃以后，象征身份地位的器物如鼎彝等逐渐退出历史舞台，而车服、宫室、印绶等取得了新的地位，尤其车服最为重要，后汉以下史书中《舆服志》的出现说明了这点。"① 在皇帝车驾制度演变过程中，最具意义的便是卤簿的形成。

所谓"卤簿"，"按字书，卤，大楯也，字亦作橹，又作樐，音义皆同。卤以甲为之，所以扞敌。……甲楯有先后，部伍之次，皆著之簿籍。天子出入则案次导从，故谓之卤簿耳"②。从现存史料看，"卤簿"一词最早见于东汉，在蔡邕的《独断》和应劭的《汉官仪》中都有"天子出，车驾次第，谓之卤簿，有大驾，有小驾，有法驾"的表述。③ 从蔡邕在介绍大驾时所说的"在长安时出祠天于甘泉备之，百官有其仪注，名曰甘泉卤簿"

---

* 本文是国家社科基金重大项目"中国礼仪文化通史研究"（18ZDA021）阶段性成果。

① 刘增贵：《汉隋之间的车驾制度》，《"中央研究院"历史语言研究所集刊》第 63 本第 2 分，1993 年，第 372 页。

② 封演撰，赵贞信校注：《封氏闻见记校注》卷 5，中华书局 2005 年版，第 38 页。

③ 蔡邕：《独断》卷下，《景印文渊阁四库全书》第 850 册，台湾"商务印书馆"1983 年版，第 91 页；应劭：《汉官仪》卷下，收入孙星衍辑：《汉官六种》，中华书局 1990 年版，第 184 页。

不难推测，"卤簿"一词至少在西汉就已经出现。① 虽然日后卤簿并非仅在天子出行时使用，② 但是天子卤簿在整个卤簿制度中无疑占据了核心位置。

在天子卤簿的研究中，田丸祥斡用力较勤，对东汉魏晋南北朝的三驾卤簿有系统探讨。③ 黄桢着重考察了中古时代天子卤簿中的五辂，其研究表明，天子五辂从经典进入现实的时间是在刘宋而非西晋，《晋书·舆服志》对此的记载并不可靠，带有唐人对西晋车制的想象。④ 宋代天子卤簿的研究主要围绕中国国家博物馆所藏的《大驾卤簿图书》而展开：陈鹏程对这幅过去被认为是元代延祐所绘的卤簿图作了考辨，其结论是此图为北宋皇祐五年（1053）卤簿图，延祐年间曾巽申对此进行处理后进献给元廷⑤；伊佩霞（Patricia B. Ebrey）以《大驾卤簿图书》为主，结合《东京梦华录》等文献记载对天子卤簿的描述，探讨了开封的视觉文化⑥。上述论文对中国古代卤簿制度的研究推动甚多，不过考虑到这些成果多是专注于制度层面的分析、卤簿行列的排比，较少涉及实际使用中的问题，而宋代史料较多，正好可以对此进行探讨，同时也可对过去在宋代卤簿的研究中未曾论述的一些问题有所考察。

一、大礼与卤簿

在帝制时代，卤簿虽非祭祀礼仪的内在组成部分，却与其有密切关系。对于活动空间主要限于宫城之内的皇帝来说，主持那些重要的祭祀礼仪，是其为数不多的外出机会，在宫城和祭祀地点往返时，卤簿不但提供必要的护卫力量，而且具有向民众展示皇权的功用。在蔡邕的《独断》中，就提到了西汉武帝在甘泉祀天所用的大驾"公卿奉引，大将军参乘，太仆御属车八十一乘，备千乘万骑"，东汉南郊祀天所用的法驾"公卿不在卤簿

---

① 蔡邕：《独断》卷下，《景印文渊阁四库全书》第850册，台湾"商务印书馆"1983年版，第91页。

② 东汉有卤簿在天子、皇太后丧葬礼仪中护送灵柩去陵墓安葬的制度和事例，见《后汉书》卷10下《匽皇后纪》，中华书局1965年版，第442页；《续汉书·礼仪志下》，《后汉书》，中华书局1965年版，第3145页。魏晋以降，臣下也逐渐获得了使用卤簿的资格。到了唐代，更是有《卤簿令》对臣下在婚丧礼仪中的卤簿规格作了规定："应给卤簿者，职事四品以上、散官二品以上、爵郡王以上及二王后，依品给。国公准三品给。官、爵两应给者，从高给。若京官职事五品，身婚葬，并尚公主、娶县主，及职事官三品以上，有公爵者嫡子婚，并准四品给。"见仁井田陞：《唐令拾遗》，日本东方文化学院东京研究所，1933年版，第520页。

③ 田丸祥斡：《漢代における三駕鹵簿の形成》，《国学院大学大学院纪要·文学研究科》（日本）第43号，2011年，第171~198页；《魏晋南朝の礼制と三駕鹵簿》，《古代文化》（日本）第64卷第3期，2012年，第418~435页；《北朝の礼制と三駕鹵簿》，《国史学》（日本）第216号，2015年，第59~78页。

④ 黄桢：《中古天子五辂的想象与真实——兼论〈晋书·舆服志〉车制部分的史料构成》，《文史》2014年第4期，第55~73页。

⑤ 陈鹏程：《旧题〈大驾卤簿图书·中道〉研究——"延祐卤簿"年代考》，《故宫博物院院刊》1996年第2期，第76~85页。

⑥ Patricia B. Ebrey. Taking Out the Grand Carriage：Imperial Spectacle and the Visual Culture of Northern Song Kaifeng. *Asia Major*，1999（12），pp. 33-65.

中，唯河南尹、执金吾、洛阳令奉引，侍中参乘，奉车郎御属车三十六乘，北郊、明堂则省诸副车"，祭祀宗庙所用的小驾"太仆奉驾，上卤簿于尚书中，中常侍、侍御史、主者郎、令吏皆执注，以督整诸军车骑"。① 魏晋以降，卤簿的规模不断扩充。在唐代，皇帝南郊亲祭的大驾卤簿已经有大约 15000 人的规模。② 到了宋仁宗统治时期，大驾卤簿更是达到了 20061 人。③ 皇祐二年（1050）以后，用于明堂亲享的法驾卤簿人数为 11088。④

唐宋时期卤簿制度的进展，不仅表现为规模的增长，在皇帝亲祭中的地位也愈发凸显。我们先来看皇帝祭祀的变化。南郊亲祭在唐朝完全成为整个国家祭祀礼仪的中心，最具标志意义的事件便是天宝年间"三大礼"的形成。所谓"三大礼"，是指皇帝连续三天分别前往太清宫、太庙和南郊，祭祀李唐皇室追认的远祖老子、李唐皇帝的真实祖先和昊天上帝。随着大中祥符九年（1016）供奉赵宋皇室追认的远祖黄帝的景灵宫的落成，从天禧三年（1019）开始，北宋也有了景灵宫、太庙和南郊"三大礼"。《宋史·礼志》："故事，三岁一亲郊，不郊辄代以他礼。"⑤ "他礼"包括泰山封禅、汾阴祀后土、亳州太清宫祭祀、明堂亲享、宗庙大祫等形式，皇祐二年（1050）以后在不举行南郊亲祭的时候主要是用明堂亲享代替，在明堂亲享的前两天仍然有景灵宫、太庙的亲祭。

"三大礼"的形成极大地增强了皇帝祭祀的表现力度，卤簿在其中发挥的作用也很关键。对于生活在京城内的普通民众而言，在无法亲眼目睹祭祀过程的情况下，卤簿成为他们感受大礼气氛最直接的方式。根据《东京梦华录》的记载，在大礼仪式的两个月前，官府就要在开封的主干道举行卤簿的排练，"诸戚里宗室贵族之家，勾呼就私第观看，赠之银彩无虚日。御街游人嬉集，观者如织，卖扑土木粉捏小象儿，并纸画看人，携归以为献遗"⑥。皇帝完成南郊亲祭后，"入南薰门，御路数十里之间，起居幕次，贵家看棚，华彩鳞砌，略无空闲去处"⑦。北宋皇帝在非郊庙大礼的场合外出时，就有"士庶观者率随员从之人夹道驰走，喧呼不禁。所过有旗亭市楼，垂帘外蔽，士民凭高下瞰，了无忌惮，逻司街使，恬不呵止。威令弛阙，玩习以为常"的现象，⑧ 在大礼前后，气氛变得更为热烈。宋英宗与龙图阁直学士吕公著有过一番意味深长的对话。宋英宗问："今之郊何如？"吕公著回答："古之郊也贵诚而尚质，今之郊也盛仪卫而已。"⑨ 这一看法或许略显极端，却也称得上犀利。

在宋代，与卤簿图绘有关的记载不少，这反映了卤簿制度受重视的程度。卤簿图在

① 蔡邕：《独断》卷下，《景印文渊阁四库全书》第 850 册，台湾"商务印书馆"1983 年版，第 91 页。

② 马冬：《唐代大驾卤簿服饰研究》，《文史》2009 年第 2 期，第 111 页。

③ 《宋史》卷 145《仪卫志三》，中华书局 1977 年版，第 3401 页。

④ 《宋史》卷 145《仪卫志三》，中华书局 1977 年版，第 3404 页。

⑤ 《宋史》卷 98《礼志一》，中华书局 1977 年版，第 2423 页。

⑥ 孟元老撰、邓之诚注：《东京梦华录注》卷 10《大礼预教车象》，中华书局 1982 年版，第 235 页。

⑦ 孟元老撰、邓之诚注：《东京梦华录注》卷 10《郊毕驾回》，中华书局 1982 年版，第 246 页。

⑧ 徐松辑：《宋会要辑稿》舆服 1 之 14 至 15，上海古籍出版社 2014 年版，第 2175 页。

⑨ 李焘：《续资治通鉴长编》卷 206，治平二年十一月壬申条，中华书局 1979 年版，第 5007 页。

汉、晋、齐、陈、唐几朝都有绘制，① 但是在修撰频度上均不及宋代。在至道二年（996）的南郊亲祭前，宋太宗"顾左右，瞻具车驾，自庙出郊，仗卫周列，千官奉引，旌旗车辂，相望无际，郊祀之盛仪，京邑之壮观，因诏有司画图以献。凡为三幅，外幅列仪卫，中幅车辂及导鸾官人物，皆长寸余，又图画圜坛、祭器、乐架、警场。青城别为图，以纪一时之盛"②。天圣六年（1028），翰林学士宋绶奏上《天圣卤簿记》十卷，③ 宝元元年（1038），宋绶在对前者进行增饰的基础上，又奏上《景祐南郊卤簿图记》十卷④。根据记载，宋仁宗统治时期的《卤簿图记》，"凡仪卫之物，既图绘其形，又稽其制作之所自而叙于后，一代之威容文物，备载于此矣"⑤。宋绶的两种《卤簿图记》均已佚失，但其内容在中国国家博物馆所藏的《大驾卤簿图书》中多有引用。北宋末年对卤簿制度又有不少调整，于是兵部尚书蒋猷以"陛下顷以治定制礼，如卤簿仪制，革而新之者多矣"为由，"乞命有司取旧《图记》，考今之所革者，依仿旧体，别为一书"⑥，其成果便是宣和元年（1119）完成的《宣和重修卤簿图记》，"凡人物器服，尽从古制，饰以丹采，三十有三卷，目录二卷"⑦。中国国家博物馆所藏的《大驾卤簿图书》是目前唯一能看到的宋代卤簿图，虽然在史书中没有对应的记载，但是研究者根据车制的变化认定此图反映的是皇祐五年（1053）的卤簿制度。

除了上述图记外，在北宋还有卤簿字图。字图起源于何时，已经无法确知，但是至少在五代就已经出现，北宋初年的《南郊行礼图》就参考了后唐天成年间所修的《南郊卤簿字图》。⑧ 对于卤簿字图的样态，梅原郁和伊佩霞都有讨论：前者在分析宋代的卤簿时，认为明代《三才图绘》所收的《国朝卤簿图》就是卤簿字图。⑨ 后者猜测，卤簿字图当与《武经总要》中的图示相似。⑩ 两相比较，梅原郁的看法比较站得住脚。在北宋，除了南郊卤簿字图，还有明堂卤簿字图。皇祐二年（1050），宋仁宗举行北宋历史上第一次明堂亲享，因为此前没有法驾卤簿字图，所以由兵部和礼官共同详定法驾卤簿，并且奏上所定的字图。⑪ 字图平时由兵部保管，⑫ 等到举行大礼时，通常由兵部主管出任的卤簿使

① 高似孙：《纬略》卷 2《卤簿》，《全宋笔记》第 6 编第 5 册，大象出版社 2013 年版，第 166 页。

② 王应麟：《玉海》卷 93《至道南郊图》，江苏古籍出版社、上海书店 1987 年版，第 1773 页。

③ 李焘：《续资治通鉴长编》卷 106，天圣六年十一月癸卯条，中华书局 1979 年版，第 2484 页。

④ 李焘：《续资治通鉴长编》卷 122，宝元元年十一月乙巳条，中华书局 1979 年版，第 2885 页。

⑤ 杨仲良：《续资治通鉴长编纪事本末》卷 134《礼制局》，北京图书馆出版社 2003 年版，第 4213~4214 页。

⑥ 徐松辑：《宋会要辑稿》舆服 2 之 1，上海古籍出版社 2014 年版，第 2193 页。

⑦ 王应麟：《玉海》卷 80《宣和重修卤簿图记》，江苏古籍出版社、上海书店 1987 年版，第 1482 页。

⑧ 李焘：《续资治通鉴长编》卷 4，乾德元年十一月甲子条，中华书局 1979 年版，第 108 页。

⑨ 梅原郁：《皇帝・祭祀・国都》，中村贤二郎编：《歴史のなかの都市：続都市の社会史》，日本ミネルヴァ书房，1986 年，第 299~300 页。

⑩ Patricia B. Ebrey. Taking Out the Grand Carriage: Imperial Spectacle and the Visual Culture of Northern Song Kaifeng. *Asia Major*，1999（12），p. 59.

⑪ 王应麟：《续资治通鉴长编》卷 169，皇祐二年八月己巳条，中华书局 1979 年版，第 4058 页。

⑫ 李焘：《宋会要辑稿》职官 14 之 1，上海古籍出版社 2014 年版，第 3395 页。

"掌定字图排列"①。

二、南宋大礼卤簿的重建

南宋政权建立后，即着力恢复各项礼仪活动，例如建炎二年（1128）冬至宋高宗在扬州驻跸时就举行了南郊祭天礼仪，但也面临很多困难，其中一项便是汴梁沦陷及其后一系列军事失利造成的礼器损失。根据《宣和录》的记载，金军攻破汴梁后，"节次取皇帝南郊法驾之属"，还胁迫宋帝下旨交出众多器物书籍，包括五辂副辂卤簿仪仗、皇后以下车辂卤簿仪仗、皇太后诸王以下车辂卤簿仪仗、百官车辂仪仗，还有不少礼器、礼图。②《建炎以来系年要录》的注文说："国家靖康之祸，乃二晋之所未有。中国衣冠礼乐之地，宗庙、陵寝、郊社之所，尽弃之敌，礼器乐器、牺尊彝鼎、马辂册冕、卤簿仪仗之物，尽入于敌。"③ 金军南下后，一些新造的礼器也损失殆尽："昨建炎二年郊祀大礼，其所用祭器，并系于东京般取到新成礼器。绍兴元年明堂大礼所用祭器，为新成礼器。渡江尽皆散失。"④ 绍兴元年（1131），礼部尚书秦桧认为郊祀亲祭不具备可操作性，只能改行明堂亲享，理由便是："今卤簿、仪仗、祭器、法物散失殆尽，不可悉行。"⑤

南宋的大驾卤簿建立于绍兴十三年（1143）。从绍兴元年至绍兴十年，虽然宋高宗多次改换驻跸之地，但都没有举行南郊亲祭，而是用明堂亲享来代替，从而实践"三年一大礼"的制度。绍兴十二年宋金和议达成之后，南宋迎来了相对和平的外部环境，开始从战时体制转轨至正常体制，在礼制上的表现便是该年年底宋高宗预定在次年冬至举行南郊亲祭。⑥ 作为恢复南郊亲祭的必要举措，卤簿制度因此得以重建。次年二月，朝廷内经过多次商议，特别是考虑到南郊青城规模有限、大量车服尚未制造，最终确定大驾卤簿"依国初卤簿人数"，即 11222 人。⑦ 11222 人是建隆四年（963）宋太祖南郊亲祭所用的卤簿人数。⑧ 绍兴十六年，随着捧日、奉宸队的加入，大驾卤簿扩大为 15050 人，⑨ 达到南宋大驾卤簿规模的顶峰。与北宋大部分时间内大驾卤簿动辄超过两万人相比，南宋卤簿的规模偏小，这里既有卤簿之中若干模块被弃用的原因，也有获得保留的模块中人员、器物数量被压缩的原因。北宋大驾卤簿必备的前部黄麾仗没有出现在绍兴大驾卤簿中，缺席

---

① 欧阳修等：《太常因革礼》卷 27《卤簿上》，《续修四库全书》第 821 册，上海古籍出版社 1997 年版，第 452 页。

② 徐梦莘：《三朝北盟会编》卷 77，上海古籍出版社 1987 年版，第 584 页。

③ 李心传：《建炎以来系年要录》卷 148 绍兴十三年二月乙酉条，中华书局 1956 年版，第 2383 页。

④ 徐松辑：《中兴礼书》卷 59《明堂祭器》，《续修四库全书》第 822 册，上海古籍出版社 2002 年版，第 243 页。

⑤ 李心传：《建炎以来系年要录》卷 42 绍兴元年二月戊寅条，中华书局 1956 年版，第 755 页。

⑥ 徐松辑：《中兴礼书》卷 2《郊祀议礼》，《续修四库全书》第 822 册，上海古籍出版社 2002 年版，第 19 页。

⑦ 徐松辑：《中兴礼书》卷 18《郊祀大驾卤簿一》，《续修四库全书》第 822 册，上海古籍出版社 2002 年版，第 79 页。

⑧ 《宋史》卷 145《仪卫志三》，中华书局 1977 年版，第 3400 页。

⑨ 徐松辑：《宋会要辑稿》舆服 1 之 23，上海古籍出版社 2014 年版，第 2182 页。

的还有指南车、记里鼓车、白鹭车、鸾旗车、崇德车、皮轩车、相风乌舆、行漏舆。① 在保留下来的模块中减少人员、器物数量的现象，这里只举一例：北宋初年的朱雀旗队中有引旗者2人、执旗者1人、夹旗者2人、执弩者4人、执弓箭者16人，② 政和大驾卤簿的朱雀旗队中有引队金吾折冲都尉1人、执镺稍者2人、执朱雀旗者1人、引旗者2人、夹旗者2人、执弩者4人、执弓矢者16人、执稍者20人、押队左右金吾果毅都尉2人，③ 而绍兴大驾卤簿的朱雀旗队中只有引队1人，执朱雀旗者1人，执镺稍者2人，押队1人④。

在绍兴十三年（1143）卤簿制度的重建过程中，除了缩小其规模外，还对材质进行了改动。《建炎以来系年要录》对此有简略的记载："卤簿应有用文绣者，皆以缬代之。"⑤《宋会要辑稿》则为我们提供了极其丰富的细节："内旧用锦袄子者以缬缯代，用铜革带者以勒帛代。而指挥使、都头仍旧用锦帽子、锦臂袖者，以方胜练鹊罗代；用緅者以紬代。禁卫班直服色，用锦绣、金银、真珠、北珠者七百八十人，以头帽、银带、缬罗衫代。旗物用绣者，以错采代；车路院香镫案、衣褥、睥睨、御辇院华盖、曲盖及仗内幢角等袋用绣者，以生色代。殿前司仗内金枪、银枪、旗干，易以添饰；而拂扇、坐褥以珠饰者去之。"⑥

在宋孝宗统治时期，卤簿制度又有调整。宋孝宗于隆兴二年（1164）正月一日宣布，将在该年冬至举行其即位后的第一次南郊亲祭，并且声称："除事神仪物、诸军赏给依旧制外，其乘舆服御及中外支费并从省约。"次月，礼部侍郎兼权兵部侍郎黄中提出，在五辂之中，除了玉辂的确是用来让皇帝乘坐外，"金、象、革、木四辂，不过为一时观美，非其所乘"，因而主张"止用玉辂，其余四辂权不以从"，宋孝宗对此表示支持。同月，兵部在此基础上建议，除了玉辂、平辇、逍遥辇的仪卫人数仍然如旧外，其余仪卫人数均作大幅度裁减，这一方案得到了宋孝宗的认可。⑦ 于是，南郊大驾卤簿的规模缩减至6889人。乾道六年（1170），臣僚出于"唯务减省，使礼文斯缺，则非所以重陟配而全事体"的考虑，奏请重新使用四辂、大安辇，并且得到了孝宗的认可。⑧ 虽有乾道六年的微调，此后的卤簿人数与隆兴二年相比并未发生变化："乾道六年之郊，虽仍备五辂、大安辇、六象，而人数则如旧焉。自后，终宋之世，虽微有因革，大抵皆如乾道六年之制。"⑨

---

① 指南车、记里鼓车、白鹭车、鸾旗车、崇德车、皮轩车、相风乌舆、行漏舆的形制，在《大驾卤簿图书》均有呈现。

② 《宋史》卷145《仪卫志三》，中华书局1977年版，第3409页。

③ 徐松辑：《宋会要辑稿》舆服2之6，上海古籍出版社2014年版，第2196页。

④ 徐松辑：《宋会要辑稿》舆服1之24，上海古籍出版社2014年版，第2182页。

⑤ 李心传：《建炎以来系年要录》卷150，绍兴十三年十一月戊午条，中华书局1956年版，第2415页。

⑥ 徐松辑：《宋会要辑稿》舆服1之23，上海古籍出版社2014年版，第2181页。

⑦ 徐松辑：《中兴礼书》卷20《郊祀大驾卤簿三》，《续修四库全书》第822册，上海古籍出版社2002年版，第92~93页。

⑧ 徐松辑：《中兴礼书》卷20《郊祀大驾卤簿三》，《续修四库全书》第822册，上海古籍出版社2002年版，第99页。

⑨ 《宋史》卷145《仪卫志三》，中华书局1977年版，第3408页。

在南宋，用于皇帝明堂亲享的法驾卤簿规模是大驾卤簿的三分之二。在北宋的《礼令》中，就有"法驾之数减大驾三分之一"的规定，① 皇祐二年（1050）以后的明堂亲享均遵守了这一准则。到了南宋，除了建国初期因为政局不稳，明堂亲享采用只有1200余人的"常日仪卫"外，其他时候法驾卤簿人数都是大驾卤簿的三分之二。绍兴三十一年（1161）的法驾卤簿，就在绍兴二十八年大驾卤簿的基础上减去三分之一，为10140人。隆兴二年（1164）大驾卤簿减半后，法驾卤簿也作了相应的调整。

三、南宋大礼卤簿的实践

南宋卤簿的人员规模、器物材质之所以不如北宋，主要原因是持续受到金军军事压力的南宋朝廷对此采取谨慎、节俭的态度，不过我们也能看到临安的城市空间对卤簿实践的限制。临安御街的某些地段已经进行了考古发掘，考古工作者推测，和宁门至朝天门段、朝天门至观桥段的宽度在十米开外，观桥至景灵宫段更窄。② 这与唐朝、北宋的情况有很大不同。根据考古实测的结果，长安的主干道承天门街的宽度在150米至155米之间。③ 东京御街沿途已有不少遗址得到了勘探，④ 但是御街的宽度由于现今开封中山路两侧建筑所压而未能探明⑤。在文献记载中，东京的御街宽约二百步。⑥

在南宋临安，御街的规模对车辂、卤簿的使用造成了很大影响。《建炎以来系年要录》对此有所记载："礼官以行在御街狭，故自宫徂庙不乘辂，权以辇代之。"⑦《中兴礼书》对此事有更加详实的记录，绍兴十三年三月，礼部侍郎王赏上奏：

> 将来郊祀大礼，前二日朝献景灵宫，前一日朝飨太庙，依礼例，合排设卤簿、仪仗、车辂。缘今来行在街道与在京事体不同，所有将来车驾诣景灵宫、太庙，欲乞权依在京四孟朝献礼例，服履袍，乘辇赴逐处。行事日，服衮冕行礼，俟太庙行礼毕，依自来大礼例，排设卤簿、仪仗，皇帝服通天冠、绛纱袍，乘玉辂诣青城斋宫。⑧

高宗对这一方案予以认可。同年闰四月，礼部、太常寺又对玉辂的经行路线作了规划："将来车驾诣太庙行礼毕，依仪，皇帝自太庙棂星门外乘玉辂，入行宫北门，由大内出行

① 徐松辑：《宋会要辑稿》礼24之16，上海古籍出版社2014年版，第1147页。

② 杭州市文物考古所：《南宋御街遗址》，上册，科学出版社2013年版，第254~256页。

③ 中国科学院考古研究所西安唐城发掘队：《唐代长安城考古纪略》，《考古》1963年第11期，第600页。

④ 丘刚：《北宋东京城御街遗址探析》，《中州学刊》1999年第6期，第155~157页。

⑤ 刘春迎：《北宋东京城研究》，科学出版社2004年版，第284页。

⑥ 孟元老撰，邓之诚注：《东京梦华录注》卷2《御街》，中华书局1982年版，第51页。

⑦ 李心传：《建炎以来系年要录》卷150，绍兴十三年十一月庚申条，中华书局1956年版，第2415页。

⑧ 徐松辑：《中兴礼书》卷19《郊祀大驾卤簿二》，《续修四库全书》第822册，上海古籍出版社2002年版，第87页。

宫南门，依先降指挥，经由利涉门至青城斋殿门外降辂。"① 绍兴十三年制造的玉辂轴长为十五尺三寸，② 也就是接近五米的样子。因为御街狭窄，皇帝乘坐玉辂的路段仅限于太庙至南郊间，从宫城赴景灵宫行朝献之礼，从景灵宫到太庙行朝享之礼，都是乘辇前往。这一做法后来一直延续："故事，祀前二日诣景灵宫，皆备大驾仪仗、乘辂。中兴后，以行都与东都不同，前二日止乘辇，次日自太庙诣青城，始登辂，设卤簿。自绍兴十三年始也。"③

即便使用玉辂、卤簿的地段仅限于太庙至南郊，为了确保玉辂、卤簿能够顺利通过经行路线，还是需要拆除沿途两边的建筑以拓宽路面。兵部为此于绍兴十三年（1143）闰四月上奏："将来郊祀，皇城南门外至利涉门经由道路，欲依太庙已拆街道丈尺，晓示官私去拆，送部同殿前司、禁卫所、临安府相度，申尚书省。"④ 从兵部的奏请可知，太庙附近的御道两旁此前已经进行了拆除工作。宫城南门后来称之为丽正门，利涉门更名为嘉会门，其间的路段不算御街的一部分，但是因为皇帝南郊亲祭时经行此地，所以仍然面临拓宽的问题。在这种情况下，兵部要求相关部门商讨此事。经过高宗批准，此事"下兵部、殿前司、主管禁卫所、车辂院，看详有无妨碍去处"⑤。

在绍兴十三年（1143）的南郊亲祭中，鼓吹的引导形式也受到了御街规模的制约。该年八月，礼部、太常寺上奏："将来郊祀大礼，车驾前后部并六引，合用鼓吹。令、丞已下至执色人，共八百八十四人，并指教使人一名，前后摆拽导引，作乐应奉。依在京例，并合骑导。窃恐今来经由道路窄狭，摆拽拥遏，难以骑导。今相度，欲乞止令步导。"高宗对此表示同意，鼓吹由骑导改为步导。⑥

绍兴十三年（1143）以后，我们依然可以通过臣僚的奏请，看到礼仪队伍所经道路的狭窄对车辂、卤簿使用的影响。绍兴二十二年十月，干办车辂院张公立向朝廷反映，车辂院曾经设在太庙以北，高宗南郊亲祭前两天去景灵宫朝献时，车辂院将五辂排设于太庙幕屋，待高宗完成太庙朝享后，即可坐上玉辂奔赴圜丘。后来，车辂院迁移至利涉门外的冷水坞口，"若依例，前二日驾驭五辂，守利涉门，入丽正门，经由大内，于幕屋排设。窃缘街道窄隘，转弯掉圆，迟慢缓急，有碍驾路"，因此建议在南郊亲祭前三天将五辂排设在太庙幕屋，最终得到了朝廷的认可。⑦ 绍兴二十八年八月，临安府在申奏时提道："排办郊祀大礼五辂、大象，旧例经由内中往诣青城，所有和宁门里至丽正门内一带妨碍

① 徐松辑：《中兴礼书》卷19《郊祀大驾卤簿二》，《续修四库全书》第822册，上海古籍出版社2002年版，第89页。

② 《宋史》卷149《舆服志一》，中华书局1977年版，第3484页。

③ 《宋史》卷145《仪卫志三》，中华书局1977年版，第3408页。

④ 徐松辑：《中兴礼书》卷19《郊祀大驾卤簿二》，《续修四库全书》第822册，上海古籍出版社2002年版，第89页。

⑤ 徐松辑：《中兴礼书》卷19《郊祀大驾卤簿二》，《续修四库全书》第822册，上海古籍出版社2002年版，第89页。

⑥ 徐松辑：《中兴礼书》卷19《郊祀大驾卤簿二》，《续修四库全书》第822册，上海古籍出版社2002年版，第90页。

⑦ 徐松辑：《中兴礼书》卷19《郊祀大驾卤簿二》，《续修四库全书》第822册，上海古籍出版社2002年版，第91~92页。

屋宇，合权去拆，及填迭渠海，铺筑道路。"① 由此可见，在此之前，为了使车辂、卤簿顺利通过，宫城内的屋宇若有妨碍，也不得不进行拆除。

即便是在卤簿的使用上作了如此改动，当皇帝为大礼而外出时，临安的街道仍然十分拥挤。曾经跟随使节出访金朝的周煇，如此比较汴梁与临安的街道宽窄及其带来的卤簿与民众距离的差异："煇幼见故老言，京师街衢阔辟，东西人家有至老不相往来者。迨煇出疆，目睹为信。且言每值驾出，甲马拥塞驰道，都人仅能于御盖下望一点赭袍。在绍圣间，约拦尤更严肃，几不容士庶观觑。第岁暮春上池亲御鞍马，则禁卫稍宽繁密，不若今日近瞻法驾不违于咫尺也。"②

在南宋，我们不但可以看到玉辂的使用多受街道条件的限制，而且它的性能也有问题。我们来看洪适在其自传中讲述的一则故事：

> 既寻盟，首为贺生辰使，上谓副介龙大渊曰："前日洪某侍玉辂上，见其容貌甚悴，岂有声色之奉邪？方欲大用之，可往谕朕意，令其自爱。"某答之曰："家素无侍妾，近以法服执绥车辂，撼顿失其常度。只尺天威，有战栗之色，所以颜状如是。"③

根据史料记载，洪适、龙大渊是在隆兴二年（1164）十二月被任命为贺生辰使、副。④ 正如前文所说，宋孝宗在隆兴二年冬至举行过南郊亲祭。因此，虽然引文没有提供这则故事的具体时间，不难确认发生的时间是隆兴二年的年末。洪适所说的"执绥车辂"，是指陪同皇帝乘坐玉辂。《梦粱录》对玉辂上的人员配置状况有详实记载："正座在玉辂上，左右各一内侍，名'御药'，冠服执笏侍立。左首栏槛边，一从侍中书宦者，曲身冠服，旁立于栏，以红丝绦系定，免致疏失，名为'执绥官'，以备玉音顾问。"⑤ "执绥官"又被称为"备顾问官"，朱熹认为其实质是"太仆卿执御之职"，只是宋人将其"讹曰'执绥官'、'备顾问官'。然又不执绥，却立于辂侧，恐其倾跌，以物维之"。⑥ 根据洪适的自述，宋孝宗在玉辂上看到他面容憔悴，误以为他是纵情声色，其实只是洪适因为玉辂的晃动而感到不适。

玉辂不稳的问题并非仅在洪适笔下有反映，周必大的《玉堂杂记》提供了更多的信息：

> 大礼，上乘玉辂，率命翰林学士执绥备顾问。近岁多阙正员，临时选差他官，与

① 徐松辑：《中兴礼书》卷19《郊祀大驾卤簿二》，《续修四库全书》第822册，上海古籍出版社2002年版，第92页。

② 周煇：《清波别志》卷下，《全宋笔记》第5编第9册，大象出版社2012年版，第173页。

③ 洪适：《盘洲集》卷33《盘洲老人小传》，《景印文渊阁四库全书》第1158册，台湾"商务印书馆"1983年版，第471页。

④ 刘时举撰，王瑞来校注：《续宋中兴编年资治通鉴》卷8隆兴二年十二月条，中华书局2014年版，第184页。

⑤ 吴自牧：《梦粱录》卷5《驾回太庙宿奉神主出室》，《东京梦华录·外四种》，古典文学出版社1956年版，第171页。

⑥ 《朱子语类》卷128《法制》，中华书局1986年版，第3067页。

五使同降旨。淳熙丙申南郊、己亥明堂，必大再为之。按京师用唐显庆辂，尝以登封，其安固可知。元丰改造，已不能及。今乃绍兴癸亥岁所制，上自太庙，服通天冠、绛纱袍，乘辇至辂，后由木陛以登，惟留御药二宦者侍立，执绥官先从旁用小梯攀缘而上，卫士以彩绳围腰，系以箱柱，辂行颇摇兀，宸躬亦觉危坐云。①

"绍兴癸亥"即绍兴十三年（1143），"淳熙丙申""淳熙己亥"分别是淳熙三年（1176）、淳熙六年。南宋的玉辂制成于绍兴十二年，② 周必大虽然两次充任执绥官，他对玉辂历史的掌握也不是完全准确。不过，在其他方面，他的记载尚属可靠。正如周必大所说，北宋长期以"显庆辂"为玉辂。宋仁宗、宋神宗统治时期有过自制玉辂的举措，③ 最后都未能取代显庆辂。孙机认为，原因在于统治者看重玉辂的排场和装饰，导致车体愈发笨重，结构均衡性被破坏。在谈到南宋的玉辂时，他用《宋史·舆服志》《西湖老人繁胜录》的记载指出其需用人力推、压，还要用铁压、用人牵挽。④ 南宋玉辂需要用人牵挽的特点事实上也见于上文《玉堂杂记》，辽宁省博物馆所藏的《卤簿玉辂图》更是为细致观察南宋玉辂提供了可能，从中亦可看到人力推动、牵拉玉辂的细节。虽然不像北宋玉辂那样用马拉动，但是笨重程度丝毫不输。在这种情况，玉辂很不安稳，连坐在上面的皇帝都感觉危险，也就不难理解了。

四、结　语

卤簿在宋代皇帝的"三年一大礼"中扮演着极其重要的角色。与北宋一样，南宋统治者对卤簿颇为看重，在绍兴十二年（1142）与金朝达成和议后不久，就开始重建卤簿制度。不过，我们也看到了在卤簿制度的制定和执行过程中遇到的种种制约因素。首先，南宋始终面临来自金朝的军事压力，即便在绍兴十二年后，这种压力也从未消失，在这种情况下，统治者在宫室、舆服的花费上都比较节制，宋高宗是这样，宋孝宗更是如此。正是因为这样，南宋大礼卤簿的规模远不及北宋。其次，南宋大礼卤簿的使用时常受到临安空间状况的束缚。最突出的表现，便是临安街道的狭窄造成玉辂无法在皇帝举行三大礼期间全程使用，只能在皇帝从太庙前往南郊或返回宫城亲享明堂时启用。再次，由于原有的车辂仪仗散失殆尽，南宋朝廷不得不重新制造，新造器物的质量有不足之处，特别是玉辂行进起来很不安稳。以上这些建立在对文献记载、图像数据基础上的论点，为过去研究所无，或许具有一定的价值，谬误之处，尚祈方家指正。

（作者单位：复旦大学文史研究院）

---

① 周必大：《文忠集》卷174《玉堂杂记上》，《景印文渊阁四库全书》第1149册，台湾"商务印书馆"1983年版，第6页。

② 李心传：《建炎以来系年要录》卷146，绍兴十二年九月戊申条，第2356页。

③ 李焘：《续资治通鉴长编》卷160，庆历七年正月辛卯条，第3861页；卷283，熙宁十年七月癸酉条，第6939页；卷319，元丰四年十一月己丑条，第7707页。

④ 孙机：《中国古舆服论丛》，上海古籍出版社2013年版，第83~84页。

◎ 附:

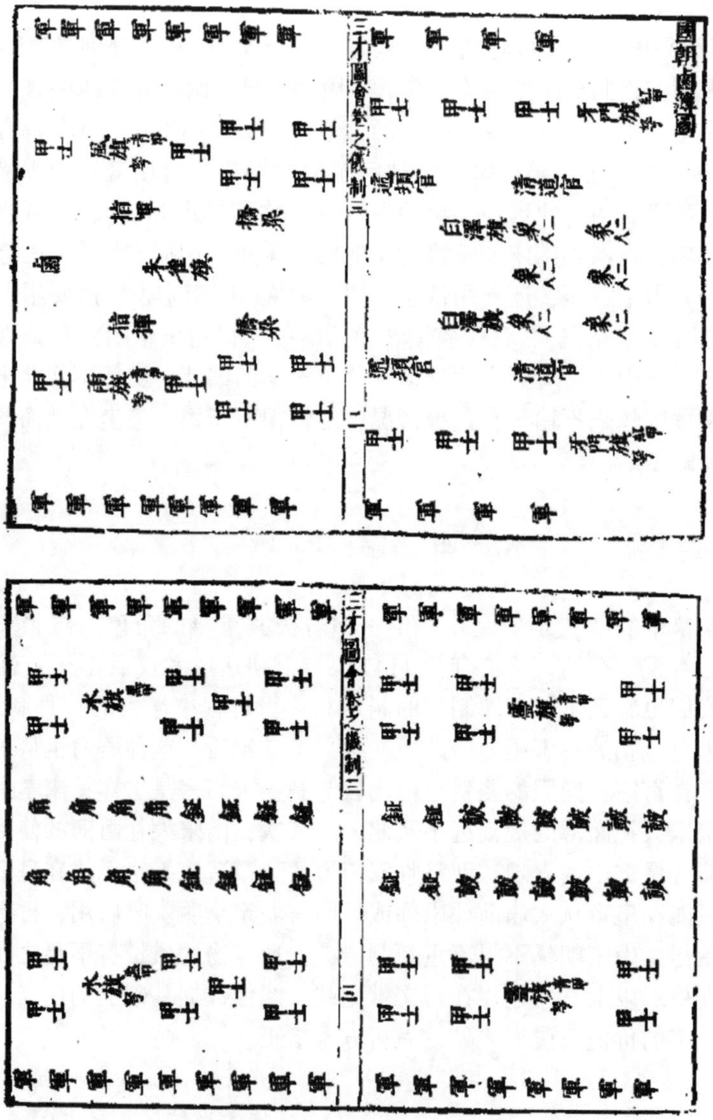

图一　明代《国朝卤簿图》(局部)①

---

① 王圻:《三才图会·仪制三》,上海古籍出版社 1988 年版,第 1853 页。

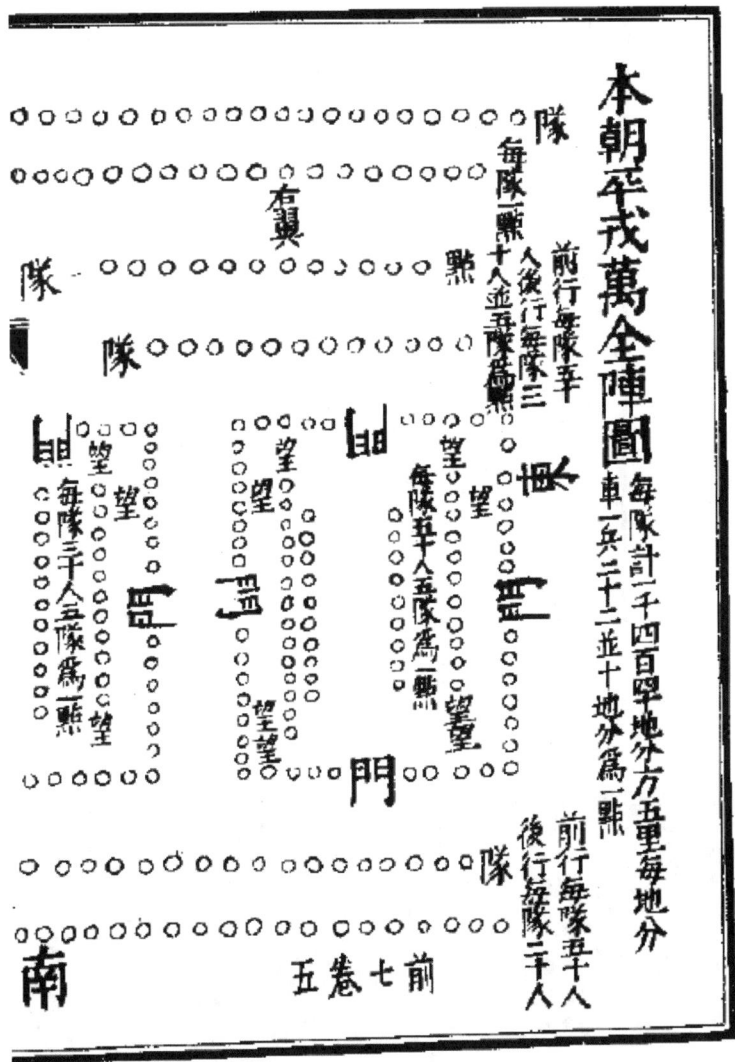

图二 平戎万全阵图①

---

① 曾公亮、丁度等：《武经总要》，《景印文渊阁四库全书》第 726 册，台湾"商务印书馆" 1983 年版，第 277 页。

图三　玉辂图①

图四　辽宁省博物馆所藏南宋《卤簿玉辂图》（局部）②

① 聂崇义：《新定三礼图》卷9《旌旗图》，浙江人民美术出版社2015年版，第129页。
② 浙江大学中国古代书画研究中心编：《宋画全集》第3卷第2册，浙江大学出版社2009年版，第44页。

元代旌表制度新探

□ 贾建增

【摘要】 元代有较为完善的旌表制度，其中旌表程序主要包括孝子、节妇等事迹的奏报，事迹的核实，礼部议礼，执行等四个方面。旌表须经层层奏报与核实，且须"重甘保结"，颇为严密，但在一定程度上又失于繁琐，有效率低下之弊。受地理远近与信息传递效率的影响，元代旌表数量在实际运行中有明显的空间分布差异，大致以中书省和江浙行省为中心，向边远地区递减；受元代族群政策的影响，旌表数量的南北差异也颇为明显。元朝诸帝旌表数量之间的差异也很大，反映了元代汉法政策的曲折与反复。此外，受旌表者中，平民占据绝大部分。元代旌表制度是元朝蒙古统治者汉法政策的一个方面，从一个侧面反映了元朝族群政策，也是元朝实现基层社会控制的一个手段。

【关键词】 元代；旌表程序；旌表运行；族群政策；基层控制

旌表是中国古代的一种表彰制度，即通过树立某种标志，对孝子、节妇、义夫、义门等符合传统礼教的行为进行表彰。① 自秦汉以降，旌表制度不断发展完善。元朝自世祖以后实行汉法，旌表制度作为汉法的一个方面得以推行。关于元代旌表制度，学术界已有相关研究成果。② 本文以文集、石刻、方志等材料为中心，考察元代旌表的程序，分析旌表制度在实际运行中的特点，并分析元代旌表制度与基层社会控制的关系。

一、元代旌表程序

（一）元代旌表程序的确立

元代旌表程序的确立经历了一个过程，世祖朝旌表制度草创，并没有对旌表程序进行

---

① 关于旌表的含义，可参见韩帅：《〈辞源〉"旌表"释义考辩》，《古汉语研究》2010 年第 2 期；李丰春：《传统旌表活动与基层社会控制》，上海大学博士学位论文，2008 年。

② 关于元代旌表制度，较为重要的研究论著有张丽萍：《元代旌表制度研究》，山东师范大学硕士学位论文，2014 年；陈高华：《中国妇女通史·元代卷》，杭州出版社 2011 年版；刘晓：《试论累世同居共财在元代的发展及其特点》，《中国经济史研究》2001 年第 1 期；申万里：《元代的浦江郑氏——中国古代同居共财家族的一个个案考察》，《人文论丛》2007 年卷，中国社会科学出版社 2008 年版。

严格规定，缺少对孝子节妇事迹进行核实的环节，也没有对保举者的行为进行规范的内容。如元初滨州军户刘平之妻胡氏，杀虎救夫，胡氏事迹被奏报到中央，没有经过核实的程序，最终得到旌表，"帅府取桌比，列状达庭省。庭省壮其义，复户仍免征"①。

元代旌表制度在程序上的缺陷一定程度上造成了旌表冗滥不实的情况，"义夫节妇旌表门间……不见卓然异行，多系富强之家规避门役，廉访司亦不从公核实，以致泛滥"②。为此，大德八年（1305），中书省对旌表程序做出了规范：

> 今后举节妇者，若三十以前夫亡守制，至五十以后晚节不易，贞正著名者，听各处邻佑、社长明具实迹，重甘保结，申覆本县，牒委文资正官体覆得实际，移文附近不干碍官司再行体覆，结罪回报，凭准体覆牒文重甘保结，申覆本管上司，更为核实保结，申呈省部，以凭旌表，仍从监察御史、廉访司体察……义夫、孝子、顺孙，若果节义行实有可嘉尚，必合表异，为宗族乡党称道者，方许各处邻佑、社长条具实迹，申闻本县，并依上例体覆，申呈省部，依例旌表。若有滥失谬妄，亦依上一体治罪。③

这则材料详细规定了旌表的程序，节妇的旌表须从社长到中书省层层"保结申覆"，并要求"文资正官""不干碍官司""本管上司"以及廉访司进行核实。义夫、孝子、顺孙的旌表，也要求"节义实有可嘉赏"，自社长向上奏报，并层层核实。这则史料还特别强调"重甘保结"，若有"滥失谬妄"，保结诸人"一体治罪"。这样就确立了从地方到中央层层奏报与核实的旌表程序。《元史·刑法志一》也记载："诸义夫、节妇、孝子、顺孙，其节行卓异，应旌表者，从所属有司举之，监察御史廉访察之，但有冒滥，罪及元举。"④ 这与大德八年（1305）的规定差异不大。《元史·刑法志》的史料来源，是文宗朝所修《经世大典》，可见至文宗朝，元代旌表程序依旧坚持了大德八年（1305）确立的原则，未做太多改动。

（二）元代旌表程序

元代旌表程序大体可归纳为孝子节妇等事迹的奏报、核实、礼部商议、执行等四个阶段，下面详细加以论述。

1. 奏报

孝子节妇等事迹的奏报主要有两条途径：首先，社长耆老—地方官府—中书省。孝子节妇事迹首先由社长、耆老等汇报给地方长官。社长由"年高通晓农事有兼丁者"担任，

---

① 《皇元风雅》卷 28《胡氏杀虎歌》，《四部丛刊》本。
② 《元典章》卷 33《礼部六·释道·孝节·旌表孝义等事》，中华书局、天津古籍出版社 2011 年版，第 1147 页。
③ 《元典章》卷 33《礼部六·释道·孝节·旌表孝义等事》，中华书局、天津古籍出版社 2011 年版，第 1147 页。
④ 《元史》卷 102《刑法志一》，中华书局 1976 年版，第 2621 页。

本社内若有"勤务农桑、增置家产孝友之人，从社长保申官司，体究得实，申覆上司，量加优恤"①。除社长外，耆老也在孝子节妇事迹的奏报中发挥重要作用。耆老指"在地方享有较高威望、熟悉当地社会情况、在乡村事务中起主导作用的老年人"。耆老对于地方社会有利于风化的人和事，积极向官府推举。② 在旌表过程中，社长、耆老将本地孝子节妇事迹列为事状，向地方长官奏报。如清江节妇钟氏，年二十七夫死，守节不移，"里耆俊以孺人贞节为乡邦称首，遂以姓名事状闻于郡宪佥张公天翼"，遂获旌表。③ 在得到社长、耆老等人的奏报后，州县长官再向上级官司奏报，逐级奏报到中书省。雩阳辉和尔氏贞节，社长耆老"上其事于县，县令受其词而察之，得其实，复上其事于府，府公受其词，下而察之，得其实，又上其事于行省，省臣闻之于朝"④。

其次，廉访司—御史台—中书省。肃政廉访司的职权，包括"宣明教化"，"若有不孝不悌，乱常败俗"者，皆纠察之。⑤ 监察御史体访孝子节妇事迹之实例，如至元八年（1271），山东东西道按察司体访到东平府汶上县孝子田改住卧冰行孝之事。⑥ 又如四明罗氏高年耆德，"浙东部使者上其事于朝而旌表之"⑦。廉访司将体访到的事迹奏报到御史台，再由御史台奏报中书省。如元初监察御史王恽体访到京兆雷氏，三十一岁丈夫亡故，"穷居守志，誓死靡它，贞顺坚确，殊有父风，宗族称贤，乡间服化，在雷门善继先声，居郭氏实为节妇，理宜旌表，伏请御史台照详施行"⑧。

此外，势要官员的推荐也是孝子节妇事迹奏闻的重要渠道。江浙节妇廖妙禄，丈夫去世后，"敬事舅姑，抚教二子三十余年。有司以闻，不报。翰林学士姚公因侍宴仁宗，为奏其实"，仁宗下令"封贞节宜人，树绰契于门，永复其家"⑨。某些煊赫世家事迹更是可以直达中枢，如至正十二年（1352），藁城董氏家族后裔董钥随太师道济南征，太夫人以书戒之"汝能尽忠，即尽孝矣，慎亡忧老身为也"，同列以夫人语白太师道济，"比凯还，太师以闻，上为之嘉叹，旌其门曰孝节"⑩。

---

① 《元典章》卷13《户部九·农桑·立社·劝农立社事理》，中华书局、天津古籍出版社2011年版，第916页。

② 苏力：《元代地方精英与基层社会》，中央民族大学博士学位论文，2007年。

③ 何中：《知非堂稿》卷11《旌表节妇周母钟氏行状》，《北京图书馆珍本古籍丛刊》第94册，书目文献出版社1988年版，第540页。

④ 王礼：《麟原文集》前集卷5《雩阳孙母辉和尔氏贞节序》，《景印文渊阁四库全书》第1220册，台湾"商务印书馆"1986年版，第398页。

⑤ 《元典章》卷6《台纲二·体察·察司体察等例》，中华书局、天津古籍出版社2011年版，第159页。

⑥ 《元典章》卷33《礼部六·释道·行孝·禁卧冰行孝》，中华书局、天津古籍出版社2011年版，第1150页。

⑦ 戴良：《九灵山房集》卷20《春风堂记》，《四部丛刊》本。

⑧ 王恽：《秋涧集》卷85《论节妇雷姑状》，《四部丛刊》本。

⑨ 《〔乾隆〕福建通志》卷58《烈女五》，哈佛大学哈佛燕京图书馆乾隆二年刻本。

⑩ 贡师泰：《玩斋集》卷6《董母孝节诗集序》，《景印文渊阁四库全书》第1215册，台湾"商务印书馆"1986年版，第593页。

2. 核实

孝子节妇事迹的核实，主要分为地方长官与廉访司两个层面。首先，地方管民官的核实，如潍州孝子孙惟中为父守孝，"藉苫以居，旷野无人，深夜月冷，哭声依稀"，四邻以其事报于县尹，"县尹戴友谅弗之信，将廉之，伺夜半，携二苍头出风雪中，抵庵庐而听，孝子闻足音，遥问曰：暮夜欲何为？戴叹息而去"，于是以其事上报。①

其次，廉访司的核实，如金溪孝子吴泰发事迹奏于总管府，"金浙东海右道肃政廉访司事泰山王公楚鳌闻之，以书抵江西湖广道肃政廉访司使西夏哈剌公，亟檄分司，核其事"②。又如宋本"在风纪，荐士尤众"，漷州孝子段懋为父守墓，三年不归，寒暑不辍，"公核实其行，遂旌异其门闾"。③ 廉访司在核实孝子节妇事迹时，须将廉访所得事实与地方奏报进行比对，如至元十年（1273）监察御史核实大都路魏阿张孝节事迹，"为此取到本坊巷长朱进、社长何常等文状，与所察相同"。④ 廉访司官员在核实时，还可不顾旧例。如处州节妇汤润夫亡守节，理当旌表，但县书吏"以年未及五十援例辞"，"部使者索公"骂曰："有妇玉洁如此，乃欲拘例耶！为按实，以次上中书"，汤润最终获得旌表。⑤

3. 礼部商议

中书省收到地方奏报后，会文移礼部议定旌表事宜。按礼部之职，凡"忠孝贞义之褒"，悉以任之。⑥ 礼部对于旌表申请一般会接受，并援引旧例商议出旌表细则。但在某些情况下也会建议中书省将旌表申请驳回，如至元三十年（1293）河南行省奏请旌表郑州赵毓为义门，礼部认为"方今如赵毓自翁及孙三世同居者，比比皆是。若将一家褒旌，天下纷纷指例，看成寻俗，无以劝惩。今后五世同居安和者，旌表其门，似革泛滥"。中书省批准了这一建议。⑦ 在某些情况下，礼部也会顶住压力，坚持旌表。如苏天爵任职礼部时，"有司以罗夫人贞节来上，同列恐忤权贵，欲不以闻，余力言之，事始克达"⑧。礼部在议定旌表细则之后，将结果奏报给中书省，中书省拟定诏书，再往下传达。

---

① 宋濂：《宋学士文集》卷11《銮坡集·孙孝子传》，《四部丛刊》本。

② 危素：《贞节传序》，《〔康熙〕东乡县志》卷之7，《中国地方志丛书》，台湾成文出版社2007年版，华中地方第792号，第520页。

③ 苏天爵：《滋溪文稿》卷13《元故翰林学士赠国子祭酒范阳郡侯谥文清宋公墓志铭并序》，中华书局1997年版，第204页。

④ 《元典章》卷33《礼部六·释道·孝节·魏阿张姑免役》，中华书局、天津古籍出版社2011年版，第1144页。

⑤ 宋濂：《宋学士文集》卷67《潜溪后集·故节妇汤夫人墓碣》，《四部丛刊》本。

⑥ 《元史》卷85《百官志一》，中华书局1976年版，第2136页。

⑦ 《元典章》卷33《礼部六·释道·孝节·五世同居旌表门闾》，中华书局、天津古籍出版社2011年版，第1146页。

⑧ 苏天爵：《滋溪文稿》卷29《书罗夫人传后》，中华书局1997年版，第485页。

4. 执行

旌表的执行包括如下几个方面：首先，旌表诏书的传达，由宣使来完成。按所谓宣使，为元代传达吏员的一种，主要负责王朝内部信息的交流与沟通。而旌表是中央王朝政治倾向的反映，实际上是中央对地方特定人群表达政治关怀的一种形式，也是中央与地方的一种政治交流。元代的这种交流，由宣使完成。① 如徽州路金震祖，获贼有功，事迹"达于朝，奉诏命江西行省宣使八思不花，旌表金氏忠义之门"②。

其次，旌表的最终执行，由地方长官负责。如元廷旌表金溪孝子吴泰发，"明伦宣化，县令之责所始也，宜专职董事"，于是县尹周自强"奉命惟谨，乃捐俸卜吉，以至正八年三月壬子，身诣延福乡新田里，署其门，表之曰吴门贞节黄氏"③。在旌表的具体执行中，州县长官要为孝子节妇准备"醴饩""礼币"等物。如婺州节妇李氏，"至治二年春二月郡邑长吏文学博士奉承诏旨，备醴饩，具礼币，旌表其门"④。

最后，地方士人对旌表活动的参与。包括：第一，为受旌表者题写门闾，如唐县节妇王氏之获旌表，翰林侍读学士元明善"为表曰节妇王氏之门"⑤。第二，为受旌表者创作诗文作品。如至正二年（1342）阳曲薛义士之获旌表，张翥作诗以赞之，"我作义薛诗，好德良可嘉。愿言讲荒政，生意当无涯"⑥。又如浦江郑氏九世同居，获旌义门，揭傒斯、柳贯、黄溍、宋濂等著名文人纷纷作文以赞之，"或行诸诗以道其美，或著于文以纪其实"⑦。

总之，元代旌表程序可大致分为奏报、核实、礼部商议、执行等四个阶段，孝子节妇事迹须层层申报与审核，又必须"重甘保结"，颇为严密。但是元代旌表制度在严密之余又失于繁琐，这也造成了元代旌表效率的低下。节妇孝子事迹层层申报，一遇文书稽迟，或地方长官因循苟且的情况，则数年不得上闻。如临沂徐氏年二十丧夫，"自经以殉，有司四年不以闻"⑧。程文对旌表效率低下的问题非常遗憾："朝廷著旌表之令以风动天下，

---

① 申万里：《元朝国家政权内部的沟通与交流——以宣使为中心的考察》，《元史论丛》第14辑，天津古籍出版社2014年版。

② 金彦忠：《元忠翊校尉十字路万户府镇抚金公震祖行状》，程敏政辑：《新安文献志》卷97，《原国立北平图书馆甲库善本丛书》第968册，国家图书馆出版社2013年版，第1208页。

③ 周自强：《新田黄节妇旌表门闾记》，《〔同治〕东乡县志》卷15，《中国地方志集成·江西府县志辑》第52册，凤凰出版社2008年版，第644页。

④ 钱惟善：《江月松风集》卷3《题节妇吕氏传后并序》，《景印文渊阁四库全书》第1217册，台湾"商务印书馆"1986年版，第811页。

⑤ 马祖常：《石田文集》卷15《王氏传》，《元人文集珍本丛刊》第6册，台湾新文丰出版公司1985年版，第676页。

⑥ 张翥：《蜕庵集》卷1《阳曲薛义士旌表诗卷》，《景印文渊阁四库全书》第1215册，台湾"商务印书馆"1986年版，第6页。

⑦ 郑大和、郑玺：《麟溪集》后序，《北京图书馆古籍珍本丛刊》第114册，书目文献出版社1988年版，第680页。

⑧ 许有壬：《至正集》卷51《赠中大夫金太常礼仪院事轻车都尉追封乐安郡侯谥惠肃孙公神道碑铭》，《北京图书馆古籍珍本丛刊》第95册，书目文献出版社1988年版，第262页。

而有司莫之省，使至行郁湮，不显白于世，悲夫!"① 一个典型的案例，漳州万户府知事阚文兴与其妻王氏至元十七年（1280）死于陈吊眼之乱，元统元年（1333）始得旌封。揭傒斯感叹："二人之死，卓卓如此，犹历五十有四年始获五等之封，双节之锡，且必待张侯赞之，人之伏岩薮，沉下僚，砥名砺操，欲闻于天下，不亦难乎。"②

二、元代旌表制度的运行

元代旌表的案例很多，《经世大典》记载："我朝教育之久，有司上于礼部者无虚日，旌异之书几遍于海内，可不谓之盛治哉。"③ 下面具体论述元代旌表制度的运行情况。

（一）旌表活动的空间分布

元代有明确记载的旌表案例共 504 个，按行省分布列为图一：

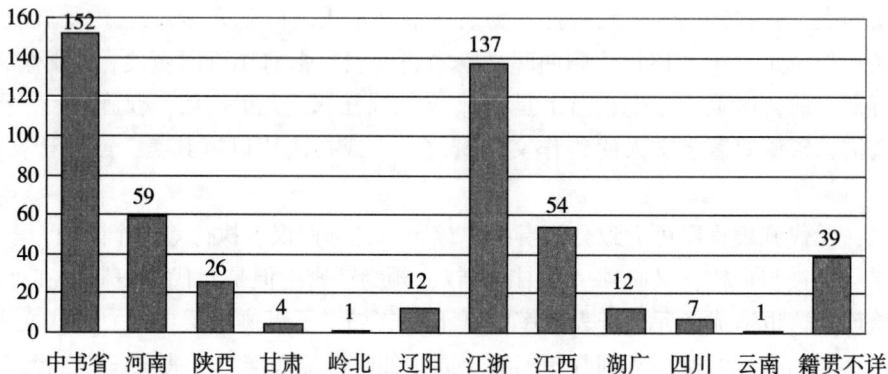

图一　元代旌表的空间分布

分析图一，我们可以看到：

首先，元代旌表活动遍及全国，但呈现出明显的地域差异，这主要表现在两个方面：第一，旌表数量大致以中书省和江浙行省为中心，向边远地区递减。岭北、辽阳、甘肃、四川、云南五个边远行省加起来仅 25 例。关于这一现象，程文曾感慨："予从阁老著书，睹春宫旌表节义事甚悉，率多京畿内郡之民，间阎幽远盖罕焉。"④ 造成这一现象的原因主要有如下两点：其一，地理远近与信息传递效率的影响。元代中书省靠近政治中心，且

---

① 程文：《节妇汪夫人传》，程敏政辑：《新安文献志》卷98，《原国立北平图书馆甲库善本丛书》第 968 册，国家图书馆出版社 2013 年版，第 1222 页。

② 揭傒斯著，李梦生标校：《揭傒斯全集》卷 7《双节庙碑》，上海古籍出版社 2012 年版，第 413 页。

③ 苏天爵编：《国朝文类》卷 41《经世大典序录·旌表》，《四部丛刊》本。

④ 程文：《节妇汪夫人传》，程敏政辑：《新安文献志》卷98，《原国立北平图书馆甲库善本丛书》第 968 册，国家图书馆出版社 2013 年版，第 1222 页。

交通便利，旌表案例较多。而江浙行省虽远离北方政治中心，但大运河贯穿南北，海运亦较发达，交通较为便利，因此江浙行省与北方政治中心的联系颇为紧密，旌表案例较多。而元代岭南地区、云南行省、甘肃行省等地区太过偏远，在当时信息传递条件下，这些地区孝子节妇事迹的奏报与核实非常困难，旌表数量远低于中书省与江浙行省也在情理之中。其二，岭北、辽阳、甘肃等地区本身人口较少，且风化较浅，孝子节妇的数量不多。

其次，元代旌表数量还呈现出明显的南北差异。在全部的 504 个旌表事例中，江南三行省共有 203 例（其中江浙 137 例，江西 54 例，湖广 12 例），中书省 152 例，河南行省 59 例，南北方旌表的数量似乎相差不大，但若考虑到南北人口数量悬殊，据至元二十八年（1291）的人口统计数据，"内郡百九十九万九千四百四十四，江淮、四川一千一百四十三万八百七十八"①。因此按人口比例推算，江南旌表数量远少于北方。贡师泰曾对这一现象大发感慨："予尝备员太史，见仪曹所具贤母节妇事状，多出中州，而大江以南百无一二，岂法故有轻重哉。"② 造成这一现象的原因有三点：第一，元代政治生态下，南人出仕非常困难。③ "天下治平之时，台省要官皆北人为之，汉人南人万中无一二，其得者不过州县卑职。"④ 在旌表中，某些势要官员的推荐是孝子节妇事迹得以上闻的一个便捷渠道，而南人出仕困难，谋得高位更是难上加难。因此南方孝子节妇事迹相对难以奏闻。第二，元代规定了自下而上层层奏报与核实的旌表程序，但又失于繁琐，地理位置相对偏远的江南地区受到的影响远大于北方，这也造成南方旌表数量少于北方。第三，江南风俗较为浇薄。据孔齐记载："浙西风俗太薄者……今浙间妇女虽有夫在，亦如无夫，有子亦如无子，非理处事，习以成风，往往陷于不义。"⑤ 杨维桢亦曾感慨江南风俗之薄："自兵兴，摧城陷郭者，十年未已。吾尝网罗世之忠孝人，私有所论着。若操节之炳炳者无几，而妇人之死义者亦尤甚少，岂江南民风，囿于戾契，类不能果全节，如燕赵幽并间臣死孝、子死孝者欤？"⑥

（二）旌表活动的时间分布

元朝有明确记载的 504 个旌表案例中，有时间可考者共 148 个，列为图二。

分析图二，我们可以发现：

前四汗时代，大蒙古国专以征伐为事，未见旌表的记录。明宗、宁宗在位时间过短，而天顺帝为倒剌沙拥立于上都，经两都之战兵戈扰攘，也未见任何旌表的记录。

世祖在位 35 年，有 5 次旌表的记录，年均仅 0.142 次。其原因包括：首先，战乱的

---

① 《元史》卷 16《世祖十三》，中华书局 1976 年版，第 354 页。

② 贡师泰：《玩斋集》卷 8《跋汪节妇传》，《景印文渊阁四库全书》第 1215 册，台湾"商务印书馆" 1986 年版，第 662 页。

③ 参见萧启庆：《元朝的统一与统合：以汉地、江南为中心》，《内北国而外中国：蒙元史研究》，中华书局 2010 年版，第 17~38 页。

④ 叶子奇：《草木子》卷之 3 上《克谨篇》，中华书局 2014 年版，第 49 页。

⑤ 孔齐：《至正直记》卷 2《浙西风俗》，上海古籍出版社 1987 年版，第 69 页。

⑥ 杨维桢：《东维子文集》卷 28《姚孝子传》，《四部丛刊》本。

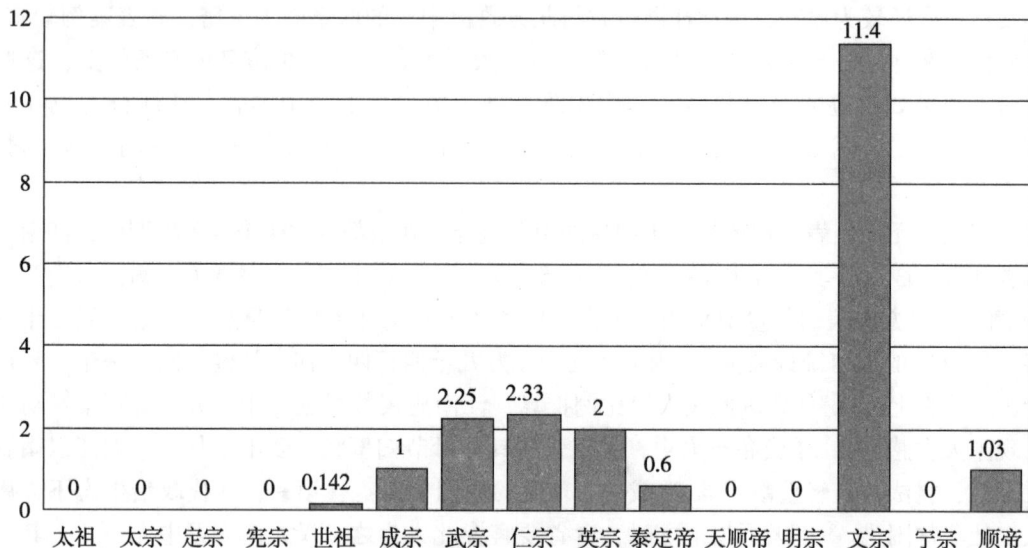

图二　元代诸帝旌表频次趋势图（单位：次/年）

影响。北方汉地自太祖六年（1211）蒙古征金以来，战乱频仍，以致风俗大坏。江南同样如此，自丁亥之变（1227）以来，干戈扰攘半个世纪。至元十三年（1276），南北才告统一，但战事迟至至元十六年（1279）崖山之战后才基本结束。① 于钦曾感叹齐地风俗之败坏，"盖因金乱疮痍之余，重以李璮之困，民有跬地铢产必分。膝下婴孺亦于昆仲有彼已之辨，风俗大坏"②。胡祗遹也记载元初汉地："圣贤之孝行不过寻章摘句，随注按疏，资空谈而已。世变若是，民不兴行。"③ 黄溍记载："江南新附之初，愚民未洽于教化，多相率为盗。"④ 其次，世祖朝旌表制度尚属草创阶段，制度并不成熟，这也造成了世祖朝旌表数量较少。

成宗在位 13 年，共有 13 次旌表，年均旌表 1 次，较世祖朝有大幅增长。成宗"承天下混一之后，垂拱而治，可谓善于守成者"⑤，延续了世祖的汉法政策，并对旌表制度进行了规范，如大德八年对旌表程序的规范，⑥ 大德九年（1205）从孝子、义士中间选拔官员等，⑦ 这些都促使成宗朝旌表数量的增长。

武宗在位 4 年，旌表 9 次，年均 2.25 次。武宗长期在漠北领兵，经过一番政治斗争

---

① 陈世松：《宋元战争史》，四川省社会科学院出版社 1988 年版。

② 于钦：《齐乘》卷之 5，《宋元地方志丛书》第 1 册，台湾大化书局 1987 年版，第 456 页。

③ 胡祗遹著，魏崇武、周思成校点：《胡祗遹集》卷 8《郝孝子诗卷序》，吉林文史出版社 2008 年版，第 221 页。

④ 黄溍：《金华黄先生文集》卷 39《华亭黄君墓志铭》，《四部丛刊》本。

⑤ 《元史》卷 21《成宗本纪四》，中华书局 1976 年版，第 472 页。

⑥ 《元典章》卷 33《礼部六·释道·旌表孝义等事》，中华书局、天津古籍出版社 2011 年版，第 1147 页。

⑦ 《元典章》卷 2《圣政一·旌孝节》，中华书局、天津古籍出版社 2011 年版，第 68 页。

才得以即位，为了笼络人心，大行旌赏，因而"锡赉太隆，而泛赏之恩溥"①。如大德十一年即位之初，武宗即下诏"旌赏孝弟力田，惩戒游堕"②。因此旌表数量较成宗朝有了大幅增长。

仁宗在位 9 年，旌表 20 次，年均 2.33 次。仁宗生于汉地，李孟等儒臣常侍左右，"讲论古先帝王得失成败，及君君臣臣父父子子之义"，因而汉化颇深。③ 仁宗即位后，用儒臣，复科举，兴教化，旌表活动大兴。程钜夫记载仁宗朝"天子既兴圣人之治，忠孝贞洁之旌遍天下"④。因此仁宗朝旌表数量保持在较高水平。

英宗在位不到 4 年，有 8 次旌表，年均 2 次，低于武宗、仁宗朝的水平。英宗是元朝诸帝中汉化较深的一个，他即位后延续了世祖以来的汉法政策，积极旌表。此外，英宗吸取前朝旌表泛滥之弊，注意防止冗滥。延祐七年（1320）十二月至治改元诏书中就提道："封赠之制，本以劝励臣下，比因泛请者众，遂致中辍。今命中书省从新设法，议拟举行，毋致冗滥。"⑤ 这也是英宗朝旌表数量少于武宗、仁宗朝的原因。

泰定帝在位 5 年，旌表 3 次，年均旌表仅为 0.6 次，远低于武宗、仁宗、英宗时代的水平。这和泰定帝的出身有关，泰定帝生长于漠北，袭封晋王，"大斡耳朵里委付来"⑥，对汉法较为疏离，其在位期间旌表活动较少也在情理之中。

文宗在位 5 年，旌表 56 次，平均每年 11.2 次，达到了元朝诸帝旌表的顶峰。这有两方面的原因。首先，文宗生长于汉地，是元朝汉化最深的一个皇帝。文宗即位后颇行文治，设奎章阁，任用虞集等儒臣，编修《经世大典》。孔齐曾评价文宗"尚文博雅"，在位期间文物之盛，超过顺帝。⑦ 其次，文宗弑杀兄长登基，得位非正，在位期间叛乱频仍，政局不稳，文宗出于巩固权位、安抚民心的需要，大行旌表。因此，文宗朝旌表数量呈现大幅增长。

顺帝在位 36 年，共有 37 次旌表的记录，年均旌表 1.03 次。以壬辰之乱为界，顺帝朝旌表活动可以明显分为前后两个阶段。壬辰之乱前的二十年，有 29 次旌表，年均 1.45 次，超过了世祖、成宗、泰定帝朝的水平，比较接近武宗、仁宗、英宗时期的水平。这首先与顺帝汉化较深有关，顺帝"读四书五经，写大字，操琴弹古调，常御宣文阁用心前言往行，欣欣然有向慕之志焉"⑧。在位前期除受伯颜专权的影响外，基本遵循世祖旧制，对孝子节妇积极加以旌表。其次，元朝自世祖以来，推行汉法，涵养七十余年，礼乐制度渐次完备。何中记载："皇元龙兴，列圣继治，际天所覆，仁渐义摩，民俗于变，郡县以

---

① 《元史》卷 23《武宗本纪二》，中华书局 1976 年版，第 531 页。
② 《元史》卷 22《武宗本纪一》，中华书局 1976 年版，第 493 页。
③ 《元史》卷 175《李孟列传》，中华书局 1976 年版，第 4084 页。
④ 程钜夫：《雪楼集》卷 5《匡氏褒德之碑》，《元代文集珍本汇刊》本，台湾"国立中央图书馆"1970 年版，第 260 页。
⑤ 《元典章》新集《国典·诏令·至治改元诏》，中华书局、天津古籍出版社 2011 年版，第 2022 页。
⑥ 《元史》卷 29《泰定帝本纪一》，中华书局 1976 年版，第 637~638 页。
⑦ 孔齐：《至正直记》卷 1《文宗潜邸》，上海古籍出版社 1987 年版，第 2 页。
⑧ 权衡：《庚申外史》，《丛书集成》本，商务印书馆 1936 年版，第 8 页。

节妇名闻而嘉旌表者相望。"①

壬辰之乱后的十六年，仅有 8 次旌表，年均 0.5 次，远低于壬辰之乱之前的 1.45 次。这与至正十二年（1352）之后的政局有关。首先，元末盗贼蜂起，南北交通阻隔，信息传递不便。如徽州人朱氏，"年二十丧所夫，事舅姑以孝称乡里间"，至正年间"尝以节孝闻于朝，同文破产竭孝道，因世革，不果就"。② 顺帝在位后期颇为"厌政"，耽于声色。"天下多故日已甚，外则军旅烦兴，疆宇日蹙；内则帑藏空虚，用度不给；而帝方溺于娱乐，不恤政务。"奸臣搠思监等趁机专政，与宦官朴不花相表里，"四方警报及将臣功状，皆壅不上闻"③。这也造成顺帝朝后期旌表活动的减少。

三、余　　论

以上论述了元代旌表的程序与实际运行情况，下面谈一谈元代旌表制度与基层社会控制的关系。

首先，从旌表的程序上看，旌表是元朝官府与基层社会之间的一种互动。对官府而言，旌表是国家话语的基层表达，其目的在于使民间社会自觉认同封建伦理纲常，进而使国家宣扬的价值观深入民间。④ 官府给与被旌表者孝子、贞节、义门等荣誉称号，并予以免役等待遇。就基层社会而言，元代的基层社会管理主要由社来完成。⑤ 在旌表中，社长以及耆老等群体将孝子节妇的事迹奏报给官府，充当了官民之间的中间人的角色。地方士人在旌表中也发挥了重要作用。按宋元时代，官僚士人开始向地方发展和重新回归乡里社会，并在乡里教化中发挥重要作用。⑥ 地方士人对孝子节妇的事迹大加赞赏，或赋诗，或作文，或绘图，促使其事迹广泛传播，对中央政府宣传教化发挥重要作用。

其次，从旌表的运行情况上看，元代旌表的数量受地理远近与元朝族群政策的影响，不同省区之间、南北方之间差异较大，但终究是"忠孝贞洁之旌遍天下"。从时间分布上看，旌表数量虽受诸帝汉法政策的影响而差别较大，但贯穿有元一代，从未中辍。元代借助于旌表，使得国家倡导的忠孝节义等价值观深入人心。张养浩指出："表一人之孝则举族愧德矣，表一家之孝则阖邑愧德矣，表一乡之孝则余郡国愧德矣，令人鼓舞之，从臾之。"⑦ 因此，在旌表活动的推动下，基层社会逐渐形成了以旌表为荣的风气，如金节妇之子程霖请胡炳文撰写金氏事状，说："孤不克以闻于上，使母之阙之孝将泯没无传，孤

---

① 何中：《知非堂稿》卷 11《节妇刘母欧阳氏事状叙》，《北京图书馆古籍珍本丛刊》第 94 册，书目文献出版社 1988 年版，第 539 页。

② 舒頔：《贞素斋集》卷 4《二节妇传》，《景印文渊阁四库全书》第 1217 册，台湾"商务印书馆"1986 年版，第 595 页。

③ 《元史》卷 205《搠思监列传》，中华书局 1976 年版，第 4585 页。

④ 杨建宏：《论宋代的民间旌表与国家权力的基层运作》，《中州学刊》2006 年第 3 期。

⑤ 柴福珍、石华：《元代农村基层社会管理》，《贵州社会科学》2010 年第 1 期。

⑥ 李治安：《宋元明清基层社会秩序的新构建》，《南开史学》2008 年第 3 期。

⑦ 张养浩：《归田类稿》卷 3《孝子王善甫诗序》，《景印文渊阁四库全书》第 1192 册，台湾"商务印书馆"1986 年版，第 498 页。

罪不容诛。"①

总之，元朝蒙古统治者通过旌表制度，推广官方价值观念，使国家权力的触角得以伸展到地方社会，从而加强对基层社会的控制。

（作者单位：武汉大学历史学院）

---

① 胡炳文：《雪峰胡先生文集》前编《金氏儒人墓志铭》，《北京图书馆古籍珍本丛刊》第93册，书目文献出版社1988年版，第569页。

黄侃礼学发明经学传统论析*

□ 曾 军

【摘要】黄侃手批白文《三礼》圈点笺识、知音考文的点书实践，和"辨句读、析章句；审名义；求条例；括纲要"的四步治礼法，体现了回归礼学原典、尊重明文师说、参考历代注疏以准确了解礼文并发明礼学的经学传统。"发明"之义既针对材料使用，也针对学术风气与治学方法。"发明之学"不仅在于提醒重视新材料的"发现之学"应当重视传世文献，也提醒将经学视为史料的新史学应当准确了解经义。黄侃礼学，在研究方法上延续清儒由小学入经学的治礼方法，又试图弥补考据在发明礼意上的不足；在价值取向上反对完全推翻旧学，提倡对经学传统的继承与发扬。对五四以来视旧籍为落后的趋新风气有纠偏之效。

【关键词】黄侃；礼学；经学传统

20世纪国学大师蕲春黄侃，在小学、文学、经学等领域，都取得了卓越的成就。其音韵、训诂、文字学研究、文学研究者较众，经学及其中礼学专门研究较少①，尚可深入探析。在文化传承与五四反传统的反思中，黄侃礼学特点及其独特价值对理解经学传统、发展礼学研究有着重要意义。

一、点 读 精 习

黄侃治学以点读古书为根基，经、史、子、集各类古籍皆亲手反复圈点笺识，并用这种方法训练学生。《黄侃日记》记录了他每日点书的进度。黄侃阅读圈点过的古书，据王庆元统计有小学21种，经学18种，史学11种，子部4种，文学12种，日记及杂稿三大册。此外还有大量散佚的文稿书册。其中"经学类"现今可见者有：手批《白文十三

---

* 本文得到黄冈师范学院"明清鄂东方志中人物传记的整理与研究"（201905903）项目资助。

① 有陆宗达《季刚先生与〈手批白文十三经〉》（《黄侃纪念文集》，湖北人民出版社1989年版），重在讲黄侃句读之法。罗邦柱《黄侃与经书》（《五邑大学学报》1989年第1、2期）概括了黄侃刻苦读经、发明经义、尊信故训的治经特点。肖航《黄侃经学思想阐微》（《人文论丛》2017年第2辑，武汉大学出版社2017年版），总结了黄侃发明之学、注疏之学、回归经文，以经义为最后、最高标准的经学思想。

经》，手校《李氏易解胜义》，手圈《周易注疏》，手批校孙星衍《周易集解》，手批李道平《周易集解纂疏》（残本），手批校《尚书孔传参正》，《讲尚书条例》，《尚书大传》（残本），《尚书注疏》（残本），手圈《毛诗注疏》，手圈《韩诗外传》，《诗经序传笺略例》抄本，手圈《周礼注疏》，手圈《周礼正义》（残本），手圈《仪礼正义》（残本），《三礼通论》（即《礼学略说》），手写《周礼故书最录》《仪礼古文最录》《尚书、论语、孝经语词钞》，手校《经典释文》（残本）。①

其师章太炎赞曰："为学务精习，诵四史及群经义疏皆十余周，有所得辄笔识其端，朱墨重沓，或涂剟至不可识……得书，必字字读之，未尝跳脱。"② 其好友汪东说："然其为学，严定日程，贯彻条理。所治经、史、小学诸书，皆反复数十过，精博执习，能举其篇叶行数，十九无差忒者。"③ 他的学生对此也印象深刻。殷孟伦说："黄侃先生治学精研，所治经、史、语言文字诸书皆反复数十过。其熟习程度至能举其篇、页、行数，十九无误差。对《说文》、《广韵》两书时不离手……又见先生读《清史稿》，全书一百册，从头到尾，都一卷一卷地详加圈点。他对于随便翻翻，点读数篇辄止者称为'杀书头'，他临终前犹勉力圈完《唐文粹补遗》。"④ 陆宗达说："季刚先生十分重视古代文献的阅读，而且总是从最基础的工作——句读作起。凡是他读过的古籍，不论经史子集，无不从头到尾的圈点。他的书上作着各种记号，而且批注的密密麻麻。"⑤ 钱玄说："《通典》中'历代沿革礼'共六十五卷，先生均加句读，校勘，眉批。"⑥反复不间断地点书，使得黄侃对古籍文字极其熟悉，这成为他文字音韵学、文学和经学的坚实根基。

黄侃极为重视礼学，在多所大学讲授三礼，留存下来的仅专论《礼学略说》⑦ 一篇。《礼学略说》属讲义性质，概述礼学大纲，揭示治礼门径方法，可谓一篇极精当的礼学史。钱玄《记蕲春黄先生讲三礼》与该篇大体一致。另有《黄侃手批白文十三经》中《三礼》部分，还有杂见于日记、年谱以及他人回忆文字中的礼学论说。《黄侃手批白文十三经》圈点批注白文《三礼》，是他研治礼经的实践范例。《黄侃日记》记录 1929 年 7 月 25 日至 8 月 8 日黄侃点读《大戴礼记》，但没有留下手批本。

黄侃礼学首先是点读、精习礼学文献。礼学文字比其他经典更繁难，名物制度、仪文度数繁复。《手批白文三礼》是黄侃精择可靠版本对勘，并多次点读之后的成果。《周礼》依据阮元校本《周礼注疏》和孙诒让《周礼正义》，《仪礼》据阮元校本《仪礼注疏》和胡培翚《仪礼正义》及杨大堉补注，《礼记》据阮元校本《礼记正义》和宋本《礼记》，

———————————————

① 王庆元：《黄季刚先生遗著知见录》，《武汉大学学报》1986 年第 1 期，第 23~28 页。

② 章太炎：《黄季刚墓志铭》，程千帆、唐文编：《量守庐学记》，三联书店 1985 年版，第 2 页。

③ 汪东：《蕲春黄君墓表》，程千帆、唐文编：《量守庐学记》，三联书店 1985 年版，第 3 页。

④ 殷孟伦：《谈黄侃的治学态度和方法》，程千帆、唐文编：《量守庐学记》，三联书店 1985 年版，第 40~47 页。

⑤ 陆宗达：《季刚先生二三事》，程千帆、唐文编：《量守庐学记》，三联书店 1985 年版，第 129~134 页。

⑥ 钱玄：《记蕲春黄先生讲三礼》，程千帆、唐文编：《量守庐学记》，三联书店 1985 年版，第 152~154 页。

⑦ 按：1928 年，黄侃南下应南京中央大学聘，讲章有《礼学略说》。1931 年讲《三礼通论》。据相关资料记载，《礼学略说》和《三礼通论》应为同一篇。《礼学略说》一文仅存上篇，未见有下篇。

大体上都是以汉唐注疏为据，吸收清代经学校勘成果，参考历代注疏。

黄侃点读《周礼》《礼记》多辨句读、断句，辨今、古文或异文、衍文，分节、分段离析章句。句读依据阮元校本和宋代大字本，音读本于陆德明《经典释文》，分节标目参考汉唐注疏，吸收乾嘉学者成果。他秉承汉代经师"雅畅简易"的章句风格，学习清儒陈兰甫以分节、绘图、释例法读《仪礼》，以分类法读《礼记》，以孙诒让大宰八法分职读《周礼》的礼经读法。

手批白文《三礼》，点书符号一是圈，离经断句用。二是竖线，标识前人对此提出疑义，多为经文异文。黄侃《手批白文十三经提要》之《周礼提要》说"凡异文及故书旧说郑读，均为标明"，《仪礼提要》曰"凡异文郑读及今古文异同均为标明"，《礼记提要》曰"凡异文及郑读异本均为标识"。

黄侃《仪礼》批注极精。手批《仪礼》十七篇，每篇都于文中分段分节，每节标目注于页下。如《士冠礼》前28节叙冠礼仪节，后6节记特定仪节之义，每节标目简约精练。《士昏礼》前13节为昏礼仪节，后25节记特定仪节之法、之辞、之变。余十五篇与此同。《仪礼》素以难以卒读著称，经黄侃分节标目，礼秩仪节，一目了然。

黄侃礼学，其要在于反复通读、圈点笺识礼经白文，保持对经典文献的熟悉和整体感知，在博通之中理解礼经本义。这也是传统经学的治学要义。

二、治礼四步

黄侃治学，遵从顾炎武"读经自考文始，考文自知音始"、张之洞"由小学入经学，其经学可信"的原则，受到经古文学家章太炎的影响，认为欲读懂古书并明了书中道理，必须先知音韵、解文字、明训诂。学者研究黄侃之学，例证也多是其古韵二十八部、古声十九纽之推陈出新。究其实，文字音韵学也是黄侃礼学的根本。《礼学略说》① 对其发明礼学有着明确的方法概括，即结合语言文字学与注疏学的"辨字读、析章句；审名义；求条例；括纲要"四步治礼法。

1. 辨字读、析章句

黄侃礼学最重辨字读、析章句，称"学问文章皆宜由章句训诂起"②。《礼学略说》所论重点在此，《文心雕龙札记·章句》篇及其诸多语言文字学类著述的核心在此，手批白文《三礼》的工夫在此。

黄侃所言辨字读与析章句并非两事。"先生谓一切文辞学术，皆以章句为始基。"③在他看来，"章句以驭事义，虽牢笼万态，未有出于章句之外者也。汉师之于经传，有今文与古文异读者焉，有后师与前师异读者焉，凡为此者，无非疑其义训之未安，而求其句读之合术而已"④。黄侃溯源句、读、章、言四名，表明"章"有终止之义，"句"有停

---

① 黄侃：《礼学略说》，《黄侃论学杂著》，中华书局1964年版。本文中未标注之引文皆引于此文。
② 司马朝军：《黄侃年谱》，湖北人民出版社2005年版，第271页。
③ 徐复：《师门忆往》，司马朝军：《黄侃年谱》，湖北人民出版社2005年版，第298页。
④ 黄侃：《文心雕龙札记·章句》，上海古籍出版社2000年版，第127页。

顿之义,二者本义相通。由此他指出"章句"有断句符号、注经体例和语言单位三层含义①,三层含义中章句与字读都密不可分。黄侃的学问里,辨字读、析章句始终相提并论。他别创章句新说:"分为九章说之:一释章句之名,二辨汉师章句之体,三论句读之分有系于音节与系于文义之异,四陈辨句简捷之术,五略论古书文句异例,六论安章之总术,七论句中字数,八论句末用韵,九词言通释。"② 此九章都是辨字读,也都是析章句。

字、读、章、句各有侧重。辨字侧重于礼书经、记文字不同者,有声同而假借、字近而讹误、字别而师说违异、先师说字与《说文》不相应等情况,均需仔细辨别。辨读专指断句,断句不同,旨意也因之而异。析章句,就是分章、分节、标目,使礼文层次分明,意义明晰。辨字、读是正确离析章句的基础和前提。黄侃指出礼学难治原因有四:古书残缺,无一全者;古制茫昧,明文难征;古文简奥,文字难定、文辞难通、句读难辨、名称难一;异说纷纭。"治礼之次第有三。先应辨字读、章句。治经学必以小学为始基。"③ 所以,辨字读、析章句是阅读礼古文、研治礼学的第一步。

黄侃所言"辨字读"的独特之处,在于不仅依据文义断句,还根据音节断句。《文心雕龙札记·章句》"论句读之分有系于音节与系于文义之异",提出音节句读与文义句读的差异及其区分方法。他认为,句读除考虑文义之外也应考虑声气的因素:"凡人语言声度不得过长,过长则不便于喉物,虽词义未完,而词气不妨稽止,验之恒习,固有然矣。文以载言,故文中句读,亦有时据词气之便而为节奏,不尽关于文义。"区别对待,断句会更为合理。"学者目治之时,宜知文法之句读,口治之时,宜知音节之句读。"礼学涉及今古文,更应注意音读,"礼有今古文,有通假。辨音读,除《尔雅》、《说文》外,不可不读陆德明《经典释文》。陆氏所见三礼异本多至二十余家,六朝三礼之学,从《释文》中可见其梗概。辨礼书音读,应以《释文》为管籥"④。黄侃说:"离析章句,乃治礼之始基也。"离析章句即知音、考文、断句。

2. 审名义、求条例、括纲要

治礼有三法,即审名义、求条例、括纲要。审名义就是正名,就是考辨礼经中的各类名物。黄侃说:"治礼之事固当斤斤于正名。"又说:"治礼者,舍深藏名号,何所首务乎?"礼学名物制度甚多,常常称名各异,究其原因,"原《经》、《记》名称之所由难辨者,或一名,而含义甚广;或二名,而为异无多;或冢常称,而谊则大殊;或加微别,而辞终不溷;亦有详此略彼,举轻包重;通言、别言有判,对言、散言有分"。此外,名有称名与器物名之别。如辨"兄弟、昆弟"称名的用法,论"礼具"如古宫室之制、古衣服之制、古饮食之制、古器用之制中各种礼器,皆属正名范畴。治礼如不辨礼名,无法深入研读。

---

① 梁祖萍:《〈文心雕龙札记〉"章句"之解读》,《陕西师范大学学报》2007 年第 6 期。

② 黄侃:《文心雕龙札记·章句》,上海古籍出版社 2000 年版,第 127 页。

③ 钱玄:《记蕲春黄先生讲三礼》,程千帆、唐文编:《量守庐学记》,三联书店 1985 年版,第 152~154 页。

④ 钱玄:《记蕲春黄先生讲三礼》,程千帆、唐文编:《量守庐学记》,三联书店 1985 年版,第 152~154 页。

求条例，即发凡言例，也是一种归纳法。黄侃非常重视归纳条例，"郑、贾熟于经例，乃能作注、作疏；注精而简，疏则详而密，分析常例、变例，究其因由。近时则凌氏《礼经释例》，善承其学，大有助于读《礼经》者矣"。

黄侃礼学所求条例，首先是文句之例，即文字句法特点，如倒文、省文、复文、变文、足句等。他将句法归为析章句，其实也可归于求条例。郑玄《三礼注》中有些注释条例就是句法习惯，如张舜徽先生归纳《郑氏经注释例》20 条中有 7 条属文句之例①。其次是言礼通例。黄侃认为读礼书时，最好能够亲自归纳条例、绘图、制表，才能深刻了解礼之名物制度。他曾致信陆宗达："承示以方阅《考工记》。大抵名物制度，宜抽绎其例，排比其文，或图之，或表之，虽有旧图旧表，仍宜自作。自作一过，则是非愈明，永不忘矣。《礼书通故》、《三礼通释》皆参考佳书也。"② 他撰《讲尚书条例》提出治《尚书》以三意求之："求其文字，以考四代之文章；求其义理，以考舜以来、孔子未生以前伦纪性道之说；求其事制，以为治古史之资粮。"③ 可谓善求条例以治经的范例。

括纲要，就是在前三步准确读懂经文的基础上，能够掇其大要，不为繁说。这是针对说礼方法，也是针对说礼风格而言的。要想使繁杂的礼书变得易于把握，就要善于提要钩玄。黄侃认为刘向校书撰写提要的方法最为可取。他以郑玄论鲁礼禘祫志、谯周论昏年、束晳论昏期以简明之辞定异同之论为例，主张学习汉唐注疏的简要明晰、条理分明。

括纲要还包含更深含义，即能够透过礼具、礼文来把握礼意。黄侃将礼分为三个层面："礼意"，即各种礼义，如制丧之意、丧礼繁文、嫂叔无服、父在为母期等礼仪中体现的亲亲、尊尊之意。"礼具"，指各种礼仪的相关名物器具，如古宫室、古衣服、古饮食、古器用之制等。"礼文"，指礼之节文繁简度数。治礼常苦于仪文繁琐，但考之以图、审之以例，礼文的同异、详略、隆杀以及制礼之意，就都可以了然于心。黄侃认为，礼之文、理与情、用互为表里，不能专重仪文而忘其本意。礼具、礼文古今不可强同，重要的是领会其中的礼意。

综上，黄侃礼学以郑玄《三礼注》为宗，以陆德明、孔颖达、贾公彦、杜预四家注疏为基础，汲取宋元明及清乾嘉学者的优点，尤其继承了清代顾炎武以来对文字、音韵、训诂之学的重视和江永、凌廷堪、孙诒让等对礼经条例的梳理，并以此数者为基础提出治礼四步。回到礼学经典白文，始于知音考文，根于明文注疏，发明礼学原义，理解、解释礼学传统。

三、发 明 之 义

日本学者吉川幸次郎说："（黄季刚先生）诰以治学之法，曰：所贵乎学者，在乎发

---

① 张舜徽：《郑学丛著·郑氏经注释例》，华中师范大学出版社 2005 年版。其中"订正衍讹例、诠次章句例、声训例（上、下）、改读例、改字例、考文例"皆属文字、音韵、文句类例。

② 司马朝军：《黄侃年谱》，湖北人民出版社 2005 年版，第 280 页。

③ 司马朝军：《黄侃年谱》，湖北人民出版社 2005 年版，第 177 页。

明，不在乎发见。今发见之学行，而发明之学替矣。"① 黄侃的礼学方法与实践，为理解其"发明"的含义提供了实证。圈点笺识与知音考文是发明礼学的基本工夫，"辨字读、析章句；审名义；求条例；括纲要"是发明礼学的必要步骤。

当代学者因其与"发见之学"对举，故多从比较的角度对"发明"的含义进行解读。从新、旧材料的运用看，司马朝军认为，黄侃主发明之学，主张用传统方法处理新、旧材料，善于从常见书中发掘出新的东西，对旧材料的重视胜过新材料；王国维主发现之学，提倡"二重证据法"，主张用新方法处理新材料，不仅材料新，观点更新，无疑对新材料的重视胜过旧材料。② 刘克敌指出，"发现"是所谓的从无到有，只要有新材料出现，就能说有新的发现。"发明"则往往是材料仍为旧有，但却能从中看出新问题并得出新的见解，这自然更难，因为这对研究者之眼光、研究方法和视角有更高要求。③

从研究范式与价值取向看，杨晓认为"发明"中内含创新意蕴，挖掘新材料、新事实的方法为"发见之法"，通过对既定材料与事实的探索，揭示客观规律，创造出新理论为"发明之法"。④ 冯胜利认为"发明"为逻辑演绎，"'发明'被季刚先生理解、揭举或发展为一个富有'学术范式'概念的代名词。他划时代地指出：当时正在进行着从发明到发现的学术范式的转型——亦即从'主尚道理的揭示'到'推重材料的发现'的转型。……严格地说，学理概念上的发明指的是：揭示'前之未尝有，后之所不可无'的规律或秘密，才是发明，它和发现不同，发现是找出本已存在而前人没有见到的材料或事物（不同于'前人没有提出的道理'）"⑤。

"发见之学"的核心要素是新材料所带来的新发现。王国维说："古来新学问起，大都由于新发见。……中国学问上之最大发现有三：一为孔子壁中书，二为汲冢书，三则今之殷虚甲骨文字、敦煌塞上及西域各处之汉晋木简、敦煌千佛洞之六朝及唐人写本书卷、内阁大库之元明以来书籍档册，此四者之一已足当孔壁、汲冢所出，而各地零星发见之金石书籍于学术有大关系者尚不与焉。故今日之时代可谓之发见时代，自来未有能比者也。"⑥ 王氏运用纸质文献与地下材料对勘的"二重证据法"研究商周礼制，用甲骨卜辞补正经史记载，撰《殷卜辞中所见先公先王考》《续考》《殷周制度论》《殷虚卜辞中所见地名考》《殷礼征文》以及《古史新证》等，探讨殷周政治制度得出新结论。郭沫若以彝器铭文为证，著《周官质疑》《谥法之起源》，质疑补正王国维之论断。

① 日本学者吉川幸次郎 1935 年 11 月 2 日《与潘景郑书》中语，见司马朝军：《黄侃年谱》，湖北人民出版社 2005 年版，第 429 页。
② 司马朝军：《黄侃年谱》，湖北人民出版社 2005 年版，第 253 页。
③ 刘克敌：《"发现"与"发明"谁更重要——20 世纪上半叶相关学术论争漫谈》，《中华读书报》，2018 年 1 月 24 日，第 15 版。
④ 杨晓：《黄侃"在于发明，不在于发现"治学原则的创新意蕴》，《辽宁大学学报》2014 年第 5 期。
⑤ 冯胜利：《论黄侃的"发明之学"与傅斯年的"发现之法"》，《励耘语言学刊》2018 年第 2 期。
⑥ 王国维：《最近二三十年中中国新发见之学问》，傅杰编校：《王国维论学集》，中国社会科学出版社 1997 年版，第 207 页。

由此可见，考古对地下新材料的发现确实对礼学研究产生了重大影响①。从这个意义上讲，"发见之学"与"发明之学"可以说是由对新、旧材料的不同态度分化出来的两种不同的学术范式。但这种影响毕竟主要体现在资料匮乏的上古史研究，且王国维、郭沫若等从未放弃对传世文献的重视，更多的学者研究古代学问还是建基于传世文献。黄侃言："无论历史学、文字学，凡新发见之物，必可助长旧学，但未能推翻旧学。新发见之物，只可增加新材料，断不能推翻旧学说。"②他批评罗振玉、王国维"发见之学"的局限，"经史正文忽略不讲，而希冀发见新知以掩前古儒先，自矜曰：'我不为古人奴，六经注我。'此近日风气所趋，世或以整理国故之名予之，悬牛头，卖马脯，举秀才，不知书，信在于今矣"③。可知黄侃将"发明之学"与"发见之学"对举，决不是否定新材料的学术价值，而是要强调传世经史文献的重要性。

黄侃"发明之学"也决不仅仅针对"发见"新材料而言。20 世纪上半期新史学的发展脉络，冯友兰概括为"信古、疑古、释古"④，钱穆分"传统派、革新派、科学派"⑤。金毓黻说："最近史学之趋势，可分两端言之，一曰史料搜集与整理，一曰新史学之建设及新史之编纂。"⑥ 1941 年，周予同将新史学五十年分为偏重史观和史法方面的史观派和专究史料方面的史料派，史观派中又分疑古（胡适、钱玄同）、考古（王国维、李济）、释古（胡汉民、郭沫若、陶希圣）三派。⑦ 1986 年，许冠三总结新史学九十年，梁启超和张荫麟为开拓者，其余分为考证学派（王国维、陈垣），方法学派（胡适、顾颉刚），史料学派（傅斯年、陈寅恪），史观学派（李大钊、朱谦之、常乃德、雷海宗、郭沫若、翦伯赞、范文澜），史建学派（殷海光、许冠三）。⑧ 几种分类法都着眼于对古代经典的态度，可知此间主要分歧不是新材料，而是如何看待被视作需要辨别的史料的经学。

将经学视作史料，古已有之，从刘向的经即史，到王阳明的五经皆史、章学诚的六经皆史。近代如 1923 年梁启超主张礼学回归史学，将礼学经典看作专题史史料。"我们试换一个方向，不把他当做经学，而把他当做史学，那么，都是中国法制史、风俗史……

① 20 世纪新出土的礼学文献，如 1900 年西北敦煌莫高窟发现的先唐抄本敦煌《礼记》残卷 12 卷之外，又有，1959 年 7 月，甘肃武威磨咀子 6 号汉墓发掘出比较完整的 9 篇《仪礼》竹木简。1993 年 10 月，湖北荆门郭店一号楚墓出土 804 枚竹简，中有《缁衣》与传世文献《礼记·缁衣》近似。1994 年 5 月，上海博物馆入藏一批战国竹简，其中《民之父母》与传世《礼记》中《哀公问》《孔子闲居》两篇内容相似。在这种有文字记载的考古发现之外，还有如仰韶、良渚、三星堆等文化遗址以及墓葬中的器物，都给礼学研究提供了珍贵的实物资料。运用这种方法治礼取得较大成绩的还有杨向奎、杨宽、杨华等。

② 张晖：《量守庐学记续编》，三联书店 2006 年版，第 3 页。

③ 司马朝军：《黄侃年谱》，湖北人民出版社 2005 年版，第 253 页。

④ 冯友兰：《中国近年研究史学之新趋势》，《三松堂全集》第 14 卷《杂著集》，河南人民出版社 2001 年版，第 255 页。该文写于 1935 年 5 月。

⑤ 钱穆：《国史大纲·引论》，《钱宾四先生全集》第 27 册，台湾联经出版事业公司 1998 年版，第 24 页。

⑥ 金毓黻：《最近史学之趋势》，《中国史学史》附录，河北教育出版社 2000 年版，第 382 页

⑦ 周予同：《五十年来中国之新史学》，朱维铮编：《周予同经学史论》，上海人民出版社 2010 年版，第 359 页。

⑧ 许冠三：《新史学九十年》，岳麓书社 2003 年版。

史……史的第一期重要资料了。……我们若用新史家的眼光去整理他，可利用的地方多着哩。"① 李安宅《〈仪礼〉与〈礼记〉之社会学的研究》则是以礼学经典为社会学史料的较早范例。

"发"之本义为发射，箭离弦为发。后引申为开出、发掘、启发、举、扬、发行、有所见、发越、发明义理、晓、通、达其辞等义。② 古代典籍中的"发明"也多指思想经义之发明，如《后汉书·徐防传》："臣闻《诗》《书》《礼》《乐》，定自孔子；发明章句，始于子夏。"《论语·为政》"退而省其私亦足以发"之"发"，皇侃疏曰"发明义理也"，朱熹注曰"发明所言之理"。黄侃所言"发明"与此同义，又因吸收了新思想而有所拓展。他说："读中国旧书，了解为先，记忆次之，考据又次之，判断最后。"③ 又，"发见一，推明二，改善三，钩沉四，扶微五，暗中六。学术之事，尽此六道矣"④。又，"作与述不同，作有三义，一曰发现谓之作；二曰发明谓之作；三曰改良谓之作。一语不增谓之述"⑤。将此见解与其礼学论说和手批《三礼》对照可知，其所谓"发明之学"，包含两个层面，一是了解、记忆、考据、判断的读经过程，二是发现、推明、改善的研究过程。即治学必须先弄清、了解经典文字的本义，再在了解文义的基础上发现、发明或改良。

四、发明经学传统

黄侃提倡"发明之学"目的是弥补清学之不足。陈澧言："国朝儒者之于礼学，为宋以后所不及。然考证礼文者多，发明礼意者少。"⑥ 清代礼学之兴是崇尚实学的体现。前期提出"经学即理学"，中期倡"以礼代理"，乾嘉以汉学对峙宋学，晚清逐渐调和汉、宋，走的是返朴之道。礼学家及著述，如江永《礼书纲目》、凌廷堪《礼经释例》、胡培翚的《仪礼正义》、孙希旦《礼记集解》、黄以周《礼书通故》、孙诒让《周礼正义》等，都侧重考据。黄侃发明礼学，一方面熟练运用文字、音韵、训诂学的知识，一方面笃信注疏，严守师法，立足《三礼》及历代礼学注疏。看似与清代礼学并无二致，其实学术旨趣与研究方法都与"由小学入经学"的清学有了明显差异。

黄侃极为重视经传明文与师说。他批评孙诒让对郑注、贾疏的态度。"年来点校孙仲翁《周礼》新疏，见其攻驳郑、贾，略无愧容，一简之中，诋诃杂出，由此见唐人之于王《易》、孔《书》爱护甚至，虽乏宏通之美，亦庶几不违矩矱者已。足下有志经术，所宜先求注疏，进览汉师之说，补其阙遗，而推其未备……至于训诂、声音，在小学之家自为要业，若在专家治经之士，正以笃守师说为宜。"⑦ 礼经白文的断句加点、校勘文字、

① 梁启超：《中国近三百年学术史·十三》，《饮冰室合集7·饮冰室专集之七十五》，中华书局1988年版，第191页。

② 宗福邦、陈世铙、萧海波：《故训汇纂》，商务印书馆2003年版，第1518页。

③ 《蕲春黄氏文存》，武汉大学出版社1993年版，第221页。

④ 黄侃：《黄侃日记》，程千帆编辑，江苏教育出版社2001年版，第813页。

⑤ 张晖：《量守庐学记续编》，三联书店2006年版，第4页。

⑥ 陈澧：《赠王玉农序》，《东塾集》卷三，清光绪十八年菊坡精舍刻本，第2页。

⑦ 司马朝军：《黄侃年谱》，湖北人民出版社2005年版，第162页。

分节标目等工作，必须借助距离原典最近的汉唐注疏才可能较为准确地完成。他提倡回归礼经之明文与师说，"说礼所据，有明文，有师说……要以古文为明文，而以师说辅之"。批评李慈铭《越缦堂日记》："其人流览殊广，考经订史，时有善言，其经学自近儒之书入，往往忽忘本经，不检唐疏释文。盖经中训诂、义理、典制、条例，必须潜心体玩，钩稽参决，非摭拾一条，翻阅一书，即可率下评议也。"① 强调经学必须潜心体玩本经和汉唐注疏，不能从近人书入。

黄侃"发明之学"又是对晚清以来学界疑经疑传、好为异说的趋新风气的反拨。汪东说："清代学术，吴惠栋、休宁戴震为两大宗。君兼师其法，深明音韵训诂之学，而未尝辄以己意易旧解。盖疾近世学者尊野闻，逞臆说，亦欲以此救之也。"② 章太炎说："自清末迄今几四十岁，学者好为傀异，又过于明、清间，故季刚所守，视惠氏弥笃焉。独取注疏，所谓犹愈于野者也。"③ 黄侃主张"保全本来"，不轻议礼失，讥诋古礼。

黄侃认为反经学传统导致了臆说经文的风气。他说："讲《毛诗》，以牟廷相《诗切》中诸妄说录示学士，俾知今日新学小生率臆说经之不足为奇，只足为戒。"他批评皮锡瑞《今文尚书考证》"颇有臆说"，批评王闿运之经学、文章："王氏说经，只事穿凿，浇风一扇，流毒无穷。所作文词，皆摹虚调，非无古色，真宰不存焉。"论晚清学风之流变："清之将亡，学风亦变。南皮、吴县之徒，则以目录、金石眩人；李慈铭、王闿运之党，则以大言浮词惑世；至端方辈，则清客而居大位者也；康有为辈，则奸民而饕盛誉者也。不独纪、阮之淹博，惠、戴之精纯，去人已远，即姚、曾辈亦何可几及哉？"④ 他批评那种不了解经文、闻"新"起舞的学术风气，强调发掘经典文献的本义和价值。

民国礼学热点"周公制礼"说真伪问题，黄侃援引清汪中六条、陈澧四条考据，证《周礼》和周公的可信。又从《国语》中找出证据，证明周公之典就是《周礼》，且在战国时期各国也有实行，其中有部分内容属后人掺入。范文澜著《群经概论》全引黄侃所引汪中、陈澧十条，又说："黄师季刚先生复发明一条，证《周礼》为周公手定，孔子复亲见《周礼》。"⑤ 又举其师陈伯弢从《左传》中搜集的六十证证各国施行周礼。这些都是从传世文献中爬梳出来的材料，也可谓是对传统文献的发明。

黄侃自言"学究旧法"。1931 年，黄侃自校《礼记略说》，致王献唐信函称："近日学风益趋新奇，侃之所为犹是学究旧法，世必笑之，或不见非于雅德君子耳。"⑥ 同年录朱熹"旧学商量加邃密，新知培养转深沉"赠学生，言此语为"学问坦途"。他以愚自处，主张"疑事毋质、直而勿有"。要真正弄懂经义，必须把经之明文一字字读明白，必须圈点笺识、知音考文。可见，黄侃"发明之学"，并非一味守旧，而是不肯轻易疑古，不武断臆说，坚持"言必有中，每下一义，切理厌心"，不愿意随新起舞。殷孟伦称之为

---

① 司马朝军：《黄侃年谱》，湖北人民出版社 2005 年版，第 237 页。

② 汪东：《蕲春黄君墓表》，司马朝军：《黄侃年谱》，湖北人民出版社 2005 年版，第 21 页。

③ 章太炎：《黄季刚墓志铭》，司马朝军：《黄侃年谱》，湖北人民出版社 2005 年版，第 20 页。

④ 司马朝军：《黄侃年谱》，湖北人民出版社 2005 年版，第 231、253、255 页。

⑤ 范文澜：《群经概论·周礼》之第三节《周礼不伪证》，《范文澜全集》第 1 卷，河北教育出版社 2002 年版，第 139 页。

⑥ 司马朝军：《黄侃年谱》，湖北人民出版社 2005 年版，第 335 页。

"笃学而不趋新、征实而不蹈虚"①。

综而论之，黄侃"发明之学"对清学和近现代学术的批评，都偏重于发明经学传统。西学冲击下的中国学界，对待传统的态度是不同的。整理国故、古史辨等疑古辨伪风潮愈演愈烈，有国粹派、学衡派等与之分庭抗礼。这是推进中国现代学术或激进或保守的两股重要文化力量，都为中华文化融入世界文明提出学理依据。黄侃在新学炽热的环境下坚守传统礼学立场，而守中有变。其四步治礼法体现了传统小学向现代语言学的转变，又始终以准确发明古义、理解礼学传统为目的。正是这种"发明之学"，使黄侃礼学立足经典注疏而不拘泥注疏，重视礼文、礼具而不沉溺于考据，务实求真而不唯新是从，以积极的姿态维护礼学传统，既区别于清代礼学，又迥异于疑古辨伪、崇尚实证的新史学，成为礼学传统的守护者。在五四反传统的浪潮中，他们要求正视传统文化的价值；在"欧化、西化"的思潮中，他们希望认识到传统文化的优点，争取东、西方文化平等交流的地位。

黄侃所论国学、旧学乃至国故，与章太炎倡言"爱国、保种、存学"的精神是一致的。他支持学生发起成立《国故》月刊社并担任总编辑，目的是"昌明中国固有之学术"；他主张"学无新旧，唯其真之为是"②，希望消除人们对传统的偏见，尊重传统的价值；他认为礼学的价值和理念依然适用于今日之社会："近人或以礼经名物繁缛，注疏庞杂，经传所述，均为当今不行之典，于时无用之仪，故不必空事钻研，徒费劳神。此说良为纰缪。盖今之学三礼，决非为复冕弁之服，鼎俎之设，而在于考究上古典章制度，明民族文化之发展。虽于时无用，但何害钻研？而况制礼之义，亦有不可尽亡者，讲信修睦，今日岂可摒弃乎？"③

史华慈断定章炳麟等现代中国的保守主义"从本有的民族传统衍出其思想范畴"，是受民族主义情感所影响的"文化的保守主义"④，这个判断也适用于黄侃。文化保守主义并不是反对进步，而是反对激进的、全盘否定传统的进步。爱德华·希尔斯说："人文学的学术研究也是在一个传统中进行的，在这个传统中，每一代人都以其前辈的成就作为出发点，并在此基础上提出问题，汲取互相贯通的研究方法。……人文学这一传统的研究目的是发展理解的传统；这种理解的对象是人们要去了解的各种传统。"⑤黄侃礼学发明经学传统，促使人们去了解和理解经学传统背后的那个传统社会。

（作者单位：黄冈师范学院文学院）

①　殷孟伦：《谈黄侃先生的治学态度和方法》，程千帆、唐文编：《量守庐学记》，三联书店 1985 年版，第 40~47 页。

②　司马朝军：《黄侃年谱》，湖北人民出版社 2005 年版，第 157 页。又作《国学厄林付刊感题》曰："新旧本来无定相，是非何用苦相争？要从言象筌蹄外，尽泯人吾正负名。"批评执着于新、旧之名而对"旧"不加辨别地打倒的学术取向。

③　钱玄：《记蕲春黄先生讲三礼》，程千帆、唐文编：《量守庐学记》，三联书店 1985 年版，第 152~154 页。

④　［美］史华慈著、林镇国译：《论保守主义》，《近代中国思想人物论——保守主义》，台湾时报文化出版公司 1980 年版，第 33 页。

⑤　［美］爱德华·希尔斯著，傅铿、吕乐译：《论传统》，上海人民出版社 2009 年版，第 133 页。

文学·诗学

明初道士张宇初诗歌所见的情与怨*

□ 余来明 姚 纯

【摘要】 道教各派之中，正一派素以符篆而不以著述见称，明初的张宇初则是少数的例外之一。其一生撰著颇丰，被称为"道门硕儒"，更是留下了八百余首诗作。其中既不乏关乎"道心"的作品，但更多时候出现在世人眼前的，是一个情感丰富、细腻、敏感的诗人。在他数量丰富的诗歌中，尤以书写幽居和远游的作品为多，反映出诗人丰富的内心情感。而这种潜藏于诗里行间的情感变化，正是张宇初身为道人而作诗人的动人之处。

【关键词】 张宇初；道士；诗歌；情感

身为一个道士，应当具有怎样的性情？而如果他还能作诗，又会在自己的诗中表达什么情感？历史或许曾给过张宇初以不同的参照，那些生活在稍早于他时代的道士们，就曾在诗的国度里做过不同的表演：百余年前的丘处机、王重阳、马钰、姬志真等人，留下了为数可观的诗作。然而他们的大多数作品，归根到底不外是修道之余见诸文字的"道言"，而不只是"诗"的存在。那一首首字句齐整、格律符节的作品，虽然不无诗味，却道意更浓。又或是更接近于张宇初生活时代的教中前辈，如张雨、马臻，虽然他们都身着道袍，但在诗的世界中，却表现得更像是纯粹诗人，让人很难分辨作诗与学道何者才是他们生活的重心。

虽然已经很难知悉张宇初是带着怎样的情感写下自己的第一首诗，但是从他的自叙可以得知，学为作诗是他自幼就开始的志业，而专注于道教经典的研习，则是要等年长被选定为道教事业的继承人以后。① 也许从学为读书识字之始，诗人的精神和情怀就已不知不觉在他心中深种。在他留给今人的 800 余首诗中，虽不乏关乎"道心"的作品，但更多时候出现在世人眼前的，是一个情感丰富、细腻、敏感的诗人。而这样的形象，在他继承

---

* 本文为国家社科基金重点项目"《钟惺全集》整理与研究"（18AZW015）阶段性成果。

① 如他在《书室铭序》中说自己"年未冠，知嗜学，有志儒先君子之言，凡诗书六艺之文，悉尝记诵之"。又曾在《答程训导书》中称："仆自未冠有志于学，若乡先辈，靡不师以求之。未之有得，而思之反复，求亦愈切。及长，亲殁袭教，虽肆力吾道家言，而诚身修己之道，自见必求诸濂洛关闽为备，遂易所习而力求之，卒无所逮。"

道统之后仍未曾改变。千载之下读他的作品，仍能体会其间有种种情愫萦绕于心，仿佛时时有一位道士由诗中跃然而出，诉说自己人生的悲喜，睹物思人，凭古吊今，悠游山水之间，往来江湖之上。由他那数百首诗所传递的作者形象，是一个有着丰富情感世界的诗人，而非典型的道士/术士。

一、幽居：置身世外的孤高与寂寞

道士幽居，原属人生常态。然而对身任掌教的张宇初来说，其人生履迹则不得不时常在出、处之间进行切换，尤其是他曾因为获罪而回归山林。《明史·方伎传》称他建文时"坐不法"，至于所犯何事，则史无详载，也无从考证。虽然在永乐初就恢复了教职，然而由此在心态上受到怎样的影响，在他的文集中似乎也难以一探究竟。在他这般并不平静的人生中，其心绪是否也如常人一样难以不被外事所役？从他现有留存的作品，很难看出具体事件对其心绪的影响，然而却又可见总有愁云笼罩其间。山居生活既能使他有一种超脱世俗的仙人之姿，以清幽自赏，却又不免给他带来寂寞之感。虽然张宇初也未必耽恋世俗的享乐，然而与身处繁华都市、友朋应酬（由其诗文中有不少应酬之作可见）的欢愉生活相比，山居独处也许过于平淡，略显无聊。

张宇初曾作五律《独酌二首》，虽然不知其写作的具体时间，但那种百无聊赖的寂寞之感，却渗透于诗里行间。诗是这样写的：

> 曙雨改余春，新流注深谷。幽居绝世氛，微月澹丛竹。曲蘗非素耽，聊从写情曲。吹万等劳生，胡能竞奔触。

> 薄露集虚庭，凭池暂怡偃。蛙喧倏四盈，墟里闻春远。暝色度林钟，残霏净孤巘。孰探肥遁情，幽趣聊独遣。①

诗题"独酌"，孤寂之意不言自明。在此意下，两诗表现的方式却有所不同。第一首着力写所处环境的静与幽："余春""深谷""幽居""微月""澹""丛竹"，周遭世界的空寂、幽旷，不免会让人的心境也随之变得虚静。然而在这虚静之中，又似有一种不可捉摸的意绪在搅动诗人的情弦。情之所至，尽管杯中之物并非是他素来耽溺的嗜好，却也不禁在这雨后独自小酌，借酒一抒心中情曲。世俗的奔忙劳碌虽非他所愿，但这山居的寂寞、枯淡生活呢？诗人似乎也不能完全淡然处之。在第二首中，展现在我们眼前的是一幅"动"的画面：夜幕降临，薄露轻笼殿庭，池塘中蛙声四起，村落中春捣之声时有时无，暮色中传来缓缓钟声，远方孤山掩尽最后一缕残红。虽则均为"动"景，实则更显幽寂。由此思想自己独居深山，远离尘世，这份隐逸的幽情孤趣，又有谁能与我同享？那就姑且酌酒一杯，聊以自赏吧！

在所作诗中，张宇初曾多次表达退居山林是自己素来之愿，尘世的种种污浊让他选择洁身自处。他的这首《九日登樵坡自遣》，很容易让我们想到因为不愿为官而逃离尘网的

---

① 本文所引张宇初诗歌，均据清乾隆十九年（1754）张昭麟重刊本《岘山无为天师岘泉集》。

陶渊明：

> 朝旭解微阴，侵晨步幽谷。丘园遂远托，世网何局促。遣嶂耸瑶昆，孤泉漱鸣玉。衡门藉崇丘，虚牖面潇竹。物候感湍驶，劳生信羁梏。君子慎行藏，得丧奚荣辱。谲巧竞危机，孚诚愧勾曲。抱中守义命，肥遯素安足。怅怀箕颖徒，飘弃曷所欲。脱屣抚乔松，倾醪对丛菊。秋花艳夕姿，聊复适心目。长啸邈空冥，达观耻流俗。傲睨云汉期，岂暇忘鹿逐。居虚了无贵，委顺焉踽踽。

这首诗展现在我们面前的是一个曾愿有所为的士人君子，面对尘世的各种流弊，不以得失荣辱为出处依据，恬然退居山林，托迹丘园，抱中守义，安于隐居。然而心中似乎仍有挥之不去的世情，至于那份"傲睨云汉期，岂暇忘鹿逐"的壮心，在流俗纷扰的乱世，也只能是以"居虚了无贵，委顺焉踽踽"的心态去安顿了。

张宇初的山居诗中，常会流露出一种不愿与世俗同流权且退隐山林的幽思。如"利害相纠合，殉溺非智夫"（《次韵苏素庵先生杂诗六首》其三）、"濯足聊委缨，狂歌涤幽愤"（《课樵》）、"然薪尽永夕，聊与谢尘鞅"（《山舍夜坐纪兴》）、"至和妙一初，涤此幽愤结；聊欣梅竹芳，岁晏卧冰雪"（《冬日山居三首》其二）、"孤怀寂与论，阅岁惟培固"（《雨中玩菊》）等句，都是这种情绪的表达。在张宇初诸多山居诗中，我们读到的是一颗并不平静的道者之心。或许在内心深处，他原本就是一个多思善感的诗人，而非纯粹专志修炼的道徒。他曾作《秋兴五首》，写自己山居时的物感与心境：

> 烈风鸣高树，怅然知有秋。晨光变川谷，日夕天云浮。积雨解炎候，繁阴急鸣蜩。延伫感代谢，披襟独绸缪。浮生并蚊蚋，吹息同喟啾。含慨伊生作，缅怀闷天俦。委蛇中林托，憭慄曷少瘳。贪喂竞钩饵，伭攘焉自由。玄圣欲无言，谁当解吾忧。

> 苦雨涨寒潦，愁飙终夜鸣。悲蛩响庭户，野渚荒烟横。草木益横落，抚膺群虑增。明灯起床琴，理韵难成声。邈矣黄唐化，愠惀徒内盈。凝阴肆淫溢，坎壈随晦明。达旦耿无寐，徒兹悔吝生。湮沦慨自昔，竭蹶焉遄征。泛观等一瞬，聊复释余情。

> 耀灵旋蓐收，秋气日萧瑟。霜露渐惨凄，蟋蟀鸣四壁。晨霏翳穹林，翔雁息幽泽。槚橬被余姿，抚感动凄恻。流俗竞虞罗，先猷鲜绳墨。阴氛蔽交衢，蹙蹀逐榛塞。宋玉慨遗悲，灵修仰贞则。浊醪餐落英，轶驾企休德。九畹蕙华滋，凋林菊初白。聊从澹容与，畴能冒时责。

> 朱曦净炎威，商候变金素。晨林扬迅飙，庭草盈白露。落木被微阳，莎鸡鸣近户。通波泛平川，凫鹜鸣遵渚。潜居靓杪秋，代序曷停伫。烦憺千古思，高骞邈遐慕。徒增惠连感，岂眷安仁慕。结轸睇鸿轩，濯缨欲河赴。栖迟邱园乐，俛仰藉幽顾。怡怅樵采踪，浩歌漠中路。

谢拙契林卧，养疴群虑消。重阴翳肃烈，汉潦弥崇朝。嘉木净飘脱，幽兰长芳苗。索居信虚澹，中谷何凄寥。郭泰已巾垫，费贻宜辙遥。埃风炽僄狡，感惕烦中焦。匪藉邱壑憩，胡能绝喧嚣。偃息任寒燠，操觚赋樵峣。寒泉足自莹，一涤心神超。放情歌谷风，辍荣羲农招。

单看诗题，很容易让人想到杜甫著名的《秋兴八首》。秋之时节，最容易令人心生感慨。无论他退居山林是因为"谢拙"还是"养疴"，感受到的是"烈风"还是"苦雨"，其中都似乎郁结了一种难以排解的忧愁。

对山居生活的描述，在张宇初的诗中随处可见，而他用以表达栖处山林的态度，常可见的是一"聊"字，如"聊舒栖遁情，生意足农圃"（《甲戌三月二日山行》），"忧愤终莫排，聊兹藉流憩"（《山雨》），"秋花艳夕姿，聊复适心目"（《九日登樵坡自遣》），"劳生聊此寄，高兴欲如何"（《莫春还岘泉》）等。道士作诗，写山居生活原是很自然的事，毕竟那是他最常见的外物世界。然而由外物世界而兴起怎样的情感，却是人各不同：元初的全真道士如王重阳、丘处机等人，以道眼观世界，春风秋月，流水落花，无非是道；而张宇初此类诗中所流露的，则是他个人的情绪与意态。张宇初写山居生活的诗，"兴""怀"等字频繁见诸诗题，不少都是写幽居生活的空寂、虚静。如《山居晚兴》：

孤筇入暝壑，秋思满邱山。适此松佳托，倦翮宜知还。商飙动凄冽，池溜锵鸣环。落木秀阳冈，荆扉披皋兰。起囱理散帙，远籁微钟残。夕露浥丛菊，倾罇少怡颜。困亨累咎往，夷晦无尤艰。懿德美孪孚，反躬惟内闲。知天久达命，乐止聊吾安。大化本沤泡，蛭凡邈浮千。清霜藉崇薄，流景倏已阑。蜩翼匪云垂，何藉迟暮间。余龄付寂寞，卧疾穷幽潺。

又如《冬日山居三首》（其一）：

嘉遁抱素期，樊笼澹高躅。残流响远蹊，杖策还幽谷。野雀鸣昼扉，方塘湛寒绿。迅飙荡清氛，桑叶滑林曲。抚感心志违，含情尘网束。衡门足栖息，岂愧鹤鹣。久藉孙登悟，曷烦季主卜。养真付余龄，明命孰吾欲。宗嗣属天伦，哀荣怆颠踬。诚身愧靡逮，崇德念虚笃。洞视委顺流，浮羁妄烦促。所悲负凤怀，遗响邈辕毂。

又如他曾写过一首《满庭芳·山居》词：

折郊乌藤，便寻芳屋，谁知剩水残山。凿池种树，梅竹任萦环。芳草闲花覆地，烟霞里、藓径柴关。无人到，春风秋月，松菊伴幽潺。

箪瓢。随分过，无荣无辱，樵路渔湾。与林猿、谷鸟暮乐朝欢。扫净情尘业垢，披衣坐、真息养还丹。优游处，孤琴只鹤，霜露不凋颜。

"兴""怀"之感，自然可以无所不包，兴之所起，情之所至，有感而发，乃诗人常态。

在张宇初，道家情怀、世俗人情，无不可寓于兴咏感怀之中。他笔下的山居情怀，虽有远离尘世的遐情，却也透露出深深的愁意，"余龄付寂寞，卧疾穷幽潺"，"所悲负夙怀，遗响邈辕毂"，"无人到，春风秋月，松菊伴幽潺"，读者看到的是一个遗世独立、萧索悲戚的身影。

由张宇初的诗中，我们似乎还能隐约感受到，他之所以返归山林，一方面乃是缘于道者身份使然，因此才会吟道"投身寂寞滨，自谓此生足"（《负暄二首》其一），满足于"蔬食不求余，高跌惟弊服"的生活。但更多时候，他在诗中所流露的，是一种不与世俗同流的孤傲。在他而言，返归山林乃是有深彻感悟之后的抉择，而不只是一种生于心、适于心的人生境界。缘此，他于诗中所表露的种种感悟，常与他对世间百态的认识互相关联。或许对他来说，因为种种原因而不得不辗转于世俗与山林之间，只有栖居山林才能逃离世间纷扰，"言旋情既舒，息倦惟蒿蓬"（《野眺二首》其二），也深知人生一切都终将化归尘土，"寄形区宇内，浮生随化终"，不论是进退出处，抑或得意失势，不过只是徒增烦恼，"穷达奚足念，百感徒烦忡"，面对人生起伏，唯有悠游山林才能不为外事所役，"存诚返自然，修己惟时中"，"何当谢蹇拙，永托巢由风"。这种种情思的表达，既来自山居诗书写的传统，又与张宇初个人的心绪有关。

二、远游：人生行旅中的哀愁幽怨

远游是中国古代文人笔下不变的话题，也是中国古代文人诗歌中乐写的主题之一。古人有"读万卷书，行万里路"之说，张宇初也说自己是"弱龄志海岳，未冠研诗书"（《夜宿杭之佑圣观东圃》）。张宇初所作与远游有关的诗，主题较为丰富，总体来说则不外"行远"与"客居"两个方面。对诗人而言，在旅途中最易产生感慨。空间的不断移动，常会带给人以变动不居的漂泊感，也就很容易与寂寞、无聊等感情发生联系，大自然的一草一木、种种声音，也都成为诗人情感倾注的对象。类似的情感表达，一方面与诗人一己的心理状态直接相关，同时也与中国诗歌情感抒写的传统有密切关系。

在张宇初的诗中，可以看到不少他纵览河山、远游访友的适情之行。同时作为朝廷授封的掌教真人，在他的人生旅程中，自然免不了会有受命而为的行役之旅。凡经行过处，兴之所至，有感而发，便不免行诸吟咏，留下篇什。从诗中读来，尽管促成张宇初远游的因素各有不同，然而其间所见的诗人心境，又似乎隐然有一种挥之不去的愁绪萦绕其间。是诗人遭遇挫折后心生感伤？又或是源于一种诗人所常有的莫名愁绪？虽然我们不知这种愁绪起于何时，缘出何因，但从中却也能感到张宇初诗中所表达的这种情感，已不仅仅是一种短暂的情绪宣泄，更似是凝结于心的情感积淀。

由诗歌所显示的时间来看，张宇初在诗中尤喜写清晨和傍晚两个时间的旅行。尽管我们可以肯定张宇初并不只在这两个时间点上才行在路上，然而正如日常所感受的那样，清晨与傍晚是一天中人感受阳光热度较低的时候，人的情绪也会相对低落，尤其是处在旅行中的时候，由于周围环境比较清索、幽静，难免会给人以一种萧瑟之感。由此诗人似乎在传递着这样一种情绪：虽然仿佛时刻都处在行旅当中，而事实上他并不喜欢各种各样无休止的旅行，却又无法逃脱。因而他写了如此多的在清晨或是傍晚旅行的诗，使自己在行旅中的那种寂寞感、漂泊感进一步凸显，以此强化情感表达的浓烈程度。

张宇初写清晨行旅的诗如《信河晓发》：

> 灵溪及晓发，远趣延江树。野屋带村居，朝烟散寒渚。轮春杂远濑，浴鸟泛深浦。霜露丛薄幽，层岑秀鸾鸶。乡还觉自慰，别绪论亲故。久旷奚世怀，相知耿星曙。驱驰固未久，物候倏迟暮。瓢饮少自如，披襟藉零露。

又如《晓行遣怀》：

> 泛雪滞川渚，归帆扬晓云。遥岑喜晚霁，江月生芦滨。远浦响栖鸿，违怀念离分。劳生信倏忽，及里犹阑春。凤慕泛遄契，高情靡幽伦。尘羁妄缠集，世浊惟炎氛。艰厉涉冰履，抚中俟兰薰。低回藉休泽，悚恻嗟时论。仰睇慨骞鸶，浩叹适虚旻。焉俦管乐达，且遂巢由真。刳此松桂托，颇眈鱼鸟亲。霜雾感长役，止园知曷驯。晨风赖远送，永抱徒云云。

再如《姑苏遣怀》一首中，尽管只是一次旅行中的一次经验，却引发了诗人对自己数十年人生历程的感触：

> 晓发涉川途，归程几迁变。经行廿载余，荣谢更流转。……归欤实素志，山木犹葱蒨。……怊怅川岳情，式微歌且勋。

而同样是清晨行路，《山县晓行》的境界要更为幽深：

> 舆盖趋山邑，寒空露湿低。晓云行处犬，霜月梦中鸡。败叶荒村僻，残星埜道迷。驱驰怀偃息，直恐愧幽栖。

清晨行路，原本就已略显凄清，更何况是在秋意深浓的季节。寒冷的空气中，晨露潮湿，夜色仍未褪尽，薄云低沉，月笼寒霜，偶尔听到远处传来的几声犬吠，又时不时能听到几声鸡鸣，旅人的睡意仍在，仿佛还没从梦乡中醒来。荒村偏僻，枯叶败落布满行路，天尽头残留的淡淡星光，照不亮前行的路。诗人如此不辞辛苦地一早赶路，或许是希望能够早日返家，清享恬淡适意的山居生活。

在张宇初所作诸多与行旅有关的诗中，他还喜欢写夜行江上的所思所感。如《夜行》：

> 霜雾侵衣别思长，独怜余菊尚秋香。炊烟墟埯残钟尽，渔火兰苕宿鸟忙。夜雨沽醪乡梦阔，冬风堕叶鬓毛苍。文章事业非吾用，瓢笠从嗤觅退藏。

"余菊""残钟"衬托下的秋夜，夹杂着飘来的丝丝细雨，寒意如冬。别乡既久，此夜又要远行，一如忙碌的宿鸟。诗中将"鬓毛苍"与"乡梦阔"进行对照，更增离家远游的哀怨之情，"夜雨""冬风"又为这种哀怨增添了凄凉、萧索的意境。结末在"文章事业"和"瓢笠""退藏"之间所做的取舍，也就成了彻悟人生真谛之后的自然选择。然而要真正做到退藏山林，又远非想象中那般简单。如此种种情绪的缠扰，不可避免地会给诗境染上幽怨的色调。

与《夜行》类似写行船江上的诗还有《江行》：

> 长河彻夜多蚊蛀，梦起倒衣山四更。蟋蟀微鸣钓丝净，虾蟆竞喧官鼓停。晓星在天月已落，野犬吠门潮始生。南船北棹去复止，坐使离怀空待明。

是什么原因使诗人清晨梦醒？船行江上，周围一片寂静，耳边传来蟋蟀微鸣，河中仿佛有虾蟆竞喧，晨星犹挂在天边，野犬吠门，江潮渐涨。在这破晓时分，诗人想到自己远离家乡，再也难以入睡，坐看江上船来船往，等待新的一天的来临。诗人在夏夜的种种情绪与感触，无不尽寓于"离怀"二字当中。而一"空"字，又无疑增加了等待时间的心理长度。

在所写的《夜过姑苏》诗中，张宇初再次表达了对归家的渴望：

> 苏水危台夜月孤，几经西越忆乡途。泛槎已历三江雪，听雁犹过十里湖。昼馆香帷遥薄袂，寒城夕漏转交疏。顿嗟鬓里梅梢露，倏遍江边野渚芦。

对于一个久别家乡的人来说，他乡明月只会勾起浓浓乡愁，唤起故乡的点滴记忆。危台夜月，船行虽然走的是与返乡同一条道路，然而诗人此去却非归故乡。船行江上，历涉三江，耳听雁声，不觉中已行十里之远。茫茫夜色之中，诗人想到自己斑鬓渐白，感慨良多，忘记自己是身在舟中，仿佛一眨眼间就驶过了江边的一大片芦苇地。心有所思，不觉已入忘我的境界，而对外物的变化了无所感。

又或者写晚泊湖中时的见闻、感受。如《嘉兴湖中夜月》：

> 夕阳回棹秀城东，秋水危桥侧岸通。湖月波澜双羽佩，江苹风露一渔蓬。孟嘉轻帽添余梦，郭泰扁舟任去踪。酬节岂无鳞酒味，乡怀多在白云中。

又如《元夕夜泊有怀》：

> 湖淑逢元夜，怀乡泊驿矶。雾帘春草碧，风馆夕灯辉。野水连云涨，江禽拂浪飞。庐峰寒削玉，愁绝卧烟霏。

又如《桐江晚眺》：

> 累爱桐江秀，群峰晚更妍。隔溪红叶寺，就浦白鱼船。远濑收残霭，寒风送暝烟。归程聊野眺，忧绪渺如川。

又如《泊湖夜坐》：

> 月出悲风鸣，天寒尚宵永。湖光翳云蒙，星露横河炯。川济已忘艰，危微独怀省。林疏栖鸟阒，水泛潜鱼泳。春草媚芳姿，清霜滋薄冷。逝湍非故流，忧抱宁自整。无寐感年违，残灯俟驹景。

又如《晚泊》：

> 渔坡移小艇，旴浦近归程。城树连云暗，溪桥隔市清。春流两岸急，暮雨一帆轻。客思翻多感，群山更恼情。

又如《京口月夜》：

> 京口山初远，秦淮水渐宽。树云遥敛夕，江月静生寒。乡思疑添梦，川情惧涉湍。村醪稀雅趣，谁与报平安。

乡思、客思、乡怀、怀乡、忧抱、忧绪等带有幽思意味的情绪，反复出现在张宇初的诗中。他在此类诗歌中所营造的意境和表现的情感，很容易令人想到唐人的名句"江枫渔火对愁眠"。

也有的关于江上与湖中有关的诗，虽然不知道具体的时间，然而其情与夜色凄幽境界的作品基本一致。如《过钱塘》：

> 越上曾游地，年深感寂寥。山光随浦尽，海色共天遥。古寺藏秋树，寒江送暮潮。故人浑不见，愁绪酒难消。

诗人多年后故地重游，山水依然，景色依然，然而曾经与游的故人却难觅踪迹，欲要借酒消愁，却使愁绪更添几分。张宇初在《三月七日游马祖寺初发舟二首》（其二）诗中，也写到要以酒来忘却尘世的烦扰"即此谢尘务，忘情樽俎中"。《别会江》中也以酒来消解离愁："别江逢日暮，尊酒念离居。"这样的情绪，乃是诗人常态，一如李白诗中所说的，"举杯消愁愁更愁"。

吴越之地是张宇初远游时常经之地，在每一次的来与往中，他都似乎有着浓浓的愁绪。如《望吴山》：

> 吴越游程熟，溪平驿路分。夕阳回浦树，秋色满湖云。曲溆船孤棹，凄风雁独闻。浣花茅屋小，别思梦纷纷。

这种若隐若现的别思，在《过吴江》中化作了难以排解的愁绪：

> 几经吴越地，愁绪遣尤难。湖水千家静，江风六月寒。迹疏尘愈阔，交尽道愈

艰。极目苍茫际，长流到海宽。

很难确切知道诗人的愁绪因何而起？这种情绪是他每一次出游都会产生？还是只有旅经吴越时才特别浓烈？又或者是因为"几经"吴越，才令那种离别的愁绪"尤难"排遣？不仅读者有这样的疑惑，甚至是诗人自己，也可能不知心中丝丝愁绪缘何而来，或许也只是兴起于莫名。

张宇初在诗中还颇喜欢写雨中的旅行。有写岁暮雨中行路的，如《雨行二首》：

> 岁晏且行役，愁霖值岁途。雨桥双涧曲，烟墙半峰孤。侧帽寒侵袂，搴舆冷逼襦。春阳逢改运，帝渥仰神都。

> 风雨俄成雪，川途暮愈艰。涨流冲岸急，远树带城寒。岁月催时运，冰霜见肺肝。远怀山谷夜，坐拥衲衣宽。

雨对于诗人来说，似乎别有一种特殊的意味，或许他是在怀念山居时雨后的清新感受，以及那种脱离尘俗、独立于天地之间的自由状态。处于不同的生活状态，诗人与山水自然的关系也随之变化：山居时，自然山水任我邀游，"行到水穷处，坐看云起时"，悠闲适意，流连忘返，时来新雨，不过是为游玩增添更多的乐趣；行役途中，诗人于自然山水常无暇欣赏，不过是一段不得不去跨越的征程，而雨只会为旅途增加艰辛，平添凄苦。个中差别，不过只是诗人心态的不同。

张宇初曾写过一首《雨中过太湖》，诗的中间两联描写自然景象，给人以清新的感受，"野渚红添蓼，寒波白度鸥。城低秋树薄，雨足暝川流"，有类似王维诗"空山新雨后，天气晚来秋"的意境；然而首尾两联却别是一境，"乾坤空阔外，吾抱曷消忧"，"今古嗟萍梗，徒将赋远游"，雨幕下明丽的湖光山色，也无法洗去诗人内心的忧虑，旅行不是与自然融为一体，而是一种不得不受之于身的漂泊状态，一如浮萍随波逐流，居无定址。

旅行遇雨，原是一种常见之事。然而在张宇初笔下，无论是春雨、冬雨，还是昼雨、夜雨，都似乎成了触发幽思的催化剂。如《辉山道中》：

> 溪涨值身行，离山雨未晴。断桥冲别谷，野渡隐荒城。屋静逢人少，林深说虎惊。相看非故旧，徒愧客愁生。

又如《钱塘对雨》：

> 吴下多尘迹，年逾已觉劳。客愁添夜雨，乡梦绕春涛。山霭淹晨冷，江风怯昼号。离情何地遣，谁与涤香醪。

客愁、乡梦，在张宇初的旅居诗中反复提及。而这样的情绪，在雨中经过进一步发酵，成了笼罩在诗人心头挥之不去的情思。

张宇初的诗，对"行"有一种特殊的偏好，十分热衷写自己在不断移动过程中的所见所感，因而无论是"川行"还是"雪行"，他都别有怀抱，常存感慨。字里行间，总透露出一种倦行思归的情思。如《川行雨怀》云：

> 凤志壶峤游，焉能束尘绊。旋罹世网婴，朝夕制荆蔓。委运任所遭，行藏日忧患。迁疏鲜偶世，潜谢孰矜惮。湛恩知素怀，趑谒敢推迟。寒疾愧益深，星霜惧羸痡。疲劳慨倦坐，罕或川途玩。亲爱念睽离，萍逢轻聚散。烟帆送朝雨，舟楫虑程断。莫辨渔钓踪，时同野耕伴。崇岑积蔼深，寒绿肆纷乱。澄波浩幽浮，枉渚鸿鸣绾。驰骛风露披，感卧林泉晏。寓形若泛流，洞悟烛浮幻。仰止群圣言，畴兹坐缠坦。荣谢固天为，陛辞期内简。冥修况祖训，外役恐虚诞。高骞美穹峻，倦翼慕幽迟。迟年暮慨侵，滋涤在昏旦。胥潮涨秋日，陶菊盈露粲。节候感遐思，徒增逝川叹。

又如《雪行纪怀》云：

> 苦雨日载途，岁阑倦行役。祖筵别亲故，分袂各有适。……怅怀离绪盈，愤惋抱中惕。祖德惧承乏，君恩戴蕃锡。蔽空鹰隼张，豺鸮构充斥。畴能困维絷，阴雾四冥积。迁默足时庸，黎元感忧惜。至仁俟敷洽，建始贵熙绩。岁荐久浸淫，疲氓竭苏泽。悒怏契阔情，竟夕何由释。微躯眇若寄，所托慨畴昔。趋涉益匪前，谋谟念藩隙。抚怆鲜晤言，年光促欣戚。孰暖貂狐裘，披豁信胸臆。俛仰邈素期，川流睇奔溢。咨嗟吕葛怀，骚屑泛寒碧。

由各诗所描写的场景来看，张宇初颇偏好写自己在行旅中的种种感受。其中所表达的情感，或许就如他在另一首诗中所说，"倦行偏旅思"（《晓行二首》其一），在疲惫、哀怨背后，似乎有着深深的无奈。言外之意，或许也是一种"痛苦的表白"：尽管诗人心中向往静逸、恬淡的山居生活，然而又不得不受制于行役之命，由此也就有了一次次不得已而为之的远行之旅。

与"行远"相对应，张宇初还有不少写"客居"生活的诗。居住在同一个地方，尽管没有那种处于行旅当中因变动不居带来的流离之感，然而由于是寓居他乡，与所居之间无法消除的疏离感，使得诗人总有一种难以排解的幽愁。《岁暮丘凤冈持茶同解性初过寓馆清话》一诗颇能代表张宇初寓居异地时带有的一般情绪：

> 浮生逼岁偏无绪，况我羁栖百虑增。窗送寒留宿火，茶瓯倾碧响春冰。香浮鹤队梅初白，濑洗鹅群雪未胜。料得空山犹寂寞，喜从陆羽视飘腾。

将寓居称作"羁栖"，其情可见一斑。兼且时间是在岁暮，诗人仍然留寓他乡，不免就有了"浮生"之叹，各种思绪也悄然而生。由此诗人想到了自己的修道之所，因为寓居在外，此时的山也就只是一座空山了，"我"之已去，想来"山"也就会有寂寞之感。如此设想，也很容易让人感到，"我"之远离修道所居的"山"，也自然会生出一种落寞情绪。

而在客居期间，尤其是在身体抱恙的情况下，很容易就会产生忧伤的情绪，怀乡之情也会更甚。如《客中病怀》：

弥旬卧疾越江干，毋限乡愁遣更难。梅雨涨溪啼鸟滑，蒲烟湿岸落花残。玉阶累撷芙蓉佩，瓦缶犹斟首蓿盘。身世浮云知底似，客怀直欲向谁宽。

又曾作《客居自遣》表达对年老易病的担忧：

赤岸通玄浦，秋风改物华。芳荪暄雨湿，疏菊夕阳斜。乡思王猷竹，江情博望槎。衰迟惭易疾，愿许卧烟霞。

于是便会对重返山林充满期待。如《遣兴》：

客居卧病转无绪，风雨满窗秋更侵。卫卿云辙隔尘远，高凤花源藏径深。故山丘壑岂无梦，空馆药葵徒累心。栖迟眠石几时返，倦翮祗思投旧林。

上述诸种情形之外，在特殊时节也容易勾起思乡的情绪。如《客居除夕二首》其二：

浪涌江声急，疯狂雨阵斜。春来犹是客，岁尽总怀家。百忧惭无绪，三生慨有涯。明当何所慰，极目望京华。

又如《九日纪怀》：

鳌势连空秋色晚，鹤情入梦月华凉。闲心久并云俱白，客思何堪菊又黄。风格自宜推阮瑀，谋维岂独老冯唐。故应抚景添乡思，且护山花勿傲霜。

其间情思，正如王维诗中所说，"每逢佳节倍思亲"。在原本应当与亲人团聚的日子，诗人却由于种种原因只能客居异乡，对自身处境的感喟也随之变得更加强烈，乡思之情也由此变得浓烈。

在张宇初的诗中，还可以常见诗人表达客思绵长、情志萧索之情的诉说。如《居京候家音不至聊书以自遣》：

丘壑茆堂念扫除，闰消三日候年逾。寒梅灯馆王猷雪，春水林塘贺监鱼。已觉半生浑是梦，岂堪残岁杳无书。寥寥万事俱萍梗，此道何当论智愚。

又曾作《立春日书遇》诗：

京华两度喜春生，疏虀年余倍客情。紫阁趋朝燃膈炬，黄门戒晓列霓旌。风凄立马晨珂动，月转残鸡漏鼓鸣。愧我山林多倦迹，阳和布暖亦何成。

直书对故人、家乡的怀念，也是张宇初诗中常见的情感表现。如《梦故友》：

　　道存师友重研求，存殁堪伤几梦周。箕尾光芒嗟董贾，奎躔文彩忆韩欧。寒潮洲渚三更月，白露江城两岸秋。浪迹孤蓬时感慨，西风落叶不胜愁。

又如《怀岘泉》：

　　孤峰盘石记闲栖，蹭蹬风尘梦不违。辟野茅檐当夕沼，锄烟石磴媚寒晖。半林花雨春阴薄，一坞芝云碉道微。几日秋空更黄落，尚疑清夜坐苔矶。

再如《书帷自遣四首》：

　　故园得梦久零落，黄帽青鞋归与休。遮莫西风转狂劣，谁能暖我黑貂裘。

　　秋雨连连坐难晓，莫憎喧夜紫琅玕。此身愧杀横江鹤，云汉归飞两羽翰。

　　寂寞乌藤弊葛巾，山林有分梦应频。终宵风雨秋寒到，莫遣黄花解笑人。

　　自夏经秋久去家，玉堂金署系灵槎。君恩已念山林癖，待我寒梅半树花。

再如《沐陈彦谦远送赋此寄谢》：

　　残岁栖迟同是客，姻盟累月喜相亲。赤城霞氘江湖远，紫殿恩光雨露新。张翰归帆烟渚雪，陈琳寄榻雾帘春。旅怀尚惜吾宗慰，莫道簪缨解绊身。

再如《岁莫怀乡》：

　　坐阅年光旅思凄，客怀偏重故园思。腊残北斗横江渚，春近南风入酒卮。曲度梅花烟鸟静，歌闻桑叶晓鸡迟。缊袍祗熟山林梦，敢待纶音使世疑。

　　惟其乡思浓烈如斯，诗人才会因为渐近故乡而心情转佳，诗境也随之变得轻松畅快。如《常山道中》：

　　性耽山水秀，乡近笑颜生。浅濑分春轴，清流照客缨。断烟渔舍僻，落日野航轻。长至看尤到，从谁问耦耕。

又如《桐江晚思》：

归程几度快浮槎，碧嶂清溪日又斜。潮浪有痕回野鹜，江流无尽隐汀葭。半生托迹身徒患，百虑关心鬓欲华。江汉渔樵谁独念，短筇且复对山花。

再如《桐江偶兴》：

桐江秀色盈襟裾，几载归舟轻若虚。新雨犹尝陆机鲈，寒潮不送琴高鱼。苍峦百迭翠屏帏，碧水万顷青扶舆。我欲临高发长啸，一涤尘垢依巢居。

笔调轻快活泼，洋溢着对山居生活的向往。对照之下，客旅生活的困苦、思乡的忧郁情绪被进一步凸显出来。

正是缘于客居时对故乡的牵挂，对昔日山居生活的追慕，因此一旦得以返归故园，便有一种久别如新的感觉。如《九日》诗写道：

累载江程忆故园，山居九日遂开尊。尧天野趣怀先泽，汉室纶音感帝恩。翠毂千峰环迭嶂，银河双涧泻通源。流光莫怪黄花晚，秋色嵯峨夕照温。

此时的诗人，仿佛一个告老还乡的官宦，悠闲地坐在自家院落，遥想着当年在朝为官所受的种种恩宠。有数年旅居在外的经历作为对照，一旦得以返乡山居，心中的愉悦之情溢于言表，眼前的自然山色也随之变得明丽。惟其经历了思乡之苦，家乡的种种才会让人愈感亲切。

三、余论：诗中有道，道外有诗

一个道士，虽志于修道，却也时时纠葛于情感的萦绕之中。又因为出任具有世俗性质的职务，有着颇为广泛的社会联系。其诗读来内中感慨颇多。他曾作《漫兴》一诗，颇能反映自己在世俗与修道之间游走的状态和心境：

浮生焉可计，欣戚动相兼。老愧青眸减，愁知白发添。萍蓬心事异，泥潦世途淹。谁解穷天问，聊惟守退潜。

世俗（与政治相联系）之事，在他来说是无可回避的职任，由此他必须在出山与返山、居修与远游之间不停转换，也因此才会为外物所役，或欣或悲，兴起"浮生"之叹。如此心境之中，诗人也开始注意身体所发生的变化，以及随之而生的情绪变动：因为"青眸减"而益觉其老，因为"白发添"而徒增其愁。由此也更加在意自身的境遇：身如"萍蓬"不定，遂生异样之"心事"；行为"泥潦"所困，故遭淹留于"世途"。凡此种种，在诗的结尾，都化作一句"谁解穷天问，聊惟守退潜"，透露出意欲退返山林、潜心问道的志愿。

如果我们承认诗歌是能反映作者心声的话，那么由诗歌所形塑的张宇初，常表现为游移于诗人和道士的二重身份之间。一方面，他有着诗人惯有的感性一面，外在世界的种种变化，都会引起他内在情感的波动，悲喜欣戚，常萦怀于心；夜坐之时，会有"岁华看尽感余存"（《夜坐》）之叹；会如世俗凡夫一样，随着年龄的增长、遭际的挫折而感慨丛生，"壮龄增岁惭虚度，凋落尘缘百感频"（《初度遣怀》）。同时，作为天下道士的领袖，他又必须持守身份的超然性，与世俗世界保持适当距离，因而又不时在诗中提醒自己，切莫为外物所役，应当超越世俗凡夫的情感羁绊，时时存一份道心，一如他在诗中所吟咏的，"山家本是忘寒暑，莫遣尘情感素期"（《冬夜》），"尘情今古应多感，草屩荷衣百虑宽"（《山居九日》）。于是转而以超越世俗的追求来宽慰自己，"独嗟百虑徒凄恻，底事浮名类转蓬"（《岁晏》），"寸阴徒惜惭衰倦，默守丹扃悟化源"（《夜坐》），期望能够达到一种"逍遥游"的状态："囊书随分穷糟粕，尘事关心付秕糠。安得委身蝉蜕等，白云黄鹄与翱翔。"（《秋夜》）

通观张宇初所作之诗，既有他探寻大道的"道言"，也有他借以抒发情感的"诗言"。诗不仅被作为表现"道"的语言形式，同时也是他抒发"情"的艺术存在。从他的诗中，我们既可以读出他对"道"的理解与感悟，还能从中体味到他在人生历程中的情感状态。而潜藏于诗里行间的情感变化，正是张宇初身为道人而作诗人的动人之处。

（作者单位：武汉大学中国传统文化研究中心）

浦江郑氏义门与明初浙东派[*]

□ 方 宪

【摘要】浦江郑氏义门是元末以来江南地方宗族的重要代表，也是地方政治文化权力的主导者，元末明初浙东派的形成、发展与之关系密切。首先，浙东派的两位领袖宋濂、方孝孺，均与郑氏义门渊源深厚，他们的政治、文学命运都与郑氏义门密不可分；其次，郑氏义门的家族成员也是浙东派诗文集会的重要组织者和参与者；再次，郑氏义门致力于浙东派核心作家如宋濂等人文名的弘扬和文集的刊刻，对浙东派文学的传播起到关键作用。

【关键词】郑氏义门；浙东派；台阁体

观察明前期文学与文化的发展，我们会发现洪武、建文时期与永乐、宣德时期文坛领导者是在文化性格和创作风格上形成鲜明对比的两个群体，即继承了"元末明初"士风与文风的浙东派与开创"台阁体"文学的台阁派。浙东士大夫群体是元末明初一代士人的缩影，就其文化身份而言，最为彰显的是其学者身份；就其社会关系纽带而言，关键是师友学缘；就其政治姿态而言，其身份特征是官僚士大夫；就其生活方式而言，首先是作为官僚而非学者、文人；就其社会关系而言，以科举为中心、以乡谊为纽带的同学、同年、同僚辐射范围广泛，科举无疑是核心；就其政治思想、行为方式而言，皇权领导下的官僚士大夫这一身份意识自然地贯穿到政治、文化生活的各个方面。这种种差异都与元末以来的政治文化格局变动密切相关。我们对浙东派的观察，也势必要将其置于元末以来江南地方政治文化形态中进行，才得以全面理解其文学史意义，才得以深入把握元明间文学形态演变的脉络。浦江郑氏义门与明初浙东派的关系及命运，为我们提供了一个窗口。

一、"义门"与浦江郑氏义门的发展

"义门"是一种特殊的地方家族组织形态。受到儒家伦理的影响，在中国历史上，许多大家族累世同居，被朝廷表彰为社会楷模，赐为"义门"。累世同居共财，重视宗族自我管理，强调"孝义传家"，是"义门"的重要特点。

---

* 本文系国家社科基金重大招标项目"中国文学史著作整理、研究及数据库建设"（17ZDA243）阶段性成果。

　　"义门"在宋代开始繁荣，这一方面与唐宋地方家族的转型有关，另一方面，也是理学发展所促成的。唐宋之际，中国的家族经历了历史转型，门阀世族崩溃，庶民家族崛起。随着商品经济和科举制度的发展，依靠财富和科名，地方的富户、缙绅家族俨然成为新的豪强，他们拥有大量田产、财富，具有强大的地方社会影响。正是由于宋代以降庶民家族的兴起及其地方影响之强成为事实，需要建立一套与新的历史事实相适应的道德价值体系，也就是能够规范、引导宋以降庶民家族健康发展的伦理价值和社会秩序。

　　理学家重视民间基层社会的自治，与政府基于国家权力的管理相比，理学家更重视的是涵纳社会关系、道德价值的社会秩序。由一家至一族，由族内到族外，及于一乡，在地方社会的自我管理中已然渗透了理学的道德伦理价值。宋代以来，累世同居的义门家族正是在这种社会背景中得以兴盛的。①

　　可以说，"义门"是一种地方政治文化形态的代表，而这种地方政治文化形态，又与中央政治保持着微妙的互动关系，一方面，它需要通过寻求中央政治的支持与合作而不断发展壮大，另一方面，当中央政治权力萎缩之时，它又会积极强化自身的影响力，发挥义门家族在地方乃至更大社会范围内的政治、文化作用。

　　元明之间的浦江郑氏义门就是典型案例。②浦江郑氏的远祖，据记载可追溯到唐代荥阳郑氏，北宋末年，郑氏家族迁居到浦江，整个南宋时期，郑氏家族的发展主要集中在扩大乡里影响、建立和完善家族秩序上，通过积极参与地方公共事务如赈灾周济乡里，制定家族遵循"孝悌""同釜炊"等规范，使得郑氏家族逐渐赢得地方声望。

　　元代，郑氏家族正是继承了儒学传家、累世同居，以孝义闻名，使家族逐渐走向繁盛，并且，改变了南宋时期家族不仕进的局面，与中央政治建立了联系。

　　宋元之交，郑氏第五世主家政的郑德璋，为郑氏家族在元代的发展打下了基础，他的突出贡献是注重家族教育，创办了家族私塾——东明精舍。郑德璋之子郑文融、孙郑钦沿着其开辟的道路，带领郑氏家族步入兴盛。郑文融步入仕途，担任地方州县的仓使、税使等职，其后归田，专心治理家业。郑文融、郑钦父子的贡献是，延揽硕儒，加强与浙东精英士大夫的联系，强调忠孝礼廉，提高家族声誉，使郑氏家声闻名一时。

　　郑文融延请翰林待制柳贯为座上宾，与其讲行礼制，并邀请柳贯、吴莱等硕儒参与制定《家范》五十八则。郑钦主持家政时，宋濂步入郑氏家族。元顺帝元统二年（1334），

---

　　① 蒙文通在《宋明之社会设计》中指出："汉儒言政，精意于政治制度者多，究心于社会事业者少。宋儒则反是，于政、刑、兵、赋之事，谓'在治人不在治法'。其论史于钱、谷、兵、刑之故，亦谓'则有司存'，而谆谆于社会教养之道。"（蒙文通：《儒学五论》，广西师范大学 2007 年版，第 131 页）也就是说，在宋代理学家们那里隐隐有一个分野，那就是"政"与"道"、官府与社会的分野，官府依靠政治权威治国，理学家则以道德伦理规范社会秩序，官府主导钱、谷、刑、名等行政管理事务，理学家则面向和构筑以宗法人伦支撑起的民间社会。

　　② 20 世纪 70 年代初，美国学者 John W. Dardess 发表论文《义门郑氏：元及明初的社会组织与新儒学》，率先从新儒学的角度研究"义门郑氏"。20 世纪 80 年代初，日本学者檀上宽对"义门郑氏"作了深入研究，发表系列论文：《义门郑氏和元末社会》《元明交替的理念和现实——义门郑氏》等，全面评价"义门郑氏"的历史地位。而后中国学者也开始关注"义门郑氏"的历史价值，发表了一些论文，意在重新评价这一历史现象。参见樊树志：《国史十六讲》，中华书局 2006 年版，第 161 页。此外，许守民、毛策、申万里等学者也有相关论述。

宋濂追随吴莱，负笈就读东明精舍，后由吴莱推荐，主讲精舍二十余年。至正六年（1346），宋濂举家从金华潜溪迁居浦江。元末与浙东鸿儒硕彦的交往，促使郑氏家族走向辉煌。下表是元末明初郑氏族人的任职及著述情况①：

郑氏家族成员	字号	任职	著作
郑渭（1306—1377）	伯阳	宣政院宣使	不详
郑深（1309—1356）	仲儿，一字浚常	宣文阁授经郎、建康道肃政廉访使，阶奉训大夫	不详
郑涛（1315—1386）	仲舒	经筵检讨、国史编修、太常博士，阶奉议大夫	《旌义编》《经筵录》《药房集》
郑泳（1321—1396）	仲潜	温州路总管府经历	《郑氏家仪》 《半轩集》《辍耕梦谈》
郑湜（1327—1383）	仲持	福建布政司左参议，阶中顺大夫	不详
郑洪（1328—1371）	仲纤	内藏库提点	不详
郑漠（1331—1405）	仲漠	江浙行省宣使	不详
郑济（1335—1403）	仲辨	奉议大夫左春坊左庶子	不详
郑沂（1338—1412）	仲与	资善大夫礼部尚书	《寅精粹议》
郑洽（1343—？）	"靖难"后族谱削去名号，不详	翰林院待诏	不详
郑干（1343—1425）	叔恭	湖广道监察御史	《恕斋集》
郑楷（1346—1438）	叔度	蜀王府左长史	《凤鸣后集》
郑桐（1348—1408）	叔成	滁州通判阶征事郎	不详
郑棠（1361—1429）	叔美	翰林院检讨掌文渊阁秘书同修国史	《道山集》
郑煡（1376—1436）	允用	监察御史、大理寺左丞，阶奉政大夫	不详

郑氏利用士人关系网络，使族人子弟走上仕途，使家族与中央政权发生关联。郑氏家族的同乡好友、元末名儒吴莱是关键人物。吴莱是元朝集贤殿大学士吴直方长子，而吴直方曾为丞相脱脱的师傅，师徒相得。郑氏第八世族人郑深、郑涛是吴莱在白门义塾任教的弟子，其后吴莱获邀主持郑氏书塾东明书院，郑氏年十六岁以上者都从学于吴莱。正是与吴莱的亲密关系使得郑氏族人走入中央政坛。此时，郑氏家族也鼓励子弟入仕，并资助他们游学京师，其中比较成功的是郑深、郑涛兄弟。郑深，曾入脱脱幕、任宣文阁授经郎，

---

① 表格参考郑自修主编：《郑氏族系大典》（第1部），中州古籍出版社2004年版及毛策：《孝义传家——浦江郑氏家族研究》，浙江大学出版社2009年版制作。

为皇太子师傅，与欧阳玄、陈旅、危素等馆阁诸公往来密切。郑涛，"由布衣入经筵为检讨"，累官至太常博士，"仲舒（郑涛）诸父昆弟宦游于京国，有同升馆阁者，仲舒踵武蝉连，奕叶之盛，衣被云汉昭回之光"①。

由于在中央取得的影响，义门郑氏也频频被朝廷旌表。据《郑氏宗谱》载，至大四年（1311）其家首次被旌表为"孝义"之家；至元四年（1338）再次获得旌表；至正十年（1350）余阙题其家为"浙东第一家"；至正十三年（1353）皇太子赐郑深"麟凤"之匾。由此可见，郑氏家族在理学家的宣传、扶持和朝廷的青睐下声誉日隆，走向家族显赫的顶峰。

元末郑渭主家政时，"化行乡邦，三尺之童，率皆信服，逢呼之为长者"。"县大夫，踵门问政，告之以利病，民阴受其赐也。"② "义门"的声誉成为郑氏的护身符，无论哪一方政治势力都不能轻易侵犯，《明史·郑濂传》云："元末兵起，大将数入其境，相戒无犯义门"，"明兵临婺州，铉挈家避，右丞李文忠为扃钥其家，而遣兵护之归"。③

明初洪武、建文时，义门郑氏延续了元末的地位，由于与明初浙东名臣宋濂、方孝孺的亲密关系，郑氏族人入仕不在少数。明初从政的郑氏族人中不乏礼部尚书郑沂、内藏库提点郑洪、翰林院待诏郑治、大理寺左丞监察卫史郑堪等名宦。不过，在"浙东、西巨室故家，多以罪倾其宗"④的明初，郑氏也不免遭受打击，与中央政治的密切联系，也使得其自身更容易受政治风波的牵连。洪武十三年"胡惟庸案"发生后，宋濂、郑氏都牵涉其中，"有诉郑氏交通者，吏捕之，兄弟六人争欲行"，虽然郑氏此次幸免，但随后风波不断，洪武十八年（1385），郑氏卷入两起地方钱粮案，最终都未获罪。洪武二十年（1387），主家政的郑濂因鱼鳞图事受牵连获罪，其从弟郑洧代死。

郑氏由于与浙东政治势力的关联，自然也与建文朝廷有非同寻常的密切联系。洪武二十六年（1393），"东宫缺官，命廷臣举孝弟敦行者，众以郑氏对。太祖曰：'其里王氏亦仿郑氏家法。'乃征两家子弟年三十上者，悉赴京，擢濂弟济与王懃为春坊左、右庶子……濂从子干官御史，棠官检讨。他得官者复数人，郑氏愈显。济、棠皆学于宋濂，有文行"⑤。建文朝文臣以浙东士人为核心，郑氏是其中的重要组成部分。"靖难"中，时任翰林院待诏的郑治随建文帝逃亡，朝廷曾派官员至郑氏抄检建文余党，《明史·郑渶传》云："建文帝表其门，渶朝谢，御书'孝义家'三字赐之。燕兵既入，有告建文帝匿其家者，遣人索之。渶家厅事中，列十大柜，五贮经史，五贮兵器备不虞。使者至，所发皆经史，置其半不启，乃免于祸。"⑥在这种政治背景下，郑氏家族逐渐走向衰落。正统初年，"义门郑氏族大不能自给，又买马出丁供山西邮传，困甚"⑦。天顺三年（1459），浦江郑宅遭遇火灾，家族赖以聚居的家园被焚毁，郑氏义门也遭受重创，持续长达三百余年

① 转引自毛策：《孝义传家 浦江郑氏家族研究》，浙江大学出版社 2009 年版，第 134 页。
② 〔明〕宋濂：《故浦江义门第八世郑府君墓铭文》，〔清〕薛熙编：《明文在》，吉林人民出版社 1998 年版，第 462 页。
③ 〔清〕张廷玉等：《明史》卷二百九十六，中华书局 1974 年版，第 7584 页。
④ 〔明〕方孝孺：《逊志斋集》，徐光大点校，宁波出版社 2000 年版，第 741 页。
⑤ 〔清〕张廷玉等：《明史》卷二百九十六，中华书局 1974 年版，第 7585 页。
⑥ 〔清〕张廷玉等：《明史》卷二百九十六，中华书局 1974 年版，第 7585 页。
⑦ 〔清〕张廷玉等：《明史》卷一百十六一，中华书局 1974 年版，第 4387 页。

的累世同居的局面就此消散。

二、宋濂、方孝孺与郑氏义门的交往

在观察明初浙东派时，浦江郑氏是一个长期被忽视的因素。郑氏义门与明初浙东派的主要成员有深厚渊源，交往密切。可以说，浙东派主要成员的交往活动都是围绕郑氏义门提供的契机而进行的，郑氏义门是浙东派的文化乐土和精神家园。

浙东派前后的两位领袖宋濂、方孝孺，都是郑氏义门的故交。宋濂与郑氏义门的交往，分为前后两个时期。前期，宋濂追随吴莱到浦江郑氏求学，在此期间完成思想、学术的转向；后期，宋濂执教浦江郑氏家塾，与义门郑氏结下终生友谊。

宋濂师事的柳贯、黄溍、吴莱，都是郑氏义门的座上宾。吴莱是连接宋濂与郑氏义门的关键人物。元文宗至顺二年（1331），吴莱教授于诸暨方氏义塾，宋濂往学。吴莱在诸暨任教结束后，来到浦江郑氏东明书院任教，宋濂同往就学。

值得注意的是，宋濂思想、学术的转向是在到浦江郑氏东明书院就学后完成的。这种转向就是从力攻举业到从事古文辞和浙东学术。宋濂早岁在家乡师从闻人梦吉学习举子业，曾在乡校私试中名列前茅。吴莱从诸暨到浦江后，宋濂的好友胡翰劝其同去浦江受学，弃举业而攻古文辞。《宋濂年谱》载："渊颖先生授经于浦江麟溪上，金华胡君仲申致书于先生曰：'举子业不足烦君，盍来同学古文辞乎！'先生欣然从之而学，大进。郑氏蓄书数万卷，先生无不读，读无不记。"①约五年后，宋濂三十岁，决意不问家事，专事博览群书，攻古文辞。

在此期间，宋濂开始注意到浙东学术传统。至元三年（1337）前后，宋濂作《思媺人辞》说，"吾乡吕成公，实接中原文献之传，公殁始百余年，而其学殆绝，濂窃痛之。……子充盖有同予学吕者，书以识之"，王祎评说道："其著此辞，盖深闵东莱成公吕氏之学不复讲也。"②"东莱吕成公"，指的是宋濂的同乡先贤，南宋时期浙东理学家吕祖谦。他与朱熹、张栻齐名，同被尊为"东南三贤"。吕祖谦博学多识，主张明理躬行，学以致用，反对空谈心性，他所创立的"婺学"，在当时影响巨大，可与朱子学分庭抗礼，也开启了浙东学派的先声。

至元五年（1339），宋濂以家业授子侄，"朝夕惟从事书册"③。郑氏丰富的藏书为他博览文史、接续浙东治学重视考订典章制度的"文献"传统提供了便利。至正六年（1346），宋濂筑室青萝山读书，杨维桢《潜溪新集序》云："余家浙水东，去宋子之居不百里，远知宋子之劬学入青萝山中，不下书屋若干年，得郑氏所蓄书数万卷，书无不尽阅，阅无不尽记，于是学成著书，凡若干万言。"④可以说，东莱之学的博学综考、兼容并蓄深深影响了宋濂，而义门郑氏则为其提供了良好的文化氛围。此时的宋濂，基本完成从早年究心举业到追随浙东学术的转型，并且为学日益博洽深广，他作为浙东派领袖的思想

---

① 〔明〕宋濂：《宋濂全集》，罗月霞主编，浙江古籍出版社1999年版，第2696页。
② 转引自徐永明：《宋濂年谱》，浙江大学出版社2011年版，第37~38页。
③ 〔明〕宋濂：《宋濂全集》，罗月霞主编，浙江古籍出版社1999年版，第2324页。
④ 〔明〕宋濂：《宋濂全集》，罗月霞主编，浙江古籍出版社1999年版，第2500页。

文化气质也在此时确立。

顺帝后至元元年（1335），吴莱辞去书院的教职，并推荐宋濂主持郑氏书塾，从此，宋濂在郑氏义门任教，直到至正二十年（1360）应朱元璋之召至应天，长达二十余年。在此期间，宋濂完成了他的重要著述《龙门子凝道记》《潜溪集》《芝园集》等，同时，也与郑氏子弟结下深厚情谊。

宋濂与郑氏八世子弟如郑渭、郑深、郑涛为知交，并与郑源结为姻亲，"予少与仲本（郑源字）为金石交，遂以女珥归其子，既朋且有连"①。其中，郑深、郑涛是与宋濂同求学吴莱门下的挚友，对宋濂树立在元末中央文坛的影响起过推动作用。至正九年（1349），年仅四十岁的宋濂被柳贯及危素等大臣举荐，授翰林国史院编修，但固辞不就。这一事件可以说是宋濂受到中央文坛肯定的标志。长期蛰居于浙东山林的宋濂，能够使得自己的文学影响抵达中央文坛、受到馆阁瞩目，这不能不说是一众师友的揄扬之功，其中也不乏郑氏兄弟的鼎力相助。郑涛、郑深兄弟在大都政坛颇具影响，且都曾任职馆阁，故而有机会向馆阁文臣推介宋濂。郑涛《宋太史诗序》云："太史先生诗若干卷……涛尝传至京师，翰林诸公莫不爱诵之，而揭文安公为之评。……二十年间，随作随焚，常有歉然不足之色。……复出一篇相示余曰：'子幸一观，吾又将焚之矣。'涛因为携去，即文安公所评者也。自时厥后，涛再游江南，求类先生之诗以传……"②

宋濂任教东明书院，亦培养出郑渊、郑济、郑楷、郑棠等一批优异弟子，他们是宋濂学问文章的追随者。洪武十三年（1380），宋濂因长孙卷入胡惟庸案而被牵连，流放茂州。他视门下的郑氏子弟为可托后事的忠实后辈，郑柏《遗像记》说："公之濒行，尽以遗稿画像付属，亲书四语。"③甚至，宋濂在绝命之诗中做出这样沉痛的告白："生平无别念，念念在麟溪。生则长相思，死当复来归。"④由此可见郑氏和浦江在宋濂心中的意义，郑氏义门已然成为他可以安顿此生的精神家园。

方孝孺籍贯为浙江宁海，其父方克勤为洪武年间著名的循吏，"空印案"起，方克勤受牵连而死，洪武十年（1377）二月，方孝孺葬父毕，六月即往浦江求学，"鄙陋之志，诚知其可勉，思得名世之士而依之，以究道德性命之端绪，求圣贤君子之用心而委身焉，是以祥禫未终，趋五六百里从太史公于金华，虽流俗訾笑以为迂，而某行之不顾者也"⑤。

方孝孺在浦江追随宋濂求学约有四年时间，切磋琢磨，师生相得。洪武十三年九月，方孝孺归省祖母，自洪武十年夏至宋濂门下，"委质左右而不去盖三年矣"⑥，宋濂作《送方生归宁海五十四韵》，其序曰：

　　生复执经来侍，喜动于中，凡理学渊源之统，人文绝续之，盛衰几微之载，名物度数之变，无不肆言之，离析于一丝而会归于大通。……细占其进修之功，日有异而

---

① 〔明〕宋濂：《宋濂全集》，罗月霞主编，浙江古籍出版社 1999 年版，第 83 页。
② 〔明〕宋濂：《宋濂全集》，浙江古籍出版社 2014 年版，第 4 页。
③ 〔明〕宋濂：《宋濂全集》，罗月霞主编，浙江古籍出版社 1999 年版，第 2729 页。
④ 〔明〕宋濂：《宋濂全集》，罗月霞主编，浙江古籍出版社 1999 年版，第 2729 页。
⑤ 〔明〕方孝孺：《逊志斋集》，徐光大点校，宁波出版社 2000 年版，第 287~288 页。
⑥ 〔明〕方孝孺：《逊志斋集》，徐光大点校，宁波出版社 2000 年版，第 273 页。

月不同，仅越四春秋而已，英发光著如斯，使后四春秋，则其至又不知为何如！以近代言之，欧阳少师、苏长公辈姑置未论，自余诸子与之角逐于文艺之场，不识孰为后而孰为先也，予今为此说，人必疑予之过情，后二十余年当信其为知言而许生者非过也，虽然，予之许于生者宁独文哉！①

从宋濂的话里我们可以看到他对方孝孺的激赏，也可以窥见师生间切磋学术的快乐。

在这段时间里，浙东派的主要成员聚首浦江，济济一堂。前辈如胡翰、苏伯衡，后学如王绅、方孝孺，得以有交流的机会。洪武十年，方孝孺获与胡翰相见。胡翰，"当今之巨儒也"，也是当世文章名家，"同门者相戒曰，先生于人未尝有所称，可得其一言之褒者夸于乡党以为荣"，孝孺入见，"遽称之曰，其将来未可涯也，吾之门人无及也，吾于生有望焉"。②洪武十三年（1380），苏伯衡至浦江，孝孺往见。王绅《送郑叔贞序》云："洪武丁巳，先师太史宋公致政，家居于萝山，绅始弱冠，以契家子获执洒扫役于公门，公不鄙，汲引而诲之，每宾客散后，列弟子坐松涛室下，历数古今作者，必曰吾于交友所见惟尔父一人，而门人辈独希直而已，希直即今侍讲正学方先生也，绅时□稚未知，所云而识者，知公之言为至论。"③方孝孺回忆起这段生活时曾说：

> 在金华时，日接当世名人，说论恒见所未见，悟所未知，孳孳穷日求以达之，苟快然有得，著于文，静美恶可否，辄有能辩而正之者，心诚乐之，客寓数年，不肉而肥，姿状情趣自觉大异于众人，盖非为悦名誉而言然也！④

正是在这里，方孝孺接触到浙东派的核心成员，这其中当然也包括同为宋濂门下的郑氏子弟。方孝孺自言在宋濂门下时的交游，"其最善者眉山苏平仲，临海叶夷狄仲，浦阳郑叔度，天台林右左民，赵象伯钦，陈叔英元采，王琦修德……"⑤郑叔度，即郑楷，是方孝孺的同门挚友，方氏曾作《郑叔度字说》，与其共勉向学。他视郑氏为知己，《与郑叔度八首》中尝言："太史公之爱仆，足下知之；公之知仆，惟仆自知之，虽号知某者皆不知之也，公尝为仆言圣贤之道，所以处仆者至厚矣……""足下之待仆，虽昆弟何以过，而仆于足下，亦无所不尽。"⑥方孝孺与郑氏子弟亦亲厚，《逊志斋集》中，从郑氏子弟文集序到书信、赠序、唱和序跋，乃至郑氏家侄加冠祝辞，种种信息都透露出方孝孺与郑氏家族的亲密关系。此外，郑耀等族中子弟还从学于方孝孺。⑦

从上述内容可以看到，浙东派核心成员宋濂、方孝孺的文学与人生都与郑氏家族深深缠绕，不仅如此，以郑氏家族为纽带，戴良、胡翰、苏伯衡、王祎等元末文坛名家与王

---

① 〔明〕宋濂：《宋濂全集》，罗月霞主编，浙江古籍出版社 1999 年版，第 1626 页。

② 〔明〕方孝孺：《逊志斋集》，徐光大点校，宁波出版社 2000 年版，第 273 页。

③ 〔明〕王绅：《送郑叔贞序》，〔明〕程敏政编：《明文衡》，任继愈主编，吉林人民出版社 1998 年版，第 413~414 页。

④ 〔明〕方孝孺：《逊志斋集》，徐光大点校，宁波出版社 2000 年版，第 296 页。

⑤ 〔明〕方孝孺：《逊志斋集》，徐光大点校，宁波出版社 2000 年版，第 355 页。

⑥ 〔明〕方孝孺：《逊志斋集》，徐光大点校，宁波出版社 2000 年版，第 359~360 页。

⑦ 〔明〕方孝孺：《逊志斋集》，徐光大点校，宁波出版社 2000 年版，第 443 页。

绅、方孝孺等洪武、建文文坛主力形成良好互动，对于其元末明初两代人在文化精神、创作风格上的承继起到了深远影响。

三、郑氏义门在浙东派文学创作、传播中的作用

郑氏也是浙东派诗文活动的重要组织者和参与者。郑氏家族子弟能文者众多，又与浙东派的主要成员关系密切，故而，郑氏经常组织游赏、燕集、联句等活动，宋濂、方孝孺等人是郑氏的座上宾，自然也是这些诗文活动的参与者。

元至正十六年（1356）三月，郑氏族长郑铉偕宋濂去桃花涧修禊事，各人赋诗二首，成集后，宋濂作《桃花涧修禊诗序》记载其盛况，从中可见郑、宋之间的交谊风范。郑涛也曾邀宋濂参加赏花会，"自太常君而下凡三十人，其三则宾客，余皆其君昆弟子姓云"，"众宾咸悦，衔杯咏诗，釁釁不自休"。①洪武十年（1377），宋濂致仕归来，郑氏特地为其举行宴集，高朋满座，诗酒唱和，为一时盛事。而致仕后，宋濂也经常参与郑氏主办的雅集唱和。洪武十二年（1379），宋濂参加了在郑家喜友堂举行的一次宴集，"胡教授仲申、朱长史伯清、苏编修平仲及金征君元鼎，成集于麟溪郑氏。余同刘继至，郑氏之贤太常博士仲舒，置酒燕客于喜友堂。笾豆孔秩，冠裳有仪，揖让兴俯，翼翼如也。……酒酣，郑君为诗十四韵以庆会舍之情，出示坐客，坐客先后倚韵而和之，遂联为卷，俾能诗者续焉"②。文中提到的胡仲申（胡翰）、苏平仲（苏伯衡），以及宋濂自己，这些元末明初浙东文学巨擘，都是浦江郑氏的常客。

此外，郑氏家族还有雅集联句之风。方孝孺曾在浦江香岩亭与郑楷及其族人"夜集联句"，"余吟三名，叔度喜继之，烛至，叔鄂又继之，遂迭次不绝书。遇句稍工，辄抚掌。夜愈深，溪声愈厉，以为雨直至也。以手承答无滴水，乃知非雨，更一烛，诗成，凡八百言"③。可以想见其与郑氏子弟诗文酬唱的情形。洪武十年（1377），方孝孺作《郑氏春夜赏花诗后序》："有园池者则有花，有花而得赏者，难也；有酒与殽，闲暇则可以赏，赏而能诗以记之者，难也；读书之家或能文，其多至于若干篇者，又难也；宾客众而制作多者有之，皆出一姓之人若郑氏者，又难也；族属众者或可及一姓而一家者郑氏而已。"④从中可见郑氏家族诗酒文会的盛况。作为郑氏座上宾的浙东派核心成员如方孝孺等，参与这些诗文唱和活动亦是常态。

郑氏家族对浙东派文学的传播同样起到关键作用，这主要体现在宋濂文集的刊刻传播上。宋濂的《浦阳人物记》在元至正十年（1350）由浦江县署刊刻。宋濂文集的整理刊刻实是在浦江郑氏的大力支持下才完成。至正十五年（1355），宋濂的第一部文集《潜溪集》十卷并附录两卷，由郑氏刻印。陈旅、欧阳玄、王祎为其文集作序。陈旅序云："金华有二先生，曰柳公道传，曰黄公晋卿，皆以文章显名当世……客有授予文一编者，予得读之。见其辞韵沉郁类柳公，体裁严简又绝似黄公。惊而问焉，乃二公之乡弟子宋君濂之

① 〔明〕宋濂：《宋濂全集》，浙江古籍出版社 2014 年版，第 1413 页。
② 〔明〕宋濂：《宋濂全集》，罗月霞主编，浙江古籍出版社 1999 年版，第 1586 页。
③ 〔明〕方孝孺：《逊志斋集》，徐光大点校，宁波出版社 2000 年版，第 429 页。
④ 〔明〕方孝孺：《逊志斋集》，徐光大点校，宁波出版社 2000 年版，第 432 页。

为也。"①在欧阳玄的序中可以看到，在馆阁诸公处为宋濂文集作推介的正是郑涛："经筵检讨郑君涛以金华宋濂先生所著文集征予序"，"尝著《人物纪》二卷，予为序之。郑君谓其可拟《五代史》，亦公论云"。②

此后，宋濂的文集如《潜溪后集》《潜溪续集》《萝山稿》《潜溪新集》《宋学士文粹》《宋学士续文粹》等相继在浦江刊刻，郑氏家族是其大力组织者。

作为宋濂门人的郑渊曾组织刊刻《潜溪后集》，并作《潜溪后集跋》，他追忆受业情形说，入"潜溪先生之门二十余年，而所受教者，固非一日"③，这样的身份，使得他责无旁贷地对宋濂的学术和文学经历进行总结，对其影响加以概括。他在文中历叙了宋濂的成长、为学道路，尤其对宋濂的学术传承以及其在浙东派的地位做了评述："受业于待制柳公，文献黄公，渊颖吴公"，"及三公相继沦谢，乡邦之评，咸推先生足继其后而无愧"，"盖先生之学，博极天下群书，凡天文地理之要，礼乐刑政之详，治乱沿革之变……与夫百家众技之说，靡不究心"。④这篇跋文不仅较为客观地概括了宋濂为学的特点，更重要的是，强调了自元末以来浙东文学的传承谱系，即"述其师传之有自者"⑤。

洪武十年（1377），郑济刊刻《宋学士文粹辑补》，郑济《潜溪文粹后识》记录了《宋学士文粹》的编刻情况：

> 青田刘公伯温丈之所选定者也。济及弟浒同门之士刘刚、林静、楼琏、方孝孺相与缮写成书，用纸一百五十四番，以字计之，一十二万二千有奇。于是合印工十人锓梓以传。自今年夏五月十七日起手，到七月九日毕工，凡历五十二日云。其已刻行世者有《潜溪集》四十卷、《萝山集》五卷、《龙门子》三卷，其未刻者《翰苑录》四十卷。归田以来，所著《芝园集》尚未分卷。在禁林时，见诸辞翰，多系大制作，窃意刘丈选之，或有所遗，尚俟来者续编，以附其后。⑥

元末，宋濂文集已有单刻本问世，如郑渊与郑涣编集、郑氏书塾刊本的《潜溪集》，郑涛参与编集的《潜溪后集》，以及《潜溪续集》，均已刊刻。洪武十年（1377），刘基选定、郑济刊刻《宋学士文粹》十卷，这是继单刻本后，较早刊刻的宋濂文集选本。并且，郑氏子弟还搜集数十篇遗文进行辑补，附补遗一卷。这与他们长期师事宋濂的便利条件有关，也与其平时留心搜集宋文有关。建文三年（1401），方孝孺、郑济等同选定《宋学士续文粹》十卷附录一卷，仍是由刘刚、林静、楼琏等缮写，义门郑氏书塾刊刻。⑦可以看到，明初郑氏义门对宋濂的作品保存和传播作出了突出贡献。

① 〔元〕陈旅：《宋景濂文集序》，《安雅堂集》卷五，清《文渊阁四库全书》本。
② 〔明〕宋濂：《宋濂全集》，罗月霞主编，浙江古籍出版社1999年版，第2485页。
③ 〔明〕宋濂：《宋濂全集》，罗月霞主编，浙江古籍出版社1999年版，第2493页。
④ 〔明〕宋濂：《宋濂全集》，罗月霞主编，浙江古籍出版社1999年版，第2493页。
⑤ 〔明〕宋濂：《宋濂全集》，罗月霞主编，浙江古籍出版社1999年版，第2493页。
⑥ 〔明〕宋濂：《宋濂全集》，罗月霞主编，浙江古籍出版社1999年版，第2505~2506页。
⑦ 参见任永安：《宋濂集类著述新考》，《殷都学刊》2011年第1期；〔清〕黄虞稷：《千顷堂书目》卷十七别集类，清《文渊阁四库全书》本。

四、余　论

　　明前期文坛的发展趋势是元末明初地域文学流派纷呈的格局向皇权为中心的大一统文学的转变。洪武中后期随着元末各派领袖的去世，文坛五派竞立的局面已不复存在。洪武、建文时期文化界影响最大的是以"浙东派"为代表的江浙文化群体，"靖难"以后，江浙文化群体的影响遭到重大打击，浙东派在政治上遭到清洗，其思想、作品也被列入禁区，永乐三年的"章朴案"就是继续打击浙东文化影响的一个标志，浙东派在馆阁的领导地位也不复存在。对江浙取而代之的是与其文化气质迥异的江西文化群体和"台阁体"。这固然与其所处政治环境、地域文化传统有关，然而，其本身盛衰的演变、影响的强弱，也离不开其所处的文化制度背景，反映出时代文化发展的趋向。

　　总的看来，浦江郑氏义门家族与元末明初浙东派的发展密切相关，从中我们可以窥见元末以来直到洪武、建文时与中央政权有千丝万缕联系的江南地方政治、文化生态。日本学者檀上宽曾以浦江郑氏义门为例，来探讨元末江南地方大家族由元入明的动态。他作出"追求私利型"富户、地主与"乡村型"地主的区分，认为元末的大家族即属于前者，这些追求私利的元末富户家族构成了"元朝性江南社会"。

　　换句话说，元末江南地方家族所主导的社会具有某种程度的自主性，他们不仅在政治上举足轻重，也掌握着元末以来转移到地方的文化权力。义门郑氏充分利用理学伦理规范家族，通过与浙东文化精英如柳贯、黄溍、吴莱、宋濂等人的交往，以兴办家塾、修订家规、修缮族谱等形式，不断弘扬其"累世同居"的家声，促进子弟仕宦，扩大自身政治文化影响。元朝灭亡，他们转而支持江南地区秩序的实际维持者明政权，并且，同样依靠仕明浙东士人的影响而继续保持家族繁荣，继续保持强大的地方政治文化影响力。另一方面，浙东精英士人群体依托郑氏义门，在学术旨趣上，自觉传承浙东学术传统，融贯经史，鄙薄俗学，追求经世；在政治倾向上，理学色彩浓厚，继承宋代理学强调道、势之分的政治思想，建文朝方孝孺的政治实践就体现出显著的理学思想特征。理学思想的气质、学者化的身份很大程度上影响了浙东派文学风貌的形成。义门郑氏与浙东派文化理想的实践、浙东文脉的构建形成共振，这也是元末以来中央政治文化权力向地方分化的生态所呈现的文化景观。

　　明朝建立后，依靠江南取得政权的明王朝"南人政权"的特点十分突出，明初采取的种种措施，就是为了实现由继承了元末政治文化格局的"南人政权"向以巩固专制皇权为核心的"统一政权"转变，这种转变最终在永乐朝得以完成。在这种历史背景下，义门郑氏家族的衰落是必然的，元末文风余绪也逐渐消散，适应于新的政治文化格局的"台阁体"应运而生。

（作者单位：华中农业大学文法学院）

佛教禅学与刘秉忠诗词清和之境*

□ 任红敏

【摘要】在金末元初文坛，刘秉忠是一位特色独具的文人。他身为忽必烈政权中重要的辅佐之臣，长期处于政治斗争的中心，其学术贯通儒释道三家的思想。他深受释氏思想的影响，其诗词淡泊悠远，平淡冲和，饱含着他的人格魅力，具有一种天地间极自然的美质——清莹、清朗、清亮，往往给人以一种超尘拔俗、冲淡质朴的审美感受，正是他对"太羹玄酒"之味独特的解读。太羹玄酒，既是秉忠诗词的一种人格境界，又是一种艺术境界。他的诗词传达着他的哲学智慧，清逸的思想、淡远的境界、空花自落的圆成。
【关键词】刘秉忠；佛教禅宗；诗词；清和

在金末元初文坛，刘秉忠（1216—1274）是一位特色独具的文人，字仲晦，初名侃，法名子聪，号藏春散人，据徐世隆为其所撰《祭文》称："岩岩刘公，首出襄国，学际天人，道冠儒释。初冠章甫，潜心孔氏，又学保真，复参临济。"① "复参临济"是说刘秉忠参学临济禅宗。临济宗素有"临济子孙遍天下"的美誉，是我国禅宗五大分支之一，影响深远，不仅在宋朝，而且在北方金朝佛教中也占据了主流地位，黄龙、杨岐二派均有传人，好多临济禅师与金室皇族和重臣多交游往来。刘秉忠 23 岁时在清化天宁寺落发为僧，成为临济宗虚照禅师的弟子，法名子聪，为掌书记，其后又深得临济宗大师印简海云器重。海云法师德高望重，是金末元初北方佛教临济宗的领袖，深受朝廷重视，和蒙古上层交往颇多，从法系上看，刘秉忠是海云的再传弟子，据《真定十方临济慧照玄公大宗师道行碑铭》所载："海云传可庵朗、龙宫玉、赜庵儇。可庵传太傅刘文贞公、庆寿满。"乃马真后元年（1242），忽必烈请大师海云赴漠北（当时忽必烈在和林）帐下，问佛法大意。刘秉忠担任海云大师的侍者，随行到和林，选择入仕忽必烈藩府，其后二十年时间刘秉忠一直以僧人身份任忽必烈重要谋臣，至元元年（1264）奉元世祖忽必烈之命正式还俗，赐名秉忠，授光禄大夫之职，参领中书省事。刘秉忠一生实践着佛教禅宗"佛法中

---

* 本文为国家社科基金重大招标项目"中国古代都城文化与古代文学及相关文献研究"（18ZDA237）、国家社科基金重大招标项目"元代各民族文学交融背景下元诗的发展与流变"（18ZDA340）阶段性成果。

① 〔元〕刘秉忠：《藏春集》，《北京图书馆古籍珍本丛刊》第 91 册，影印明天顺五年刻本，第 235 页。

有出世法"与"世与出世不二"的教义,在元初以僧人身份参与朝政,对元朝建都城、立国号、荐良吏以及元初政治体制、典章制度的奠定发挥了重大作用,并为恢复礼乐、复兴儒学、保护佛教作出了卓越贡献。刘秉忠虽事功卓著,但终生与佛门关系密切,始终保持一个佛教徒的本色,不大声色,"斋居蔬食,终日淡然","邃冲而有守,安静而无华"①,自有佛家的虚静高洁、简淡洒脱、淡泊清净。

刘秉忠就是这样一个特殊的人物,身着僧衣,同时又是忽必烈政权中重要的辅佐之臣。长期处于政治中心,他从不回避社会责任,却在纷繁的俗世之中保持一颗平常之心,不贪求名利富贵,认为"熏天富贵等浮云"(《守常二首》其二),以一片禅心无住无念,随性随缘,如黄龙慧南禅师所言:"道不假修,但莫污染;禅不假学,贵在息心;心息故心心无虑,不修故步步道场。"(《黄龙慧南禅师语录》)②

刘秉忠在《春日遣怀》一诗中写道:"盖世功名一局棋,千年城郭昔人非。分开春色花休妒,流尽年光水不知。诗酒可娱惟自得,林泉虽好几人归。长绳不系天边日,寄与东风且慢吹。"③ 他所悟的是风云变态中一种自得的怡然,所参的是看透功名利禄与人事纷争的静观。世间的一切尘缘幻化如同梦幻泡影,不执着,亦不留恋,恰恰实践了临济宗禅师义玄所提出的"心清净即是佛"的心性命题,此理此道,致广大极精微,遇事物万变都可应对自如,且达到一种至高的人生境界,获得一种澄明清澈的人格精神。陈栎《自得楼诗序》曾说:"自得之趣,如人饮水,冷暖自知,非人所能与,亦非人所能窥。"④ 虽然是以自得比喻作诗,但做人何尝不是如此。刘秉忠的这种自得,正是对禅的体悟,也正因如此人生境界,才能达到随缘任运、怡然恬淡的心灵状态。"佛者,心清净是。法者,心光明是。道者,处处无碍净光是。"⑤ 超脱了现实人生的矛盾与痛苦,再无任何羁绊,才能达到真正内心的宁静与愉悦。刘秉忠内在的人格、胸怀、境界,决定了他对外在之物的感悟和接受,也决定了他诗词"清和"之特色,马伟在《明刻藏春诗集序》中评价刘秉忠诗词的主要风格为:"澹乎太羹玄酒之味也",淡乎无味,但实则清新和雅,有味外之旨。

一

山水,乃天地之间最有灵气者。刘秉忠虽是僧人身份,但兴趣爱好和普通文人名士并无区别,他常常流连山水之间,天地自然与林泉之乐,触发了他对山水自然的审美、感触、观照,人与山水相往来,清远幽深之景色,触发了他林下之心性,创作了大量情景交融空静淡远的山水诗。刘秉忠的山水诗很有宋诗的味道,如他的《溪山晚兴》:"楚山临水适幽情,无意成诗诗自成。秋雨滴残秋草暗,晚云收尽晚风清。渔舟散去横烟霭,樵担

---

① 《元史》,中华书局 1976 年版,第 3694 页。
② 《大正藏》卷四七,台湾新文丰出版社 1983 年版。
③ 杨镰主编:《全元诗》第 3 册,中华书局 2013 年版,第 164 页。
④ 〔元〕陈栎:《陈定宇先生文集》卷一,元人文集珍本丛刊影清康熙陈嘉基刻本。
⑤ 〔五代〕赜藏主编:《古尊宿语录》第 1 卷,吕有祥等点校,中华书局 1994 年版,第 69 页。

归来踏月明。是树有枝堪架足，南飞乌鹊莫多惊。"① 既有静之美，也有动之态，境界圆融，意境清幽，楚山、幽水、秋雨、渔舟、晚风、烟霭、樵夫、明月等真率与淳美的意象构成了一幅天人合一的景色，体现了诗人的清净之心、无分别之心。

刘秉忠由心灵上的"清"而把握到自然世界的"清"，从而形成其诗词之"清"。欧阳玄曾这样评价赵孟頫，"嗟乾之资，唯一清气。人禀至清，乃精道艺。天朗日晶，一清所为"（《魏国赵文敏公神道碑》）②。其实，秉忠诗词的神髓又何尝不是如此！他诗词中的山水经常是：山水在云烟的笼罩之中，云烟腾挪飘荡在山水之中，云雾飘渺，山色空濛，山便有了一种随云烟飘动的质感，再加上流水悠悠，云烟动荡，整幅画面便有了鲜活韶秀的生命感，整个景象显得空阔悠远，清旷幽深，一种内在的生命之"清"，便呈现在读者面前："不见南山真面目，一川秋水淡林烟"（《晚眺》）、"看取飘飘无系缆，烟波江上一虚舟"（《闲况四首》其三）、"月照锦江翻夜色，烟波玉垒动朝晖"（《蜀先主孔明》）、"烟波围绕几渔舍，天地横斜一钓舟"（《秋江渔父图》）、"秋山漠漠晚烟横，牢落关河雁一声"（《过东胜》）、"山色隔烟无忽有，故教凝伫倚楼人"（《春望》）、"青山尚在浮烟里，楼上分明见几峰"（《雨过登楼》）、"一声鱼笛烟波上，宜著襄翁泛小舟"（《鹧鸪天》）、"青山千里，沧波千里，白云千里"（《桃花曲》）……一切都在云烟的飘动之中，一种蓬蓬勃勃的生命感，一泓永不断绝的清流在流淌。正如水墨山水，抛弃了鲜丽的色彩，归于本真，在青山绿水之中，勾出淡淡的素影，反而更有一种让人难以忘怀的美。山水与诗人的情感融合在一起，心佛本一体，离心而无佛性，当诗人以清净佛性观照自然万物，在诗人清幽、静谧的审美观照中，大自然的山山水水、花花草草也就被赋予了禅的色调，空灵澄澈而清气弥漫。

其实，秉忠不止主张清淡素朴，以清淡的色调营造宁静清远的意境，他还善于用鲜润明丽的色彩，赋予景物以新鲜活跳的生命，但并不显夸张，反而在静雅中融入天然清新，平添一份活泼轻快，于清淡之中又呈秀媚："时雨荒山添润泽，春风野水动波澜"（《春闲》）；"栀花堆白麦苗青，山寺南头帐玉停。流水纵横成篆字，远山前后簇围屏"（《山寺》）；"落笔纵横不自休，抹成小景绝清幽。碧波千里楚山晚，红叶一林荆树秋"（《秋江晚景图》）。心淡兴幽，以一颗清净无染的本心去体验空灵明朗的山水，情景相生相融，把山水与人的兴致、感触、情趣熔成一片，山水有了人的感情，景物有了新鲜灵动的生命。

二

佛教《华严经》以水中之月的虚幻来观照万物："所有起法，犹如幻化、电光、水月、镜中之像，因缘和合，假持诸法，悉分别知，从业因起。"（《大方广佛华严经》）③万法虚幻，心清净则能分别一切，《维摩诘经》也有类似的譬喻："一切法可知见者，如

① 杨镰主编：《全元诗》第3册，中华书局2013年版，第133页。
② 〔元〕欧阳玄：《圭斋文集》卷九，《影印文渊阁四库全书》第1210册，上海古籍出版社1987年版。
③ 《大正藏》卷一五，台湾新文丰出版社1983年版。

水月形，一切诸法，从意生形。"（《维摩诘所说经·善权品第二》）①"譬如盛满月，映蔽诸星宿。示现一切众，有增或有减。一切澄净水，月影无不现。世间群生类，皆悉对目见"（《大方广佛华严经》）②，水月的这层含义，则是以水月的清澄洁净来显示现万物。因而，水和月备受中国历代修习佛禅文人的喜爱。苏轼在黄州所作的《念奴娇·大江东去》："人生如梦，一樽还酹江月。"苏轼本以风流人物自许，所谓英雄气概、儒雅风度、儿女温情，他都具备，可惜社会和时代没有给他在风华年少时建立功业的机会，甚至屡遭打击，当苏轼看空一切看淡一切直至超脱一切之后，内心只剩下一片澄净，从万法虚幻的角度发出生不逢时、志不获展之叹，苏轼笔下的水月已然达到了智慧的境界。辛弃疾《念奴娇·过洞庭》词写道："洞庭青草，近中秋、更无一点风色。玉鉴琼田三万顷，着我扁舟一叶，素月分辉，明河共影，表里俱澄彻。悠然心会，妙处难与君说"，人与天地山川自然合而为一，把月的清美与洁净明朗演绎到那种与人心领神会的妙处，让人无法抵御。方回论"清"时曾言："月皎谓之清"③，月光特有的感觉上的透明与清朗，自有一份说不完的空明晶莹。

禅宗有人自性本来清净圆满，心如明月一样皎洁，万法归于一心则一念净心之说，因而，终生与佛门关系密切的刘秉忠与大自然中明净、清澄的月，默契很深，他笔下的水和月代表他清净的心态，秉忠极喜爱晶莹明澈的月亮，读书时，有月相伴，"殿阁参横月斜落，夜寒书舍一灯青"（《秋夜》）；散步时，有月相随，"明月满庭闲杖履，翠烟惹遍绿纹苔"（《春晚还山》）；思乡时，有月入梦，"好风到枕客愁破，残月入帘归梦醒"（《江上寄别》）；弹琴时，对着明月，"横琴消尽尘中虑，一曲秋风对月弹"（《蜗舍闲适三首》其三）；忆友时，以月寄情，"赤心岂没新朋友，白发难忘旧弟兄。夜雨正令人百感，秋窗忽放月孤明"（《秋晚忆颜仲复》）；饮酒时，更要有明月相伴才会诗兴大发，"酒酌花开对月明。醒中醉了醉中醒。无花无酒仍无月，愁杀耽诗杜少陵"（《酒》）；酒醒时分，抬头所见，仍是明月，"一枕清风醒后觉，满轩明月卧中看"（《秋晚》）；旅途之中，也是明月相随，"晓看太白配残月，暮送孤云还故山"（《桓抚道中》）；忧伤时，面对无垠的月，他的心也会明朗起来，"心如秋月十分朗，病逐春冰一向消"（《寄友人四首》其一）。明月自然更让他诗兴大发，"清夜哦诗对月明。诗魂偏向月边清"（《鹧鸪天》）……月在他的诗词中屡屡出现，月已经融入他的生命之中，几乎无处不在。在他笔下，月的各种形态都曾出现，有新月、旧月，有明月、残月、斜月，有素月、碧月，还有天上月，水中月，云中月。

他在《对月》一诗中，写出了对月的独特感觉："鹤发貂裘映月波，兔疑蟾恋竟如何。绝知诗老丹心苦，未信书生白眼多。半夜香风飘桂子，九秋寒色带姮娥。无人共竭樽中醁，独酌清光送浩歌。"④ 面对一轮素月，玉洁冰清，清远幽深，顿让人感觉一片宁静，一种超越，静绝尘氛，唯有浩歌一首。此情此境，自然扫尽俗欲，在与月亮之间相互感应、相互融合的空阔虚灵的审美静观中，摄物归心。在诗人清淳明洁的心灵里，可以自由

---

① 《大正藏》卷一四，台湾新文丰出版社 1983 年版。
② 《大正藏》卷三四，台湾新文丰出版社 1983 年版。
③ 〔元〕方回著，阮元辑：《桐江集》，江苏古籍出版社 1988 年版，第 28 页。
④ 杨镰主编：《全元诗》第 3 册，中华书局 2013 年版，第 175 页。

地驾驭、吐纳，实现与宇宙的和谐，可以创作出多种多样虚灵空洁而又幽远深邃、清雅澄澈的审美境界。正如朱维之在《基督教与文学》一书所说："释迦和耶稣就是两位亘古未有的、超凡入圣的大诗人。释迦在我们东方人的心目中，早已成为灵感底泉源了。无数的诗人——印度的、中国的、日本的——曾从他那里得到了诗的感兴，从他那里进入诗底三昧境。"① 受禅宗佛教的影响，以自性清净的智慧看月下景物，刘秉忠才写出如此清寂高旷的诗词，达到皎洁犹如明月一样清净的佛禅之境，月下景色那份透彻澄明中饱含更多的是他的人生智慧。

自然，天下好山好水好月亮，都成了刘秉忠的朋友，他善于描写月，以月来写出那种清幽、安详而宁静之境："星珠千颗撒银汉，月镜半圆横玉台"（《宿河西沙陀》）、"向晓春风暖更清，残星和月落孤城"（《晓行》）、"月娥无语照吟坐，河伯有声呼醉醒"（《乌蛮江上》）、"梦破小窗浮月色，漏残寒角奏梅花"（《宿中山干明寺》）、"归来小院松梢上，新月低斜玉一钩"（《晚游》）、"杨柳烟凝露重，莲花月冷风清"（《江月晃重山》）、"留得瘦梅疏竹，弄窗间素月"（《好事近》）……秉忠诗词中的月，和诗人有一种灵心感动，他与月之间仿佛有一种心灵的默契，在杨柳烟凝、水满青溪、瘦梅疏竹、细细幽香之中，勾出月之淡淡素影，有一种令人难忘的美：习习清风，汩汩清流，朗朗清月，阵阵清香，幕幕清景，都能使人其乐陶陶，心旷神怡。刘秉忠不是封闭保守消极遁世，而是历经世故，学问洞达，将平常心驾驭万物，以禅法精神统摄万行，才使他的诗词在清幽之中蕴含着一种超然。又如："玉钩三寸月沉水，琴调数声风入松"（《因宋义甫宿香山寺》）、"晚寺共携明月入，寒岩谁听雪猿啼"（《秋晚同友僧宿潞南山寺》）、"高卷毡帘对明月，秋风一曲入琴弹"（《宋义甫弹秋风》）、"谪仙不饮杯中醁，闲杀花前好月明"（《期饮》）、"几树好花风乍静，一钩新月雨初晴。此心只合长无事，莫为人间宠辱惊"（《闲况四首》其四）。② 仍然是那种一贯的清淡素朴，一丸冷月，高挂天空，本身就是清和静，而月的清凉与皎洁，这种清淡的色调与周围清幽之景共同营构出宁静清远的意境。在这份宁静与清幽之中，我们看到了作者生命深处，那种永恒的宁静。在宁静中，悬隔了世界的喧闹，悬隔了物质的诱惑，悬隔了欲望的悲苦和欣喜，让人体味到了本真的世界，获得了一种超越的宁静，而这种宁静又不同于凡常的寂寞。凡常的寂寞，没有安慰，无所着落，天地间一片空茫，不知道把灵魂安放何处？佛教讲求心地和谐，以寂静的智慧，除净烦恼的根本，从而获得自我的觉悟，达到和平、安闲、静谧。当他更加深化对宇宙、社会和人生的认识时，他的人生情调和生活哲学，就会变得更冷静、更稳妥，也更无风无波，在那个有得有失有沉有浮有喜有悲的乱哄哄闹嚷嚷的世界中获得自己的生存。他以一种平常的，悠然的，一种圆融豁达的胸怀来看待这个世界，世界照样花开花落，云起云收，虽空空落落，却给人绝对的平和、悠淡与宁静。因而在他诗词中，有一种冷静的美，能让我们看到作者那种人性的光辉、成熟的理智。

月的恬静、和润、清远、飘逸、雅致、明洁，这些恰是秉忠的个人生活理想的格调，暗合了他"太羹玄酒"清雅恬淡的审美理想和生活方式。他对大自然中明净、清澄之美的月情有独钟，因为有了月光所特有的透明与清宁，诗人的生命便得以敞亮，也正因为有

---

① 朱维之：《基督教与文学》，吉林出版集团 2010 年版，第 1 页。

② 杨镰主编：《全元诗》第 3 册，中华书局 2013 年版，第 139 页。

月，才使刘秉忠的诗词更加宁静、清灵。那素盘一样洁白的月光，也拥有了诗人永恒的魅力。

三

刘秉忠善以一颗无尘的心灵营构出一种无尘的境界，洒脱风流，自由自在，雅洁鲜亮，因而，他对"影"与"窗"所代表的清雅和素朴，宁静和透亮，那种澄澈之美，特别钟情。

庄子曾说人生如影，世界原是虚幻的，人生于天地之间，只不过一个匆匆过客，"若白驹之过隙，忽然而已"（庄子《知北游》）①，高山缝隙之间透过的一缕光影，转瞬即逝，不可捉摸不可把握，如此不去执着，便能身心自由。《维摩诘经》云："是身如聚沫，不可撮摩；是身如泡，不得久立；是身如焰，从渴爱生；是身如芭蕉，中无有坚；是身如幻，从颠倒起；是身如梦，为虚妄见；是身如影，从业缘现；是身如响，属诸因缘；是身如浮云，须臾变灭；是身如电，念念不住。"② 人生只是如电如露，只是梦幻泡影而已，人生之要义，乃是在无相无住中，于梦与影之间，把握本真。禅的色空观念，视世界如幻象的思想，对中国文化影响深远。《二十四诗品·形容》云："绝伫灵素，少回清真。如觅水影，如写阳春。"③ 要超越具象得其神似，立灵性求本色和清净真淳，虚而不实，都是"影"，影更有风神意味，更灵动，更清真。宋代诗人就尚清雅平淡，发现"清"与"影"之美。张先，以"三影"著称，深悟以"影"写清的妙处，他"云破月来花弄影"（《天仙子》）；"娇柔懒起，帘幕卷花影"（《归朝欢》）；"柔柳摇摇，坠轻絮无影"（《剪牡丹》），"中庭月色正清明，无数杨花过无影"（《木兰花·乙卯吴兴寒食》）。将花影、月影、柳絮、杨花等有形的事物虚化为飘渺恍惚，似有若无，如影绰绰，闪烁不定，清明而悠远。苏东坡，有"庭下如积水空明，水中藻、荇交横，盖竹柏影也"（《记承天寺夜游》），竹，柏，影影绰绰，在清凌的月光之下平添一种空幻之感！受宋代诗人对"清"与"影"之美的影响，刘秉忠对清和影之美非常执着，化实有为虚空，把自己清莹的感受融了进去。如以下句子："一枝倒影斜斜月，满树浮光细细风"（《江边梅树》）、"江边疏影斜斜月，天外幽香细细风"（《重看江上梅花》）、"海棠影转梧桐月，吟到梨花第一枝"（《鹧鸪天》）、"清歌月影檐头转，残梦钟声枕上闻"（《寄张平章仲一》）、"竹影斜斜转月辉，西风飒飒透征衣"（《秋夜有感》）、"一泓碧玉垂天影，万丈丹梯壮地形"（《乌蛮江上》）、"虚心立节霜秋竹，瘦影横窗月夜梅"（《岁暮有怀寄仲修宗旧三首》其二）……在秉忠清婉地吟唱中，只看到：梅花在月下的剪影，阵阵幽香，月下海棠的清媚，一份清幽，带着花之香与花之影，这份清雅便多出了如许的曼妙。清歌月影，伴着残梦钟声，还有青竹的身影，一汪碧潭幽幽隐隐的影子，月下窗间淡淡的花影，这样的描写，空灵飘渺，难以确定，似有若无，似淡实浓，空灵之至，飘渺之至，别有意味，幽淡、空灵、闪烁，极尽幽微恍惚之妙。以流光幻影的眼光看自然万物，很能体

① 王先谦：《庄子集解》，上海书店出版社 1987 年版，第 29 页。
② 董国柱：《佛教十三经今译》（三），黑龙江人民出版社 1998 年版，第 74 页。
③ 〔唐〕司空图：《诗品二十四则》，中华书局 1985 年版，第 11 页。

味到生命的宁静致远与透脱。只有心胸透脱的人，梵我合一，物我交融，才能感悟这种天地与人心共有的明洁清莹之美。

窗和影似乎是很难分开的。透过窗去看世界，淡化朦胧了那份刺眼的光芒，山也淡淡，水也绵绵，一切都迷离了，一切都淡化了。秉忠善于发现窗的这种清亮，如其《好事近》词："酒醒梦回时，小鼎串烟初灭。留得瘦梅疏竹，弄窗间素月。起来幽绪转清幽，幽处更难说。一曲竹枝歌罢，满襟怀冰雪。"明月一轮，清光满窗，是脱俗清纯的世界，酒醒之后，看到窗外瘦梅疏竹，听到一曲《竹枝词》，心里顿时清爽起来。透进窗子的光影，就会变得柔和与朦胧了，如其"客馆萧条动客情，飞萤个个傍窗明"（《客馆》）、"梧叶打窗秋院静，松梢转月夜窗虚"（《读书》）、"梦破小窗浮月色，漏残寒角奏梅花"（《宿中山千明寺》）、"甚喜年来得书看，小斋清洒纸窗明"（《年来》）、"梦回残影来窗上，日落清光堕马前"（《秋月》），素雅、清幽，一个透明的世界，表达着中国文人一种典型的脱俗感，回归自然的清醇莹洁的心态，也体现了佛教的虚空美和寂静之美。

由窗而看过去，一切景物都增添了无限幽静与疏朗。如其《焚胜梅香》一首："春风吹灭小檠钉，梦断炉香结翠幢。檐外杏花横素月，恰如梅影在西窗。"春风袭来，焚香一柱，顿显一种心灵的宁静，素月当空，杏花吐香，透过窗看去，如同披上了一层霜雪，杏花倒影在西窗之上，如梅一般冰清玉洁，更觉清灵与透明。"乐琴书雅意，无个事，卧看北窗松竹。"（《洞仙歌》）"窗外几竿君子竹，凄清。"（《南乡子》）淡墨简笔写出了芙蓉美意，是那样的空明，又是那样的朦胧，淡化了色相世界，更添一层空灵与清莹，物我之间有一种玲珑微妙的契会。

窗所蕴含的清美之于刘秉忠，绝不止于艺术与美的观照，更有他的心灵境界。"横笛楼头才一弄，惊破绿窗幽梦"（《清平乐》）、"鸟声唤觉南窗梦，扑簌槐花堕晚风"（《梦觉偶成》）、"庭前松菊成闲趣，窗外云山得卧看"（《蜗舍闲适三首》）、"沽酒归来北窗下，人间如梦醉如泥"（《回杖》）、"红尘只在南窗外，收得身心一榻闲"（《归来》）、"小窗寂寂锁凝烟。一灯然。一诗联。诗若灯青，孤影伴无眠"（《江城子》），槐花飘香，松菊自动，云山悠然，烟笼雾环，但在这一境界中，能看到诗人的洁净情怀和高逸人格，也透出一种稳稳的平静与超脱。既有诗人所体现的窗与清之美，更有诗人从窗过滤后景之朦胧与脱俗清纯中展现的透脱心胸。对"影"与"窗"所蕴含的那种透明与清莹，秉忠可谓是深得此中三昧。

秉忠诗词淡泊悠远，平淡冲和，清莹、清朗、清亮，正是他对"太羹玄酒"之味独特的解读，他的诗词传达着他的哲学智慧，清逸的思想，佛理禅宗融契于万事万物，空花而自落，圆融而无碍。太羹玄酒，既是秉忠诗词的一种人格境界，又是一种艺术境界。虽然"裁云镂月之章，阳春白雪之曲，在公乃为余事"（阎复《藏春集原序》）[①]，并非刻意为之，但是他的诗文词曲却别有一番情致，明秀清新，和他的人一样潇洒飘逸，能让人感受到一种脱俗的宁静心境。

（作者单位：河北大学文学院）

---

① 〔元〕刘秉忠：《藏春集》，《北京图书馆古籍珍本丛刊》第 91 册，影印明天顺五年刻本，第171 页。

明末清初曹洞宗寿昌派诗僧的域外弘传与诗歌创作*

——石濂大汕《海外纪事》探微

□ 党晓龙

【摘要】明清易代之际，曹洞宗寿昌派积极从事域外弘法，石濂大汕即为其中的杰出代表。他将讲经弘法的内容、域外所见所闻、诗文创见等集撰成书，是为《海外纪事》。该书对了解当时的中越关系、海上交通大有裨益，同时，该书所体现出的"即诗言禅"的诗禅观有助于还原明末清初汉传佛教在越南地区交流、互动的历史情境。

【关键词】石濂大汕；《海外纪事》；域外弘传；即诗言禅

石濂大汕以诗文著称于世，其赴越弘法的不凡经历亦被后人颂扬，有着"海外交流急先锋"① 的美誉。大汕一生著述颇丰，但其著述在乾隆年间遭到禁毁，传世稀少。中山大学曾于 2007 年整理出版《大汕和尚集》，包括《离六堂集》《离六堂二集》《潮行近草》《离六堂近稿》和《海外纪事》，共收录他的诗词歌赋 1450 余首。目前，关于石濂大汕及其著述的研究尚未充分展开，现有的成果首推姜伯勤《石濂大汕与澳门禅史——清初岭南禅学史研究初编》（学林出版社 1999 年版），该书将大汕定义为得道高僧，塑造其德高望重的宗教形象和壮怀激烈的遗民形象。本文以大汕所撰《海外纪事》为中心，着重考察他在越南地区的弘传情状，以此窥探明末清初汉传佛教在域外交流、互动的历史情境，进一步阐发曹洞宗寿昌派诗僧"即诗言禅"的诗禅观。

一、渡越弘法历程

石濂大汕（1633—1705），俗姓徐，字石濂，号厂翁，法号大汕，江苏吴县人（一说江西九江人）。他出身寒微，童真入道，乃曹洞宗僧觉浪道盛法属，历主广东曹溪、南海

---

* 本文为教育部人文社会科学重点研究基地重大项目"地方宗教文献与明清佛教世俗化研究"（16JJD730006）阶段性成果。

① 廖肇亨：《巨浪回澜——明清佛门人物群像及其艺文》，台湾法鼓文化 2014 年版，第 301 页。

长寿等诸刹。《大南实录·大南列传前编·石濂传》对其有相关记载："石濂和尚，号大汕，厂翁氏，清浙西人。博雅恢奇，凡星象、律历、衍射、理数、篆隶、丹青之属，无有不会，而尤长于诗。明季清人入帝中国，濂义不肯臣，乃拜辞老母，剃发投禅，杖锡云游。凡山川名胜足迹几遍。"① 清康熙三十四年（1695）正月至清康熙三十五年（1696）六月，大汕应广南阮氏政权统治者阮福週（1675—1725）之邀，远渡重洋，奔赴顺化、会安两地弘法。

大汕南行之际，正值越南郑阮纷争时期（1533—1788）。阮氏政权为了与郑氏政权争雄，在积极发展海外贸易的同时大力扶植佛教，希望借助佛教维护其统治。为此，显宗明王阮福週专门派遣使臣前往广州长寿寺，迎请大汕赴越弘法。大汕应允，航海南来，驻锡天姥寺。阮福週亲率王母、公主和后宫眷属受戒，并自称"受戒弟子"。当地僧俗名流对于大汕亦是极度敬仰，如了观派的实效了观（1667—1742）曾亲从受法。姜伯勤指出："大汕此行先后巡礼广南顺化禅林寺、河中寺、圭峰永和寺、五行山三台寺、会安弥陀寺、顺化天姥寺等。受其传戒者累计二千余人。"②

大汕在顺化、会安一带居留时间长达一年半，其间目睹越南佛教弊端，尝言："余虽老朽不才，无补法门，深知末法缁流，戒不持，教不明，病在于斯，不得不言者一也。"③又言："应念佛苑春残，祖庭秋晚，法门寥落之时，曷可互相以讹传讹，使遍国僧人，不知出世学道为何事，大家混在醉梦乡中，老僧焉堪容忍，默默自藏。不避口业，直言相告！"④遂发心予以改善，大致包含以下四个面向：

首先，强调佛门戒律。大汕在《海外纪事》第一卷先对佛门制戒缘由、戒律内容作出阐释："佛设戒律，即孔圣之戒慎恐惧，克己复礼，所谓非礼勿视，非礼勿听，非礼勿言，非礼勿动。明乎诚意正心修身之本，在于戒惧也。故我文佛度世，恐人习气深重，贪嗔痴爱，沉溺无归，示以沙弥比丘菩萨戒法在家。菩萨有五戒、八关戒，发明条律，统细行三千，成仪八百，要人端正身心，收摄妄想，依此修行，直至菩提。"⑤ 又以"三坛大戒"为例，指出受戒者只有做到忏悔清净，才能够允蒙摄受，"上列三师七证，严结坛仪，对八部龙天，云集四众，令求戒者，自将生平所作所为，有过无过，发露忏悔。尤必三坛羯磨，四次审难，清净法器，方许摄受"⑥。此外，严厉指斥宿业不经发露忏悔、搭衣展具持钵威仪不经教授演习、肆意买卖戒牒衣具等恶劣行径，认为这是导致佛制竟成虚设、戒律渐至沦彝的罪魁祸首。

其次，注重亲历修行。禅宗教外别传，直下荐取，明心见性，在大汕看来乃为正法眼藏。历代祖师"设立丛林，悬钟挂板，集众安禅，正使内绝邪念，外杜非为，单提本参，如丧考妣，时刻提持，多方锻炼，岁月研穷，以悟为期，直造至万花丛里过，一叶不沾

————————————

① 石濂大汕：《海外纪事》，余思黎点校，中华书局1987年版，第139页。
② 姜伯勤：《石濂大汕与澳门禅史——清初岭南禅学史研究初编》，学林出版社1999年版，第431页。
③ 石濂大汕：《海外纪事》，余思黎点校，中华书局1987年版，第18页。
④ 石濂大汕：《海外纪事》，余思黎点校，中华书局1987年版，第20页。
⑤ 石濂大汕：《海外纪事》，余思黎点校，中华书局1987年版，第16页。
⑥ 石濂大汕：《海外纪事》，余思黎点校，中华书局1987年版，第16页。

身"①，通过修行提升悟境。且禅门修行必须亲历其境，切实亲证，"所谓何其自性，本来清净，须亲到此，始可入廛"②。然而，大汕直言多数禅者所言不可行，所行不可言，背觉合尘，妄想颠倒，知见气度，仍如俗汉，自不能度，焉能度人？究其根源，实乃"不识修行，未开正眼，痛痒护短，一切瞒顸，自累累人矣"③。因此，佛门弟子应以亲历修行为要，切忌妄用意识卜度，否则"纵非欺世，已成话饼耳"④。

再次，倡导禅净融合。明末清初禅净合流渐成丛林旨趣，这种风尚自然被大汕引至越南。《海外纪事》录有《自性弥陀说》一文，为国母开示参禅念佛的不二法门，当中有言："修行捷径，无如念佛。所贵诸缘屏绝，六字单提，心不散乱，念必精诚。朝念暮念，直使不念而念，念到无念，念念不间，念成一片，莫不道合体同。"⑤ 当持名念佛至一心不乱、万物一体的境界时，方可参透弥陀自自性中流出的奥义。参禅念佛须做到见色不染、闻声不住、舍离动静，"遍虚空唯心净土，尽法界自性弥陀……自知微尘世界，自他不隔于毫端也"⑥。

最后，主张佛法入世。大汕反对山林佛教拂迹扫空、规避现世的做法，突出佛教对民众的伦理教化功能，鼓励广大僧侣关注社会、关心民生。如其所言："正因治世出世，道兼两足，可谓不二云。"⑦ 他在越南弘法期间，常向阮福週建言献策，以宗师身份发表对于时政的见解，内容涵盖政治法度、经济贸易、民生保障、军队建设等。阮福週《本师〈海外纪事〉序》讲道："晨夕禅论之余，大而纲常伦纪，小而事物精粗，莫不条分缕析，理明词畅。若人从幽暗中挈诸青天皎日之上，其为裨益政治实多。"⑧ 晚明以来佛教入世化倾向愈发明显，大汕虽然渡越弘扬禅学，仍旧体现出关心时局、补益时政的强烈热情，展示出丛林宗师慈悲精进的入世情怀。

二、域外纪行的多面书写

《海外纪事》辑有大汕赴越期间创作的诗文作品，其中最引人瞩目的当属纪行诗，数量达到一半以上。"纪行诗是一种富于包容性的诗体，它既可以模山范水，也可以写志咏怀；既可以登临怀古，也可以感慨时事，因而集叙事、描写、抒情、议论于一身。"⑨ 大汕的纪行诗生动记录了域外所见、所闻、所感，"耳目既亲，传闻所属，凡为政治之得

---

　① 石濂大汕：《海外纪事》，余思黎点校，中华书局 1987 年版，第 19 页。
　② 石濂大汕：《海外纪事》，余思黎点校，中华书局 1987 年版，第 19 页。
　③ 石濂大汕：《海外纪事》，余思黎点校，中华书局 1987 年版，第 20 页。
　④ 石濂大汕：《海外纪事》，余思黎点校，中华书局 1987 年版，第 20 页。
　⑤ 石濂大汕：《海外纪事》，余思黎点校，中华书局 1987 年版，第 56 页。
　⑥ 石濂大汕：《海外纪事》，余思黎点校，中华书局 1987 年版，第 57 页。
　⑦ 石濂大汕：《海外纪事》，余思黎点校，中华书局 1987 年版，第 23 页。
　⑧ 阮福週：《本师〈海外纪事〉序》，石濂大汕：《海外纪事》，余思黎点校，中华书局 1987 年版，第 16 页。
　⑨ 王祥：《北宋交通与梅尧臣的纪行诗》，《沈阳师范大学学报》（社会科学版）2007 年第 3 期，第 62 页。

失，风俗之邪正，山川人物，草木虫鱼，纵所未经者尚多，然知远之近，已粗悉其梗概"①，真实呈现出独具特色的异域体验，乃观照越南风景风俗的特殊镜像。仇兆鳌在该书序言中写道："如子厚适柳州，无诗而有记；少陵入巴蜀，无记而有诗。皆称写生绝构。余读石和尚《海外纪事》一篇，喜其兼擅两家之长，而又发为经世名言……此书流传宇宙，可以补《山经》、《海志》、《职方记》、《王会图》之所不及。"②

（一）自然景致

大汕详细记述了从广州出发到越南弘传的具体行程，"溯自上元登舟，月尽底国。初住顺化禅林，再住会安弥陀，阻风岣嵝，转住天姥，泛大洋，度艾岭，往复乎山海之间……"③ 而充盈其间的，首推自然景致的生动描摹。一般而言，禅僧笔端的景致大多呈幽寂、冷清之调，这与他们所推崇的清静、寂灭之禅定有关。然而，大汕诗中之山川风物多呈壮阔、奇崛、绚丽之姿，与其胸中万千郁勃之气相得益彰，可谓动胸中之奇而布山水之间。细而观之，主要是对海洋、山峦、气候、风物的涵咏歌咏。

海洋意象在大汕纪行诗中俯拾即是，如"大海风漂断壑哀，涛声彻夜响奔雷"（《绝句》其三）④、"海浪连天拍"（客中遣兴诗）其五）⑤、"漠漠海天如匹练"（《晓发祖湖抵海口诗》其二）⑥，"涛惊万鼓水中鸣"（《虎门望海》其二）⑦ 等。据廖肇亨所言：佛教对海洋文化意涵的发挥最为精彩，《中阿含经》说大海"八未曾有"，《佛说法海经》谓"海有八德"，《涅槃经》亦讲海有"八种不可思议"。⑧ 禅僧大汕自然深谙其中奥义，同时亲身体验惊涛骇浪，故而创作出数量可观、别开生面的海洋诗歌。连绵魏峨的山峦亦是大汕时常吟咏的对象，"平地雾来山作浪，半空云起屋如船"（《诗四章》其三）⑨、"苍崖百叠踏晴空，应接林峦路不穷"（《诗四章》其四）⑩、"山根匝地牢"（《客中遣兴诗》其五）⑪、"青山带雾迎船出"（《晓发祖湖抵海口诗》其二）⑫。大汕作诗讲究"郁勃雄浑，飘逸高举"⑬，而翠山叠峦正适其意。越南气候与风物迥异于中国，故而成为大汕着力书写的事物，前者如"瘴气频蒸漠漠天，木兰风度满溪湾"（《初抵大越国诗》其

① 石濂大汕：《海外纪事》，余思黎点校，中华书局1987年版，第118页。
② 仇兆鳌：《序》，石濂大汕：《海外纪事》，余思黎点校，中华书局1987年版，第12页。
③ 石濂大汕：《海外纪事》，余思黎点校，中华书局1987年版，第118页。
④ 石濂大汕：《海外纪事》，余思黎点校，中华书局1987年版，第5页。
⑤ 石濂大汕：《海外纪事》，余思黎点校，中华书局1987年版，第27页。
⑥ 石濂大汕：《海外纪事》，余思黎点校，中华书局1987年版，第71~72页。
⑦ 石濂大汕：《海外纪事》，余思黎点校，中华书局1987年版，第4页。
⑧ 廖肇亨：《巨浪回澜——明清佛门人物群像及其艺文》，台湾法鼓文化2014年版，第301~302页。
⑨ 石濂大汕：《海外纪事》，余思黎点校，中华书局1987年版，第71页。
⑩ 石濂大汕：《海外纪事》，余思黎点校，中华书局1987年版，第71页。
⑪ 石濂大汕：《海外纪事》，余思黎点校，中华书局1987年版，第27页。
⑫ 石濂大汕：《海外纪事》，余思黎点校，中华书局1987年版，第71~72页。
⑬ 李舜臣：《石濂大汕和他的诗》，《中国韵文学刊》2004年第3期，第62~66页。

三)①、"停午风犹热，朝昏海气凉"（《客中遣兴诗》其十六)②，后者有"野鼠依山啸，寒鼋驾浪骄"（《峋嵝阻风诗》其九)③、"狝猴挂秋树，空翠洒晴天"（《道中书事诗》其十三)④、"阴气僭越神物尊，鸟大如箕不敢指"（《渡洋歌》)⑤，充满异域色彩与传奇。

（二）风俗民情

中越两国虽然相互毗邻，但是风俗民情迥然有别。大汕将途中见闻悉心描述，其中最具代表性的为街头骑象和女性活跃。"蛇曲唱高绵调，薄暮横骑乱象归"（《初抵大越国诗》其五)⑥、"归路防钟响，双雌象伏来"（《客中遣兴诗》其二十二)⑦，骑象乃南越地区常见风俗，而捉生象需先鸣钟辟人，并用两头驯化象夹之而行。大汕注意到越南女性十分活跃的民风民情，《初抵大越国诗》（其二）有言："入市当垆皆妇女，临风舞袖卖花回。"⑧《初抵大越国诗》（其三）又云："画桨水翻红袖去，奇南香赠绿衣还。"⑨《客中遣兴诗》（其十九）亦曰："商贾皆红粉，官民总绿衣。"⑩ 可见妇女地位之高。然而，大汕以"中华圣人"自居，对这种习俗颇有微词："阴阳者天地之正，夫妇人伦之始。顾《易》以扶阳抑阴，《礼》夫妇婚姻，男先乎女。男治外，女治内，夫为妻纲，以顺为正者，妾妇之道，此不独阴阳尊卑定位，亦以严闺壸之防，使不致败检逾闲而生中菁之嫌也。大越风俗反是，妇女任其所之，往来贸易，父母夫子亦不以丑恶为嫌。以故采兰赠芍，随在俱有。慨此风之淫靡，不获圣人兴起教化，以转移之。"⑪ 对此，廖肇亨指出："（大汕）在不自觉之间采取一种潜在的俯瞰姿势，而未能真正欣赏与了解不同的文化形态。"⑫ 可谓一语中的。

（三）政治纲纪

如实记录阮氏王朝的政治纲纪，亦乃大汕纪行诗的书写面向。阮氏统治越南南方，推崇佛法、重视军事、发展商贸。《客中遣兴诗》（其七）写道："国王修梵行，不惜为民祈。"⑬ 阮福週为了强化思想控制，抬高佛教地位，拜为大汕弟子，亲历佛门修行，树立

---

① 石濂大汕：《海外纪事》，余思黎点校，中华书局 1987 年版，第 9 页。
② 石濂大汕：《海外纪事》，余思黎点校，中华书局 1987 年版，第 28 页。
③ 石濂大汕：《海外纪事》，余思黎点校，中华书局 1987 年版，第 87 页。
④ 石濂大汕：《海外纪事》，余思黎点校，中华书局 1987 年版，第 107 页。
⑤ 石濂大汕：《海外纪事》，余思黎点校，中华书局 1987 年版，第 6~7 页。
⑥ 石濂大汕：《海外纪事》，余思黎点校，中华书局 1987 年版，第 10 页。
⑦ 石濂大汕：《海外纪事》，余思黎点校，中华书局 1987 年版，第 29 页。
⑧ 石濂大汕：《海外纪事》，余思黎点校，中华书局 1987 年版，第 9 页。
⑨ 石濂大汕：《海外纪事》，余思黎点校，中华书局 1987 年版，第 9 页。
⑩ 石濂大汕：《海外纪事》，余思黎点校，中华书局 1987 年版，第 29 页。
⑪ 石濂大汕：《海外纪事》，余思黎点校，中华书局 1987 年版，第 57 页。
⑫ 廖肇亨：《晚明清初曹洞宗寿昌派在东亚的流衍传布——以石濂大汕与东皋心越为中心的讨论》，释果镜、廖肇亨主编：《求法与弘法：汉传佛教的跨文化交流国际研讨会论文集》，台湾法鼓文化 2015 年版，第 366 页。
⑬ 石濂大汕：《海外纪事》，余思黎点校，中华书局 1987 年版，第 28 页。

宽厚仁慈的亲民形象。当时阮氏既与郑氏对峙，又欲吞下占城，因此重武轻文，"国中多谈武备，不尚文德"①；而且全民皆兵，随处可见"金刀出户从舆去"（《初抵大越国诗》其二）②，其结果便是"遗民皆老弱，少壮尽从军"（《客中遣兴诗》其十三）③，给人民带来深重灾难。大汕作有长诗《操象行》，记述军事操练的凛凛威风，当中有言："五十蛮兵拥一头，进退坐作趋人意。今朝四月日方长，红盔白刃摇波光。背上鞍驮三武士，手执矟矛森列霜。东偏十象排作队，西军五百与之对。白旗招动军向前，火器连空初发攂。白旗落下青斾升，象奴斫象势云崩。"④ 另外，阮氏王朝重视商贸、忽视农耕，所谓"以斯货四方，因之集商贾"（《寄丁常侍浛光榷使》）⑤，导致"土田甚稀，谷不足以赡土著"⑥，顺化、会安一带只得仰粟他境。

（四）异域乡思

大汕寓居越南不过一年半左右的光阴，但其纪行诗却饱蘸异域乡思。清康熙三十四年三月初旬，他初至越南顺化，即有"乡思逢暮切，诗意惜春清"（《客中遣兴诗》其四）⑦之感。尔后，虽然受到阮氏政权的丰厚优待，但其仍然常发诸如"天边月落他乡影，海外潮流故国声"（《晓发祖湖抵海口诗》其一）⑧、"露下乌啼天晓月，怀乡老客趁风归"（《晓发祖湖抵海口诗》其四）⑨ 的深情咏叹。直至抵达会安，他依旧写下了"秋生海国忆乡关，良夜归帆一破颜"（《秋夜渡海晓抵会安》其一）⑩ 的忆念诗句。待到归国期近，他的思乡情怀愈发炽烈，直言"上下无交日，乡心梦里催"（《岣嵝阻风诗》其十）⑪、"投宿还乡梦，谁知不是家"（《道中书事诗》其十五）⑫，字里行间涌动着浓浓的眷恋之情。

三、"即诗言禅"的诗禅观

大汕工于诗文，通晓禅理，对于诗法禅道的内在关联体悟尤深。廖肇亨认为《海外纪事》当中长篇大论的诗法是晚明清初丛林尚诗风习的具体展现，更是本色艺僧石濂大

---

① 石濂大汕：《海外纪事》，余思黎点校，中华书局 1987 年版，第 50 页。
② 石濂大汕：《海外纪事》，余思黎点校，中华书局 1987 年版，第 9 页。
③ 石濂大汕：《海外纪事》，余思黎点校，中华书局 1987 年版，第 28 页。
④ 石濂大汕：《海外纪事》，余思黎点校，中华书局 1987 年版，第 43 页。
⑤ 石濂大汕：《海外纪事》，余思黎点校，中华书局 1987 年版，第 49 页。
⑥ 石濂大汕：《海外纪事》，余思黎点校，中华书局 1987 年版，第 49 页。
⑦ 石濂大汕：《海外纪事》，余思黎点校，中华书局 1987 年版，第 27 页。
⑧ 石濂大汕：《海外纪事》，余思黎点校，中华书局 1987 年版，第 71 页。
⑨ 石濂大汕：《海外纪事》，余思黎点校，中华书局 1987 年版，第 72 页。
⑩ 石濂大汕：《海外纪事》，余思黎点校，中华书局 1987 年版，第 76 页。
⑪ 石濂大汕：《海外纪事》，余思黎点校，中华书局 1987 年版，第 87 页。
⑫ 石濂大汕：《海外纪事》，余思黎点校，中华书局 1987 年版，第 107 页。

汕的拿手好戏。① 此书记载了大汕与越南官宦士人的书信往来，其中涉及诗禅话题，在与大学士豪德侯的信件往还中，大汕提出并阐释了"即诗言禅"的诗禅观。

豪德侯首次和大汕通信时，即奉七律一首："闻说禅林遡派洪，俄承泽及细流通。杏坛希映摩诃月，梅牖薰来般若风。将色即空空即色，抑蒙求我我求蒙。同心异国相思杳，喜向虎溪三笑中。"② 大汕评之为"诗写性情，句体工拙，可以弗论；但摩诃月对般若风，不无斟酌"③。在回信里，他建议豪德侯将"摩诃"换作"菩提"，并以和韵回赠，其中有言："报言但恐摩诃月，误照维摩不二中。"④ 在双方第二次通信中，豪德侯对大汕的修改建议提出不同见解，认为诗歌可以兴、可以观、咏性情、思无邪、贵忠厚、忌浮薄，不可以文害辞、以辞害意；况且菩提、摩诃、般若自性本空，"以清凉比风，圆明比月，以形容性之一字，色色空空而已，岂有真月真风而论菩提、摩诃、般若为当否哉！"⑤ 对此大汕作出有力回应，先是说明诗歌创作应使一事一物考其来由，一文一辞求其出处，不可随意杜撰；接着指出菩提、摩诃、般若应该各有名分所指，如以本来无一物定论，则落偏空无记之断见；最终着重谈及"即诗言禅"，表达了独特的诗禅观。大汕有言："使论诗止取命意，不考核其辞，徒思取其大，而不周于小，几曾见太虚中空空色色，有一不布置精详者哉！然此举其可知者言之，未暇深谈也。来教诗也，在诗言诗，便可即诗言禅；离诗言禅，不可以言诗，愈不可以言禅而言诗耶！"⑥ 可见，在讨论诗禅关系时，他主张将诗歌置于首要地位；但两者绝对不能割裂开来，如其所云："然以为禅则离诗，非也；以为诗则离禅，非也；以为诗禅互用而无分别，非也。然离非也，而合亦非也，知合之未始合，则离之亦未始离……"⑦

姜伯勤指出："在诗人与禅人的双重角色中，他（大汕）首先是一个诗人。这是其诗'无枯禅气'而自然入妙的奥秘所在。"⑧ 大汕打破以往禅师"以诗言禅"的固定路径，主张"即诗言禅"，倡导自然清新的禅诗创作，"所贵不落勉强造作，得心应手，自然入妙"⑨。《海外纪事》第六卷有段文字，记录了他与诗人黄河图对于诗禅关系的讨论：

> 客窗风雨，兀坐夜深，偶阅国士翁记录，论书说禅，话似是而非。大都佛法文

①　廖肇亨：《晚明清初曹洞宗寿昌派在东亚的流衍传布——以石濂大汕与东皋心越为中心的讨论》，释果镜、廖肇亨主编：《求法与弘法：汉传佛教的跨文化交流国际研讨会论文集》，台湾法鼓文化2015年版，第366页。

②　石濂大汕：《海外纪事》，余思黎点校，中华书局1987年版，第24页。

③　石濂大汕：《海外纪事》，余思黎点校，中华书局1987年版，第24页。

④　石濂大汕：《海外纪事》，余思黎点校，中华书局1987年版，第25页。

⑤　石濂大汕：《海外纪事》，余思黎点校，中华书局1987年版，第32页。

⑥　石濂大汕：《海外纪事》，余思黎点校，中华书局1987年版，第35页。

⑦　石濂大汕：《离六堂自叙》，石濂大汕：《大汕和尚集》，万毅、杜霭华、仇江点校，中山大学出版社2007年版，第19页。

⑧　姜伯勤：《石濂大汕与澳门禅史——清初岭南禅学史研究初编》，学林出版社1999年版，第211页。

⑨　石濂大汕：《海外纪事》，余思黎点校，中华书局1987年版，第54页。

章，赋诗作偈，贵在打破意识，从根本智流出，自有自然落处，徒使博学强记，未免
附会牵合也。因书此与摄之黄居士一消寒雨，并示诸子。①

　　大汕鼓励打破意识、源出本智、落于自然的创作方式，他极力赞赏苏轼，谓"子瞻
学士之为文，笔随意到，如风入窍，如水赴壑，逆顺莫不自在，此即真禅"②，或者也可
以说，此即真诗③。彼时文坛名流对大汕的诗禅理念多有称许，如毛际可曾云："故诗非
禅也，而即诗可以律禅，尝为知诗者道之。今读师诸作，高华博大，往往顾盼自雄，如与
少陵常侍诸公，把臂于酒垆诗社之间，几不知其为衲衣而斗笠焉。"④ 高层云亦言："故
严沧浪辈，每以禅喻诗，非无见也。顾世之号为禅师者，往往多不能诗，间或有之，如石
门梆堂诸公，不过以诗言禅，终不可律以风人之旨……石和上乃天界之法嗣……其为诗，
包含庶物，澹远雄奇，不特无禅家余习，并无诗家窠臼。"⑤

　　《海外纪事》里的部分诗作是大汕"即诗言禅"诗禅观的真实反映和生动体现，《禅
林即事诗》（五首）便为其中的典范之作。这组诗歌虽然言谈禅林诸事，但是并非空疏参
禅、乏味说理，亦无长篇累牍的引经据典，反而能够自然沉健、朴奥精洁、深入物情、复
流余响，且看如下诗句：

　　　　异地空天应有月，深林长日自生风。（《禅林即事》其一）⑥
　　　　案山樵径明犹灭，土阜人家断复连。清磬一声来竹户，流泉几道下坡田。（《禅
林即事》其二）⑦
　　　　象踏似分芳草去，鸟衔花落石泉流……休问沧桑今古事，一瓢明月且优游。
（《禅林即事》其四）⑧

　　我们从中可见大汕遣词造句、模山范水的高超才学，感知他那潇洒豁达、恬淡自适的
非凡性情。诗不见禅，丝毫没有枯禅之气，却禅无不备，饱含禅音，达到诗禅兼善之纯熟
至境，此即大汕"即诗言禅"的审美旨趣。而其脱尽石屋、梆堂等人之陋，不拘格套的
创作个性，又与后来的性灵诗派（以袁枚为首）极其相似。

———————————

　① 石濂大汕：《海外纪事》，余思黎点校，中华书局1987年版，第120页。
　② 石濂大汕：《海外纪事》，余思黎点校，中华书局1987年版，第120页。
　③ 姜伯勤：《石濂大汕与澳门禅史——清初岭南禅学史研究初编》，学林出版社1999年版，第213
页。
　④ 毛际可：《厂翁燕游诗序》，石濂大汕：《大汕和尚集》，万毅、杜霭华、仇江点校，中山大学出
版社2007年版，第18页。
　⑤ 高层云：《离六堂诗序》，石濂大汕：《大汕和尚集》，万毅、杜霭华、仇江点校，中山大学出版
社2007年版，第8页。
　⑥ 石濂大汕：《海外纪事》，余思黎点校，中华书局1987年版，第14页。
　⑦ 石濂大汕：《海外纪事》，余思黎点校，中华书局1987年版，第14页。
　⑧ 石濂大汕：《海外纪事》，余思黎点校，中华书局1987年版，第14页。

四、结　语

明末清初，曹洞宗寿昌派声势逐渐鹊起，以至盛极一时。因其各大道场主要坐落于我国东南沿海，故与海外联系频繁，往还无间。以石濂大汕为首的寿昌派高僧积极从事域外弘法，相关诗歌创作亦呈勃兴态势，将中外文化的精彩互动予以充分演绎。透过大汕《海外纪事》一书，人们不难对其弘传历程、域外纪行、诗禅理念给予全面的观照。从中外交通、中越关系的历史背景分析，大汕应越南顺化当权者阮福遇之邀，无惧险阻前往弘法，他将讲经弘法的内容、域外所见所闻、诗文创见等集撰成书，真实地反映了明末清初汉传佛教在越南地区交流、互动的历史情境，对了解当时的中越关系、海上交通亦大有裨益。17世纪越南佛教复兴与中国晚明以来的丛林风尚多有共通之处，大汕与弘法日本的东皋心越同样奠基于当时东亚华商的经济网路，大汕赴越弘法期间，强调佛门戒律，注重亲历修行，倡导禅净融合，主张佛法入世，针对越南佛教暴露出的种种弊端，想方设法予以改善。他的弘法历程是今天认识当时东亚佛教的价值与特色的一份珍贵遗产。大汕作为著名诗僧，以纪行诗为载体，真实呈现独具特色的异域体验，一方面为观照越南风景民俗提供特殊镜像，另一方面他工于诗文，通晓禅理，对于诗法禅道的内在关联体悟尤深，提出并阐释了"即诗言禅"的诗禅观，实乃明清丛林诗论的一大亮点。

（作者单位：福建省民族与宗教事务厅）

曲亭马琴作品对《金瓶梅》中"恶"的接受及创新

□ 丁依若

【摘要】曲亭马琴（1767—1848）是江户后期作家，在读本、黄表纸、合卷等体裁中留下了大量作品。马琴作品中杂糅大量中国元素，其特殊性在于其和汉结合的写作方式以及共在与杂糅的思想状况。本文着眼于马琴对《金瓶梅》中"恶"的观念的接受化用，借以分析《金瓶梅》在日传播的实态，以及尝试解读中国思想的在地化及马琴与江户时代各种思潮的关联。由此透视江户文学的多样性，以及中日文学文化交流的实况。

【关键词】曲亭马琴；读本；《金瓶梅》；中日交流；在地化

《金瓶梅》在江户时代传入日本后，被高僧天海僧正收藏，并出现在藩主的藏书以及官家红叶山文库中。但即便迎来了"唐话学"及"通俗"译本的热潮，其相关文献却始终不及其他三大奇书丰富，既没有训读本，也无通俗本。不仅如此，关于《金瓶梅》的翻案更是如凤毛麟角。究其原因，可能与其语言使用及其所背负的"淫书"的恶名有关。

曲亭马琴（1767—1848）是江户后期作家，尤以其读本著称于世。其所著《新编金瓶梅》（1831—1847）则可以说是仅存的日本冠有"金瓶梅"三字的翻案本。马琴与友人殿村篠斋的书简中，几次称《金瓶梅》为"小说中最难懂之物"，并指出"金瓶梅中俗语难解也，此书中多含方言"。①这实际上揭示了《金瓶梅》传播过程中遇到的一大问题，即其语言生僻。同时，马琴也对《金瓶梅》中淫秽的描写有极大的反感，在翻案的第一集就有以下的发言：

> 此书宣淫导欲，多有不宜传读于君臣父子之间之言辞。……大致在于渲染其国人之风流享乐，并无一上得了台面之道理也。②

因此马琴还强调"故此翻案削减颇多，不同于倾城水浒传。慧眼的看官，知音的诸

---

① 译自柴田光彦、神田正行编：《马琴书翰集成》第一卷，日本八木书店2002年版，第287~290页。

② 译自曲亭马琴著，若山正和编：《新编金瓶梅》上，日本下田，2009年，第4页。

君子，食髓知味，当能明白作者之用心。不当做草册子看，和汉毕竟不同也"①。

马琴为《金瓶梅》翻案的《新编金瓶梅》中主要人物对应如下：《新编金瓶梅》中武二郎对应武松，西门启对应西门庆，阿莲则对应潘金莲。与《金瓶梅》中将西门庆的发家到自灭作为主线不同，《新编金瓶梅》构成了一个善恶二元对立的故事框架。一方面，马琴将人物身世复杂化，显性化因果报应。另一方面，《新编金瓶梅》重新将武松的形象拉回，在西门启的故事进行的同时，武二郎的故事也在延续。此作品甚至可以说是"武松外传"，不同于《金瓶梅》中的武松冒冒失失杀人的形象，武二郎被塑造成至诚至善的武士形象，虽然勇武但不滥杀无辜，通篇显示其仁义纯良的本性，且赋予武二郎神性地位，这些特征都与原作《金瓶梅》只作为串场人物出现的武松极为不同。该故事有两大线索，一是以武二郎与西门启等人的前世今生仇怨展开，最后以武二郎这个善的存在完成对西门启等恶人的惩戒；二是以武二郎所打妖虎为线索，与龙女结为夫妻彰显其神性，展开恶灵退治的故事框架。马琴从现世及幽冥界两方面展现武二郎的善及神性，显示"冥显"两界的善恶对立。

《金瓶梅》原著实际上是一个从儒家的准则及佛教的因果报应出发的故事。这就说明《金瓶梅》中恶的原理是由欲望过剩产生的恶，而从儒家学说系统来说，可以通过修身，从而去除过多的欲望，达到对恶的消解。善恶亦是变动的，因此儒家学说中不存在对于恶的定性，因此也就不需要绝对的善对其予以彻底打压，恶可以通过修身等途径消解，或是自灭。如《易经》所揭示的："善不积不足以成名，恶不积不足以灭身，小人以小善为无益而弗为也，以小恶为无伤而弗去也，故恶积而不可掩，罪大而不可解。"② 马琴作品对《金瓶梅》中"恶"的接受及创新，构成其一个主要特色。

一、《金瓶梅》原著中的"恶"

《金瓶梅》通篇强调"欲"字，如小说的开头以西门庆与潘金莲通奸为切入点，即以色欲而起。主角西门庆三妻四妾之余，捏花惹草成性，潘金莲在嫁给武大郎之后也与大户多有暧昧，后又企图勾引武松。可见在"欲"中，"色欲"尤是该书描写的重中之重。

第5回《捉奸情郓哥定计 饮鸩药武大遭殃》中，西门庆与潘金莲的奸情被发现后，用砒霜毒死了武大。

> 正似：油煎肺腑，火燎肝肠，心窝里如雪刃相侵，满腹中似钢刀乱搅。浑身冰冷，七窍血流。牙关紧咬，三魂赴枉死城中；喉管枯干，七魄投望乡台上。③

上述武大惨死的场景，实是控诉西门庆潘金莲之恶。亦由此奠定了通篇的基调，即描述欲与恶的共谋关系。

第26回《来旺儿递解徐州 宋蕙莲含羞自缢》中描写西门庆为强占自己手下来旺的媳

---

① 译自曲亭马琴著，若山正和编：《新编金瓶梅》上，日本下田，2009年，第4页。
② 周振甫译注：《周易译注》，中华书局2011年版，第262～263页。
③ 《金瓶梅》上，齐鲁书社1991年版，第95页。

妇蕙莲，设计冤枉来旺。潘金莲因妒忌西门庆对于宋蕙莲的宠爱，在中间挑拨，最终使得宋蕙莲上吊自杀。显示由西门庆的色欲以及潘金莲的嫉妒共同作用的结果。

第59回《西门庆露阳惊爱月 李瓶儿睹物哭官哥》，描写潘金莲嫉妒李瓶儿受宠生子，利用家猫设计害死其子官哥。"每日不吃牛肝干鱼，只吃生肉，终日在房里用红绢裹肉，令猫扑而捵食。……不料这雪狮子正蹲在护炕上，看见官哥儿在炕上，穿着红衫儿一动动的顽耍，只当平日哄喂他肉食一般，猛然望下一跳，将官哥儿身上皆抓破了。"①

以上这三则，皆是《金瓶梅》中的标志性恶事，而上述恶事的恶果，在其后续的描写中都有体现。如自始至终为了色欲而杀害武大郎，流放来旺的西门庆，因色欲不断食用从梵僧手里得来的春药，最终精尽人亡。潘金莲因嫉妒挑拨，致使蕙莲自杀，又暗中训练雪狮子猫害死官哥，而潘金莲自己虽费尽心思也没有怀上西门庆的孩子，却在与女婿陈敬济通奸不久之后，便怀上孩子并由自己的手将孩子打掉，又因堕胎的孩子被发现，因而被赶出西门家，最终死在武松手上。

不难看出《金瓶梅》的恶是欲望的过剩，这实际上也与儒家思想大有关联。单从故事走向而言，《金瓶梅》也并非一部只为宣淫导欲而撰写之书，因此其重点不仅在描写淫乱的场景之上，而是显示在过剩欲望的驱动下，世态的乱象及后果的严重性。这一点通过主人公完全颠覆儒家道德要求的行为导致异常惨烈的结局得到了展现。

西门庆在"五伦"君臣、父子、夫妇、兄弟、朋友伦常关系中，尽数颠覆伦常关系。（1）君臣有义：官场上四大奸臣作恶不断，混乱且充斥金钱的官场交易左右了上下级关系。（2）父子有亲：父子的描述中，西门庆一开始就是以孤儿的身份出现，而后描写大多是跟西门庆有"假"父子关系的人，这些人物的父子关系都是利益关系结合，没有任何温情可言，与"五伦"所要求的父子有亲大相径庭。（3）夫妇有别，这一环就更加明显，西门庆的女性关系以及潘金莲等主要女性角色都充斥着乱伦的色彩。（4）长幼有序，所谓的兄弟也无非是"假"兄弟的关系，西门庆并无有血缘的兄弟，故事一开头《西门庆热结十兄弟 武二郎冷遇亲哥嫂》里面让西门庆与这些"帮闲抹嘴，不守本分"的人结拜成兄弟。②（5）朋友有信，兄弟层面与其朋友层面实际上是一样的，这些假兄弟们，西门庆抢了花子虚的妻子李瓶儿，应伯爵则在西门庆死后迅速转投他人门下。小说实际上就是要通过"五伦"的缺失，以达到批判的目的。事实上，正是因为西门庆缺乏"修身"，就像一开头就交代他"所以这人不甚读书，终日闲游浪荡"，导致其家内混乱，商场官场亦混乱。

综上所述，《金瓶梅》实际上刻画的是在血缘系统以外，完全打破"五伦"的异类西门庆，因其欲望过剩，从而犯奸作恶，最后导致自灭的过程。如《易经》所说"积善之家，必有余庆；积不善之家，必有余殃"③，于是几乎不需要外力，西门庆就完成了对自己的打击破坏，他的一系列行为的后果完美地反映在了他的死上。同时，佛教的"因果报应"的概念也贯穿小说始终，佛教学说中"因果说"及"冤有头债有主"等是当时小说及民间相当流行的宗教表现形式。尼僧看相卜卦或是说教的情节比比皆是，都预示着西

---

① 《金瓶梅》下，齐鲁书社1991年版，第877页。
② 《金瓶梅》上，齐鲁书社1991年版，第14页。
③ 周振甫译注：《周易译注》，中华书局2011年版，第16页。

门庆、潘金莲会因作恶最终自食其果。如潘金莲被武松手刃，其可怖的死状与害死武大郎时的描写对应，有过之无不及，以显示因果报应，天道循环。于是《金瓶梅》中欲望没有得到克制的西门庆的结局是自灭而并非一定要假借武松之手去制恶。

二、曲亭马琴作品中的"恶"

（一）对于《金瓶梅》中"恶"的传承

《新编金瓶梅》第二集中描述西门启与阿莲通过阿莲养的虎纹的小猫而有了接触，进而发展为通奸的关系，误杀武太郎。然后武二郎从外地回来，为了防止武二郎报官，西门启设计陷害武二郎，使其被处以流放之刑。这一集是《新编金瓶梅》中对《金瓶梅》最忠实的翻案。情节上借鉴《金瓶梅》中杀害武大郎以及陷害来旺的部分，传承《金瓶梅》中由"色欲"导致的"恶"。

"色欲"亦成为马琴表现"恶"的典型方式，作为"色欲"的代表，潘金莲的形象多被搬上马琴的作品。如《近世说美少年录》中的"阿夏"及《南总里见八犬传》的"船虫""妙椿尼"的形象都或多或少根据潘金莲而来。

《近世说美少年录》中的阿夏造型如下：身为艺妓的阿夏，与长相丑陋的丈夫，及丈夫跟前妻所生的女儿小夏共同生活。后与陶濑十郎兴房，即大内家家老之子通奸，生下恶的主人公珠之介。由上述描述，比照《金瓶梅》中潘金莲原本既会弹唱，又识文断字，后与武大郎，还有武大郎与前妻生下的女儿迎儿共同生活，进而与西门庆通奸的设定，不难看出阿夏整体造型，从出身到家庭生活再到色欲皆是对于潘金莲角色的模仿。①

《南总里见八犬传》（简称《八犬传》）中"妙椿尼"的描写也受潘金莲形象影响：

> 容貌妖艳，这对男女日同席，夜同寝。主客二人除了朝夕对饮别无他事。常言说"酒乃色之媒"这话一点也不错。素藤早晚和妙椿混熟了，不是巫山为云，便是楚台做雨，自从二人的臭体抱在一起后，素藤便不让妙椿剃发，时常乘兴，纵情干那丑恶的勾当。②

这段描述笔致与《金瓶梅》中描写相似，马琴的恶人形象常伴随"色欲"纠缠，多有借鉴《金瓶梅》中的描述。除了外在造型上的模仿，《八犬传》中的典型恶女"船虫"的形象，则从"淫妇""恶妇"这样意象化的方面受到《金瓶梅》的影响。马琴曾言明乃是受了《水浒传》中关于潘金莲与西门庆的描写的影响，其目的在于劝善惩恶。

> 本传中所写笼山缘连与船虫以及林娿与于兔子之情事，均如《水浒传》中写潘金莲与西门庆等之心境一般，欲以之惩戒邪淫。③

---

① 关于阿夏造型与《金瓶梅》潘金莲的相似性，野口武彦也有提及。
② 曲亭马琴著，李树果译：《南总里见八犬传》三，南开大学出版社 1992 年版，第 220 页。
③ 曲亭马琴著，李树果译：《南总里见八犬传》四，南开大学出版社 1992 年版，第 197 页。

而恶人船虫的下场亦十分惨烈，令人心惊：

> 用长长的尖角，向周身猛顶，从腋下到肩头，顶进去再劈，怒牛之势，凶猛异常。受到这地狱般的折磨，船虫跟媪内痛苦得眼睛红了，脸色由红变白，喘着粗气在大声喊叫，顶过几次后就渐渐断气了。①

船虫的死相描写与《金瓶梅》中潘金莲的死状一脉相承。强调天网恢恢，疏而不漏，承继了《金瓶梅》中"因果报应"的理念，同时马琴亦强调儒家理念的重要性：

> 《易经》中亦云："积善之家，必有余庆；积不善之家，必有余殃。"此言报应之迟耳。盖为善之人，其身延年福寿，其儿孙则立身荣达，以血脉相继。又为不善者，其身短命横死，其子孙则凋落废绝，他人入主本家。②

上文分析《金瓶梅》塑造的是违背伦常的反面教材，因此马琴承继其中"恶"的描写，目的是塑造"善"的对立面，加大戏剧冲突，从而更好地构筑彰显儒家道德，天道循环的正义物语。

（二）马琴作品中"恶"的血缘定性

马琴作品中的恶的根源，一方面承继《金瓶梅》中因果报应及儒家的道德准则，另一方面，也显示其意欲构建与《金瓶梅》自灭系统不同的善恶对立的二元世界。

> 恶为善之敌。祸福离合为比邻。物语旨在劝善，必要除恶。若美西门启骄奢淫逸，一世荣华，便是将人变兽心，只会起到反效果。但武松琴柱孝悌德义，人们心中便会如明镜一般，则一善进，一恶退。③

马琴在《新编金瓶梅》第五集自序中，直接点出故事的二元对立的特性。这也是从第一节的故事梗概中得出的结论。这与马琴的"恶"的定性有关。《金瓶梅》潜藏的逻辑是恶会导致自灭，而马琴的恶，则需要通过善来对抗，得不到消灭的恶会以血缘的方式延续到下一辈身上。

如《新编金瓶梅》的第一个线索，以武二郎与西门启等人祖辈延续的仇怨展开。与《金瓶梅》不同，马琴在开头即加入如此大段的恩怨纠葛，在原本比较单纯的因色欲引发的《金瓶梅》的恶的开端，增加了更多因果报应及恶的传承的叙述。通过第一编的恶事叙述，马琴实际上在给人物定性。

马琴塑造的人物形象，往往在登场之初，或者说在其出生的时间点，其善恶就已然确

---

① 曲亭马琴著，李树果译：《南总里见八犬传》四，南开大学出版社 1992 年版，第 429 页。
② 译自曲亭马琴著，若山正和编：《新编金瓶梅》上，日本下田，2009 年，第 187 页。
③ 译自曲亭马琴著，若山正和编：《新编金瓶梅》上，日本下田，2009 年，第 368 页。

定。因与因果报应紧密结合，登场人物的善恶常常会通过血缘的关系予以揭示。如《新编金瓶梅》中，就安排了西门启父亲与其滴血认亲的场景，实际上也是通过这个情节来确认西门启的恶以及他的恶乃是由其父传递而来的。

这里滴血验亲的方式是对《新编金瓶梅》第一集中交代的复杂血缘剧情的补足，即再一次明确西门启的身世渊源，以说明他的"恶"的确定性。而在同一集的序中，马琴对自己安排的剧情已经做了说明铺垫：

> 则世之为人父祖者，为自身亦为儿孙计，都不该做不善之事。善恶报应有迟有速，近则报于其身，远必将殃及儿孙。难以岁月论，因此若欲知晓报应之理，童蒙则先须看这《金瓶梅》。①

这段话大意是说，世上作恶之人，其恶报总会到来，不报在自己身上便报在儿孙身上。实际上就是旨在说明《新编金瓶梅》中第一集交代如此多善恶主人公的身世背景的原因。不过，血缘也不只是用在辨别恶人，在提示善人身份或是证明正统性的时候，马琴也常会用到血缘或是血统来说明。如《八犬传》的八犬士的正义性，或是《椿说弓张月》的舜天丸的正统性都是如此。故此，血缘的设定在马琴读本中具有很大的意义。

（三）马琴作品中"恶"的怨灵定性

《新编金瓶梅》中，除了以血缘来奠定恶人的基调之外，怨灵也作为作恶之人的推手及契机出现在文本中。妖虎就是文中另一条主线，马琴将《金瓶梅》中"武松打虎"的情节转化为"武二郎打妖虎"，而后妖虎怨念附在了猫身上，成为妖猫。

> 其中有一美丽的女人，抱着虎纹的小猫站在人群中间。奇怪的事发生了，从老虎的尸体中蹿出一团鬼火，就落在那个女人的身边。②

此妖猫也成为西门启与阿莲初识的媒介，成为一系列恶事的导火索。同时也预示着最终需要由武二郎来了结此妖虎的怨念，才能平息一切事端。

> 阿莲心想把它打掉算了，于是拿着棒子去够，但猫却被这动静吓到，跑掉的时候叼着的鱼肠也掉了。刚好从西边过来一个年轻人正好走到门边，猫嘴里掉下来的鱼肠，刚好打在男人的肩上。③

这一段的描写，一方面仿照《金瓶梅》情节而来，另一方表明恶人的背后，总有怨灵一类的恶质的东西在起作用。妖虎的怨念在多个重要的场面出现，助力恶的一方，马琴亦言明其是联系故事全体因果的重要媒介：

---

① 译自曲亭马琴著，若山正和编：《新编金瓶梅》上，日本下田，2009 年，第 187 页。
② 译自曲亭马琴著，若山正和编：《新编金瓶梅》上，日本下田，2009 年，第 156 页。
③ 译自曲亭马琴著，若山正和编：《新编金瓶梅》上，日本下田，2009 年，第 168 页。

那虎河豚则是多金阿莲所养的猫，被阿莲杀死之后被笑次扔到堀江川上，其怨魂流入海中，依凭在河豚身上。那阿莲所养的猫，又是被武二郎杀死的虎的怨魂所依凭，为要报复武二郎兄弟，于是变身成为阿莲与启十郎两人不义淫奔的中间人，致使武太郎被杀。①

此处将妖虎所做之事都一并交代。最终，以武二郎在与恶龙王的对抗中胜利，虎河豚被斩杀来完结故事，《新编金瓶梅》在最后也赋予武二郎以神性，贯彻善对恶的惩戒，以及神灵对恶灵的打击。

《新编金瓶梅》中武二郎"善"的设定，亦反向说明了马琴"恶"的原理。第一，血缘上的武士身份，文武双全；第二，纯善的人物设定；第三，善神护体。由上述武二郎这个人物的三个特征，不难看出其与西门启、阿莲等恶角色一一对立的角色设定。血缘上的恶对应血缘上的善的设定，纯恶对纯善的设定，以及最后恶灵依傍对应善神加护的设定。最终，善神战胜了恶灵，善人武二郎也完成了对恶人西门启及阿莲的复仇或者说是惩恶。

三、结　语

浦安迪认为《金瓶梅》的基本精神符合儒家思想，提出这是"修身养性的反面文章"。他指出，西门庆像天朝皇帝的替身角色，如《大学》之中所言，皇帝一言一行是天下等级的拱顶石，皇帝一旦有失体统，整座大厦就要坍塌。而西门庆的家庭乱象，正显示了小说中反复出现的"上梁不正下梁歪"说法的正确性。而这一系列的坍塌，伴随着帝国的坍塌而愈演愈烈。最终在西门庆淫乱致死后，更出现大金攻打中原等情节，其实起到了映射的作用。②不止浦安迪，众多都曾指出《金瓶梅》的剧情走向实际影射的是明末帝国的乱象。商伟在对《金瓶梅词话》的研究中指出不论是《水浒传》抑或是《金瓶梅》，主人公都是缺乏天然血缘地缘纽带，或是从血缘地缘关系中脱出之人，远离家庭亲缘传统，在儒家社会中被归于异类他者。但讽刺的是，这些人重塑自己人际关系时都以血缘的名义来缔结完成，如兄弟结义。③而《金瓶梅》中西门庆的结义，更显示出了结义的负面虚伪的一面，以利益勾连为纽带。即《金瓶梅》是通过呈现西门庆的生活这一与儒家理想完全相反的世界以作告诫。

马琴在翻案《金瓶梅》时，沿袭《金瓶梅》由"色欲"生"恶"的设定，利用潘金莲形象塑造恶人，可见其有吸收儒家道德思想及佛教因果报应的一面。但马琴不赞同《金瓶梅》的西门庆自取灭亡的劝善惩恶手法，而是采用如《新编金瓶梅》所呈现的善恶

①　译自曲亭马琴著，若山正和编：《新编金瓶梅》下，日本下田，2009年，第246页。

②　参考浦安迪著，沈亨寿译：《明代小说四大奇书》，三联书店2015年版，第135~158页。

③　参考商伟：《复式小说的构成：从〈水浒传〉到〈金瓶梅词话〉》，原载《复旦大学学报》2016年第5期，又收入傅刚编：《中国古典文献的阅读与理解——中美学者黉门对话集》，北京大学出版社2017年版，第223~281页。

二元对立的描述手法，将武二郎形象拉回，完成"善"对"恶"的惩戒。同时将故事置于血缘结构之下，显示善恶与血缘的联结性。其故事架构还受到"幽冥观"的影响。马琴这种将现世与冥界两个框架并列的写法，不仅体现在《新编金瓶梅》的善恶结构中，在《八犬传》中也是如此。八犬士由善神伏姬庇佑，而恶的一方由恶灵玉梓加持，其如同《新编金瓶梅》中所描写的妖虎的怨灵一般，辗转附身于多人，与主角对抗。最终是以受到伏姬庇佑的犬江亲兵卫战胜玉梓附身的妙椿完成善神对恶灵的压制。野口武彦指出，平田笃胤指显世即人间界是由幽世即冥界所操作，即由幽界的"神灵"或是"祸鬼"的动向决定。而《八犬传》中称恶的管领一方的军势为"祸鬼"，称其所做恶事为"暴虐""恶业"，而善这一方的伏姬则是"神灵"，所做之事都是"神所为"，可见《八犬传》如此"幽冥"两界的框架与平田笃胤的国学世界观相似。①《新编金瓶梅》中龙宫宫主亦为"神灵"帮扶武二郎，而妖虎的怨念则助纣为虐，作为"祸鬼"为恶人一方的阿莲、恶龙王推波助澜。可见，马琴如此的世界观亦沿用至《新编金瓶梅》中。这也反映了马琴作品之间的相互关系及与江户后期思想的关联。

（作者单位：香港中文大学日本研究学系）

---

① 参考野口武彦：《江戸と悪：『八犬伝』と馬琴の世界》，日本角川书店，1992 年，第 66~67 页。

民国学人胡怀琛的文学史书写[*]

□ 张 奕 陈文新

【摘要】 胡怀琛 1924 年出版的《中国文学史略》和 1931 年出版的《中国文学史概要》曾多次再版，在当时颇具影响。相较民国时期的其他中国文学史著作，胡怀琛文学史书写的"兼而有之，调和新旧"的特点尤为突出：既吸收了民国盛行的进化文学史观，又兼顾传统的文体观念，以"察变"观梳理各类文体的变迁；虽具有超前的空间维度意识，却受限于"华夷之辨"而忽视了少数民族文学；率先以纯文学理念书写中国文学史，但不排斥杂文学，且对中国文学的抒情传统有所关注。这种在新旧之间寻求协调的文学史书写实践对当今的中国文学史编著仍有借鉴意义。

【关键词】 胡怀琛；文学史书写；调和新旧

胡怀琛（1886—1938），原名有忭，字季仁，后改字寄尘，安徽泾县人。他先后在《神州日报》《太平洋报》《中华民报》任编辑，在新闻业颇著名声，曾参与广益书局、商务印书馆、上海市通志馆的编纂工作，在江苏省立第二师范学校、上海沪江大学、国民大学、持志大学等处任教，讲授中国文学、中国诗学史等课程。其著作丰厚，涵盖诗学、文学史、哲学、佛学、修辞学等多个领域。

1924 年胡怀琛的《中国文学史略》由上海梁溪图书馆出版，1931 年他又在商务印书馆出版了《中国文学史概要》。相较民国时期的其他中国文学史著作，胡怀琛文学史书写的"兼而有之，调和新旧"的特点尤为突出：既吸收了民国盛行的进化文学史观，又兼顾传统的文体观念，以"察变"观梳理各类文体的变迁；虽具有超前的空间维度意识，却受限于"华夷之辨"而忽视了少数民族文学；率先以纯文学理念书写中国文学史，但不排斥杂文学，且对中国文学的抒情传统有所关注。这种在新旧之间寻求协调的文学史书写实践对当今的中国文学史编著仍有借鉴意义。

胡怀琛是民国时期一位致力于"调和新旧"的学人和文人。赵景深说："胡先生似乎是苦闷而且彷徨于新旧文学之间的人，因此旧文人方面既感到他不够旧，新文人方面又感到他不够新，于是，他就这样悄悄的与世长辞……大约人们以为他是纯粹的落伍者吧？"①

---

* 国家社科基金重大招标项目"中国文学史著作整理、研究及数据库建设"（17ZDA243）阶段性成果。

① 赵景深：《文人剪影　文人印象》，三晋出版社 2015 年版，第 217 页。

其实，胡怀琛并非徘徊于新旧之间。如同他对胡适《尝试集》的批评是想在旧体诗和新体诗之间找到一条兼顾二者优长的"新派诗"之路一样，胡怀琛是主动在新旧之间寻找平衡。

一、"察变"的文学史观

胡怀琛具有鲜明的文学史意识。《中国文学史略》序言指出，文学史不同于文苑传等传统著述方式："文学史，古所未有也。所有者，为文苑传，图书目录，以及诗话，文谈之类；体例皆近乎文学史，而非文学史也。"① 至《中国文学史概要》，胡怀琛的文学史观念更加成熟："文学史，是全部历史中的一部分。凡是已经过去的事实都称为历史。所以，文学史就是关于文学的已经过去的事实。"② 《中国文学史概要》第一章总论专辟"何谓文学史"一节，讨论了文学史的内容和目的。他致力于在文学史与文学原理（研究）、文学作法（创作）、文学批评（评论）、文学赏鉴法（选读）的区别中把握文学史的特性。以一首诗为例，文学史的任务就是说明："（一）这首诗是何人作的？作者生于什么时候？（二）这样的诗体产生于什么时候？什么时候又有变化？（三）各书本所载的这首诗，文字有没有异同？作者的姓名有没有错误？"③ 胡氏用了"考证"一语来概括这些任务，虽有不够贴切之处，但足以说明他的用心所在。④ 在行文方面，胡怀琛也以史家标准要求自己，他称自己的书写方法为"记账法"："文学史是历史的一部分，历史本是一笔账；只要管账先生把一本账簿记得清清楚楚，收支的数目准确，年月分明，那就是好账房。"⑤ 在叙述作家生平时，也强调该书的"历史性质"，力争做到"取材以确实为主""叙事以简明为主"。

"察变"是胡怀琛文学史书写的一大特点，也是其文学史书写的主要目的。《中国文学史略》与《中国文学史概要》均以政治时代分期，每一时期包含三部分内容：此时代文学变迁之大势、此时代文学之特点、此时代文学家小传（只是至《中国文学史概要》时，胡怀琛将各时代文学家小传整合于第十一章和第十二章"文学作者的故事"）。《中国文学史略》对每部分所涉及的内容作了说明："大势者，论其变迁蝉蜕之迹；其有特别当注意处，而又琐屑不能编入于大势中者，则别辟特点一部以纳之。以上每部之中，又分若干条，以清眉目。小传者，聊以供知人论世之参考耳。"⑥ 《中国文学史概要》则将"变迁蝉蜕之迹"具体落实于"文学体裁"之上。胡怀琛将研究文学史的目的分为纵、横两方面：在纵的方面说，文学史当考察各个时代文学体裁之变迁，及其与人民心理之关系，连带校正其讹误；在横的方面说，文学史考察各国文学体裁之异同，及其与国民性之关系，连带取法其长处以补己国之所不足。⑦ 而在纵、横两个方面中，胡怀琛又更为看重

① 胡怀琛：《中国文学史略·序》，梁溪图书馆 1924 年版，第 1 页。
② 胡怀琛：《中国文学史概要》，商务印书馆 1931 年版，第 6 页。
③ 胡怀琛：《中国文学史概要》，商务印书馆 1931 年版，第 7~8 页。
④ 余来明：《"文学"概念史》，人民文学出版社 2016 年版，第 345 页。
⑤ 胡怀琛：《中国文学史概要·序》，商务印书馆 1931 年版，第 6 页。
⑥ 胡怀琛：《中国文学史略·序》，梁溪图书馆 1924 年版，第 8 页。
⑦ 胡怀琛：《中国文学史概要》，商务印书馆 1931 年版，第 11 页。

纵的方面，其总论中声明《中国文学史概要》"编辑的标准是：在考察各时代文学体裁之变迁，及其与人民心理之关系，连带校正其讹误"①。他的中国文学史着力于变迁大势，几乎不对具体作品展开赏鉴性质的讨论，对作家也是单独收录其基本信息和典型轶事，不多做点评。这种做法有长有短，其长处如赵景深所说：《中国文学史概要》"注重变迁大势，亦为我的《中国文学小史》和《中国文学史新编》所不及"②，其短处如谭正璧所说：《中国文学史略》"着重时代的大势，而对于个人的思想和性情不很注意，而且平铺直叙，没有一些吸人注意之力"③。

这种"察变"观深受 20 世纪进化文学史观的影响。从某种程度上来说，20 世纪中国文学史的主流趋势，作家作品地位的升降，就是以"一代有一代之文学"观念对中国文学历史的"发现"。④ 早在 1903 年，梁启超就曾在"小说丛话"的首篇，根据进化论提出"文言向白话演进"是一条普遍规律："文学之进化有一大关键，即由古语之文学变为俗语之文学是也。各国文学史之开展，靡不循此轨道。"⑤ 1917 年胡适在《文学改良刍议》中指出："文学者，随时代而变迁者也。一时代有一时代之文学。周秦有周秦之文学，汉魏有汉魏之文学，唐宋元明有唐宋元明之文学。此非吾一人之私言，乃文明进化之公理也。"⑥ 具化于文学史书写，胡适的《白话文学史》强调"国语文学乃是一千几百年历史进化的产儿"⑦，用进化观证明白话文学取代文言文学的必然性和合理性。郑振铎则是用进化观梳理中国文学的演进过程，论证中国文学由传统诗文向通俗文学发展的自然趋势。

进化文学史观与"是今非古""尚新鄙旧"的价值判断是两位一体的，一方面被新文化人用作理论工具，另一方面也成为文化保守主义者质疑的焦点。胡怀琛则努力调和新旧，既梳理各时代文学体裁之变迁轨迹，又不片面地尚今、尚新。陈虞裳将"察变"视为研究文学史的重要方法之一："一时代有一时代的文学，汉魏与周秦不同，唐宋又与汉魏不同。由三百篇变为骚，由骚变为赋，唐诗变为宋词，宋词变为元曲，最近有韵诗变为无韵诗，文言诗变为白话诗，皆可证明文学是常常变的。把他的变态，看明白了，这叫察变。"⑧ 不同的是，陈虞裳等民国学人欲察之变是不同文体间的递变，是从有韵到无韵、从文言到白话的"进化"，胡怀琛则更关注某一文体自身的演变轨迹。胡适的《白话文学史》以白话为标准建立中国文学史的发展脉络，打破了中国既有的文体之别。这种做法曾遭到鲁迅的含蓄批评："白话的生长，总当以《新青年》主张以后为大关键，因为态度很平正。若夫以前文豪之偶用白话入诗文者，看起来总觉得和运用'僻典'有同等之精

① 胡怀琛：《中国文学史概要》，商务印书馆 1931 年版，第 17 页。
② 赵景深：《文人剪影　文人印象》，三晋出版社 2015 年版，第 219 页。
③ 谭正璧：《中国文学史大纲（改订本）》，光明书局 1933 年版，第 176 页。
④ 余来明：《"文学"概念史》，人民文学出版社 2016 年版，第 191 页。
⑤ 梁启超等：《小说丛话》，《新小说》1903 年第 7 期。
⑥ 胡适：《文学改良刍议》，《留美学生季报》1917 年第 4 卷第 1 期。
⑦ 胡适：《白话文学史·引子》，商务印书馆 1934 年版，第 1 页。
⑧ 陈虞裳：《中国文学史概论·上册·导言》，岷江大学 1929 年印本，第 3 页。

神也。"① 或如梅迪光所说:"盖文学体裁不同,而各有所长,不可更代混淆,而有独立并存之价值,岂可尽弃他种体裁,而独尊白话乎?"② 胡怀琛也认识到这一点,尽管《中国文学史概要》已经由《中国文学史略》的文言书写改为白话书写,但并未对传统文体中偶然出现的白话因素多做关注,并不因其使用白话或表述通俗而给予更高的评价。

郑振铎在《插图本中国文学史》的自序中曾批评 20 世纪最初二十年间的中国文学史著作,认为它们忽视了变文、诸宫调、平话、宝卷、弹词等"新发见的与未被人注意着的文体",是不可原谅的绝大缺憾。③ 在他看来,只有将文学史叙述的重点放在这些各代新生的文体之上,才能"表现出中国文学整个真实的面目与进展的历史"④。胡怀琛重视这些新生的文学现象,《中国文学史略》的宋代文学变迁大势中专列"平话之创体也"一条,《中国文学史概要》中宋代文学变迁大势中第二条便为"'评话'的发达",辽金元文学变迁大势中列"'评话'的继续发展",明代文学变迁大势的"小说的变迁"中强调"短篇的'平话'比较的更盛行"为此时代小说发展的一大特点。但胡怀琛倾向于将这些新生的文学现象放在具体文体的发展中去认识,他视平话为小说发展的一个阶段,他认为明代"已没有'平话'的名目,长篇的都称'演义',短篇的喜用'明言''奇观'等名目"⑤,因此在归纳明代文学的变迁大势时便不再使用"平话"而以"小说的变迁"为目展开论述。胡怀琛并不在不同文体间比较高低、先后,更注重把握具体文体内部的历史生长轨迹。例如《中国文学史略》和《中国文学史概论》都未单列弹词一目:《中国文学史略》将"弹词"归为"小说之一体";《中国文学史概要》则改为与"滩簧"并提,视为戏曲的近亲。

胡怀琛并不认为中国文学的发展是始终向前的,同一文体在不同方面有不同的变化,不可都认作进化。《中国文学史概要》认为,较之前代,清代小说的变化可从进化和退化两个角度加以辨析:"所谓进化就是由宋、元式的'说话'变为'描写',这是以曹霑的《红楼梦》为创作,以后吴敬梓的《儒林外史》,也是这样。'说话'所取的材料都是离奇曲折,热闹非常的故事,如《三国》《水浒》《西游记》等都是,'描写'只取日常平浅的生活,如《红楼梦》《儒林外史》都是。两种相比,当然是后者比前者好,所以说是进化。然从另一方面说,又是退化。所谓退化,是由宋、元式的民众文学变而为贵族阶级的文学,变而为文人阶级的文学。因为《红楼梦》所描写的都是贵族的生活,《儒林外史》所描写的多半是文人的生活,都和民众绝不相干。这是值得我们注意的两点。"⑥ 前者是从艺术手法上看,后者是从表现内容上考量。由"形式"和"实质"两个层次考察文学,是胡怀琛经常采用的方法,《中国文学史略》开篇对文学的界说,对文学、史学、哲学的区分都是从"质""形"两个角度展开的,他的《中国诗论》一书也是分为"何谓诗歌""中国诗歌形式上的变化""中国诗歌实质上的变化"三编进行论述。"一时代

① 鲁迅:《致胡适》,《鲁迅全集》第 11 卷,人民文学出版社 1998 年版,第 431 页。信写于 1922 年 8 月 21 日。

② 梅迪光:《评提倡新文化者》,《学衡》1922 年第 1 期。

③ 郑振铎:《插图本中国文学史·自序》,人民文学出版社 1957 年版,第 1~2 页。

④ 余来明:《"文学"概念史》,人民文学出版社 2016 年版,第 192 页。

⑤ 胡怀琛:《中国文学史概要》,商务印书馆 1931 年版,第 185~186 页。

⑥ 胡怀琛:《中国文学史概要》,商务印书馆 1931 年版,第 220 页。

有一时代之文学"的观念，体现在胡怀琛的中国文学史书写上，更多的是具体文体的历时变迁，是具体文体与具体时代的相互关系，而非新文体对旧文体的更替。

二、空间维度与民族观念

相较于同时代甚至是当今的中国文学史著作，胡怀琛的书写特点是：具有清晰的空间维度意识，特别重视"横的方面"。他强调，文学史应当"考察各国文学体裁之异同，及其与国民性之关系，连带取法其长处以补己国之所不足"①。中国文学史虽以中国为主，但也不能没有横向的视野："如中国文学与印度文学之关系，与欧洲文学之关系，又如中国文学之输入日本、高丽……此外再有范围较小的横的方面，如南方和北方的异同，海滨和平原的异同都是。"② 这种空间意识，小到地理条件、地域差异与文学的关系，大到东亚文化圈的交流、洲际文化的异同，不再局限于中国内陆，也不过度集中于印度文化这一点。

胡怀琛的这种空间意识，经历了一个逐渐强化的过程。《中国文学史略》认为自周秦开始，"中国一切学问艺术，皆有南北之分"③；关注明代利玛窦、汤若望等人引入的西学和近代的"西学东渐"，也论述法国人赫尔特翻译中国戏曲和百济、新罗、日本对中国的学习。不过，这些内容还是较为分散的，也基本放置于"此时代文学之特点"的部分。至《中国文学史概论》，"此时代文学变迁之大势"部分，已可见"外国音乐、戏剧及传说的输入"、"中国文学对高丽、日本的输出"（唐代）、"中国文学对日本、高丽及安南的输出"、"西洋文学的输入"、"中国文学对西洋的输出"（清代）等条目，可以说，胡怀琛的空间维度更加系统也更加醒目了。"近百年来，我们更多地注意到近代中国接受外来文化的影响，而忽略了中华优秀传统文化对周边国家和地区的浸润，以及对世界文明的贡献。"④ 胡怀琛则将这些内容囊括在自己的文学史书写中。

20世纪二三十年代的中国文学史著作，普遍关注印度文化对中国文学的影响。以郑振铎的《插图本中国文学史》为例，印度佛教的传入时间已成为中国文学史分期的重要参照因素，他在《例言》中写道："中世文学开始于东晋，即佛教文学的开始大量输入的时期。"⑤ 而在郑振铎之前，胡适的《白话文学史》已专用第九、第十共两章的篇幅谈论"佛教的翻译文学"。重视空间维度的胡怀琛，自然也十分重视印度文化在中国文学史中的作用。《中国文学史略》南北朝及隋代的文学变迁之大势，第一目便是"佛学之影响于文学"，《中国文学概要》晋南北朝文学部分，也专列"佛经充分的输入影响于文学"一目。其书中体现的印度佛教对中国文学的影响大致可分为三个方面：一为思想层面，南北朝佛学"之影响于文学者，亦如老庄之于晋代"⑥，"文学作品中多含有佛学的意味"⑦。

---

① 胡怀琛：《中国文学史概要》，商务印书馆1931年版，第11页。

② 胡怀琛：《中国文学史概要》，商务印书馆1931年版，第11~12页。

③ 胡怀琛：《中国文学史略》，梁溪图书馆1924年版，第19页。

④ 刘跃进：《中国古典文学研究四十年》，《深圳大学学报》（人文社会科学版）2019年第1期。

⑤ 郑振铎：《插图本中国文学史·例言》，人民文学出版社1957年版，第2页。

⑥ 胡怀琛：《中国文学史略》，梁溪图书馆1924年版，第55页。

⑦ 胡怀琛：《中国文学史概要》，商务印书馆1931年版，第75页。

二是佛经翻译带来的影响，译经之文，别成一体，文法自成一格，且有许多"以梵文译音杂入汉文者"。其三是音乐、歌曲层面，这一点是至《中国文学史概要》才有的，应与敦煌文献的发现和胡怀琛对民间文学的关注度增加有关。他留意到《羯鼓录》所载的诸佛调曲和敦煌石室中发现的唐时佛曲，及其与平话、弹词的关系。在《中国文学史概要》中，胡怀琛提出了"佛教输入中国，是在周、秦时"的新见，当来自他"墨子为印度人"观点的推衍。① 他对域外文献也有所关注，除敦煌文献外，《中国文学史概要》还论及在中国失传而存于日本的古籍。

除了继承传统文论对南北文学差异的关注，在胡怀琛的空间维度中，地域与文学的关联也是重心之一：他认为，西汉文学与东汉文学的不同，"和时代固然有关，和地理也有关。因为那时候的文学者都集中于国都，所以都城就成了文学的中心点，西汉都长安，风土较厚，东汉都洛阳，风土较薄，这一点和文学有很大的关系，不可忽略过"②。其他的文学史著作，多偏于"强调'时间维度'，'空间维度'虽然也包含在叙述之中，例如某位作家出生于何地、其文学活动在何地展开，甚至会注意到其作品和特定物理空间的关联性等，但是由于'时间维度'的主导性，'空间维度'难以得到强调和凸显，文学史所呈现的面貌只是各种历史事实的时间缀合，文学史的丰富性和立体感难免被遮蔽，文学史的本来面貌也难以得到真正的呈现"③。胡怀琛的中国文学史著作为时空维度的兼顾提供了一个可供参考和反思的实例。

尽管胡怀琛的中国文学史拥有超前的空间维度意识，但在涉及少数民族地区时，仍遵循传统的"华夷之辨"思路。在《中国文学史略》中，汉族与少数民族是汉族与外族的区别，到了《中国文学史概要》，甚至上升为中国与"外国"的区别。《中国文学史概要》将"五胡乱华"解释为"当时候西北的外国人侵略中国，把中国的地方占据了，晋室因而东迁，由今陕西迁到今南京来，长江以北的地方差不多都被他们侵占去了"④。论述辽金元时期"汉人诗歌、散文的衰落"则说："在元代有许多外国人作中国诗，都作得很好。中国人自己是怎样？却只好说只有衰落而没有发展。当然不至于不如外国人，但是和唐、宋一比，实在是比不上。"⑤ 可以看出，胡怀琛的中国文学史是完全以汉族为中心的，其他民族只有经过"汉化"才被纳入中国文学的范畴："这五种外国人（五胡）在东晋、南北朝时都靠他们的武力侵略中国，纷纷居住到中国来，居留在中国以后，语言、文字、风俗、习惯都和中国人同化了，久而久之，已无形地变了中国人。"⑥ 文学的变迁大势中亦专论"辽、金、元的汉族化"和"满洲、蒙古文人的中国化"。

这种民族观念既是传统"华夷之辨"的承续，也与胡怀琛本人的南社文人身份相关。胡怀琛是南社的骨干成员，《南社纪略》称其"为南社中坚人物，与柳亚子有三十年交

① 1928 年 4 月胡怀琛在《东方杂志》发表《墨子为印度人辨》，引发了 20 世纪 20 年代末关于墨子国籍的论战。

② 胡怀琛：《中国文学史概要》，商务印书馆 1931 年版，第 62~63 页。

③ 朱万曙：《空间维度的中华文学史研究》，《中国人民大学学报》2016 年第 6 期。

④ 胡怀琛：《中国文学史概要》，商务印书馆 1931 年版，第 76 页。

⑤ 胡怀琛：《中国文学史概要》，商务印书馆 1931 年版，第 171 页。

⑥ 胡怀琛：《中国文学史概要》，商务印书馆 1931 年版，第 76~77 页。

谊"①。南社成立于 1909 年 11 月，即同盟会成立的次月，被称为同盟会的"文字机关"。同盟会以"驱除鞑虏，恢复中华，建立民国，平均地权"为革命纲领，南社奉行其纲领，以"反清"为职志。② 胡怀琛曾"任《神州日报》编辑。辛亥之役，鼓吹革命甚力"③。他加入南社时，正值辛亥革命爆发，曾协助柳亚子编《警报》，"铺张军事，导扬民气"④。他十分关注异族入侵时的文学发展状况，欲反观宋末、明末文学，为现世开出精神层面、文学层面的"处方"。《中国文学史概要》宋代文学的变迁大势之一为"外国人的侵略影响于文学"——"到南宋时以及亡国以后，人民颠连困顿于外国人的铁骑之下，所受的痛苦非常的深，忍无可忍，只好拿文学作品来发挥发挥：有的是慷慨激昂地起来反抗，有的是呻吟呜咽，饮泣吞声。前者的例，如岳飞的《满江红》词，文天祥的《正气歌》，及陆游的诗都是。后者的例，如郑思肖的《郑所南文集》，邓牧的《伯牙琴》，谢翱的《晞发集》等都是"⑤。他所关注的郑思肖、邓牧、谢翱等人都是其他中国文学史很少提及的。明代部分亦以"明末满洲人的侵略影响于文学"为一变迁大势，"发现"了熊开元的《击筑余音》和贾凫西的"鼓词"。赵景深曾高度评价这种"发现"："最可称赞的，是他在南宋诗一节中讲到文天祥、郑思肖和谢翱，明末又讲到熊开元、归玄恭和贾凫西，这些人我的三部文学史中是只字未提的。"⑥ 尽管胡怀琛以"记账式"的史家书写要求自己，但写至这些部分往往情不自禁："汉族文学家之对于外族之武力侵略者，多抱不平之感，如南宋陆放翁之于金人，宋末文天祥、邓牧、郑所南、谢翱之于蒙古，为尤著也。明末文人之于满洲，则比宋人为尤甚。其所著诗文，在清康熙、乾隆两朝，迭次禁毁。及清末排满之说既起，人多利用此等文字，为革命之鼓吹，收效颇大。盖作者之精神，直至三百年后，而不泯灭也。"⑦ 中国文学史叙述对象的选择与民族国家意识的建构密切相关，虽胡怀琛的民族观念不适用于今日之中国，但他的拳拳爱国之心是值得敬重的。

时人记胡怀琛，说他"短小身材，微有胡子，头发已秃，牙齿半落，终年穿一件敝旧的长衫，挟着一个破皮包，一口安徽音的上海话，态度是温和谦虚的。上课时，常常把左手反背着，一手执着书，声音很低，常常喜欢说'以至于''以至于'"⑧。这样一个内敛安静的沪上学人，大概无人能想象他年轻时应童子试入场赋诗而出的不羁。其实，陈布雷往报社访胡怀琛时，曾见他"方抱《苍水集》而眠"⑨（《苍水集》为南明抗清将领张煌言之集）。可见，岁月的磨砺、时局的艰险，虽将毅然剪辫、以文字鼓吹革命的少年郎变成了一位和煦的教书先生、报刊编辑，他内心的热血仍未熄灭，他如此执着于"华夷之辨"，正是这种情怀的折射。

① 柳无忌：《柳亚子文集·南社纪略》，上海人民出版社 1983 年版，第 255 页。
② 邱睿：《南社诗人群体研究》，苏州大学博士学位论文，2010 年，第 24 页。
③ 胡道静：《清季野史重印前言》，胡寄尘编：《清季野史》，岳麓书社 1985 年版，第 2 页。
④ 柳亚子：《柳亚子自述续编·亡友胡寄尘传》，人民日报出版社 2012 年版，第 175 页。
⑤ 胡怀琛：《中国文学史概要》，商务印书馆 1931 年版，第 159~160 页。
⑥ 赵景深：《文人剪影 文人印象》，三晋出版社 2015 年版，第 218 页。
⑦ 胡怀琛：《中国文学史略》，梁溪图书馆 1924 年版，第 122 页。
⑧ 蕙若：《文坛画虎录：记胡怀琛》，《十日谈》1934 年第 32 期。
⑨ 陈布雷：《陈布雷回忆录》，团结出版社 2016 年版，第 114 页。

三、纯文学与杂文学的整合

谭正璧的《中国文学史大纲》曾这样肯定胡怀琛在区别"文学"与"学术文"方面所作的努力:"中国文学史,在国内虽然已出版十多种,然无一种能令人满意。都因作者对于文学的本身是什么不很明了,所以将一切学术文都叙述了。既叙学术文,就不得不将学术思想兼述,于是成了一种学术史而非文学史。最近胡怀琛先生的《中国文学史略》,已将此关打破。"①

1924 年出版的《中国文学史略》确实是较早的具有纯文学意识的中国文学史著作。胡怀琛有意识地对文学进行界定,以区分文学、史学、哲学。他认为,文学的定义有广义和狭义之分,"自广义言之:一切文字,皆谓之文学。自狭义言之:则普通文字,谓之文字;而由咨嗟咏叹而出之者,或有艺术之妆点者,谓之文学"②。由咨嗟咏叹而出者,是言明文学的表情特点;有艺术之妆点者,是声音词采上的着意修饰。需要注意的,此时的胡怀琛认为抒情性和艺术性满足其一,即可视为狭义的文学。他将一切知识分为智、情、意三类: "智者,事也,即史也;情者,感情也,文学属于情;意者,理也,即哲学也。"③ 所以从实质(内容)看,文学便有取材于史事(智)、个人之情感(情)、哲理(意)三类;从形式上看,文学则分有艺术妆点之文字(以优美为标准)、由咨嗟咏叹而出之文字(以含蓄为标准)两种。《中国文学史略》虽已将文学与其他学科划分开来,但文学内部的各种体裁尚未厘清,对各时代文学变迁大势的梳理基本集中于诗文之上。以明清两代为例,明代文学的变迁大势为"刘基、高启变元季之颓风也""李梦阳、何景明之倡言复古也""归有光之崛起也""王阳明之哲学之影响于文学也""公安、竟陵之继起也""词曲小说之继盛也""几、复两社之提倡气节也";清代文学的变迁大势为"清初文学之盛也""乾嘉以来,文学之变迁也""清末文学之大变也""桐城文为一代之正宗也""其他文学之完备也"。这是按照时间顺序梳理文学风格、流派的变化,诗与文亦不分开论述,小说、戏曲等所占笔墨十分有限。可以说,《中国文学史略》虽然拥有了纯文学的意识,但是对于纯文学内部所包含的诗歌、散文、小说、戏剧,仅对诗、文有足够的重视。

1931 年出版的《中国文学史概要》,对纯文学观念的应用更加成熟和系统。此时胡怀琛对文学的界定是:"人们蕴蓄在心内的情感,用艺术化的方法,或自然化的方法,表现出来,是谓文学。而所用的工具,并不限定是文字。"④ 在这里,艺术性的形式不再是文学的充分条件,情感成为文学的实质,当然并不要求纯是情感,"有时也夹杂自己的想象或外界的事实。如《楚辞》和李太白诗中的神话,就是自己的想象。如杜甫诗中的时事,就是外界的事实。然而,多少总要有几分情感夹在里面。倘然毫无情感,那就不是文学

---

① 谭正璧:《中国文学史大纲(改订本)》,光明书局 1933 年版,第 176 页。
② 胡怀琛:《中国文学史略》,梁溪图书馆 1924 年版,第 1 页。
③ 胡怀琛:《中国文学史略·序》,梁溪图书馆 1924 年版,第 3 页。
④ 胡怀琛:《中国文学史概要》,商务印书馆 1931 年版,第 3 页。

了"①。胡怀琛对文学所包含的文体的认识也脱离了混沌状态，向散文、诗歌、戏剧、小说的四分法靠拢。在《中国文学史略》中小说并不在每一时代占有笔墨，胡怀琛选择在附录的"中国小说之源流"中一并加以叙述，而《中国文学史概要》每一时代的文学变迁大势都为小说留下了位置：周秦之"小说戏曲的萌芽"，汉魏之"小说民歌的采集"，晋南北朝之"小说的流行"，唐代之"'传奇'的创作"，宋代之"'评话'的发达"，辽金元之"'评话'的继续发展"，明代之"小说的变迁"，清代之"小说的变迁"。小说、戏曲系统地融入了文学史的书写。值得注意的是，民歌如小说一样由附录系统地进入了每一时代的文学变迁大势，这种变化与胡怀琛对文学的定义密切相关，他认为文学不一定要用文字表达，"如唱在口上的诗歌，就全不是文字。如演在剧场上的戏剧，也全不是文字。诗歌可说是用语言，戏剧可说是用语言兼动作"②。因此民歌也被胡怀琛纳入纯文学中。

不过，胡怀琛的中国文学史书写并不限于散文、诗歌、小说、戏曲、民歌这五种"纯文学文体"。他以"察变"为宗，在梳理具体文体的发展与变化时，一些"杂文学"自然而然地进入了他的中国文学史中。"箴铭"就是一例，周以前的文学一章包含"周以前的箴铭"一目。胡怀琛认为，虽然箴铭不是发表情感的文字，严格来说，不能算是文学。但它"和诗歌谣谚有同样的形式，多少和文学作品有点关系，我们姑且把它说一说"③。"疏表"也是如此。汉魏文学的变迁大势第四目为"纵横文变为辞赋与疏表"。文景之后，天下无事，策士的纵横文已不适用，于是纵横文就一变而为辞赋与疏表："变为辞赋的，以邹阳、枚乘、严忌诸人开端，至武帝时有司马相如、严助、朱买臣、东方朔、枚皋、终军等人，称为极盛。他们的辞赋，是由纵横家的离间挑拨变而为对于君主一人的赞美。这是因为时代的关系，自然而然的变化。再有一派变为疏表的，如董仲舒的《天人三策》，公孙宏的《贤良策》，主父偃的《谏伐匈奴书》，由纵横家的凌厉驰骋的雄辩一变而为温厚儒雅的风度。这也是因为时代的关系，自然而然的变化"④。这一观点颇有新见，可为当今的中国文学史著作处理纯文学与杂文学关系提供借鉴。

胡怀琛对文学的界定所隐含的对抒情性的推崇也值得注意。传统的中国文学是十分推重抒情的，而20世纪的中国文学史书写则不然。王国维认为"叙事的文学"地位要高于"抒情的文学"。这一认识，深刻影响了不同文体的地位。⑤ 王国维认为"抒情之诗，不待专门之诗人而后能之也。若夫叙事，则其所需之时日长，而其所取之材料富，非天才而又有暇日者不能"⑥。难能者更可贵，故叙事高于抒情。胡适的《白话文学史》高抬叙事诗而低看抒情诗，亦加深了"叙事高于抒情"这一观点对中国文学史编纂的影响。较之中国古代占主导地位的文人抒情诗，胡适更重视乐府，更重视叙事诗。他始终关注的是故事的内容和故事的讲述方法，而对诗意盎然的情辞较少领略。所以，他对乐府诗的解读已

---

① 胡怀琛：《中国文学史概要》，商务印书馆1931年版，第5页。
② 胡怀琛：《中国文学史概要》，商务印书馆1931年版，第4页。
③ 胡怀琛：《中国文学史概要》，商务印书馆1931年版，第23页。
④ 胡怀琛：《中国文学史概要》，商务印书馆1931年版，第56~57页。
⑤ 余来明：《"文学"概念史》，人民文学出版社2016年版，第194页。
⑥ 王国维：《文学小言》，《王国维全集》第14卷，浙江教育出版社2009年版，第96页。

是偏于一端，对文人抒情诗的诗意盎然的情辞，则不免轻率地一概斥之为"文言的死文学"。① 而胡怀琛虽然接受并应用了纯文学观念，但他对许多具体作家作品的评价仍体现出对抒情的高度重视、对传统文学赏鉴标准的继承。例如，胡怀琛极为赞赏归有光，认为他的抒情"散文"自成一家，在文学史上有永久的价值："因为他是个富于情感的人，他的散文就是善于写父子、夫妇、朋友间生死离别之感。他又善于描写家庭间日常生活，写得非常逼真。这两点都是文学的真谛，被他得到这个文学真谛，他的文学作品自然是有价值了。"② 在胡怀琛看来，写情和逼真是文学真谛，两者缺一不可，抒情不仅不低于叙事，甚至，抒情才是根本。

（作者单位：武汉大学文学院）

---

① 陈文新：《论〈十四朝文学要略〉的文学史书写》，《江淮论坛》2018 年第 2 期。
② 胡怀琛：《中国文学史概要》，商务印书馆 1931 年版，第 183 页。

哲　　学

真理、认识与涅槃[*]

——对印度佛教二谛论谱系的考察

□ 喻长海

【摘要】"二谛"思想起源于《奥义书》对两种真理、两种知识的区分。它在佛教中最初所面临的问题也与对真理的认识有关，如原始佛教中佛陀对说法之难的感受，他不与世间相诤的态度，以及他以筏比喻其所说法的主张，等等。之后，部派佛教时期出现的各种形式的"二谛"论都可以看作对上述问题的回应：说一切有部主张的言说与其所表达的真理构成的"二谛"，就是为了缓解佛陀说法与他悟到的真理之间的紧张关系；《大毗婆沙论》在分析"四谛"基础上的四种"理事二谛"，则是为了避免佛教真理与世间事项之间冲突的可能性；《成实论》中出现的"三重二谛"表明了通过认识到达涅槃的途径，正是对佛陀说法之筏喻的工具性说明。

【关键词】二谛；印度佛教；原始佛教；部派佛教

"二谛"指"世俗谛"（saṃvṛti-satya）和"胜义谛"（paramārtha-satya），又称"世谛"和"第一义谛"或"俗谛"和"真谛"。由于"谛"有真实、真理、事实等含义，所以方立天将"二谛"视为佛教的真理观。[①] "世俗谛"是世间真理，"胜义谛"是出世间的真理。同时，从认识的角度看，世间未悟入真理的状态与出世间悟入真理的境界亦可成为区分"二谛"的一个基础，[②] 如以有漏慧为"世俗谛"，无漏慧为"胜义谛"[③]。不过，由于佛教各派思想有别，他们所悟入的真理内容也往往不同，这样又可形成不同的二谛论：如部派中有部大多主张"自相有"是胜义，"假名有"是世俗；[④] 大乘佛教中观学派则认为，无论是"假名有"还是"自相有"都是"世俗谛"，如吕澂说，"世俗谛"指一切法是有，"胜义谛"指一切法是空[⑤]。然而，无论以哪一种真理为胜义谛，它们都是

* 本文系国家社科基金项目"吉藏二谛思想研究"（15BZJ013）阶段性成果。

① 方立天：《中国佛教哲学要义》下，《方立天文集》第五卷，中国人民大学出版社 2012 年版，第 910～955 页。

② 池田宗让：《梁代の仏教思想》，日本山喜房佛书林，2002 年版，第 5 页。

③ 高桥壮：《〈俱舍论〉的二谛说》，《印度学仏教学研究》1970 年第 1 期，第 130～131 页。

④ 印顺：《性空学探源》，中华书局 2010 年版，第 90 页。

⑤ 吕澂：《印度佛学源流略讲》，上海人民出版社 2005 年版，第 98 页。

基于佛陀的教说而做出的区分。因此安井广济指出，就通常的理解而言，"二谛"属于佛陀说法的形式："第一义谛"是对"第一义"的教说，"世俗谛"是针对众生根性的方便说法。① 这种在佛陀教法的范围内区分"二谛"，用"二谛"把佛陀所说法分成不同的层次，以增进对佛教真理理解的方式则属于"二谛"思想的主流。

　　佛教的"二谛"思想在其产生之初就与佛陀说法有关，它极有可能就是为了解决佛陀说法时所面临的问题而产生的：首先，佛陀说法时所感到的困难，即他如何才能把他所体悟到的真理用言说表达出来。这中间包含着真理与言说之间的紧张关系。其次，佛陀说法的筏喻。他以乘筏至彼岸比喻其说法的初衷，即他所说的真理只是通向涅槃的工具，而不是涅槃本身。其中隐含的问题是该如何正确地处理真理与涅槃之间的关系。最后，佛陀说法时不与世间相诤的态度。它蕴含着世间常识与佛教真理之间的冲突或沟通的可能性。

　　对于上述这些问题，只有运用"二谛"这一理论工具才能加以完满地解决，这可以在后来"二谛"论的发展中得到证明，因为无论是部派佛教中出现的多种形式的"二谛"论，还是大乘佛教中观学派的"二谛"论等，都可以看作对上述问题的回应与解决。并且，在更早蕴含着佛教"二谛"理论原型的印度哲学思想中同样可以找到这些问题的痕迹。②

一、二谛思想的萌芽与佛陀说法之难

　　就"二谛"的内涵而言，两种"真理"或者"真实"属于它的基础语义："胜义谛"是绝对的真实，"世俗谛"是相对的真实。安井广济认为《奥义书》关于"真实的真实"（satyasya satyam）的说法透露出这两种真实的设想。③ 无独有偶，穆谛也提到《奥义书》以"梵"（brahman）为唯一的实在，即"真实中的真实"，并称"真实"和"真实中的真实"二者及其关系已经具有了"二谛"论的雏形。④ 如同《奥义书》所说："大梵之志有二：一有相者，一无相者；一有生灭者，一无生灭者；一静者，一动者；一真实者，一彼面者。"⑤ 其中，"有相者""有生灭者""动者"和"彼面者"皆相当于"世俗谛"的内容，而"无相者""无生灭者""静者"和"真实者"则相当于"胜义谛"的内容。

　　此外，姚卫群认为《奥义书》关于两种知识的说法也与佛教的二谛论非常接近。⑥ 如《奥义书》说："有二明当学，如大梵明者所言：一为上明，一为下明。下明者，《梨

---

　　① 安井广济：《中観思想の研究》，日本法藏馆 1970 年版，第 43 页。
　　② 分别参见［印］T. R. V. Murti. *The Central Philosophy of Buddhism*：*A study of Mādhyamika System.* New Delhi：Munshiram manoharlal Publishers Pvl. Ltd.，2003，p. 243；安井广济：《中観思想の研究》，日本法藏馆 1970 年版，第 43 页；姚卫群：《佛教的"二谛"与婆罗门教的"二知"》，《西南民族大学学报》2012 年第 9 期，第 63 页。
　　③ 安井广济：《中観思想の研究》，日本法藏馆 1970 年版，第 43 页。
　　④ ［印］T. R. V. Murti. *The Central Philosophy of Buddhism*：*A study of Mādhyamika System.* New Delhi：Munshiram manoharlal Publishers Pvl. Ltd.，2003，p. 243.
　　⑤ 徐梵澄译：《五十奥义书》（修订本），中国社会科学出版社 1984 年版，第 384 页。
　　⑥ 姚卫群：《佛教的"二谛"与婆罗门教的"二知"》，《西南民族大学学报》2012 年第 9 期，第 63 页。

俱吠陀》、《耶珠韦陀》、《三曼韦陀》、《阿他婆韦陀》——声明、仪礼、文法、文字学、诗学、天文学皆是也；上明者，由之而悟入'不变灭者'也。"① "上明"是对"不变灭者"，即大梵的知识，相当于"胜义谛"；其他声明、仪礼等知识都是"下明"，相当于"世俗谛"。可见，无论是两种知识还是两种真实的区分都初步具备了佛教"二谛"论的一些特征，表明类似佛教"二谛"论的思想方式在佛教之前的印度哲学中就已存在。

上述《奥义书》之"上明"要人们悟入"不变灭者"达到解脱。然而，"不变灭者"既"不可以眼见，亦非语言摄，不由余诸天，苦行或事业；唯由智清净"②，那么，一般人就很难认识"不变灭者"。这与佛陀悟道以后所面临的问题相似，如他说："我今已得此无上法，甚深微妙，难解难见。息灭清净，智者所知，非是凡愚所能及也。"③ 真正的真实唯有具备智慧的人才能够认识，因而，佛陀担心普通人无法理解他所悟到的真实而不愿说法，如他说："若为彼说，彼必不解，更生触扰，故我默然不欲说法。"④ 之后，经过所谓的"梵天劝请"，他才改变了心意。⑤ 这可能就是佛教"二谛"论最初所面临的问题。佛陀所悟到的真实难以言表，同时又必须依靠言说来表达，其间的矛盾只有借助"二谛"论才能化解。

那么，如何使普通人能够理解佛陀的教法并认识其中的真理呢？首要的步骤是要在佛陀所见的真实与世俗的认识之间划出界限，因为只有明确了认识对象之后，才能有效地开展认识活动。而"二谛"的结构恰巧符合这一要求，其"世俗谛"大抵如其巴利语sammuti sacca 所意指的那样，是普通人一致承认的知识，即世间认识，⑥ "胜义谛"则是最高真实的意思。很显然，"胜义谛"属于认识的目标。

不过，一旦用"二谛"划清了两者的界限之后，是否又存在着阻碍它们彼此沟通的危险呢？换言之，佛陀所见的真实与世间的认识是否相容呢？对此，《阿含经》表明了佛陀的态度："我不与世间诤，世间与我诤。"⑦ 虽然世间认识通常较难理解他所见的真实，但是他并不认为自己的想法与世间认识有任何本质的冲突，因为他所悟到的真实不过是出于对世间事实的观察，如杜继文所言，佛陀不脱离世间经验和世间认识，由此推导出自己独特的人生观系统来。⑧ 或者说凡是具有一般常识的人，都可以通过佛陀所说的法认识到他所悟到的真实。

接下来，佛陀又担心人们会把他的教法本身视作真实。为此，他将自己比作海船师，强调他的教法仅仅是筏、舆等交通工具，可以运载人们到达涅槃的彼岸，⑨ 一旦上了岸就要舍弃它们，如他说："我为汝等长夜说筏喻法，欲令弃舍，不欲令受故。"⑩ 佛陀将其

① 徐梵澄译：《五十奥义书》（修订本），中国社会科学出版社 1984 年版，第 482 页。
② 徐梵澄译：《五十奥义书》（修订本），中国社会科学出版社 1984 年版，第 497 页。
③ 《长阿含经》卷 1，《大正藏》第 1 册，第 8 页中。
④ 《长阿含经》卷 1，《大正藏》第 1 册，第 8 页下。
⑤ 《佛本行集经》卷 33，《大正藏》第 3 册，第 805 页下 ~806 页下。
⑥ 梶山雄一：《佛教中观哲学》，吴汝钧译，台湾佛光山出版社 1990 年版，第 95~96 页。
⑦ 《杂阿含经》，《大正藏》第 2 册，第 8 页中。
⑧ 杜继文：《汉译佛教经典哲学》，江苏人民出版社 2008 年版，第 175 页。
⑨ 《长阿含经》卷 2，《大正藏》第 1 册，第 12 页下 ~13 页上。
⑩ 《中阿含经》卷 54，《大正藏》第 1 册，第 764 页中。

所说法比喻为筏，把涅槃比喻为彼岸，说明他的教法只是达成解脱的工具。这些都正如安井广济所指出的，无论是佛陀在筏喻中的担忧，还是之前对说法的犹豫，都显示出原始佛教对言说与佛陀所悟真实之间紧张关系的自觉，① 也正是这种自觉促进了"二谛"理论的萌芽和发展。

虽然在原始佛教经典中还很少出现"二谛"的字眼，汉译《增一阿含经》卷三中出现过两次，具体所指却语焉不详；② 偶尔也有"真谛"的说法，却没有与"俗谛"相提并举③。即使《大毗婆沙论》曾提到"余契经中说有'二谛'：一'世俗谛'，二'胜义谛'"④，而"余契经"到底指哪一部《阿含》也不得而知⑤。但是印顺认为："照《俱舍论》卷二二所说的'余经复说谛有二种'，《阿含》应该有明阐二谛的经文，只是汉译本中未曾译出罢了。况且'二谛'是大小、空有一切部派共同承认而无异议的，那是根本佛教所有，应该不成问题的。"⑥ 安井广济也认为，在阿含经和南传佛教经典中，类似二谛的思维方法，如真实与虚妄、绝对与现象等相对的关系随处可见。以"胜义"表示真实，"世俗"表示虚妄的例子也不少。⑦

二、佛教二谛理论的成熟与发展

如果说佛教的"二谛"思想在原始佛教时期尚处于萌芽阶段的话，那么它的真正成熟则是在部派佛教时期。印顺认为在《大毗婆沙论》编集时（约 2 世纪），"二谛"说已是佛教界的通论了。⑧ 这时，"二谛"说的重点在于从佛陀的教法中找出究竟的真理，其中有四家"二谛"说就表现为以"二谛"为工具，分析作为佛陀核心教法的"四谛"理论，⑨ 试图在包含着世间事相的说法中找出究竟的真理。

第一家认为"于'四谛'中，前二谛是'世俗谛'，男女、行住及瓶衣等世间现见诸世俗事皆入'苦''集'二谛中故；后二谛是'胜义谛'，诸出世间真实功德，皆入'灭'、'道'二谛中故"⑩。"前二谛"指"苦谛"和"集谛"，属于"世俗谛"；"后二谛"指"灭谛"和"道谛"，属于"胜义谛"。因为"苦谛"和"集谛"法中涉及"男女、行住及瓶衣等"世间事项；唯有"灭谛"和"道谛"具有出世间的意义。

第二家则认为"灭谛"亦为"世俗谛"，因为"佛说'灭谛'如城、如宫或如彼岸，诸如是等世俗施设等事'灭谛'中有，是故'灭谛'亦名'世俗'。唯一'道谛'是

① 安井广济：《中観思想の研究》，日本法藏馆 1970 年版，第 48～49 页。

② 《增壹阿含经》，《大正藏》第 2 册，第 561 页上。

③ 姚卫群：《佛教的"二谛"与婆罗门教的"二知"》，《西南民族大学学报》2012 年第 9 期，第 64 页。

④ 《阿毗达磨大毗婆沙论》卷 77，《大正藏》第 27 册，第 399 页下。

⑤ 安井广济：《中観思想の研究》，日本法藏馆 1970 年版，第 43 页。

⑥ 释印顺：《性空学探源》，中华书局 2010 年版，第 15 页。

⑦ 安井广济：《中観思想の研究》，日本法藏馆 1970 年版，第 43～45 页。

⑧ 释印顺：《印度佛教思想史》，中华书局 2010 年版，第 172 页。

⑨ 孔慈：《佛教的本质及其发展》，胡国坚译，贵州大学出版社 2013 年版，第 29～30 页。

⑩ 《阿毗达磨大毗婆沙论》，《大正藏》第 27 册，第 399 页下。

'胜义谛',世俗施设此中无故"①。既然"灭谛"中涉及诸如城墙、宫殿,以及彼岸等世间事物,也应与"苦谛"和"集谛"二者一样属于"世俗谛";只有"道谛"承载了出世间之法,才是"胜义谛"。

第三家却将"道谛"也视为"世俗谛",他们的理由是:"'道谛'亦有诸世俗事,佛以沙门、婆罗门名说'道谛'故。唯一切法空、非我的真理是'胜义谛',空、非我中诸世俗事绝施设故。"② 除了"法空""非我"的真理中全无世俗事项,属于"胜义谛"以外,"苦谛""集谛""灭谛"和"道谛"都属于"世俗谛"。

第四家属于说一切有部自宗的观点。他们说:"四谛皆有世俗、胜义。"③ 也就是说,"四谛"的每一谛各有其"世俗谛"和"胜义谛"。他们同意第三家的意见,所谓"四谛"皆含有世俗事项,因此都属于"世俗谛"。不过,他们对"胜义谛"的看法与第三家不同。他们认为"四谛"各自蕴含佛教的真理:"苦谛"具有"苦""非常""空""非我"四理;"集谛"具有"因""集""生""缘"四理;"灭谛"具有"灭""静""妙""离"四理;"道谛"具有"道""如""行""出"四理,共计十六个理则皆属于"胜义谛"。

总而言之,正如小川一乘所说,世法是"世俗谛",佛法是"胜义谛"。④ 由于通常认为"苦谛"和"集谛"是世间因果,"道谛"和"灭谛"是出世间因果,所以第一家以此分别二谛并不出人意料。与之相比,第二家将"灭谛"归为"世俗谛"多少让人感到有点意外。如《胜鬘经》就是把"苦""集""道"三谛视为"世谛",而把"灭谛"视为"第一义谛"。⑤ 对此,印顺解释道,"灭谛"是在"此生故彼生,此灭故彼灭"的缘起法上建立的,也是相对于世俗烦恼的熄灭而言的。既然"灭谛"是烦恼的灭除,就包含了烦恼的世俗性质;相反,"道谛"则是在清净无漏的另一因果系上建立的。⑥ 其实,"灭谛"并非专属于佛教的概念,而是印度各派宗教思想共同的追求,只是各派对达到它的途径看法不同罢了。因此,以"道谛"作为"胜义谛"才显示了佛教自己的真正主张。与之相同的看法还有说假部关于"道不可修,道不可坏"⑦的说法,以及东山住部关于"无漏因"的"道"是常住无为的说法。⑧ 平川彰亦提及大众部和化地部等部派认为除"灭谛"外,"道谛"也是无为法。⑨ 不过,无论是"道谛"还是"灭谛",毕竟都是相对于"苦谛"和"集谛"而建立的,因此,第三家可能才会认为"四谛"都是"世

---

① 《阿毗达磨大毗婆沙论》,《大正藏》第 27 册,第 399 页下。
② 《阿毗达磨大毗婆沙论》,《大正藏》第 27 册,第 399 页下。
③ 《阿毗达磨大毗婆沙论》,《大正藏》第 27 册,第 399 页下。
④ 小川一乘:《ツォンカパの世俗諦論》,《佛教学セミナー》1984 年版第 40 期,第 16 页。
⑤ 《胜鬘师子吼一乘大方便方广经》卷 1:"'世尊!此四圣谛,三是无常,一是常。何以故?三谛入有为相,入有为相者是无常,无常者是虚妄法,虚妄法者非谛、非常、非依,是故苦谛、集谛、道谛非第一义谛、非常、非依。一苦灭谛离有为相,离有为相者是常,常者非虚妄法,非虚妄法者是谛、是常、是依。是故灭谛是第一义。'"(《大正藏》第 12 册,第 221 页下~222 页上)
⑥ 释印顺:《性空学探源》,中华书局 2010 年版,第 85 页。
⑦ 《异部宗轮论》卷 1,《大正藏》第 49 册,第 16 页上。
⑧ 释印顺:《性空学探源》,中华书局 2010 年版,第 86 页。
⑨ 平川彰:《印度佛教史》,显如法师等译,贵州大学出版社 2013 年版,第 156 页。

俗谛"，只有"法空""非我"的真理为"胜义谛"。这与后来以一切法空为究竟了义的大乘关系密切。最后，第四家与第三家的看法区别不大，只不过前者是以"四谛"的每一谛上所蕴含的真理为"胜义谛"。

由于四家，尤其第四家"二谛"是将"四谛"所含的真理与世间事项分开，因此，吉藏称之为"理事二谛"，所谓以十六谛理为"第一义谛"，以刀、杖逼迫等事为"世谛"。① 印顺也认为毗婆沙师的本义是事理二谛。② 然而，斋藤明认为四家"二谛"与其说是"理事"二谛，不如说是"理言二谛"："俗谛"指用语言进行的表述，"胜义谛"则指用语言表述的本来非言语能表达的真理。③ 语言的本性是世俗，真理的本性则是胜义，如达罗达多说"名自性是世俗，此是苦集谛少分；义自性是胜义，此是苦集谛少分"④。

其实，无论是"四谛"，还是"二谛"都不能离开语言，有部诸论师中就有人认为"胜义谛"也是言说，如世友说："（佛陀）随顺世间所说名是世俗，随顺贤圣所说名是胜义。"对"贤圣"所认识到的真理的言说就是"胜义"，亦如法救所说："宣说有情、瓶、衣等事，虚妄心所起言说是'世俗谛'；宣说缘性、缘起等理，不虚妄心所起言说是'胜义谛'。"⑤其中，"名"或者"言说"在佛教中一般被称为"名言"。

三、存在论、认识论及解脱论的二谛形式

对表现为名言的教法的分析是构建"二谛"的基础，而且，名言自身也经常参与到这一构建过程当中。因此，虽然部派佛教时期并不总是以名言与其所显法来建立"二谛"，但名言却是部派佛教中性质各异的二谛论，诸如存在论的、认识论的、解脱论的等"二谛"构成中的重要因素之一。

（1）《俱舍论》中以"假名"为"世俗谛"的"二谛"就赋予了名言以存在论的意义。如其说："彼觉破便无，慧析余亦尔，如瓶、水世俗，异此名胜义。"若瓶打碎了就不能再称为瓶，水在头脑中被分析至极微也不能再称为水。像瓶和水这样借助于元素的和合，同时依赖于名言才能被确立为存在，就是"世俗"的含义，以之为真实称为"世俗谛"。所谓以"世想名施设为彼，施设有故名为世俗，依世俗理说有瓶等，是实非虚名世俗谛；若物异此名胜义谛，谓彼物觉彼破不无及慧析余彼觉仍有，应知彼物名胜义谛，如色等物碎至极微，或以胜慧析除味等，彼觉恒有，受等亦然，此真实有故名胜义，依胜义理说有色等是实非虚名胜义谛"⑥。若将事物分析到极微小的不能再分的个体，仍然能够保持其本质属性，这才是真实的存在，即所谓的胜义，以此为真实就是"胜义谛"。

（2）对于以诸法是否依靠名言而存在来判定"世俗谛"和"胜义谛"，法救则有更

① 《二谛义》卷 1，《大正藏》第 45 册，第 84 页下~85 页上。
② 印顺：《印度佛教思想史》，中华书局 2010 年版，第 172 页。
③ 斋藤明：《二谛と三性--インド中観・瑜伽行両学派の論争とその背景》，《印度哲学仏教学》2010 年第 25 期，第 344~345 页。
④ 《阿毗达磨大毗婆沙论》卷 77，《大正藏》第 27 册，第 400 页中。
⑤ 《阿毗达磨大毗婆沙论》卷 77，《大正藏》第 27 册，第 400 页上。
⑥ 《阿毗达磨俱舍论》卷 22，《大正藏》第 29 册，第 116 页中。

直接的说法，他以事物"舍名"与否来划定"二谛"："若事分别时，舍名则说等（世俗），分别无所舍是则第一义。"① 如果车被拆散成一堆零件就不能再拥有"车"之名叫做"舍名"，说明它是依靠名言的存在，就是"世俗谛"；相反，无论经过实际分拆还是理智的分析始终都能保持其名的，就是"第一义谛"。如他说："五盛阴名苦谛，若分别五时亦不舍苦名，以色是苦故，乃至识亦如是。彼色复十一种，一一入皆苦，乃至刹那及极微分别时亦不舍苦名。"② 任何苦无论经受任何分析都不失其名，所以苦是真实的。

（3）"若事分别时舍名"，无非是说由多个事物、部分或者元素组成的某物，被拆散后就不能再被称为某物。因此，如果用"多"表示某物、以"一"表示构成"多"的单个元素，那么上述"二谛"又可称为"一多二谛"。如《顺正理论》记载了经部譬喻师们的"二谛论"说："若于多物施设为有，名为世俗；但于一物施设为有，名为胜义。又细分别所目法时，便失本名，名为世俗；若细分别所目法时，不失本名，名为胜义。"③ 由"多"构成的存在，经过分析就变成了部分或元素，从而丢失了它的名字，为"世俗谛"；相反，不可再分的"一"，即单体元素，永远不会丢失其名字，才是"胜义谛"。

总之，名言在上述三种"二谛"论中所起的作用都具有存在论的意义。它们从不同角度以名言与其所表示对象的关系固定与否来区别事物存在的真实性，从而区分了"世俗谛"和"胜义谛"。与这些存在论的二谛相比，经部对"二谛"的看法到后期发生了较大变化，从存在论的立场开始向认识论的立场转变。

（4）由于后期经部师在"宗经以外更信奉法称所作的七部量论，成为一种随理的派别"，所以吕澂认为他们"结合着量论的自相、共相的区分来解释二谛。照法称的量论说，凡有效用能生结果的都属于自相，胜义实有，也就是现量所得"④。如法称说："胜义能作义，是此胜义有，余为世俗有，说为自共相。"⑤ 所谓"有效用能生结果"就是对"能作义"的解释，是能生起作用并产生结果的意思。只有个别的、具体的事物才能发生作用及产生结果，这是"自相"，属于"胜义谛"；相反，如人、车等概念则是"共相"，属于"世俗谛"。虽然这种看法还没有完全脱离存在论的立场，但是自相与共相的区分，以及二者与现量和比量的对应都已经具有了认识论的意义。

（5）上述"二谛"论是用"二谛"直接或间接地对事物的存在方式进行了区分。由于它们奠基于事物自身的理则，所以被称为"约理二谛"。与之相对应的是"约教二谛"。它们奠基于佛陀的言教，意图在其中找出他想要表达的真理，以使人们通过他的言教认识其真理，因而属于认识论的类型。如《顺正理论》说："二谛约教有别，谓诸宣说补特伽罗、城、园林等相应言教皆世俗摄，此为显示实义为先，非从诳他作意引起故名为谛；诸有宣说蕴、处、界等相应言教皆胜义摄，此为诠辩诸法实相，破坏一合有情想等，能诠真理故名为谛。"⑥ "五蕴""十二处""十八界"等三科皆为破除凡夫三种不同的实我执而

———————————————

① 《杂阿毗昙心论》卷10，《大正藏》第28册，第958页中。
② 《杂阿毗昙心论》卷10，《大正藏》第28册，第958页中。
③ 《阿毗达磨顺正理论》卷58，《大正藏》第29册，第666页中。
④ 吕澂：《印度佛学源流略讲》，上海人民出版社2005年版，第290~291页。
⑤ 法尊译：《释量论》，中国佛教协会印行，第27页。
⑥ 《阿毗达磨顺正理论》卷58，《大正藏》第29册，第665页下。

设，如依照印顺的意见，它们一是破除我见，二是要显示诸法实相。① 从而，有关三科的相应言教为"胜义谛"，有关世俗事项的言教则为"世俗谛"。

（6）佛陀言教及其所传达的真理是要让人们也能像他那样得到解脱，因而解脱乃是认识的最终目的。为此，也有从认识上是否达到解脱的境界来划分"二谛"的，高桥壮提到《俱舍论》中有一种"修道二谛"，就将无漏慧视为"胜义谛"，有漏慧视为"世俗谛"②，前者是已得解脱的认识，后者则是尚未获得解脱的认识。如《俱舍论》说："有漏称世俗，无漏名法类。"③ "有漏慧"多取瓶等世俗为认识对象，"无漏慧"则以"四谛"为认识对象。④ 前者也属于世间智慧，为"世俗谛"；后者则属于出世间智慧，为"胜义谛"。与之类似，还有一种"二谛"以出世智（根本智）和后得智的认识境界为"胜义谛"，其他智慧的认识境界为"世俗谛"，所谓"如出世智及此后得世间正智所取诸法名'胜义谛'，如此余智所取诸法名'世俗谛'"⑤。由于这几种二谛的实质是区分了解脱之前与之后的不同认识，所以它们都属于解脱论意义的"二谛"论。

最后，《顺正理论》中还有一种二谛论综合了"一多二谛""约教二谛"等类型，以多层级的模式展开，如它说："二谛即是世俗、胜义：依多立一名世俗谛，安立界体名胜义谛；前谛随顺世间言说，后谛随顺贤圣言说；世俗谛法得有名生、失有名灭，胜义谛法用起名生、用息名灭。"⑥ 其中，第一层是存在论的，凡是依"多"构成的事物，必是"世俗谛"；构成"多"的元素则是"胜义谛"。第二层是认识论的，"世俗谛"就是出于世间认识的言说，"胜义谛"则是出于出世间认识的言说。第三层又回到存在论的立场，亦以第一层为基础，"世俗谛"的基础是"多"，因"多"缘聚合时为"生"，离散时则为"灭"；"胜义谛"的基础是"一"，其自体与其他元素聚合称为"用起"，离散为"用息"。如此，第三层和第二层"二谛"都是以第一层"二谛"为基础，但在它们之间并没有递进关系，因此不能算作"多重二谛"，真正"多重二谛"的形式在《成实论》中才有所显露。

四、以解脱为目标的多重二谛

虽然《成实论》中并没有明确的"多重二谛"说法，但是若把它所提到的几种不同类型的"二谛"组合在一起，却刚好可以形成有逻辑关系的层级，从而使它们在实质上具有了"多重二谛"的构造。

第一重"二谛"为"假实二谛"。《成实论》说："佛说二谛，真谛、俗谛：真谛谓色等法及泥洹；俗谛谓但有假名无有自体，如色等因缘成瓶，五阴因缘成人。"⑦ 此同于有部的"假实二谛"。瓶由泥土、水等色制成，人亦由"色""受""想""行""识"诸

---

① 释印顺：《性空学探源》，中华书局 2010 年版，第 90 页。
② 高桥壮：《〈俱舍论〉の二谛说》，《印度学仏教学研究》1970 年第 1 期，第 130~131 页。
③ 《阿毗达磨俱舍论》卷 26，《大正藏》第 29 册，第 134 页下。
④ 《阿毗达磨俱舍论》卷 26，《大正藏》第 29 册，第 134 页下。
⑤ 《阿毗达磨俱舍论》卷 22，《大正藏》第 29 册，第 116 页中。
⑥ 《阿毗达磨顺正理论》卷 25，《大正藏》第 29 册，第 483 页中。
⑦ 《成实论》卷 11，《大正藏》第 32 册，第 327 页上。

因素组成，无论是瓶还是人均为依赖于名称的存在，所以不是实体，属于"俗谛"；"五蕴"作为构成要素才是真实的存在，与作为无为法的"涅槃"一样属于"真谛"。

第二重"二谛"为"空有二谛"。《成实论》说："五阴实无，以世谛故有。所以者何？佛说诸行尽皆如幻如化，以世谛故有，非实有也。又经中说第一义空，此义以第一义谛故空，非世谛故空。第一义者所谓色空无所有，乃至识空无所有。"① 在第一重"二谛"的"真谛"中真实存在的色、受、想、行、识等五蕴在第二重"二谛"看来却并非实体，犹如幻化，只能在"世谛"中被称为"有"；"五蕴"等一切法皆空才是真实，属于"第一义谛"。

印顺认为《成实论》的"多重二谛"仅限于以上二重的结构。② 其实，在它们之上还有一重"二谛"，即第三重"二谛"。它将色等"五蕴"皆空视为"世谛"，以"灭"即涅槃为"第一义谛"。③ 这等于用解脱的途径与结果来区分"二谛"，如小川一乘认为"二谛"以涅槃为"胜义谛"，而以达成涅槃的方法为"世俗谛"。④ 至此，三重"二谛"之间便排成一个具有逻辑层次的阶梯。⑤

而且，这三层阶梯也正好在《成实论》的"灭三心"说中得到了印证。"三心"指假名心、法心和空心，可分别对应以上三重二谛的各重世俗谛。依次灭除三心就是从相应层次的"世俗谛"转向"胜义谛"的过程。⑥ 具体而言，灭除三心的步骤为："假名心或以多闻因缘智灭，或以思惟因缘智灭；法心在暖等法中以空智灭；空心入灭尽定灭，若人无余泥洹，断相续时灭。"⑦

其一，灭除"假名心"。因为"假名心"中所构造的存在并非真实。它对应于第一重"二谛"的"俗谛"，将人、车等由众因缘和合并假借名言的事物视为存在，其实这些事物"但有名字，但有忆念，但有用故，因此五阴生种种名，谓众生、人、天等"⑧，因此，惟有通过因缘智"正观因缘法"⑨ 认识到它们不过是人的意识依靠语言思维形成的产物而已，并非真实的存在；而构成这些事物的元素才是真实的存在，即第一重"二谛"的"真谛"。

其二，灭除"法心"。"法心"与第一重"二谛"的"真谛"，即第二重"二谛"的"俗谛"相对应。虽然已经认识到色、受、想、行、识等五蕴所构成的人只是假名并非真实，但是依然认为五蕴自身是真实的，所谓"人无法有"，即作为构成要素的法是真实存在的，这种认识就是"法心"。正如《成实论》说："有实五阴心名为法心。善修空智，

---

① 《成实论》卷 12，《大正藏》第 32 册，第 333 页上。
② 释印顺：《性空学探源》，中华书局 2010 年版，第 94 页。
③ 《成实论》卷 16，《大正藏》第 32 册，第 365 页中。
④ 小川一乘：《ツォンカパの世俗諦論》，《佛教学セミナー》1984 年第 40 期，第 16 页。
⑤ 霍韬晦：《二谛观念之起源与发展》，《内明》(134)，1983 年 5 月，第 22 页。
⑥ 《成实论》卷 2，《大正藏》第 32 册，第 251 页中。
⑦ 《成实论》卷 11，《大正藏》第 32 册，第 327 页上。
⑧ 《成实论》卷 11，《大正藏》第 32 册，第 327 页上。
⑨ 《成实论》卷 13："若圣弟子于中正观因缘法故，能知无常。又知因缘法者，以受差别故，能分别识。"（《大正藏》第 32 册，第 344 页中）

见五阴空，法心则灭。"① 若想消除"法心"，就要配合暖、顶、忍、世第一法四加行的修习，认识到不仅人空，构成人的五蕴法也是空的，即第二重二谛的"真谛"。

其三，灭除"空心"。在灭除了"假名心""法心"之后，达到了对一切法空的认识。但若执着于空就成为"空心"，从而又沦为第三重"二谛"的"世谛"，因此也要将之破除。只有放下对空的执着，才能转入第三重"二谛"的"第一义谛"，即"灭谛"。它以无所有为认识对象，② 要在"九次第定"最后的"灭尽定"，即无心定中才能灭除，或在"无余涅槃"随轮转之心灭时加以灭除，所谓："一入无心定中灭，二入无余泥洹断相续时灭。"③ 可见，涅槃是"灭三心"与"三重二谛"的共同归宿，这也充分说明了"二谛"的解脱论导向。

五、结　　语

《成实论》中的"三重二谛"充分表明了佛陀说法之筏喻的真正意图，即通过佛陀不同层次的教法认识到其真理乃是达到最终解脱的途径。这也说明经由"二谛"走向解脱的过程实际上是一个认识过程，而这一过程一定要凭借言说与其所表现的真理才能完成。这一思路到了大乘中观学派，二谛论被发展得更加完善，他们将言说与不可言说的"空"分别作为"世谛"和"第一义谛"，④ 认为"空"既因言说而得到表现，又超越于言说，使人们得以先借助于言说以认识空，进而认识到不可言说的空，即抛开言说形成对空的直观达到涅槃。所以，在《涅槃经》中佛陀对文殊菩萨说："汝今莫入诸法甚深第一义谛，应以世谛而解说之。"⑤ 这可能也是三枝充德所说"世俗谛"是哲学的认识论，"胜义谛"则是宗教的认识论的意思。⑥

（作者单位：西藏民族大学马克思主义学院）

---

① 《成实论》卷 12，《大正藏》第 32 册，第 332 页下。
② 《成实论》卷 12，《大正藏》第 32 册，第 333 页下。
③ 《成实论》卷 12，《大正藏》第 32 册，第 333 页下。
④ 《中论》卷 4："第一义皆因言说。言说是世俗；是故若不依世俗，第一义则不可说；若不得第一义，云何得至涅槃。"（《大正藏》第 30 册，第 33 页上）
⑤ 《大般涅槃经》卷 19，《大正藏》第 12 册，第 732 页上。
⑥ 三枝充德：《認識論·論理学》第二章，《講座仏教思想》第 2 卷，日本理想社 1974 年版，第 94 页。

僧稠与菩提达摩禅法之比较

——兼论北朝禅风的转向

□ 黄 敏

【摘要】僧稠与菩提达摩禅法的差异可追溯至道宣《续高僧传》对二人的评价。通过分析两者的异同，指出僧稠禅法的基于四念处、十六特胜、五停心等系列小乘禅观修行法而建立，为北朝流行禅法，其禅法的种种神异传说，又体现出佛道交融下禅学与道术的结合，这是其禅法的基本特征。而菩提达摩以二入四行追求契理的无所得智，其以大乘空慧御定，力图还原大乘佛教修行的本来面目。僧稠禅法与达摩禅法的这种差异，折射出当时北方地区禅风的一些变化。

【关键词】僧稠；四念处；菩提达摩；二入四行；壁观

僧稠与菩提达摩皆为北朝在佛教界开启风气的禅僧，后世达摩名声更显，但在当时可能却是僧稠的影响更大一些。道宣在《续高僧传》中对僧稠与菩提达摩禅法的评价，耐人寻味。道宣说："观彼两宗，即乘之二轨也。稠怀念处，清范可崇；摩法虚宗，玄旨幽赜。可崇则情事易显，幽赜则理性难通。"[①] 从作为律师的道宣看，僧稠禅法之可崇显而易见。而将僧稠与达摩禅法作为乘之二轨，则把二师之间的差异扩大为乘的区别了。[②] 僧稠禅法为何情事易显，清范可崇，道宣并未深入说下去。倒是从他对达摩禅法的诸种微词里可推测出僧稠禅师与达摩在禅法修持上的不同。而僧稠禅法与达摩禅法的这种差异，又折射出当时北方地区禅风的一些变化。

一、"情事易显"的僧稠禅法

据《续高僧传》所记，僧稠未出家前勤学世典，备通经史，曾被征为太学博士，声盖朝廷，后因佛缘早被，欻厌世烦，所以一览佛经而焕然神解，于二十八岁投钜鹿景明寺僧寔出家，后从跋陀门下道房禅师受行止观。此后，他"北游定州嘉鱼山，敛念久之，

———————————

① 〔唐〕道宣：《续高僧传》中册，中华书局 2014 年版，第 811 页。

② 慧风的《天台宗一心三观法门的起源——论慧文禅师》将乘之二轨解释为菩萨乘与声闻乘二轨（《现代佛学》1956 年第 7 期）。王雷泉的《天台宗止观学说发展的历史过程》沿用此种解释。

全无摄证，便欲出山诵《涅槃经》。忽遇一僧，言从泰岳来，稠以情告，彼遂苦劝修禅，慎无他志，由一切含灵皆有初地味禅，要必系缘，无求不遂；乃从之，旬日摄心，果然得定。常依涅槃圣行四念处法，乃至眠梦觉见都无欲想"①。从这里看，僧稠得定前已修习摄心敛念之法，应为道房所受的止观法门。但真正令僧稠初得禅悦的关键却是《涅槃经》。一切含灵皆有初地味禅，在《涅槃经》中有记载，"如欲界众生，一切皆有初地味禅，若修、不修，常得成就，遇因缘故，即便得之"②。僧稠遇到的泰岳僧人的这番苦劝修禅的言辞显然与《涅槃经》有关。而恰好僧稠在敛念全无摄证后欲诵读的就是《涅槃经》，这一戏剧化的情节铺排应不是偶然。泰岳僧人所说的得初地禅要必系缘，应可理解为遇因缘故，便得之。系缘则是一番随缘所摄的工夫。

关于系缘，冉云华在《敦煌文献与僧稠的禅法》一文中提出疑问。他指出，印度佛教所传禅法非常重视初习禅者的系缘，"不知道道房为什么在传授'止观'的时候，没有为他新收的徒弟，作一份'系缘'的工作。'系缘'就是把习禅的人和最合适的入禅引物，系结在一起"③。若结合《涅槃经》这段文字看，则系缘理解为遇因缘故无求不遂，较为合理。部派佛教虽将禅以寻、伺、喜、乐之有无分为初禅乃至四禅，并根据心所思虑对象不同而有异名差别。但此处《涅槃经》所说，并无将系缘与一具体的接引物联系起来之意。这也说明，道房传授的止观方法并不局限于特定的系念对象，心所观之境并不明确。一切众生皆有初地味禅，实则只是对众生能得禅悦予以肯定，并未提出实际的系缘指导，也说明僧稠所修习的禅法已蕴含慧觉的体证，不能简单理解为一种小乘禅观。

而下文说僧稠得定后常依涅槃圣行四念处法，则更说明了这一点。《涅槃经》说："菩萨摩诃萨圣行者，观察是身，从头至足……除去皮肉，唯观白骨……复观此识，次第生灭，犹如流水，亦复非我。"④ 如此经过观身、受、心、法四处，得四念处。"得四念处已，则得住于堪忍地中。菩萨摩诃萨住是地已，则能堪忍贪欲恚痴，亦能堪忍寒热饥渴、蚊虻蚤虱、暴风恶触、种种疾疫、恶口骂詈、挝打楚挞，身心苦恼一切能忍，是故名为住堪忍地。"⑤ 通过观身不净，观受是苦，观心无常，观法无我，则能使菩萨住于堪忍地，实际上是通过四念处实现菩萨圣行。此时，"我是四念处，四念处即是我所"⑥，在见解上是从般若不二法门出发，体现大乘菩萨道的观空智慧，以智慧摄心入定，四念处也就不拘于小乘才可运用。这就是僧稠的依涅槃圣行而修习的四念处法。根据一切众生皆有佛性的思想，一切众生皆可得初地味禅，又依涅槃圣行，以修菩萨道为目标，所以无求不遂。

此后，僧稠还向赵州嶂洪山道朋禅师学过十六特胜法。十六特胜法早在西晋竺法护翻译的《修行道地经》中就有记载，北魏时般若流支的《正法念处经》也提到。十六特胜

---

① 〔唐〕道宣：《续高僧传》中册，中华书局 2014 年版，第 574 页。

② 《大般涅槃经》卷 23《光明遍照高贵德王菩萨品》，CBETA，T12，No. 375，p. 760。

③ 冉云华：《敦煌文献与僧稠的禅法》，《华岗佛学学报》1983 年第 6 期。冉云华给出的解释是"佛陀禅师是自摄自证的，别人也认为他是主张'至理无言'的。也许这一系统的禅法，真的是只传大意，证由己得，所以老师不代徒弟去'系缘'"。这一说法虽有一定的合理性，但不那么贴合《续高僧传》原文。

④ 《大般涅槃经》卷 12《圣行品》，CBETA，T12，No. 374，pp. 433-434。

⑤ 《大般涅槃经》卷 12《圣行品》，CBETA，T12，No. 374，p. 434。

⑥ 《大般涅槃经》卷 14《圣行品》，CBETA，T12，No. 374，p. 447。

应为瑜伽观行，是关于数息观中最为殊胜的十六种观法。据《修行道地经》所说，十六特胜，指数息过程中"数息长则知，息短亦知，息动身则知，息和释即知，遭喜悦则知，遇安则知，心所趣即知，心柔顺则知，心所觉即知，心欢喜则知，心伏即知，心解脱即知，见无常则知，若无欲则知，观寂然即知，见道趣即知"①。通过数息来摄心，仍然是止观的方法。

在学习了十六特胜法后，《续高僧传》里还记载了一些表明僧稠已能证入深定的细节，即修死想，为贼人说法；又于鹊山静坐时感神来娆，抱肩筑腰，气嘘项上，僧稠以死要心，九日不起，终于得定觉，情想澄然，不以世间种种为乐。② 这里的娆神当与阿含部经典里说的扰乱禅定的天魔淫女相类。这些细节都说明了僧稠的定学已精湛纯熟。在前往少林寺拜谒佛陀跋陀前，僧稠可以说已经把大大小小的当时流行止观的法门都摸索了一遍。故他到少林寺面诣跋陀时，跋陀评价他为葱岭禅学之最，并"更授深要"③。至于跋陀向僧稠授何深要，不得而知。从僧稠已佚的《止观法》一书的书名看，僧稠对止观法门应是有一番研修的。

依涅槃圣行修四念处，受十六特胜法，可以说既有小乘禅观常见的修习方法，又有大乘圣行的见地。此外，在《续高僧传·僧邕传》中，僧稠曾对弟子僧邕及门人说，"五停四念，将尽此生矣"④。五停心观，在瑜伽法门和天台宗的一些经典中常出现，分别是不净观、慈悲观、缘起观、界分别观、数息观。在冉云华所抄出的伯希和第3664号敦煌卷文献中，标注有"稠禅师意"的一段也提到五停十八境。五停是在稠禅师回答何谓禅定的过程中出现的。所谓五停，即"见境即生心，物动即风起；风息而境安，心息即境灭。若心境俱灭，即自然寂定"⑤。如何摄心安心，就在于以心调伏外境，看心看境，缘境察法，系缘而不住缘相。这五停法门，可见也是止观修行的具体呈现。其中，数息观与前面僧稠所习的十六特胜法有重合，不净观又与四念处有关，其余观法也均是对人法二我的破除，在四念处基础上观五门，可以说是对四念处的丰富充实。止息妄念，正观缘起，不能不说有大小乘禅法融合的趣向。

综上，涅槃圣行的四念处，加以十六特胜、五停心，就是僧稠禅法的大致内容。其中，四念处、十六特胜、五停心都是具体的禅修指导，在僧稠以前的北方地区并不寡闻，可见汉晋之际流行的念安般、数息、不净观被保留下来。说僧稠禅法情事易显，显然是有着前期小乘禅法流行的理论和修持上的双向铺垫的。结合《涅槃经》的内容，则体现出僧稠禅法对定法和般若慧觉的融合。汤用彤先生指出，北方佛徒特重禅定，并举《洛阳伽蓝记》所载胡太后以笃信罪福报应而醉心禅诵为例，说明北方习禅风气之浓，"一般沙门自悉皆禅诵，不以讲经为意，遂致坐禅者或常不明经义，徒事修持。……然禅法兴盛，智学废替，自更易发生此类现象，北朝末年，衡岳慧思、天台智顗极言定慧之必双修，或

① 《修行道地经》卷5《数息品》，CBETA，T15，No. 606，p. 216。
② 〔唐〕道宣：《续高僧传》中册，中华书局2014年版，第574页。
③ 〔唐〕道宣：《续高僧传》中册，中华书局2014年版，第574页。
④ 〔唐〕道宣：《续高僧传》中册，中华书局2014年版，第714页。
⑤ 冉云华：《敦煌文献与僧稠的禅法》，《华岗佛学学报》1983年第6期。关于敦煌文献中被日本学者命名为"大乘安心入道法"的稠禅师意，冉云华认为，应属于与僧稠有关的"初期的禅语录"，不能完全定为北宗禅语，本文认同这种观点。看心看净并非神秀北宗禅法首创，其或早发端于魏晋初期流行的止观禅法。

亦意在纠正北朝一般禅僧之失钦"①。这样看来，僧稠所遇泰岳僧人透露的《涅槃经》一言便不难理解。也许在道宣的理解中，僧稠禅法已带有融合定慧二学的色彩。

无独有偶，《续高僧传》所记僧稠晚年事迹中亦可见出其对义学慧解的态度。僧稠任云门寺寺主期间，北齐文宣帝曾提出，佛法大宗以静心为本，其余传法阐教之学可并废除。而僧稠则劝谏："诸法师并绍继四依，弘通三藏，使夫群有识邪正、达幽微，若非此人，将何开导？皆禅业之初宗，趣理之弘教，归信之渐，发蒙斯人。"② 北朝王室的重禅轻教可见一斑。③ 要注意的是，这里所说的禅只是禅法之禅，故禅法作为修行法门必须有义学慧解作为理论基础。此时的禅法是汉地初期流行的修行共法，还不具备宗门色彩，其作为定学的意味更浓。故禅业待义理而发显，定功需趣理方归信，定不离慧，教不可废，作为禅业初宗的导引，经论还是有其存在意义的。这与僧稠遍览世学，饱通经论，又游化各地，访道诸方的修学经历也不无关系。

此外，僧稠佛教史籍中的形象，尚颇以神异形象示人。除了"禅僧"的身份之外，僧稠也是作为神话式的人物被塑造的。如《续高僧传·昙显传》《广弘明集》的记载，道士陆修静叛入北齐后，与其门徒受帝敕召，与佛徒斗法。道士咒沙门衣钵或举或转，如此种种，而佛徒不学方术无言以对。陆修静更扬言，显神通中若沙门现一，则自现为二。结果，由上统法师遣昙显与道士斗法。昙显提出："'向咒诸衣物飞举者，试卿术耳。'命取稠禅师衣钵咒之，皆无动摇，帝敕十人举之，不动如故。乃以衣置诸梁木，怗然无验。"④ 在僧稠禅师的衣钵祝咒下而使道士法术失灵，其说自然未必为史实，却也可见其在同时代人心目中的"神僧"形象。在唐代的野史中，则更将精通禅定的僧稠塑造成武僧，若张鷟的《朝野佥载》记有僧稠与人角力事，因羸弱被欺凌，继而发愤习武，终于练就了跃首于梁，引重千钧的一身武艺，令侮者流汗，莫敢仰视。⑤ 自此，僧稠又从"禅僧"和"神僧"变成了一位"武僧"，这一被建构出来的形象又进入了中国武术史、体育史之列，甚至成为少林武术的开山式人物。

二、"玄旨幽赜"的达摩禅法

北方禅法的重神通报应造就了僧稠禅师的传奇禅法，同时也与不同功德的达摩禅法形成鲜明对比。关于禅宗初祖菩提达摩，其初达宋境后北渡至魏的路线为僧传所载。但具体来华时间却众说纷纭。⑥ 从杨衒之的《洛阳伽蓝记》永宁寺一条记载看，达摩到洛阳已是永宁寺被雷火所毁（534 年）以前。达摩是否真的见过梁武帝却不得而知。但禅门中关

---

① 汤用彤：《汉魏两晋南北朝佛教史》，武汉大学出版社 2008 年版，第 536 页。

② 〔唐〕道宣：《续高僧传》中册，中华书局 2014 年版，第 576 页。

③ 印顺：《中国禅宗史》，江西人民出版社 2007 年版，第 31 页。

④ 〔唐〕道宣：《续高僧传》下册，中华书局 2014 年版，第 904 页。

⑤ 若论角力跃梁，慧光练成的可能性更大。《慧光传》有慧光年十二即可于井栏反蹋碟塀一连五百，跋陀更以杖打头试其根基，结果响声清澈。若论骨骼清奇，身手矫健，慧光乃不二人选。然慧光为义学宗师，无禅定出神入化之传说，遂与武僧失之交臂。

⑥ 有代表性的如胡适《菩提达摩考》《书〈菩提达摩考〉后》，巴宙《禅宗与菩提达摩》，孙述圻《菩提达摩与梁武帝——六朝佛教史上的一件疑案》，王荣国《菩提达摩来华事迹考——兼与胡适、孙述圻先生对话》，刘学智《菩提达摩来华年代考》，李利安《〈达摩来华年代考〉质疑》，等等。

于两人的对话，却反映出时人对达摩禅法的理解。梁武帝追问自己造寺、写经、度僧有无功德，结果达摩却说并无功德。这与《续高僧传》中说达摩"罪福之宗两舍"① 相一致。在深信因果报应以求功德果报的南北朝时期谈大乘虚宗，绝言绝虑，无论对祈求神灵庇护、自修神通的普通百姓，还是对因杀戮征伐求心理慰藉，以图永享太平的乱世统治者，恐怕都无法接受。摩法虚宗的幽赜恐怕正在此处。

此外，达摩二入四行的禅法内容也体现出玄旨幽赜，以禅定安心，初看并不玄妙。道宣也说达摩"大乘壁观，功业最高"②。达摩的定功尤以面壁闻名，也曾出现使在世学流，归仰如市的盛况。吕澂先生认为，壁观是印度瑜伽南方禅法，"南方禅法通用十遍处入门，开头是地遍处，这就有壁观的意味"③。理由是地遍处观地的颜色，这一颜色与我国北方土壁为标准地色。当然这只是一种猜测，因地遍处属于十遍处观想的初地，若依此法门看，则要经过层层观想，而其余遍处未见于达摩禅法的有关文献资料中，又与藉教悟宗、领宗得意的摩法虚宗有些距离。汤用彤先生认为，面壁只是一种对定功的形容，无具体动作意味，"壁观者喻如墙壁，中直不移，心无执着，遣荡一切执见"④。这说明，面壁只是形容心如墙壁，可以悟道，无执无念，至于是否如地遍处，是否观壁色自不紧要。若从达摩罪福之宗两舍，凝住安心来看，达摩禅法虽以壁观闻名，但对于其面壁之实，人们却不甚了了。

又如是发行，则有四法，即四行。四行的内容为报怨行、随缘行、无所求行、称法行，总结起来又与如是顺物，教护讥嫌，如是方便，教令不著的总纲有关。先说理入。理入，即"藉教悟宗，深信含生同一真性，客尘障故，令舍伪归真，凝住壁观，无自无他，凡圣等一，坚住不移，不随他教，与道冥符，寂然无为"⑤。理入的基本精神就是藉教悟宗，领悟的是众生同一真性，由此凝住壁观，无自无他，凡圣等一。以众生皆有佛性了悟诸法无差别相，虽由教理入，但根本是心悟，是法界无差别，超凡越圣，其立旨不可谓不玄远。再从四行看，无所求，无所抱怨，随缘任运，其旨归即慈悲喜舍的菩萨普度精神，与追求因缘果报、造作功德的信众心中所想显然是有距离的。所以道宣说菩提达摩志存大乘，汤用彤先生说"达摩宗义，乃大乘空宗"⑥，达摩来华所弘扬的禅法即基于大乘空宗要义。在理入的基础上发挥菩萨道普度众生、自利利他的牺牲精神，才有无所求无抱怨随缘行，才是真正的称法而行。与大乘空义相称，就有了对禅观内容上的要求，境界上的规定。壁观有藉教悟宗为基础，才能真正安心。这无所求无自他的否定精神，对习惯将佛法作为修道方术一流的北朝时人而言，自然是玄远虚宗，幽赜难通的。当然，后世所传达摩故事，亦有一苇渡江、只履西归等神异传说，不过大多出于唐宋之世，并非达摩生前之本来面目。

① 〔唐〕道宣：《续高僧传》中册，中华书局 2014 年版，第 811 页。
② 〔唐〕道宣：《续高僧传》中册，中华书局 2014 年版，第 811 页。
③ 吕澂：《中国佛学源流略讲》，中华书局 1979 年版，第 147 页。
④ 汤用彤：《汉魏两晋南北朝佛教史》，武汉大学出版社 2008 年版，第 540 页。
⑤ 〔唐〕道宣：《续高僧传》中册，中华书局 2014 年版，第 566 页。
⑥ 汤用彤：《汉魏两晋南北朝佛教史》，武汉大学出版社 2008 年版，第 542 页。正因为达摩为般若法性宗义，故汤先生认为，胡适所谓《金刚经》革《楞伽经》的命之说不成立。慧能以《金刚经》说法只可说是对达摩禅法的中兴。因慧能禅亦上追达摩，力求领宗得意。两者有着思想上的承继性，非异质性。

再从藉教悟宗说，达摩所谓的藉教具体指《楞伽经》之教。《续高僧传·慧可传》中记载："初，达摩禅师以四卷楞伽授可，曰：'我观汉地，唯有此经，仁者依行，自得度世。'"① 其余有关达摩弟子的传记中，也出现了《楞伽经》，印顺法师甚至以为，四卷《楞伽经》的译者求那跋陀罗与达摩禅法有着密切联系，②《楞伽经》与达摩的藉教悟宗，也有思想上的一致性。《楞伽经》中对瑜伽名相的安立，有宗通和说通的区别，而禅者注意的是其自觉圣智的同一真性。故慧可有每说法竟，曰"此经四世之后变成名相，一何可悲"③ 之叹！慧可的再传弟子慧满也说："诸佛说心，令知心相是虚妄法。今乃重加心相，深违佛意，又增论议，殊乖大理。"④ 所以常以四卷《楞伽经》以为心要，随说随行，不爽遗委。显然，禅师们并不关心楞伽经义，只抓住众生含生同一真性，以心传心，虽是藉教悟宗，看起来便有些随说虽行的随意性，令人难以理解，就显得玄旨幽赜。加上达摩作为天竺人，诵语难穷，所以最终未成主流，其弟子慧可等亦平生颠沛，甚至多有被其他僧团迫害几死者。

即使作为唐时的律师道宣，对达摩禅的评价也不高。道宣指出，"偏浅之识，随堕之流，朝入禅门，夕弘其术，相与传说，谓各穷源，神道冥昧，孰明通塞?"⑤ 达摩虚宗未强调经教，又不谈具体的禅修法门，只说领宗得意，深信众生含生同一真性的理入，恐难令一般民众穷得心源。其师徒心证的秘密传授制度，崖岸高峻，处于重践行而轻义理的北方禅法地区，毕竟也显得有些不近人情。可见，浅近和通俗的恐怕才能成为流行和普遍的，这在宗教传播学中也适用。

三、从僧稠到达摩——禅法向宗门的转化

综合僧稠与达摩在北朝时期传法的情况，可观其异于下表：

内容	僧稠	菩提达摩	结论
活动时间	508—560 年（以僧稠二十八岁投景明寺出家算起）	526—536 年（参考《洛阳伽蓝记》所记，及陈垣《释氏疑年录》）	菩提达摩虽年长于僧稠，但在北朝活动时间短于僧稠，故当时影响力不及僧稠
传法区域	巨鹿—定州—赵州—少林寺—嵩岳寺—怀州王屋山—青罗山—怀州马头山—北上定州常山—大冥山—邺城云门寺	嵩洛，不测于终（言宋云于葱岭见达摩衣冠，只履归西——传说）	达摩行踪不见详载，只见其到洛阳永宁寺及在嵩山少林寺面壁达 6~9 年，在北朝停留时间最长且有记录者为少林寺

---

① 〔唐〕道宣：《续高僧传》中册，中华书局 2014 年版，第 568 页。
② 印顺：《中国禅宗史》，江西人民出版社 2007 年版，第 13 页。
③ 〔唐〕道宣：《续高僧传》中册，中华书局 2014 年版，第 569 页。
④ 〔唐〕道宣：《续高僧传》中册，中华书局 2014 年版，第 569 页。
⑤ 〔唐〕道宣：《续高僧传》中册，中华书局 2014 年版，第 812 页。

内容	僧稠	菩提达摩	结论
师门	少林寺佛陀跋陀	南天竺一乘宗，具体师承不详	
禅法内容	止观、四念处、十六特胜、修死想、五停心	壁观、二入四行	
所依经论	《涅槃经圣行品》	《楞伽经》四卷本（南本、译者求那跋陀罗）	
传法特点	神通、念咒、佛道交融——信众多，供养丰厚	罪福两舍、忘言忘虑、诵语难穷——厉精盖少，头陀苦行	
与当朝统治者关系	齐文宣帝礼遇隆厚	有与梁武帝对谈不契之传说存世	达摩弟子慧可遭其他禅师排挤迫害，后经历法难，共护经像，未与统治者有交集
弟子	昙询、智舜、僧邕（后为三阶教徒）	慧可、道育、僧副、昙林等	僧稠的弟子大多苦修禅定，如智舜甚至刺股流血，其精诚凄苦不亚于慧可。另有僧邕最后为三阶教吸纳，僧稠门下弟子凋零。达摩门下历经几代，定慧一体，最终蔚为光大

　　总的来看，僧稠与达摩禅法相异之处有以下几点：第一，就传法的时间和传法区域看，僧稠存在天时地利人和的优势，其被北朝统治者所尊奉接纳便可理解；而达摩作为来华僧人，语言不通，又不事经教，独传南朝四卷本《楞伽经》，与北朝当时的译经环境也颇有乖违。第二，僧稠禅法虽以《涅槃经》悟道，但重在四念处、十六特胜、五停心，其对经教虽不排斥，但主要将禅作为止观法门，仍难以摆脱以禅作为定功的痕迹，这与汉代以来佛道并立，将禅法作为道术之流的初传背景有关。但从僧稠以涅槃圣行品悟道的经历看，其禅法中定慧一体的思想已呼之欲出，在这一点上，僧稠禅法为达摩禅法所取代有着思想发展史上的必然性。相反，达摩禅法源自南天竺一乘宗，注重领宗得意，否定北朝时人所信仰的罪福报应，初来并不受欢迎，但其禅法更接近大乘修行法门，是尚未被佛道化的较为符合大乘菩萨道精神的修行法门。如果说僧稠禅法体现出小乘禅观与道术的合流，那么达摩禅法则更多体现出大乘禅修的定慧一体。第三，僧稠门下弟子不多，且以隐匿独修为主，试图与北朝统治者保持距离，这和僧稠本人与齐文宣帝若即若离的紧张关系有关，在法难后更有弟子改投他教，能继承其禅法精神者寥寥无几。反之，达摩禅法初来虽困难重重，但其弟子注重师承的延续性，故经过慧可、僧璨等人的努力，终于改变了过去禅修者苦行游化的生活，走向了宜地而居的固定生活，从而为广开宗门打下基础，最终蔚然兴起。

　　事实上，通过异向比较我们发现，僧稠禅法与达摩禅法之间也存在很多共性。如均涉及了以大乘经典指导禅观，说明当时南方义学之风已吹向北方，禅风转向也在酝酿之中。又如，同样是以定业闻名，僧稠定功出自跋陀，跋陀本天竺人，与达摩同样重定，以作为定功的禅法言，两者有着共同的禅修基础。僧稠禅法的种种传说反映了禅作为定法被北朝时人视为得神通的道术之流，遂有后世对武僧稠的诸多形象刻画。而达摩禅的二入四行也并未被民众所注意，反而是其壁观功业最高，为世人争羡归附。这说明北朝时期人们所理解的禅法仍然与神异性密不可分，反映佛教初传中的神通道术深入人心。再者，他们同样是苦行精进，僧稠为北朝统治者信奉隆遇，而达摩及弟子慧可等均远离朝野，门庭凋敝，再次印证了道安法师说的不依国主，法事难立。最后，在战乱频仍的北朝时期，经历北周武帝灭佛后，达摩门下弟子依然保持了顽强生命力，最终凭借道宣所讥讽的聚结山门、运斤挥刃、无避种生、炊爨饮啖，① 完成了从头陀苦行向宗门禅法的转变，这是因其大胆革新修行的生活方式所致。同时，僧稠禅法的凋零也是后世慧能南宗兴起，禅定之禅走向心性之禅的结果，中国禅最终完成了胡适所说的由"定"到"慧"的思想转变，② 形成了中国特色的宗门之禅。

（作者单位：中南财经政法大学哲学院）

---

① 〔唐〕道宣：《续高僧传》中册，中华书局 2014 年版，第 813 页。

② 胡适：《中国禅学的发展》，《20 世纪佛学经典文库·胡适卷》，武汉大学出版社 2008 年版，第 40 页。

郝经性情论探析

□ 王 桢

【摘要】性情论这一核心概念，在学术史的长期讨论中，认为在金元之际得到新的发展，郝经性情论即其代表。郝经将"性"定为至善充盈，与人俱生的道德实体，而"情"则是外化显现，若定"情"而复"性"，便可得天道之理。郝经的性情论并非蹈空而发，其所言是在金末元初北方经世之学盛行的大背景下展开的，是儒家仁政思想的集中显现。

【关键词】郝经；性情论；思想史；经世之学

"性情"作为中国思想史中的重要范畴，其内涵常随时代学术风尚的转移而有所变动，在同时代的不同语境中亦存在差异，因而在历代士人的个体叙述中，不难发现"性情"这一概念的复杂性与多义性。比至元代，士人对"性"与"情"的关注较之前代更为突出，对于"性情"的逐渐建构，亦可看出元人学术思想的转变。① 其中，元初文士郝经（1223—1275）的性情论循蹈前人理论之基，然独具一格，是元人性情论中的重要分支，因此需予以发覆，以进一步认识元初北方儒士对于学术的思考与追求。

一、郝经性情论的知识背景

从郝经的学术旨趣来看，他是儒学的忠实信奉者，因此其性情论的知识背景，亦可说尽得自儒家。郝经在谈及其先世所倡为学次第时，声称"天人之际，道德之理，性命之原，经术之本，其先务也。诸子、史、典故，所以考先代之际也，当次之。诸先正文集，艺能之薮也，又当次之"②。郝经受到这种为学路径的影响，其谈论性情的立场亦以经术

---

① 对于元代性情论的论述，学界多将"性情"作为一个诗学概念进行考察。如查洪德较为详备地探讨了性情论的历时流衍，对元代诗学中性情论的重要观点进行分类，并指出郝经性情论在元代诗学中具有独特性。丁功谊则强调郝经所言"性情"，实际上是以《诗经》为准的，观照诗歌是否符合"雅正中和"。详见查洪德：《元代诗学性情论》，《文学评论》2007 年第 2 期；丁功谊：《元代诗论中的性情说》，《宁夏社会科学》2010 年第 4 期。本文所探究的郝经性情论，则侧重于讨论其作为思想史概念在元代学术中的生成、特点与定位。

② 〔元〕郝经著，张进德、田同旭编年校笺：《郝经集编年校笺》卷 26《铁佛堂读书记》，人民文学出版社 2018 年版，第 694 页。

为本。因此，若要发掘郝经性情论的知识来源，儒学系统内部对于"性情"观念的认知变迁，则成为首要追查的对象。

从历时的角度而言，"性情"与"情性"两个语词尽管存在表述上的差异，在内涵与用法上亦有细微的区别，但整体而言是对人心本源及其外显的情感特征所进行的描述，因此同属性情论的范畴。《荀子》是较早开始讨论"性"与"情"联系的经典文本："性之好恶喜怒哀乐谓之情。"① "性者，天之就也。情者，性之质也。欲者，情之应也。"② 这种定义，肯定了"情"由"性"生的来源，揭示出"性""情"所存在的内外关系，后世学者对于"性情"概念的界说，大多在遵循此说的基础上有所发挥，可视作性情论的发端。而"性情"进入诗学讨论范畴，则应源自《诗大序》所言的"国史明乎得失之迹，伤人伦之废，哀刑政之苛，吟咏情性，以风其上。达其事变而怀其旧俗者也。故变风发乎情，止乎礼义。发乎情，民之性也；止乎礼义，先王之泽也"③。在毛氏的诗学体系中，这种对于性情的规范与界定，其本质上是希望诗能够使人遵循儒家所要求的伦理规范，本身即诗歌功能论与教化论的典范文本，代表着儒家经学思想中对于"性情"的认知。可以说，《诗大序》所倡导的"情性"，其内涵偏重于诗的社会教化功能，而个体的抒情则并非诗的主要功能。这种观念，对于此后的儒学之士，产生了根深蒂固的影响。而自陆机"诗缘情而绮靡"之说出现，"缘情"即从"言志"的范畴中独立出来，并成为解释诗歌创作动机的重要理念。④ 作为勾连人心内在与外部世界的"情"，逐渐在文学创作概念中取得独立的地位，成为文人摹景状物时的内在蕴藉，并为诗论家反复叙述。与此同时，人与生俱来更具本体意义的"性"，则更多出现在思想史的语境中，其涵指亦随学术转向而有所迁移。

及至中唐，尽管汉唐经传之学仍为主流，但由于佛教思想的强烈冲击，儒家学者不得不开始对于义理有所关涉，而"性情"作为儒家经典中较为重要的概念，亦需得到进一步的厘清。李翱《复性书》将"性"与"情"两分，认为情对性有所干扰："人之所以为圣人者，性也。人之所以惑其性者，情也。喜怒哀惧爱恶欲，七者皆情之所为也。情既昏，性斯匿矣，非性之过也。七者循环而交来，故性不能充也。"⑤ 可见，在李翱的思想体系中，情由性而衍生，又对性产生蒙蔽，使性无法保持其本质，因此需要复归其性，从而达到圣人之心。他将"性""情"对立，认为圣人能够自觉地复性而绝情，使自身达到"寂然不动"的境界。李翱这种理路，在唐代中期崇佛与灭佛的思潮中，一方面是借助儒家之典籍如《中庸》，以其心性论来对佛教思想进行辩驳；另一方面又在性情关系上受到佛教"空"思想的影响，而要求人心对"情"的绝对泯灭，从而达到复归圣人之心的境界。这一论断尽管极具开创性，然而并不能完全满足儒家对于矫正社会伦理价值的强烈经

---

① 王先谦：《荀子集解》卷 16《正名篇》，中华书局 2006 年版，第 274 页。

② 王先谦：《荀子集解》卷 16《正名篇》，中华书局 2006 年版，第 284 页。

③ （汉）郑玄笺、〔唐〕孔颖达疏：《毛诗正义》卷 1，〔清〕阮元校刻：《十三经注疏》第 1 册，中华书局 2009 年版，第 567 页。

④ 关于诗歌"言志"与"缘情"的关系，蒋寅将"言志"与"缘情"视作诗歌功能论到本源论的过渡，这一观点颇具启发性。详见蒋寅：《古典诗学的现代诠释》，中华书局 2003 年版，第 201～215 页。

⑤ 〔唐〕李翱：《李文公集》卷 2《复性书上》，《四部丛刊》初编影明成化刊本，第 5 页 a。

世需求。沿着这种理论出发，宋代理学对于"性""情"的辨析，则达到了更加深刻合理的境界，并将其作为理学的核心概念反复阐明，最终将性与理置于同一概念层面，提出"性即理也"的论断，将性情论推向了新的高度。

对于性的重要意义，程颐之论可谓对此后的理学之士影响深远："性即理也，所谓理，性是也。天下之理，原其所自，未有不善。喜怒哀乐未发，何尝不善？发而中节，则无往而不善。"① 在这里，程颐将"性"视作与世间根本之"理"等同的范畴，并认为其代表了善，然而作为"性"的彰显，"情"则并非全然为善，因此必须"发而中节"，方能合乎"理"。在这里，程颐对于"情"的态度远较李翱温和，其将性视作理的化身，而情则可以根据能否合乎节度，以判定其善恶关系。而随着理学的不断发展，朱熹将"性"与"情"视为一物，以"心统性情"为主要观点。在阐释孟子"四端说"时，朱熹直言"恻隐、羞恶、辞让、是非，情也。仁、义、礼、智，性也。心，统性情者也。端，绪也。因其情之发，而性之本然可得而见，犹有物在中而绪见于外也"②。显然，朱熹将"情"界定为人心所表现出的思绪与感性，而将"性"界说为人生而有之的禀赋与伦理意识。在性善论的视野下，朱熹将"心"视作统御性情的主导，亦是承载性情的载体。他将"性""情"视作一体，作为同一事物的内在与外显，是人心所固有的内容。朱熹的这一观点，将"心"贯穿"性""情"，使得三者成为彼此相互联系、相互转化的整体。

随着朱熹理学著作以赵复北上为媒，广泛流布于北方中国，使得当时的重要文士姚枢、窦默、许衡、郝经、王恽等人均或多或少受到程朱之学的影响，并在其论述中有所呈现。③ 当时的金代学术，整体上是北宋学术与汉唐经传之学的延续，在思辨的深度上很难与同时代的南宋学术相颉颃，呈现出较强的经世致用倾向。因此，当赵复携书北上后，最早接触到朱子学术的北方学者，如许衡、姚枢、窦默等人，对于其体大思精，展现出由衷的服膺，亦非难以索解之事。而朱熹在其著作中反复对理、气、心、性、情等概念进行论述，不可避免地受到学习程朱理学影响的北方学者的关注。在这样的学术背景下，作为较早接触程朱之学的儒士，郝经等人对"性""情"等概念所进行的观念廓清，则可视作一种接纳程朱所经历的必然过程。

在上述简单的追溯中，不难发现性情论在思想史上所受到的持久而广泛的关注。至元初，"性情"逐渐成为儒士论学的核心概念，而郝经正是在这种风潮的起始阶段，对于性情展开较为集中的论说，成为其学术思想中的重要组成部分，并展现出强烈的元初北方学术特质，是元代性情论中不宜忽视的一脉。

---

① 〔宋〕程颢、程颐：《河南程氏遗书》卷 22，王孝鱼点校：《二程集》，中华书局 1981 年版，第 277 页。

② 《孟子集注》卷 3《公孙丑章句上》，〔宋〕朱熹：《四书章句集注》，中华书局 1983 年版，第 239 页。

③ 有学者指出，金代理学并未停止对于北宋学术如二程、邵雍之学的研习，但由于金代学术思想背景的复杂性与历史语境的特殊性，金代并未出现若朱熹这样集前贤之大成的宗师人物。赵复的北上使得程朱学术传播的力度与广度远过从前，因此需要正视其在金元学术发展中的定位。详见魏崇武：《金代理学发展初探》，《历史研究》2000 年第 3 期；晏选军：《金代理学发展路向考论》，《北京师范大学学报》（社会科学版）2004 年第 6 期。

二、郝经性情论体系的理论建构

性情论作为郝经学术思想中的重要部分，亦随其思想的发展而有所完善。在郝经对于性情问题的认知上，他与赵复的讨论应当予以更多的关注。赵复（生卒年不详），字仁甫，学者称江汉先生。程朱之学得以广泛流布北方，赵复可谓居功甚巨。赵复于元太宗乙未年（1235）为蒙古所俘，本欲投水自尽，为姚枢（1203—1280）所止，随之北上，自此开始在北方传授程朱理学。郝经与赵复相识的具体时间，据今之文献已难以确考，但据郝经回忆，"丁未冬十有一月，汉上赵先生仁甫宿于余家之蝇壳庵"①。可见当时郝经与赵复便已相识。丁未年（1247）时，郝经二十五岁，其学术尚处于成熟期。而赵复则已北上十余年，授学讲习，在士人中颇具名望。在此次会面中，作为后辈的郝经，与赵复进行了学术层面的讨论，而《与汉上赵先生论性书》当作于此后不久。② 在这封书信中，能够看到郝经在阐释"性"这一核心概念时，已经开始使用程朱之学论述性理时的话语系统：

> 夫道之在人谓之性，所谓仁义中正而主静焉者也。统而言之，则太极之全体也；分而言之，则命阴而性阳也，命静而性动也，天命而人性也，人性而物理也。合而言之，只一道焉尔，又何有论说之多乎哉？道之在人，一而静，纯粹至善，充实之理而已，又焉有异端之多乎哉？③

性理为儒学论述中的核心范畴，素来为历代儒士所言说。《中庸》言"天命之谓性，率性之谓道，修道之谓教"④，朱熹对此解释为："命，犹令也。性，即理也。天以阴阳五行化生万物，气以成形，而理亦赋焉，犹命令也。于是人物之生，因各得其所赋之理，以为健顺五常之德，所谓性也。"⑤ 可见，朱熹将性理认作一体，并认为性是人生而所赋之物，用以顺应德行。⑥ 郝经则将人性、天命、物理等概念视作道在世间各个层面的显

---

① 〔元〕郝经著，张进德、田同旭编年校笺：《郝经集编年校笺》卷 12《后听角行》，人民文学出版社 2018 年版，第 283 页。

② 田浩（Hoyt Cleveland Tillman）认为《与汉上赵先生论性书》作于 1248 年 2 月，这一论断的来历，应来自郝经在该书中所言"经自十有六始知为学，今复十有余年矣"。然而，笔者认为，这一证据仅能大致推断出郝经《与汉上赵先生论性书》作于 1248 年内，然具体月份恐难推定。详见 [德] 苏费翔、[美] 田浩：《文化权力与政治文化——宋金元时期的〈中庸〉与道统问题》，肖永明译，中华书局2018 年版，第 164 页。

③ 〔元〕郝经著，张进德、田同旭编年校笺：《郝经集编年校笺》卷 24《与汉上赵先生论性书》，人民文学出版社 2018 年版，第 626 页。

④ 《中庸章句》，〔宋〕朱熹：《四书章句集注》，中华书局 1983 年版，第 17 页。

⑤ 《中庸章句》，〔宋〕朱熹：《四书章句集注》，中华书局 1983 年版，第 17 页。

⑥ 陈来对此条之阐释为："所谓'犹命令也'，是把古代思想中的'天命'说诠释为自然主义的造化过程。造化赋予万物气和理，这种赋予好像是天的命令，实是造化的自然过程，并没有一个主宰者在下命令。天之造化以阴阳五行为材料，生成万物，在这个生成过程中，一方面阴阳五行之气聚合而成万物的形体，另一方面在形体生成的同时，理也赋予了事物，成为事物的本性。天把理赋予了事物而成为其本性（这就是所谓天命之谓性），所以性即是理。朱子在这里把二程的'性即理也'的思想与《中庸》联结起来，既阐明了性非空虚之性，而以理为性；又从性的天道来源说明了性与理的同一。"详见陈来：《朱熹〈中庸章句〉及其儒学思想》，《中国文化研究》2007 年第 2 期。

现，其本质均应归于道。在这里，郝经所倡言的"道"，乃是指仁义中正之道，而对于仁义之道的求取，则需要通过"主静"工夫来完成。可以看出，郝经在谈性说命时，主要沿用了朱熹所解周敦颐《太极图说》的观点。尽管郝经与朱熹之表述略有差异，朱熹将"性"同于"理"，郝经则更多将"性"等同于"道"，然二者所言之"性"，则皆与天理相应，是粹然充实于人心之内，无可撼动的。郝经此论，出发点是"第恨诸儒之说，相与杂乱，使自信之弗笃也"①，是以需要阐明自己对性的见解，以求赵复的指正。从此封书信中可以见出，郝经对于"性"的体认，其虽与朱熹的见解并非全然一致，但就诠释"性"的内在理路而言，则明显受到了朱熹一脉的影响。

与郝经的道统观密切相关②，在他所言的道统谱系中，除孔孟之外，韩愈、李翱及两宋理学诸子，皆是继往开来、光大学术之人：

> 是以人之有性，不能自知、自尽，而至于命，其说不可复闻矣。自汉至唐，八九百年，得大儒韩子，始以仁义为性，复乎孔子、孟子之言，其《原性》一篇，高出荀扬之上。至其徒李翱为《复性书》，反复于《中庸》、《大学》之间，以复乎曾子、子思之言，恨不得亲炙之而问其所以然，质心之所素定者。自唐至宋复四五百年，得大儒周子、邵子、程子、张子、朱子之书，明六经、孔孟之旨，接续不传之妙，论道论理，论才论气，论质论情，又备于韩子之书，皆先儒所未道者。又恨不得亲炙之而问其所以然，质心之所素定者。由宋迄今，朔南分裂复二百余年矣，先生及朱子之门，而得其传，衰然传道于北方之人，则亦韩子、周子之徒也，又不得亲炙之而问其所以然，质心之所素定者。③

不难见出，郝经的道统谱系与朱熹有所区别，他将韩愈、李翱亦纳入到其道统中叙述，这与宋儒对于汉唐儒学颇具保留的态度并不一致，乃是金代学术尊尚韩愈传统的延续④。同时，他对邵雍之学的见重，亦与南宋时期常见的道统谱系略有差异。尽管自朱熹之后，朱学门人标榜的始自尧舜文武，下至二程、周、张乃至朱子的道统论亦大致固定，

---

① 〔元〕郝经著，张进德、田同旭编年校笺：《郝经集编年校笺》卷24《与汉上赵先生论性书》，人民文学出版社2018年版，第626页。

② 关于郝经的道统观问题，田浩指出，郝经对于"道统"一词的使用有所转变，前期郝经所使用的"道统"，与朱熹相类，其重点在于指定圣人的知识传授。而在郝经的最后二十年中，他更看重"道"统理天下万物的层面。详见［美］田浩：《郝经对〈五经〉、〈中庸〉和道统的反思》，《中国文哲研究通讯》2014年第24卷第1期，第94页。这一观点极具启发意义，然在本文中，笔者所讨论的郝经道统观，其用法主要集中于他的早期著作，即出使南宋前的著述，因此对于"道统"的使用，仍然倾向于圣人之间相传的用法。

③ 〔元〕郝经著，张进德、田同旭编年校笺：《郝经集编年校笺》卷24《与汉上赵先生论性书》，人民文学出版社2018年版，第627~628页。

④ 金末学者普遍学习韩愈之文，同时对韩愈的学术亦颇有认同之处，将其尊之为"大儒"。这点与二程之后的宋代理学家虽认可韩愈的学术贡献，然多将韩愈排出道统之外的做法有所区别。参见［日］高桥幸吉：《金末文人对韩门文学的接受——以李纯甫、赵秉文为中心》，《唐代文学研究》第13辑，广西师范大学出版社2010年版，第751~752页；刘成国：《文以明道：韩愈〈原道〉的经典化历程》，《文史哲》2019年第3期。

然在当时的北方学术氛围中，却非陈言固说。郝经的意义在于，他在南北学术几近断绝近二百年的元初，回顾学术史并对道统谱系再度确认，将以往金代学术中未成主流的伊洛之学重新定为学术正统，对于朱熹的主盟地位予以认同。通过道统的构建，郝经视赵复为纽带，将北方士人与程朱所传道统相联，重新接续南北分裂的学术传统。作为较早接触并服膺赵复所传程朱之学的北方文士，郝经的学术史写作，实质上亦有以道自任，将自身纳入到道统体系之中的意味。① 而在此学术背景下，郝经在有关"性情"等概念的论述理路上，则可视作两宋理学的传承与延续。

在与赵复论性的过程中，郝经对于将"性"的本体归结为"纯粹至善"，但在《论八首》中，郝经系统地论述了"性"与"情"，并对其进行了较为全面的界说：

> 凡物之生，莫不有所本而为之性。天地本太极，则太极为之性，万物本天地，则天地为之性。人官天地，府万物，得于赋予之初，见于事物之间，而复于真是之归，则其所性根于太极，受于天地，备于万物，而总萃于人，所以为有生之本，众理之原也。故无所不本之谓命，无所不有之谓性，无所不统之谓心，无所不着之谓情。则性也者，命之地，心之天，而道德之府也。②

通过这段叙述，郝经明确了"性"在天地之中的位置。郝经的逻辑理路是将"性"视作生之本、理之原，是其生发的渊薮。唯有明晰"性"的内涵与重要性，方能对于人性中的基本概念进行厘清与再阐释，可以说，性正是人之为人的根本所在。郝经将"性"看作太极之本然，因此是纯而无垢、纯粹充实的，是浑然与天地而周流不废的概念："其体则静，其用则动，其位则中，其理则善，其气则生，其德则仁，其蕴也充实，其积也辉光，混然而无间，粹然而不杂，所以复太极之本，而得本然之全也。"③ 可以说，在郝经这里，"性"这一概念是纯乎至善的，这是随人生而来之性，不会因人气禀之差异、知觉之高下而改变。而人之所以有圣人、贤者、小人之分，则是气禀、情欲能否影响人心的结果。

同时，就像二程、朱熹等宋代学者一样，郝经并未止步于对性本体的阐释，而是进一步申明"性"与其他核心概念的关系：

> 命之赋予则谓之性，性之发见则谓之情，性情之几则谓之心。命者，性之本原；情者，性之功用；心者，性之枢纽。性与情为体段，充周而无不具；命与心为主宰，发微而无不在。④

① 黄宗羲将郝经纳为"江汉学侣"，对郝经学术有得自赵复之处予以认同，详见黄宗羲：《宋元学案》卷 90《鲁斋学案》，中华书局 1996 年版，第 3006~3007 页。

② 〔元〕郝经著，张进德、田同旭编年校笺：《郝经集编年校笺》卷 17《论八首·性》，人民文学出版社 2018 年版，第 478~479 页。

③ 〔元〕郝经著，张进德、田同旭编年校笺：《郝经集编年校笺》卷 17《论八首·性》，人民文学出版社 2018 年版，第 479 页。

④ 〔元〕郝经著，张进德、田同旭编年校笺：《郝经集编年校笺》卷 17《论八首·心》，人民文学出版社 2018 年版，第 481 页。

可以看出，在郝经的学术体系中，"命""性""情""心"是几个互相关联的概念，而"性"则因在其间处于中心位置，而应对其进行更为细致的考察。命先于性，而性外现为情，性情细微之处则是心。通过"本原""功用""枢纽"这样的界定，郝经明确了"性"对于其他概念的意义，从而构筑出一个概念相互生发、相互定义的学术概念群。"性"由"命"而来，外显转化为"情"，而"心"则是存蓄"性"的场所。从这种阐释方式，不难看出郝经受到程朱一脉的影响。尽管有关"性"这一观念如何理解，在宋代理学家中已得到了持久而透彻的论证，但到了郝经这里，他不惟对"性"的本体为何展开讨论，而是试图将与"性"相关的理学观念凝合为一个整体，从而构筑自身的学术思想体系。在金末元初的学术语境内，学者多处于学习与传播宋代理学的环节，鲜有对其进行发微与推动者。郝经特出于同代学者之处在于，他在充分吸收了程朱学术理念的基础上，试图对"性""情"等学术概念的内涵及相互关系展开辨微与发覆，并融摄为自己的"一家之言"。

相较于"性"，郝经对于"情"的论述，则更为明了直白："情也者，性之所发，本然之实理也。其所以至于流而不返者，非情之罪，欲胜之也。盖有性则有气，有情则有欲，气胜性则恶，欲胜情则伪，上智下愚所以不移，贤不肖所以别也。故情之生也，发于本然之实，而去夫人为之伪。恻隐羞恶，是非辞让，其理则根于性；为仁为义，为礼为智，其端则着于心；喜怒哀乐好恶，其发见则具于情。"① 郝经将情视作性的外现，是与欲相对的概念，是人性中善的具体体现。这一观点，与朱熹"一心之中自有动静，静者性也，动者情也"② 一脉相承，二人均将性情视作人心之表里，认为情是人性外在的显现。而在这里，郝经所预设的性情，是基于性善论的视野进行阐发的。也就是说，郝经所言性情，其前提是人性本善，而其所发之情，则是其中的正面因素，其负面的情绪，被视作"欲"而与"情"区分开来。人若想自身与禽兽有所区别，则必须要断绝恶欲，使情纯然而不流于邪妄，方能收束本心，达到复性明道之境："所以必加修治断绝之功，而用夫省责推致之力也。修致既切，功力既至，则欲节而后情定，情定而后心存，心存而后性复，性复则人之道尽。"③ 唯有如此，人方可称之为人。郝经并不将"情"视作人应当摒弃禁绝之天性，而是希望通过节制恶欲，使"情"能够宁定，从而复归本心，达到圣贤之境。如果说"性"是郝经所追求的道德概念，那么定"情"则是其复"性"过程中最为关键的核心环节。在郝经的论说中，厘清情欲之分，使心获得合乎仁义之道的宁静，方能洞见性理的真谛。

如上所述，在郝经性情论的发展历程中，与赵复的讨论是其理论深化中不可忽视的事件。而在此后的论说中，郝经逐渐明确了"性""情"之间的表里关系，并将其统御在性善论的理论体系之中，提倡得"情"复"性"的道德工夫论。这一论说，带有浓厚的程朱之学的理迹。而在同时代的北方士人中，郝经于性情论用力颇深，较为系统地探讨了如

① 〔元〕郝经著，张进德、田同旭编年校笺：《郝经集编年校笺》卷17《论八首·情》，人民文学出版社2018年版，第484页。

② 〔宋〕黎靖德辑：《朱子语类》卷98，王星贤点校，中华书局1986年版，第2513页。

③ 〔元〕郝经著，张进德、田同旭编年校笺：《郝经集编年校笺》卷17《论八首·情》，人民文学出版社2018年版，第484页。

性情之本质、性情关系等命题，其理析精详、论断精奥，均为元初北方儒士中的佼佼者，因此不宜忽视。

三、经世之学背景下的郝经性情论

上文已对郝经性情论的具体内容进行了简要的梳理。然而，个体思想的生成，往往与其所处时代的思潮密切相关。在郝经的性情论中，不难发现其以儒家经籍为本位，以程朱之学为思辨逻辑的特点。而其背后的思想根源，则源自元初北方文士对经世之学的集体认同与提倡，是儒家经世致用的学术传统在元代的新变之一。

第一，儒家的经世传统由来有自，元初北方儒士对其的提倡，正是这种思想传统的延续。自儒家思想诞生之日起，儒士的最高理想是完成对三代圣贤君主仁政的再现。而在追求这种政治理想的过程中，则必须能够将自己之所学运用于实际政事之中。孔孟之周游以推行"仁政"，试图对春秋战国混乱的政治秩序进行拨乱反正，其学说本身即带有强烈的政治诉求与现实关怀。可以说，儒家思想本质上即入世之学，以六经为本，以先王之道达到内圣外王之境，是其政治哲学的核心内容。这种思想经过宋代理学的系统阐释与学理深化，其通过对"性""心""气""理"等抽象概念的论证与阐发，使得儒学更具有哲学的思辨性，其核心概念的涵指更为清晰。然而，其求实据虚的思想路径，却并未随着其理论的深密有所弱化，程颐直言"读书将以穷理，将以致用也。今或滞心于章句之末，则无所用也。此学者之大患"①。可见，程颐将穷理与致用作为读书的两大作用，而在程颐看来，耽于章句训诂，而不解圣人真意，无法将其所学融入人伦日用中，则读书再多亦是无用。吕祖谦认为"不为俗学所汨者，必能求实学；不为腐儒所眩者，必能用真儒"②，他所指的俗学，正是功利性较强的记诵之学，而实学则是在理解经义的基础上，能够用以经世的学问。由此可见，尽管理学增强了其学理性与思辨性，但儒家固有的经世致用传统并未随之而消逝。

第二，到了金元之际，科举的废除与少数民族的入主，使得儒士的社会地位较前代下降甚多。这种境遇令大量儒士陷入入仕无门的窘境，但同时也催生了有用之学的出现，儒家中有为尚实的经世传统重新成为北方学术的主流。其中，郝经正是这一思潮的重要传播者，他在与同代著名文士的交游中，加深了对于经世之学的认识，并将这一学术思潮内化为自身思想的核心内容之一，成为元初北方学术的突出代表。其中，郝经与杨奂的交流，则能较为明显地看出其对经世之学的尊奉不移。

杨奂（1186—1255），字焕然，号紫阳，乾州奉天（今陕西礼泉）人，在"戊戌选士"中两中赋论第一。杨奂时名甚隆，"朝廷诸老，皆折行辈与之交。关中虽号多士，名未有出奂右者"③，号"关西夫子"，可见其学之纯粹。1251 年，郝经作《上紫阳先生论学书》，向杨奂剖明自己为学之历程，并对学之有用无用提出自己之见解。在此封书信

---

① 〔宋〕程颐：《河南程氏粹言》卷 1《二程集》，王孝鱼点校，中华书局 1981 年版，第 1187 页。

② 〔宋〕吕祖谦：《东莱吕太史文集》卷 3《乾道六年轮对札子》，黄灵庚主编：《吕祖谦全集》第 1 册，浙江古籍出版社 2008 年版，第 54 页。

③ 《元史》卷 153，中华书局 1976 年版，第 3622 页。

中，他明确反对科举辞章之学，提倡以六经为本。他直言"世有科举之学，学之无自而入焉，蜡乎其无味也。有文章之学，学之无自而入焉，蜡乎其无味也"①。无论是科举之学还是文章之学，郝经皆认为其味同嚼蜡，学之无味。这并非郝经学而不得其法，而是由其价值观所决定的。在郝经看来，科举与文章之学或因其利禄之心太盛，或因之过于浮泛无实，并不能真正解决社会的实质问题。因此，郝经将其学术重心放在了经学上，认为唯有得六经之原旨，方能称之为有用之学："始取《六经》而读之，虽亦无自而入，而知圣之学、道之用，二帝、三王致治之具，在而不亡也，真有用之学也。"② 可见，郝经所言的有用之学，就是以儒家六经为中心，而衍生出的体察圣人、求索道统之学。而这种学术旨趣与杨奂之学甚为契合，因此在郝经拜访时，杨奂便对其学术进行指点，"日舍馆一拜，幸先生不以鄙骏，置之隅坐，霁以怿色，煦以春言，鼠腹而既果然矣"③，对郝经的求学精神甚是欣赏。由于二人为学皆以六经为本源，鄙薄纯以功利声名为务的学问，因此杨奂"示之以明白纯粹之书，揭囊倒箧，启之以开廓正大之论"④，将自己所学心得体会尽数授予郝经，希望能够明其所学，解其所惑。而郝经则觉"吾道之果不亡，学之果有用，斯民其有望矣"⑤，从而更加坚定了其要以经学为本，以有用为旨归的学术路径。从郝经此后使宋求和之举动来看，其时时留心家国天下，而不以一己之荣辱悲欢为务，正是对其有用之学的坚定践行。而向杨奂问学的举动，则是郝经坚定其心志、扩大其视野、增益其学养的过程。从杨奂那里，郝经印证了其学的合理性与可持续性，对其日后论述的发展有着较为深远的影响。

事实上，不惟郝经，当时的北方儒士均对问学而贵有用高度认同。如何学而力行，是当时士人所普遍关注的问题。在穷治六经与经世致用之间，金末元初的学者试图找到能够救正时弊的出路，因此在初步学习程朱学术后，这些学者均将理学中固有的精微思辨与务实致用相结合，以期能够通过对"道理""心性""性命""性情"等概念的确认，从而完成明体达用，并以此来经世治国。与郝经同时的学者王恽（1227—1304）即明言训诂之学并无实际意义，而应求索致用："要当明德志学，思求其致用之方可也。世之所谓学者多矣，有有为之学，有无用之学。穷经洞理，粹我言议，俾明夫大学之道者，此有用之学也；如分章摘句，泥远古而不通今，攻治异端，昧天理而畔于道，是皆无益之学也。"⑥胡祗遹（1227—1295）也指出："古人为学穷理力行，今人为学不过记诵辞章，蹈袭陈

---

① 〔元〕郝经著，张进德、田同旭编年校笺：《郝经集编年校笺》卷24《上紫阳先生论学书》，人民文学出版社2018年版，第629页。

② 〔元〕郝经著，张进德、田同旭编年校笺：《郝经集编年校笺》卷24《上紫阳先生论学书》，人民文学出版社2018年版，第629页。

③ 〔元〕郝经著，张进德、田同旭编年校笺：《郝经集编年校笺》卷24《上紫阳先生论学书》，人民文学出版社2018年版，第629页。

④ 〔元〕郝经著，张进德、田同旭编年校笺：《郝经集编年校笺》卷24《上紫阳先生论学书》，人民文学出版社2018年版，第629页。

⑤ 〔元〕郝经著，张进德、田同旭编年校笺：《郝经集编年校笺》卷24《上紫阳先生论学书》，人民文学出版社2018年版，第629页。

⑥ 〔元〕王恽撰，杨亮、钟彦飞点校：《王恽全集汇校》卷44《贱生于无用说》，中华书局2013年版，第2131～2132页。

言，贪多务博，不知治择。"① 在金代前中期因袭汉唐经传之学，南渡后崇尚辞章之学的背景下，金末元初学者面临着的空前的生存与价值实现的焦虑，辞章训诂之学自然无法解决这种现实困境。正因如此，这批学者在接触北上的道德性命之学后，与儒家固有的入世精神结合，便形成了务实经世的思想浪潮，并驱使这一代学者在离乱残破的时局中，试图通过自身的政治活动，最大程度地传承儒家文化。

在这种以经世为本的思潮之中，郝经之所以对于"性情"展开探讨，一方面因其是在接受程朱之学后，对自身学术体系建构过程中必须厘清的重要概念。另一方面，郝经借助对"性情"的阐释，含晦地表达出他理想的政治秩序。他将"性"视作至善之物，将"情"解作"本然之实理"，是为了提出定"情"而复"性"，恢复儒家所倡言的仁义道德："以伪乱真，诪张诞妄，入于人也深，仁义道德之说不行，使天下之人，皆忘其本然之性，无复人道，子焉而不父其父？臣焉而不君其君？遂底于乱，而沦于血肉，悲夫！"② 其论述中时刻带有对儒家政治秩序难以行于当代的痛惜。在金末元初这一战乱频仍，生民涂炭的历史情境中，儒家之法自难推行。郝经于幼年亲历金元交替的残酷战事，"金季乱离，父母挈之河南，偕众避兵，潜匿窟室。兵士侦知，燎烟于穴，燰死者百余人，母许亦预其祸。公甫九岁，暗中索得寒菹一瓶，抉齿饮母，良久乃苏"③。战争予人的恐惧与悲伤，郝经可谓知之甚深，是以他对于儒家仁义之道得行于世的期望自然尤为深切。正因如此，理解郝经性情论的意义，则不能单纯由学理上进行厘清，还应结合其历史语境，给予其准确的判定。郝经的性情论，正是其理想政治秩序在学术思想中的投射，若要回向三代的圣王政治，恢复儒家理想的礼乐教化，则必须发挥"性"之中至善的本来面目，使七情宁定，不为外欲所遮蔽，方能得到仁义中正的道德境界，并通过"性情"的纯粹，而使社会由混乱无章回归井然有序。

在金末元初复杂而充满变动的政治时局与学术思潮中，郝经对于"性情"的格外关注，其意义似可归纳如下：从思想史的脉络来看，郝经的性情论远追儒家探究性情关系的传统，近法宋代道学对其本体进行厘清与辨微，郝经也因之成为元代最早关注性情概念的学者之一，其思想能够体现宋金学术交会时的动态变化。从本体论的角度而言，郝经将"性"归为"有生之本，众理之原"，反复强调其至善至纯的本质，希望以道德涵养工夫来摒除邪欲，安定七情，从而能够复归人先天而来的本性，方能完成对"道"的追求，是其道德性命之学中的核心环节。从历史语境来看，郝经的性情论，是其审视元初历史格局，加之亲身经历的结果。其倡导的"性情"，是元初北方经世之学思潮的具体显现，其本质是对儒家仁政的追求，背后含有其对于时代的沉重体验。

（作者单位：华东师范大学中文系）

———————————

① 〔元〕胡祗遹：《紫山大全集》卷 25《语录》，《景印文渊阁四库全书》第 1196 册，台湾"商务印书馆 1986 年版，第 462 页。

② 〔元〕郝经著，张进德、田同旭编年校笺：《郝经集编年校笺》卷 17《论八首·性》，人民文学出版社 2018 年版，第 481 页。

③ 〔元〕阎复：《元故翰林侍读学士国信使郝公墓志铭》，李修生主编：《全元文》第 9 册，江苏古籍出版社 1999 年版，第 293 页。

徐元太《喻林》援佛入儒策略研究*

□ 罗积勇 蔡 丰

【摘要】《喻林》中的譬喻有很多来自佛教文献，使得该书呈现"援佛入儒"的特点。《喻林》在对佛典譬喻进行归类时，充分考虑和接受了三教融合的观念和既成成果。对于在此之外的佛典譬喻的归类，则采取了"迁佛就儒"的策略，即抹去或弱化其宗教特征，将其当作一般的世俗道理来理解、运用。而在"迁佛就儒"过程中导致的意义改变，则赋予这些譬喻更广泛的世俗意义。《喻林》编者广收佛教譬喻对于当时佛教的世俗化有一定的推动作用。

【关键词】徐元太；《喻林》；援佛入儒

徐元太（1536—1617），字汝贤，南直隶宁国府宣城（今属安徽）人。明嘉靖四十四年（1565）进士，官至四川巡抚。其所编纂的《喻林》首倡引佛教文献入传统类书的先例，使得该书呈现"援佛入儒"的特点。徐元太生活在儒、释、道三家充分交流融合的万历年间，其所编纂的《喻林》所体现出的"援佛入儒"特点，十分符合当时的社会背景。

据统计，《喻林》中收录佛教譬喻2964条，引自约200种佛教典籍，总量约占全书的八分之一。除了极少数子目下没有引用佛教类譬喻句外，绝大部分或多或少地包含了佛教类譬喻句。其中《人事门》所占佛教类譬喻句数量最多，约为65％。其次是《学业门》《德行门》和《性理门》，均占总量的9％左右。最少的为《臣术门》，仅含16条佛教类譬喻句。这些佛教譬喻句被归类到按照儒家观念设立的门目中，较之其原义，发生了不同程度、不同形态的变化。本文立基于作者的编纂理念，通过对《喻林》所引佛教文献文本的解读来揭示这些变化及其产生的原因，进而分析和理解《喻林》"援佛入儒"的策略。

一、"三教融合"理念的奉行

明朝虽然以理学作为统治国家的意识形态，但自明太祖开始，明初诸帝都是佛教的支

* 本文为教育部人文社会科学重点研究基地重大项目"地方宗教文献与明清佛教世俗化研究"（16JJD730006）阶段性成果。

持者，他们在理论和实践两个层面为佛教在明代社会留下了足够的空间。在理论层面，太祖朱元璋极力倡导"三教融合"，他撰写了著名的《三教论》，称：

> 夫三教之说，自汉历宋，至今人皆称之。故儒以仲尼，佛祖释迦，道宗老聃……于斯三教，除仲尼之道祖尧舜，率三王，删诗制典，万世永赖，其佛仙之幽灵，暗助王纲，盖世无穷，惟常是吉。尝闻：天下无二道，圣人无两心。三教之立，虽持身荣俭之不同，其所济给之理一。然于斯世之愚人，于斯三教，有不可缺者。①

在实践层面，朱元璋对僧伽重新加以分类，下令把他们分为禅、教、讲三类，注重各类僧人的社会作用。他认为"释道之教各有二等徒，僧有禅有教，道有正一有全真。禅与全真，务以修身养性……教与正一，专以超脱，特为孝子慈亲之设，益人伦，厚风俗，其功大矣哉"②。

明太祖在开国之初推行的三教融合、共助王纲的理念和制度，成为整个明代宗教制度和政策的基础。故而明人杨起元（1547—1599）夸赞说："高皇帝至圣哉！以孔孟之学治世而不废二氏也。二氏在往代则为异端，在我明则为正道。"③ 在这样的制度环境下，士大夫也便更主动地学习佛典，汲取对于修身、齐家、治国、平天下有用的营养。《喻林》将佛典譬喻纳入其主要依据儒家入世理论而立的门目之中，也正是对"三教融合"理念的自觉奉行。

（一）　在因果报应问题上的融合

关于因果报应，《涅槃经》认为业有三报，一为现报，现作善恶之报，现受苦乐之报；二为生报，或前生作业今生报，或今生作业来生报；三为速报，眼前作业，目下受报。中国古代很早就有善恶报应观念，如《易经·坤卦》之《文言》曰："积善之家，必有余庆；积不善之家，必有余殃。"这是将报应安排在血缘、宗族之内，具有明显的中国特色。而佛教的报应原本在个体的三世轮回这个更大的范围内进行，后来余庆、余殃说作为一种补充，便融入三世轮回报应说之中，成了民间的普遍信仰。

《喻林》中涉及的佛典因果报应的譬喻在《德行门》中的成德、德验，《人事门》中的感通、类应等子目下均有不同程度的体现。

在《德行门》中，其所用的与佛教相关的譬喻有很多包含因果相继的思想。如：《德行门·成德》（下文类似所引均出自上海辞书出版社 1991 年版，明万历刻本影印本）："相生以慈润，茎擢以乐广，念正则增枝，愿续则长叶，内缘成为华，外缘成为果，当知悲根等，如是次第成。"该句暗含了因果方面的思想：德是因，内缘是花，外缘是果。又如《德行门·德验》："莲花随所在处，香气酚馥"；"譬如有人服延龄药，长得充健，不老不瘦"；"譬如有人熟煎乳汁，其上便有薄膜停住"等，以上几例皆包含了因果关系。

---

①　《明太祖集》，胡士萼点校，刘学锴审订，黄山书社 1991 年版，第 215 页。

②　《道藏》，第 9 册，上海书店 1988 年版，第 1 页。

③　〔明〕杨起元：《笔记》，《证学编》卷 1，《四库全书存目丛书》子部，第 90 册，齐鲁书社 1997 年版，第 281 页。

但这还只是事物成长的一般因果关系。当因果关系与道德责任联系起来时就有了因果报应问题。"善有善报，恶有恶报"一直是古代中国人的诉求，思想家们也一直在设想这种报应实现的途径。告诫人们多行不善，则会遭受恶报。也劝人不要行恶，以免祸延子孙。《墨子·明鬼下》举了很多典籍中例子，证明"鬼"能赏善罚恶。一是被冤杀、枉杀的人以鬼的身份来报仇报怨，实现自然正义；二是被冤杀、枉杀的人以鬼的身份诉请上帝或别的神来惩罚加害者；三是天鬼和山川之鬼直接降灾于作恶的人。但《墨子》这个设计过于简单，经不起推敲。先是道家对之有反驳，而后东汉儒者王充对之作了全面的驳斥。王充在《论衡》的《死伪》篇中提出了一个问题，如果人死为鬼，动辄复仇，那么秩序何在？于是赏善罚恶的责任更多地由上天和诸神承担。而上天和诸神如何能监察每一个人呢？于是便有了感应说，先是董仲舒针对不道之君提出"天人感应"、天以灾异示警的办法，后来一般人有大德大冤也可感天动地。但这总难实现普遍报应、准确报应。佛教的因果报应则圆满地解决了所有的问题。佛教讲因果报应，它告诉人们，伤天害理者一定会遭报应。但这个报应，可以在此生，呈现为现世报，也可以是来世报，在轮回中报应。但中国民间更看重现世报。并且，这个报应虽然其中可能会出现鬼使神差，但由于报应表现为一种必然性，所以，其中的"神"与"鬼"都不重要了。以上这些，在《喻林》的作者看来正可以互补，于是把它们糅合到了感通、类应等子目中。

《人事门》中的感通和类应两个子目包含了很多与因果报应相关的佛教类譬喻。这说明了《喻林》有意将因果报应和儒道感应协调起来。如《人事门·感通》："如婴儿病，与乳母药，儿患得愈。母虽非儿，药之力势能及其儿"；"谷风之随啸虎，庆云之逐腾龙，感应相招，仰惟常理"；"心识相传，美恶由起，报应之道，运环相袭"。《人事门·类应》："行恶得恶，如种苦种"；"如影，人去则去，人动则动，人住则住，善恶业影亦如是"；"如母子身虽异而因缘相续，故如母服药，儿病则差"等。他们所引用的佛教类譬喻都与因果报应相关。《喻林》把因果报应问题跟儒道的感应相融合，与事物之间的相互影响、相互作用的角度相切合。

以上还是停留在理论的层面上，《喻林》进一步用因缘学说解释世俗事务，杂引儒佛的譬喻故事。比如《人事门》中的子目因托、食报也包含很多与因果报应相关的佛教类譬喻。如《人事门·因托》："譬如莲花不生陆地，滋湿之处乃生是花"，"譬如大地以种散中，众缘和合则得生长，应知大地与种生长为所依止，为能建立"。《人事门·食报》："击人得击，行怨得怨，骂人得骂，施怒得怒"；"怀善者应之以祚，挟恶者报之以殃，未有种稻而得麦，施祸而获福者也"；"夫有形则影现，有声则响应，未见形存而影亡，声续而响乖，善恶相报，理路然矣"等。

（二）儒教"理一分殊"与佛教"化无分别"的道理趋同

从《喻林》的子目名称来看，以儒家思想命名的门类里也体现了"三教合流"的思想。其中《德行门》中的成德、德验，《君道门》《臣术门》中的戒满、戒盛等，都体现了三家对人们思想道德方面的要求。如：《德行门·德盛》："譬如日月，虽照一切而不分别，我发光明能有所照，然有情类，自业势力，感得日月昼夜巡照。"（《波罗蜜多经》卷五百六十九）查《大正藏》原文为："世尊云：何此诸菩萨作种种化无分别心？佛言：天王，譬如日月，虽照一切，而不分别。我发光明，能有所照，然有情类，自业势力，感得日月，昼夜巡照。此诸菩萨，亦复如是，虽现化身，而无分别。"① 讲的是诸菩萨为普度众生，化身虽多，但实际上却没有分别。该例中把诸菩萨的德行比作无有分别、日夜巡照的日月，与儒家的"理一分殊"同理，故同归于"德行"。

又如：《性理门·妙道》："譬如金刚，一切诸物无能坏者，而能普坏一切诸物。无有障碍，然其体性，亦不损减。"（《大方广佛华严经》卷七十八）查《大正藏》原文为：

> 善男子，譬如金刚，一切诸物无能坏者，而能普坏一切诸物，无有障碍。然其体性，亦不损减，菩萨摩诃萨菩提之心，亦复如是。②

"妙道"意为"至道，精妙的道理"。《庄子·齐物论》："夫子以为孟浪之言，而我以为妙道之行也。"由此可见，"妙道"为道家的重要思想。徐元太引用佛典中金刚的能普坏万物而自身不坏的特点来说明绝妙之道的无所不能。

（三）先儒道融合，而后融入佛教譬喻

《性理门》中的无我、至虚、达观等子目名称本与道家思想相关，但徐元太也引用了不少的佛教方面的譬喻化入其中。这也是徐元太用"三教融合"的方式来解释儒家思想的典型。如：《性理门·无我》："譬如虚空，火灾起时不能焚烧，水灾起时不为所漂。"（《大方等大集经》卷十二）查《大正藏》原文为："善男子，喻如虚空，火灾起时不能焚烧，水灾起时不为所漂。菩萨不为诸烦恼火之所焚烧，不为诸禅解脱三昧所漂。"③ "无我"是佛教基本教义之一。小乘佛教一般是指人无我，大乘佛教认为一切皆空，法的自性也是空的，一切法的存在都是如幻如化的。因此不仅主张人无我，而且主张法无我。因为一切事物和现象，按其本性来说都是空的。它们表现出来的，只不过是一些假象，即所谓"性空幻有"。所引佛典中指菩萨的修行不会受外界因素的影响，因为它本身也是虚幻的。这与道家的思想有点相似。道家的"无我"有两个意思，一是讲凡人顺应自然，接受自然加于自己的一切；二是讲人与我、物与我没有区别，没有界限。后者跟佛教中的"一切皆空"有异曲同工之妙。该例以此为融合的基础，呈现三教合流之势。

（四）不借助道家道教直接的融佛入儒

《喻林》一书中还有很多地方体现了"儒佛合一"的理念，即佛不借助道而直接与儒融合。因"儒佛合一"也是"三教融合"理念下的一个表现方式，故我们在此单独讨论。"儒佛合一"主要表现为门类、子目名称均与儒家思想有关，但却有来自佛教典籍的譬喻，这是《喻林》中所运用到的最主要的方式。在佛教类譬喻中，《人事门》所占的比例

---

① 《波罗蜜多经》卷五百六十九，《大正新修大藏经》，大正一切经刊行会编，日本大正十三年（1924）版，经号 0220，卷号 07。

② 《大方广佛华严经》卷七十八，《大正新修大藏经》，大正一切经刊行会编，日本大正十三年（1924）版，经号 1732，卷号 35。

③ 《大方等大集经》卷十二，《大正新修大藏经》，大正一切经刊行会编，日本大正十三年（1924）版，经号 0397，卷号 13。

最多，且广泛分布于趋利、避害、除害、虑患、品藻、赏誉、疾邪、观人、待人、责人、慎微等子目中。以《人事门·避害》为例："譬如有人畏于债主，远适边国，不为债主及于他人之所陵夺，何以故？由路远险绝，债主家人不能达彼。"（《大宝积经》卷二十）查《大正藏》原文为：

> 彼佛刹中无有畏惧犹如宫城，彼敌王者即魔波旬，于菩萨行人勤为障碍。如彼灌顶大王，不被怨敌之所侵扰，如来亦复如是，不为天魔之所扰恼。舍利弗，譬如有人畏于债主，远适边国，不为债主及于他人之所陵夺，何以故？由路远险绝，债主家人不能达彼。彼诸菩萨生妙喜国者，波旬路绝，亦复如是。①

"避害"不仅存在于儒家思想中，佛教也有避害的故事。魔波旬为菩萨、行人的障碍，为了躲避魔波旬，诸菩萨生妙喜国以杜绝魔波旬的迫害。该例中的譬喻不仅解释了佛教中关于避害的内容，也对应了儒家避害的内涵。实为连接佛教思想与儒家思想的桥梁。

由于佛教同儒教一样重传授、师传，所以在《文章门》《学业门》中有很多地方儒、佛也可以相互比附。尤其是《学业门》中的从师、积累、精专、不息、渐进、神悟等各门。佛家之渐悟、顿悟与儒家学业的渐进与开悟也可相比附。以《学业门·渐进》为例："譬如大树，由有根茎，便有枝叶；由有枝叶，便有花果；由有花果，复生大树。"（《波罗蜜多经》卷五百九十）查《大正藏》原文为："若无菩萨，则无诸佛出现世间。若无诸佛出现世间，则无菩萨及声闻众。要有菩萨修菩萨行，乃有诸佛出现世间。以有诸佛出现世间，便有菩萨及声闻众。譬如大树，由有根茎，便有枝叶；由有枝叶，便有花果；由有花果，复生大树。如是世间，由有菩萨，便有诸佛出现世间。"② 佛典中指出只有菩萨出现才有诸佛出现，只有诸佛出现才能让佛法惠及菩萨和大众。这也表明了佛法的修行是一个渐进的过程。只有修行达到一个阶段，才能普度众生，这与儒家对于学业要求渐进的理念是一致的。

二、"迁佛就儒"诉求下的调适

从《喻林》的内容来看，该书所引用的譬喻不仅很多与儒、释、道三教相关，而且它们的运用都有规律可循。以《造化门》为例，其下类目的设立多是以道家思想为依据。道家"福祸相依"的道理是"倚伏"子目的含义；儒道都运用了五行相生相克的道理来解释"生克"的含义；都运用了大自然中的"风""水""雷电"和其他灾异与君王、与政治的关系来定位"类召"目。而且三家譬喻的思维机制也有异曲同工之妙。如：为解释"相禅"，儒家运用"日往月来""春荣秋落"的例子，道教则用"花"与"果"之间

---

① 《大宝积经》卷二十，《大正新修大藏经》，大正一切经刊行会编，日本大正十三年（1924）版，经号0310，卷号11。

② 《波罗蜜多经》卷五百九十，《大正新修大藏经》，大正一切经刊行会编，日本大正十三年（1924）版，经号0220，卷号07。

的关系，佛教则用"鸡"与"卵"之间的关系，来解释万事万物之间的演变关系。而《造化门》中的其他子目，诸如"至大""至神""至虚""无私""盛德""不夺""不竭"等既反映了儒道所提倡的种种思想的合乎自然，阴阳之道的神通广大，又反映了佛法虚空的不可思议。

《喻林》在"迁佛就儒"的过程中，为了调和儒教和佛教之间的差别，在因果报应问题上，在智愚、节欲、戒欲、慎独等方面都做了一定的调适。所谓调适，就是指双方学说的折衷。

（一）　在去除情欲、瞋怒问题上的迁佛就儒

《性理门》中的去情、去欲本是理学中的重要思想，但作者引用了数量众多的佛教类譬喻加以解释说明，充分体现了《喻林》"迁佛入儒"的策略。如《性理门·去情》："瞋是失诸善法之根本，堕诸恶道之因缘，法乐之怨家，善心之大贼，恶口之府藏，祸患之刀斧。"（《法苑珠林》卷七十一）查《大正藏》原文为：

> 第二瞋恚盖者，瞋是失诸善法之根本，堕诸恶道之因缘，法乐之怨家，善心之大贼，恶口之府藏，祸患之刀斧。若修道时，思惟此人恼我，及恼我亲，赞叹我怨，图度过去未来亦复如是。是为九恼处，故生瞋。瞋念覆心，故名为盖。当急弃之，无令增长。①

"去情"是理学的重要思想。但理学的"情"和佛教所涉及的"情"是有本质区别的，"朱熹之'情'虽然也指一般心理活动的喜怒哀乐等，但主要内涵还是恻隐、羞恶等道德情感。也就是说，他的性情主要是道德人性论的范畴。和佛教立足于排情、去情，以情为染，为人之烦恼、妄念的根源不同"②。引文所援引的佛典提到的"情"主要涉及的是"瞋"。"瞋"为佛教语。佛教以贪、瞋、痴为三毒。与上例一样，佛典中极言瞋念的坏处，充分说明了"去情"的重要性。以上两例徐元太用的也是"迁佛就儒"的策略，基本上是采用抹掉佛家言语的特殊内涵，而将它融化于儒家讲的世俗道理中。

（二）　节欲、戒欲的不同点被忽视

儒家对于色欲的态度很客观，从《人事门·色欲》引用的很多相关的譬喻句可以看出来。如："何彼秾矣，华如桃李"，"我视女之颜色，美如茈苤之华然"。以上描写的都是女子的美貌，很显然，儒家认为女子的美貌是世间美好的事物。但对于不恰当的、过分的沉迷于美色的行为，儒家是反对的。如："桑中刺奔也，卫之公室，淫乱男女相奔"；"蝃蝀，止奔也，卫文公能以道化其民。淫奔之耻，国人不齿也"。甚至呼吁"诸侯不下渔色，故君子远色，以为民纪"。也就是说，儒家所提倡的"节欲""戒欲"针对的是过分沉溺于女色的行为。但佛教就显得偏激许多，它所打压的是一切女人。"家不和，妇人

---

① 《法苑珠林》卷七十一，《大正新修大藏经》，大正一切经刊行会编，日本大正十三年（1924）版，经号2122，卷号53。

② 王心竹：《理学与佛学》，长春出版社2011年版，第132页。

之由；毁宗败族，妇人之罪"，"女人之相，其言如蜜，而其心如毒"。甚至认为："桎梏
枷鏁，闭系囹圄，虽曰难解，是犹易开。女鏁系人，染固根深，无智没之，难可得脱。众
病之中，女病最重。"

《喻林》中的《去情》充分表明了佛家对于与"欲"密切相关的"情"的态度。
如：《性理门·去情》："我观世间一切众生，于无数劫具造百千那庾多拘胝过失，常为
十种大毒箭所中。何谓为十？一者爱毒箭，二者无明毒箭，三者欲毒箭，四者贪毒箭，
五者过失毒箭，六者愚痴毒箭，七者慢毒箭，八者见毒箭，九者有毒箭，十者无有毒
箭。"（《大宝积经》卷三十五）查《大正藏》原文这段话之后还有："我见众生为于十
种毒箭所中，求阿耨多罗三藐三菩提，永断如是诸毒箭故，以净信心舍释氏家，趣无
上道。"[①] 可见，这是把十大毒箭当做阻碍成佛的东西。我们知道，"去情"是理学中的
重要思想，主要是指戒除内心的欲望。但佛典中还包括"无明""见""有""无有"等
跟人类的思想意识相关的种类。由此可见，佛典中所列的"情"不全是徐元太所认为的
"情"，它的范围要广得多。例中所涉及的"情"都是佛教所认为有"毒"的负面的思想
意识，那么佛教对它们的解读，我们就可以理解为"心魔"，即阻碍人们见性成佛的东
西。

《喻林》中的《检情》也体现了儒家戒欲的思想。但对于所要戒除的欲望，儒家也是
很客观的。它所说的欲主要是指"淫声""声色""恶念"等。如《人事门·检情》："烦
手淫声，惱埋心耳，乃忘平和，君子弗听也"；"是故圣人之于声色，滋味也，利于性则
取之，害于性则全之，此全性之道也"；"耳闻所恶，不若无闻，目见所恶，不若无见"
等。儒家提倡"耳目鼻口，不得擅行，必有所制，譬之若官职，不得擅为，必有所制，
此贵生之术也"。但佛家所说的欲望包含的内容就广泛得多。"烦恼""内外六情""爱
欲"等都属于佛教欲望的范围。如《人事门·检情》"所有智慧，如空中日，诸烦恼海，
如微烟障"；"内外六情之受邪行，犹海受流，饿夫受饭，盖无满足也"；"如摩楼树初生，
为葛藤所缠，长便枯死，爱欲之意亦如是"。由以上分析我们可以看出，徐元太忽视儒家
和佛家对色欲态度上的差异、忽视两者在确定欲望范围大小上的差别，使儒佛两家节欲、
戒欲的思想统一了起来。

（三）在智愚问题上的调适

在"智愚"这个问题上，儒佛两家的定义和范围是完全不同的。如：《人事门·智
愚》："如火宅中有众宝聚，有人求宝，入此宅中，其人尔时，容有二事，一者，若无方
便善巧，死于火宅；二者，若有方便善巧，持宝而出。"（《波罗蜜多经》卷五百八十
七）"查《大藏经》原文为："若诸菩萨速求无上正等菩提，应知此中容有二事。一者，
若无方便善巧，便证实际堕二乘地；二者，若有方便善巧，疾证无上正等菩提。如火宅中
有众宝聚，有人求宝，入此宅中，其人尔时，容有二事，一者，若无方便善巧，死于火
宅；二者，若有方便善巧，持宝而出。如是菩萨速求无上正等菩提，应知此中容有二事：
一者，若无方便善巧，便证实际堕二乘地，如死火宅；二者，若有方便善巧，疾证无上正

---

① 《大宝积经》卷三十五，《大正新修大藏经》，大正一切经刊行会编，日本大正十三年（1924）
版，经号0310，卷号11。

等菩提，如持宝出。是故当知，宁为菩萨迟证无上正等菩提，不为速求堕二乘地。"① 这个佛教故事意在阐述"方便善巧"的重要作用。"方便善巧"是典型的佛教用语，意为随顺机宜而施设的巧妙智用。再从上下文来看，讲的是菩萨要证得无上正等菩提也是要看机缘的。因此"方便善巧"包含在佛教所指的大智慧中。这个大智慧包含世俗所指的智慧，但又不仅限于此。

又如《人事门·智愚》："譬如有人以缯蔽目，至大宝洲，行住坐卧，不能得见宝树宝衣宝香宝果众宝形色贵贱功能。复有一人，开目至彼，一切皆见，悉能了知。（《大方广佛华严经》卷二）"查《大正藏》原文为："彼诸声闻虽住林中，不能得见如来神力，亦复不见菩萨众会。譬如有人，以缯蔽目，至大宝洲，行住坐卧，不能得见宝树宝衣宝香宝果众宝形色贵贱功能。复有一人，开目至彼，一切皆见，悉能了知。诸菩萨等，亦复如是。"② 从所引内容来看，我们可以把它理解为智人和愚人的故事，即子目所定义的"智愚"。但从上下文意来看，则是指众菩萨的境界有差异，而不是智力有差异。该子目定义看似准确，实则不符合该句的真实含义。从以上我们可以看出，佛家的智慧和觉悟跟我们通常所讲的智慧不同，它所包含的范围很广，且呈现了自己鲜明的个性特点。

徐元太为了调适儒佛之间在"智愚"问题上的差异，缩小了佛教"智慧"的含义范围，并让它与世俗智慧相接近。如《人事门》中的"戒泥""愚人""不悟""贵智""易知""难知""莫知"本反映的是世俗智慧，他在这些子目下都引用了佛教类的譬喻，使儒家思想与佛家思想中的"智愚"协调起来。

三、"迁佛就儒"过程中的改变

《喻林》所引用的佛教文献都是徐元太按内容编排的需要而撷取的，大多数能准确地反映出类目的含义，但也有少部分与类目联系不紧密。这些看似联系不紧密的地方，很大程度上是他在"迁佛就儒"诉求下所做的改变。下面我们归纳并研究他在改变的过程中所运用的几种主要的方法。

（一）舍弃佛典比喻之本体

每个比喻都有自己的本体，即被比喻的事物。《喻林》在撷取佛典比喻时往往将比喻的本体舍弃，导致所引的比喻句与原意有差别。如《人事门·无用》："譬然湿草，烟气上腾，渐以消散，至于灭尽。"（《大宝积经》卷二十）查《大正藏》原文为："或有菩萨，住虚空中，自身渐灭，不遗少分。譬然湿草，烟气上腾，渐以消散，至于灭尽。舍利弗，是诸菩萨既灭度已，一切天人，备修供养。"③ 从佛典原文来看，这里讲述的是佛教

---

① 《波罗蜜多经》卷五百八十七，《大正新修大藏经》，大正一切经刊行会编，日本大正十三年（1924）版，经号 0220，卷号 07。

② 《大方广佛华严经》卷二，《大正新修大藏经》，大正一切经刊行会编，日本大正十三年（1924）版，经号 1732，卷号 35。

③ 《大宝积经》卷二十，《大正新修大藏经》，大正一切经刊行会编，日本大正十三年（1924）版，经号 0310，卷号 11。

的涅槃思想。仔细分析"无用"这个子目下所收的所有例句，我们可以了解到"无用"是指"没有用处，没有必要"。徐元太把原比喻的本体，即菩萨涅槃的状态完全舍弃了，把这个比喻变成了极为普通的比喻。因此，该例中把描绘菩萨涅槃的状态理解为"无用"，显然是不妥当的。

又如《臣术门·戒随》："譬如白杨树，随风而动摇。"（《大智度论》卷二十二）查《大正藏》原文为："实时诸沙弥，自变其身，皆成老年，须发白如雪，秀眉垂覆眼，皮皱如波浪，其脊曲如弓，两手负杖行，次第而受请，举身皆振掉，行止不自安，譬如白杨树，随风而动摇。檀越见此辈，欢喜迎入坐，坐已须臾顷，还复年少形。"[①] 考察"戒随"这个子目下的例句，我们可以了解到"随"指的是"随顺、随俗"。再由所引佛典原文来看，"白杨树随风而动摇"这个比喻描述的本体是人变老后行走不稳的状态，与"随顺、随俗"没有关系。徐元太舍弃了这个比喻本体，而把它定义为"戒随"，显然是不恰切的。

（二）改变取喻角度

每个比喻句都有自己的相似点，这个相似点就是取喻角度。本体相同、喻体相同的句子，如果取喻角度不同，理解起来也会有很大差异。《喻林》中出现了所截取例句的取喻角度与原句不同的情况，导致理解上出现偏差。

如《人事门·危困》："譬如有人曾行劫盗，王所访括，其人惶恐，窃入市厘，于杂闹处，欲自藏隐。正值其中摇铃声鼓，宣王教令，欲相掩捉，彼人尔时更无余想，唯作是念：勿我今时为他识知，而见擒絷。"（《波罗蜜多经》卷五百八十）查《大正藏》原文为："譬如有人曾行劫盗，王所访括，其人惶恐，窃入市厘，于杂闹处，欲自藏隐。正值其中摇铃声鼓，宣王教令，欲相掩捉，彼人尔时更无余想，唯作是念：勿我今时为他识知，而见擒絷，诸菩萨众亦复如是。欲证无上正等菩提，若常思惟，一切智智，诸余作意，无容间起，是诸菩萨于修行时，不为余心之所间杂。"[②] 从所引内容字面意思来看，把它定义为"危困"是说得通的。但我们联系佛典上下文，发现这仅仅是在说明诸菩萨修行时遇到俗念干扰时的情况。由此可知，原比喻的取喻非徐元太所认为的"危困"，而指的是"思想不专一"。徐元太把原比喻中与心神有关的比喻角度改成了与现实生活境况有关的角度，导致出现了意义上的偏差。

又如《人事门·尚速》："譬如猛火，随投草木，一切炽然，悉成于火。"（《大宝积经》卷八十四）查《大正藏》原文为："有诸众生，痴无智慧，不知菩萨善巧方便，而作是念。何有智者，贪受诸欲，不异凡夫，便谓菩萨，远离菩提。如是众生心不净故，起大瞋忿，不生敬信，由此业故，身坏命终，堕大地狱。复以菩萨，密化因缘，罪报毕已，决定当得，入于平等，电得，譬如猛火，随投草木，一切炽然，悉成于火，菩萨亦复如是。

---

① 《大智度论》卷二十二，《大正新修大藏经》，大正一切经刊行会编，日本大正十三年（1924）版，经号 1509，卷号 25。

② 《波罗蜜多经》卷五百八十，《大正新修大藏经》，大正一切经刊行会编，日本大正十三年（1924）版，经号 0220，卷号 07。

智火炽然，所有众生，若贪瞋痴，若善不善，菩萨于彼，与之同行，一切炽然，皆成智慧，是名菩萨不共之法。"[①] 该子目定义为"尚速"，由所引句中"一切炽然"而来。佛典上下文是说众生凡夫无智慧，而生不净心，最后堕大地狱，而菩萨有"智火"，"智火炽然"可以化除"因缘罪报"。因此这里的"炽然"并不是指一般的速度快，而指的是菩萨能感化、救渡众生之速。很显然，徐元太的取喻角度是表面化的，与深层的意义不符。

（三）断章取义

"断章取义"是指不顾全篇文章或谈话的内容，孤立地取其中的一段或一句。

如《造化门·生克》："复有风轮，名为遍霆，劫火烧时，普于世界，降霆大雨。复有风轮，名为干竭，劫水漂时，能令彼水，悉皆枯涸。"（《大宝积经》卷八十五）查《大正藏》原文为："复有风轮，名为遍霆，劫火烧时，普于世界，降霆大雨。复有风轮，名为干竭，劫水漂时，能令彼水，悉皆枯涸。如是风轮，我若具说，穷劫不尽，目连当知。于意云何？此之幻师，能于如是诸风轮中暂安住不？答言：不也。佛言目连：如来能于如是风轮，行住坐卧，得无摇动，又复能以如是风轮内芥子中，现诸风轮所作之事，然于芥子无增无损，而诸风轮不相妨碍。目连当知，如来成就幻术之法，无有限极。"[②] 从佛典上下文意来看，该句是通过描写"风轮"能平复因"劫火""劫水"而产生的自然灾害，来说明如来幻术之法无有限极，由此进一步体现出佛法无边，具有普度众生的作用。但徐元太只看到了文中"火"与"雨"、"风"与"水"互相降服的现象，就把该条材料归入"生克"，实为因断章取义所导致。

又如《人事门·克勤》："乞食道人，至一聚落，从一家至一家，乞食不得。见一饿狗饥卧，以杖打之，言：汝畜生无智，我种种因缘，家家求食尚不得，何况汝卧而望得。"（《大智度论》卷八十五）查《大正藏》原文为："佛以不着有法答：所谓精进修福，尚不可得，何况不修福。如受乞食道人，至一聚落，从一家至一家，乞食不得。见一饿狗饥卧，以杖打之，言：汝畜生无智，我种种因缘，家家求食，尚不能得，何况汝卧而望得。须菩提问世尊：有是供养诸佛等因缘，何故不得其果报？佛答：离方便故。方便者，所谓般若波罗蜜，虽见诸佛色身，不以智慧眼见法身，虽少种善根，而不具足，虽得善知识，不亲近咨受。"[③] 该条之所以归入"克勤"，是因为所引内容中有"我种种因缘，家家求食尚不得，何况汝卧而望得"之语。从字面意思来看，好像宣扬的是"我"的勤劳，批判的是"狗"的懒惰，但联系佛典上下文，实际上这里讲的是佛教的因果报应思想。文中强调了"修福"的重要性，强调了世间的贫富贵贱都有其因缘，即有福德才有得，无福德则虽勤奋亦无可得。这里的"福德"就是指前修因缘，但徐元太只片面地选

---

① 《大宝积经》卷八十四，《大正新修大藏经》，大正一切经刊行会编，日本大正十三年（1924）版，经号0310，卷号11。

② 《大宝积经》卷八十五，《大正新修大藏经》，大正一切经刊行会编，日本大正十三年（1924）版，经号0310，卷号11。

③ 《大智度论》卷八十五，《大正新修大藏经》，大正一切经刊行会编，日本大正十三年（1924）版，经号1509，卷号25。

取该例的字面义加以理解，把该句放在"克勤"这个子目之下，实有断章取义之嫌。

（四）归类不当

《喻林》中有的例句与子目含义相去甚远，而徐元太却把这种例句和子目放在一起，这极易给人们造成理解上的困难。

如《人事门·贵忘》："又如丽日，虽照十方，而不念言：我能遍照。"（《波罗蜜多经》卷五百六十七）查《大正藏》原文为："性本清净，恒自庄严，何以故？本性离染，无生无灭，遍一切法，自性离故。譬如盛日，虽破众暗，而不念言：我能破彼。甚深般若波罗蜜多亦复如是，虽破无始，一切随眠，而不念言：我能破彼。又如烈日，虽开莲华，而不念言：我能开彼。甚深般若波罗蜜多亦复如是，虽开菩萨摩诃萨心，而不念言：我能开彼。又如丽日，虽照十方，而不念言：我能遍照。甚深般若波罗蜜多亦复如是，虽照无边，而无照相。如见东方赤明相现，则是不久日轮当出。"① 所引内容意为"太阳能普照万物，却不四处夸耀自己的功劳"。由此我们可以联想到《论语·阳货》，孔子曰："天何言哉？四时行焉，百物生焉，天何言哉！"按道理来说，作为深受儒家思想影响的徐元太应把子目定为"不言"或"无言"更为恰切。徐元太就该句表面意思而把它放到"贵忘"这个子目之下，实在有归类不当之嫌。

又如《人事门·昏暗》："仆谓饵辛者，不知辛之为辛，而无羡于甜香；悦莦者，不觉莦之为莦，而弗躭椒兰。"（《弘明集·驳夷夏论》）查《大正藏》原文为："娄罗之辩，各出彼俗，自相领解，犹虫喧鸟聒，何足述效。仆谓饵辛者，不知辛之为辛，而无羡于甜香；悦臭者，不觉臭之为臭，而不躭椒兰。犹吾子沦好淫伪，宁有想于大法。夫圣教妙通，至道渊博，既不得谓之为有，亦不得谓之为无，无彼我之义，并异同之说矣。"② 由所引内容中的"悦莦者，不觉莦之为莦，而弗躭椒兰"，我们可以联想到北齐颜之推《颜氏家训·慕贤》："与善人居，如入芝兰之室，久而自芳也；与恶人居，如入鲍鱼之肆，久而自臭也。"按道理来说，徐元太应该把子目定为"习染"比较合适。而从佛典上下文来看，该比喻是用来说明佛教教理高深，不能用世俗的判断加以定义。在该例中，徐元太没有正确理解引文意义而把该譬喻归类为"昏暗"，实在不妥。

在这四个类型中，前两类可以看作有意扩大、推衍一个比喻的含义和所指，如果这种改变还可以接受的话，那么后面两类就属于《喻林》编者错误理解佛典文本。

经过以上分析，我们不难发现，《喻林》在对佛典譬喻进行归类时，充分考虑和接受了三教融合的既成成果。对于在此之外的佛典譬喻的归类，则采取了"迁佛就儒"的策略，即抹去或弱化其宗教特征，将其当作一般的世俗道理来理解、来运用，比如在"戒欲"问题上隐去佛教戒欲的宗教目的，在"智慧"概念上忽视佛教的大彻大悟的宗教含义。而在"迁佛就儒"过程中导致的意义改变，如改变佛典比喻的喻体和原初含义，应

---

① 《波罗蜜多经》卷五百六十七，《大正新修大藏经》，大正一切经刊行会编，日本大正十三年（1924）版，经号0220，卷号07。

② 《弘明集》卷七，《大正新修大藏经》，大正一切经刊行会编，日本大正十三年（1924）版，经号2102，卷号52。

该是出于编撰者的有意为之，目的是想赋予这些比喻更广泛的世俗意义。《喻林》编者广收佛教比喻，极大地激起了士大夫阅读佛典的兴趣和热情，而他站在儒家和入世的立场上对佛典比喻含义的消解，一方面推动了佛教的世俗化，另一方面也对明代的寓言和小品文学创作的复兴起到了促进作用。

（作者单位：武汉大学文学院）

试析钱穆"扬惠抑戴"方法及其解释学的"前见"*

□ 范云飞

【摘要】 梁启超、钱穆对清代学术史的理解有着结构性的差异,集中表现为二人对惠戴抑扬、晚清今文学等问题的异见。钱穆为证成其"扬惠抑戴"之论,采用删削、拼接史料的"移花接木"方法;为了反驳梁氏关于晚清今文学的观点,又使用了"釜底抽薪"的论述模式。在此基础上,钱穆建构了其关于清代学术史的论述框架。而二人之所以对相关问题有如许不同论断,因为他们对清代学术史有着迥异的"前见"。

【关键词】 钱穆;梁启超;惠栋;戴震;前见

梁启超、钱穆两人关于清代学术之异论,已经成了近代学术史上的一段公案。本文着重探讨梁、钱二人对于惠栋、戴震的抑扬,尤其是钱穆"扬惠抑戴"之论的成立过程,并由此研究钱穆是如何在反驳梁启超的过程中,通过剪裁拼接史料、活用各种方法,逐步建立起自己的清代学术论述框架的。

关于惠栋、戴震学术关系的既有研究,许苏民反驳钱穆,认为惠、戴扬州一晤之后,戴震的学术路径并未发生大的变化,其"由词以通道"的论学宗旨在结识惠栋前后没有改变。① 丘为君指出梁氏追求"科学"的特点②,吴根友通过分析晚明以来学术发展的脉络以及戴震的学术体系,否定了钱穆关于戴震35岁以后学术路径深受惠栋影响的观点③,这是本文立论的前提。但以上诸家都没有把重点放在分析钱穆对材料的使用及论述方法上,也未注意钱穆"移花接木""釜底抽薪"等论述手段,这是本文所将着意讨论之处。

---

* 本文是国家社科基金重大项目"中国礼仪文化通史研究"(18ZDA021)阶段性成果。

① 许苏民:《戴震与中国文化》,贵州人民出版社2000年版,第177页。
② 丘为君:《戴震学的形成》,台湾联经出版社2004年版,第99~100页。
③ 吴根友:《再论皖派与吴派的学术关系——以戴震与惠栋为例》,《中国高校社会科学》2014年第3期。

一、移花接木：钱穆"东原论学一转而近于吴派惠学"说辩正

关于惠、戴高下，梁启超明确地尊戴抑惠。他说："惠、戴齐名，而惠尊闻好博，戴深刻断制。惠仅'述者'，而戴则'作者'也。……故正统派之盟主必推戴。"又说："当时巨子，共推惠栋、戴震，而戴学之精深，实过于惠。"在梁氏看来，惠氏之学重"门户壁垒"，"以博闻强记为入门，以尊古守家法为究竟"，"专以古今为是非之标准"。其总则曰"凡古必真，凡汉皆好"，惠栋在学术史上"功罪参半"，其"罪"为"胶固、盲从、褊狭、好排斥异己"。戴震则"实事求是，不主一家"，"随处发挥科学家求真求是之精神"。总之，惠栋盲目从古，戴震实事求是；惠栋讲究门户派别，戴震则追求科学方法。"故苟无戴震，则清学能否卓然自树立，盖未可知也。"①

钱著反对梁氏"尊戴抑惠"之论，其方法则主要是强调戴震在三十五岁与惠栋一晤之后，治学方法为之一变，与吴派惠学趋同。此观点钱氏屡倡言之，比如"东原论学一转而近于吴派惠学"，"东原此数年论学，其深契乎惠氏故训之说无疑"，"则东原论学著书，其受松崖之影响，居可见矣"。如此等等，不一而足。除此之外，钱穆还力主戴震、惠栋二人学术相通，试图弥缝吴、皖门户之见。比如钱著中说"当时谓惠、戴言义理，同从古训出发也"，"当时惠、戴论学固无差歧，以古训发明义理，而取径于汉儒，两家意见实相一致"，等等。②

且钱穆为了证明戴震治学受惠栋之影响而趋近于吴派，在史料剪裁上使用"移花接木"之法。比如钱著第八章先引用戴震的《与方希原书》，来说明其早年的学术思想：

> 古今学问之途，其大致有三：或事于理义，或事于制数，或事于文章。事于文章者，等而末者也。……圣人之道在《六经》，汉儒得其制数，失其义理；宋儒得其义理，失其制数。譬有人焉，履泰山之巅，可以言山；有人焉，跨北海之涯，可以言水。二人者不相谋，天地间之巨观目不全收，其可哉?③

这段引文所反映的戴震学术思想，是汉、宋互有得失，难分优劣，学者需要综合二者之长，才能窥道之全体。同章钱穆又引戴震《题惠定宇先生授经图》，但作了大量删减，这是颇可注意的。

> 前九年，震自京师南还，始觐先生于扬之都转盐运使司署内。先生执震之手曰："昔亡友吴江沈冠云尝语余，休宁有戴某者，相与识之也久。冠云盖实见子所著书。"震方心讶少时未定之见，不知何缘以入沈君目，而憾沈君之已不及觌，益欣幸获觌先生。明年，则又闻先生殁于家。今徒拜观先生遗像曰《授经图》者。盖先生之学，直上追汉经师授受欲坠未坠蕴蕴积久之业，而以授吴之贤俊后学，俾斯事逸而复兴。

---

①　梁启超：《清代学术概论》，中华书局 2010 年版，第 7、46、49、54、60、50 页。

②　钱穆：《中国近三百年学术史》，商务印书馆 1997 年版，第 356、357、361、374、531 页。

③　转引自钱穆：《中国近三百年学术史》，商务印书馆 1997 年版，第 349~350 页。

震自愧学无所就，于前儒大师不能得所专主，是以莫之能窥测先生涯涘。然病夫
《六经》微言，后人以歧趋而失之也。言者辄曰："有汉儒经学，有宋儒经学，一主
于故训，一主于理义。"此诚震之大不解也者。夫所谓理义，苟可以舍经而空凭胸
臆，将人人凿空得之，奚有于经学之云乎哉！惟空凭胸臆之卒无当于贤人圣人之理
义，然后求之古经。求之古经而遗文垂绝，今古悬隔也，然后求之故训。故训明则古
经明，古经明则贤人圣人之理义明，而我心之所同然者，乃因之而明。贤人圣人之理
义非它①，存乎典章制度者是也。松崖先生之为经也，欲学者事于汉经师之故训，以
博稽三古典章制度，由是推求理义，确有据依。彼歧故训、理义二之，是故训非以明
理义，而故训胡为？理义不存乎典章制度，势必流入异学曲说而不自知。其亦远乎先
生之教矣。②

我们曾通盘考察过钱著引文，发现钱氏引书极有法度，除了少数误字、漏字外，往往
仅删减无关宏旨的字句，不影响原意。但如上段引文这样大量删减关键语句的现象，在钱
著中着实罕见，这不能不引起我们的注意。引完上面一长段之后，钱穆案断道：

其先以康成、程、朱分说，谓于义理、制数互有得失者，今则并归一途，所得尽
在汉，所失尽在宋，义理统于故训典制，不啻曰即故训即典制而义理矣。是东原论学
一转而近于吴派惠学之证也。③

戴震先说汉宋互有得失，又说"所得尽在汉，所失尽在宋"，其前后不同，钱穆断为
"东原论学一转而近于吴派惠学之证"。我们重点分析钱穆删削之处。关于惠栋之学，戴
震有明确的认识，也有精准的界定："盖先生之学，直上追汉经师授受欲坠未坠蕴蕴积久
之业，而以授吴之贤俊后学，俾斯事逸而复兴。"可见戴震认为惠栋学术重在缵汉经师之
遗绪，而被钱穆全部删略。戴震在界定惠栋学术的同时，也在说明自己并不属于其系统之
内。他接下来又说："震自愧学无所就，于前儒大师不能得所专主，是以莫之能窥测先生
涯涘。"表面谦虚，其实在强调自己与惠栋的不同。自己博采众家之长，而不囿于一家一
派，这其实是暗讽惠栋的拘泥和固守。但钱穆省略太过，直接变成了"自愧学无所就，
莫能窥测先生涯涘"。这样一来，戴震原意就完全被歪曲了，变成了拜服在惠栋脚下，大
呼"莫能窥测先生涯涘"，对惠栋顶礼膜拜不已。钱穆据此证明"东原论学一转而近于吴
派惠学"，不亦宜乎。钱穆"笔削"戴震之文，呈现给读者一份精心拣择过的文本，这是
我们在读前辈之书时需要特别留意的。

另外，戴震对于汉学、宋学态度之转变是一方面，其学术的整体纲领及为学方法，又
是另一方面，两者不宜混同。考察戴震关于治学方法、治学路径之自述，则始终是"由

———————————

① "它"钱著引作"他"。
② 《戴震集》，汤志钧校点，上海古籍出版社 1980 年版，第 213~214 页。钱著第八章第 355~356
页所引。此段引文中以下划线标识钱穆所删削部分，后同。
③ 钱穆：《中国近三百年学术史》，商务印书馆 1997 年版，第 356 页。

字以通其词，由词以明其道"①；其对汉儒的态度，也始终疑信参半，不似惠派汉学之遵守家法故训。故戴震前后对于程朱之态度虽有转变，其治学纲领却未必随之而变。钱穆据此两段引文说"东原论学一转而近于吴学惠派"，恐怕还需再商量。

钱氏剪裁史料以证成己说，我们还可以再举其引戴震《与姚孝廉姬传书》一例：

> 先儒之学，如汉郑氏、宋程子张子朱子，其为书至详博，然犹得失中判。其得者，取义远，资理闳，书不克尽言，言不克尽意。学者深思自得，渐近其区，不深思自得，斯草薆于畦而茅塞其陆。其失者，即目未睹渊泉所导，手未披枝肆所歧者也。而为说转易晓，学者浅涉而坚信之，用自满其量之能容受，不复求远者闳者，故诵法康成、程、朱不必无人，而皆失康成、程、朱于诵法中，则不志乎闻道之过也。②

此文作于戴震三十三岁时。开头的"先儒之学"其实有明确所指，就是以郑玄为代表的汉学，以程、张、朱诸儒为代表的宋学。但钱氏隐没这些关键信息，只留下一个浮泛的"先儒"，让人不知戴氏所云。至于戴氏论汉、宋注疏，谓郑玄、朱子"得失中判"，又谓学者"失康成、程、朱"于诵法中。可见此时戴震并不迷信汉儒故训，仅许汉儒、宋儒皆只得其半而已，此乃戴震对待汉学、宋学的一贯态度。戴震三十五岁见惠栋之前已有此种观点，自此终身持之，未尝或变。钱穆曰戴震见惠栋之后，其治学方法为之一变，实不足以服人。

《与姚孝廉姬传书》作于见惠栋之前，我们再举其作于见惠栋之后的《古经解钩沉序》前后参照，以见戴震学术思想的连贯性，以及钱氏对引文的笔削之意：

> 数百年以降，说经之弊，善凿空而已矣。虽然，经自汉经师所授受，已差违失次，其所训释，复各持异解。余尝欲搜考异文，以为订经之助；又广揽汉儒笺注之存者，以为综考故训之助。……后之论汉儒者，辄曰故训之学云尔，未与于理精而义明，则试诘以求理义于古经之外乎？若犹存古经中也，则凿空者得乎？呜呼！经之至者，道也；所以明道者，其词也；所以成词者，未有能外小学文字者也。由文字以通乎语言，由语言以通乎古圣贤之心志，譬之适堂坛之必循其阶，而不可以躐等。是故凿空之弊有二：其一缘词生训也；其一守讹传谬也。缘词生训者，所释之义，非其本义。守讹传谬者，所据之经，并非其本经。今仲林得稽古之学于其乡惠君定宇，惠君与余相善，盖尝深嫉乎凿空以为经也。二三好古之儒，知此学之不仅在故训，则以志乎闻道也，或庶几焉。③

---

① 《戴震集》，汤志钧校点，上海古籍出版社 1980 年版，第 183 页。

② 《戴震集》，汤志钧校点，上海古籍出版社 1980 年版，第 185 页。钱著第八章第 405 页所引。

③ 《戴震集》，汤志钧校点，上海古籍出版社 1980 年版，第 192 页。钱著第八章第 356~357 页所引。

此处钱穆案断："据是观之，东原此数年论学，其深契乎惠氏故训之说无疑矣。"① 理由是惠栋"尝深嫉乎凿空以为经"，主张回归汉儒古注，所以其弟子余萧客编有《古经解钩沉》，而戴震又对惠栋、余萧客的学术观点表示赞同，所以戴震也就当然"深契乎惠氏故训之说"了。

然而钱氏此处只引"后之论汉儒者"以下的部分，对于同篇前面极为相关的内容却视而不见。此文前半，戴震首先说汉经师所授受，已经"差违失次""各持异解"，可见戴震并不迷信故训，不过将其当作"综考故训之助"，而非真理的标准，更不是门户的依凭，这跟惠栋一派有着本质的不同，而与前引戴震三十三岁时对汉儒"得失中判"的论断一脉相承（汉儒"得失中判"，正是被钱氏隐没的一句）。换言之，吴派惠氏恪守汉儒故训与经师授受家法，戴震则既承认汉儒近古，又意识到汉儒故训不可尽信，其所传之经也未必准确。钱穆认为戴震中年以后"深契乎惠氏故训之说"，着实难以成立。

更进一步，上述引文非但不足以证明戴震"深契乎惠氏故训之说"，反而隐含着戴震对惠栋学术路径的批判。戴震说"凿空说经"之弊有二，乃"缘词生训""守讹传谬"。所谓"缘词生训"，针对不顾故训、只凭胸臆的"宋学"学者。至于"守讹传谬"针对哪些人？窃以为正是惠栋后学这些固守"汉学"者。戴震说"守讹传谬者，所据之经，并非其本经"，而前面又说"经自汉经师所授受，已差违失次"，则所谓"守讹传谬"，即守汉儒之讹，传汉儒之谬。当时真正佞于汉儒而守其讹、传其谬者，也就是惠栋后学了。许苏民分析戴震此文，认为其"既表明了他与惠栋及其弟子在'嫉乎凿空以为经'方面的一致"，"又表现了他确实又比惠栋及其弟子识高一等，强调了'此学不仅在故训'，而在于'志乎闻道'"，可谓中肯之论。② 戴震既"于前儒大师，不能得所专主"（这正是被钱穆隐没的一句），则对于"专主"汉代经师故训之人，自然不能无微辞。不管是《题惠定宇先生授经图》，还是《古经解钩沉序》，都是表面上称赞惠栋及其后学，好像是在向其学术路径靠拢，但实则刻意划分此疆彼界，强调自己与惠派之不同，并批评惠派专主汉儒故训的特点。

古人之书不易读，端在于作者之性情与风格很难把捉。孟子曰："颂其诗，读其书，不知其人，可乎？"古今知戴震之深者，莫过于他的学术对手章学诚，我们且看章氏如何说戴震口谈的风格："与中朝显官负重望者，则多依违其说，间出己意，必度其人所可解者，略见锋颖，不肯竟其辞也。"③ 此处虽是说戴震口谈，但推之以论其文，也约略可见梗概，就是"依违其说""略见锋颖"，仅在文辞隐微之处表露真实想法。这种言谈与作文的风格，正是戴震孤傲冷僻的性格所致，也是他性格的表现。章学诚说时人或援引戴震以自重，其实只不过是戴震看人说话、随口应付而已（"而不知戴君当日特以依违其言"）。④ 明白了这点，再看戴震的《与方希原书》《题惠定宇先生授经图》《古经解钩沉序》三篇文章，就会发现戴震"依违其说""略见锋颖"的特点甚为明显，也不会认为戴

---

① 钱穆：《中国近三百年学术史》，商务印书馆 1997 年版，第 357 页。
② 许苏民：《戴震与中国文化》，贵州人民出版社 2000 年版，第 53 页。
③ 章学诚撰，叶瑛校注：《文史通义校注》卷三《书朱陆篇后》，中华书局 2014 年版，第 323 页。
④ 章学诚撰，叶瑛校注：《文史通义校注》卷三《书朱陆篇后》，中华书局 2014 年版，第 323 页。

震深受惠栋的影响而"深契乎惠氏故训之说"了。①

以上，本部分重点分析了钱著第八章中的三段引文，并探讨了钱穆删削引文、展开论述的方法，由此追溯钱穆之用心和著述意旨。本文把钱穆的这种论述方法称为"移花接木"，因为钱穆剪裁史料，按照自己的想法重新拼接一番，颇有"移花接木"之效，是一种精心结撰、刻意安排以证成自己观点的做法。

二、釜底抽薪：钱穆对晚清今文经学的态度

上一部分"移花接木"，从正面论述梁、钱二人惠戴抑扬之异。本部分名为"釜底抽薪"，则主要论述钱穆关于晚清今文学的观点。乍看起来，晚清今文学与钱穆"扬惠抑戴"并不相干，但在钱著的理路中，此二者大有关系，不得不连带而论。不明乎钱穆对梁启超"尊戴抑惠"的反对，就无法真正理解钱穆对晚清今文学的态度，反之亦然。

先说钱穆的第一层"釜底抽薪"。若要理解钱穆对晚清今文学的态度，就得先明确梁启超的观点。梁启超对晚清今文学有很强的身份认同感，他说："胡适语我：晚清'今文学运动'，于思想界影响至大，吾子实躬与其役者，宜有以纪之。"又说："对于'今文学派'为猛烈的宣传运动者，则新会梁启超也。"② 可见其评价基本是正面的。而其所以推崇晚清今文学，乃基于"以复古为解放"的学术史观。梁氏于清代学术有"如倒剥春笋，愈剥而愈近里"之喻，且详论曰："第一步，复宋之古，对于王学而得解放。第二步，复汉唐之古，对于程朱而得解放。第三步，复西汉之古，对于许郑而得解放。第四步，复先秦之古，对于一切传注而得解放。"③ 在这个框架中，乾嘉考据复古到东汉；晚清今文学则又复古到西汉。在此前提下，梁启超对晚清今文学致以甚高评价。

钱穆则从根本上不认同梁"以复古为解放"的模式，但他并未直接反驳此说，而是"釜底抽薪"，直探本源。钱著第十一章引用魏源之说：

> 今日复古之要，由训诂声音以进于东京典章制度，此齐一变至鲁也；由典章制度以进于西汉微言大义，贯经术、政事、文章于一，此鲁一变至道也。④

不难看出，梁启超"以复古为解放"的理路，即从魏源"齐一变至于鲁""鲁一变至于道"脱胎而来。钱穆以小字夹注评论道："魏氏……仍不脱家法观念之作祟，仍落考据窠

---

① 余英时也曾就章学诚《书朱陆篇后》来探讨戴震的性格和内心世界，他认为："'依违其说'是对考证派的敷衍，'不肯竟其辞'是内心别有主见而自知不能为考证派所了解或同情。两股不同的力量时常在彼此牵扯之中，这是东原内心紧张的根源。"本文对此观点基本赞同，但认为结论还可以再稍微拓展，戴震"依违其说"的对象，不仅仅是考证派，还包括其他与自己观点不同的人，这是戴震的性格及其言谈笔说的风格所致。比如他对方希原、惠栋、余萧客等人，也都会不同程度地"依违其说"，而且"略见锋颖"。

② 梁启超：《清代学术概论》，中华书局 2010 年版，第 125 页。

③ 梁启超：《清代学术概论》，中华书局 2010 年版，第 2、9 页。

④ 钱穆：《中国近三百年学术史》，商务印书馆 1997 年版，第 587 页。

曰，非能真于微言大义、经术政事处见精神也。"① 可见他从根本上怀疑这种"以复古为解放"的思维方式。如此一来，钱氏寻根讨源，既破魏源"复古"之论，梁氏"以复古为解放"也就不攻自破了，自然也不会认同梁氏对晚清今文学的高度评价。本文把这个论述称为钱氏的第一层"釜底抽薪"，直接从梁氏观点的源头入手，取消晚清今文学在学理上的合法性。

经过这一层"釜底抽薪"之后，钱穆对晚清今文学态度如何呢？我们先看钱穆对常州公羊学的态度：

> 庄氏为学……乃有苏州惠氏好诞之风而益肆。其实则清代汉学考据之旁衍歧趋，不足为达道。……卒之学术、治道，同趋渐灭，无救厄运，则由乎其先之非有深心巨眼、宏旨大端以导夫先路，而特任其自为波激风靡以极乎其所自至故也。②

观其"旁衍歧趋""同趋渐灭"之语，可知评价之低。钱氏又说："晚清今文一派，大抵菲薄考据，而仍以考据成业。然心已粗，气已浮，犹不如一心尊尚考据者，所得犹较踏实。其先特为考据之反动，其终汇于考据之颓流，魏、龚皆其著例也。"③ 钱穆对晚清今文学的评价就是"清代汉学考据的旁衍歧趋"，"考据之颓流"。而其所以持此观点，与梁启超有极大关系。钱著本章小字夹注中说："近人乃认晚清今文学为清代经学考证最后最精之结果，则尤误也。"④ 这里所谓的"近人"，大概即指梁启超。⑤ 可见钱氏之所以极力论证晚清今文学成就之低下，就是为了反驳梁氏早已风行天下的论点，以救当下风气之偏。钱穆的真正隐微用心，往往隐藏在此等小字夹注之中，端赖有心人去细细寻觅。

再说钱穆的第二层"釜底抽薪"。上引钱著说常州公羊学"乃有苏州惠氏好诞之风而益肆"，又于小字夹注中说："常州公羊学之渊源于苏州惠氏家法之论，此等处最显。""要之常州《公羊》学与苏州惠氏学，实以家法之观念一脉相承，则彰然可见也。"⑥ 可见钱穆认为晚清今文学出自苏州惠氏汉学。梁启超于清代中期之学术，盛推戴震，贬抑惠栋，又以晚清今文学派自居，盛赞今文学派之成就。而钱著此章，则欲极力证明今文学派即出自惠氏汉学，而梁启超等人又出自今文学。这样一来，惠氏汉学亦即梁氏不祧之祖，而梁氏尊戴抑惠，岂不是数典忘祖吗？这正是钱穆想要达成的"釜底抽薪"的效果。

总结钱穆的两层"釜底抽薪"之法：第一层，从源头上解构"以复古为解放"，认为晚清今文学是清代考据学的颓波；第二层，把晚清今文学追溯到惠栋，梁启超作为惠栋后学转而尊戴抑惠，适成其自相矛盾之效。钱著扬惠抑戴、贬抑晚清今文学，两者看似悬

---

① 钱穆：《中国近三百年学术史》，商务印书馆 1997 年版，第 587 页。

② 钱穆：《中国近三百年学术史》，商务印书馆 1997 年版，第 582~583 页。

③ 钱穆：《中国近三百年学术史》，商务印书馆 1997 年版，第 590 页。

④ 钱穆：《中国近三百年学术史》，商务印书馆 1997 年版，第 586 页。

⑤ 梁启超曾说："有清一代学术，可纪者不少，其卓然成一潮流，带有时代运动的色彩者，在前半期为'考证学'，在后半期为'今文学'，而今文学又实从考证学衍生而来。故本篇所记述，以此两潮流为主，其他则附庸耳。"（梁启超：《清代学术概论·自序》，中华书局 2010 年版，第 3 页）梁氏此言与钱穆所谓"近人"之说若合符节，可见钱穆所谓"近人"，其实就是暗指梁启超。

⑥ 钱穆：《中国近三百年学术史》，商务印书馆 1997 年版，第 586 页。

隔，实则前者是后者的原因与铺垫，后者是前者的结果与强化。两者合二而一，密不可分，必须当成钱穆关于清代学术的整体观点来看待，钱穆亦借此两者与梁启超立异。可以说，正是在梁启超的刺激下，钱穆通过"移花接木""釜底抽薪"等论证方法，才建立了自己的一套关于清代学术史的论述体系。

三、解释学的"前见"与钱穆"扬惠抑戴"问题上的体现

梁、钱惠戴抑扬之分歧只是表面差异，其背后则是对清代学术史相异的"前见"。伽达默尔认为理解并不是一个主体性过程，任何理解都是建立在"前理解"（也就是我们所说的"前见"）基础之上的。他论述说："理解首先意味着对某种事情的理解，其次才意味着分辨并理解他人的见解。因此一切诠释学条件中最首要的条件总是前理解，这种前理解来自于与同一事情相关联的存在。正是这种前理解规定了什么可以作为统一的意义被实现，并从而规定了对完全性的前把握的应用。"①

梁、钱二人之所以对清代学术史有诸多不同观点，也是因为他们持有不同的前见。钱穆之前见，厥有两端，一曰重视宋学，一曰经世致用。关于清代学术之统绪，钱穆即有明确的观点：

> 治近代学术史者当何自始？曰：必始于宋。何以当始于宋？曰：近世揭櫫汉学之名以与宋学敌，不知宋学，则无以平汉宋之是非。……而汉学诸家之高下浅深，亦往往视其所得于宋学之高下浅深以为判。……故不识宋学，即无以识近代也。②

可见钱穆是把清代学术放到两宋以来学术之内在脉络中来理解的，而不是将其从宋明学术之统绪中剔除出来，作个别标本之研究。正是在这一前见之下，钱氏才有"不识宋学，即无以识近代"的论断。

关于宋学之精神，钱穆认为宋学有"朝廷""学校"之二分，有"时务其用""经义其体"之二分，有"政事""经术"之二分，有"事功""心性"之二分，有"革新政令""创通经义"之二分。③ 概言之，前者为政治，后者为学术；前者为国家，后者为个人；前者为庙堂之高，后者为江湖之远。两者交互，方为宋学之真精神，贯穿宋、清数百年间，虽递有消长变化，然皆有脉络可循。若割裂宋、清，乃至割裂晚明、清初，以为清代学术特起独出，廓清前代，独标举考证，发明"汉学"，此非惟不知清代学术，亦且不知宋明学术源流。可见在钱氏之前见中，早已把清代学术纳入两宋以来的学术传统中，且特重其"经术"与"政事"两个面向，强调经世致用。

梁启超则不同，他在价值取向上贬低宋明理学，而推崇近乎"科学"的考据学。二人前见之异，从两种《中国近三百年学术史》的取材上即能看出。钱著十四章之中，以

---

① ［德］汉斯-格奥尔格·伽达默尔著，洪汉鼎译：《诠释学 I：真理与方法——哲学诠释学的基本特征》（修订译本），商务印书馆 2010 年版，第 417 页。

② 钱穆：《中国近三百年学术史》，商务印书馆 1997 年版，第 1 页。

③ 钱穆：《中国近三百年学术史》，商务印书馆 1997 年版，第 5~7 页。

考据名家的，有顾炎武、阎若璩、毛奇龄、戴震、焦循、阮元、凌廷堪、陈澧等8人，共5章，约占全书三分之一。但顾炎武一章力辨顾氏学问乃在其"博学于文，行己有耻"，其以善考核而名，乃顾氏之不幸；阎若璩、毛奇龄一章，则借清初古文《尚书》真伪之辨以论学者之心术，其意本不全在发挥二人之考据学；戴震一章，则于戴震之考据成绩并未着墨，而是论其治学方法及义理三书。其他两章以考据家为主者，亦复如此。可见钱氏略于考据，而专注于学者学问之全体。钱著所取材者，有考据、义理、史学、实干、今文等各类学者，凡是能成其一家之学者，皆还其一家之学之真，不问其门户派别如何。

梁著《中国近三百年学术史》则着重论述"清代学者整理旧学之总成绩"，分为四个部分，占全书一半以上的篇幅。而其所谓成绩，基本都是考据成绩。至于清代从事理学、心学者，仅有"阳明学派之余波及其修正""两畸儒""程朱学派及其依附者"三章而已。从其所用的"余波""畸儒""依附"等词，即不难看出梁氏对于宋明理学之贬抑。①

梁启超对学术的基本前见，即是"科学"。但钱穆则从根本上怀疑所谓的"科学精神"：

> 近人言治学方法者，率盛推清代汉学，以为条理证据，有合于今世科学之精神，其说是矣，然汉学家方法，亦惟用之训诂考释则当耳。学问之事，不尽于训诂考释，则所谓汉学方法者，亦惟治学之一端，不足以竟学问之全体也。②

在钱穆看来，训诂考据只是学问的一个层面（而且是比较初级的层面），远远不足以概括"学问"全体，所谓"学问"，深矣广矣，不能用"科学"来概括，也不必尽符合"科学"的规矩。在反驳梁启超时，钱穆所用的"移花接木""釜底抽薪"诸法，以"科学"观之，也是不尽符合规范的。

梁、钱关于清代学术之前见不同，从而导致两人关于惠、戴之抑扬截然相反。梁氏认为戴震治学符合科学方法，所以特从其考据着眼，将其推崇为清代学术"科学方法"的第一代表。钱穆则并不认同所谓"科学精神"，故对于戴震的考据不作论述，而关注其义理成就。且戴震诋宋儒，毁程朱，而惠栋则是"六经尊服郑，百行法程朱"式的循谨学者，虽在学术上专精汉学，立身还是宋儒精神。钱穆基于推崇宋学、经世致用的前见，则于惠、戴二人，不能不有所轩轾。总的来说，正是二人有着迥异的前见，才导致了两种异质的清代学术史论述模式，惠戴抑扬、晚清今文学评价只是两种前见之下的具体呈现而已。

四、余　　论

钱穆为何要扬惠抑戴，根本原因在其前见，但除此之外，他还有别的关怀，本文再尝试发皇之。钱穆曾在其书的小字夹注中吐露过心曲：

---

① 梁启超：《中国近三百年学术史（新校本）》，商务印书馆2016年版。
② 钱穆：《中国近三百年学术史》，商务印书馆1997年版，第444页。

李慈铭《越缦堂日记》谓:"见翁覃谿手批戴氏遗集,其评《论性》诸篇,谓此等文字与惠定宇《易述》后编言'性'相似。"……当时实知惠、戴两家言义理亦相通,不如近人盛尊东原而抑惠也。又阮元《揅经室集》《国史儒林传序》,亦谓"惠栋、戴震等精发古义,诂释圣言",尤证当时谓惠、戴言义理,同从古训出发也。①

可见钱氏所以要扬惠抑戴,乃因"近人盛尊东原而抑惠"。钱氏深服膺章学诚之说,希望能对世俗风气起到救偏补弊的作用。当举世皆尊戴抑惠之时,他偏要尊惠抑戴,进而调和惠、戴之异同,消泯吴、皖之差别,甚至更进一步,要消除一切无谓的门户意气之争。当此之时,梁启超的尊戴抑惠之说甚为流行,远远盖过钱氏之论,但钱氏仍然要动用"移花接木""釜底抽薪"等种种方法来证成己说,其用心可谓深矣。而其所以苦心经营如此者,盖亦冀有补当时学术偏弊于万一而已。

总而言之,钱穆正是基于尊崇宋学、经世致用的前见,以梁启超为参照系,在救偏补弊、矫正当前学术风气的责任感驱使之下,建构起了自己的清代学术史论述模式。梁、钱二人的框架存在着结构性的差异,具体论断更是分歧迭出。本文只举其荦荦大者,以钱穆"扬惠抑戴"为主,并旁及晚清今文学的评价问题,具体考察钱穆是如何在梁启超的"阴影"之下,以剪裁拼接之法证成己说,并由此而建构起自己的清代学术史理路的过程。我们分析钱氏论证之后,认同"戴震基本上是沿着自己的学术方向向前发展并深化的","钱穆夸大了惠栋对戴震的学术、思想的影响程度"。② 钱穆的具体观点虽曰可商,然其背后的学术关怀,却值得我们在此基础上作进一步探讨。

(作者单位:清华大学人文学院)

---

① 钱穆:《中国近三百年学术史》,商务印书馆 1997 年版,第 374 页。
② 吴根友、孙邦金等:《戴震、乾嘉学术与中国文化》,福建教育出版社 2015 年版,第 35 页。

明清经济与文化

☞ **编者按：**著名历史学者，武汉大学中国传统文化研究中心暨历史学院教授、博士生导师任放先生因病医治无效，于 2019 年 9 月 16 日逝世，享年 56 岁。任放教授一生致力于史学研究，视学术为生命，在史学理论及明清社会经济史等领域成就斐然，著述等身，深得同事及学界同仁尊敬。多年以来，任放教授大力支持《人文论丛》的发展，提供了许多优秀论文。2019 年 6 月，任放教授于病中赐稿《明代武当山与真武崇拜》一文，现载录遗作，以寄哀思。

明代武当山与真武崇拜[*]

□ 任 放

【摘要】武当道教至高尊神是真武大帝，原称玄武大帝。由于明成祖朱棣自称是真武化身，利用真武崇拜构筑靖难起兵的合法性，故永乐一朝，真武崇拜可谓登峰造极。此后武当道教地位独尊，由皇帝直接派专门人员处理武当山事务，大兴土木，奠定了武当山举世罕见的宏大格局。围绕真武崇拜产生的诸般武当山灵异现象出自道教人士的"创造"，连同真武大帝的身世及形象，均系人们有意为之的"造神"行为。这种文化创造，一则受到帝王的肯定，二则受到民众的追捧，显系符合皇权帝制时代的权力意志，也容易满足广大民众的精神需求。

【关键词】明代；武当山；明成祖；真武崇拜

武当山本名仙室山，又叫太岳山、太和山，位于湖北省西北部的汉江南岸，属于大巴山脉的东段分支。世所公认，武当山乃中国四大道教名山之首（另三大名山分别是龙虎山、齐云山、青城山），山峦起伏，气势非凡，有"七十二峰朝大顶、二十四涧水长流"之仙境。唐太宗敕建"五龙祠"，宋元之际号称"福地"，明代帝王崇奉道教，大兴土木（所谓"北修故宫、南建武当"），奠定了举世罕见的宏大格局。明嘉靖三十一年

---

* 本文为 2016 年度教育部人文社会科学重点研究基地重大项目"明清社会结构与社会变迁研究"（16JJD770036）阶段性成果。

（1552），敕建"治世玄岳"牌坊。① 明代，武当山俨然道教圣地，前来祭拜者数以千万计。

据武当山明代碑文等文献，武当道教地位独尊，实际上不属于中央一级的道教管理部门（道录司）管辖，而是由皇帝直接派另外的专门人员处理武当山事务，包括敕遣湖广藩参提调大岳、钦差宦官提督大岳、钦除提点管理教团等，使武当道教的管理机制别具一格。藩司（布政司）掌管省区政务，是抚治地方的大员，藩参（参政，从三品；参议，从四品）是其属下，堪称官府要员。如此明令藩参直接统领武当道教，充分说明朝廷对武当山的重视。作为提调武当道教事务的专职官员，藩参的职责主要包括：提督均州千户所军丁维修武当山道路、提督各宫观祀神、管理武当山佃户（555 户）、协助国醮、领受朝廷御赐神像器皿、监管香钱收支等。至于明代帝王另派宦官插手武当事务，除了显示官方极为尊崇的姿态，也说明宦官势力对明代政治及文化的影响力。在职权方面，提督宦官主要负责如下事务：举办某些特殊斋醮（如御前密建的斋醮）、为宫廷采办武当仙品（土特产）、裁汰违禁官道、奉旨给散道士及工匠御药（可延年益寿的仙药）、主管香钱收支等。如此一来，明代武当道教便形成了双重管理机制，藩参与宦官既相互配合、又相互监督，以便更好地管理武当山这一有着皇家气息的特殊宗教圣地。具体处理武当事务的人员，是分派到各宫观的提点。据悉，明代武当八宫（玄天玉虚宫、大岳太和宫、大圣南岩宫、太虚紫霄宫、兴圣五龙宫、遇真宫、迎恩宫、净乐宫），额定提点（一般为终身制，由皇帝任命，官秩正六品）人数为 21 人、禀食道士 389 人，实际不止此数，嘉（靖）万（历）之际各宫道士常有五六百之众。②

从信仰角度讲，武当道教至高尊神是真武大帝，原称玄武大帝。

玄武，在古代中国的信仰体系中，与青龙、白虎、朱雀合称"四神"。这四大神祇，青龙、白虎、朱雀都是某一神兽的形象，唯独玄武是龟蛇缠绕的形象。它们分别对应天上的星宿，即东方青龙、西方白虎、南方朱雀、北方玄武，故有"四象"之说，每一象相当于二十八宿中的七宿。中国文化的特征之一是敬天法祖，星宿在人们心目中如同神圣般的存在，所以对"四象"（"四神"）无比敬畏，不敢有丝毫的怠慢或亵渎。玄武位在北方，对应北极星，以故成为北方之神，尊称"北极镇天真武玄天上帝玉虚师相金阙化身荡魔永镇终劫济苦天尊"，简称"北极玄天上帝""北极大帝""玄帝""北帝""真武大帝""玄天大帝"等。按照五行命理，北方属水，以故它管辖所有水族事物（兼为海神）；又因北方在五色中属黑色，又称"黑帝"。在道教信仰中，真武大帝被认为具有防火治水、消灾祛病、延年益寿、护持武运诸神力，受到人们的敬仰与膜拜。

真武崇拜的延续和拓展，与政治需求密不可分。换言之，宋明时期，许多帝王青睐真武，认为真武对其权力宝座有庇护之功，因此大加提倡、竭力维护。传统中国虽然不是西

---

① 谈迁：《国榷》卷 60，癸丑嘉靖三十二年二月壬戌。按，该牌坊现为国家重点文物保护单位。关于武当山道教的学术研究概况，参见翁士洋：《明代武当山道教研究综述》，《汉江师范学院学报》2018 年第 2 期。关于武当山志的研究，参见张全晓：《明代武当山志研究》，华中师范大学博士学位论文，2011 年；张全晓：《清代武当山志考略》，《湖南科技学院学报》2015 年第 6 期。

② 参见唐大潮、石衍丰：《明王朝与武当道教》，《宗教学研究》1996 年第 3 期；杨立志：《明代帝王与武当道教管理》，《世界宗教研究》1998 年第 1 期。

方中世纪时代的那种政教合一的统治模式，但中国特色的"政治—伦理型"文化的一大功能，在于政治权力的运作往往成为文化思想的驱动力，政治因素对文化思想的掣肘相当明显，尤其是帝王的政治偏好对一个王朝的文化走向有着根本性影响。这是我们在考察武当道教史之际，特别要注意的地方。问题在于，当政治力量强力介入文化思想的创造过程时，难免带来一些特异的效果：一方面，由于挟持强有力的政治保护，文化思想的弘扬减少了诸多障碍，得以顺利地进行；另一方面，政治氛围的刻意烘托，往往消解了文化思想固有的锐气，使其不经意间成为政治附庸，甚至被改造成离开原本之旨的"新类型"。发生在武当道教身上的政治与文化的互动，在荆楚文化史乃至中国文化史上绝非孤例，值得人们深思。

宋真宗大中祥符五年（1012），因避讳宋圣祖赵玄朗之名，遂将玄武改为真武。也正是在宋代，经过道士们的阐发和官方的默认，武当山成为真武得道升天之所。宋代文献称："昔有净乐国王与善胜皇后，梦吞日光，觉而有娠，怀胎十四个月，于开皇元年甲辰之岁三月建辰初三日午时，诞于王宫。生而神灵，长而勇猛，不统王位，唯务修行，辅助玉帝，誓断天下妖魔，救护群品。日夜于王宫中发此誓愿，父王不能禁制。遂舍家辞父母，入武当山中，修道四十二年，功成果满，白日登天。玉帝闻其勇猛，敕镇北方，统摄真武之位，以断天下妖邪。"① 这种打通人神之界、塑造神灵的手法，是传统时代的通例，能够发挥由凡入圣、统摄众生的现实功效。

既为神灵，必有超人之处，方能纵横天地之间，具备凡人所不能的形象及神功——

> 仰启玄天大圣者，北方壬癸至灵神。
> 金厥真尊应化身，无上将军号真武。
> 威容赫奕太阴君，列宿虚危分秀炁。
> 双睛掣电伏群魔，万骑如云威九地。
> 紫袍金带佩神锋，苍龟巨蛇捧圣足。
> 六丁玉女左右随，八杀将军前后卫。
> 消灾降福不思议，归命一心令奉礼。②

既为神灵，必有应验，方能引起人们的景仰崇敬之情。在这方面，宋人也相应做了大量工作。例如，有文献称"玄武朝谒俯偊，拳拳伏胸，遵听用命也。降笔实录云，元始说法于玉清圣境，天门震辟，下睹恶气冲突、弥塞天光，乃命玉皇上帝降诏，诏北极紫微，令紫微大帝遽辞八景御座，即准奉昊天敕旨玉牒有命备坐，曰阳则以周武伐纣、平治社稷，阴则遣玄武收魔、间分人鬼"③；又如，"均州武当山，真武上升之地，其灵应如响。均州未变之前，敌至，圣降笔曰：北方黑煞来，吾当避之。继而真武在大松顶现身三日，民皆见之。次年，有范用吉之变。敌犯武当，宫殿皆为一空。有一百单五岁道人，首

---

① 〔宋〕佚名：《元始天尊说北方真武妙经》。
② 〔宋〕佚名：《元始天尊说北方真武妙经》。
③ 〔宋〕陈伀集疏：《太上说玄天大圣真武本传神咒妙经》卷1。

杀之，则知神示人有去意矣……"① 诸如此类的宋人表述，成为武当道教确立自身地位的重要依据，并为后世所传扬。例如，元人程巨夫《真类万寿碑》称"均（州）房（县）之间，有山曰太和，以玄武神居之，名武当。踞地八百里，峰七十有二，最高曰紫霄，峰之最胜者曰南岩。岩前有洞天二，曰太安皇崖天、显定极风天。上出浮云，下临绝涧。道家言，龙汉之年，虚危之精降而为人，修道此山，道成乘龙天飞，是为玄武之神"②。又如，明代文献称"真武为净乐王太子，得道术，修炼武当山，功成飞升，奉上帝命，往镇北方，被发跣足，建皂纛玄旗，摄玄武位"③。类似的描述几成定论，逐渐衍化为人们对武当道教的常识。

蒙元铁骑从北至南，以雷霆万钧之势横扫宋朝千军万马，结束了赵宋之世。这股来自北方大漠的政治力量，必须从中国文化中寻找"合法性"的理论支撑，于是，得到北方大神真武的庇护是最佳选择。定鼎中原之后，元代帝王在武当山大修真武庙观、敕令刻碑记述真武祥瑞，便是元代建构新型意识形态的重要内容。据后人踏查，在武当山"玄帝启圣二殿"的近旁，"出山坎大林下，六石碑在焉，皆元物也。一为崇封真武诰碑，一为揭傒斯所撰宫碑，一为揭傒斯所撰瑞应碑，二为戒臣下碑，碑尾书至元三年"④，足以说明元代君主对武当真武神的重视程度。

严格而论，以武当山为中心的真武信仰的大规模展开是在明代，这与明代帝王尊崇道教的历史背景密切相关。概言之，明代道教兴盛的一大原因，是龙虎山第 42 代天师张正常在朱元璋推翻元朝之际，曾向其呈献"符命"，昭示"天命在太祖"，遂得到器重。明朝建立之初，朱元璋赐封张正常"正一教主"及"护国阐祖通城崇道弘德大真人"名号，并赐银印，秩同二品。与之同时，朱元璋还召见了通山九宫山道士黄守逸，因为当年朱元璋进剿陈理（陈友谅之子）时，黄守逸曾恭迎大驾。朱元璋专门设置道录司（隶属礼部），掌管全国道教事务。当时，在所谓"京师九庙"（东岳泰山庙、都城隍庙等）中，位列第一的便是真武庙，初建于明永乐十三年（1415），成化十九年（1479）重新修缮，明正德年间更换门额为"灵明显佑宫"。与真武庙同为皇家道观的，在"京师九庙"中还有汉寿亭侯关公庙、灵济宫。到了清代，帝王们笃信喇嘛教，道教地位大不如从前，但并未遭到毁弃。雍正、乾隆年间，京师的真武庙均得到重修。每年的万岁圣日，朝廷均遣官致祭，代为礼拜。清代八大皇家庙观中，火神庙实为元明时期修建的真武庙，仍然属于皇家祭拜的寺庙。

除了京师之外，明代道教地位最为隆盛者当推武当山：它备受皇家重视，以至于成为帝王家庙。具体而言，明代开国皇帝朱元璋重视道教的政策导向，为真武信仰的流行创造了条件。朱元璋登基称帝后，册封真武神为玄天大帝，重塑神像，改建庙宇，赐予"北极殿"之匾，致使明朝各代君主均虔诚地恭奉真武大帝为护国神祇，视其为皇权永继、国泰民康、世运亨通的天神。值得注意的是，明洪武初年，明定："诸王来朝还藩，祭真武等神于端门，用羊豕九、制帛等物。祭护卫旗纛于承天门，亦如之。二十六年，定制：

---

① 〔宋〕张端义：《贵耳集》卷下。
② 〔明〕龚黄编：《六岳登临志》卷 6《玄岳武当山》。
③ 〔明〕俞汝楫编：《礼部志稿》卷 84《会议厘正神祀》。
④ 〔明〕何镗编：《古今游名山记》卷 9。

豕一、羊一，不用帛。寻罢。端门祭惟用荤素，二坛祭于承天门外……永乐以后，诸王分封告庙之礼，悉秉祖制。"① 朱元璋为了巩固皇权帝制，大行封藩之策。这些被赐封的藩王在离京之前，必须祭拜真武等神灵，似可说明真武大帝在明太祖心中占有重要的地位。此外，明代将真武奉为镇国护民、降妖伏魔之神，官府在各地修建了许多玄天上帝庙，专供官民祭祀。

不过，武当道教（尤其是真武崇拜）大盛却是在明成祖统治时期。个中缘由，是因为成祖还是燕王时，便崇奉真武大帝。毋庸置疑，明成祖朱棣对真武大帝的崇拜程度超过其父朱元璋。他将武当山改称"大岳太和山"，概如官方修定的《明史》所称，均州"南有武当山，永乐中，尊为太岳太和山"。在历史文献中，"大岳""太岳"均指武当山。

号称"清君侧"的"靖难之役"颇有篡位之嫌，但此役能够夺取帝位，在朱棣看来是得到了真武大帝的辅弼。鉴于此，诸般附会之说、许多颂圣之辞，均应时而出。例如，明人引《卓异记》，称"靖难兵起，南军遥见空中'真武'二字旗帜，皆攻。后以北既正大统，遣使于武当山，营元武宫殿，楣柱甃甓悉用黄金，一时天下金几尽。明成祖御制太和山碑：太和山神阴翊显佑，灵赫奕肆。建今玉虚宫，天柱之巅，冶铜为殿，饰以金泥"②。另有明代文献称，时为燕王的朱棣起兵反叛时之初，"成祖屡问姚广孝师期。姚屡言未可。至举兵先一日，曰：明日午有天兵应，可也。及期，众见空中兵甲，其帅玄帝像也。成祖即披发伏剑应之。论曰：天之所兴，人岂能御哉！……此岂非有鬼神佑骘其间，而天将启帝王万世之业乎？故人谋之疏，实天命之有在也。乃若我成祖靖难之举，亦诚有不得已哉！盖天命所在固不可逃，而人事之值亦诚有不容不然者"③。这样的一番说辞，异常明确地强调成祖夺得大位是天命所归，是玄天大帝辅助之结果。

由藩王（燕王）摇身一变成为一国之君（明成祖），朱棣自称是真武化身，其权力体系中的监、司、局、厂等官署均建有真武庙，供奉真武大帝神像。成祖一朝，真武崇拜可谓登峰造极！对此，时人赞叹："盖闻之天有五星，地有五岳，气之分也。临北者尊，居中者和，位之宜也。大荒之外，有神人焉，操坎离之真精，蹑龟蛇之灵状，是曰元武。中原之内有山焉，介翼轸之交躔，领均房之要会，是曰太和。苞荂所聚，神灵攸居，由来尚已。颇岱恒华衡，散见虞夏之纪；泰山崧岳，杂陈雅颂之篇。七十二家封禅之文，三皇五帝符图之箓，尝缺有间。秦汉而降，以山名郡县而不表其山；晋宋以来，以人官山土而不著其神。迄唐姚简祷雨祗，宠龙神之威名；元虏集作图遒，晋元武之徽号。洎乎明代，显有太宗，武振北方，功耀南国，高标异应，大造兹川。补秦皇汉武之遗，历朝帝有；张金阙琳宫之胜，亦寰宇所无，宜其万姓同钦、千龄永戴者也。山灵有待，抑遏始光，岂亦气数或使之然欤！"④ 这表明，武当山成为道教名山的历史并不长，约始自唐代，到宋元之际逐渐奠定根基，朱明王朝建立之后，方才大放异彩，成为天下道教第一圣域。明代武当山被敕封"太岳""治世玄岳"尊号，号称皇室家庙，成为国内最具影响力、宫观规模最大的道场（曾达 2 万余间），奠定道教第一名山的崇高地位。明人汪道昆《太和山记》

---

① 〔清〕嵇璜：《续文献通考》卷 76《郊社考·告祭》。
② 〔清〕姚之骃：《元明事类钞》卷 19《释道门·寺观·元武金殿》。
③ 〔明〕高岱：《鸿猷录》卷 7《靖难师起》。
④ 《〔光绪〕襄阳府志》卷 2《舆地志二·山川》。

云："我国家尊太岳为帝畤帝铉君"①，诚为不虚之言！

详言之，武当道教发展在明代有三大标识：

其一，在明代多位帝王的敕令下，大兴土木，致使武当山宫观形制臻于顶峰。

按照明代道士们的说法，明代开国帝王的征战及躲避兵燹，均得到真武大帝的庇佑。据明代御制碑所载，"太祖平定天下，兵戈所向，阴佑为多。尝建庙南京，载在祀典。及太宗（成祖）入靖内难，以神有显相功，又于京城艮隅并武当山重建庙宇，两京岁时朔望，各遣官致祭；而武当山，又专官督视祀事。至我宪宗，尝范金为神像，屡遣内官陈喜安奉于武当山，盖亦承列圣崇奉之意，以祈神休耳"②。相似的表述，亦见之于时人的书稿："再考国朝御制碑文，太祖高皇帝平定天下，兵戈所向，神阴祐为多。及定鼎金陵，乃于鸡鸣山建庙，以崇祀事，载在祀典。太宗文皇帝肃靖内难，以神有显相，又于京城艮隅并武当山各重建庙宇，而两京岁时春秋及京师每月朔望，各遣官致祭；武当山，则命内外官员专一在彼提督。列圣崇奉之意，可谓至矣。宪宗纯皇帝在位，尝范金为像，屡遣内官陈善赍往武当山安奉，盖亦不过承先志以祈神休耳。"③

如前所述，"靖难之役"爆发后，众道士为朱棣大造舆论，宣扬朱棣是真命天子，得到了真武的神佑。以故，朱棣践祚初期，便下令在两京（北京、南京）兴建真武庙，格外敬重祭祀之事。鉴于武当山乃真武帝修道成仙的道场，成祖遂动用国家财力，对武当山的道教宫观进行前所未有的重新规划和历时十年的大规模营建。④

明代文人及官员，只要亲临武当山者，无不为其气势所震慑。在他们的笔下，武当道教因为有了皇室的鼎力扶持，其辉煌态势才能冠绝天下："今天下所最崇重者，太岳太和山真武及岱岳碧霞元君。当永乐中，建真武庙于太和，几尽天子之府库，设大珰及藩司守之；而二庙岁入香银，亦以万计。每至春时，中国焚香者倾动郡邑。"⑤ 这段材料提及"几尽天子之府库"，虽有夸大之嫌，但是朝廷动用巨大的人力物力倾心打造武当道教胜境，却符合历史事实。

今天的武当宫观早已没有当年的宏大气象，然而，从时人的记述中仍然可以领会其中之一二："曩昔闻客谈太和，山高且奇、宫观伟丽，皆天下所无有，窃疑未信。……四日，入山，将至遇真宫，则童冠羽人数十提香鸣乐、持旛旆来导。悠悠然度灌木溪桥之间，恍涉仙界。自是，凡过一宫观皆然。是日，宿玉虚。五日晓，循涧道往寻玉虚岩，凡三里始至。径险石益奇，灵草异木青葱，不类人境，平时人所不至也。宿紫霄。六日，乃登天柱峰，谒真武君金殿。历路门者四，皆金榜。石蹬曲折不可计，旁皆有石栏銕锁，人攀援以升；或惫，则引布推挽。凡数十憩，乃跻其巅。平台设真君殿，可三尺许，冶铜为质，鎏以黄金。栋柱、门屏、题甍并具，其像与四天兵皆铜精工逾。土木非竭天下之力不可作，诚尽胜矣哉！其上四望莽苍，凡山皆下莫见，唯北见华山隐隐耳。拜礼赞叹，徘徊良久，始下入南岩……凡宫殿，皆拟天庭帝座之崇严；虽行寮寄寓，皆费中人百家之产，

① 《〔康熙〕均州志》卷3《记》。

② 〔明〕俞汝楫编：《礼部志稿》卷84《会议厘正神祀》。

③ 〔明〕倪岳：《清溪漫稿》卷11《奏议·北极佑圣真君》。

④ 参见湖北省地方志编纂委员会：《湖北省志·宗教》，湖北人民出版社1996年版，第83~84页。

⑤ 〔明〕吴楚材辑：《疆识略》卷38《神仙部·真武》。

莫状其胜。志云，聚南五省之财，用人二十一万，不知作之若干岁，信有之乎？按，真君其书所传，本清修得道士也，其后乃有大威力所显于宋元及圣朝如此。唯我文皇大圣首物、垂训作事，为天下法，非真君有大功于国、大惠于民，报典奉祠乌能臻是哉！"①

其二，正一派得宠，广设斋醮（念咒、求福禳灾、驱魔降妖等），方术大行其道（看相、占卜、辟谷、炼气、制丹、房中术等）。

因明代开国帝王的偏好，正一教的势头盖过全真教。朱元璋曾说："朕观释道之教，各有二徒。僧有禅、有教，道有正一、有全真。禅与全真务以修身养性，独为自己而已；教与正一专以超脱，特为孝子慈亲之设，益人伦、厚风俗，其功大矣哉！"② 从这番话里，似乎可以看出明太祖偏喜正一派，但也没有完全否定全真派。否则，便很难理解朱明王朝格外注重原本颇有全真派色彩的武当道教。可以肯定的是，由于全真派与元代皇室关系密切，遂招致朱元璋的忌惮。

据统计，在明代 4 部武当山志（所谓"任志""方志""王志""卢志"）中，记录下来的圣旨多达 258 道，可见明代皇室对武当道教的尊崇。正因为如此，明代武当山的重大斋醮活动甚多。醮，是道教的一种祭典仪式，或称为建醮、造醮、打醮，亦叫斋醮。简言之，醮就是道士设坛念经、做法事。其类型很多，有酬谢神灵保佑的"清醮"（即"祈安醮"），有超度亡灵的"水醮""火醮"，有庆贺神仙生日的"神诞醮"，有祝贺庙宇或建筑落成的"庆成醮"，有禳灾祛祸、祈福求贵的"斋醮"，等等。大体上，醮分为两大类：清醮（阳醮），多为庆贺、祝福之类；幽醮（阴醮），多为超度亡灵之类。《说文解字》注曰：醮是一种古代礼仪，"冠娶礼祭也"，是古代的成人礼、婚礼，"盖古本作冠、娶妻礼也"。也是古代的祭礼，"一曰祭也。……不蒙冠婚。宋玉《高唐赋》：醮诸神，礼太一。此后世醮祀之始见也"。大约从汉代开始，醮成为道教仪式，"夜中于星辰之下，陈设酒脯、饼饵、币物，历祀天皇、太一，祀五星、列宿，为书如上章之仪，以奏之，名之为醮"③。明代《正字通》对"醮"的解释是："醮者，祭之别名。又，凡僧道设坛祈祷，曰醮。"④ 明清以降，作为民间习俗的"醮"可谓因地而异、随处可见，包括斋戒、进香、普渡、祭王船、搭醮坛、神功戏、蜈蚣阵、竖灯篙等，成为民众祈神降福的行为方式之一。

明代 13 帝，登临大位之际均派钦差大臣前往武当山致祭，以故武当道教风光无限，重大斋醮不断。例如，永乐二十二年（1424）七月，修建金箓报恩延禧普度罗天大醮 7昼夜，地点在玉虚宫；宣德三年（1428）三月，万寿圣节、千秋令节分别设醮诵经 7 日、5 日；成化年间，建醮 4 次，短则 3 昼夜，长则 7 昼夜，供设清醮 3600 分位，地点位于玉虚宫、净乐宫、五龙宫；弘治年间，建醮 4 次，短则 7 昼夜，长则 49 昼夜，耗费银两近一万两，动辄攒香数百斤、红烛数百对；嘉靖年间，建醮 9 次，地点位于玉虚宫、净乐宫、玄天帝坛、治世玄岳坛，或 3 日，或 5 日，或 7 日。这些帝王在武当山建醮的事由，包括

---

① 〔明〕顾璘：《游太和山前记》，《顾璘诗文全集》之《凭几集续编》卷 2。

② 〔明〕朱元璋：《御制玄教斋醮仪文序》（洪武七年十一月），〔明〕宋宗真等编：《大明玄教立成斋醮仪范》（明正统刻本）。

③ 〔元〕马端临：《文献通考》卷 224《经籍考五十一·子（房中神仙）·汉志神仙家二百五卷》。

④ 〔明〕张自烈：《正字通》卷 10《酉部》。

宫观告竣、管送真武圣像、管钦降金彩妆木雕龙牌、管送皂织金绲丝幡及帐幔、赍捧香帛及银两、赍送钱粮、奉行斋事、帝王生辰等，场面盛大而庄严，极尽铺陈之能事。[1] 从斋醮行为中，不难发现：明代朝廷钦降武当山的像器（神像、法器、供器、香帛等）源源不断，一再向世人昭示其皇家身份。

通过对比，在明代帝王中，嘉靖帝在武当山的斋醮活动最多。根据史籍记载，这位因武宗绝嗣而意外跻身大位的帝王，对道教的信奉达到了痴狂程度：他任用道士在朝中担任重要官职，服食丹药、荒废朝政，堪称唐玄宗、宋徽宗之后又一位著名的道君皇帝，甚至险些因此丧命于宫女之手。不过，客观而论，武当道教之所以在明代达至顶峰，实与两位帝王密切相关：一是明成祖，二是明世宗（嘉靖帝）。嘉靖帝敕封武当山为"治世玄岳"，大规模修葺武当宫观，强化朝廷对武当道教的管理职能及扶持力度，扩大武当道教在全国的影响力。[2] 因此，考察武当道教的发展史，嘉靖帝是一个无法绕开的历史人物。

其三，道教的普及和不同流派共存，象征着武当道教进入繁盛期。

所谓道教的普及，是指道教的大众化，尤以各地民众朝山进香的人数及规模达到鼎盛为特征。鉴于上巳节农历三月初三（消灾除厄之日）是真武大帝诞辰，数以千百计的善男信女们携带线香、纸钱、蜡烛、各类供品前往武当山祭拜，祈愿真武大帝保佑众生，替人们解困除难。就全国而言，武当山的朝山进香活动最为隆盛，香客香会众多;[3] 其他地方的庆贺神诞日的活动也非常壮观、热闹无比。应该说，真武崇拜的兴盛是在明代，而且以武当山为中心舞台，成为明代道教发展的重要标志。在这种崇奉仙道的文化氛围中，武当山的玄帝殿自然是人们朝拜的圣地。论者称："武当道教是以武当山为中心，主张各道派大融合，以崇拜信仰真武神为主，既重内丹修炼，又重符箓斋教活动，强调忠孝伦理为特征的道派。"[4] 在皇权的大力护持下，武当山成为位列五岳之首的道教中心，呈现200余年的繁盛局面。在此背景下，全国各地每年前往武当山的香客数以千万计，为其他道教胜地所无。就此而言，除了皇家拨款，香钱收入成为武当山一大收入来源。

与万千香客涌入武当相同时，武当道教流派纷呈，形成各自独立但共同护道的多元格局。迨至宋代，形成所谓"武当道"，其特征是以真武崇拜为核心，内丹修炼与斋醮符箓兼擅，汲纳儒家忠孝节义的伦理规范。南宋时，出现武当五龙派（即上清派）。该派信奉真武神、三茅真君，复兴武当五龙观。宋元交替之际，武当山迎来了北方全真派、南方清

① 张华、郑勇华：《武当山明代圣旨解读》，《郧阳师范高等专科学校学报》2010年第5期。

② 张全晓、杨立志：《明代武当山志所见世宗崇道问题研究》，《世界宗教研究》2014年第3期。

③ 关于此课题，代表性成果当推梅莉：《明清时期武当山朝山进香研究》，华中师范大学出版社2007年版。另参见顾文璧：《明代武当山的兴盛和苏州人的大规模武当进香旅行》，《江汉考古》1989年第1期；John Lagerwey. The Pilgrimage to Wu-tang Shan , in Susan Naquin and Chun-fang Yu ed. , *Pilgrims and Sacred Sites in China.* University of California Press, 1992；杨立志：《武当山朝山进香风俗浅谈》，《武当》1992年第2期；王光德、杨立志：《武当道教史略》，华文出版社1993年版；杨泽善、杨立志：《武当山"朝爷"风俗寻踪》，《中国道教》1994年第4期；湖北省地方志编纂委员会：《湖北省志·民俗方言》，湖北人民出版社1996年版，第299~300页；石金汉口叙、饶咬成整理：《武当山的"朝山会"》，《武当学刊》1997年第1期；张伟然：《湖北历史文化地理研究》，湖北教育出版社2000年版；杨立志：《武当山进香习俗的地域分布刍议》，《湖北大学学报》2005年第1期，等等。

④ 陶真典、范学锋：《武当山纪略》，《湖北文史资料》1997年第3期。

微派等。日后，太和真人张守清融铸众家，创建武当清微派，子弟四千，声名远播。明初（洪武年间），张三丰来到武当修炼，创三丰派。明永乐时，成祖朱棣敕令道录司在全国各地精选数百道士，进入武当山发扬道教，其中担任提点、住持者多为正一派、清微派、上清派等高道。这些道士以武当为本山，崇奉真武大帝，以张三丰为祖师，属于宽泛意义上的武当道。成化、弘治年间，武当道派另有繁衍。清代以降，全真龙门派成为武当道教的主流，并存者尚有正一派、清微派、华山派、遇山派、静一派、玄武派、茅山派、白衣派等。① 在历史时期，这些不同流派求同存异，相互探讨大道精义，共同推动武当道教的健康发展。

既然耗费了巨大的人力、物力、财力修建举世无双的道观群，足以说明朱明王朝不会就此罢手，而是着意将武当山打造成令天下信众为之倾倒的道教圣地。于是，加强宫观管理便是题中之义。为此，明成祖于永乐十一年（1413）十月十八日特颁圣旨，内称"大岳太和山各宫观有修炼之士，怡神葆真，抱一守素，外远身形，屏绝人事，习静之功，顷刻无间。一应往来浮浪之人，并不许生事喧聒，扰其静功，妨其办道，违者治以重罪。至诚之士，慕蹑玄关，思超凡质，实心参真问道者，不在禁例。若道士有不务本教，生事害群，伤坏祖风者，轻则即时谴责，逐出下山；重则具奏来闻，治以重罪"②。可见，对于武当道士之个人品格，朝廷极为重视，以免败坏皇家道场之名声。甚至重要宫观的住持，明成祖都要一一核实，唯恐有所差池。他曾敕令正一嗣教真人张宇清："武当，天下名山，真武成道灵应感化之地。元末宫观悉毁于兵，遂使羽人逸士、修炼学道者无所依仰。朕积诚于中，命创建宫观……然此名山胜境，必得高人羽士以住持看守。大圣南岩宫，已尝令右正一孙碧云为住持。外其三处，尔即选有道行者各二人为住持。别选至诚敬谨道士，每处各五十人看守。如一时选择不如数，随尔所选得若干人，就分派四处看守，精进修行，兴隆道教。"等张宇清提交候选名单后，成祖专门下了一道敕令给隆平侯张信、驸马都尉沐昕等人，让他们迅速掌握相关讯息："正一嗣教真人张宇清举保道士分派各宫：道官任自垣、道士邵庆芳为玄天玉虚宫提点，高道周惟中兼提点，林子良为副宫；兴圣五龙宫，以李时中为住持，道士吴继祖为提点；太玄紫霄宫，以李幽岩、胡古崖为提点；大圣南岩宫，已命右正一孙碧云住持，以王一中为提点副之。各处宫名只依此敕为定用，报汝知之。"③ 一个日理万机的帝王，连道观管理人员的名册都要亲自审定，这在中国道教史乃至中国宗教史上极为罕见。

彼时，武当山如同官方衙门：正六品道官26人，敕封五龙宫住持张三丰"真仙"名号，敕封其弟子丘玄清嘉议大夫、太常寺卿；道众3000人，兵士5000人。朝廷允许武当山的道士出售度牒，另赐予大量地产（号称八百里官山），享有免纳赋税特权。④

---

① 杨立志：《武当山道教文化》，《世界宗教研究》1994年第2期。

② 佚名：《大明玄天上帝瑞应图录》，涵芬楼本。

③ 佚名：《大明玄天上帝瑞应图录》，涵芬楼本。

④ 参见杨立志：《明帝与武当山宫观经济考述》，《宗教学研究》1998年第1期。按，这一优待政策延续到清代，所谓"及有明永乐间，加封大岳，易名太和山，敕藩参典司岁祀。至我朝复加崇重，圣祖仁皇帝屡遣部员内臣致祭，锡额赐帑，辉煌神岳。我皇上特降谕旨，豁免山税，比于泰岱。其隆文徽号，俨与五岳争烈，称巨镇焉，而其效灵于军国民生，历著神异"。参见〔清〕王槩等纂修：《大岳太和山纪略》卷首《序》。

道教文献称："太阴化生，水位之精。虚危上应，龟蛇合形。周行六合，威慑万灵。无幽不察，无愿不成。劫终劫始，剪伐魔精。救护群品，家国安宁。敢有小鬼，欲来见形。吾目一视，五岳摧倾。急急如律令。"① 这表明，真武大帝能解水火之灾，具有统摄龟精蛇魂于脚下的神功，被元始天尊（道教最高神灵，与灵宝天尊、道德天尊合称"三清尊神"）封为玄天上帝。以故，明代宫廷内，建有多所真武庙，以避免水火之患。值得注意的是，这位"周行六合、威慑万灵"的真武大帝，身为降妖伏魔的三大伏魔帝君（另两位是伏魔大帝关圣帝君、驱魔真君钟馗帝君）之一，还是一位受有崇敬的武神、战神。元明以降，真武大帝的形象被形塑为赤足仗剑、气度威严，能够保佑皇权帝制的王朝国家武运长久，来犯之敌望而却步，战之必胜，无坚不摧。因此，明代许多次将帅出征，都宣示得到真武大帝的护持。

在传统时代，中国人的神灵崇拜均有对应之物，或天象，或超人，或灵物，不一而足。关于真武大帝是哪一星宿的人格化，有多种说法。一说是玄武七宿，原因是北方七宿的形状犹如一只神龟，而玄武原本就是龟。虽然玄武之神的祭拜由来已久，但正式册封为玄武大帝却是唐代。到明代，一足踏龟、一足踏蛇的真武大帝形象已深入人心，成为玄武七宿的图腾符号。一说是北斗七星，以故真武大帝有手持七星宝剑的形象。相传真武大帝有三十六位天将护法，其中四大护法元帅地位最重要。根据明代辑录道教文献的大型丛书《道藏》（包括明英宗正统十年刊行的《正统道藏》、明神宗万历十五年刊行的《万历续道藏》），这四大护法元帅有不同的组合，例如：温、康、马、赵；温、岳、马、赵；温、康、王、马，等等。列入护法的人物虚虚实实，其中有著名的历史人物，如岳元帅，讳飞，一代名将，追赠"鄂王"，谥"武穆"，世称"岳武穆王"；殷元帅，讳郊，是商纣王之子，封为"太岁大威至德元帅"。更多的是道教认同的诸多神灵，包括：温元帅，讳琼，东岳神部将之首，封为"佑侯元帅"；康元帅，讳广席，系龙马之精转世，封为"仁圣元帅"；马元帅，讳灵耀，封为"华光元帅"，是著名的护法神；赵元帅，讳朗，字公明，正一教"正一玄坛真君"，系武财神，具有呼风唤雨、赐予钱财之神力，颇受民众喜爱；李元帅，讳哪吒，封为"中坛元帅"，五营元帅之首，是老百姓耳熟能详的护法神；王元帅，讳善，封为"隆恩真君"，是镇守山门之神，雷部、火部天将；高元帅，讳员，封为"九天降生元帅"；周元帅，讳广泽，封为"风轮元帅"。除了哪吒，五营元帅另有东、南、西、北四营元帅，分别是：张元帅，讳自观，封为"法主真君"；萧元帅，讳法明，封为"辅天真君"；刘元帅，讳志达，封为"普照大师"；连元帅，讳光阳，封为"九天法主"。

除了这些赫赫有名的护法元帅，另有护法神兽。最著名的，当然是龟蛇二将。此外，相传真武大帝在武当山修行时，有灵鸦、黑虎侍卫。道教文献《玄天上帝启圣录》云："玄帝登山，首于太子岩栖隐。帝修真时，有灵鸦报晓、黑虎卫岩，每食必饵之。至今二物通灵，皆证大神时隐时见。乌鸦喙赤，见之者昌；黑虎驱奸，逆之者殃。"并引述《武当福地总真集》，作进一步的阐释。关于黑虎，"武当黑虎大神，乃北方天一之所化，护教守山之灵，正直威显，变化不一。或托相为人，金甲皂袍，若将军之状。或现真相，玄鬃黑色，如狮子之形。或大如鬃，或小如豹。或雪里而现其迹，或泥中而显其踪。见之者

① 〔宋〕吕太古：《道门通教必用集》卷7《威仪篇·次至西北存真武将军诵咒》。

不祥，梦之者获庆。夜巡廊庑，灵迹昭垂，不善之人立为屏斥。丹经云：虎向水中生，是也。有秘法传之于世，行焉。今天一真庆宫嘉庆阁下，有黑虎岩"。关于灵鸦，"灵乌者，秉北方之黑色，为武当之灵神，预报吉凶、验其慈厉，靡不应者。且则群噪为之报晓，然物我相忘，略不惊避。晨夕二供，飞翔伺食。内一红喙者，或隐或现，见之者为嘉瑞云尔"。鉴于此，黑虎将军成为武当山驱疫防疾、护山镇庙之神灵。一般的真武庙神桌下，都会奉祀黑虎将军。按照道教礼俗，黑虎将军的神诞日是农历六月初六日。

"磨杵成针"是著名的成语故事，一般都说成是唐代诗人李白儿时之事，语出明代陈仁锡编纂的《潜确类书》（即《潜确居类书》）。但道教文献却将此事与真武大帝联在一起，称"玄帝修炼，未契玄元。一日，欲出山，行至一涧，忽见一老媪操铁杵磨石上。帝揖媪曰：磨杵何为？媪曰：为针耳。帝曰：不亦难乎？媪曰：功至自成。帝悟其言，即返岩，而精修至道。老媪者，乃圣师紫元君感而化焉。涧曰磨针，因斯而名云麓仙人磨针涧。诗曰：淬砺功多粗者精，圣师邀请上天京。我心匪石坚于石，小器成而大道成"[1]。类似这样的仙迹传说，在武当道教文献中还有很多：一方面，它们通过渲染神灵故事的神秘性，进一步凸显道教的神圣性；另一方面，这些生动的传说容易让普通民众理解道教的精髓，使其被形形色色的神迹所吸引，心生崇拜之感。

据明代《道藏》记述，真武大帝的圣号多达百字，即"混元六天传法教主修真悟道济度群迷普为众生消除灾障八十二化三教祖师大慈大悲救苦救难三元都总管九天游奕使左天罡北极右垣大将军镇天助顺真武灵应福德衍庆仁慈正烈协运真君治世福神玉虚师相玄天上帝金阙化身荡魔天尊"。宋代以降，帝王们屡有加封，尤以明成祖最为倾心。例如，宋太宗封"佑圣玄武灵应真君"，宋真宗封"真武灵应真君"，宋钦宗封"佑圣助顺真武灵应真君"，元成宗封"元圣仁威玄天上帝"，明太祖封"玄天上帝""真武荡魔天尊"，明成祖封"北极镇天真武玄天上帝"。帝王为真武加封圣号，极大地推动了"真武崇拜热"，增强了普通民众对真武的敬仰之情。就在宋代敕封真武大帝圣号的同时，全国各地陆续兴建真武庙，专用于祭拜之需，通都大邑更是不可或缺，如宋代的建康（今南京）、临安（今杭州），明代的"两京"（南京、北京）。真武庙又叫玄天上帝庙、玉虚宫、玄天宫、北极殿、北帝庙等。武当山是道教众多洞天福地的名山，是真武大帝修仙得道之所，因此武当山的真武庙堪称"祖庭"，是朝拜者心目中的圣地。珠江三角洲一带多有北帝庙，例如始于宋代、明清重修的佛山祖庙内供奉的就是北帝。

之所以将自然山川与神灵精怪相互穿凿附会，是因为现实政治及人生有特殊需求。宋元明三代，武当山成为道教传播的中心舞台，恰可为证。[2] 玄武的神迹传说由来已久，迨到宋明之际与武当山如此紧密地结合在一起，由星宿而入凡间、由王子而升仙境，经过数不清的编撰与改写，最终归结为玄武（真武）在武当山修仙得道这一根本性的认识。天下名山奇境如此之多，为何选择武当山作为玄武降生之地、修道升天之所？在诸多原因中，武当山的自然地形地貌是重要的一条，以至于人们感叹"非玄武不足以当此（当之）"，也就是说，只有将此山命名为"武当"，才能配得上玄武大帝的英名与功业，与

---

① 佚名：《玄天上帝启圣录》卷1《悟杵成针》。

② 周晓薇：《宋元明时期真武庙的地域分布中心及其历史因素》，《中国历史地理论丛》2004年第3辑。

它的形象、气度、神力相吻合。"武当"之"武"指玄武大帝，"当"指担当、承受、配享。此语出自明成祖《御制大岳太和山道宫之碑》（永乐十六年十二月初三日）。鉴于这篇碑文具有独特的史料材料，兹抄录于下：

> 盖闻大而无迹之谓圣，充周无穷、妙不可测之谓神，是故行乎天地、统乎阴阳；出有入无、恍惚翕张；骖日驭月、鼓风驾霆；倏而为雨、忽而为云；御灾捍患、驱沴致祥；调运四时、橐籥万汇；陶铸群品、以成化工者，若北极玄天上帝真武之神是已。按道书，神本先天，始炁五灵。玄老太阴，天乙之化。生而神灵，聪以知远，明以察微，潜心念道，志契太虚，乃入武当山，修真内炼，心一志凝，遂感玉清元君，授以无极上道，功满道备，乘龙天飞。归根复位，显名亿劫，与天地悠久、日月齐并。武当，旧名太和，谓非玄武不足以当之，故名曰武当。蟠踞八百余里，高列七十二峰。三十六岩之奇峭，二十四涧之幽邃。峰之最高曰天柱，境之最胜曰紫霄。南岩上出游氛，下临绝壑；跨洞天之清虚，凌福地之深窅。紫霄、南岩皆有宫。又自南岩北下三十里，有五龙宫；又四十里，抵山趾，有真庆宫，俱为祀神祝厘之所。元末悉毁于兵燹，荆榛瓦砾，废而不举。天启我国家隆盛之基，朕皇考太祖皇帝以一旅定天下，神阴翊显佑、灵明赫奕肆。朕起义兵、靖内难，神辅相左右，风行霆击，其迹甚著。暨即位之初，茂锡景贶，益加炫耀。至若棚梅再实，岁功屡成，嘉生骈臻，灼有异征。朕夙夜只念，罔以报神之休。仰惟皇考皇妣劬劳恩深，昊天罔极，亦罔以尽其报。惟武当，神之攸栖，肃命臣工即五龙之东数十里得胜地焉，创建玄天玉虚宫，于紫霄、南岩、五龙创建太玄紫霄宫、大圣南岩宫、兴圣五龙宫。又即天柱之顶，冶铜为殿，饰以黄金，范神之像，享祀无极。神宫仙馆，焕然维新。经营之始，至于告成之日，神屡显像，祥光烛霄；山峰腾辉，草木增色；灵氛聚散，变化万状。众目咸睹，跂拜嗟嗟。棚梅垂实，加前数倍。九地启秘，金杵跃出。阴阳储精，玄质流润。灵异纷賚，莫能殚纪。神之响应有如此者，遂命道士为提点，主领各宫，饬严祀事，昭答神贶。上以资荐扬皇考太祖高皇帝、皇妣孝慈高皇后在天之灵，下以为天下臣庶祈迓繁祉。虽然，神之浮游混茫变化无方，此感彼应无往不之，然非此无以达朕之诚，与系天下虔敬之心也。又况山川冲和之气融结于斯，与神相为表里。神之陟降往来，飘飘挥霍，顾瞻旧游，岂不徘徊于斯者乎？则是宫观之建，有不可无。谨书为文，刻碑山中，以彰神功永永无穷焉。①

在这篇情真意切、汪洋恣纵的碑文中，明成祖首先大肆渲染真武大帝的超凡绝俗、神奇法力，将其视为与天地共存、与日月同辉的一方神圣。紧接着，便将武当山与真武大帝牵扯在一起，指出只有此神才能与此山相匹配，从而以帝王的口吻肯定了道士们对真武降生于斯、得道于斯、飞升于斯的一整套话语体系的建构，赋予"非玄武不足以当之"的表述以合法性和权威性。至于为何要动用国家财力大规模兴建武当道教建筑群，明成祖给出了两个答案：一是元末战争造成毁灭性破坏，必须予以重建，让万千信众有一个可以寄托自己心愿的正式场合，以期振兴道教、匡扶世道人心；二是父皇（朱元璋）及自己在

---

① 佚名：《大明玄天上帝瑞应图录》，涵芬楼本。

登基过程中，均得到真武大帝的辅弼，只有大兴土木、兴修史无前例的宏伟道场，才能表达对真武大帝无比崇敬的心情。况且，在营建过程中，屡有灵异现象发生，说明神明以多种方式显示自己的存在，恰可印证天人感应之玄理。鉴于此，身为一国之君，成祖表示不可轻漫或搪塞，而是亲自任命道士为提点，认真打理各宫事务，尽职尽责，供奉好真武大帝。如此一来，既可告慰受恩于真武神的皇父母在天之灵，又可为天下苍生营造一处空前绝后的祈愿幸福的道场，可谓责无旁贷。为表示敬重之意，明成祖为武当宫观敕赐名称，即玄天玉虚宫、太玄紫霄宫、大圣南岩宫、兴圣五龙宫。虽然，神游四方、无处不在，然而虔诚地营建如此辉煌、如此宏阔的道教宫观，自然能够吸引神灵的关注，并将赐福于吾侪，诚如俗语所谓听天命、尽人事耳！

关于永乐年间修建武当宫观曾出现的众多灵异现象，道教文献有详细记述。仅以永乐十一年为例：

五月二十五日，"修理大顶铜殿。是日，圆光现。目涧泉之下，乘虚而升五色，灿烂照耀山谷。光中复现天真圣像，身衣皂袍，披发而立，下有祥云拥护"；

五月二十五日，"光中圣像复现于大顶前，报发而坐，有二天神拱侍左右，若应对之状；又有二神立于前，下有祥云拥护"；

五月二十六日，"大顶天柱峰圆光再现，光中复有圣像，二天神随立于后，下有白云拥护"；

六月二十一日，"紫霄宫修理福地。是日，宫前五色圆光现显，见圣像坐于其中，左建皂旗，飞扬晻霭。有一天将执之，右一将捧剑而立。下有白云拥护，云中复见龟蛇盘旋者久之。自时厥后，显化无穷。在山官员、军民二十余万，仰见兹瑞，莫不起敬，咸欢欣踊跃而相庆曰：斯皆皇上诚心感格，天真显应，故锡此嘉瑞。自生民以来，未有盛于今日，实为国家万世太平之征、天下苍生之福"；

八月十七日，"彩绘大顶殿宇。是日，黑云拥护五色圆光，内现圣像，左右有二天神侍立"；

八月十七日，"大顶前光中再现圣像，身披皂袍，两袖飘举，若风动之。前有一神，捧剑导此，后一神侍从"；

八月十七日，"光中三现圣像，前有一神导引，后一神捧印侍从"；

八月十七日，"光中四现圣像，前有一神捧剑导引，后一神执皂旗侍从"；

八月十七日，"光中五现圣像，坐于黑云之上，左右有二天神侍立"；

八月十九日，"大顶殿宇完成。是日，有五色圆光，内现天真圣像，下有黑云拥护"；

八月十九日，"光中复现圣像，后有一神侍从"……①

上述征引，主要是在修建武当山金顶的过程中出现的灵异现象。所谓"圣像"，就是真武大帝。有的时候，真武大帝单独显身；有的时候，身旁有神灵侍卫，或捧剑、或执旗。身披皂袍、脚踏黑云，或站或坐，周围笼罩着五色圆光。令人惊诧的是，有的时候，真武在一天当中显身数次，让正在施工的数以万计的军民无比崇敬。在科学尚未昌明的传统时代，这些灵异现象对普通民众精神世界的冲击力是巨大的。

显然，诸般灵异现象出自道教人士的"创造"，连同真武大帝的身世及形象，均系人

---

① 佚名：《大明玄天上帝瑞应图录》，涵芬楼本。

们有意为之的"造神"行为。但这种脱离历史实际的文化创造,一则受到帝王的肯定,二则受到民众的追捧,显系符合皇权帝制时代的权力意志,也容易满足广大民众的精神需求。对包括真武大帝在内的释道诸神,人们不以为"虚",反以为"实",虔诚信奉、真心膜拜。或许,当时的人们宁愿虚实相兼,努力创造条件让天地诸般神灵融入人间,变成日常生活的导引,变成官方权力系统之外的另一种管理人间事务的精神权威。于是,在真武显灵的幻象及意识中,汲汲营营的普罗大众感到有了某种可以依靠的力量,感到生活似乎有了新的希望。在此意义上,明清时期的宗教信仰在很大程度上具有维持社会秩序的作用。

这就不难理解,为什么明成祖对武当山的灵异现象格外着迷?在下令大兴武当道观之前(永乐三年六月十九日),明成祖专门就"棚梅成实",通过敕令的形式向五龙宫全真道士李素希表明自己的观点:"昔者,高真学道于武当名山,折梅(枝)寄棚树,且祝曰:道成,此枝即活,花实而熟。后果如其言。自是,以验岁之丰歉。太平岁丰,花实而繁。其遇岁歉,花而不实。今树尚存,问诸故老,久无花实。比者,尔素希以实数百遣人来进,诚为罕得。莫非以尔精诚所格,祝厘国家,故能感动高真,降此嘉祥,以兆丰穰也。兹特遣道士万道远赍香诣高真道场,焚炀以答神贶;并以采缎一表、里纻丝衣一袭、钞四十锭赐尔。尔其格尽乃心,以祈茂祉。"结果心想事成,翌年(永乐四年七月初五日)成祖兴高采烈,又给李素希下了一首敕令:"去岁高真效祥,棚梅成实,已兆岁丰,尔遣人来进。今岁复然,诚为难得,稽之于古,间或一见,尤以为希遇。矧兹二年两见,其实皆由高真翊卫国家、尔辈精意祝厘所致。兹特遣道士陈永富赍香诣高真道场,以答神灵;并以采缎一表、里纻丝衣一袭、钞四十锭赐尔,宜茂益精勤、以臻至道。"①

皇恩浩荡,泽被天下,因此帝王敕建武当的谕令也被奉为吉祥之物,专门建亭,以表敬重,史称"黄榜荣辉"。关于此事之细节,文献称:"国朝敕命隆平侯张信、驸马都尉沐昕统率军夫二十余万,敕建武当山宫观。圣谕详明,具载黄榜。永乐十年秋九月庚子之吉兴工,首以黄榜揭于玄天玉虚宫前通衢之上,覆以巍亭,护以雕栏,丹漆绚耀,照映山林,使凡官员、军民过于亭下,莫不肃敬。伏睹敕谕,则知兴建宫观之盛,发于皇上诚心,特以昭答神明显佑国家之惠。上荐太祖高皇帝、孝慈高皇后在天之灵,下为天下生灵祈福,岂不重且大哉!"自从修建黄榜之亭后,武当山所在之均州"人民扶老携幼,骇而聚观,盈街塞途,传闻四方。虽深山穷谷之民以及道释,亦皆相率争睹。其长老莫不嗟叹,以为自有生以来所未尝见"。不惟如此,该亭也出现了灵异现象,"是后,亭上常有荣光烛天、祥云旋绕、霞彩交辉,珍禽仙鹤飞鸣翔集"。对此,上自主持武当建筑之官员,"下逮士庶,于是咸相庆曰:历代兴建宫观,无若今日之盛,宜其天人协应、祯祥若此,诚为圣朝之盛事、万世太平之休征。谨因图其实并以誊写敕谕于其亭上,使万代之下咸知有所敬仰云"。更令人惊奇的是,在择定吉日、准备动工之际,出现了"黑云感应"的灵异现象:"国朝敕建武当山宫观,皇帝御制祭文,遣隆平侯张信、驸马都尉沐昕昭告于北极真武之神,其恭且严如是。"永乐十年(1412)秋九月,张信等要员来到武当山,选择当月十八日庚子吉致告。那天夜晚,张信等"率各官斋祓,宿于玄天玉虚宫。至期,陈设于正殿之基。侯等虔恭肃畏,以入即事。是时,天地开明,月星朗耀,仰见黑云自西

---

① 〔明〕任自垣:《敕建大岳太和山志》卷2《大明诏诰》。

北起，大如车轮，来覆山巅，相去一丈许。将升将坠，若往若来，盘结旋绕，倏忽之间变化莫测，隐隐中有雷电之震作、旌幢之微露，久而不动。神灵赫然临之在上，来鉴来歆。祀毕，即忽不见，四气朗清，寂无遗响。众皆目睹其事，莫不惊异起敬，以谓斯皆皇上兴祠报神、发乎诚心，大小之臣欢忻奉命，故祭告之日，感格神明，显兹灵应"①。此外，还有"骞林应祥""棚梅呈瑞""神留巨木""水涌洪钟"等神迹异兆。由真武显灵到圣旨显灵、祭告显灵，天人感应之说获得了多次印证，神仙与皇权合二为一，"君权神授"成为毋庸置疑的真理。

明代武当山志书概有 4 部，分别是：任自垣编《敕建大岳太和山志》（宣德六年，1431），编者时任大岳太和山提调官、钦差太常寺丞；方升编《大岳志略》（嘉靖十五年，1536），编者时任湖广布政司右参议、武当山提调官；王佐、吕祥编《大岳太和山志》（嘉靖三十五年，1556），编者时任武当山提督太监；卢重华编《大岳太和山志》（隆庆六年，1572），编者时任均州学正。在这些山志中，颇多"灵植检""神物集""仙真异迹""祯祥效应""灵产物类"等文字，表明因真武大帝产生的诸多灵异现象，构成了武当道教文化的重要组成部分。

关于"非玄武不足以当之"的说法，常见于明人著述，如《西楼全集》《六岳登临志》《古今游名山记》《七修类稿》《大明一统志》《楚纪》《广舆记》《山堂肆考》《太函集》《五岳游草》《广志绎》《海内奇观》《尺牍争奇》《图书编》《楚宝》等，清初顾炎武《肇域志》亦有记载，表明这已成为人们的共识。武当山之自然奇观与玄武崇拜之奇妙结合，堪称妙手神功。对此，道教文献称：

> 天之高不可知也，日月星辰之象，吾得而观焉。地之厚不可度也，山川草木之形，吾得而察焉。神之妙不可测也，变化应感之迹，吾得而拟议焉，是道也。洞渊张先生（武当洞渊张真人，峡州宜都即今湖北宜昌人——引者）其知之，其作《玄武嘉庆图》是已。其言曰：武当之为山也，七十有二峰，皆奇伟怪绝。而所谓紫霄峰者，又七十二峰之中峰也；然则，其能出云雨、见灵怪也，固宜矣。又曰，其帝而神之者，曰玄武。玄武者，在天为虚危之宿，在地托龟蛇之灵，于五行为水，于五色为玄，而其数则一也。夫一之为一也，虽数而言之，则一固造化之所由分；即数而言之，则一固十、百、千、万之所由起也。然则其寓夫地之中、而行乎天之一，非天下之所谓至神者欤？②

由此观之，真武崇拜成为武当道教之精神主旨，是由宋到明数百年间道教发展的一大思想成果。对这种将神灵赋予名山、以名山为信仰场域的杰出创造，一位明代官员在游历武当山后大发感慨：

> 夫险易者，地之理也；幽明者，物之情也。广大、尊崇，皆易也，而人道宜之，故曰明；奇峭、险邃，皆幽也，而鬼道宜之，故曰幽。地形殊类，物用相成，莫知其

---

① 佚名：《大明玄天上帝瑞应图录》，涵芬楼本。

② 〔元〕徐世隆：《玄天上帝启圣灵异录》。

然而不能不然，此则天之道也。天且不违，况于人乎？况于鬼神乎？今夫君王侯伯之居，必大都广土、日月所照、人物萃之，否则，舟车难通、政教难达、人道斯妨矣。神灵仙真之栖，必深岩幽林、云雾所积、怪妖凭之，否则，精气莫潜、变幻莫作、鬼道斯诎矣。由此言之，两间之内，凡山川之幽险为仙佛依，不为吾人有，断断明矣。夫五岳，天下之名山也，其神坛墙恒居坦明之地，其幽乃有异类托之，故曰五岳视三公，不其然哉！今吾游太岳，观灵峰峭壁、空岩阴谷，信天下之绝奇矣。然止于仙鬼所附、清虚所修，无礼乐政治之用，以达诸人事，卒归阴道已矣。将希诸聚落井邑且不可得，敢望大都广土类邪易则，大险则小固，天道之不可易也。客有闻而作者，曰：岂唯山哉！高明洞达，大人之度也，斯贤圣同域矣；卑塞险暗，小人之趣也，斯鬼蜮同流矣。请以子相山之道相人可乎？对曰：吾乌能达于是，其理或然。①

这段文字逻辑清晰，对人神之界的感触格外敏锐，对自然山川被人为地赋予超凡的神力有着透彻理解，堪称一篇奇文。尤其是，作者是在游历武当山之后写下的这一番感想，对于深入了解明代武当山作为道教第一名山的地位颇有助益。值得注意的是，作者不仅仅指出将名山大川与神仙鬼怪牵扯在一起确有必要，更强调这种人为的创造的最终目的，是"礼乐政治之用"，是"达诸人事"，一言以蔽之，人们对神灵的形塑是为了自身的现实需要，包括政治、经济、军事、文化诸方面的利益需求，包括国家、族群、团体、家庭、个人诸层面的精神追求。具体到武当山的真武崇拜，其现实效应主要体现为三方面：一是传统农耕社会的人们祈求风调雨顺、五谷丰登，而真武大帝具有驾驭水火之神力，能够满足百姓的生产及生活需求。二是消灾除疫、祛病养生也是真武神功之一，这是最为常见的人们信仰神灵的动因。现实人生不尽如人意，总有这样或那样的病痛、失望、悲伤或灾难发生，于是，人们习惯于求助于神灵，希望能够得到神灵眷顾，为自己排忧解难、脱离苦海。道教讲求养生术，精通医药，作为道教重要神祇的真武自然拥有医治百病、消灾避祸之功法，以故受到人们的膜拜。三是作为贯通天地之间的大神，真武能够降妖驱魔、解救众生。在一般民众心目中，妖魔鬼怪无处不在，凡人毫无力量对抗它们，只有祈求神灵才能予以扫除，获得安宁的生活。脚踏龟蛇的真武形象威猛无比、大义凛然，具有战胜众多妖怪的能量，足以担当普通民众生命财产安全、生活美满幸福的保护神。

（作者单位：武汉大学中国传统文化研究中心）

———————————

① 〔明〕顾璘：《游太岳后记》，《顾璘诗文全集》之《凭几集续编》卷2。

明代建阳书商刘剡的编刊活动与历史影响[*]

□　朱　冶

【摘要】在明代中前期刻书业繁荣发展的福建建阳一带，出现了兼具"士""商"身份的出版者，对宋代以来的儒家价值理念和知识文化普及有重要推动作用，出身书商世家的刘剡为其中代表。刘剡学有所承，以朱子后学自居，其后代也重视提揭其儒者身份。而他在宣德、正统年间的一系列编刊活动，亦能平衡学术质量与市场需要的关系。经他编校的经史子集各类著述特点鲜明，终以会通、简明及义理化的特点，深远影响明清中国乃至东亚汉文化圈诸国的思想观念与文化生成。

【关键词】建阳坊刻；刘剡；《少微通鉴节要》；《详说古文真宝大全》；东亚文化交流

　　明代商业出版对文化传播与知识普及的推动及影响，是近年来海内外学者持续关注的热点。① 相关研究侧重于商业繁荣发展的中晚明，注重阐明士商阶层的互动关系与发展趋向。余英时揭示出 15 世纪下半叶"由儒入商"的典型案例和明中叶以后士商关系的新变化。井上进指出明初一百年出版界的低迷现象，探析明代后期出版空前兴盛情形背后的学术因素。② 周启荣则提出近世"士商社会"的形成，考察明中后期文人对商业出版的影响。也有学者从明代后期商人文人化的角度展开论述。③ 然则，明中前期商业出版繁荣的福建建阳一带，已出现横跨"士""商"两种身份，对宋代以来的儒家价值理念和知识文化推广甚力之人士。15 世纪上半叶刘剡（活跃于宣德、正统年间）是其中的佼佼者，经他编刊的书籍不仅在中国，更在周边汉文化圈诸国日本、朝鲜、越南等地流传广布，影响深远，乃至成为 15 世纪以降东亚诸国学习中国历史文化、语言文学、价值理念的主要媒

　　* 本文受中央高校基本科研业务费资助（HUST：2019WKYXQN006）。

　　① Kai-wing Chow. *Publishing, Culture, and Power in Early Modern China*. Stanford：Stanford University Press，2004. 沈俊平：《举业津梁：明中叶以后坊刻制举用书的生产与流通》，台湾学生书局 2009 年版。井上进：《中国出版文化史》，名古屋大学出版会 2002 年版。大木康：《明末江南的出版文化》，周保雄译，上海古籍出版社 2014 年版。

　　② 井上进：《论明代前期出版的变迁与学术》，《北大史学》第 14 辑，北京大学出版社 2009 年版。

　　③ 许敏：《试析明代后期江南商贾及其子弟的文人化现象》，《中国史研究》2005 年第 3 期。

介。本文即对建阳书商刘剡的编刊活动及其东亚影响加以初步梳理，以见近世东亚文化的交互作用与紧密联系。

一、刘剡的"双重身份"

建阳刻书业肇始于五代，宋元之际发展迅速，诞生了不少书商世家，如余氏、刘氏、熊氏等。① 元代建阳日新堂书坊主刘叔简，是较早一位兼具文人、商人特质的出版者。刘氏学养深厚，其"博学能文，教人不倦，多所著述，凡书板磨灭校正刊补，尤善于《诗》"②，且具有敏锐的商业触觉，既注意与学者群体广结良缘，又能根据市场需要及时调整刊印书籍。不少新的学术著作得益于刘叔简等人推广，在他与作者的反复协商中改进完善，譬如其后成为官修《四书大全》底本的《四书辑释》等元代著作。③ 到了明代，蓬勃发展的福建刻书业中更是人才辈出，在刘叔简同宗的后辈里，出现了刘剡等代表性人物。

刘剡字廷章、用章，号仁斋，与刘叔简同属刘氏家族西族北派，始祖为迁居麻沙的京兆万年（今陕西西安）人刘翱（858—936）。④ 刘剡生平履历及其家族情况，见于民国九年重修《贞房刘氏宗谱》，研究者据此已有概述。⑤ 简言之，刘剡是建阳著名书坊翠岩精舍最早的书坊主——刘君佐（1250—1328）的玄孙。建阳书林刘氏刻书在明代相当繁荣，但其经济情况却不容乐观，至刘剡时已有家贫之忧。⑥ 刘剡热心于编校事业，《建阳县志》记载其用功校刊书籍的事迹，称"世居书坊，博学不仕，凡书坊刊行书籍，多剡校正，尝编辑《宋元资治通鉴节要》等书行于世，卒年七十"⑦，他一生编刊书籍种类众多，传播影响广泛。

除书商身份之外，刘剡还有另一重被强调的儒者身份，这突出体现在其族谱所载刘剡形象中。现存《贞房刘氏宗谱》载有刘剡之像（见图一），对比民国三年重修《麻沙元利合修刘氏宗谱》附《刘氏忠贤传》（见图二），可知此画像并非刘剡真容，而是刘氏家族

---

① Brokaw. Commercial Publishing in Late Imperial China：The Zou and Ma Family Businesses of Sibao，Fujian，*Late Imperial China*，1996（1），pp. 49-92. Lucille Chia. *Printing for profit*：the commercial publishers of Jianyang，Fujian（11th-17th centuries）. Cambridge，MA：Published by Harvard University Asia Center for Harvard-Yenching Institute；Distributed by Harvard University Press，2002. 方彦寿：《建阳刻书史》，中国社会出版社 2003 年版。

② 冯继科等纂修：《〔嘉靖〕建阳县志》卷 12《列传·儒林类》，《天一阁藏明代方志选刊》第 31 册，上海古籍书店 1982 年版，第 18~19 页。

③ 顾永新：《元代坊刻与学术的互动关系初探——以刘叔简日新堂为中心》，《国学研究》第 18 卷，北京大学出版社 2006 年版，第 394 页。

④ Lucille Chia. *Printing for profit*：the commercial publishers of Jianyang，Fujian（11th-17th centuries）. Cambridge，MA：Published by Harvard University Asia Center for Harvard-Yenching Institute；Distributed by Harvard University Press，2002，pp. 82-83.

⑤ 方彦寿：《建阳刘氏刻书考（下）》，《文献》1988 年第 3 期，第 217~218 页。

⑥ 方彦寿：《建阳刘氏刻书考（上）》，《文献》1988 年第 2 期，第 208 页。

⑦ 冯继科等纂修：《〔嘉靖〕建阳县志》卷 11《列传·人物类》，《天一阁藏明代方志选刊》第 31 册，上海古籍书店 1982 年版，第 4 页。

先儒刘子翚（1101—1147）之像。① 福建崇安人刘子翚是宋代著名理学家，也是朱熹的启蒙老师。刘氏后人将刘剡之像比附刘子翚，不啻于对前者儒者身份的特殊强调。图一刘氏后人对刘剡的像赞中，所用辞藻也颇堪玩味，称其为"少微哲匠，宋元宗工"。"少微"与"宋元"，分别指代刘剡编校的两部著名史书《少微资治通鉴节要》《资治通鉴节要续编》（后者常被简称为《宋元通鉴》或《节要续编》）。其中的"匠""工"二字，是对刘氏书商身份的常见表达，然"哲""宗"等鲜明的理学化字眼，则对刘剡的学术修养和造诣有较高誉美。

图一　民国九年重修《贞房刘氏宗谱》
卷二《仁斋先生剡公像》

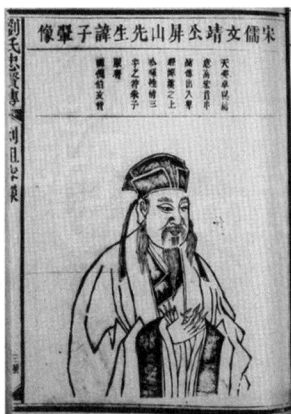

图二　民国三年重修《麻沙元利合修
刘氏宗谱》附《刘氏忠贤传》

刘剡兼具儒者与书商双重身份的形象，不独是刘氏后人的推崇化表述，他本人对此已多有提及。在刘剡所编刊书籍的序跋、题记等核要位置，他或以"京兆刘剡"自称，或以"松坞门人"自居。前者是其宗族标识，后者意味着他在程朱学派传承脉络中的位置。松坞为明初江西朱子学者王逢之号，王氏之学源自饶鲁（1193—1264），以故被《宋元学案》列入"双峰学案"，视为朱子七传。刘剡从学于王逢的事情，确可查证。② 他在永乐十五年（1417）王逢入闽刊书之际，得以跟随学习，从而受到王氏程朱义理之学、经史编纂思想之影响。师徒二人亦合作编刊多种书籍。

刘剡之所以能胜任经史子集等各类书籍的编校工作，与他的师承与学养密不可分。以刘剡为代表的明中期学者型书商，他们出身书商世家，掌握出版刊刻资源，同时具备必要的儒家文化素养，因此对知识传播和推广影响力巨大。经刘剡编刊的书籍，远不止方志中提到的《宋元资治通鉴节要》而已，他编校的书籍遍及经史子集，种类繁多，影响最著的有《四书辑释通义大成》《少微资治通鉴节要》《资治通鉴节要续编》《十八史略校本》《详说古文真宝大全》等多种。上述著作在明清中国广为流布，在东亚汉文化圈诸国影响深远。

---

① 图一转引自方彦寿：《建阳刘氏刻书考（下）》，《文献》1988 年第 3 期，第 230 页。图二据家谱网站（https：//www.familysearch.org/zh/）。

② 朱冶：《明中期建阳书商刘剡师承考——兼谈书商的理学化问题》，《明史研究论丛》第 18 辑，中国社会科学出版社 2019 年版。

二、编刊活动及特点

刘剡弟子、建阳名医熊宗立（1409—1482）对刘剡宣德年间丰富的书籍编刻活动有集中概述，这段时人的珍贵文字见于中国国家图书馆藏明宣德九年（1434）梅隐精舍刊本《文公先生小学集注大成》卷首《凡例》。熊氏称：

> 方今圣朝混一以来，治教大明，风俗休美。自京都至于城邑，与夫乡党僻壤，罔不有学。窃以《大学》自朱夫子《章句》《或问》之后，而新安倪氏士毅、莆田王氏元善《辑释》《通考》而发明之，又我圣朝纂修《性理四书大全书》，而《大学》之书焕然极备，已无余蕴。然《小学》训释，犹未及见。宣德己酉（四年）冬，余尝以是书请于师仁斋刘先生，而求训释，以惠后学。时先生方标义《史略》，及纂节《宋元节要》，以备《少微通鉴》之全，有未暇焉。余遂窃取传记之本注，诸家之纂释，与海虞吴公《集解》合而一之，间附朱子《语录》，以备其未备。甲寅（宣德九年）春乃成，名曰《小学集注大成》，而请先生考定得失，以寿诸梓，使初学蒙士或有取焉。①

上文证实刘剡编校活动的具体次序，宣德初先完成《十八史略》校正，宣德四年前后编纂《少微资治通鉴节要》《资治通鉴节要续编》诸书，随后指导熊宗立完成《文公先生小学集注大成》。值得注意的是，在熊宗立撰写此篇凡例的宣德九年，刘剡尚未编纂《四书辑释通义大成》，其后正统年间刘氏编辑完成的此书，正是以熊氏提到的倪士毅（1303—1348）《四书辑释》、王元善《四书通考》为底本进行的。刘剡等人对于其时的学术热点与潮流所趋，确有共通的关注和把握。

刘剡编刊活动在宣德、正统年间最为活跃。其编校书籍中影响较著者，主要有以下七种（见表一所示）。刘剡在这批著作编校重刊中的角色，虽略有差异，然均不止于简单的校订重刊而已。他或加入同类型著作予以重新编纂，还会在书中加以个人按语和意见，甚至改变原书义例以符合新的时代需求。以故，与其说刘剡是这些书籍的校刊者，不如说他是编著者。现据书籍种类，总结并补充相关编刻信息如下：

刘剡编刊书籍一览

书名	著者及编刊者	编校时间	较早刊刻者	刊刻时间
《重订四书辑释通义大成》	倪士毅辑释，王逢订正通义，刘剡增订	正统二年	詹氏进德堂	正统五年初刊 正统十年补修
《文公先生小学集注大成》	朱熹撰，熊禾集注，刘剡校正，熊宗立编校	宣德四年至九年	刘氏翠岩精舍、梅隐精舍	宣德八年，宣德九年

———————————

① 熊宗立：《文公先生小学集注大成凡例》，《文公先生小学集注大成》卷首，中国国家图书馆藏明宣德九年梅隐精舍刊本。

续表

书名	著者及编刊者	编校时间	较早刊刻者	刊刻时间
《少微家塾点校附音通鉴节要》	江贽撰，史炤音释，王逢辑义，刘剡增校	宣德四年	刘氏翠岩精舍	宣德四年
《增修附注资治通鉴节要续编》	张光启订定，刘剡编辑	宣德四年	刘氏翠岩精舍	宣德七年
《十八史略校本》	曾先之编次，陈殷音释，王逢点校，刘剡定正	宣德初至宣德四年	书林余氏	正统六年
《详说古文真宝大全》	黄坚编，宋伯贞音释，刘剡校正	——	詹氏进德堂	——
《历代史鉴斧钺》	晏璧撰，刘剡校	——	刘氏翠岩精舍	景泰七年

以上所见刘剡编刊的主要书籍，显示他注重合并众家、集其所长的编纂思想。其所编书籍涵盖经史文集，史著尤多；较早多由刘氏翠岩精舍刊刻行世，也有部分经由建阳名肆如詹氏进德堂、梅隐精舍等刊行。一方面，经刘剡编校的书籍特点鲜明，或通俗简明，或集众家之大成。这从书名上即可得见，前者如"节要""史略"，后者如"大成""大全"，各以亮点满足读者不同层面的需求。另一方面，建阳书坊便利的刊刻渠道，又促进上述书籍的流通与推广。现举数例，以阐明其编刊活动及编纂思想的特点所在。

刘剡编校书籍，首先注重汇集众家之大成。正统间他纂辑《重订四书辑释通义大成》（简称《四书通义》）一书，颇能体现此编纂思想。《四书通义》编刊历程复杂，它既是宋元明《四书》学发展史中的代表作品，亦是元末明初商业出版与地方学术互动关系的缩影。前文已提及，元末建阳刘叔简日新堂初刊《四书辑释》。此后，著者倪士毅重订是书并交由日新堂再刊，然此事未有下文。直至明中期刘剡重刊《四书辑释》并合编同时期多种《四书》诠解著作，以成《四书通义》，得以再续前缘。①

《四书通义》重新编刊，是明中期建阳书坊与徽州学者合力的结果。金德玹、苏大等徽州学者复兴乡邦文献，他们访到先儒倪士毅重订本《四书辑释》，然"志欲刊行而力未赡"②，于是送至建阳刘剡处。刘剡"一见意合"，遂以重订本《四书辑释》，与金履祥《四书疏义指义》、朱公迁《四书通旨》《四书约说》、程复心《四书章图》、史伯璿《四书管窥》、王元善《四书通考》诸书合编刊行，名为"重订四书辑释通义大成"。一言之，其本质是以《四书辑释》为核心的集锦式明代四书疏解著作。正因刘氏汇集的多种《四书》著作，均是元代至明初较为流行且考订精详的作品，以故《四书通义》可谓合众家所长，最为全备。③ 其中朱公迁著作的加入，则是刘剡师承脉络的体现，也令此书的编纂

① 顾永新：《从〈四书辑释〉的编刻看〈四书〉学学术史》，《北京大学学报》（哲学社会科学版）2006 年第 2 期，第 104~113 页。

② 苏大：《四书通义序》，《新安文粹》卷 15，《四库全书存目丛书》集部，第 292 册，台湾庄严文化事业有限公司 1997 年版，第 530 页。

③ 朱冶：《明中期徽州士人的地方认同与文献建构》，《徽学》第十二辑，社会科学文献出版社 2019 年版。

更具特点。可以说，从元末建阳日新堂刘叔简首刊《四书辑释》，再到正统年间刘剡重刊《四书通义》，体现了福建书林刻书业的承续相递。

正是在刘剡"集大成"编纂思想的影响下，熊宗立接续《大学》而纂辑《小学》注解，编成《文公先生小学集注大成》（简称《小学大成》），刘剡为此书增注和校正。《小学大成》所合编的著作，包括饶鲁、许衡、熊朋来、熊禾、何士信、吴讷等宋元明儒者的《小学》注解，可谓宋至明朱子学《小学》疏解著作的荟萃之作。

受其师承及学养的影响，刘剡编纂思想具有鲜明的义理化倾向。除纂辑《四书通义》等专门的程朱理学著述外，刘剡所编刊的史书亦有鲜明的义理化特点。他参与编刊《少微家塾点校附音通鉴节要》五十卷（简称《少微节要》），编辑《增修附注资治通鉴节要续编》三十卷（简称《节要续编》），两书尤能体现其史学编纂方法。

《少微节要》与《节要续编》是记载上古至明初史事的编年中国通史。《少微节要》题名为宋代学者江贽所著，其根据司马光《资治通鉴》简编而来，在宋元时期已流传甚广。遵照王逢的嘱托，刘剡仿朱熹《通鉴纲目》义例重编《少微节要》。其书改动之处，宣德三年（1428）翠岩精舍刘应康总结道：

> 少微先生《通鉴节要》一书行世久矣，然训释阙略，议论简少，览者憾焉。今敬求到松坞王先生《释义》善本，训释详备，句读明白。于引援则标其语之详，于断句则采其义之精，于统纪则别其正朔闰位之分，于承继则判嬴吕姓系混乱之殊。而又附之以三皇世纪于前，继之以宋辽金元《续节要》刊附于后，使学者开卷一览而尽得之，岂不快哉！①

结合《少微节要》内容可知，刘剡将王逢《资治通鉴释义》编入《少微节要》，补齐三皇至周的《外纪》部分，宣明统纪，并增附宋元学者的诸多史论。重编后的《少微节要》足以"崇正道而辟异端"，具备义理化史学的特点。刘剡还接续并仿照《少微节要》体例编纂《节要续编》一书，纂辑宋元至明初史事，汇集宋元义理史学成果，注重强调华夷之辨，以程朱理学的义理观来择选评判史事，体现中国史学褒贬善恶等的功能特点。②《节要续编》是明初正统史观的代表，刘剡以纲目体例改编或续编上述两部史书，将程朱义理渗透入书中的春秋笔法与历史评价之中，从而影响读者的历史认识乃至历史观念。

通俗化、普及化的诉求，是刘剡编纂活动的另一重要特点。在编纂《少微节要》《节要续编》时，刘剡受宋末明初史学通俗化的趋向影响，以"节要"形式编辑中国历史，使之具有简要、通达的内容特点。譬如，《节要续编》并非事无巨细、卷帙浩繁的编年通史，而是主要选取关乎国家治乱兴亡、"民彝世教"的大事，注意引述帝王将相的政论见解、政治制度的源流沿革，选取切实有用的章疏文字，间或附以宋元儒者的史论史评。

与之相应，刘剡还编刊有《十八史略校本》《历代史鉴斧钺》等普及性史书。《十八

---

① 刘应康：《少微家塾点校附音通鉴节要》书前识语，韩国国立中央图书馆藏木活字本。

② 朱冶：《〈资治通鉴节要续编〉在朝鲜王朝的传播与影响》，《史学史研究》2018 年第 5 期，第 67~68 页。

史略》是元人曾先之所撰的简明中国通史，载上古至南宋史事。该书自编纂完成后即广为流传，版本甚众。刘剡编定的《十八史略校本》七卷，校正重编之处颇多，遂成为《十八史略》在东亚社会流传中的重要版本。明初江西吉安人晏璧所撰《历代史鉴斧钺》二十卷（简称《史钺》），也由刘剡校正并于翠岩精舍刊行。相比于《十八史略校本》乃是简明扼要的中国通史，《史钺》则是一部摘选古今人物事迹的史评类著作。作者晏璧是明初著名学者，曾任《永乐大典》副总裁。韩国国立中央图书馆木活字本《史钺》书前，载有晏璧永乐八年（1410）自序，称此书是他"典教成均时，因取《史（记）》《（资治通）鉴》所载君臣、父子、夫妇、兄弟、朋友，分别圣贤、文武、忠孝、友义、节直、昏暴、奸乱、清高、贪酷、谗佞等类，外戚、女祸、党祸、中兴、奄宦、匈奴、五胡、僭国、外道为二十卷，原始反终，节其要义，名曰《史钺》"①。晏氏编纂此书以期彰善瘅恶，抑阴扶阳，有益世教。由现存《史钺》内容可见，此书分为君道（圣君、贤君、中庸、亡国、暴虐、篡逆）、臣道（列国、圣贤、贤臣、武臣、文臣、高节、忠义、刚直、廉洁、酷虐、谀佞、奸邪、叛逆、五胡、外藩、僭伪、夷狄、外戚、中兴、女祸、奄宦、党祸）、子道、弟道、友道、后道、母道、妇道、外道九类，确以扬善去恶，以史为鉴为宗旨。纵观刘剡编校上述四种史著，重点不同，体例有别，但均具有通俗易懂、全面扼要的共通特点。

刘剡对书籍普及化的重视，还体现在他编校中国文学选集《详说古文真宝大全》（简称《古文真宝》）。《古文真宝》分前后两集，收入历代诗文，其版本刊刻情况复杂。②经刘剡校正刊刻的《古文真宝》，收录宋伯贞音释，对选文篇目、次序以及文中注释均有调整，更利于读者学习和掌握。此外，刘剡在编辑《四书通义》时亦关照初学者的需要，既全面汇集其时流行的《四书》诠释著作，又在训释文意之外注重提示读者为学方法。以上均是促成其编刊书籍传播广布的内在缘由。

总之，明中期学者型书商刘剡刊刻活动频繁，其编纂诸书均能平衡学术质量与市场需要。一方面注重荟萃诸家所长，以求大成；另一方面通过简明化、通俗化的改编令所选书籍更具普及化的特点；同时受其学术脉络的影响，其编纂活动具有程朱义理化的倾向。以故他所编刊书籍不仅在明清中国，更在东亚周边诸国传播广泛，对东亚文化交流与知识传播有深远影响。

三、东亚影响与意义

刘剡所编刊的书籍在东亚社会传播深远，其编刊活动在中国典籍域外传播史上殊有意义。与掌握国家文教命脉的在朝文官、名满天下的文士贤达相比，刘剡所代表的这类学者型书商，对知识文化的推力亦不逊色。他们既具必要的儒学素养，兼有便利的商业出版渠道，其编刊各类普及性、汇总性著作，如经史、医书、文集等，构成明代出版史、东亚文化交流史的丰富内涵。

---

① 晏璧：《历代史鉴斧钺序》，《历代史鉴斧钺》卷首，韩国国立中央图书馆藏木活字本。
② 熊礼汇：《〈古文真宝〉的编者、版本演变及其在韩国、日本的传播》，黄坚选编，熊礼汇点校：《详说古文真宝大全》，湖南人民出版社 2007 年版，第 6~10 页。

其一，推动程朱儒学的深入传播，促进东亚社会共享之价值理念的生成。明代官修《四书五经大全》颁行天下并传入周边诸国，其承载的程朱义理塑造着东亚士人的思想观念。自刘剡重编的《四书通义》传入后，其在东亚诸国历经多次翻印，流传益广，其地位渐超越明代官修《四书大全》。明代中后期《四书》地位渐高于《五经》之上，《四书》注释日益受到学者重视。刘剡集合明代重要《四书》诠释著作而成的《四书通义》，在16—19世纪的朝鲜半岛地位尤著，在日本社会也得到广泛阅读。以朝鲜半岛言之，《四书通义》于朝鲜世宗后期（1440—1450年）传入，随即采用世宗朝新铸活字重新颁印。朝鲜明宗至宣祖朝，亦以金属活字予以重印，可见《四书通义》在朝鲜半岛广受君主及士人诵习的情形。然18世纪君臣共读的主要版本，却是中国传入日本、日本翻印后传入朝鲜的和刻本《四书通义》，这显示出中国经典在中、日、韩诸国"环流"的复杂情形。① 不仅如此，刘剡编校的《少微节要》《节要续编》等义理化史书，在近世东亚社会传播广泛，也对东亚诸国儒学思想的深入影响有所助益。

其二，推动简明中国通史的普及和流传，强化东亚汉文化圈诸国的历史文化认同。经刘剡编刊的多种史书，均在域外流传经久不衰。其重编的《少微节要》《节要续编》两书，是深受朱子《通鉴纲目》影响的简明中国通史。两书的明清版本众多，在同时期的朝鲜、日本、越南也产生多种翻印本及衍生版本，譬如越南学者裴辉璧（1744—1818）编撰的《少微节要大全》等。② 刘剡编纂的《节要续编》至迟于明中期传入朝鲜，其后在李朝各时期均有翻印，成为朝野王朝阅读宋元史的主要读物。《十八史略校本》则在东亚诸国流传甚广，在日本出现了多种注释本，如近藤元粹注释的《笺注十八史略校本》七卷，大贺富二补订《（立斋先生标题解注）十八史略读本》七卷，等等。③ 刘剡校订的《史钺》传至朝鲜半岛后，在李朝多次活字翻印，现存有成宗年间刊金属活字（甲辰字）、中宗至宣祖初刊木活字等多种。朝鲜学者河润宽（1677—1754）还编有《史钺类选》，采辑中国历代君臣记录。

刘剡所编校史书在东亚社会流传广布的情形，实际反映东亚士人在推重《资治通鉴》《通鉴纲目》的基础上，对史学普及化提出的进一步要求。一方面，刘剡校正重刊《少微节要》《节要续编》《史钺》诸书，使得上述著作的史学教育功能得以延展。譬如晏璧《史钺》的编刊，正是基于《资治通鉴》编帙浩繁、前后史事不明的状况而发，从而强化了史学教育规诫的作用。另一方面，这些史书不仅拓展了东亚人士的历史知识与历史认识，更增强了他们对东亚历史文化的认同感与归属感。譬如朝鲜君主即在反复阅读《节要续编》过程中，深化了对宋朝历史文化的尊崇与向往，并增进了其对中华文明的认同感。《节要续编》中对华夷之辨的强调，亦在朝鲜王朝正统观念的塑造中有深入影响。④

----

① 张伯伟：《书籍环流与东亚诗学——以〈清脾录〉为例》，《中国社会科学》2014年第2期，第164~165页。

② 秦丽：《宋元明普及性史书的东传朝鲜——以〈少微通鉴节要〉与〈十八史略〉为中心》，《古代文明》2019年第2期。陈文：《中国史学对安南后黎朝史学发展的影响——以科举考试为视角》，《越南研究》，社会科学文献出版社2019年版。

③ 乔治忠：《〈十八史略〉及其在日本的影响》，《南开学报》（哲学社会科学版）2001年第1期。

④ 张光宇：《朝鲜王朝正祖君臣的"宋史"认识与〈宋史筌〉之修撰》，《古代文明》2018年第2期。朱冶：《〈资治通鉴节要续编〉在朝鲜王朝的传播与影响》，《史学史研究》2018年第5期。

其三，成为东亚士人学习掌握中国语言文字的窗口。东亚诸国"书同文，行同伦"，除上述经史著述之外，刘剡编校《古文真宝》等中国文学选本的传播，亦成为东亚士人领会并掌握中国语言文化及文学的重要媒介。《古文真宝》景泰元年（1450）由倪谦（1415—1479）传入朝鲜，在朝鲜王朝经过多次刊印，仅现存就有光海年间（1608—1623）甲寅字覆刻补写本，肃宗六年（1680）金属活字本（戊申字），正祖年间（1776—1800）金属活字本（丁酉字），纯祖三年（1803）泰仁田以采、朴致维刻本，哲宗七年（1856）木板本等多种。《古文真宝》这类中国文学选本在朝鲜、日本的广泛流传，对推广普及中国语言文字，提升东亚士人文学素养大有裨益。不仅学者熟读此书，它亦成为帝王经筵讲论的重要内容。16世纪朝鲜著名学者柳希春（1513—1577）记载宣祖九年（1576）君臣议论此书的情景称：

> 上曰：《古文真宝》所选何如？对曰：南宋楼钥，号迂斋者，选北宋以上文章，甚有可观。厥后新安陈栎，又收周程张朱之文。大明景泰名儒刘剡又从而注《后集》。《后集》之注，无余蕴矣。《前集》注，宋伯贞多错误。①

以上可见朝鲜君臣细致讨论《古文真宝》作者与注释的情形，此外宣祖与柳氏还就《古文真宝》选文优劣进行探讨，论及《古文真宝》选白居易《长恨歌》是否妥当等问题。总之，该书是朝鲜时代学习中国语言文法的重要参考。② 经刘剡编校的《古文真宝》在朝鲜王朝流传甚广，成为其书在朝鲜半岛流衍的主要版本。以故，刘剡的编刊活动不仅影响东亚士人价值理念与历史认识的塑造，乃至其语言文字的习得。

最后，由刘剡所见明中期学者型书商的典型个案，亦为东亚跨文化研究提供一种新路径。相对于其他儒者而言，刘剡是游走于儒家正统文化的"边缘"，却成为东亚文化交流的"之间"人。③ 正是明初百年间的福建建阳一带，在商业出版始终隆兴的背景下，出现了横跨儒者与商人双重身份的社会群体。与具有商业属性的文人不同，刘剡等人更接近于掌握知识文化权力的商人。刘氏"不干仕进"，其儒者身份亦不受儒家认可，然其对儒家知识文化的传播与普及影响显著。刘剡在明清中国地位不高，其名隐而不显；却在日、韩、越诸国常被提及，成为中国文化传播的关键使者。这样吊诡的身份落差，甚至日韩书目常误认为刘剡是朝鲜人。同时，刘剡其人其书在周边诸国的影响反胜于中土。当朝鲜燕行使者来到中国，发现他们奉若至宝的《少微节要》诸书在"中国绝种久矣"，"即鸿儒硕士名噪海内者，皆茫然不知为何书"之际，④ 也令他们产生跨文化交流中的诸多困惑。

在15世纪以降的东亚社会，明代书商刘剡编校书籍的传播与影响，确已形成一道独特的文化景观。刘氏其人及其编刊活动在明代商业出版史和中外文化交流史上具有重要价

---

① 柳希春：《经筵日记》，《眉岩先生集》卷18，韩国古典综合数据库（http：//db. itkc. or. kr/），第502页。

② 朴三洙：《试论韩国版〈古文真宝〉》，《长春师范学院学报》2001年第3期，第51~52页。

③ 梁元生：《边缘与之间》，复旦大学出版社2010年版。

④ 丁若镛：《〈通鉴节要〉评》，《与犹堂全书》第1集卷22，韩国古典综合数据库（http：//db. itkc. or. kr/），第482页。

值，丰富了既有对"士商"关系的认识。刘斅这样兼具双重身份的学者型书商，在明中后期并不少见，其对东亚汉文化圈的知识推广与文化普及颇有助益。刘斅等人所编校书籍在东亚社会流传广泛，成为日本、朝鲜、越南诸国了解中国历史、语言文化、儒学思想及价值理念的窗口，并长期占据着他们对中国文化的想象，塑造着其思想观念与历史认识。

（作者单位：华中科技大学历史研究所）

明清易代之际的禅宗祖庭复兴与地方秩序重建[*]
——以汝州风穴寺为例

□ 周 荣

【摘要】河南汝州历史上有儒释互济共荣的传统，明末之乱给汝州地区带来了前所未有的破坏，为了尽快收拾人心，地方官充分考量风穴寺千年古寺和禅宗祖庭的地位，不惜动用地方财政和私人俸禄为风穴寺招僧建庙，借由祖庭的复兴运动，有效地重塑了文化凝聚力，实现了社会秩序重建的目的。汝州风穴寺的个案表明，在清初文化秩序建设中，官方在确立以程朱理学为主体的正统意识形态的同时，也会结合地方文化传统和本地实际，发挥佛教的辅政作用，这种选择也为佛教寺庙和禅宗祖庭在清初的振兴提供了契机。

【关键词】明清鼎革；禅宗祖庭；文化秩序；风穴寺

在明清易代和社会重建的历史研究中，人们多重视社会经济秩序的恢复而忽视文化秩序的重建①，而在清初文化秩序建设中，又多重视以程朱理学为主体的官方正统意识形态的确立②。事实上，佛教祖庭中兴和弘法利生等活动在地方秩序的重构中发挥着不可或缺的作用。本文以清初河南汝州风穴寺为例，探讨明清鼎革之际，在清朝政权建立的过程中，禅宗寺庙如何与地方社会协同，借由祖庭的复兴运动，在文化层面重塑凝聚力，从而谋求地方文化秩序和社会秩序的恢复。

---

* 本文为教育部人文社会科学重点研究基地重大项目"地方宗教文献与明清佛教世俗化研究"（16JJD730006）阶段性成果。

① 参见各种版本的中国通史及相关论文，如郭松义：《清初封建国家垦荒政策分析》，《清史论丛》第二辑，中华书局 1980 年版；吴伯娅：《试论清初逃人法的社会影响》，《清史论丛》第三辑，中华书局 1982 年版；陈锋：《清初的招民与垦荒政策》，《经济评论》1997 年第 4 期；陈支平：《清初地丁钱粮征收新探》，《中国社会经济史研究》1986 年第 4 期等。

② 以河南省为例，如：吕妙芬：《清初河南的理学复兴与孝弟礼法教育》，高明士编：《东亚传统教育与学礼学规》，台湾大学出版中心 2005 年版，第 177~223 页；何淑宜等：《清初河南理学家与地方秩序的恢复》，《明代研究》，2014 年 6 月，第 77~107 页；张佐良：《孙奇逢与清初社会伦理秩序重建》，《中州学刊》2015 年第 10 期等。

一、汝州的文化传统和风穴寺祖庭地位的确立

　　河南汝州地处中原腹地，四面高山环拱，汝水自西而东横贯州境，素为人杰地灵之邦，历史上多有名儒硕德在此任职，被《〔正德〕汝州志》载入《名宦》的有西晋的华谭，北朝的郦道元，隋唐的乐运、令狐绪、刘禹锡、元德秀等人。该志共收宋代"名宦"17 人，其中较著名的有吕端、程颢、苏辙、杨亿、毕士安、尹洙等①。这些名宦皆以身作则，践行儒家道德规范，并在为政期间大力推行教化。如：郦道元在这里"表立黉序，崇劝学教，山蛮服其威名不敢为寇"。元德秀："少孤，事母孝，母亡庐墓。天宝中为鲁山令，天下高其行，称曰'元鲁山'"，宰相房馆每见德秀，叹曰："见紫芝眉宇，使人名利之心都尽"。吕端"相太宗、真宗，为名宰，后为汝州司户，刚直不容邪佞，虽居小官而有公辅之望"。程颢、苏辙、杨亿等都以道学、文才名世，杨亿"大中祥符末知汝州，清修正直，誉冠当时士民，士民得其片文只字，以为矜式"②，其他名宦事迹亦大体如此。

　　汝州地区的这些优良传统一直被官方以各种方式加以弘扬和倡导。明代汝州州学建有名贤祠，祭祀生于斯或仕于斯的名贤，从明初始一直祭祀着"汉安城侯铫期（郏县人），朗陵侯臧宫（郏县人）；宋文公杨亿（浦城人，知汝州），文忠公富弼（河南人，以宰相出判汝州），文定公苏辙（以右丞出知汝州），明道先生程颢（元丰间监汝州酒务）"等六人。弘治中知州王雄又增祀六位："汉阳夏侯冯异，胶东侯贾复；宋吴畿复先生，文忠公苏轼；国朝沈贵，兵部侍郎滕昭③。"刻帖"和"颁书"亦是自宋以来汝州官绅引以为荣的文化举措，北宋大观三年（1109）汝州知州王采从《淳化阁帖》《绛州帖》及百家字书中选出先秦至隋唐五代名家书法共 109 帖，荟刻 12 石，史称《汝帖》。明正德修志时，这些"汝帖碑"俱存于州儒学内，与之一起保存在儒学中的还有朝廷"颁降书籍"，计"《四书大全》一部，《性理大全》一部，《五经大全》各一部，《五伦书》一部，《为善阴骘》一部，《孝顺事实》一部"④。

　　类似的文化措施时有兴举，经过历朝历代的浸渍，汝州地区正统儒学的土壤深厚，所谓"先贤名宦，咸仕游焉。颍考叔、颜鲁公之忠孝，二苏、两程之品学，遗风善政，犹有存者"⑤，"道学渐濡者，众民尚淳厚，士习诗礼，男耕女织，与往古同辙"⑥。

　　汝州北靠嵩岳，地近古都洛阳，是佛教东来较早波及的地区之一。汝州和属县所在区域都有一批建寺时间很早的佛教寺院，如汝州城内的法行寺，原名法华寺，相传"乃梁武帝与志公禅师讲道处"⑦；郏县开化寺"在县治东，后魏孝武帝建"；伊阳县岘山乾明

---

　　① 《〔道光〕汝州全志》卷三《名宦三》载苏轼曾任"汝州团练副使"，而《〔正德〕汝州志》卷五《名宦》不载，兹从《〔正德〕汝州志》不录苏轼。
　　② 以上均载《〔正德〕汝州志》卷五《名宦》。
　　③ 《〔正德〕汝州志》卷四《学校·名贤祠》。
　　④ 《〔正德〕汝州志》卷四《学校·颁降书籍》。
　　⑤ 〔清〕李士标：《恢复汝州记》，《〔道光〕汝州全志》卷十《艺文志》。
　　⑥ 《〔正德〕汝州志》卷三《风俗》。
　　⑦ 《〔道光〕汝州全志》卷九《古迹·寺观》，《〔正德〕汝州志》不载此寺。

寺"在县东南三十里，齐天保年勅赐头陀寺"①。唐宋禅宗兴盛的时代，禅宗对该区的影响很大，掀起了又一次建寺的高潮，很多寺庙一直延续到明清时期乃至现代。兹据《〔正德〕汝州志》将正德年间汝州较有影响的寺庙列表如下：

明正德年间汝州佛寺一览表

寺庙名称	始建时间	所在地	改、修建情况	其他
宝应寺	唐开元初颙禅师建	在城内西南隅	元大德甲辰修；明弘治丙辰住持僧清仙署记重修	本州僧正司在内
白云寺	始于后魏	在州东北二十里风穴山内	再兴于隋，唐大中初建，七祖禅师驻锡于此；宋乾明间重修；今住持僧满延、满资相继而修	俗呼风穴寺，寺有八景（有题诗）
塔亭寺	宋元祐三年建	在州东关南巷	今住持僧德隆重修	
兴国寺	唐大定甲辰建	在州东北二十五里		
龙泉寺	唐大定癸卯建	在州东北二十五里		
华严寺	魏泰和壬子建	在州东北二十里		
殊胜寺	唐神龙乙巳建	在州西十里		一名金刚地
洪教寺	唐大定年建	在州西五十里		
西龙泉寺	元至元间建	在州西五十里		
普照寺	金真祐癸酉建	在州西北四十里		
崇胜寺	元至正间建	在州西南二十五里		
妙水寺	元至元乙亥建	在州西北六十里		
宁国寺	宋政和年建	在州西南四十里		
兴福寺	元至大己酉建	在州东三十五里		
崇兴寺	宋淳化壬辰建	在州西南五十里		
报恩寺	元至元年建	在州西南五十里		
洪法寺	唐大定年建	在州西南三十里		
宝泉寺	金真祐乙亥建	在州西南三十里		
珍国寺	唐永昌己丑建	在州西六十里		
白佛寺	唐泰和庚寅建	在州西北二十里		
观音寺	元至正辛巳建	在州西北四十里		
大明寺	元至正壬午建	在州东南三十里		
水泉寺	宣德庚戌建	在州东三十五里		
佛山寺	元大德戊戌建	在州西二十里		

① 俱见《〔正德〕汝州志》卷四《寺观》。

续表

寺庙名称	始建时间	所在地	改、修建情况	其他
东观音堂	宋天圣年建	在州东北五十里		
仙林寺		在州北四十里界牌山下	僧普通重建	
药师寺	元至正年建	在州东南四十里		
石佛寺	元至正年建	在州东南三十五里	今重修	
西禅寺	宋祥符年建	在西关外	正统间尼僧可定重修	
慈氏寺		在州南二十五里	僧清茂重修	

资料来源:《〔正德〕汝州志》卷四《寺观》

此表反映的是明正德年间汝州寺庙分布的格局,考其源流大多为唐宋以来所兴建的禅寺。在《〔正德〕汝州志》中,风穴寺在志中位居第二,仅次于地处城区、作为州僧正司驻所的宝应寺。该志对风穴寺的记述着墨尤多,表明当时风穴寺是汝州非常重要的寺庙。风穴寺影响力的获得,有两个极其重要的原因,一因其美丽的自然风光,二因其临济祖庭的地位。

风穴寺本名白云禅院,因地处州东北的风穴山而俗称为风穴寺。据称,"风穴"之得名乃由于"山上有穴,每风将发,则先有声",这里风光旖旎,"环山皆古柏,葱郁可观",禅寺与山川相辉映,形成有名的"风穴八景",成为文人雅士向往之所,所谓"风穴寺为一州胜迹,自唐迄今,名流题咏甚多"[1]。关于风穴寺始建的时间,现存明《〔正德〕汝州志》和清代诸志记载不一,学者之间也有争论,言人人殊。综观诸论,可以肯定的是,风穴寺的历史与禅宗在唐宋时期的兴起和发展密切相关。目前能见证风穴寺早期历史的是现存于寺内的"七祖塔"(唐塔)和两通古碑铭:《大唐开元寺故禅师贞和上瑶塔铭》(具体年代不详)和《风穴七祖千峰白云禅院记》(五代时虞希范撰),碑中反复提到唐代有位"贞禅师"于开元中"行化于此,溘然寂灭","七祖塔"的塔主即此"贞禅师"。[2] 禅师圆寂后塔葬于此,但他生前此地是否有寺庙尚不能确证。真正奠立风穴寺丛林规模和地位的是五代至宋初的风穴延沼禅师[3],其时临济三祖南院慧颙禅师在汝州宝应寺传法,风穴延沼追随慧颙求法,经六年的钳锤,终成临济四传之嫡裔,被后世尊为临济宗四祖。后唐长兴二年(931)延沼禅师到汝州风穴山,在当地信众的支持下,经七年

---

① 《〔道光〕汝州全志》卷一《山川表》。

② 因塔铭文中有"袭衡阳三昧"的记述,很多学者认为"贞禅师"应归属天台宗。事实上,在禅宗早期历史上,禅宗祖师受天台宗影响者并不少见,禅宗分支分派后亦复不少,如临济四祖风穴延沼和五祖首山省念早年都曾修习天台止观。"贞禅师"既以"禅师"为名,当归类为先习天台,后归属禅宗的大师。

③ 《风穴七祖千峰白云禅院碑记》中称其法号为"匡沼",后世学者对"风穴延沼"的名号有不同的看法:有人认为"延沼"乃"匡沼"之误,应正名为"风穴匡沼";亦有学者认为由于避宋太祖之讳,"匡沼"宋以后已改为"延沼",后世文献称"延沼"不误。不论何种原因,临济四祖"风穴延沼"习用已久,仍称"风穴延沼"为宜。

的努力，将寄居的草庵扩建为宏阔的寺院。其后"参禅者便息四方之志，问法者不远千里而来"，禅门翘楚如首山省念、广慧真、广慧琏、汾阳善昭等云集汝水，使风穴寺一跃而成为中原名刹。①

经上文的简要回顾可知，儒学和佛教在汝州都有很深的渊源，此两者堪称汝州文化的两大源头。尤为可贵的是，在历史长河中，汝州儒释两大文化源头并非独自延续和各自为政，而是相互交融、和谐共生，从而形成儒释之间互济共荣的文化传统，此传统成为汝州地域文化的一大特点。据前揭碑铭及宋以来僧传、灯录中的"延沼传"，风穴延沼能在汝州立稳脚跟，得益于五代后晋时的汝州刺史，即《风穴七祖千峰白云禅院记》所言的"前郡守陇西李公"，也即《风穴志略》等文献所言的"李使君"的大力护持。这位刺史转任郓州后，延沼为"避寇"，前往投奔，备受礼遇。待乱平，又得"汝州太师宋侯舍宅为寺"，重返汝州。② 延沼以后的风穴寺诸禅师与当地士人、名儒的往来皆非常密切，一时传为佳话。如北宋宰相王随拜风穴延沼的弟子首山省念为师，"得言外之旨"，因"深明大法"而被后世灯录列为首山省念法嗣，称之为"丞相王随居士"。③ 北宋名儒杨亿于大中祥符年间知汝州，与风穴延沼的徒孙广慧元琏往来密切："或坐邀而至，或命驾从之，请叩无方，蒙滞顿释"，杨亿最终决意嗣法于元琏。④ 他还与宝应寺的法昭禅师交往，互有禅机对话。后来，杨亿以在汝州期间"与尊宿激扬机语"为基础编成《汝阳禅会集》十三卷。⑤ 以王随、杨亿为代表的达官名儒在汝州参禅礼佛的行为引起了很大的示范效应，文人士大夫与禅僧的诗文往来、对风穴寺的题咏等一时蔚然成风，风穴寺成为僧侣参禅的神往之所，也成为士大夫问道栖心之地。

在儒释两种文化和谐共存的风气之下，除了官员儒生对得道高僧的仰慕，汝州寺院也受到文人学士风范的影响，在日常修行中崇尚儒风，在社会责任承担方面积极关注地方事务。兹略举两例：汝州属县郏县西北峨眉山上有广庆寺，寺内僧众和当地官员推崇唐宋八大家中的"三苏"，自元代开始在寺内"设宋苏洵、苏轼、苏辙三先生像"，建"三苏祠"。明成化年间地方官和寺院一起组织了对三苏祠的重修。⑥ 另，汝州多山，"西南境与嵩县毗连，南与邓州相望"，这些山区在社会动乱时常有贼寇出没，太平年份则多有盗矿之徒。因此，该地区的寺院多主动与官方联合，组织僧兵。"僧兵"成为当地的一种传统，他们与"乡兵"等成为当地地方武装的一个重要兵种。地方志将这里的"僧兵"传统追溯到少林寺十三棍僧救援秦王李世民，称"僧兵推少林，次则伏牛，伏牛学于少林，以御矿盗者"。在明末社会变乱之际，僧兵的规模进一步扩大，"以流贼充斥，乃募士聘少林僧训练之，盖僧兵借以御寇，明季遍州县皆习之"⑦。

---

① 关于风穴延沼振兴风穴寺的研究成果可参见温玉成、杨顺兴《读〈风穴七祖千峰白云禅院记〉碑后》（《中原文物》1984 年第 1 期），麻天祥《临济四世风穴延沼与风穴寺——序〈风穴志略〉、〈风穴续志〉》（《佛学研究》2013 年总第 22 期）。

② 〔清〕任枫：《风穴志略》卷上《禅宿》，中州古籍出版社 2017 年版。

③ 〔宋〕释普济：《五灯会元》卷十一《丞相王随居士》。

④ 〔宋〕释道元：《景德传灯录·附录》，成都古籍书店，2000 年，第 662 页。

⑤ 曾枣庄、李凯、彭君华编：《宋文纪事》（上册），四川大学出版社 1995 年版，第 127 页。

⑥ 《〔正德〕汝州志》卷四《祠庙》。

⑦ 《〔道光〕汝州全志》卷五《兵防七》。

以上事例均说明，儒释互济共荣在唐宋以来已成为风穴寺所在的汝州地区的文化传统，自临济四祖风穴延沼将临济禅法发扬光大，风穴寺作为禅宗祖庭的地位已牢固确立，风穴寺在本地释儒共济互荣的文化传统中居于引领风骚的位置，成为儒释交涉的中心。

二、明清鼎革之际的社会涣散和风穴寺的残破

明代中后期是风穴寺历史演进中的又一个高峰。据寺志所载，从天顺、成化年间开始，寺中"若毗卢殿，水陆殿，祖师、伽蓝、地藏诸殿，山门、廪庖"诸种建筑，次第修建、葺新，"万历中常住僧众以千数，寺舍不能容，或谷或崖，庵居、穴居，星罗棋置，晨昏鱼磬之声响动岩阿，其盛已极"①。风穴寺的盛况迎来士大夫和文人学士的青睐，他们来观瞻、参访、题咏。寺庙与附近的汝州三贤书院相互呼应，成为地方文化建设的重要支点。明代中期文学家，复古派前七子的领袖人物李梦阳来此游览，撰下《观风亭记》，写出了"观其诗以知其政，观其政以知其俗，观其俗以知其性，观其性以知其风。于是彰美而瘅恶，湔浇而培厚，迪纯以铲其驳"的名句。他又写下《送苏文学往主汝州三贤书院》的诗篇：

> 邦侯敦礼聘才贤，梁客乘秋诣汝川。堂上入悬孺榻门，前俄报孝廉船。云山紫逻霜应峻，风穴青松晚更妍。独上高丘试回首，紫阳白鹿自江烟。②

这些情形表明，至明代中叶，汝州地区儒释互济共荣的传统得到了很好的延续，风穴寺仍然在地方社会教化中发挥着重要的作用。殊不知，在寺庙香火旺盛的背后，明朝的社会危机日益加剧，社会矛盾的激化，最终导致了明末社会危机的总爆发。在明清易代的过程中，各地战乱、灾荒频仍，河南尤甚。崇祯年间，李自成农民军多次进入河南。据《明史》的描述："河南凡八郡，三在河北，自（崇祯）六年蹂躏后，贼未再犯。其南五郡十一州七十三县，靡不残破，有再破三破者。城郭邱墟，百不存一。"③ 汝州及其所属四县即属河南既受天灾，又被各类农民武装一破再破、反复蹂躏的州县："粤自崇祯壬申，汝水泛涨，伤我稼穑。癸酉流寇渡河而南，焚劫掳掠，继以客兵，民苦贼，又苦兵，而又旱魃为灾，飞蝗遮野，八年之间，民无安堵。至庚辰，天疸怒矣，连岁不雨，大无频书。辛巳二月，逆匪自洛抵汝，官民罹祸，玉石俱焚，遂成榛莽。"④ 作为豫西南的区域性中心，汝州历史上天灾人祸不少，但目前所见汝州的志书和各类文献，言及汝州历史上最惨烈灾乱时，都不约而同地指向明崇祯末年。

明末之乱非一日酿成，自明中叶始，局部祸乱时有发生，不过多持续时间不长，尚未达到动摇民本的程度。据《〔道光〕汝州全志》，正德年间曾有鲁山流寇之乱，爆发于北直隶的刘六、刘七民变也波及汝州。嘉靖元年"贼王堂反，过郏境"，嘉靖三十二年，

① 〔清〕任枫：《风穴志略》卷上《营建》，中州古籍出版社 2017 年版。
② 〔清〕任枫：《风穴志略》卷下《题咏》，中州古籍出版社 2017 年版。
③ 《明史》卷二九三《周腾蛟传》。
④ 〔清〕李士标：《恢复汝州记》，《〔道光〕汝州全志》卷十《艺文》。

"归德师尚诏反……势甚猖獗",亦延及本州郏县。万历二十一年,大饥,也曾引起千余人啸聚山林。这些动乱都在很短的时间里解危或被官方扑灭,甚而在"贼"和民之间出现了以"孝"或"义"相感染的事件。如:"正德六年,鲁山流寇猖獗……以邑举人刘茂孝感免致焚屠";"蓟贼刘六、刘七反,至郏攻城不下,攻宝丰破之,知县徐端遁去……贼首领赵风子燧系文安秀才,注念斯文,凡士大夫家授令箭一枝,挂蓝衫门前,部卒俱不敢入,百姓杀戮亦少"。① 可见,这些民变和寇乱虽然引起社会动荡,但在一个儒释长期交相教化的地区,人心和"斯文"尚在。

但是,经过明末之乱和明清鼎革之变,汝州地区发生了翻天覆地的变化,忠厚传家的礼义之邦变得面目全非。《〔道光〕汝州全志·兵防》后载有《附明季兵祸》一节,透过其记述,大致可以看到前朝积累的文化成果如何在这场社会变乱中一步步被消耗殆尽的:

> 崇祯五年壬申鲁山东乡土贼张三、杜小川等作乱,七月初二日阖邑惊逃……六年癸酉冬,流寇渡河而南,十二月十六日抵鲁城下,弗克。遂分攻汝州、郏县、宝丰、伊阳,自是羽书旁午,官民无安枕之日矣。
>
> 八年乙亥,贼攻鲁山五昼夜,防守甚密,官兵自北至,寇遁。由是无岁不掠村镇,而四野凋敝尽矣。
>
> 十三年……七月伊阳土贼陷城,知县孔贞璞赴州,遇贼而死。十一月贼复来,盘踞城垣,民无存者。十二月郏县土贼杨同锦、聂三登、武冈、刘定国等手刃入城,横行劫杀。
>
> 十四年辛巳二月,李自成破洛阳,攻汝州,州守钱祚征御之,攻四日城陷,屠之。……祚征及吏目朱任乡皆不屈死。贼遂进取郏……置伪官而去。夏四月新令李贞佐莅任,高凌云遂杀伪官……嗣是同锦党武冈复炽。
>
> 十五年壬午春,闯贼复至郏,因高凌云杀所置伪官,平城剐凌云。执邑令李贞佐,不屈,并剐之。杀绅民无算,官廨民舍为墟。四月鲁山土贼复叛,知县杨呈芳登城安抚,詹思鸾余党弑之,城陷。五月,张献忠陷宝丰,知县朱由械及典史程某死之。闰十一月流寇陷鲁山,土贼潜遁,屠戮良民无算,是月闯贼复陷宝丰,杀掳十之七八,焚庐舍殆尽。
>
> 十六年癸未,流寇复陷鲁山,民有避居西山者,无论男女,悉搜杀之。流寇至而土贼遁,流寇去而土贼来,民自是无遗类矣。②

明末之乱后,清兵入关,焦土之民,再被兵灾。风穴寺在天下大乱的变局中亦未能幸免,"崇祯癸酉以后,寇火频仍,村落烟断,寺亦鞠为茂草,蛇盘虎踞,十余年无人踪"③。风穴寺的残落,意味着汝州儒禅互融的根基被毁。人民流散、土地抛荒、衣食无着,在巨大的生存压力下,社会纲常伦理荡然无存。道光《汝州全志》的一段概述,真实地揭示了天下祸败乱亡,人民廉耻礼义丧失,不耻为寇为盗的心理演变过程:

---

① 《〔道光〕汝州全志》卷五《兵防》。
② 《〔道光〕汝州全志》卷五《兵防·附明季兵祸》。
③ 〔清〕任枫:《风穴志略》卷上《营建》,中州古籍出版社 2017 年版。

　　土贼起于崇祯五六年间，内则岁饥荐臻，外则流寇交讧，奸黠之徒乘间窃发，啸聚成群，而束手待毙之饿夫计不如相从苟活，以是蔓延滋长。始图野掠，继遂犯城，凡州境所属之山川尽为巢穴矣。①

　　因长期反复的动荡，"束手待毙之饿夫"始则为了"苟活"而"相从"，为贼之徒"始图野掠，继遂犯城"，良民一步步变为山贼匪类，社会伦理道德的底线一步步被突破。河南各地在明末均陷入这种涣散无序的境地，礼仪和社会教化的问题成为人们担忧的问题。有识之士发出哀叹："风俗失旧，人心不古……少凌长，小欺大，淫破义，贱害贵，礼教尽失，人心陷溺又何可问。"② 汝州一带出现了人相食的惨剧，有些山寨甚至蓄人为食，据《郏县志》记载："贼据有山寨，肆出剽掠，谓人肉味美，凡数十男子养一牢如羊豕。贼中互卖以食。又以妇人体多油，各炼数十盎供洞中灯火。"③

三、清初风穴寺临济祖庭的复兴与地方风俗移易

　　伴随着清军对河南的军事征服和经济复苏政策，清王朝在河南和汝州的统治地位得以确立。但是，明末清初战乱给汝州带来了前所未有变局，其中最直接的后果是人民和劳动人口的丧失。尽管清初赴汝任职的巡道、州守等地方官员大力推行招抚流亡的政策，但土著复业者所占比例极少，官府不得不把工作重点放在招募流民垦荒方面。顺治初年在此巡察和任职的李森先、史延华、任芳等官员都极力"查荒""抚流移"和"劝开垦"④，使得"狐兔之宫变为禾黍，榛莽之域易而桑麻"⑤。风穴寺周边亦于"顺治乙酉、丙戌间……渐次复业"⑥。清初汝州社会重建使得大量外籍流动人口进入，该区的人口构成随之发生了较大的改变，"自明季兵燹陵夷，土著者十无二三，流寓多山陕河洛之众，不惟五方杂处，嗜欲不同，而衣食之计未充，礼仪之心奚有？先民遗俗骎骎乎荡失无存矣"⑦。

　　社会秩序虽在一定程度上得到恢复。但是，社会伦理、风俗的重建并非短期的政治、经济措施可以凑效，新王朝还面临一重新的矛盾，即满汉矛盾，统治者非常关心的一个问题是，来自关外的异族统治如何获得广大民众的认同？这些问题有一个共同的落脚点，即人心。如河南理学家耿介所言："自世风颓敝，人心浇漓，本源之地不讲，至有骨肉相为残忍者。而欲其仁民爱物，难矣"⑧，"以理学发挥于词章，便是好举业；以举业体验诸身心，便是真理学"⑨。

---

① 《〔道光〕汝州全志》卷五《兵防》。
② 《〔康熙〕南阳府志》卷一《舆地志·风俗》。
③ 《〔咸丰〕郏县志》卷十一《艺文》。
④ 《〔道光〕汝州全志》卷二《职官》、卷三《名宦》。
⑤ 〔清〕李士标：《恢复汝州记》，《〔道光〕汝州全志》卷十《艺文》。
⑥ 〔清〕任枫：《风穴志略》卷上《营建》，中州古籍出版社2017年版。
⑦ 《〔道光〕汝州全志》卷五《风俗》。
⑧ 〔清〕耿介：《敬恕堂文集》卷九《万氏族谱序》。
⑨ 〔清〕耿介：《敬恕堂文集》卷三《辅仁会约》引冯少墟言。

因此，人心的整合、社会伦理的重建成为新统治者面临的迫切问题，凡是有利于王教的资源都是统治者需要寻求和利用的，在这样的背景下，作为"千年古刹"的临济祖庭自然不会逃过统治层的视野。

风穴寺在明末鞠为茂草，顺治初年周边虽有所复业，但仍是"寺僧百无一存，存亦不敢入山"的状况。顺治八年，郡守林中宝开始重视风穴寺的修复，并寻访风穴寺旧僧，找到释祖敬等人，林中宝让他们恢复风穴寺的香火，但效果并不明显，"然寥寥一二人，伏莽是惧，卒不敢宁居"①。至顺治十三年（1656），范承祖来掌汝州，同样将注意力转向风穴寺，目睹风穴寺现状，他提出："此寺非大法力不克复"，"乃遣人赍书币迎云峨喜禅师于龙池"。② 云峨喜禅师是风穴寺复兴的关键人物，据《风穴云峨行喜禅师》传记所载，其生平事迹大致如下：

> 临济宗派自首山后又二十五传，至天童悟禅师为第三十世，悟传林野奇第三十一世，奇传云峨喜，是为临济下第三十二世法嗣也。师姓陈氏，蜀之资阳人，先是母张娠时梦一头陀乘巨象造门投宿，举手中如意曰：以此暂寄何如？张拜受，问其处。头陀西指曰：峨眉雪锁白云深。觉而生师。师十岁时，偶见溪边一尸，鱼鳖唼喋，乃追念云，人既死已，性归何处？遂动诸行无常之感，决志出家，父母初甚难之，既而忆其梦缘，乃听。因号云峨。自后遍参尊宿，皆有策进。晚入天童参林野奇和尚……说偈曰：罢、罢、罢；休、休、休。横眠倒卧在山丘，翻身撚碎虚空骨，万象森罗咲点头。走呈方丈，奇乃印可。顺治乙丑九月，乃出源流拂子付师，师固辞。奇曰：汝但将去，已后坐断天下人舌头耳。既而礼辞北渡，开法大别山普济寺，次迁龙池之法兴。顺治十三年，受汝州兵宪范公请，住风穴。③

风穴寺因云峨喜禅师的到来，面貌为之一新。作为一位得道高僧，初次进院上堂，即以简洁的"法语"点明了其所奉行的佛法在化众度生和助理王教方面的作用，"诸佛以此度众生，则无生不度；祖师以此提持心印，则无法不圆；国王以此化育苍生，则天长地久；贤佐以此保国安民，则皋夔稷偰；山僧以此拈提向上巴鼻，则追回人天宝所"④。这种开阔的禅观正是统治们所需要的。由于禅师的影响力，四方学徒蜂拥而至，与禅师一道共谋临济祖庭的复兴。梳理云峨喜禅师在风穴寺的诸般作为，大致有如下诸端：

（1）购方册藏经。"方册藏经"，即被后世称为《径山藏》或《嘉兴藏》的《大藏经》刻本，为明末高僧紫柏真可所倡，它一改梵夹本大藏经卷帙重多，不易流传的弊端，将藏经改成通行的线装书形式，很便于人们阅读和流通。方册藏于明万历十七年创刻于山西五台山妙德庵，后南移至浙江杭州径山寂照庵续刻，其后又在嘉兴、金坛等处开刊。康熙五年，云峨喜禅师"乃命弟子知还、悟涵、白彻、怡颜彻等开关募化，购置方册大藏

---

① 〔清〕任枫：《风穴志略》卷上《营建》，中州古籍出版社 2017 年版。
② 〔清〕任枫：《风穴志略》卷上《营建》，中州古籍出版社 2017 年版。
③ 〔清〕任枫：《风穴志略》卷上《禅主》，中州古籍出版社 2017 年版。
④ 〔清〕任枫：《风穴志略》卷上《禅主》，中州古籍出版社 2017 年版。

二百九十五函"①。郡人、进士任枫作碑记对此举大加赞叹："紫柏尊者易梵业为儒册，取携甚便，非如娑竭龙藏之深秘而不可得见也；非如重溟之飘渺而阻绝也；非如五万八千里一十七周之不可以旦暮求，而师徒三世之不可以我生遇也。同类俱有佛性，人之欲善，谁不如我。……自今大藏在案，譬如佛前灯火任人点取无禁，或燃其熵其自照，或燃其熵而燎原，或燃其熵而遍烧阐提，斯作用为无穷矣！"②

（2）购置佛像和祖师像。"（康熙）七年购写水陆圣像七十轴、历代祖像二十二轴。"③ 按照佛教的理论，佛有二身，即法身和色身。法身无相，体遍虚空法界。色身有相，诸佛福业所感，相好殊胜，世无伦比。造像和流通佛像的功德利益非常大，既能消除宿业，又能增长福德。云峨喜禅师在风穴寺大规模添置佛像，正可发挥佛像"见像起信，灭罪启慧"教化作用，同时，以祖师像唤起人们对临济诸祖德行的追思，也正是整肃祖庭的重要步骤。

（3）扩建殿宇。殿堂、宇寮的修葺、兴建是寺庙兴盛的重要标志。风穴寺殿宇在顺治初林中宝时任知州时"始稍稍修葺"，顺治十年开始了较大规模的兴工，知州林中宝、河南提刑按察司金事范承祖、河南布按察司副使许文秀等人捐俸倡议，风穴寺各项建设"次第举事"，"诸凡甍楹不蔽，修缀之；只存旧址，再造之；或法像不整，整而不鲜，丹护之，金碧之。若千佛殿、若毗卢殿、若钟楼、若吴公洞、若玉带桥、若东西廊、若禅堂、方丈种种，功烦费重，经哲始终，大约纪一周星余。告成……"④ 后范承祖任知州，云峨喜禅师主寺，"又于地藏殿东创建客寮九楹，回廊曲牖，历历可观"⑤。据《风穴续志》，康熙年间续建的还有：关帝庙，"康熙戊午州守刘公骏名……修正殿三楹"；昆卢大殿，"州守罗公大美倡捐重修，工始于康熙癸亥，成于己巳"；中佛殿，"康熙壬辰州守贺公弘源倡修"等。⑥

（4）建藏经阁。"（康熙）十年又于贞禅师塔西起造藏经阁五楹，规模弘敞，飞甍画栋。"⑦ 任枫有《创建藏经阁记》阐其深意并记修建过程："白云禅院既购置大藏，乙巳越辛亥凡七载，又有藏经阁之举，原其意盖亦黄宫建尊经阁之旨乎！……故阁其宜也，尊经所以尊佛也。是役也，昉于辛亥春仲，落成于癸丑冬初，费日九百有零，靡金八百以外。肇斯谋者，云峨禅师也，间关募化者，知还、悟涵、白彻也，捐资不等者，诸贵官、长者、檀越也，庇材鸠工、寒暑拮据者，诸上人有事者也。"⑧

（5）与文人士大夫交游。在营建殿宇、整肃僧众、重振宗风的同时，云峨喜禅师又以其高僧的学识和风范，与当时的名士和文人士大夫交游，广结善缘。现存风穴诸志留下了许多云峨喜禅师与他们相互酬答文字，如江陵人、郡守金先声《秋日重游风穴访云峨

---

① 〔清〕任枫：《风穴志略》卷上《营建》，中州古籍出版社2017年版。
② 〔清〕任枫：《风穴志略》卷下《题咏》，中州古籍出版社2017年版。
③ 〔清〕任枫：《风穴志略》卷上《营建》，中州古籍出版社2017年版。
④ 〔清〕林中宝等：《重修风穴千峰白云禅寺记》，刘天福主编：《穴寺文史荟萃》，中州古籍出版社1991年版，第6页。
⑤ 〔清〕任枫：《风穴志略》卷上《营建》，中州古籍出版社2017年版。
⑥ 〔清〕屈启贤：《风穴续志》卷二《续营建》，中州古籍出版社2017年版。
⑦ 〔清〕任枫：《风穴志略》卷上《营建》，中州古籍出版社2017年版。
⑧ 〔清〕屈启贤：《风穴续志》卷五《续题咏》，中州古籍出版社2017年版。

禅师》；新蔡人、中丞提学宋祖法《述怀寄云峨禅师》《再寄云峨禅师》；华亭人、翰林沈荃《寄怀风穴云峨禅师》；奉天人、枢部迟煊《游风穴寺赠云峨和尚》；郡人、进士张凤鸣《游风穴听云峨禅师谈禅喜赠》；郡人、进士任枫《云峨禅师新筑法云洞题赠》《游风穴寺再访云峨和尚》《寄怀云峨和尚》等。云峨禅师谙熟音韵，对这些题赠一般都依原韵答谢。兹引任枫与云峨禅师之间的一赠一答：

> 任枫《云峨禅师新筑法云洞题赠》：凿破巉岩山不聋，纡盘危磴碧玲珑。一庵山鬼力休助，十笏维摩法自工。塔顶门前拜古佛，泉光脚下洗长虹。高深任尔白云锁，常许诸贤见遁公。
>
> 云峨禅师：投老青山愧耳聋，偶承佳句转玲珑。揭开风穴逃禅寂，拈出金锄夺禹工。独自栖迟悬古榻，待谁谈笑指松。迩来莲社虽寥落，幸有任公继靖公。①

这些文字亦儒亦禅，营造出一种和谐的文化氛围，透露出由乱世转向治世的曙光。此后"崇诗""宗诗"成为汝州地区的重要文化现象，后人又创"诗宗祠"，在汝阳书院中立"唐刘庭芝，金宗端，明张维新"和清初任枫等先辈诗人的神位，"良以楷模在人心，俎豆在后世"，"不但表章先贤，亦可兴起后进"，共赞"圣朝之功德"。② 唐宋以来儒释互济共荣的传统得以重现和接续。

总之，云峨喜禅师住持风穴寺的顺治、康熙时代，经过艰难的重整和起步，风穴寺"泽薮廓清，法轮重转，盖自沼祖以来七百二十余年又一开辟也"③。风穴寺的复兴，为饱经战乱沧桑的人们提供了一个心灵的"方外世界"，如论者所言：

> 浮屠之在天地间，各自成一方外世界，天地之大也，余居尝好寺游，每苦纷挐，辄思避风穴，磬声梵呗，神思邈然，都不知身心安放何处，足令热者冷、浓者淡、忙者闲，烦恼者欢喜，以是知释氏言利益、言救度，正在此时领取，风穴寺不可不来，不可不再三来，愈来愈不厌，龌龊尘寰内断，不可少此方外世界也。④

四、结语：禅宗祖庭、文化秩序与社会重建

改朝换代的社会动荡之后，地方社会以什么样的方式重建？ 河南汝州风穴寺祖庭复兴的历史过程为我们提供了一个局部的个案。可见，明清鼎革之际，如何让地方社会从战乱的废墟中复苏过来是一个复杂的系统工程。除了招抚流亡、鼓励垦荒等安民措施之外，地方文化建设其实是更具深远影响的一环。在文化建设中，如何收拾人心，消除社会离心状态，重塑文化凝聚力，使民生和经济初步复苏的社会在新政权的制度和意识形态下步入常

---

① 〔清〕任枫：《风穴志略》卷下《题咏》，中州古籍出版社 2017 年版。
② 〔清〕宋名立：《创立诗宗祠记》，《〔道光〕汝州全志》卷十《艺文》。
③ 〔清〕任枫：《风穴志略》卷上《营建》，中州古籍出版社 2017 年版。
④ 〔清〕任枫：《风穴志略》卷上《营建》，中州古籍出版社 2017 年版。

轨，是重建社会秩序的一个核心问题。

汝州风穴寺的个案表明，清初在逐步确立以程朱理学为主体的官方意识形态的同时，地方社会文化重建的途径其实是多元的。地方官在确定地方发展策略时，会根据地方实际作出合理的选择和安排，并不排斥对佛教的利用，有时会积极主动地借用佛教资源。风穴寺作为汝州名重中原的千年古寺，地方官自然不会视而不见，清初汝州历任知州都以恢复风穴寺香火为计，不惜动用地方财政和私人俸禄为风穴寺招僧建庙，既表明了依赖寺庙收拾人心的意图，同时也表明风穴寺的文化意义在当地已形成惯习，欲有效恢复地方秩序，重振风穴寺宗风是一种便捷的途径和合理的选择。事实上，经过汝州地方社会的官、绅和广大信众的持续努力，风穴寺已经成为汝州地方文化系统中的一个标志性的符号，发挥了不可替代的辅政作用。除了对一般信众的吸引，一些出自儒家阵营的士人和居士也把它当作心灵的皈依之地，所谓"风穴寺不可不来，不可不再三来，愈来愈不厌"。在这种文化氛围中，即使素与佛教撇清界限的正统儒士也可能改变对佛教的态度，如风穴志的编纂者所言："不必皈其法，未始不可友其人也。拘谨之儒徒见昔人排斥之严，遂至深沟固垒，不敢与释氏通，抑何示以不广耶，夫内教典策颇极浩瀚，未尝涉其藩篱，亦乌知其中之虚与实乎！"①

在汝州风穴寺祖庭复兴和地方秩序重建的过程中，来自官方和民间的各种行动看似一致，其实隐含着不同的动机和各自的考量，地方官有重建社会秩序的压力和个人政绩的愿望，禅宗亦有生存、振兴的内在动力和发展策略的选择。反观中国佛教史，历代佛教寺院的兴衰往往呈现起伏跌宕的周期律。这些寺庙何时兴、何时衰，能否中兴，往往与大的时代背景有关，也与寺庙能否抓住机遇，能否与地方社会的官、绅、信众形成共振有关。无疑，明清易代之际风穴寺的复兴是官方倡导、直接干预，地方士绅资助，信众支持和高僧个人活动等众多因缘和合而成。这些因缘主体背后的动机和考量，在明清朝代交替的时代背景下，在官方文化政策导向的旗帜下"求同"，在社会秩序急待恢复的需要和政策允许的框架内"存异"，从而形成一股文化建设的合力，正是这股合力带来了禅宗发展的机遇和风穴寺的复兴。风穴寺在清初已经成为汝州地方政治与文化，官府与民众之间的文化纽带，在地方秩序重建中获得了足够的发展空间，也充分体现出地方秩序恢复过程中禅宗祖庭参与文化建设的意义。

（作者单位：武汉大学中国传统文化研究中心暨武汉大学图书馆）

---

①　〔清〕任枫：《风穴志略》卷上《禅主》，中州古籍出版社2017年版。

管庭芬与他人的书籍共享

——基于《管庭芬日记》的分析

□ 王美英

【摘要】清代藏书家管庭芬摈弃私家藏书秘不示人的传统观念，与他人互借互赠书籍，变一己之书为多人所用，不仅丰富了他们各自的藏书，对古代文献资料的保护和流传具有重要的意义，而且充分发挥了文献的利用价值，对他们学问成就的取得起了很大的促进作用。他们依据这些书籍研究了许多问题，撰写了一些著作，影响深远。

【关键词】管庭芬；书籍共享；日记

清代浙江著名的藏书家和校勘家管庭芬能诗善画，精于鉴赏，勤于校勘，尤其熟谙乡邦文献："生平露钞星纂，日以书卷为生活。"① 管庭芬虽屡次参加科举考试，但都名落孙山，最终仍是一介诸生，"一生中最有影响的活动是校抄古籍，中年为同邑蒋光煦主持校勘了《别下斋丛书》"②。《管庭芬日记》本名《芷湘日谱》③，非常详细地记录了管庭芬与他人互借互赠书籍的情况，包括借书予人、向人借书、送书予人、接受赠书等④。本文即以这些资料为基础来探讨管庭芬与他人的书籍共享情况，毕竟在藏书秘而不宣的时期，这种共享书籍的行为难能可贵。

一、互借互赠，利己惠人

（一）互借书籍

1. 管庭芬将自己的藏书借给他人

管庭芬藏书很多，大多源于购买，他在二酉堂、陶熊飞积古堂、集古书宅、九思堂、

---

① 许传霈等原纂，朱锡恩续纂：《海宁州志稿》卷 29《人物志·文苑·管庭芬》，民国十一年（1922）排印本。

② 张廷银整理：《管庭芬日记·前言》，中华书局 2013 年版，第 1 页。

③ 记事起于嘉庆二年（1797），止于同治四年（1865）十二月三十日。

④ 徐雁平：《管庭芬日记与道咸两朝江南书籍社会》，《文献》2014 年第 6 期。

沈书估、徐书估、陈书估、未名"故书铺"等处购书，所购以近人著述为主，地方文献以及文集较多。道光九年（1829）八月十七日管庭芬在旧书铺中一次购买近人诗稿 27 种 25 册，如周松霭的《昙华馆小稿》一册，卜兆熊的《藕村诗钞》一册，许三礼的《乐只编》一册，楚黄的《杨大鳌遗草》一册，孙星衢的《碧涵奉麈编》一册，张嘉纶的《玉鉴堂诗钞》一册，张孟淦的《红蘅馆稿》一册等。① 为了收藏更多的书籍，管庭芬不惜典衣购书。一天朱姓书估前来卖书，管庭芬想从中购买经解及考据书三种，可是囊中羞涩，只好拿出数件夹衣去典当换钱，买回心仪的书籍，为此还作了一首《典衣买书歌》："天涯有客芷湘子，青山懒隐隐村市。贫居陋巷无所求，愿与史籍同生死。既耕还读瓻层虚，仰天狂啸心不舒。天生我才必有用，供我奈岂乏今古。叩门喜接西吴客，一笑相逢皆秘册。绕床真奈阿堵无，欲舍仍留费筹画。缊袍挂体春衣闲，呼童且质钱刀还。奇文换得自欣赏，绝胜梦游嬲嬻间。芸香谨贮留耕室，雠校亦可消永日。丹黄涂乙复咿唔，两手晨昏少停笔……"② 除了买书之外，管庭芬还抄录了一些书籍，丰富了自己的收藏。叶昌炽对管庭芬藏书的评价："四面天青立秋隼，抢榆肯共莺鸠飞。樊桐南野虽已矣，元会仲容或庶几。"③ 管庭芬丰富的藏书为他人的借阅提供了方便，共有 78 人向管庭芬借阅书籍 392 种，其中，向管庭芬借阅书籍 5 种以上者有 25 人：许砚洲 27 种，钱意山 25 种，钱简亭 21 种，钱焯 22 种，祝梦岩 22 种，钱泰吉 18 种，周芭塘 15 种，胡尔荣 13 种，周勖懋 13 种，吴昂驹 13 种，沈白山 13 种，许春苹、小筠 10 种，葛继常、杨芸士 9 种，省三、张均 8 种，潘宝岩 7 种，陶所庵、许介亭、孙绵山、徐二农各 6 种，毕槐、仲卿、蒋光煦各 5 种。那些人中，许砚洲向管庭芬借阅的书籍最多，借了《台湾府志》《说铃》《寄园寄所寄》《随园文集》等 27 种 122 册，其中有 16 种书籍清楚地记录了借书与还书时间，7 种书籍记载了借书时间，4 种书籍记载了还书时间，可见许砚洲颇讲信誉。

2. 管庭芬向他人借书

清代，中下层文人没有雄厚的财力购书，互相借书以便阅读、抄录和校勘也就理所当然。管庭芬爱好读书，但是家里的藏书毕竟有限，不能满足他的阅读需求，不足以支撑他进行书籍校勘，所以就向人借书："家贫无书，平日俱借读于人。"④ 据统计，管庭芬共向 92 人借书 331 种，所借 331 种图书，几无重复借阅。管庭芬向他人借阅书籍 5 种以上者有 14 人：胡尔荣 70 种，吴昂驹 20 种，周勖懋 18 种，钱泰吉 15 种，省三、葛继常 13种，宝三、小筠 9 种，许介亭、蒋光煦 8 种，祝梦岩、仲方叔岳 7 种，钱焯、许砚洲 5种。管庭芬向胡尔荣借阅的书籍最多，借了《南宋逸史》《寄园寄所寄》等 70 种，其中，有 42 种书籍记录了借书与还书时间，20 种书籍记录了借书时间，8 种书籍记录了还书时间。管庭芬借书阅读的时间较长，嘉庆二十五年（1820）八月廿三向胡尔荣借来吴谷人的《有正味斋全集》，道光二年（1822）九月三十才归还，长达 775 天；嘉庆二十五年（1820）九月三十向胡尔荣借来阮元的《诂经精舍文集》，道光二年（1822）九月三十才

---

① 张廷银整理：《管庭芬日记》，中华书局 2013 年版，第 530~531 页。
② 张廷银整理：《管庭芬日记·前言》，中华书局 2013 年版，第 65 页。
③ 叶昌炽：《藏书纪事诗》，上海古籍出版社 1989 年版，第 658 页。
④ 张廷银整理：《管庭芬日记》，中华书局 2013 年版，第 225 页。

归还，长达 739 天。

3. 借阅期限长短不一

他人向管庭芬借阅的 392 种书籍中，有 141 种书籍记载了借还日期，占 36%，175 种书籍只记载了借书日期，占 44.6%，76 种书籍只记载了还书日期，占 19.4%。管庭芬向他人借阅的 331 种书籍之中，有 136 种书籍记录了借还日期，占 41.1%，112 种书籍只记录了借书日期，占 33.8%，83 种书籍只记录了还书日期，占 25.1%。仔细分析借还日期清楚明确的那些图书，可以发现借阅期限长短不一，列表如下：

借阅期限（天）	他人向管庭芬借阅的书籍（种）	管庭芬向他人借阅的书籍（种）
2~5	3	16
6~20	26	24
21~50	32	26
51~100	16	25
101~200	21	21
201~300	24	12
301~400	10	3
401~500	2	2
501~600	4	3
601~700	1	1
700~1000	1	3
1000~1400	1	
合计	141	136

从上表来看，管庭芬向他人借书，阅览较快，归还较早，5 天以内归还的有 16 种，100 天以内归还的有 91 种，占总数的 66.9%，200 天以内归还的 112 种，占 82.4%，300 天以上归还的只有 12 种，占 8.8%。借期最长的达 976 天，是管庭芬向愚全先生借的郭梦沅《作文举隅》一册，道光七年（1827）三月初一借来，道光九年（1829）十一月初四才归还。借期最短的只有 2 天，是管庭芬向省三借的纪晓岚的《姑妄听之》二册，道光四年（1824）三月二十借来，道光四年（1824）三月廿二归还。相较之下，他人向管庭芬借书，归还较晚，5 天以内归还的只有 3 种，100 天以内归还的有 77 种，占总数的 54.6%，200 天以内归还的有 98 种，占 69.5%，300 天以上归还的有 19 种，占 13.5%。借期最长的达 1310 天，是钱焯向管庭芬借的《二申野录》，道光五年（1825）三月初五借去，道光八年（1828）十月十七才归还。借期最短的是 3 天，是省三向管庭芬借的《四六清丽集》四册，道光四年（1824）八月廿七借去，道光四年（1824）九月初一就归还了。管庭芬与他人之间虽然没有"共享协议"，但是在借还规约、书籍互用方面有一种默认，从

日记中所记书籍借还时间多数在半年之内，证明他们之间有一种最基本的诚信存在。①

（二）互赠书籍

1. 管庭芬送给他人书籍

管庭芬自嘉庆二十五年（1820）正月十八首次将陈鳣的《缀文》《缀策》四册寄给侄子三伊，让其转赠石泾沈白山先生，至咸丰三年（1853）八月初一，以《海昌著录》别本四册赠给铁翁，共送给他人书籍130种与拓本5种，受赠者共计51人。其中，管庭芬送给胡尔荣的书籍最多，有《芥子园画传》《顾汝修印谱》《繁华梦》《都城纪胜》《文选》《白云先生集》《劝赈昌和诗》《壮悔堂集》《瓯北集》《五代史》《道藏》等33种。管庭芬赠给钱泰吉的书籍居其次，有《启承堂集》《南宋群贤小集》《麻姑仙坛记》《延陵季氏藏书目》《杜林合注左传》《括苍金石志》《杨园备忘录》等10种，如道光八年（1828）六月廿九："以《南宋群贤小集》旧抄本十二册并书一函寄警石夫子。"② 道光十年（1830）四月十六日，"晨之警石夫子署，并以故书铺中所购《麻姑仙坛记》及陈香泉玉枕《兰亭》临本二纸赠之"③。道光十年（1835）十月二十九，"余作札致深庐夫子并以京本袖珍《杜林合注左传》十六册赠之"④。接受管庭芬赠书较多的还有省三，管庭芬送给省三的书籍有《春园吟稿》《金诗选》《剑南诗选》《小桐溪吴氏文稿》《随园诗钞》与《异名钩玄录》稿本等6种，如道光四年（1824）闰七月闰中元："余以《剑南诗选》一册赠省三。"⑤ 接受管庭芬赠书的第四名为宝三，管庭芬送给宝三《珍赏斋印林》《青莲集评注》《佳句录》《春园吟稿》《通鉴》等5种书籍，如道光七年（1827）十二月廿五，"已刻之宝三处，并以《青莲集评注》二册、《佳句录》四册赠之"⑥。管庭芬自道光二十年（1840）至道光三十年（1850）赠给蒋光煦的书籍有童二树山人《题梅叠韵诗》二册、周松霭先生《大悲咒音义》一册、《弈理指归》二册、陈老莲所绘《水浒》叶子一册、《顾亭林年谱》及文集补遗二册等。

2. 管庭芬接受他人赠书

自嘉庆二十年（1815）十月十二管庭芬因为院试考了第二名，得到赠书《周礼郑注》六册、《王文成公尺牍石墨》一卷、《佩文韵释》一册开始，至同治二年（1863）十一月初三孟江寄赠《天台山志》为止，管庭芬得到他人赠送的书籍182种、拓本10种，这些书籍、拓本由72人赠送。向管庭芬赠书最多的是胡尔荣，他向管庭芬赠送了《佳金阁诗笺》等21种书籍和1种拓片。吴寿旸向管庭芬赠书也很多，吴寿旸是拜经楼主人吴骞之子，自嘉庆二十一年（1816）六月十六至嘉庆二十四年（1819）赠给管庭芬《愚谷文存

① 徐雁平：《管庭芬日记与道咸两朝江南书籍社会》，《文献》2014年第6期。
② 张廷银整理：《管庭芬日记》，中华书局2013年版，第478页。
③ 张廷银整理：《管庭芬日记》，中华书局2013年版，第564页。
④ 张廷银整理：《管庭芬日记》，中华书局2013年版，第829页。
⑤ 张廷银整理：《管庭芬日记》，中华书局2013年版，第265页。
⑥ 张廷银整理：《管庭芬日记》，中华书局2013年版，第456页。

续编》《愚谷丛书》《重摹盐官绝句》及明王节愍公家书石刻二种、《王节愍公集》、《扶风传信录》、《对床夜语》等 8 种。嘉庆二十四年（1819）吴寿旸赠送管庭芬旧抄本《对床夜话》，并且附信一封，其中有语云："芷湘姻丈风雅好古，留心典籍，因以为赠。"①吴昂驹是吴骞之侄，号醒园、醒园丈，亦为藏书家，他将《庐山纪游》一卷、《琴谱》二册赠给管庭芬。钱泰吉向管庭芬赠书也不少，他送给管庭芬的书籍有明代钱海石侍御的《启承堂集》、新建吴一嵩的《玉镇山房剩稿》、初榻《重修学宫碑》、近刻《颐和室合稿》、周松霭先生所撰《佛尔雅》、修川许辛木主政所著《钞币论》等 6 种，如道光八年（1828）五月二十日管庭芬记载："晚至警石夫子处谈诗良久，蒙以明钱海石侍御《启承堂集》八册见惠。"②

　　从上面的阐述可以看出，管庭芬与他人互赠书籍的种类与数量有一定的差距，管庭芬送给他人书籍 130 种与拓本 5 种，接受他人赠书 182 种、拓本 10 种，管庭芬所得赠书多于送出书籍。赠书数量上的差异固然反映了藏书人的经济实力或文化地位，但是管庭芬能够得到如此多的赠书，实在是受益匪浅。此外，赠书者与受赠者也不对等，赠与管庭芬书籍的有 72 人，接受管庭芬赠书的只有 51 人，其中钱泰吉、蒋光煦等 23 人与管庭芬相互赠送书籍，陈鳣、虞濮园等 49 人都送给了管庭芬书籍，但没有得到管庭芬的赠书，柯亭复、六舟等 28 人得到了管庭芬的赠书，却没有送给管庭芬。

二、互通有无，特色明显

（一）共享书籍的人员主要是亲朋好友

　　与管庭芬共享书籍的人员主要有两类：一是管庭芬的朋友，主要是浙江中下层的文人学者，二是管庭芬的亲戚。管庭芬与朋友共享书籍，这些朋友多是浙江中下层的文人学者，与管庭芬有地缘关系，其中有些人出身世家大族，如钱泰吉、钱熙、蒋光煦等。钱泰吉是清代中后期著名的藏书家和校勘家，精于版本目录学，道光七年（1827）至咸丰三年（1853）担任海宁州学训导，其后主讲海宁安澜书院。管庭芬拜钱泰吉为师，过从甚密，他们交往长达 30 余年，在书籍方面互通有无。管庭芬将《浮云集》《亭林遗书》《海昌经籍志》《杨园先生集》等 18 种书籍借给钱泰吉。管庭芬则向钱泰吉借了《两浙辅轩录补遗》《田山薑全集》《槜李诗系》《杭郡诗辑》《爱日精庐藏书志》等 15 种书籍。钱熙出自海宁钱氏，管庭芬向钱熙借了《夜谭随录》《明史纪事本末》《东华录》《涌幢小品》等 5 种书籍；钱熙则向管庭芬借了《说铃》《随园文集》《明臣平定略》《续板桥记》《通鉴纪事本末》等 22 种书籍，其中《续板桥杂记》与《说铃》则借了两次。除了朋友之外，管庭芬还与族人或姻戚等亲戚共享书籍。向管庭芬借书的亲戚有 14 人：仲方叔岳、三伊侄、小筠侄、琴史叔岳、潘宝岩表兄、叙卿太丈、潘樵云表侄、兰森侄、卓峰兄、晴江外舅、许莲峰表兄、潘稻孙舅弟、竹岩侄、许芥舟太丈，如嘉庆二十五年（1820）七

①　张廷银整理：《管庭芬日记》，中华书局 2013 年版，第 85 页。
②　张廷银整理：《管庭芬日记》，中华书局 2013 年版，第 475 页。

月十一，"是晚三伊侄于予处假《狯园志异》十六册"①。并于道光元年（1821）三月二十八归还："三伊归予《狯园》十六册。"② 借书给管庭芬的亲戚有 16 人：卜兰溪表母舅、许芥舟太丈、家侄、小筠侄、姚甥、琴史叔岳、仲方叔岳、凤石侄、鲁堂再侄、秀章再侄、凝一表兄、许莲峰表兄、叙卿太丈、晴江外舅、笠湖亲家、幼坪兄，如莲峰表兄于道光六年（1826）正月十六将陈明卿的《潜确类书》五十册、苏天爵的《元文类》十六册借给管庭芬。凝一表兄于道光五年（1825）八月廿五将《浙江通志》一百册借给管庭芬，管庭芬阅毕于道光六年（1826）正月十六归还。姚甥于道光元年（1821）十月初一将熊伯龙的《无何集》六册借给管庭芬，管庭芬看毕于道光元年（1821）十月初七归还，借期只有七天。赠送管庭芬书籍的亲戚有姑母、绿窗表叔、晴江外舅、表兄许兆科和潘宝岩、侄子小筠和三伊等 12 人，如：嘉庆二十五年（1820）七月十七，许兆科表兄以梁山舟所书《敬亭书院膏火田碑记》拓本赠给管庭芬。嘉庆二十五年（1820）十月廿八，小筠侄将徐石麒的《坦庵词曲》六种二册送给管庭芬。道光元年（1821）正月初十，凝一表兄将侯朝宗的《壮悔堂文集》四册、《四忆堂诗集》二册送给管庭芬。管庭芬也赠给亲戚一些书籍，如送给凝一表兄、凤石侄、仲方叔岳等亲戚的书籍有《后红楼梦》《集古钟鼎千文》《红楼梦》《灵岩山馆诗集》等，如：道光四年（1824）八月二十一午刻管庭芬到许姑母家，以《后红楼梦》赠凝一表兄。道光八年（1828）五月初一，管庭芬将毕秋帆的《灵岩山馆诗集》八册送给仲方叔岳。

（二）共享书籍的重点则是浙江地方文献和管庭芬的自撰书稿

浙江地方文献成为管庭芬与他人互借互赠的重点书籍。管庭芬收藏了不少地方文献，如《海宁县志》《硖川续志》《宁志余闻》《国朝杭郡诗辑》《海塘通志》等，他所藏的这些地方文献自然地成了他人争相借阅的重点，如《海宁县志》被省三、兰森侄、吴昂驹、周勋懋与钱泰吉等 5 人借阅，《硖川续志》被胡尔荣、陈听江、周苔塘与朱宾南等 4 人借阅，《国朝杭郡诗辑》被周勋懋、许介亭借阅，《海塘通志》被许砚洲借阅。另一方面，管庭芬也向胡尔荣、凝一表兄、吴昂驹等人借阅了《海宁州志》《浙江通志》《〔万历〕杭州府志》等浙江的一些地方文献，如：向胡尔荣借了《海宁州志》，向凝一表兄借了《浙江通志》100 册，向吴昂驹借了《〔万历〕杭州府志》。除了互借地方文献之外，管庭芬与海宁本地文人或邻县文人互赠地方文献，地方文人大多将本人著作或先人著作送给管庭芬，助其著述并借以留名。此外，管庭芬亦时常为他人撰写序跋或校勘书籍，往往得到他人酬谢之书。应该说乡邦文献的共享，一定程度上反映了浙江中下层文人群体共同的学术兴趣，他们都很注重浙江地方文献的搜集整理与研究。此外，管庭芬的自撰书稿也受到友人的青睐，成为共享的对象。管庭芬的自撰书稿有《海昌经籍著录考》《海昌经籍志》《海昌诗人杂稿》《海昌诗人集钞》与《海昌丛载》等，多次被他人借阅，如《海昌经籍志》被祝梦岩、胡尔荣、吴昂驹、钱泰吉、恂甫等人借阅，《海昌诗人杂稿》被周勋懋借阅，《海昌丛载》被周勋懋和仲卿借阅。

———————————

① 张廷银整理：《管庭芬日记》，中华书局 2013 年版，第 104 页。
② 张廷银整理：《管庭芬日记》，中华书局 2013 年版，第 132 页。

（三）共享书籍的范围进一步扩大

管庭芬与他人共享书籍的过程中，扩大了共享书籍的范围，有意转借与转赠书籍。一是转借书籍。道光十三年（1833）十月十一日，管庭芬接到钱泰吉的来信希望将书籍转借他人："芷湘大兄阁下，迩维动定多绥为颂，启者前所假《祝人斋先生文集》，学使硕士少宗伯亟需一阅，嘱弟转假，务恳即觅便寄城，意欲抄一册送少宗伯也，人斋先生他种著述能并借更妙。"① 二是转赠书籍。嘉庆二十一年（1816）胡尔荣将《延陵季氏书目》《汲古阁书目》赠给管庭芬，管庭芬于道光十七年（1837）将此二书送给钱泰吉。道光元年（1821）正月初十管庭芬得到凝一表兄的赠书《壮悔堂诗》《四忆堂诗》，同年二月廿一管庭芬将此二书转送给胡尔荣。管庭芬道光四年（1824）三月十四得到胡尔荣赠送的徐雪庐的《白鹄山房集》六册，道光十六年（1836）正月初七即将此书转赠毕槐。钱爱斋于嘉庆二十五年（1820）九月十九将《许白云先生集》二册送给管庭芬，管庭芬则于九月三十将该书转赠胡尔荣。管庭芬于嘉庆二十一年（1816）二月廿一得到陈鳣所赠《缀文》四卷、《缀策》四卷，先于嘉庆二十五年（1820）正月十八将二书转赠沈白山，后于道光四年（1824）四月十六将其转送给潘宝岩。道光四年（1824）八月二十王楚将《后红楼梦》二册送给管庭芬，第二天，管庭芬就将其转赠给凝一表兄。仔细分析转赠书籍的原因，一是管庭芬不愿意保留复本，乐于将其与他人分享，如春山与宝三各赠一套《秋截阁诗集》给管庭芬，管庭芬遂将其中一套转送给吴达斋。二是管庭芬不愿意收藏已经读完的别集或不感兴趣的别集，为了发挥这些书籍的更大作用，得到赠书之后不久就送出了，如管庭芬道光六年（1826）十二月十九得到曹桐石赠送的《沈楼诗钞》，同月二十七日就将其送给陈听江了。有的书籍在管庭芬手中停留的时间较短，如管庭芬道光六年（1826）十二月二十六日得到他人赠送的《味经堂集》，第二天就将其转赠陈听江了。

三、书籍共享，影响深远

（一）增进了相互之间的友谊，丰富了各自的藏书

在不断的借书、还书、赠书、受书之中，管庭芬与他人结下了深厚的友谊，也丰富了各自的藏书。胡尔荣住在路仲东胡陈村，胡家自康雍以来富而好礼，兼擅文学，收储极富，到乾嘉时期，聚书十万卷，修建爱莲西堂以收藏。胡尔荣晚年虽然家道中落，但是遇到名流墨妙仍然不惜典衣购买。胡尔荣家里藏书丰富，管庭芬早年主要就是从胡尔荣处借书，共向胡尔荣借阅了《南宋逸史》《寄园寄所寄》等70种，正如胡尔荣在其诗稿上题辞："我书借君读，君诗吟我听。奇文异册撑住腹，觅句欲夺江峰青……"② 胡尔荣借给管庭芬书籍的数量在所有人中位居第一，他自嘉庆二十三年（1818）首次将《南宋逸史》二册借给管庭芬，至道光五年（1825）十二月二十九日末次将恽南田的《瓯香馆帖》四册借给管庭芬，前后持续七年。向管庭芬赠送书籍最多的也是胡尔荣，他向管庭芬赠送了

---

① 张廷银整理：《管庭芬日记》，中华书局 2013 年版，第 743 页。
② 张廷银整理：《管庭芬日记》，中华书局 2013 年版，第 645 页。

《佳金阁诗笺》《延陵季氏书目》等 21 种书籍和 1 种拓片。他自嘉庆二十年（1815）十一月二十九日将《佳金阁诗笺》四匣赠给管庭芬，直到道光五年（1825）二月初一最后一次将《虚白斋诗笺》赠给管庭芬，持续十年。管庭芬丰富的藏书亦为胡尔荣的借阅提供了方便，胡尔荣共向管庭芬借了《礼记》《硖川续志》等 13 种。胡尔荣接受管庭芬的赠书也最多，共有《芥子园画传》《白云先生集》《瓯北诗集》《五代史》《道藏》等七种共计 33 种。在不断的互借书籍、互赠书籍以及学问的交流中，管庭芬与胡尔荣结下了深厚的书缘：“人生乐事，惟读书藏书，评金石器具，舍此外无所求焉。但吾辈为寒素所缚，不能作平地神仙，每阅古人书谱画记及考古博古诸书，不觉神跃跃欲动，故目有所遇，中心藏之。乡居惟胡子蕉窗为密迩。蕉窗缥囊锦轴及钟鼎文字，济美一楼，犹以未能埒云林清秘为恨。然性情疏放，家遂中落，年来书估骨董到门，有所悦而力不从心者辄攒眉相告，大有嬛嬛福地张茂先不能再窥之思。”① 当胡尔荣不幸于道光六年（1826）英年早逝的时候，管庭芬颇为悲痛，撰写《挽蕉窗十律》，其四有云：“与我贫交十五年，每劳鸿影递吟笺。一灯论史同听雨，三月看花屡泛船。妙画追摹求鉴品，奇书互校亦因缘。从今再踏黄垆土，惨淡墙坳发杜鹃。”② 因为借书与赠书，管庭芬与周勋懋父子也结下了深刻的友谊。周勋懋号“竹泉夫子”，出自海昌周氏，周家富有藏书，有“听雨楼”“种松书熟”以庋藏典籍。周勋懋将《宁志余闻》《国朝杭郡诗辑》《子不语》《海昌诗系》《东阿诗草》等 18 种书籍借给管庭芬，位居借书给管氏之人第三。周勋懋则向管庭芬借阅了《忠烈纪实》《枣林外索》《西湖逸史》《海昌诗人杂稿》与《杨园先生全集》等 13 种。周勋懋多次赠书给管庭芬：嘉庆二十五年（1820）十月十五，将董圃先生的《孟子四考》赠给管庭芬；道光十年（1830）八月初五，给管庭芬寄赠《海昌诗人杂稿》与《子不语》；道光四年（1824）闰七月廿六，将其近稿《耳耳集》寄赠管庭芬。周勋懋的儿子周谦谷亦赠书给管庭芬：道光元年（1821）正月初四，以马氏所刊《苕溪游稿》赠给管庭芬；道光八年（1828）二月初一，以陈鳣所刊《孝经郑注》赠给管庭芬。周勋懋父子与管庭芬因书结缘，感情深厚。周勋懋卒后，管庭芬不胜悲痛，撰文缅怀：“卅年师弟，不啻友朋，从今问字无从，能不抱千古之恨乎？”③

（二）发挥了书籍的利用价值，对管庭芬等人的学问成就起了很大的促进作用

管庭芬与他人互借互赠书籍，变一己之书为多人所用，既充分地发挥了书籍的利用价值，又促进了他们学问成就的取得。在海宁乡村士绅社会中，蒋光煦对管庭芬的学术事业帮助很大。蒋光煦字日甫、爱荀，号雅山、生沐、放庵居士，海宁硖石人，是海宁硖石有名的藏书家，“勤于搜访，年逾弱冠，骨董家即不敢以燕石相欺，所储书画精品得于吴中及武原、当湖诸故家者居半，且别下斋中藏书数万卷，不乏宋钞元刻，亦皆手为雠勘，丹黄灿然”④。蒋光煦也是管庭芬中年时期交往较多的朋友。管庭芬向蒋光煦借了《妇人

① 张廷银整理：《管庭芬日记》，中华书局 2013 年版，第 181~182 页。
② 张廷银整理：《管庭芬日记》，中华书局 2013 年版，第 351 页。
③ 张廷银整理：《管庭芬日记》，中华书局 2013 年版，第 1111 页。
④ 张廷银整理：《管庭芬日记》，中华书局 2013 年版，第 1825 页。

集》《东乐府》《得树楼杂钞》《颐顺堂集》《〔淳祐〕临安志》《大德长安志》《唐荆川集》《抱秋亭诗集》等 8 种书籍。蒋光煦则向管庭芬借了《二十一史感应录》《海塘志》《楞严经》《妙法莲花经》《砚史》等 5 种书籍。蒋光煦自道光十七年（1837）八月初七至道光二十六年（1846）六月十七向管庭芬赠送了《别下斋丛书》《顾华阳集》《曹娥碑》等 8 种书籍与拓本。管庭芬颇为欣赏蒋光煦的才华："盖生沐性耽翰墨，砺志诗书，为富室中绝无仅有之人。"① 道光十八年（1838），管庭芬与费晓楼、许心如等人受聘为蒋光煦校刻《别下斋丛书》，管庭芬乐此不疲。咸丰十年（1860）十一月，蒋光煦因藏书楼遭遇战火化为灰烬忧愤而逝，管庭芬得知讣音备感神伤："晚接生沐讣音，为之一哭。……今年甫四十有八，仅得中寿，著述俱未编定，仅《东湖丛记》六卷已刊行世，而版又毁于寇火，悲哉。"② 得益于蒋光煦等人的帮助与支持，管庭芬撰写了很多著作，主要有《芷湘吟稿》《芷湘笔乘》《丱兮笔记》《宋诗抄补》《履霜杂志》《溧阴志略》《兰絮话腴》《南屏逸志》《南屏禅寄集》《南唐杂剧》《海昌经籍著录考》《海昌丛载》《淳溪老屋自娱集》《越游小录》《浙西被兵录》等数十种，辑有《天竺山志》《花近楼丛书》。在撰写与辑录这些图书的过程中，管庭芬借阅和利用了他人的诸多书籍，如《海昌经籍志略》的初稿和修订就参考与利用了海昌的地方文献。③ 初稿二卷，于道光二年（1822）二月初八撰竣，参考了向周勋懋借来的《宁志余闻》："我海昌素称文献之区，自齐、晋以及皇朝，人才杰出，代有文章。新志艺文所载，何其漏也。芬每读书之余，见及海邦之著述者，必摘而录之，以证州志之误，以补州志之遗。复得周氏《余闻》诸书，汇而归之。上自硕儒名臣，旁及遗民闺秀、方外隐逸之流，使断简残编不至与爝火萤光同归泯灭，则亦佚中之存焉。"④ 初稿撰成之后，管庭芬还不断地修订，道光十年（1830）七月初二："是日录《海昌经籍志略》始，是为二易稿。"⑤ 道光十二年（1832）三月廿二："小槎寄示兔床先生所著《海昌经籍备考》一卷。略为考证，系未成之书。"⑥ 道光十五年（1835）六月廿九："复之淬南处，并归其《海昌胜览》及受笙画册，又假其手录周耕崖太夫子《宁志余闻》三册以归。"⑦ 道光十六年（1836）四月初十："与淬南谈久之，并归其《宁志余闻》等书，复假《海昌诗淑》一册归。"⑧ 五月初八："是日录《海昌经籍志》三易稿始。拟改作《海昌著录考》。"⑨ 六月十一，"晨之淬南处，归其《灵芬馆诗》六册，复假《两浙辒轩录》四套"⑩从这些记录中可以看出，管庭芬在修订与增补《海昌经籍志》的过程中向葛继常、周勋懋等人借来了一些书籍进行参考，使得《海

① 张廷银整理：《管庭芬日记》，中华书局 2013 年版，第 1673 页。
② 张廷银整理：《管庭芬日记》，中华书局 2013 年版，第 1673 页。
③ 《海昌经籍志略》自道光十六年（1836）五月初八改为《海昌经籍志》，后改作《海昌经籍著录考》。
④ 张廷银整理：《管庭芬日记》，中华书局 2013 年版，第 163 页。
⑤ 张廷银整理：《管庭芬日记》，中华书局 2013 年版，第 578 页。
⑥ 张廷银整理：《管庭芬日记》，中华书局 2013 年版，第 674 页。
⑦ 张廷银整理：《管庭芬日记》，中华书局 2013 年版，第 814 页。
⑧ 张廷银整理：《管庭芬日记》，中华书局 2013 年版，第 814 页。
⑨ 张廷银整理：《管庭芬日记》，中华书局 2013 年版，第 847 页。
⑩ 张廷银整理：《管庭芬日记》，中华书局 2013 年版，第 850 页。

昌经籍志》从道光二年（1822）的二卷二册、道光十五年（1835）的三册增加至道光十六年（1836）的十六卷八册，不只是卷数册数的不断增加，更是内容的不断丰富与完善，亦显示出该书的完成已经不只是依赖于管庭芬的一己之力，也得益于众多力量的互相成就。管庭芬一生之中最主要的生活地方是以路仲里为中心的海宁，《管庭芬日记》中未见嘉庆十九年（1814）以前管庭芬离开海宁的记载。嘉庆二十年（1815）以后，管庭芬因为参加科举考试几次到杭州，并与方外友人六舟上人等在杭州南屏、天竺山等处短期住留，还到京师、宁波两度远游。此外，管庭芬绝大多数时间住在海宁。他虽然身处海宁乡村，但是其眼光并没有局限于荒野僻壤，而是一直追踪与崇尚乾嘉汉学,① 他购买了明末清初著名汉学家和乾嘉诸老的一些著作，如朱彝尊的《经义考》、顾祖禹的《读史方舆纪要》、赵翼的《赵瓯北集》、阮元的《积古斋钟鼎款识》等，更重要的是他从朋友与亲戚那里借来了一些汉学家和乾嘉诸老的著作，如顾炎武的《日知录》、万斯同的《群经辨疑》、钱大昕《十驾斋养新录》与《潜研堂文集》、赵翼的《陔餘丛考》与《二十二史劄记》、全祖望的《鲒埼亭全集》等。正是深受乾嘉汉学流风的直接影响，管庭芬崇尚汉学，孜孜以求于编校与整理古籍之大业。

总之，管庭芬摈弃了私人藏书秘不示人的传统观念，与他人互借互赠书籍，变一己之书为多人所用，不仅在一定程度上增进了他们之间的友谊，丰富了他们各自的藏书，对古代文献资料的保护和流传具有重要的意义，而且他们之间的这种书籍共享充分发挥了文献的利用价值，对他们学问成就的取得起了很大的促进作用，他们正是依据这些藏书研究了很多问题，撰写了一些著作，影响深远。

（作者单位：武汉大学图书馆）

---

① 李细珠：《乡村士绅在"近代"边缘的生活世界——嘉道咸同时期管庭芬日记解读》，《社会科学研究》2016 年第 3 期。

非典型之教案：清末台州印山学堂毁学案

□　杨齐福

【摘要】清末台州海门印山学堂发生毁学案，传教士李思聪率众捣毁学堂并强占学堂，当地士绅、官员和教会围绕此案展开激烈交锋。这是一起非典型教案，其中夹杂着主权的争夺、财产的纷争和学务的处置。台州印山学堂毁学案从微观层面凸显了晚清教案的复杂性，进而反映了清末社会变迁的多样性。

【关键词】台州；印山学堂；毁学；教案

台州位于浙江东南，三面环山，东濒大海。同治初年基督教传入台州，发展迅速，光绪二十五年（1899）台州知府高英称台州"教民几有数万之众"①。这些教民"平日藉教肆横，颠倒是非"，"教士不知，反为庇护，乡民横遭荼毒"②。"浙省教民以台属为最多，亦惟台属教士为最横"③，而地方官"图一味曲意将顺，明知其无理亦不敢与较，民固怨教而不易和，教又迫民而使不和"④。晚清台州爆发教案十多起，影响较大的有海门教案、宁海教案、太平教案、黄岩教案。⑤浙江巡抚聂缉椝曾在奏折中指出，浙省教案"以浙中为最，浙中又当首推台属"⑥。清末台州印山学堂毁学案便在这样的背景下爆发。⑦

---

①　《高英致抚台幕僚朱晓岚、伍兰荪函》，浙江省图书馆藏《应万德教案》（十三），光绪二十五年七月二日。

②　台州市地方志编纂委员会办公室编：《〈台州地区志〉志余辑要》，浙江人民出版社1996年版，第140页。

③　中国第一历史档案馆等编：《清末教案》（第二册），中华书局1998年版，第833页。

④　中国第一历史档案馆等编：《清末教案》（第三册），中华书局1998年版，第871页。

⑤　中国第一历史档案馆等编：《清末教案》（第三册），中华书局1998年版，第12~13页。刘家兴在《晚清浙江教案研究》（杭州师范大学硕士学位论文，2013年）中统计为18起。

⑥　中国第一历史档案馆等编：《清末教案》（第三册），中华书局1998年版，第789页。

⑦　与此案相关的学术研究主要有周东华的《辛亥革命前后浙江省的反基督教研究》和《晚清浙江教案的初步量化分析》、张凯的《官绅分合与清末"教案内政化"：以浙江为中心的考察》、邵晓芙的《辛亥革命前十年间浙江民变问题研究》、刘家兴的《晚清浙江教案研究》等，但皆缺少深入研究。

一

台州海门印山上原有尼庵，后改为印山书院。清末新政，地方争相兴办学堂。光绪二十八年（1902）海门士绅王梦兰和法国传教士李思聪借印山书院旧址创办毓才学堂，光绪三十一年（1905）海门天主、耶稣两教教民"因筑墙争界，遂致大起冲突"①，李思聪无心办学，交由当地士人娄震曜等接办，改名为育才学堂。然而，学堂仍为教会所把持，"学堂教员，教民居其大半，教授法文，闻系天主教士"②。这种"不华不法、非中非外"的办学方式遭到了浙江省视学的批评。③ 台州知府告知学堂董事"李教士既已交卸，并宣言不再预闻，前日所聘教员应即会商辞退"④。

光绪三十三年（1907）台州知府许邓起枢以毓才学堂与育才学堂读音混同，且办学又不得法，下令改回印山旧名，以杜绝与教会纠纷；又因海门商业日盛，宜办商业学堂，乃派黄崇威⑤为董事，聘屈映光⑥为校长，称为印山初等商业学堂。但李思聪仍暗中阻挠，坚持要求聘用法文教习，遭拒后乃唆使教徒制造事端。光绪三十四年正月初四（1908 年 2 月 5 日）李思聪趁春节放假之际，"率众捣毁该学堂，仍改毓才字样，斥逐办事诸人，另开后门直通教堂"⑦。李思聪霸占学堂一事在当时引发轩然大波。

校长屈映光闻讯后立即赶回学校，因被阻无法入内，立即上书台州知府许邓起枢请求查办；并向省里要员控诉"法教士李思聪偕同痞棍多人来堂，捣毁校舍，抢劫校具，涂抹校名，斥逐校员，大肆凶横，形同劫盗"，疾呼"事关大局，务乞主持"⑧。临海教育分会会长周继溁致电省上官员，称"法教士率领多人，蹂躏新改官立印山学堂即旧名毓才，连日聚积凶徒，几同盗劫，谣言四起，学界恐甚，乞赐主持"⑨。台州士绅杨晨等人请求上峰"速催法领事饬李教士即将学堂交出，以便开学"⑩。天台县秀才陈钟祺则呈函浙江巡抚，"印山案非省札委干员不办"，请速派专人前往查办。⑪

台州知府许邓起枢在案发后向浙江巡抚等禀报，斥责"此举动野蛮已极"，指出"学堂既被霸占开学无期，学界震动深恐激成巨变"，希望省里大员早日出面协商，督促李思

---

① 《各省教务汇志》，《东方杂志》第二年第二期，1905 年。

② 《批饬杜绝教士干预学务》，《申报》，1907 年 8 月 1 日，第 11 版。

③ 《海门学堂最近之交涉》，《申报》，1908 年 3 月 1 日，第 3 版。

④ 《批饬杜绝教士干预学务》，《申报》，1907 年 8 月 1 日，第 11 版。

⑤ 黄崇威（1873—1931），号楚卿，椒江葭沚人。黄崇威祖上贩运私盐起家，黄崇威 19 岁时继承父业扩展盐业。

⑥ 屈映光（1883—1973），字文六，临海东塍人。早年加入光复会，创办临海耀梓学堂，后任台州印山商业学堂监督、浙江民政长、浙江巡按使、浙江都督、山东省省长等职。

⑦ 《台州府禀省宪电》，《申报》，1908 年 2 月 14 日，第 5 版。

⑧ 《台州教士毁学案续志》，《申报》，1908 年 2 月 15 日，第 6 版。

⑨ 《台州教士毁学案续志》，《申报》，1908 年 2 月 15 日，第 6 版。

⑩ 《台绅电催教士交还学堂》，《申报》，1908 年 2 月 28 日，第 4 版。

⑪ 《台州教士毁学案五志》，《申报》，1908 年 2 月 26 日，第 4 版。

聪等人"将学堂让出，免致学界冲突"①；还派人捉拿参与捣毁学堂之教民方映川和阮老岳。浙省提学使支恒荣接获台州教育分会来电后，回电台州知府"谓此案抚宪已饬洋务局磋商赵主教转饬李教士，将学堂让出自有办法，望传谕教育分会及该校长静候毋躁，免生暴动"②。

法国驻沪总领事喇霰在案发后电告浙江巡抚冯皓，诬称"海门学堂被地方官夺管"，导致"民心不平，易滋事端"，请派人查明办理。③ 因台州知府擒获教民方映川和阮老岳，"该处教民纷纷逃避，家内物件均被抢去"④，法国驻沪领事馆又电函浙江巡抚冯皓请其保护教民。浙江天主教副主教田法福致函宁绍台道张鸿顺，诬蔑士绅黄崇威、陶祝华等霸占学堂，"其居心凶狠甚于盗匪"，叫嚷李思聪"将该劣绅等所派之数十名凶理（手）令退出"为正当之举；并极力替李思聪之所为辩护，首先"竭力捐助，又借与英洋六百元正"，其次"创建学堂乏地，由众绅议定将旧有之印山义塾立据出助与李教士，立有签字文据"，再者"盖造洋座，购置图籍仪器，聘请中西教习，一切开办与常年经费，均由自资，分文不求于地方绅士"，最后"此学堂专为裨益贫寒子弟造就人才，所以凡入学者但取膳金不收学费，历三四年相安无异"；要求台州府县切实保护李思聪及其所办学堂，"严提该劣绅黄崇威、陶祝华到案，儆刁横而照约章"。此函将矛头指向以黄崇威、陶祝华为首的海门地方士绅，称其"横行强夺"甚于盗匪，并指出印山学堂由李思聪租地创办，立有字据，与地方官绅无关，借此宣示对印山学堂拥有主权。⑤

浙江巡抚冯皓告知法国驻沪总领事，"海门绅士前请李教士代办学堂，地系公产，费系公款，嗣由李教士不知担任，宣告推归地方自办，经王梦兰等函禀请款接办"，强调"此次李教士忽尔翻异，学界难免忿激"，希望"和衷商议，以裨学务而昭公道"⑥，且"台州地方官系拿平日滋事之人，与安分教民无涉"⑦。他还在公文中明确表示"印山书院（即印山义塾）原系官地官产，地方绅士无权私相授受，拟改学堂必须禀官立案批准为据"，光绪二十八年（1902）王梦兰等与法国教士李思聪联合办学，改为毓才学堂，"无论有无字据，未经官为批准，均属私人交涉不足为凭"，即使"王梦兰挽法教士相助，权自我操，主客亦自分明"；光绪三十一年（1905）李思聪退出办学，由王梦兰等接办，"所有王梦兰挽同李教士襄助字据不能再生效力"，后来"屈映光接办学堂，改为印山商业，所有校具等项由王梦兰点交与喻从九"，更与李思聪无关；李思聪"忽图翻异，率众占住校舍，驱逐校员，难保无喜事华民从中播唆，以致轻举妄动"，且"自愿交出在前，万不能重行占住，致伤绅学两界"；李思聪虽然出钱盖了"洋房二座，购置图籍仪器等"，但"当时海门绅商亦经捐募一千四百余元"，追问"其所造洋房究竟建筑工料若干？教堂曾出若干？绅商曾捐若干？"⑧ 面对复杂的案情，浙江巡抚冯皓饬令宁绍台

① 《台州府禀省宪电》，《申报》，1908 年 2 月 14 日，第 5 版。
② 《台州教士毁学案三志》，《申报》，1908 年 2 月 17 日，第 4 版。
③ 《台州教士毁学案四志》，《申报》，1908 年 2 月 23 日，第 4 版。
④ 《台州教士毁学案五志》，《申报》，1908 年 2 月 26 日，第 4 版。
⑤ 《海门学堂最近之交涉》，《申报》，1908 年 3 月 1 日，第 11 版。
⑥ 《台州教士毁学案四志》，《申报》，1908 年 2 月 23 日，第 4 版。
⑦ 《台州教士毁学案五志》，《申报》，1908 年 2 月 26 日，第 4 版。
⑧ 《浙抚为台州教案札提学司宁关道又》，《申报》，1908 年 3 月 9 日，第 4 版。

道派员主办该案。

因传教士李思聪在自辩中称其强占学堂系奉浙江天主教主教赵保禄之令。为此，浙江洋务局①致函主教赵保禄强调"印山学堂主权在我，理由既甚完足，证据又极确凿"。其一是"印山书院，原系公地公产，地方官有完全主权，绅士不禀明地方官，无权私授与人；教堂不禀准地方官税契盖印，亦无权承受公产，其理甚明"。光绪二十八年（1902）王梦兰等与教士商量改印山义塾为毓才学堂，"无论有无字样，未经地方官承认，均属私人交涉，不能损及公产所有之权"。其二是因"学务处禀定学堂章程，非官办学堂无由出身"，光绪三十二年（1906）李思聪自愿将学堂交出，由娄震曜接管自办，并将毓才学堂改名育才学堂，所有从前捐助已无效力。光绪三十三年（1907）育才学堂又改为印山初等商业学堂，派校长屈映光接收，此次学堂接收"系接自娄震曜，非接自李教士"，李思聪"竟越权干涉，占据学堂，岂非大错特错？"至于六百洋元捐款，"系教堂捐助地方公益之事"，与学堂毫不相干。②

正当各界交涉之际，李思聪竟在印山学堂擅自开学，一时群情激愤，"全台士民愤激，恐成暴动"③。台州士绅致电浙江巡抚等要员，指出李思聪"纠党开学，教焰大张，士民愤激"，坦言"难保无民人从中滋事，事关大局"。④值此危急之际，临海县令潘崇桂、宁海县令江文光和候补县令李陶朱被派往海门查办此案。他们先是前往印山学堂查看，发现大门紧闭，"门首有印山初等商业学堂字样，已被李教士用石灰涂抹，改作毓才字样"，但"所有门户一切尚无捣毁痕迹"；尔后赶往教堂会晤李思聪，"初时竟置之不理"。他们质问李思聪："贵教士去年已将育才学堂退归海门绅士自办，现复收管是何意见？"李思聪狡辩道："学堂房屋是伊所造，虽退归绅士，凡事须与伊商量，现在不与伊说即改印山，后伊将法教习荐与印山学堂又未承允，所以函致赵主教，初三晓主教来电令伊将学堂收回自管。"他们反驳道："印山基址，本系地方公产，亦系由地方殷富捐集经费"，李思聪"系属外人，何能擅造房屋？即使亦有经费助人，应于退还时说明何人，当时并不议及，即须划清亦尽可照数算还，何得仍然占据"，至于"改作印山学堂，未曾通知，则中国自办学堂自有主权，所荐法文教习，因小学堂无兼课法文章程，无须聘用"，与李思聪"再三磋商，坚执不允"，实属强蛮无理。⑤

随着地方局势的变化与中外交涉的深入，洋务局总办王丰镐⑥与主教赵保禄经过多次磋商，双方达成协议。光绪三十四年（1908）六月双方订立《天主教堂归还印山学堂条款》。其主要内容如下：其一，台州府海门印山学堂归地方办理。其二，学堂房舍墙垣（前系教堂建造）并器具什物用费议价洋银七千四百元，由地方官督同绅士筹款归还天主堂。其三，学堂与教堂之间建筑界墙，彼此界墙中均不开门。其四，准许教民入学。其

---

① 光绪二十一年（1895）浙省在杭州武林门外拱宸桥地方开设商埠、设立租界后，"自是各国官商往来如织，交涉事件日益烦（繁）多，遂奏设通商洋务局"。中国第一历史档案馆等编：《清末教案》（第三册），中华书局1998年版，第464页。

② 《浙江洋务局为印山学堂事复赵主教函》，《申报》，1908年4月10日，第11版。

③ 《公电（台州）》，《申报》，1908年3月16日，第4版。

④ 《电四（杭州）》，《申报》，1908年3月19日，第3版。

⑤ 《查复印山学堂交涉情形》，《申报》，1908年4月3日，第3版。

⑥ 王丰镐，江苏上海县人，壬寅科（1902）举人，光绪三十二年（1906）报捐道员，指分浙江。

五，释放在押教民方映川和阮阿岳。①地方士绅虽然收回学堂，夺回主权，但仍赔付一大笔钱，释放被拘教民，准许教民子女入学。

随后，地方士绅将补偿款交给赵保禄，临海县令孙文诒与传教士李思聪交割学堂。这样，印山学堂毁学案正式了结。

台州印山学堂毁学案了结后，社会舆论仍对此喋喋不休。《浙江日报》刊发评论指出，"方事之初，教士借口于校由彼筑，种种要求，不可理喻。官争于上，绅争于下，相持半年，立约五条，而印山学堂仍为我有，不可谓交涉之进步也"。强调此案之焦点在争夺学堂主权，"教士所争者，该校主权也；官绅所争者，亦该校主权也"。文章还对条款中各项内容进行了评点。针对第一条"台州府海门印山学堂今议归地方总理"，文章指出此条表明学校主权"固在我"，"然不曰从此归地方而曰今议归地方，所谓议者果议决否也。且不曰归地方管理，而曰归地方总理。有总理必有副理、协理，总理归地方，副理、协理又归何人也。若能添教堂不得干预或不涉教堂之事六字则尽善矣"。针对第二条"学堂房舍墙垣系教堂建造，并其器具什物用费，筹还价洋七千四百元，永清纠葛"，文章指出"夫曰教堂建造，则似教堂产业矣；然观该款标题为归还印山学堂，则又非似教堂产业，而但借款建造者也。要之，系教堂产业则予以价洋，彼即应契卖；系借款建造则必有借券，我亦应收回。今款中不一言及，安保日后不生纠葛也"。况且"台绅迭次公电公呈，似建造时固有地方公款在内，而非尽学堂之款"。针对第三条"于教堂界墙外别筑一学堂界，并约定彼此界墙内均不得开门，杜争执而免侵约"，文章指出此"法至善"，"惟所谓中间余地照现时地状南北二丈七尺、东西十三丈二尺订立界石作为官地者，果官地耶？民地耶？民地也，则何夺之为官地？官地也，则何必曰作为官地。且既作为官地矣，则官立之学堂与夫地方官为地方公益之事固皆可用。而今乃欲禁教堂之用，而并学堂、地方官一切禁之，有所有权而无使用权，夫也太可怜矣。且不但不能用也，并不能践，以我之人不能践我之地，毋乃失权太甚乎？"针对第四条"教民亦准入学，自是不分民教，一视同仁"，文章指出"近来教民入学，每因不肯谒圣致启风潮。何不于款中声明须与平民一律遵守学规，以省日后无穷之口舌"。针对第五条，文章指出"教民方某、阮某及其余各教民，昔因关于此案在押而指拿，今因此案议结而开释而吊销，固当然之办法也。然所谓关于此案者果如何之关系耶？风闻教士占学堂、肆要挟皆该教民等为虎作伥，故地方官押之拿之；果尔，则押者应办不应释，拿者应追不应销也。奈何因案结而遂宽纵乎？"此外，文章还指出"既费七千余元之巨款以收回此校矣，则办学诸绅当念议结之如何困难？筹款之如何不易？痛定思痛，精益求精，锐意改良，热心任事，庶可无罪于地方。如其不然，则是牺牲多数人之公款以制造少数人之私产"②。此文对条款中各项针砭可谓鞭辟入里。

尔后，《浙江日报》又发文，针对浙江洋务局要求地方官出告示以保护教堂教士，指出印山一案"固未闹教也，教堂无恙，教士无恙，但闻教士占学堂、逐学生，不闻平民毁教堂、伤教士，其保护之周至明矣"。主政者仍"千言万语，三令五申"，是否多此一举？因"教民入学不愿谒圣人"，文章直言"吾国学堂实孔教学堂，不尊孔即不应入学，

① 《订立天主堂归还印山学堂条款》，《申报》，1908年7月7日，第10版。

② 《书海门印山学堂条款后》，《浙江日报》，1908年7月9日，第1张第1版。

既入学不能不尊孔"。认为教民入学是否拜谒圣人听其自流是浙省洋务局在交涉中的过失。文章指出"在押教民不应轻释",强调"此案要点在先问教民有罪无罪,有罪则追究抢索为一事,治罪为一事,不能因此而宽彼也。无罪则既彼抢索,复遭管押,地方官妄押失主,咎无可辞,又非仅仅追究所能赎愆而补过也"。尽管学堂"添设法文随意科一事"没有在条款中列入,上海某报以此"谓吾官吏能保主权",但文章"以吾之教科而必委屈迁就,以副彼之美意,恐主权之存者亦仅矣"。①

二

在印山学堂毁学案中,官府、绅士与教会之间存在着错综复杂的关系,既互相利用又相互指责,既有主权的纷争也有财产的争夺。

印山学堂毁学案实质上是清末教案的延续,也是教会与教士介入地方政治空间的表现。

明末清初传教士来华后,迫于形势采取"文化适应"策略,先是"援儒入耶",幻想"以耶代儒";而晚清传教士以坚船利炮为后盾,来华后实行"文化改造"政策,试图以西方宗教取代儒家伦理进而殖民中国,其所作所为与西方军事侵略、政治殖民如出一辙。在不平等条约和侵略势力的庇护下,近代在华传教士之行为日益背离了宗教的原旨而显得十分野蛮。他们凭借侵略特权,介入地方事务,冲击社会秩序,影响权力运作。如浙江天主教主教赵保禄"狡诡奸猾而又深悉内地隐情,平日依教横行,纵容包庇,官场久已畏之如虎"。他在宁波大办寿宴时,"门外彩篷搭至数里,事毕谢步,已革提标中军参将周有胜乘马前驱,气焰可知"②。光绪二十五年(1899)总理衙门与法国主教樊国梁商订章程,"总主教或主教其品位既与督抚相同,应准其见督抚。大司铎亦准其请见司道,其余司铎准其请见府厅州县,督抚司道府厅州县各官亦按照品秩相答",因此"教士等竟有用僭地方官仪仗情事"。③如台州"海门天主神甫楚门乘坐四人抬的大轿,轿夫的头上戴着清朝官员的红缨帽,路人为之侧目"④。这自然冒犯了官府的权威,必然引起官府的强烈反弹。

官府在地方权力结构中居于核心,其权威地位不容挑战。传教士介入地方事务打破了原有的权力结构,挑战了官府的权威地位。戊戌时期康有为曾指出:"顷闻山东知县赴任,须先谒教士,州县见教民畏之如虎。"⑤ 晚清以来教案频发,官员在处理教案时秉承清廷制定的"持平办理、民教相安"原则。光绪二十五年(1899)总理衙门在拟订《地方官接待教士事宜五条》中云:"如民教涉讼,地方官务须持平审办,教士亦不得干预袒护,以期民教相安。"⑥ 光绪二十七年(1901)慈禧太后发布懿旨:"(地方官)遇有民教

① 《书洋务局致赵主教函后》,《浙江日报》,1908年7月16日,第1张第1版。
② 中国第一历史档案馆等编:《清末教案》(第三册),中华书局1998年版,第790页。
③ 中国第一历史档案馆等编:《清末教案》(第三册),中华书局1998年版,第992页。
④ 《黄岩文史资料》(第8期),1986年版,第91页。
⑤ 清华大学历史系编:《戊戌变法文献资料系日》,上海书店出版社1998年版,第717页。
⑥ 王彦威等编:《清季外交史料》(第6册),国家图书馆出版社2015年版,第2653页。

争讼，听断持平，无偏无激。"① 因此，浙江巡抚冯皓在处理印山学堂毁学案时再三强调"以办学始，以争校终，两边均不好看。本部院于调和民教，整顿学务，必期两得其平"，希望宁绍道与主教赵保禄"和衷语结，是为至要"。②

但教会在交涉过程中态度强硬，咄咄逼人。浙江天主教主教赵保禄在致法国驻沪领事函中指责浙省洋务局故意让教士李思聪停课，并威胁"海门学堂迟恐有乱事"。法国驻沪领事函电浙江巡抚诘问道："浙江官宪如果欲保治安，所有权力足以遏乱。海门有统领、管带，若有乱事定惟各官自任，而台州知府为最因其不以礼待教士，因此百姓咸以教士为非。如欲李教士停课，知府不应如此。"还要挟"将无辜被押之方启明、阮胥岳二教民先行释放，并将牌票吊销，即可请赵主教令李教士停课，以俟此案办结"③。

义和团运动后，清政府加强对教会的保护并加重对护教不力官员的惩处，遭受反洋教斗争沉重打击之教会也被迫调整传教政策，在一定程度上限制并约束教士和教徒的行为。这样，地方官府与教会之间权力博弈中有了一定的回旋空间。在印山学堂毁学案中，地方官府宣称"印山书院，原系公地公产，地方官有完全主权，绅士不禀明地方官，无权私授与人；教堂不禀准地方官税契盖印，亦无权承受公产"④，借此声明维护自身权威。浙江洋务局在与主教赵保禄交涉过程中直言："此事阅时已久，不宜再延，既承贵主教雅意和商，若筹确实之办法，亦不外学堂交还地方，请贵主教三思而行。若欲谋地方教会之永远相安，舍此别无办法；倘日久相持不下，众愤难平，窃为贵主教所不取"⑤，试图以民愤为借口给教会施压。台州知府也直言："海门教焰素横，此次竟敢伙同教士捣毁学堂，尤与寻常不同，影响及于全国学务甚钜。若不从严惩办，何以安地方而保主权。"⑥

"小民不能堪命，而惟入教者可以恃神甫、主教之力，以与官相抵制，于是入教者遂多。"⑦ 这使得晚清教会信徒泥沙俱下。如在印山学堂毁学案中，参与破坏学堂的教民方映川"曾于数年前私将印山地基卖与天主堂"，阮老岳"曾吞没印山学款"。⑧ 地方官在处理此案时采取软硬兼施策略，一方面积极抓捕参与毁学的教民方启明（映川）和阮老岳（阿岳），拘押在狱，以示惩戒，这在一定程度上打击了教会的气焰；另一方面发布声明大力保护教堂，强调此案"系李教士个人交涉，与教堂无关，所拿之方启明等二犯，均案中要犯，并非安分教民"⑨。

士绅作为四民之首在地方社会中占据重要地位，充当官员与民众的中介，"就地方事务为官员们出谋划策，同时在官吏面前又代表了地方利益"⑩。

众所周知，士绅维系着传统乡村社会秩序，掌握着地方社会各种资源。晚清教民和平

---

① 戴逸、李文海编：《清通鉴》（19），山西人民出版社2000年版，第8674页。

② 《浙抚为台州教案札提学司宁关道又》，《申报》，1908年3月9日，第4版。

③ 《法领事诘问海门学案》，《申报》，1908年3月24日，第3版。

④ 《浙江洋务局为印山学堂事复赵主教函》，《申报》，1908年4月10日，第11版。

⑤ 《浙江洋务局为印山学堂事复赵主教函》，《申报》，1908年4月10日，第11版。

⑥ 《补录台州知府禀浙抚文》，《新闻报》，1908年4月12日，第3版。

⑦ 《论教案之由来》，《东方杂志》第一年第十期，1904年。

⑧ 《禀报印山学堂现办情形》，《申报》，1908年4月10日，第11版。

⑨ 《禀报印山学堂现办情形》，《申报》，1908年4月10日，第11版。

⑩ 张仲礼：《中国绅士》，上海社会科学院出版社1991年版，第67页。

民发生冲突时，教民不再诉诸士绅而是吁请教会干涉，动摇了士绅的权威与地位。教案的巨额赔款和教会强占、盗卖房产田地又侵夺了原本由士绅掌控的地方资源。这样，士绅与教士之间的矛盾日益激化。印山学堂毁学案发后，台州士绅义愤填膺，痛斥李思聪之举，"举动野蛮""行同劫盗"。林丙修等士绅上书当道指出"海门旧有印山书院，经董王梦兰擅向教堂募捐，使教士从中干预，遂有不华不法、非中非小之恶劣学堂"，痛斥教士李思聪"在台以来迭酿巨祸，大背教规"，请"法领事及法主教迅将教士李思聪他调，或严加训饬，勒令赔偿"。① 但在开学日期迫近和教会置之不理情况下，台州士绅杨晨、周继溁等人以"该教毒焰稍杀，闻李教士亦略有悔心"为由主动妥协，希望"李教士即将学堂交出，以便开学，捣毁案另行再议"。②

其实，在印山学堂毁学案中，士绅与官府之间关系也相当紧张。在学堂创办时，王梦兰"吞没东山塾款"，遭到官府追缴，遂"将印山书院献于教堂，得以归并各款，消灭波痕"③。后来娄震曜接办育才学堂，浙江提学使对其高度不信任，询问台州知府"娄震曜虽热心学务，才具是否胜任？该处公正绅士尚有何人可举？"④ 当娄震曜以"经费无着，赔垫已多"为由请款时，浙江布政使喻方伯批驳道："海门育才学堂既有网轮各捐，又有涂地租息，经费已自不少？何致尚须筹垫？"且直言"绅董胥吏，串通吞没，旧款无着"，还指令"台州府即按所陈各节调查明确，会同新任吴丞实力整顿，并将原有学堂各款饬县分别查追以充公用"。⑤ 士绅王梦兰、娄震曜从李思聪手中接管毓才学堂后，"仍听教士暗中干涉"，毁学案发后他们"反甚快意"。⑥这凸显了绅士与官府在办学过程中利益冲突。因绅士王梦兰与教士李思聪"理论无效"，临海知县潘崇桂欲赴宁波与教士孙树望进行磋商，但学界以潘崇桂"所说不甚可靠且恐别生枝节"为由予以中止。⑦ 印学堂毁学案将要议结时，台州学界以"此案曲折甚多，须由学界公举代表帮同议结，方免偏枯故"为由，推举许耀、杨镇毅二人为代表，"以便会同王道与法主教妥议了结"。⑧因主教赵保禄在交涉过程中"词颇强倔"，浙江洋务局总办王丰镐托人转告台州士绅不妨"来电力争"，"预备将来不至大受亏损"。台州知府许邓起枢则告知地方士绅"清算还款固为正本"，即使将"法文列入随意科"并延聘法文教习也是权自我操，还揶揄士绅"深悉此中之理由"，"决不敢妄有抗违"。⑨虽然地方士绅被迫接受由洋务局总办王丰镐与主教赵保禄议定的条款，但台州学界仍愤愤不平，开会誓不承认，"印山建筑费原系取之地方，教堂早经推还，此时何用清算？法文列入随意科，违背部章，已非丧失国权甚多"，恳请迅转洋务局取消不公平条款。⑩

————————————

① 《海门最近学堂之交涉》，《申报》，1908 年 3 月 1 日，第 3 版。
② 《台绅电催教师交还学堂》，《申报》，1908 年 2 月 28 日，第 4 版。
③ 《海门最近学堂之交涉》，《申报》，1908 年 3 月 1 日，第 3 版。
④ 《批饬杜绝教士干预学务》，《申报》，1907 年 8 月 1 日，第 11 版。
⑤ 《批饬维持海门学务》，《申报》，1907 年 11 月 23 日，第 4 版。
⑥ 《台州教士毁学案续志》，《申报》，1908 年 2 月 15 日，第 6 版。
⑦ 《台州府禀商印山教案》，《申报》，1908 年 6 月 18 日，第 4 版。
⑧ 《台州学界公举代表议结印山案》，《申报》，1908 年 6 月 2 日，第 4 版。
⑨ 《台州府禀商印山教案》，《申报》，1908 年 6 月 18 日，第 4 版。
⑩ 《印山毁学案又起波澜》，《申报》，1908 年 4 月 26 日，第 5 版。

当然，士绅与官府在印山学堂毁学案中也曾有选择地进行合作。士绅利用民众非理性的情绪和官府对恐生民变的担心进而向官府施加压力。海门士绅先以"学界震动深恐激成剧变"要求台州知府和浙江巡抚与主教赵保禄和法驻沪领事交涉，督促教士李思聪归还学堂。① 当李思聪强占学堂后，他们又以"全台士民愤激恐成暴动"②，"难保无民人从中滋事，事关大局，用敢声明"相挟③，迫使当局与赵保禄进行交涉。为了偿还教堂七千四百元，台州士绅挪用平粜局经费并请求台州知府从纂修临海县志存款、工艺局捐款、军装局军火售款中拨付归还。与此同时，印山学堂重新开办，"添造课堂、开拓墙垣及修改房屋、添置仪器图画"，所需甚钜。因经费短缺，士绅请求官府将"台属渔团局歉，每年除开支外约余二千余元，似可尽数拨入印山学堂，作开办及常年经费"。④

三

清末台州印山学堂毁学案是一起非典型教案，其中夹杂着主权的争夺、财产的纷争和学务的处置。时人指出"中国之教案不当谓之教案，而可谓之律案。盖其事之起无一由于宗教者，其起事之由，恒由于锥刀之末，民之与教所争者皆细微耳"⑤。

教育权是近代国家主权之一。鸦片战争后，传教士凭借特权纷纷在华创办学堂，"以学辅教"，借此减轻传教过程中的阻力。于是，教会学校林立。清末"新政"兴学堂成为社会各界的共识，也成了救亡图存的手段。由是，学堂数量猛增。这样，教会学校和新式学堂之间龃龉不断，部分冲突演化成为教案。在印山学堂毁学案中，各界围绕"学堂"展开激烈争夺，一些士绅依附教会创办学堂，部分士绅联合官府改办学堂，教士李思聪则利用特权抢占学堂。他们围绕办学堂之地、造房子之钱、购图书仪器之费等争论不休。教方强词夺理，声称学堂"由李教士自资创造"并由驻沪法总领事、驻京法公使备案在册，诬蔑士绅"横行强夺"，"居心凶狠甚于盗匪"；官方则据理力争，强调"印山书院原系官地官产，地方绅士无权私相授受"，辩驳在办学过程中"当时海门绅商亦经捐募一千四百余元"，"教堂曾出若干？绅商曾捐若干？尽可查明商办"。⑥ 因此，学者认为清末浙江教案"更多的涉及'细事'、'争产与干讼'，教务教案'内政化'趋势加速"⑦。

因清末学堂章程规定"非官办学堂无由出身"，教士李思聪力不从心，遂退出办学。⑧ 但他又不甘心失去对学堂的掌控，提出聘用法文教习等无理要求，遭拒绝后便捣毁学堂，阻挠办学。这表明印山学堂毁学案触及了学务处置问题。其实，当时官员非常重视兴学过程中教民与学堂之关系。山西巡抚岑春煊提议在文庙祭祀时让"习教生员"助祭，

① 《台州府禀省宪电》，《申报》，1908年2月14日，第5版。

② 《公电（台州）》，《申报》，1908年3月16日，第4版。

③ 《印山堂最近交涉》，《申报》，1908年3月21日，第4版。

④ 《禀陈筹拨学堂经费情形》，《申报》，1908年10月1日，第11版。

⑤ 《论保教适所以仇教》，《外交报》第四卷第十六期，1904年。

⑥ 《浙抚为台州教案札提学司宁关道又》，《申报》，1908年3月9日，第4版。

⑦ 张凯：《官绅分合与清末"教案内政化"：以浙江为中心的考察》，《世界宗教研究》2014年第2期。

⑧ 《浙江洋务局为印山学堂事复赵主教函》，《申报》，1908年4月10日，第11版。

"使不习教之士人可泯排斥之见，习教之士人亦以有事为荣"①。浙江洋务局道员世增提出教会学堂"难禁其设立"，"须遵部颁中小学堂格式，教自为教，学自为学，不得强学徒必须奉教。如能恪遵部章"，应"奏请一体给予出身，以期笼络学徒，使为国家之用"。② 他们期望借此消解教会与学堂之张力、教士与民众之冲突。

总之，清末台州印山学堂毁学案是在特定历史背景下爆发的一起非典型教案。案发后，官府、士绅和教会围绕着主权的争夺、财产的纷争和学务的处置展开了激烈交锋，他们之间既有冲突又有合作还有利用，经过多方磋商，最后了结该案。台州印山学堂毁学案从微观层面凸显了晚清教案的复杂性，进而反映了清末社会变迁的多样性。

（作者单位：浙江工商大学人文与传播学院）

① 中国第一历史档案馆等编：《清末教案》（第三册），中华书局 1998 年版，第 236 页。
② 中国第一历史档案馆等编：《清末教案》（第三册），中华书局 1998 年版，第 874 页。

文化史·学术史

☞ **编者按：** 戊戌孟冬（2018 年 12 月 3 日），时维武汉大学校庆，黉门新运，庠序昭融。稽古参今，启兰台之秘藏；陶风敦教，图百代之自强。黄安冯永轩先生，早岁负笈武昌高师（武汉大学前身），后北上清华大学，师承王静安、梁任公二先生，洵为国学研究院首期毕业生。先生平生投身教育救国事业，辗转南北，于先代文物图籍，每有所获，中岁以降，蔚为大观。冥冥中似有天佑，"三藏"（书画、信札、货币）历百年之沧桑，于今犹为完璧。兹有永轩公哲嗣冯天瑜先生昆仲，世承家学，著述播扬四海，更具出兰雅誉。厥以守护文化为职志，视家藏珍品为天下公器，举凡唐人写经、明清法书、近贤手泽、列国货币、古籍善本等四百余件（出自永轩公长子天琪、四子天瑾、五子天瑜三家之藏），慨然一举，捐赠校方，以惠将来。"冯氏捐藏馆"于焉开幕，四方贤达，海会云集。同日，"冯氏学术源流"座谈会召开，以纪其盛。由此特先行从会议论文中选辑四篇，以飨读者。

读冯天瑜教授的两本"历史文化语义学"著作

□ 罗福惠

【摘要】 冯天瑜教授于 2004 年初版的《新语探源——中西日文化互动与近代汉字术语生成》（简称《新语探源》）和 2006 年初版的《"封建"考论》，皆为"历史文化语义学"著作，著中每立一言，发一义，都是视野开阔，征引宏富，而且事关大旨，意义深远。能够将研究对象置于各自社会中不同历史过程的语境和文化交流的宏阔视野中，形成大文化史中的"历史文化语义学"。
【关键词】 冯天瑜；历史文化语义学；《新语探源》；《"封建"考论》

冯天瑜教授著述等身，但从未率尔操觚，故每立一言，发一义，都是视野开阔，征引宏富，而且事关大旨，意义深远。2004 年初版的《新语探源》和 2006 年初版的《"封建"考论》，就充分体现出这种一以贯之的特色。

一

传统的中国学者治学必须先辨名实。然名实所包含的问题有古有今，有大有小，其所在范围又有自然现象（如天地、山水、生物、人体，等等）、社会现象（如社会组织、古今典章制度、生产关系与生产方式，等等）和思维理论等不同领域。如中国历代都有"诗传名物"的考订，不过都是致力于弄明"诗传"中的草木花鸟虫鱼；如《考工记》则载录《周礼》中百工（官）的名称职守。乾嘉汉学是传统考据学的高峰，汉学家不仅对中国经典和众多古籍中的名、物作了系统深入的考订，还对一些有因有革的制度和经国宁民的措置追本溯源，审其得失，而戴震的《孟子字义疏证》（如对于"理"字的考订）更把语义的探讨深入到形而上的思想观念深处。但这些仍然属于对古代存量事物的名实考辨。

佛教传入中国之后，华梵术语的格义对译，经数百年的融合涵化，其梵语中的有关概念才被汉土缃流理解接受。至明清两代，西学或直接或间接经过日本输入中国，西语和日源汉字新词在中国植入和使用，使得以翻译、借词为主要表现的译学产生。与传统训诂考据只在存量的语言文字上下功夫不同，由于新物和"新理踵出，名目纷繁，索之中文，渺不可得。即有牵合，终嫌参差。译者遇此，独有自具衡量，即义定名"。可知翻译文字、厘定新语是一种创造性的增量工作，故严复先生说"一名之立，旬日踌躇"①，一语道尽个中艰辛。显然译学给中国文化增容并造成巨大变化，也使传统的训诂考据之学发展为现代的文化语言学。

在科学知识的领域中，每一个概念或理论名称的产生、使用和变化，都体现出一定的历史过程。如果抛开研究对象本身的历史过程及客观上曾有的研究和评论，就难以真正理解和把握研究对象。冯教授的《新语探源》和《"封建"考论》从传统的训诂考据和明清以来的译学为入手之处，高度融合思想史、社会史、学术史、政治史和逻辑学，"由词义史之'考'导入思想文化史之'论'"，从而构建出自成一体的"历史文化语义学"。②这种通人之学不能以训诂考据学、语言学、文化学或最新的所谓"知识考古学"等专门之学视之，而须以上述诸学为基础加以融合创新而成。

《新语探源》以文化传播和文字交流为视角，从"汉字文化圈"的历史谈起，继之回顾汉、唐时代的佛经翻译，进而分析明末清初耶稣会士的翻译事业，重点则在讨论晚清翻译西书时的新语厘定和对中日间文字互借而形成的汉字新词的分析和归纳。时间涉及汉、唐迄今，空间则包括中国、西欧、日本三者，引用和评点有关论文、著述、工具书多达百十余种。《"封建"考论》从"封建"的汉语本义和西周、春秋战国的政权建置实况谈起，继之纵览秦、汉至明、清的有关封建论，然后对比参照日本和西欧的封建制和封建论，重点在回顾和总结从清末到民国年间中国知识界和政党领导人如何通过论争和选择，最终把中国周秦（或秦汉）直至鸦片战争之前的社会形态定名为封建社会（亦因此连带把1840—1949年的历史阶段名为"半封建"）的复杂过程。该书是考辨"封建"一词的个案研究，篇幅居然大过宏观考辨的《新语探源》，原因就在参考文献广博，征引分析中国、西欧、日本以及苏俄的著述众多，说理充分透辟。故《"封建"考论》的渊博精审得以超越各自以专门之学讨论这一问题的众多著述。

或许有人以为此二书立论所据皆为前人已发，因而迹近中国传统的钩稽归纳。然而所

① 《天演论译例言》，《严复集》第5册，中华书局1985年版，第1322页。

② 冯天瑜:《"封建"考论》，武汉大学出版社2006年版，第8页。

谓渊博,所谓博闻强记,所谓汇万为一,又有多少人能够做到?专攻语言学的高名凯先生1958年撰述《现代汉语外来词》时,因为漏掉明、清之际来华耶稣会士及中国学者的著译,又未见到清末新教传教士罗存德的《英华字典》,故尔曾把近百个早先已有中国汉字的新词误以为是来自日本的"日源汉字新词"①。再如今天社会上耳熟能详的"法律"二字和学界常见的"法学"二字,《新语探源》分别指出《韩非子·饰邪》即有"舍法律而言先王明君之功者,上任之以国";《吕氏春秋·离谓》亦有"子产患之,杀邓析而戮之,民心乃服,是非乃定,法律乃行";云梦秦简《语书》亦见"法律未足,民多诈巧"。关于"法学",书中亦指出《南齐书·孔稚圭传》即有"寻古之名流,多有法学";白居易《策林四·论刑法之弊》有"伏惟陛下悬法学为上科"的建言。日本在明治初年把法语、英语、德语中包含法律法规、法律理论的综合概念定为"法学",并承认汉土的语法与英语相似,故将此学的总名译为"法学"。中国则在1904年成立修订法律馆时,在现代意义上再度采用"法学"一词。② 类似众多的词语生成过程和意义,非博知中外古今者不能知更不能言。

还有一句题外话,冯教授多年遭遇采薪之忧,然而始终视学术为生命,恳恳矻矻,故能做到沉静渊博,积薪居上。

二

渊博不易,于渊博中兼明辨则更难。章太炎说:"作史者,当窥大体。大体得,虽小有抵牾,无害。失其大体,而致谨于名氏爵里之间,则史有不如簿领者矣。"③ 而章氏在讨论"国粹"的具体内容时,即以"典章制度""人物事迹"和"语言文字"为三大类。太炎高足沈兼士于1935年5卷3期《国学季刊》发表《"鬼"字原始意义之试探》,文后附有《陈寅恪先生来函》说:"凡解释一字即是作一部文化史。中国近日著作能适合此义者,以寅恪所见,惟公此文足以当之无愧也。"④ 可知语言文字绝非细故,也只有合适之人能择定承载有足够历史文化讯息的字(词),加以系统精审的探究,才能体现文化史的意义。

冯教授在宏观的《新语探源》中,对百分之九十的"新词"只作一般罗列统计,而对此外如"契丹""汗八里""几何""格致""天""天主""上帝""政治""权利""机器""民主""艺术""世纪""科学""形而上学"略有论列,而对"革命""共和""自由""社会""经济""封建"则加以特意强调。由于"封建"一词最能体现内涵和外延的古今变化,并在客观上曾明显受到西欧、日本和苏联相关定义的影响,而且又关系到历史分期的讨论,所以冯教授不吝篇幅,在这一个案研究中下大功夫。故所谓明辨,首先

---

① 冯天瑜:《新语探源——中西日文化互动与近代汉字术语生成》,中华书局2004年版,第491页。

② 冯天瑜:《新语探源——中西日文化互动与近代汉字术语生成》,中华书局2004年版,第404~405页。

③ 《哀清史·附近史商略》,《章太炎全集》第三卷,上海人民出版社1984年版,第590页。

④ 《"鬼"字原始意义之试探》,《沈兼士学术论文集》,中华书局1986年版,第202页。

是体现为分辨研究对象的价值和意义的大小，以及能否实现因小见大。

明辨在《"封建"考论》中就体现为对"封建"的"名"和"实"在多种语言和语境中的本义、广义、引申义作察变、求因、比较和分析综合的研究。9—16世纪（或称中世纪）的西欧，在原罗马帝国的废墟上出现多个封建国家，国王按照世袭贵族的爵位等级分封采邑，社会形成由上至下的"国王—封建领主—农奴"的等级金字塔。18世纪西欧的启蒙学者称中世纪为"黑暗时代"，1789年的法国大革命声称"反封建"，"封建"成为集合贵族统治、领主特权、农奴制、国家分裂诸义的落后、反动的概念。① 进入19世纪以后，西欧中世纪的封建社会成为研究对象，马克思把封建制度（或封建社会）的基本特征概括为"人身依附；土地不可让渡；超经济剥夺；政权分裂；等级制"。对于西欧以外的地方，马克思只认为日本的一段时间存在封建制度，而土地可以让渡的非贵族式的土地所有制不属于封建制度；而且典型的纯粹的封建主义的统治权是分裂和分散的，故印度和中国的中古社会是"东方专制主义"。② 年鉴学派的第二代学者布罗代尔则认为这个"由通俗的拉丁语feodum（采邑）演化而来的新词（指fendalism，今中译封建）仅适用于采邑制及其附属物，而与其他东西无关"③。可见马克思虽对封建的内涵和外延都有扩大，但仍然认为秦汉以后统一的君主集权的中国社会不宜视为封建主义。年鉴学派则更是坚持封建一词起源的原本狭义。不过欧洲人把9—16世纪的历史阶段称为"中世纪"却是一致的。

日本在中国东汉到明朝这段时间，曾断续承认自己是汉土的"封藩"，表明日本人对"封建"一词的运用与中国古义相同。到了德川幕府（1603—1868）后期和明治初年，西方的政治制度和历史观念传入，批判幕藩体制的先驱们追溯以往，认为日本从镰仓幕府（1184—1333）经室町幕府（1336—1573），再到德川幕府统治的这七百年时间的社会情形，与西欧的中世纪情形相似，因而称其为"封建社会"。故日本此后所称的"封建"，虽还接近中国"封建"一词的本义，但所指史实已与明代以前的中日关系无关。明治维新中通过"版籍奉还""废藩置县""四民平等"等措施，大体废除了落后的"封建"制度。

在中国，"封建"之实和"封建"之名聚讼久远。夏商两代当然是诸小国林立，但"封建"二字到目前仍初见于《诗・商颂・殷武》，稍后《左传》称周成王"封建亲戚以藩屏周"，从而形成"封建"即"封国土建诸侯"的古义。从西周经春秋到战国，中原虽有共主"天子"，但实际上是封建割据。秦始皇统一中国后，废"封建"而行"郡县"，此后长期的有关议论就围绕"封建—郡县"而展开。但即使在统一的王朝统治之下，也存在诸如西汉初年分封皇亲贵戚和异姓功臣，魏晋间盛行世卿世禄，从隋、唐到明、清也仍有王侯等封爵，唐代还一度有世袭的"藩镇"等事实，故历代有关议论一方面视"郡县"制为主流，一方面也称汉代以来的封王侯设屏藩为"封建"。

纵观秦汉以后的封建论，有两点很有意思。一是对主流或曰大势的从"封建"到"郡县"的变化，有识者都能不从是非对错来看，而认为是客观的"势变"使然。二是尊

① 冯天瑜：《"封建"考论》，武汉大学出版社2006年版，第147页。
② 冯天瑜：《"封建"考论》，武汉大学出版社2006年版，第376、379~380页。
③ 转引自冯天瑜：《"封建"考论》，武汉大学出版社2006年版，第149~150页。

崇皇权服从统一，容许最高统治的"合法"分封而否定自立割据者的"僭越"，视之为"闰"而非"正"。但显然，对秦汉以后"封建"的理解已使该词的内涵和外延都有扩大。

清末，由于黄遵宪的《日本杂事诗》和《日本国志》传入了日本的封建论。几乎同时严复在翻译英国社会学家甄克思的《社会通铨》时，判断中国的"封建社会"（Feudelism，严复译为拂特之制）结束于秦统一完成，把秦汉至晚清的中国社会称为"宗法居其七，而军国居其三"（宗法社会原文为Patriarchal or tribaal society，今译家长制社会或种（部）族社会，军国社会则指军事的或现代政治的社会）的社会。由此引起章太炎、汪精卫、胡汉民在《民报》刊文批驳。章氏批评严复"执西用中"，"不欲考迹异同"，照搬甄克思的"宗法社会"之说。其实双方都认为中国的封建社会结束于秦，不同之处在于章氏认为"宗法"与"封建"联系紧密，故"宗法"亦只盛行于秦汉之前，故反对严复把秦汉至清的中国社会称为宗法社会，而主张称其为"君主社会"或"专制社会"。章、汪、胡三人都强调严复之意在掩饰清王朝的君主专制。① 显然，这里争辩的是"宗法"，但也涉及"封建"，成为有关中国历史分期问题最早的论争，而且还把学术观点和政治立场搅和在一起。但是政治的立场和态度同严复相似而与章、汪、胡相左的梁启超，又认为"自秦统一后至清代乾隆末年"为"君主专制政体全盛之时代"。② 可见在学术问题上，涉及史观和政见的情形实在在所难免，但学术与政治仍须区别对待。

民国初年的军阀崛起及其混战和干政，使得社会舆论产生了"联想"和"移情"。一些具有古代文史知识的读书人很容易由现实存在的大小军阀联想到"藩镇"和"封建"。在日本留学时深受日本学界"反封建"影响的陈独秀，在《新青年》上首次举起"反封建"的大旗，称"封建时代，君主专制时代，人民惟统治者之命是从"；"此等别尊卑明贵贱之阶级制度，乃宗法社会封建时代所同然"，把"封建""专制""宗法"混同，顺理成章把一切陈腐、落后、保守、反动的制度、思想乃至社会现象视作"封建制度之遗"。③

五四运动之后，中国人对历史阶段的划分和对当时社会性质的判断，又受到列宁和共产国际的影响。列宁把俄国前资本主义的农奴制称为"封建的生产方式"，称沙皇政府对俄国人民实施"半封建的剥削"。他忽略掉西欧封建社会封土封臣、政权分散的条件和内容，提出封建社会和封建制度的内容主要是"农业生活方式；自然经济占统治地位；土地为大土地占有者即地主所瓜分；实行农奴制"，并认为沙皇的君主专制和官僚制度更接近于亚洲的专制君主制。列宁在1912年的《中国的民主主义和民粹主义》一文中提出，中国是"落后的、农业的半封建国家"，"农业生活方式和自然经济占统治地位是封建制度的基础；以这种或那种方式把中国农民束缚在土地上，这是他们受封建剥削的根源；这种剥削的政治代表就是封建主，以皇帝为整个制度首脑的封建主整体和单个的封建主"。④

在1920年6月召开的共产国际第二次代表大会上，列宁把包括中国在内的东方国家

① 罗福惠：《一百年前由译介西书产生的一场歧见》，《学术月刊》2005年第10期。
② 冯天瑜：《"封建"考论》，武汉大学出版社2006年版，第220页。
③ 冯天瑜：《"封建"考论》，武汉大学出版社2006年版，第242~243页。
④ 冯天瑜：《"封建"考论》，武汉大学出版社2006年版，第274、275、277页。

称为"封建关系或宗法关系、宗法农民关系占优势的比较落后的国家和民族",把以农民为主体的民主革命的任务规定为"反对各种封建主义现象或封建主义残余"。大会文件《民族和殖民地问题提纲》把近代中国的社会性质确认为"半殖民地"和"半封建"。①1923 年从苏联回国的瞿秋白把上述文件译为中文,经陈独秀同意刊登在被称为"无产阶级的机关"的《新青年季刊》第 1 期。继而在 20 世纪 30 年代初的中国社会史论战中,前述列宁 1912 年即已发表的《中国的民主主义和民粹主义》被冠名为"中国的德谟克拉西与民权主义"译为中文并成为经典。由此,在中国共产党人和左翼阵线中,新的广义的"封建"取代了中国古义的狭义的"封建",近代中国的社会性质是"半封建半殖民地"和民主革命的任务是"反帝反封建",成为革命话语系统中的主流。此后,"封建"一词与其他词合成词组,由封建社会、封建制度、封建君主、封建军阀、封建割据、封建地(领)主到封建伦理道德、封建文化、封建思想、封建家庭、封建包办婚姻、封建迷信,等等,可谓不一而足。

当然,既有主流,也会有非主流。如孙中山生前始终坚持把"反封建"表达为"反专制",把"半殖民地"称为"次殖民地"。国民党的话语系统承袭了孙中山的表达方式,从而体现出与中国共产党争夺话语权的态势。当然也有属于唯物史观阵营的学者如吕振羽、王亚南(中国最早完整译出《资本论》的二人之一)坚持以为西周至秦统一中国之前是真正典型的封建社会。至于从秦汉以后直到鸦片战争之前的中国社会,称之为封建社会者亦多在前面加上"后期""变相""官僚主义"(如王亚南称之为"官僚主义封建社会";或在"封建"二字后加上"地主制",如吕振羽称之为"封建地主社会");认为此阶段为"非封建社会"或"过渡社会"或"包含多种成分"的混合社会的人(他们大多不带明确的政治色彩)还是不少,对此不妨以学术观点不同视之。而不同历史阶段的人有不同的认识和判断,则说明有一代之治,就会有一代之学。

明辨重在辨别。名实之辨就是考辨事实(事物)本身与其代表符号(名称)的关系。而考辨的有效方法之一,就是在"对待"中"别异同"。"对待"是中国古汉语中体现辩证意味的常用词,包含有今人常见的对立双方、矛盾双方的意义,如名与实、源与流、狭义与广义、内涵与外延、内(中)与外、古与今,等等。但在更宽泛的意义上,"对待"还包含把相近或类似的现象、事物和相关理论互作比较和参照的意思。具体地说,冯教授在《新语探源》和《"封建"考论》中,把西欧中世纪的"封建",日本幕府时代的"封建",拿来与中国"封建"相比较;把数十上百人关于"封建"的理论分析拿来作参照。通过这种多层次多意义的"对待"关系上的考辨,将研究对象置于各自社会不同历史过程的语境和文化交流的宏阔视野中,形成大文化史中的"历史文化语义学"。

三

好书不仅教人知识,更能给人启发。阅读《新语探源》和《"封建"考论》时,我的感受和联想翩翩不断,仅择其要者略作申述。

首先,我们祖先传承下来的汉语文字,简洁而含义丰富,富有表达功能,且因其包含

———————————

① 冯天瑜:《"封建"考论》,武汉大学出版社 2006 年版,第 280 页。

适应变化的特点而具有顽强的生命力，故以为汉字落后而废之不足惜的自卑观点不足取。但另一方面，亦如美国语言学家萨丕尔所说："语言，象文化一样，很少是自给自足的。"① 任何文化、语言乃至表达特点语言的文字，不可能是完全自足、一成不变的。加上中国古代的思维方式趋向整体性，因而难免模糊笼统，缺乏实测实验的科学体系，如汉代视经学为包含一切的学问总汇，至明清也只有所谓经史子集四部之学，而准确表达学科分类的名称术语，直到清末民初在西学词汇和日语语汇的影响和补充下才基本形成。从更大范围的社会生活而言，人们所处的时代和社会总有变化，新事物、新现象、新知识、新理念远非仅仅依靠存量词语所能表达，需要借用新语甚至创制新语，从而自然出现词语增量。

其次，新语无非来自两个途径，一是内部自我创新，一是因中外交流而产生，有时这两种途径还会融合。因此曾为移植、借用和创制、规范新词新语作出贡献的人，都应该在文化史上占一席之地。从唐代的玄奘，明代的徐光启、李之藻，到近现代的魏源、徐继畬、王韬、李善兰、徐寿、华蘅芳、黄遵宪、严复、梁启超、陈独秀、瞿秋白等代表性人物，其能在一定阶段对中国文化和社会产生影响，甚至起到正面的推动作用，恰恰与他们在推动新语方面的努力相一致。推而广之，在近现代的中外文化交流中，对为数众多的精通中外语言文字，在学术研究和翻译事业中作些努力和贡献的学者，历史应该记住他们的贡献。从文化交流是一种双向互动的实况出发，尤须进一步了解和研究中国学者如何主动通过自己的母语外译，向国外输出传播中国文化？中国的语汇被外国接受了多少？其影响如何？我们还有必要把文化交流的两个方向加以比较，并上升到"文化软实力"和"文化话语权"的高度加以思考，从而增进加强文化建设、文化创新的自觉。

再次，从明清到民国年间"新语"出现和流行的情形来看，自然科学领域中的新词新语较易被中国社会接受。最明显者如李善兰厘定数学、生物学中新词新语的工作，徐寿厘定化学学科之名和创制多种化学元素名称的工作，华蘅芳厘定"地学"中有关名称的工作，还有由传教士传入的一些学科名称和一些学科中的专有名词等，可能因为只应用于专业领域而不广为人知，更不涉及政治和人们的日常生活，所以没有引起社会上的广泛注意，也就没有阻力。

但是少数体现制度和政治设施的新词，如罢工、选举、独裁、专制、议院、国会；反映价值理念的如民主、共和、自由、平等、权利、进化、竞争、斗争；与传统风俗或观念相悖的如社交、裸体模特、自由恋爱，甚至中国古语原有"改良""革命"，都会或者引发歧义，或者成为忌讳，甚或不许使用。而理由不外乎两个，一是"不雅驯"，二是扰乱人心。

冯教授的书中列有典型的例子。如张之洞主政湖北时，曾以开明自居，主张广译外国文字，向东西洋派遣留学生。但几年后他拟定《奏定学堂章程》时，又认为"近日少年习气，每喜于文字间袭用外国名词谚语，如团体、国魂、膨胀、舞台、代表等字，固欠雅驯。即牺牲、社会、影响、机关、组织、运动等字，虽皆中国所习见，而取义与中国旧解

---

① 转引自冯天瑜：《新语探源——中西日文化互动与近代汉字术语生成》，中华书局 2004 年版，第 10 页。

迥然不同，迂曲难晓"。他警告说："大凡文字务求怪异之人，必系邪僻之士。文化既坏……恐中国之学术风教，亦将随之俱亡矣。"到他担任体仁阁大学士时，更是凡"遇奏疏公牍有用新词者，辄以笔抹之"①。所幸的是，他力所能及的仅到此为止。

新语在社会上也遇到阻力，而且有人将其危害性说得更严重。如 1904 年《东方杂志》第十一期刊登的《今日新党之利用新名词》一文，指责"吾国青年各拾数种之新名词，以为营私文奸之具"，文中认为"运动下等社会""人类平等""运动官场""家庭革命""戏曲改良""婚姻自由"皆属于"新工具"，而其所谓"新党"实质不过是新派人士而已。另一篇《新名词输入与民德堕落之关系》则攻击"中国学者不明其界说，仅据其名词之外延，不复察其名词之内容，由是为恶为非者均恃新名词为护身之具，用以护过饰非"，诸如"自由为天赋之权，而今之所谓自由则肆无忌惮，乃古人所谓放纵也。且世有平等之说出，而后狂妄之民以之助自傲自骄之习。然于在上者则欲其降尊，于在下者则欲其服从。有共产之说出，而后无赖之民恃为欺诈银财之用"。文章总结说"是新名词未入之前，中国民德尚未消亡。既有新名词之输入……势必率天下之民尽为作奸之举……推其极弊，实为亡国之阶也"。显然这些人的用心是在全力维护旧有的统治秩序。

当然也有出于民族主义立场，强调捍卫固有语言文字的特性和主体地位的人对外来新语持慎重态度。如国粹派学者邓实认识到"今之灭人国也，不过变易其国语，扰乱其国文，无声无臭，不战而已埋人国坯人种矣，此欧美列强所以多灭国之新法也"。当时投入反清革命的国学大师章太炎也强调"国于天地，必有与立，非独政教饬治而已。所以卫国性捍种族者，惟语言历史为亟"②。显然章太炎与张之洞及《东方杂志》上那两个作者的出发点判然有别，章氏所反对者在全盘西化，因而主张慎重对待自己的历史文化乃至语言文字，所以不难理解他在著述时有选择地运用新词新语，如"社会""进化""同盟罢工"，等等，后在新文化运动中又鲜明地对以拉丁字母替代汉字的主张表示反对。

总体而言，我们应该正面看待中外文化交流和交流中借用外来词汇及主动创制新语汇的现象。这是语言文字发展的大趋势，也是激发固有文化的活力，提升自己的文化实力和在世界上的话语权的必不可少的一个方面。而在此过程中，不同的意见和主张应该充分展开学术上的讨论，对少数削足适履、积非成是的现象予以反思，通过选择实现"涵化"。

在知识、智能、科技、讯息飞速发展，各个领域中各种层次的交流日益频繁深入的当下，新词汇新术语的涌现更超过以往的任何一个历史时段。一些基本符合汉字本义而由港台率先使用的认同、共识、双赢、零和、公关等词；属于科技成果或工具、方法的网络、基因、裂变、制导、激活等词；根据音译、缩写或加以混合的如托福、雅思、GDP、AA制等，已经得到广泛应用。但有更多专业术语如 DNA、IPO、AI、APP、TPP……对于不识外文的人仍是一头雾水，应该加以翻译。更有大量的网络术语如粉丝、屌丝、宅男、剩

①　转引自冯天瑜：《新语探源——中西日文化互动与近代汉字术语生成》，中华书局 2004 年版，第 511 页。

②　转引自冯天瑜：《新语探源——中西日文化互动与近代汉字术语生成》，中华书局 2004 年版，第 512~515 页。

女、吃瓜群众、装逼（B）、狗粮、吐槽、土鳖，等等，实在有损中国语言文字的品格。所以，重视现实中语言文字使用的混乱现象，通过讨论加以治理，使其日臻规范，可说已是刻不容缓。

（作者单位：华中师范大学历史文化学院）

王国维 "二重证据法" 的承袭、拓展与实践应用

□ 傅才武 黄剑波

【摘要】 二重证据法是著名学者王国维在中国考据学传统的基础上，援引西方实证方法和 20 世纪初现代考古学方法进入人文研究领域后所创造的研究方法，体现了从传统学术路径向近代学术路径转型的特征。这一以知识考据学为内核的研究方法论，经冯永轩、冯天瑜父子两代的倡发延展，业已从人文研究领域深入到社会科学领域。冯天瑜教授从近代中外史学界的调查实践中，演绎出 "不唯上、不唯书、只唯实" 的实证研究方法，又将 "二重证据法" 从人文领域引入到社会科学领域，成为社会科学研究特别是应用研究中的方法论原则。进入大数据时代，"二重证据法" 和大数据方法相融合，有利于推进社会科学特别是智库研究的发展。

【关键词】 二重证据；王国维；方法论；文化政策；冯天瑜

"二重证据法" 内涵的确立和作为科学研究方法论的定型，要追溯到民国初年的学术大师王国维先生。

王国维（1877—1927）是近代中国学界公认的学术巨子，其在文学、美学、史学、哲学、金石学、甲骨文和考古学等领域的卓著成就，对后世产生了巨大的影响。1925 年清华大学国学研究院成立，王国维与梁启超、陈寅恪、赵元任成为该院 "四大导师"，共同培养了四期 74 人，称 "七十子"，成为中国文化传承发展的中坚。"四大导师" 各有专长，其中在史学方法论上，尤以王氏之 "二重证据法" 最为引人注目。

王氏 "二重证据法" 最早是在 1912—1917 年旅居日本期间确立的，其方法与思想的渊源既得益于中国 "乾嘉学派" 精微的考证传统，也得益于王氏与日本京都学派学者的交流切磋，特别是与 "藤田丰八、狩野直喜、林泰辅、内藤湖南等人所倡导的科学实证的思想、精神，对文献史料的严格的批判态度" 有直接关系，是王氏以自身考据学基础嫁接近代实证研究方法的产物，也是中外史学交流的重要成果。①

———————————————————————

① 杨鹏：《王国维实证考据学风形成源流新解》，《湖北大学学报》（哲学社会科学版）2010 年第 6 期。

王氏 "二重证据法" 的提出，得益于王国维在考证古史的实践中，引入了考古学的最新成果，促进了传统史学的整合提升，如 1917 年王国维在对殷商先王先公世系的考证以及殷周制度的研究中首先将出土的甲骨文新材料同古籍进行对比研究，用卜辞补正了《史记·殷本纪》的错误，考订了商代先公先王的名字和前后顺序，证明了历史记载商朝君主世系的可靠性。而且进一步对殷周的政治制度作了探讨，得出崭新的结论。① 这是王氏 "二重证据法" 的起始。

1925 年，王国维为清华国学院学生上课，在讲稿《古史新证》中正式提出这一方法。其时，以顾颉刚为代表的古史辨派，接续康有为、崔适的疑古学说，对传统的古史观作全盘的检讨清理，形成一股强大的疑古思潮。王国维认为古史辨派学者 "于怀疑之态度及批评之精神不无可取，然于古史材料未尝为充分之处理也"。由此，针对在古史研究中到底应该采取何种方法和态度，王氏提出了中国近代史学研究的新方法——"二重证据法"：

> 吾辈生于今日，幸于纸上之材料外，更得地下之新材料。由此种材料，我辈固得据以补正纸上之材料，亦得证明古书之某部分全为实录，即百家不雅训之言亦不无表示一面之事实。此二重证据法，惟在今日始得为之。虽古书之未得证明者，不能加以否定，而其已得证明者，不能不加以肯定：可断言也。②

"二重证据法" 内涵：在考证古史过程中，充分发挥 "纸上之材料"（传世文献）与 "地下之新材料"（出土文献）这二重证据的相互补充校正作用，从而证明或者证伪古史的结论。

尽管后人又在二重证据法基础上加入民俗材料，发展出三重证据法，但 "二重证据法" 仍然是主要的方法论，并在人文科学研究领域内广泛应用。"二重证据法" 的要领在于 "广采各类材料，对多种来源的文献相互比照、补充，有利于揭示真相、引出较近真理性的结论"③。"二重证据法" 提出后，以此法指导古代历史文化考证渐成一种公认的学术正流。该法既继承了乾嘉学派的考据传统，又运用了西方实证主义的近代科学方法，是 20 世纪中国史学理论的重要革新，为古史及文献学的研究开辟了一个新领地。

陈寅恪在王国维辞世后概括 "二重证据法" 为三层意思："一曰取地下之实物与纸上之遗文互相释证"；"二曰取异族之故书与吾国之旧籍互相补正"；"三曰取外来之观念与固有之材料互相参证"。并指出 "吾国他日文史考据之学，范围纵广，途径纵多，恐亦无以远出三类之外"，称 "二重证据法" 是王国维留给中国近代学术界最重要之产物。④ 有学者认为此说也同时概括了王国维一生学术成就：第一类属于考古学及上古史之方法及其成就；第二类属于辽、金、元史事及边疆地理研究之方法及其成就；第三类属于文艺批评

---

① 这些成果详见王氏在《殷卜辞中所见先公先王考》《殷卜辞中所见先公先王续考》和《殷周制度论》中的论述。

② 王国维：《古史新证》，清华大学出版社 1994 年版，第 2 页。

③ 冯天瑜：《中华元典精神》，上海人民出版社 2014 年版，第 362 页。

④ 陈寅恪：《王静安先生遗书序》，《金明馆丛稿二编》，上海古籍出版社 1980 年版，第 219 页。

及小说、戏曲研究之方法及其成就。① 如陈寅恪所言，"二重证据法"作为方法论具有高度的概括性，"文史考据之学"范围再广，也超不出这一方法的三个层面。

冯天瑜先生的父亲冯永轩先生是清华研究院第一期生（1925），专攻边疆史地学，其论文业师即王国维先生，王氏的"二重证据法"对他的影响颇深。冯永轩先生在王氏的指点下完成的毕业论文《匈奴史》，是 20 世纪较早的匈奴史研究专论，其研究考证路数，即得益于此方法。毕业后，冯永轩运用王氏"二重证据法"研究甘肃、新疆史地和民族史，创见颇多。②

一、冯天瑜教授对二重证据法的承袭与运用

冯天瑜教授幼承庭训，接力乃父冯永轩先生的知识考据传统，注重对二重证据法的承袭与运用，曾言"父亲潜移默化中还教给了我考据功力"。因家学而上承袭王氏的"二重证据法"，其中最具代表性的是《"千岁丸"上海行——日本人 1862 年的中国观察》（简称《"千岁丸"上海行》）与《辛亥首义史》二著。

冯天瑜教授的《"千岁丸"上海行》依据日本幕府使团"见闻录"这一新史料，对"使团在上海的活动、所见所闻、思想动态做了很多方面的论述，填补了中国近代史研究的一项空白"③，运用了"二重证据法"中的两层："取异族之故书与吾国之旧籍相互补正"，"取外来之观念与固有之材料互相参证"，在方法上颇出新意④。该著认为：使团访沪是 1854 年日美《神奈川条约》签订后，被迫开放，"锁国体制"崩溃后精英阶层追求日本社会现代发展之主动行为。⑤ 该著归纳出日本人眼中的现代化道路问题：一是太平天国农民战争与日本"开国"奉行的路线问题，另一个是关于被迫开埠以后上海地区的道德沉沦问题。⑥ 这两个问题都颇有奥义，值得深思：日本精英阶层通过观察中国太平天国农民战争的教训，反观自身而由此指导选择其国家的现代化道路：全面否定太平天国后选择了自上而下的"改良路线"，由此发日本明治维新之先声。第二个问题是后发文明古国在现代化之路上如何避免经济与道德发展的不平衡甚至严重倒挂问题：如何预防或治理这个现象，成了后发现代化国家走向社会健康发展之路的必然选择。⑦ 该著于小事件考证处

---

① 后晓荣、杨燚锋：《背景与动机："二重证据法"提出的学术反思》，《南都学坛》（人文社会科学学报）2017 年第 5 期。

② 裴高才：《冯天瑜：挥之不去的首义情结》，《世纪行》2011 年第 5 期。

③ 茅家琦：《颇有奥义——评冯天瑜著〈"千岁丸"上海行〉》，《武汉大学学报》（人文科学版）2002 年第 4 期。

④ 郑殿华：《〈"千岁丸"上海行——日本人 1862 年的中国观察〉简介》，《全国新书目》2002 年第 3 期。

⑤ 冯天瑜：《"千岁丸"上海行——日本人 1862 年的中国观察》，商务印书馆 2001 年版，第 49～51 页。

⑥ 茅家琦：《颇有奥义——评冯天瑜著〈"千岁丸"上海行〉》，《武汉大学学报》（人文科学版）2002 年第 4 期。

⑦ 茅家琦：《颇有奥义——评冯天瑜著〈"千岁丸"上海行〉》，《武汉大学学报》（人文科学版）2002 年第 4 期。

见大历史,考证严密而思想精深,足见"二重证据法"精髓;其大历史视野被学者誉为可与黄仁宇《万历十五年》一样为"大历史"写法典范①。

冯天瑜教授三度使用"二重证据法"深入研究,二度修订再版《辛亥首义史》,皆有所创获。② 第一版考定"湖北第一个革命团体""汉口宝善里机关失事时间""打响辛亥首义第一枪的人""率先起事的部队"等问题上推翻已有定论,赢得学界赞誉。第二版因"搜材之博、考证之详、文笔之细"被台湾东吴大学缪寄虎教授激赏为"可以刺激一下中国人恢复其大脑的使用功能"。③ 第三版则因其宏阔的理论视野及微观的历史叙事的完美耦合而成为"辛亥首义史书的扛鼎之作"④。

二、二重证据法的延展性及其在社科领域的应用

(一) 作为方法论的延展性

以两个实例证明,"二重证据法"作为史学方法论具有科学性和阐述力。但"二重证据法"能不能在社会科学领域内运用,仍需探索。

《"千岁丸"上海行》用了日本幕末使团的"见闻录",《辛亥首义史》用了历史见证者的"口述"史料、历史老照片等材料,这些史料皆来自史料采集者的社会踏查和访问。这就使二重证据法的应用,从人文科学领域的历史研究拓展到社会科学领域的社会研究。

"二重证据法"作为方法论的延展,一方面是因史料范围的拓展而自然延伸的,另一方面,是由其与实证科学具有相同性质的方法论性质所决定的。冯天瑜教授在 2018 年 10 月 21 日武汉大学珞珈智库论坛的主旨演讲中,将陈云同志 1990 年致浙江省领导的"不唯上、不唯书、只唯实"问题研究法进一步发扬,与当代智库建设和社会调查相结合,进一步以"三唯论"突出和阐发"二重证据法"的科学内涵。

冯天瑜教授一直奉行"学术要为国家人民负责,调查研究必须务实求真"的信条,在《东亚同文书院中国调查的历史警示与当下启迪》的演讲中,结合自己十余次赴日研究访问的经历,以日本跟踪调研中国社会的真实案例,从中总结出方法启迪与历史警示。

冯天瑜教授在演讲中提出:"日本长期注意于中国文化、中国国情,对中国展开长期和深入的社会调查。""日本对于中国的调查约分两个阶段,自平安时代始主要为学习中国,而明治以后逐渐为侵略中国做准备。""彼时,中国人对日本和自己的了解则大而化之、粗疏零乱,中日之间存在着严重的'信息不对称',这是一个极大的历史教训。"面对民族复兴的重任,中国智库在新时代如何为政府、社会、公众提供有价值的真言、良

---

① 陈希亮:《〈"千岁丸"上海行〉中的日期讹误及其他》,《中国图书评论》2004 年第 10 期。

② 三个版本分别为:贺觉非、冯天瑜:《辛亥武昌首义史》,湖北人民出版社 1985 年版;贺觉非、冯天瑜:《辛亥武昌首义史》,武汉大学出版社 2006 年版;冯天瑜、张笃勤:《辛亥首义史》,湖北人民出版社 2011 年版。

③ 吴成国:《"表征盛衰,殷鉴兴废"的文化史家——冯天瑜先生访谈录》,《中国文化研究》2010 年第 5 期。

④ 胡俊修:《辛亥首义史书的扛鼎之作——评〈辛亥首义史〉》,《武汉大学学报》(人文科学版) 2011 年第 4 期。

策，发挥咨政作用，冯天瑜教授提出了"基础在于做好系统深入客观的社会调查"："一是要做长时段的、系统性的研究调查；二是要做到精细与专业的结合，积累大量丰富的材料，对这些材料做系统、深入的研究。"

他认为调查研究有两大"敌人"："一是过于强烈的主观诉求，往往淹没社会调查的客观性；二是'唯上'、'唯书'而不'唯实'，从揣摩领导心意出发或从现成结论出发去收集材料，导致调查走入歧途。"他认为，以这种调查研究方法为基础的智库，只能是"建立在沙滩上的'智库'，谓之误国害民的'愚库'"。当代智库建设，必须正本清源："只有务实求真才是调查研究的生路，也方为智库前行的正道。"①

质言之，冯天瑜教授通过其一生的学术研究体会，提出了"不唯上、不唯书、只唯实"的智库研究方法，以社会调查"三唯"方法论对接王氏"二重证据法"，将"二重证据法"的实证求真精神运用于社会科学研究领地，是当代智库建设特别是文化智库建设的基础性方法论。

（二）文化智库中的实践案例："文化第一线"调查系统的建设与运行

武汉大学国家文化发展研究院的"文化第一线"调查系统，就是作为社会科学研究领域的文化管理与文化政策研究的社会调查系统。它承继"二重证据法"和"三唯"调查研究法，是一个相对独立于政府系统的文化领域第三方调查系统。

"文化第一线"调查系统由武汉大学国家文化发展研究院主持创设。2008年年底，在冯天瑜教授的大力支持下，"武汉大学文化创新研究中心"筹建。2009年4月，在此基础上，由武汉大学与文化部共建"国家文化创新研究中心"。2011年6月，在财政部的支持下，文化部又与武汉大学共建"国家文化财政政策研究基地"。2014年，文化部与武汉大学共建"文化改革发展研究基地"。在这三个国家基地的基础上，2015年3月，武汉大学决定，整合三个"国家基地"，建立"武汉大学国家文化发展研究院"，努力建设中国文化领域特色新型智库。经过10年的建设，武汉大学国家文化发展研究院的智库建设取得了良好的成绩，从2016年到2018年，在光明日报智库研究中心和南京大学中国智库研究中心联合发布的《2018年CTTI来源智库发展报告》中，武汉大学国家文化发展研究院连续3年位列中国高校智库综合评分前100强。

"文化第一线"调查系统正是在冯天瑜教授所倡导的"系统深入客观的社会调查"基础之上建立起来的。从2009年创建的十年来，经国家文化发展研究院团队的努力培养，目前已经成为全国知名的连续性调查品牌。"文化第一线"调查，每年寒暑假，武汉大学国家文化发展研究院都要组织三四百人的大学生志愿者调查队伍，深入全国31个省市的文化机构、农村进行细致的文化调查，包括调查问卷、深度访谈、撰写调查报告等调查形式。业已成为众多公共文化政策第一手数据和资料的来源，成为全国文化领域第一个持续性的实践调查网络。

与此同时，为适应文化政策研究时效性的要求，作为"文化第一线"调查系统的组成部分，武汉大学国家文化发展研究院又组建了100家"公共文化政策实验基地"。在文

---

① 王斯敏、王倩：《冯天瑜：做调查研究的智库，不做唯上唯书的"愚库"》，http：//share. cloud. gmw. cn/yunmei-share/？shareTitle，2018年10月25日。

化部和财政部的直接支持下，研究院在东中西部挑选 100 家图书馆、博物馆、文化站和艺术院团等公共文化服务机构和代表性文化企业，命名并设立"公共文化政策研究实验基地"，与武汉大学签订协议，武汉大学给予经费支持和业务指导，研究基地定期报送数据。由此，形成了全国第一个"1（武大国家文化发展研究院）+100（实验基地）"的新型研究网络。这两大调查系统经过 10 年的运营，日益成熟，构成了武汉大学国家文化发展研究院主导的相对独立的第三方调查系统。

正是得益于"文化第一线"调查系统收集的大量真实的数据和案例，武汉大学国家文化发展研究院建立文化领域特色新型智库的研究网络，研究院先后参与文化领域的众多的政策调研和政策设计，运用学术成果服务于国家政策，发挥了智库应有的作用。如参与《"十三五"时期国家文化发展改革规划纲要》的起草，参与"公共文化服务体系保障标准"的起草讨论，参与《国家公共文化服务保障法》《国家文化产业促进法》的起草讨论等，参与国家文化消费试点城市的政策设计和理论探索，参与文化领域财权事权划分研究等，得到了相关决策部门的高度肯定和认可。

作为高校智库机构，进行文化管理和文化政策研究，难就难在保持独立性，不从固有的政策本本出发（"不唯书"），也不从相关部门统计的数据出发（"不唯上"），必须立足于自身的调查数据和案例（"只唯实"），才能深入事情的真相。

近年来，以乡镇文化站为代表的基层文化单位普遍出现效率不足的现象，部分学者认为是文化站的人员配备不足、经费不足，导致文化站的资源效率不高。为此，一些学者提出，必须要在公共文化服务体系建设的保障标准中，列出编制内人员标准、人均经费标准，这样才能解决文化站资源闲置的问题。文化站效率问题的背后，反映的是当前基层公共文化服务体系的效率不足的根本性问题，并涉及现代公共文化服务体系建设的思路与路径，由此引起了文化主管部门和文化学界的重视。为此，武汉大学国家文化发展研究院借助于"文化第一线"调查系统，进行了专项调查研究。

2012 年和 2016 年在全国组织了两次暑期乡镇综合文化站"驻站"调研，调研员全部入驻文化站进行了持续 30 天的观察记录，形成了实地观测数据。同时就文化站设施设备情况、工作人员情况和经费情况进行了问卷调研。通过对两次驻点观测的比较分析发现，与 2012 年相比，2016 年乡镇综合文化站基础条件大幅改善，建筑面积均值比 2012 年增加 15.06%，站均图书册数比 2012 年增长 43.07%，站均举办培训班是 2012 年的 4 倍，2012 年全国文化站站均财政拨款 15.98 万元，2016 年增长为 22.59 万元。[①] 但两次调研数据对比发现，虽然政府对文化站的投入力度加大，举办活动也日益丰富，但是到站参与文化活动的人数却在不断减少，公共资源的投入效率却在下降。站均每日访问人次由 2012 年的 22 人减少为 2016 年的 15 人。从财政投入产出效率来看，2012 年财政拨款（元）与日均访问人次之间的对应关系约为 10000∶1.4，而 2016 年降为 10000∶0.7。部分文化站出现封闭性"机构空转"。

2016 年 6 月，武汉大学国家文化发展研究院对多家作为"公共文化政策研究基地"的乡镇综合文化站的深入考察表明，公共投入快速增长而绩效下滑的"效率困境"的背后，主要是体制结构问题而不是管理技术问题，主要不是基层文化站长"偷懒"，而是文

---

① 数据根据《中国文化文物统计年鉴 2013》《中国文化文物统计年鉴 2017》计算。

化行业制度安排业已脱离了现实发展的要求，"效率困境"某种程度上体现了行业体制结构与居民文化消费转型的冲突，由此提出了基层文化机构改革的总体思路和分类改革策略：确立以结构性改革方案解决体制性问题的基本思路，实施"办、转、买"分类改革策略。① 这些政策建议，对于国家实施现代公共文化服务体系建设和文化体制改革的政策措施，形成了重要的学术支持。

成立十年来，研究院借助于"文化第一线"调查系统承担了很多文化焦点问题的社会调查。如针对"三峡大坝"的争议，研究院在承担三峡总公司委托的《三峡工程的文化学研究》课题过程中，研究院组织了对美国、法国和日本民众"关于中国三峡工程形象评价"的问卷调查，使中国学界能准确了解其他国家民众对三峡工程的真实看法和态度。2012 年 5 月，结合武汉市国家中心城市建设战略规划，经过一系列的调查与论证，由冯天瑜教授、傅才武教授联袂向湖北省和武汉市提交的《借力长江文明建立区位文化优势，突破中部"注意力贫困"》咨询报告，为武汉市委市政府所采纳，促成武汉市政府下决心投入 4 亿元建立"长江文明馆"，打造武汉"世界大河文明对话"论坛，目前该论坛已经成功举办了三届，影响日显。

正是坚实的调研成果与研究团队独到的理论洞见融会于研究报告中，使武汉大学国家文化发展研究院能够发挥出独特的文化政策研究和政策咨询作用，成为文化领域的特色新型智库。方法论的创新，极大地提升了科研的效率，自 2009 年创立迄今，研究院先后主持国家社科基金重大招标项目 3 项（2009、2013、2018）、国家科技支撑计划课题 1 项（2015）、国家科技重点研发项目 1 项（2018）。主持完成国家艺术科学和湖北省社科基金重点课题 10 多项，接受中宣部、文化部、财政部、国家文物局委托的大型文化调研课题 200 多项，所提交的研究报告中，有 150 多种咨询报告被相关部门所采用，在全国文化领域产生了一定的影响，体现了武汉大学人文社会科学将"论文写在祖国大地上"的智库建设宗旨。

三、大数据环境下"二重证据法"的效应问题

（一）大数据环境下"知识考据"方法的效用问题

现代科技的日新月异，不仅仅改变了人们的日常生活样态，也从根本上改变了科研工作的环境。

今天，世界业已从蒸汽技术革命为代表的第一次技术革命，电力为代表的第二次技术革命，计算机及信息技术为代表的第三次技术革命，发展到以人工智能为代表的第四次技术革命。站在第四次技术革命高度，大数据、云计算和人工智能的应用无疑将成为未来主导社会发展的重要资源，大数据将不仅改变人们的生活方式，也将改变科研的方法。

那么，"二重证据法"作为方法论，在大数据环境下其效用如何？是不是要被"大数据方法"所取代？笔者认为，评估"研究工具"的有效性必须是在特定的环境条件下才

---

① 傅才武、许启彤：《基层文化单位的效率困境：供给侧结构问题还是管理技术问题——以 5 省 10 个文化站为中心的观察》，《山东大学学报》（哲学社会科学版）2017 年第 1 期。

能成立，离开一定的前提条件进行效用评价都是空泛的议论。"二重证据法"的效用在于其"知识考据"的价值和资料价值（数据价值）评价的能力，正是海量数据技术和大数据方法所缺乏的。在海量数据中，如何评价某一类数据的效用或者意义，是大数据方法的难点，却是多重证据相互参证的"二重证据法"的长处之所在。因此，在现代大数据环境下，"二重证据法"与"大数据方法"能够实现方法论的互补。

但值得注意的是，不论是"二重证据法"还是大数据方法，都只是技术层面的方法论，在具体科研过程中其效用发挥的程度，要受制于研究者的理论框架建构能力。

以冯天瑜教授在《"封建"考论》① 中对"封建"一词的考证为例：考证"封建"一词，固然离不开史料收集和甄别功夫，但研究者必须自己先建立一种全球性文化史观，唯有将"封建"一词的基本内涵放到人类文明社会的历史大视野下，才能进行准确定位。冯天瑜教授经过 20 多年的探索思考，超越传统"五个历史阶段论"的历史线性进程史观，确立了一套全球文明多元并进历史发展观，并以之进行知识整合，由此"封建"一词就在这个宏观的理论框架下受到严格的知识考据的审视，《"封建"考论》也成为知识考据的典范之作。

在此，"二重证据法"作为科研工具，它并不能直接建立一个理论架构，理论建构能力源于研究者个人的宏观思维能力。但要解决理论架构上的问题又必须借助于这个工具，需借助于"二重证据法"或大数据方法的工具效率。从这一意义上说，"二重证据法"作为科研工具的有效性，必须放到理论的框架下，形成理论和方法的双向互动。

（二）建立二重证据法与大数据方法的联结

"二重证据法"作为方法论的特征，是用尽量多的历史材料去相互参正、补正、印证，找寻事物之间的因果关系，进而得出同时段最接近历史真相的答案。而大数据方法则是借助于海量数据资源，建立不同数据之间的相关性，进而追寻事物之间的联系，并得出相应的结论。

在今日，信息已经成为一种核心资源，社会科学的研究特别是政策研究机构要把握复杂的社会运动特征和规律，不能不利用大数据方法，对大数据的掌握程度可能成为决定科研机构研究水平的关键性要素。因此，将调查系统与大数据技术融合于一炉，建立专业性数据库，通过各种移动客户端获取的数据以在线形式得以共享，通过独立的调查系统获取的数据以数据库形式存储，实现"二重证据法"与大数据方法的连接，就成为各个科研机构特别是社会科研机构的内在发展要求。

在大数据的建设上，武汉大学国家文化发展研究院已经走出了稳健的步伐：建设了全国第一个全量性的"中国文化投入绩效基础数据库""全国文化消费数据平台"和"全国文化投入绩效评价平台"等。研究院在文化管理和文化政策的研究过程中，不仅仅参照政策文本和各地报送的经验材料等"纸上文字"，而且还利用数据进行比照，以证明或者证伪某些固有的结论。将"文化第一线"和线上数据与政策文本连接，十年来业已形成了一系列文化政策咨询报告和学术论文。由于大数据是一个随时更新、与时俱进、不断递增的过程，所以，随着大数据的量的增加和数据结构的优化，文化管理和文化政策的研究

---

① 冯天瑜：《"封建"考论》，武汉大学出版社 2006 年版。

也将得到提升。

（三）借助于方法论和工具创新，突破文化政策领域"灰色命题带"困境

在全球化浪潮中，后发现代化国家为应对其在欧美强势文化霸权下的文化弱势，大多都走上了发掘民族主义资源并亮出意识形态保护大旗的路子。中国作为后发现代化国家，在中西文化交流和交往中，长期处于"西强中弱"的状态，特别容易滑向民族主义和国家意识形态泛化的陷阱。这种整体性社会思潮，由观念领域进入学术领域，再进入政策领域，就形成了一些能够意识到或体察到但又无法清晰界定的"灰色命题带"，造成了某些学术领域的研究困境。

例如，在文化管理和文化政策领域，一些本应该是学术讨论的命题，诸如文化安全、意识形态安全、社会效益与经济效益关系等，一旦由学术领域的讨论上升为国家战略或者政策性概念后，就逐渐形成了一些具有不能言说的"灰色命题带"。这种"灰色命题带"被冠以"国家文化安全""国家意识形态安全""国家文化阵地责任"这类帽子后，便得以借助于国家公权力之力量，对文化行业体制中的既得利益实施过度保护，甚至"攻城略地"，使越来越多的产品、服务、思想都泛着意识形态的色谱，导致整个文化生态及文化行业滑入"国家文化安全泛化"和"意识形态泛化"的陷阱。

意识形态无疑是极为重要的，它所提供的一定社会秩序的蓝图，一定程度上关系到执政党的地位与执政合法性的认同，因此它是国家精神和秩序的根基。但一旦把意识形态问题扩大化，即把不是意识形态问题"意识形态化"，就陷入"泛意识形态陷阱"："泛意识形态化的问题是把意识形态问题扩大化，把非意识形态的问题意识形态化"①，这同样也会损害国家的合法性。

国家文化安全与意识形态安全并不相同，国家文化安全是一个比意识形态安全更宽泛的概念，它是指一国的历史文化传统和核心价值观不受外力威胁而瓦解或中断的状态。一旦意识形态泛化，文化安全就会与意识形态安全的外延重合，所有与文化相关的论题都可能演变为意识形态安全论题，上升到政治的高度予以评判。② 这就导致了文化管理和文化政策研究的问题大多"似是而非"，无法建立明确的问题边界，除了"政治正确"，无法建立起学术共同体一致认同的学术标准。在文化领域，存在着这种广泛的"灰色命题带"。

溯其源，文化领域的"灰色命题带"的出现，既受到了传统文化中文化与政治、教化与治国二位一体的观念的影响，也与相关学术研究不深入、留下大量"似是而非"的理论命题有关。特别是"文化"概念本身边界不清晰，量化研究成果很少，还无法为文

---

① 祁述裕：《全面认识文化安全，正确处理文化繁荣与文化安全的关系》，《祈文共赏》微信公众号，https://mp.weixin.qq.com/s/kK3llbySf50zpAjt06OqUA，最后查阅时间：2018年9月14日。

② 祁述裕教授总结为："以文化安全需要坚持正确的文化方向为由，在文化管理中以一票否决机制处理项目课题成果审定、文艺作品评论以及文化艺术专项资金项目评审等工作；对外谈判中，屡屡以意识形态安全为由不加限制地使用"文化例外"原则，对国际贸易和投资自由化谈判中的文化市场准入及扩大文化服务业对外开放的合理要求持消极甚至否定态度。"详见祁述裕：《全面认识文化安全，正确处理文化繁荣与文化安全的关系》，《祈文共赏》微信公众号，https://mp.weixin.qq.com/s/kK3llbySf50zpAjt06OqUA，最后查阅时间：2018年9月14日。

化管理和文化政策提供高水平的学术成果支撑,这又为一些"似是而非"的"灰色命题"的出现,留下了学术上的空间。

在命题的价值理性必须遵循"政治正确"的条件下,如果只是一味地在价值理性或者价值功能上进行讨论,学界将无法突破"灰色命题带"的困境。大数据方法和"二重证据法"的引入及其综合运用,为突破这种"灰色命题带"提供了方法上的新途径。通过独立、客观、科学的调查来获得实证材料,通过大数据方法和知识考据方法的融合,对一些"似是而非"的学术命题建立实证研究的过程,让一些缺乏问题边界条件、无法实践验证的"灰色命题",通过接受知识考证的检验,重新显现其本相,"是其是,非其非",重新评估那些似是而非的学术概念,重建社会科学有关的知识谱系,从而推动科学研究特别是智库研究进入到一个新的历史阶段。

(作者单位:武汉大学国家文化发展研究院)

"章黄学派" 与冯氏学术源流[*]

□ 姚彬彬　刘　青

【摘要】冯永轩先生早年师承"章门弟子"黄侃而入学术之门，在文字学方面颇得益于"章黄学派"的濡染，并能择善而从，有所扬弃。无论是冯永轩先生平生正直狷介的为人境界，还是冯天瑜先生的"元典皆史"、平视诸子百家，以及强调传统文化中的"人民性"等许多学术思想取向，都与"章黄学派"的风范气象乃至一些核心性的价值观念，不乏前后契合之处。这种"契合"，未必径可视为一些具体性的"影响"或"继承"，更多乃是同声相应、同气相求的学术共同体性质。

【关键词】章黄学派；冯永轩；冯天瑜；史学；诸子学

　　冯永轩（1897—1979）先生于1923年入读国立武昌师范大学，其间师承黄侃（字季刚，1888—1935）先生，平生学术由此起点。冯家与黄家多年来有颇深的渊源，即使在黄侃身后，他的几位公子一直还与永轩先生保持着笃厚的友谊，时常往来走动。冯天瑜先生在《冯永轩集·序》中回忆说："我们兄弟常常听到先父对其师尊（梁启超、王国维、黄侃诸先生）风骨及学识的赞美，厅堂常年悬挂三老亲书条幅，而'任公先生''王师''季刚先生'等，是我们自幼耳熟能详的尊号，三先生成为我们家亲近的，仿佛时时在侧的长老。"

　　黄季刚先生出于晚清民初思想文化宗师章太炎先生门下，又最得太炎先生之器重，可称之"上座高足"。钱穆曾评价说："章氏去日本，从学者甚众，然皆务专门，鲜通学，惟黄侃一人，最为章氏门人所敬。"（《现代中国学术论衡》）太炎本人则谓："学者虽聪慧过人，其始必以愚自处，离经辨志，不异童蒙。良久乃用其智。即发露头角矣，自尔以往，又当以愚自处。不过三年，昭然若拨云雾见青天者。斯后智愚杂用，无所不可。余弟子中独季刚深窥斯旨。"（《菿汉闲话》）章太炎常戏称门下弟子有"五王"，谓"天王"黄侃，"东王"汪东（旭初，1890—1963），"西王"朱希祖（逖先，1879—1944），"南王"钱玄同（中季，1887—1939），"北王"吴承仕（检斋，1884—1939）。① 其中亦以黄侃居首。

---

　　* 本文为武汉大学中国传统文化研究中心自主科研项目"章太炎学派的道家哲学研究"阶段性成果。

　　① 章太炎对弟子汪东所语，见《黄侃年谱》，湖北人民出版社2005年版，第35页。

章太炎及其门下弟子黄侃等，是民国初年重要的人文学术群体，时人尝谓："民国初年北京的文史学界的泰斗都出于太炎先生之门。"① 此言虽稍显溢美，却也大体符合事实。日本学者岛田虔次曾感叹说："五四前后涌现出许多思想界、学术界的人物，也都出自太炎之门，如鲁迅、周作人、钱玄同以及黄侃、吴承仕、朱宗莱、马裕藻、朱希祖等等，只是数数人名，也应是思过半矣。"② 故今之学界有"章门弟子"作为学术共同体之说。

黄侃在经学、小学等传统的学问领域较为全面地继承了太炎的学术家业，甚至在某些方面比乃师还要精纯一些。因此，在这些学问的领域，又通常把"章门弟子"这一学术共同体称为"章黄学派"。无论是冯永轩先生平生正直狷介，"远权贵、拒妄财"的为人境界，还是冯天瑜先生的许多学术思想取向，都与该学派的风范气象乃至一些核心性的价值观念，不乏前后契合之处。当然，这种"契合"，未必径可视为一些具体性的"影响"或"继承"，就中国传统意义上的"学派"构建而言，更多乃是同声相应、同气相求的学术共同体性质（章太炎与其弟子们的关系也大抵如此）。"冯学"与"章黄学派"的关系，或亦应作如是观者。

一、"远权贵、拒妄财"

冯天瑜先生曾谈及永轩先生之"未成文的家训"，可以"远权贵、拒妄财"一言蔽之。这是冯家历来的"身教"，系"无言地传承"。永轩先生"一生守住底线，抵御权贵和金钱的威压、诱惑，只求一个心安理得"（《未成文的家训》）。先生当年洞察新疆军阀盛世才的野心，不为其百般利益诱惑所动，自始至终恪守人格之巍巍挺立，最终凭借智慧而摆脱其控制。抗战军兴，先生在鄂东山区就任省立第二高中校长，"不惧当局高压，抵制 cc 系对学校的控制，终于辞职以抗，一段时间家庭生活极度艰困"。乃至在以后的"反右运动"中，仍"不畏权势威压，坚守正直人格"，据冯天瑜先生回忆：

> 1957 年春，父亲的老学生，时为武汉师院教师、工会主席的高维岳，受校党委指示，主持教师"大鸣大放"。不久"反右"运动骤至，高维岳被指煽动教师"向党进攻"，第一批划为右派，父亲拍案而起，说高维岳是老实人，按党委布置，组织教师提意见，怎么成了"反党"？本来，父亲并未参与"鸣放"，不会成右派，现在他自己"跳出来"，为右派鸣不平，且不肯认错，又拒不"揭发"他人，于是在 1958 年春被戴上最后一批右派分子帽子，停发工资（只给"生活费"），以六十高龄遣送农场劳动。后来我大哥、二哥到校方了解父亲情况，主事者说：冯某人本无太多反动言论，但居然抗拒反右运动，"态度极坏"，又在师生中影响大，阻止师生揭发右派，成为运动阻力，故非打成右派不可。（《未成文的家训》）

所谓"远权贵"之"远"，自非拒人于千里之外，而是保持自己的人格独立，更不会

---

① 陶希圣：《北京大学预科》，陈平原、夏晓虹编：《北大旧事》，三联书店 1998 年版，第 190 页。
② ［日］岛田虔次：《章太炎的事业及其与鲁迅的关系》，章念驰选编：《章太炎生平与思想研究文选》，浙江人民出版社 1986 年版，第 188 页。

有意依附而"攀龙附凤"。了解情况的人都知道，冯天瑜先生所接触过的当世"权贵"级别之高自不必说，各界"名流"仰慕先生之道德学问者，更多如过江之鲫。在滚滚红尘之中，先生一向襟怀洒落，无论对待各个阶层的人士，"循循然善诱人"，恬淡处之，一律平等无别。先生在《未成文的家训》中自道心曲谓：

> 我本人上世纪七十年代后期一再拒绝"进京任职"（因此避免了日后的种种麻烦），又在1984年、1986年两拒校长任命（因而得有时间精力专务学术），几位兄长和我妻子都支持这种抉择，此皆冯氏家教的余韵流风。（略需说明：进京任职、当校长的，好人多多，作出有益贡献的也不乏其例，只是我于"当官"无兴趣，故辞谢之，这只是说明家教影响力之深，决非自鸣清高，更无推广上述作法之意。）

就笔者多年来耳闻目睹所见，这种人生境界，"知易行难"。许多人（尤其是学界中人，甚至包括方外人士）虽平日标榜"自由"或"道统"，然观其所行则未必一致，甚至不乏截然反之者。因此尤为感到，冯天瑜先生"远权贵、拒妄财"的人生态度，确确实实早已内化到了精神生命的深处，故能如鱼饮水般自然而然地"知行合一"，自当早有"家学"传统之濡染。

必须注意到，与之类似的精神境界，民国时期在章太炎及其弟子的身上，有淋漓尽致的表现。就章氏本人而言，"考其生平，以大勋章作扇坠，临总统府之门，大诟袁世凯的包藏祸心者，并世无第二人；七被追捕，三入牢狱，而革命之志，终不屈挠者，并世亦无第二人；这才是先哲的精神，后生的楷范"①。晚年太炎隐居苏州，讲学之余呼吁抗日救国，为此亦多次受到国民党当局的拉拢或威胁，但自始至终我行我素，毫无所动。黄侃先生从青年时代则已以"儒侠"为己任，他在《释侠》一文中说："世宙晦塞，民生多艰，平均之象，俦兆而弗见，则怨讟之声，闻于九天。其谁拯之？时维侠乎。……虽危起居，竟信其志，犹将不忘百姓之病。非大侠其孰能与于斯？古之圣哲，悲世之沉沦，哀烝民之失职，穷厄不变其救天下之心，此侠之操也。"其平生嬉笑怒骂，傲视群伦，更多见掌故之载。若太炎其他弟子，鲁迅先生号称"骨头最硬"，不仅现诸文字著述，其早年对"教育总长"章士钊的拉拢嗤之以鼻，晚年时甚至拒绝了蒋介石本人的会面约见；刘文典任安徽大学校长期间，更与"最高领袖"蒋介石因学生学潮事当面发生冲突，怒斥蒋氏"你就是新军阀！"……吾人今日读"章黄学派"中的有关掌故，实若一部新《世说新语》，魏晋高士之神情风采，宛然现前，令人神往。

这种精神境界，或即儒家所谓之"狂狷"精神，"狂者进取，狷者有所不为"。"狂"与"狷"实为同一种人格精神的一体之两面，在"章黄学派"中，"狂"的一面表现得比较明显；而冯氏家族对"远权贵、拒妄财"身体力行，则更多地表现出"狷"的一面。这是民国以来，乃至数千年以来，中国"士"的精神中最可宝贵的精神传统。

---

① 鲁迅：《关于太炎先生二三事》，《鲁迅全集》（第6册），人民文学出版社2005年版，第567页。

二、从"六经皆史"到"元典皆史"

冯氏家学，博通四部，由博而约，然从入之途，则以"究天人之际、穷古今之变"之乙部立基。永轩先生平生专于古文字学、西北史地和楚史，精心收藏考证古文物，代表作有《史记楚世家会注考证校补》《西北史地论丛》《楚史》等，多发前人未发之覆。冯天瑜先生平生亦以文化史命家，然实则学贯三教诸子，统之有宗，会之有元，仍为"辨章学术、考镜源流"大传统之流衍。

此一脉络，追溯于前哲，实"清学正统派"现代转化，亦可于"正统派之殿军"（梁启超语）章太炎之学中，草蛇灰线，可资寻绎。太炎平生虽以经学立基，然所宗为古文家"六经皆史"之说，他认为"六经"皆为古人载史记事之书，与后世史书无本质区别，他明确指出："六经皆史这句话详细考察起来，实在很不错。在六经里面，《尚书》《春秋》都是记事的典籍，我们当然可以说它是史。《诗经》大半都是为国事而作……也可以说是史。《礼经》是记载古代典章制度的，在后世本是史的一部分。《乐经》虽是失去，想是记载乐谱和制度的典籍，也含史的性状。只有《易经》一书，看起来像是和史没关，但实际上却也是史。……《春秋》是显明的史，《易经》是蕴着史的精华。由此可见，六经无一非史，后人于史之外，别立为经，推尊过甚，更有些近于宗教。"① 以六经载具微言大义之"道"，则是今文经学的看法，章太炎对此一向是明确反对的："今之经典，古之官书，其用在考迹异同，而不在寻求义理。故孔子删定六经，与太史公、班孟坚辈初无高下，其书既为记事之书，其学惟为客观之学。"② 由经学入史学，又由史学以解经学，无论章太炎本人还是黄侃等及门弟子，于此大抵存有共识。

冯天瑜先生《中华元典精神》等著中，于前贤"六经皆史"之说，更有进一步的发扬，提出"元典皆史"这一重要命题。

所谓"元典"，这是冯天瑜先生首创之文化观念，现在早已成为海内外文化学术界之一通行"关键词"，先生谓：

> 各个文明民族都在自己的"青年时代"（既不是混沌的"儿童时代"、幼稚的"少年时代"，也不是成熟的"壮年时代"）创造自己的文化元典。如印度的《吠陀》《奥义》和佛教藏经，波斯的《古圣书》，古希腊柏拉图、亚里士多德等先哲的论著，犹太教及基督教的《圣经》（犹太教、基督教共有的《旧约全书》与基督教的《新约全书》），伊斯兰教的《古兰经》，都被相关民族或某一文化圈视作"经典"、"圣典"，也即"元典"。③

就中华元典而言，大体正值公元前6世纪前后的"轴心时代"，"中国也有学人记史、载思，初作于西周王官，再创于散落民间的东周诸子，形成以'五经'（《诗》《书》

---

① 章太炎：《国学概论》（曹聚仁整理），上海古籍出版社 2000 年版，第 18~19 页。
② 章太炎：《论诸子学》，《章太炎演讲集》，上海人民出版社 2011 年版，第 37 页。
③ 冯天瑜：《中华元典精神》，湖北人民出版社 2017 年版，第 9 页。

《礼》《易》《春秋》）为枢机，博议于诸子（《论语》《墨子》《孟子》《老子》《庄子》《荀子》《韩非子》等）群籍，我们称之'中国元典'"（《中国文化元典十讲·弁言》）。冯天瑜先生认为，无论是中国元典还是域外元典，皆有其历史性，亦皆可还原为历史典籍，由此方可破除先民对于元典过分神圣化之迷信藩篱，回归其作为文化"大典""善典""美典"的本来面目。

冯天瑜先生在有关"元典皆史"的论述中，于章太炎有关"六经皆史"的阐释，时有征引印证①，由此亦可见，"元典皆史"与章氏之"六经皆史"，确乎可谓一脉相承。

三、不主故常、平视诸子

冯天瑜先生在《中华元典精神》中，不独视《诗》《书》《礼》《易》《春秋》为元典，举凡先秦道、墨、法等诸子书，乃至后世之"中国化"佛典，认为其皆具元典性。先生明确指出，中华元典并非仅有儒家"五经"及《论》《孟》一路，道家经典《老子》《庄了》，墨家经典《墨子》，以及"中国化佛教"的《法华》《华严》《坛经》等经典，共同汇聚为中华元典的长江大河。理解中国文化，自应着眼于其全体大用，儒家虽为两千年来之定于一尊之"官学"，然道家的"无为自然"、墨家的"兼爱非攻"、法家的"法不阿贵"，乃至佛家的"同体大悲"、兵家的"上兵伐谋"等精神，皆为中华优秀传统文化之重要端绪。不仅如此，即使作为中华元典的"五经"，亦为"郁郁乎文哉"之两周文化结晶，孔门虽有"传经"之功，然五经本非儒门所专有，先生指出：

> 汉代以来，人们习惯于将"五经"看作儒学经典。其实，《诗》、《书》、《礼》、《易》、《春秋》等中华元典并非专属儒家。《庄子·天下》以"古之道术"称呼这几部典籍，是颇有分寸的，因为它们是诸子百家"方术"的共同渊薮，而不是儒家独占的源头。先秦时，这几部书被视作社会的通用教科书，不仅儒家以《诗》、《书》、《礼》、《乐》为教，墨子以《诗》、《书》教诲弟子，阴阳家研习《易》理，也是耳熟能详的事实；儒家内部的不同派别，则对元典各有取舍，如孟子学说源于《诗》、《书》，其后学又吸取了阴阳五行之术；荀子学说源于《礼》、《乐》，并收纳名、法二家。②

这里必须谈到的，是冯天瑜先生对儒学的总体判断，向不同于晚近"新儒家"的"本位论"，而是既承认孔子"仁者爱人"和孟子"民本主义"的可贵价值，也同时深刻认识到儒家"爱有差等"，重"人"而轻"民"的历史局限性，乃至儒学作为两千多年皇权时代的官方意识形态，毕竟始终作为"为君牧民"之术而存在的客观事实，先生强调：

> 以"德治"为手段，以"保民"（保有对民众的所有权）为目标的民本思想，

---

① 参见冯天瑜：《中华元典精神》，湖北人民出版社2017年版，第347~348页。

② 冯天瑜：《中华元典精神》，湖北人民出版社2017年版，第118~119页。

大体上是作为统治阶级的"人"的一种富于政治远见的思想，是着眼于"人"的万
世基业的一种深谋远虑。孔丘所创立的原始儒家，代表着"人"（治民者）的根本利
益，承认并关注"民"的生存权……孔丘确乎为"人"（治民者）构思了上乘的统
治办法，鲁迅说："孔夫子曾经计划过出色的治国的方法，但那都是为了治民众者，
即权势者设想的方法，为民众本身的，却一点也没有。"而这种为"人"的长治久安
所作设计，构成儒家民本主义的基旨。①

毋庸讳言，冯天瑜先生有关儒学得失的论述，在其中青年时期的作品中，表露出更多
的批判锋芒。晚年的《中华元典精神》等著作中则较多谈到了孔孟之学中不能被忽视的
可贵之处——其前期作品，自不能忽视众所周知的时代语境，但早年和晚年前后宗旨，总
体上仍是一贯的，即立足于"文化史观"而非"圣贤史观"，"不以孔子之是非为是非"。
冯天瑜先生的学术思想，自始至终隐含着关注社会底层切实权益的"人民性"的底蕴，
就此而言，他对墨家学说，倒是有更多的亲近感，先生说：

> 代表"贱人"的墨家，则与儒家明显不同。墨家代表"农与工肆之人"（《墨
> 子·尚贤上》），揭示"民之三巨患"——"饥者不得食，寒者不得衣，劳者不得
> 息"（《墨子·非乐》），愤怒谴责"今王公大人"的腐化堕落，力主非乐、非命、
> 节用、节葬。墨翟劝诱当政者向庶众开放政权，不搞贵族专政，"不党父兄，不偏富
> 贵"（《墨子·尚贤中》）。希望统治者采取"役夫之道"、"与百姓均事业、共劳
> 苦"，反映了民众对平等与公正的要求。②

近年来，先生又撰有《文明演进中的"劳力"与"劳心"》诸文，更加深入地反思
了早期儒者"贱视生产劳动""'劳力'与'劳心'对立""重拟人化自然而轻客观对象
自然"等历史积弊，而对"倡导生产，精研技艺"的墨学，给予了较多的肯定。③

在中华文化的思想脉络上不拘泥于"一尊"之学，不囿成说，不主故常，把儒家从
"至尊"的地位还原为先秦诸子"显学"中的一家，并深刻反思其历史得失。这种思想取
向，着眼近现代以来的思想学术史，仍要追溯于章太炎一脉。

太炎先生在诸子学上主张"诸子出于王官论"，以"儒家之学，出于司徒之官"，与
先秦其他学派一样，本来都是周王朝政府职能部门的转化，在地位上也自然不会有什么特
殊性。太炎早年对儒家的批评，持论尤为峻烈，这一方面应该是由于他对作为两千年专制
王朝意识形态的儒学的本能抵触；另外应该也是因为他对康有为借今文经学以"托古改
制"，不仅尊清帝权威，还想把自己树立为教主的野心的"矫枉过正"式的批判。他在
1903 年撰写的《驳康有为论革命书》中便明确指出，清室之所以"尊事孔子，奉行儒

---

① 冯天瑜：《中华元典精神》，湖北人民出版社 2017 年版，第 300~301 页。
② 冯天瑜：《中华元典精神》，湖北人民出版社 2017 年版，第 301 页。
③ 冯天瑜：《文明演进中的"劳力"与"劳心"》，《暨南学报》（哲学社会科学版）2014 年第 6
期。

术", 实在是"斯乃不得已而为之", 实质不过是为了"便其南面之术, 愚民之计"①, 康有为亦"尊称圣人, 自谓教主"②。故其非议孔学, 实则有所现实指向。1906 年, 章太炎在其《论诸子学》文中立足于先秦学术思想背景, 对孔子和儒学开展更进一步的反思。谓"儒家之病, 在以富贵利禄为心", 其"终身志望, 不敢妄希帝王, 惟以王佐自拟"③, 认为孔学不过是攀附权贵的功利主义, 而且无原则、无是非观念, "所谓中庸, 实无异于乡愿", "彼耶稣教、天方教, 崇奉一尊, 其害在培塞人之思想, 而儒术之害, 则在淆乱人之思想"④。尽管如此, 章太炎还是承认孔子在中国学术史上不能抹杀的重要地位, "孔氏, 古良史也。辅以丘明而次《春秋》, 料比百家, 若旋机玉斗矣。谈、迁嗣之, 后有《七略》。孔子死, 名实足以伉者, 汉之刘歆"⑤。认为孔子虽非康有为等所树立的"素王", 但毕竟还是一位优秀的史家和学人。

章氏于诸子其他诸家, 虽皆有褒贬, 亦多给予肯定。他对《庄子》的思想评价最高, 认为是哲学智慧的极诣: "若夫水流繁会, 各于其党, 命世哲人, 莫若庄氏。《逍遥》任万物之各适, 《齐物》得彼是之环枢, 以视孔墨, 犹尘垢也。"⑥ 也肯定了墨家勇于救世的牺牲精神, 认为"墨子之学诚有不逮孔老者, 其道德则非孔老所敢窥视也"⑦。于法家则重视其与西方政治思想的相通性: "法家者, 则犹西方所谓政治家也, 非胶于刑律而已。"⑧ 到了晚年, 太炎对儒学的态度有了一定改观, 但"平视诸子"的态度, 则始终如一。

冯天瑜先生平日曾对笔者谈到, 其对儒家文化的反思, 及平视诸子的学术观念, 早年从阅读章太炎、鲁迅、李贽诸家的著作中, 得到颇多启示。孔子作为一位轴心时代的哲人, 其传承文化, 昌言仁义之功, 自不可掩, 但也确实存在其所处时代的某些认识局限(若赵纪彬在《论语新探》中的许多考证, 不得不令人信服)。而且, 儒学作为中国两千年皇权时代的"治术", 孔子被推上神坛, "过崇前圣, 推为万能, 则适为桎梏矣"⑨, 其束缚人心的种种弊害, 实在不容忽视, 冯天瑜先生在近期所撰《儒学现代价值及限定性——兼议普世价值不可忽略》文中清楚地总结说:

> 反顾历史, 从两汉以降两千年间, 儒学一再遭遇此种不祥之吻——被权贵利用, 以至官方化、教条化, 因而扭曲以至僵死。这在西方也有同例: 生动而深刻的古希腊亚里斯多德学说, 在中世纪被教廷造成桎梏人心的教条, 成为欧洲中世千年黑暗的文化原因之一。这除了统治者居心叵测、私心自用外, 也与儒学本身弱点有关。儒家优点不少, 此不具论, 但毛病也不轻, 一如孔子罕议性与天道, 少作形上探讨, 以至儒

① 章太炎:《驳康有为论革命书》,《章太炎选集》, 上海人民出版社 1981 年版, 第 159 页。
② 章太炎:《驳康有为论革命书》,《章太炎选集》, 上海人民出版社 1981 年版, 第 157 页。
③ 章太炎:《论诸子学》,《章太炎选集》, 上海人民出版社 1981 年版, 第 363 页。
④ 章太炎:《论诸子学》,《章太炎选集》, 上海人民出版社 1981 年版, 第 365~366 页。
⑤ 章太炎:《訄书·订孔》,《章太炎全集》(三), 上海人民出版社 1984 年版, 第 135 页。
⑥ 章太炎:《齐物论释》,《章太炎全集》(六), 上海人民出版社 1986 年版, 第 127 页。
⑦ 章太炎:《诸子学略说》,《章太炎文选》, 上海远东出版社 1996 年版, 第 167 页。
⑧ 章太炎:《訄书·商鞅》,《章太炎全集》(三), 上海人民出版社 1984 年版, 第 259 页。
⑨ 章太炎:《与人论朴学报书》,《章太炎全集》(四), 上海人民出版社 1985 年版, 第 154 页。

学缺乏本体论建构和严密的理论体系，中外学者多有议及，此不赘。又如儒家因急于用世，素来依附君主及权贵（与出身底层的墨家大异，也与超世道家不同），太史公曰："孔子三月无君，则皇皇如也"。孟子曰，治国不难，不得罪巨室，皆此之谓也。儒家虽同情民众、重视民力保护、肯定民众的基础性社会功能（卓越宏论是"民为贵，社稷次之，君为轻"）；儒学也有倡导独立之大丈夫精神的高议，史上亦不乏卓异的践行者（苏武、诸葛亮、文天祥皆是），然而一旦涉及治国，儒家则只讲论治民术（孔子把自己的各种政治设计归结成"何为则民服"——这是孔圣本人的名言）。请问诸君，能从孔孟到汉儒、宋儒那里找到几条主张民众自治的言论吗？孤闻如我者，一直未曾发现。

冯天瑜先生指出，儒家虽有治民术，却无民治论，这是儒学的最大弊端。这一视角，事实上也正是对晚近以来章太炎学派"平视诸子"的思想取向，乃至"新文化"诸家对儒学的驳议，其所致思表现出大方向的接续，并给予了更为清晰的阐述。

四、余　论

冯天瑜先生在治学方法上，一向强调义理、考据、辞章三者的相济为用，并认为"义理"不能是脱离"考据"的架空之谈，而应以考据为基础，他明确指出："其实义理、考据、辞章，应该首先讲考据。我们做学问，首先应该占有材料、辨析材料，然后才谈得上有理论分析。没有材料的话，理论和文章都是空的。"[1] 义理、考据、辞章三者之辨，虽系清人姚鼐所提出，但就考据和义理之间的关系而言，在清代"正统派"之汉学脉络中，一直存在共识，无论是顾炎武的"经学即理学"，还是戴震的"以识字为读经之始，以穷经为识义理之途"，皆以考据为"实学"，离考据而言义理则为凿空之论。章太炎曾总结清代经学考据学风说："大氐清世经儒，自今文而外……不以经术明治乱，故短于风议；不以阴阳断人事，故长于求是。短长虽异，要之皆征其文明。"[2] 这是一种旨在传承文化，力摒虚妄的理性主义精神。"清学"之治学条贯可总结为六点："近世经师，皆取是为法：审名实，一也；重左证，二也；戒妄牵，三也；守凡例，四也；断情感，五也；汰华辞，六也。"[3] 黄侃先生也谈及考据学之心得，若有"考据之学有三要：一曰不可臆说，二曰不用单义，三曰不可迁折。欲为考据之学，必先能为辩论之文"等语（《黄侃论学语录》）。后来梁启超、胡适等更提出，清代汉学的治学方法中颇具"近代科学精神"。至于永轩先生之学，"如其古文字研究，在肯定许慎文字学价值的前提下，不囿于章黄学派以《说文解字》为圭臬的理路，发扬罗振玉、王国维先生风范，大量采用甲骨文、金文作实据，突破未见甲文、少见金文的东汉许慎所著《说文解字》的局限，将考释汉字原起及演变历程的视野，推前到商周，故每每有纠谬归正的发现"（冯天瑜《冯永轩集·

①　冯天瑜：《治学三门径：义理、考据、辞章》，《人文杂志》2018年第4期。
②　章太炎：《清儒》，《章太炎全集》（三），上海人民出版社1984年版，第476页。
③　章太炎：《说林（下）》，《章太炎全集》（四），上海人民出版社1985年版，第119页。

序》)。此诚亦清代考据学"义有未安，弹射纠发，虽师亦无所避"① 之"科学精神"的现身说法。

必须注意到，近现代文史学界的主流，不独为"章黄学派"，就冯永轩先生所师承的老师们，无论是黄季刚，还是梁任公、王静安诸先生，在治学方法上实皆清学之流衍，而各自又结合了晚近以来传入的西方人文科学的新方法新视角，更有进一步之发明。中国传统学术，历来都是文、史、哲三方面圆融为一，但也向有汉、宋之分的说法，汉学并不排斥义理，但认为义理当以考据立基，此可谓"以史驭哲"的路数；宋学也不完全无视考据，但其以义理的思辨先行，往往有"六经皆我注脚"的倾向，此可谓"以哲统史"的路数。就"冯学源流"而论，自兼具黄季刚、梁任公、王静安诸先生之长，"又怀着'爱吾师尤爱真理'信念，论著中往往依据新材料、运用新方法，与先贤定论辩议，时与师说展开讨论"②。要之，吾人以"冯学"仍处于较为广义的"汉学"大传统上，或当无甚疑义。

（作者单位：武汉大学中国传统文化研究中心、荆州市图书馆）

───────────

① 章太炎：《说林（下）》，《章太炎全集》（四），上海人民出版社 1985 年版，第 119 页。
② 见冯天瑜：《冯永轩集·序》。这一治学风范，虽系冯天瑜先生论及永轩先生之语，实亦契合于冯天瑜先生本人之著述特点。

历史文化语义学：知识考据与文化范式建构

□ 严星柔

【摘要】 历史文化语义学的创设是冯天瑜先生继承前辈学者理论方法，并结合当代中国社会大转型运动所提供的实践理性，锻造而成的新文化史研究范式，《"封建"考论》是其典型代表。正是运用精深的考据与文化演进宏观叙事框架相融合的研究方式，以关键词为中心深入到近代中国中西文化交织、传统与现代并行的社会变动结构，揭示出社会性质本来的面相，进而为中国文化史的分期提供了有说服力的标准原则。因此，历史文化语义学不仅承载了文化史研究传承与开新的演进变化轨迹，而且成为一种文化史领域研究文化传承与变迁、连接学术与社会实践的方法论。

【关键词】 冯天瑜；文化史；历史文化语义学；知识考据

自 20 世纪 70 年代中期研究思想文化史以来，冯天瑜先生在中国文化史重大问题的理论及考释上屡有创获，成为改革开放后中国文化史学的创立者和奠基者之一。先生在文化史的理论方法上最具代表性的是其历史文化语义学的研究范式，这一范式以《新语探源——中西日文化互动与近代汉字术语生成》（简称《新语探源》）和《"封建"考论》为方法论典范，前者是方法论面的铺开和形成的标识；后者是这一方法论点的深挖和高峰。这座"高峰"对重新认识中国社会历史进程具有重大意义，在对"社会形态五阶段"论的核心术语"封建""封建社会"进行历史文化语义学考索过程中，"封建"名实错置误植泛化的历史事实昭然若揭，由此，"社会形态五阶段"论的核心概念体系彻底地瓦解了。这引起整个史学界的强烈"地震"，史学界开始从"本本"主义的僵化中逐渐活起来，以这一考论为基石，冯先生提出了具有信服力的宗法地主专制社会与皇权时代理论，实现了中国史和中国文化史理论与历史的有机统一。

一、历史语义学的提出与影响

（一）《新语探源》与历史文化语义学提出

鉴于术语的语义学研究与历史学、文化学研究的融会，虽已为部分学者所注意，但深度结合仍显不足的学术困境，冯先生尝试以学术实践的方式提出新的研究范式——历史文化语义学。随着冯先生对知识考据学的实践与认识的逐步加深，加之对"中西日旅行"的新语材料的搜集与研究的推进，2004 年终于推出了历史文化语义学的专著《新语探源——中西日文化互动与近代汉字术语生成》①。该著体现了历史文化语义学博大而精深的方法论特色，同时推进了近代汉字概念史研究："在博稽史料、微观考据基础上，由文字而文化，使新语研究见其博大；由术语而概念，使新语研究就其精深；由史而学，使新语史生出新学的胚芽，近代汉字概念史的研究因之得以提升。至于在宏大与精微之间腾挪自若，上下求索，使宏大自精微出，精微因宏大显，则更为是著之特色。"② 这种语义学、历史学、社会学、文化学等融合无间的研究范式显示了其"有容乃大"的学术气象，在考论一群关键性术语的古今转换和中西对接中显示了"一词一世界"的学术张力。

冯先生提出的历史文化语义学之主旨既是考辨汉字新语古今中外演变的轨迹，同时亦是通过轨迹展呈其背后历史文化意涵："在古今转换、东西交会的时空坐标上展开研究，不仅对诸多汉字新语的生成、演变寻流讨源，而且透过语义的窗口，观照语义变迁中所蕴藏的历史文化意涵，展现中国近代异彩纷呈、后浪逐前浪的历史文化状貌。"③ 历史文化语义学的提出表面上是在历史语义学加上"文化"一词，实则有其学理考量：德国的"历史语义学"研究是在西方语境进行，基本只有古今问题；而东方人做概念史则不仅考虑古今问题，还要考虑东西问题，是跨文化的。加入"文化"，这一细密的考量甚是精妙。④ 历史文化语义学强调对概念的语义及文化进行历时性辨析，进而透视出中西日历史文化意蕴及交流的面相。这一范式有理论与实践两个层面的内涵，既是冯先生"对自己数十年历史研究的一次理论总结"，同时也"为新时期的历史研究提供了一个可资借鉴的范式"。⑤ 在具体的研究中历史文化语义学分为两种路径，同是这一范式经典之作的《新语探源》与《"封建"考论》代表了这两种路径：前者注重一群术语在某一特定历史阶段的"面"的展开，通过对近代社会与文化各领域新生术语群的考察，来建构对于近代中国历史文化的认识；后者则强调同一概念在整个历史发展过程中的"点"的深入，通过对"封建"概念作历时性考析，从总体结构上把握中国历史发展的进程。⑥

（二）历史文化语义学的学术来源

历史文化语义学的研究范式渊源有自，这渊源承自王国维（1877—1927）的知识考据学和梁启超（1873—1929）的世界文明史观，其直接来源是冯先生对这一范式的认识

---

① 冯天瑜：《新语探源——中西日文化互动与近代汉字术语生成》，中华书局 2004 年版。
② 聂长顺：《汉字新语研究的提升》，《武汉大学学报》（人文科学版）2005 年第 6 期。
③ 冯天瑜：《"历史文化语义学"弁言》，《武汉大学学报》（人文科学版）2011 年第 6 期。
④ 郭伦：《访谈｜聂长顺："封建""革命"等译名演变是文化变局的产物》，2018 年 1 月 30 日，https：//www.thepaper.cn/newsDetail_forward_1922445，最后查阅时间：2019 年 1 月 7 日。
⑤ 余来明：《"历史文化语义学"：理论与实践》，《光明日报》，2007 年 3 月 30 日。
⑥ 余来明：《"历史文化语义学"：理论与实践》，《光明日报》，2007 年 3 月 30 日。

和实践。

1. 王国维的知识考据方法论

在《新语探源》一书后记中冯先生直接点出该书"是对王国维倡导的二重乃至多重证据研究方法的一次实践"，所以历史文化语义学上承王国维融中外方法之长的知识考据方法论——"二重证据法"。冯天瑜先生是从其父冯永轩先生（1897—1979）处继承这一研究方法的。冯永轩先生曾是清华国学研究院第一期生，论文业师正是王国维先生，他后来继承并推进了王氏知识考据方法论，并传授于冯天瑜先生。冯天瑜先生曾幼承庭训，并承认庭训中，"父亲潜移默化中还教给了我考据功力"。故在方法论上，冯先生倡议的历史文化语义学是从王国维和冯永轩先生处继承并发扬的，特别是冯永轩先生对考据中的辨析如判官断狱的比喻以及在"材料里，父子证或者母子证不如兄弟证"的说法对其审慎研判、尽量寻求来源不同的材料去求证一个观点具有重大影响。

2. 梁启超的新文化史观

"新史学"先驱梁启超开拓的世界进步文明史观，成了历史文化语义学重新认识中国历史进程的理论框架。梁氏在《中国史叙论》中提出了中国历史的编写与研究的设想，将中国历史分为三期："上世史中国之中国，中世史亚洲之中国，近世史世界之中国。"①这一分期以民族交涉与竞争为着眼点，从理论层面探讨了上世史封建制、中世史帝制与近世史立宪制的三个时代中的主要政治形态演变轨迹。②这一理论成了中国史研究第一次系统明晰的历史分期法，成了中国史学史上开创性的分期法。③这一理论是在中国今文经与西方进化论思想影响基础上阐发的，走出了循环史观，包含了积极进步的一面，然而却为后来"社会形态五阶段"进化史观的进入打开了缺口，开辟了土壤。

3. 自身的体悟与实践

认识上，冯先生点出知识考据的要领及作用："要领是广采各类材料，对多种来源的文献相互比照、补充。有利于揭示真象、引出较近真理性的结论。"④他认为考证与思辨的关系是合二为一辩证统一的过程："占有丰富的材料，并加以认真辨析，既是考证，同时思辨即在其中，而且是扎实的、有的放矢的思辨。"⑤实践上，冯先生运用该方法对大量辛亥武昌首义史料中展呈的史实进行了系统梳理和精微考据，实际上已经突破了王国维与冯永轩二位先生考证古史研究的范围。冯先生在辛亥首义史论题上深度开挖，三度使用

① 详见梁启超：《中国史叙论》，《饮冰室合集》第 1 册《饮冰室专集之六》，中华书局 2003 年版，第 11~12 页。

② 许倬云：《许倬云自选集》，山东教育出版社 2009 年版，第 69 页。

③ 郑刚：《史学转型视野中"中国教育史"史科研究（1901—1937 年）》，华中科技大学出版社 2013 年版，第 205 页。

④ 冯天瑜：《中华元典精神》，上海人民出版社 2014 年版，第 362 页。

⑤ 张艳国：《史学家自述——我的史学观》，武汉出版社 1994 年版，第 34 页；简永福、皮明庥编著：《时代的回响 新中国武汉地区社会科学评述》，武汉出版社 1999 年版，第 518 页。

知识考据方法深入研究，二度修订再版《辛亥首义史》，皆有所创获。① 除了《辛亥首义史》外，冯先生对域外材料的搜集与研究亦见知识考据功底。在日本讲学的几年，冯先生重新发掘"近代日本人禹域踏查"的材料，② 写成《"千岁丸"上海行——日本人1862年的中国观察》③。该书在方法上颇出新意，④ 且已突破了王国维方法研究的中古史、边疆史地与文艺戏曲领域。

（三）持久深远的影响

冯先生以思想文化史的思考利器"突入"语言学的"领地"取得别开生面的成果，形成历史文化语义学的研究范式。这一范式的实践和推进，支撑起了数个教育部基地项目，出版了种种著作，召开了一系列学术研讨会，在国内外产生了巨大影响。

这一范式最早的两部代表性著作（《新语探源》《"封建"考论》）皆是"教育部人文社会科学重点基地项目——明中叶以降中国文化内部现代性因素研究"的成果。⑤ 肇始于《新语探源》的历史文化语义学探讨的近代术语生成演变与中西日文化互动的研究，成了武汉大学中国传统文化研究中心的重点研究方向之一。2004年进入到冯先生门下读博士后的聂长顺教授正是在历史文化语义学的重大研究项目中成长起来的，其博士后出站报告《近代汉字教育术语生成研究》即以这一范式研究的重要成果。⑥

冯先生因其在历史文化语义学新研究范式的开创性贡献，2004年受聘前往国际日本文化研究中心（简称"日文研"）主持"东亚二字概念形成"研究。冯先生与刘建辉教授合作在该研究中心组织"冯班"，"冯班"聚集了概念史研究领域的代表性学者：前辈有飞田良文、柳父章等；中坚力量有铃木贞美、沈国威、陈力卫、黄兴涛等。此后连续数年，铃木贞美和刘建辉二位依托"日文研"召集各国代表性学者举办概念史国际学术研

---

① 三个版本分别为：贺觉非、冯天瑜：《辛亥武昌首义史》，湖北人民出版社1985年；贺觉非、冯天瑜：《辛亥武昌首义史》，武汉大学出版社2006年版；冯天瑜、张笃勤：《辛亥首义史》，湖北人民出版社2011年版。

② 冯天瑜：《治学三门径：义理、考据、辞章》，《人文杂志》2018年第4期。

③ 冯天瑜：《"千岁丸"上海行——日本人1862年的中国观察》，商务印书馆2001年版。

④ 郑殿华：《〈"千岁丸"上海行——日本人1862年的中国观察〉简介》，《全国新书目》2002年第3期。

⑤ 这一项目包括的专著五本，分别为：冯天瑜：《晚清经世实学》，上海社会科学院出版社2002年版；冯天瑜、谢贵安：《解构专制——明末清初"新民本"思想研究》，湖北人民出版社2003年版；冯天瑜：《新语探源——中西日文化互动与近代汉字术语生成》，中华书局2004年版；冯天瑜：《"封建"考论》，武汉大学出版社2006年版；冯天瑜、黄长义主编：《中国文化近代转型的内因与外力》，中国社会科学出版社2017年版。详见：武汉大学中国传统文化研究中心：《冯天瑜基地重大项目简介》，http：//ric.whu.edu.cn/info/1005/1426.htm，最后查阅时间：2019年1月5日。

⑥ 郭伦：《访谈｜聂长顺："封建""革命"等译名演变是文化变局的产物》，https：//www.thepaper.cn/newsDetail_forward_1922445，2018年1月30日，最后查阅时间：2019年1月7日。

讨会并主编一系列会议论文集①，形成了概念史研究的运动②。"冯班"在这一运动中的"中流砥柱"作用功不可没，推进了历史文化语义学走向国际学界并交流互动。

随着冯先生《"封建"考论》于 2006 年出版，学界的注意力逐渐聚焦在该"大破大立"的巨著，历史文化语义学范式的讨论和影响也逐步推向了高潮。该书由于对"封建"这一历史学的重大理论概念的厘定以及新研究范式的确立而引起了轰动，并连续召开了三场专题研讨会：第一场"《'封建'考论》暨'封建社会'再认识学术研讨会"于 2006年 10 月 14 日在武汉大学召开，海内外高校和科研院所的 40 余位知名学者与会，以《"封建"考论》为引、以"封建社会"再认识为旨，展开深入热烈的研讨活动。与会学者高度评价《"封建"考论》"对于中国古代史、现代学术史及史学史的反思意义，认为《'封建'考论》是一部融思想性和学术性于一炉的精品力作"③。与会学者一致认为，"该书的出版为新时期历史和人文社会科学研究确立了新的范式"④。

第二场由武汉大学中国传统文化研究中心和"日文研"举办的"历史文化语义学国际学术研讨会"2006 年 12 月 16—18 日在武汉大学召开。来自海内外的 60 余位学者，从历史学、文化学、语义学等角度对"自由与平等""科学""人民""政党""国会""新闻""哲学"等关键术语、概念进行了多维度的探讨，并对历史文化语义学的理论构建提出了许多建设性的意见。⑤ 会后出版了会议论文集《语义的文化变迁》⑥，对这一范式的进一步完善起到重要作用。

第三场"中国古代史论坛暨'封建'社会名实问题与马列主义封建观学术研讨会"2007 年 10 月 11—12 日在中国社会科学院举行，来自国内科研院所的 30 余位学者与会围绕如何看待"封建""封建社会"概念的演变、如何认识和评价马克思主义的封建观、中西方封建社会的比较、马克思主义社会形态学说以及"封建"名实问题讨论的意义与实质等问题展开了热烈讨论。该会议明显是对 2006 年武汉大学两次会议的回应，参会的大部分学者主要针对《"封建"考论》的论点展开，他们认为"封建""封建社会"概念是不断演变的；不同意封建观"泛化"一说，认为"封建社会"可以概括从秦至清的社会形态；中西方封建社会具有共同的本质特征和多样的具体形态；"封建"名实问题实质是"肯定还是否定中国新民主主义革命的历史""肯定还是否定马克思主义史学"的问题，

————————————

① 这些论文集主要有：［日］铃木贞美、［日］刘建辉主编：《东亚知识体系的近代再编》，国际日本文化研究中心，2008 年；［日］铃木贞美、［日］刘建辉主编：《东亚近代概念与知识的再编成》，国际日本文化研究中心，2010 年；［日］铃木贞美、［日］刘建辉主编：《东亚近代诸概念的成立》，国际日本文化研究中心，2012 年；［日］铃木贞美、［日］刘建辉主编：《为了东亚学艺史综合研究的持续发展》，国际日本文化研究中心，2013 年等。

② 郭伦：《访谈｜聂长顺："封建""革命"等译名演变是文化变局的产物》，https：//www. thepaper. cn/newsDetail_forward_1922445，2018 年 1 月 30 日，最后查阅时间：2019 年 1 月 7 日。

③ 隋唐：《〈"封建"考论〉暨"封建社会"再认识学术研讨会在武汉举行》，《社会科学论坛》2006 年第 11 期（上）。

④ 余来明：《〈"封建"考论〉：廓清史学核心概念的坚实努力——"封建社会"再认识学术研讨会综述》，《武汉大学学报》（人文科学版）2007 年第 2 期。

⑤ 《历史文化语义学国际学术研讨会在武汉召开》，《社会科学论坛》2007 年第 2 期。

⑥ 冯天瑜、［日］刘建辉、聂长顺主编：《语义的文化变迁》，武汉大学出版社 2007 年版。

是政治而非学术。① 这场会议火药味甚浓，与一年前的会议论调完全相反，成了《"封建"考论》及其历史文化语义学研究范式的讨伐大会，与会者居然欲重蹈历史覆辙，以政治意识形态标准决定名实之争的胜负。

自冯先生《"封建"考论》出版并将"封建社会"名实之争推向高潮后的两年时间，关于封建译名以及如何认识马克思主义封建观的讨论，不断见诸报端，并形成了尖锐对立的不同意见。2008 年《史学月刊》开辟了"'封建'译名与中国'封建社会'笔谈"栏目参与了这场"关系到如何以科学的态度对待马克思主义理论的指导问题，更关系着我们对中国秦汉以后社会性质的判断"讨论。② 冯天瑜先生、李根蟠先生等对"封建社会"具有不同理解的学者各抒己见，促进了对这一问题的深入探讨。真理越辩越明，历史文化语义学经受住了"封建社会"坚持者的隔空高压，学界也慢慢走出"社会形态五阶段论"的教条束缚。

教育部部编版中学历史教科书因为历史文化语义学搅动的"封建社会"之争而把秦至清这一段历史按照朝代更迭断代并从国家与民族的角度描述社会的发展与变化。③ 这种变化，基本上否定了把秦至清界定为"封建社会"的结论，这一认识进一步转化成为中小学的"常识"进行传播，这是学术环境的宽松与开放，是社会的进步提供的公开辩论机制的结果，反过来又促进了社会的开放与进步。

借助已有成果的基础，2007 年冯先生开始主持"教育部哲学社会科学研究重大课题攻关项目"《近代术语的生成、演变与中西日文化互动研究》（07JZD0040）。2008 年《中国地质大学学报》（社会科学版）发表了冯先生主持的课题组在此领域的最新研究成果，以表示对"历史文化语义学"的肯定和认可。④ 到 2014 年结项，发表论文成果近百篇。这个项目的研究成果一直受到国内外同行关注，并获得好评。2016 年这一重大课题攻关项目著作出版，成为历史文化语义学前进路上的又一成果。

从冯先生关于汉字术语的生成演变与中西日文化互动研究实践的延续性上看，他从20 世纪 80 年代初期便开始，直至教育部基地项目到教育部重大课题攻关项目，对关键性术语的考辨和中西日文化互动的关注和研究都是一以贯之的。

值得一提的是，王齐洲教授的《中国古代文学观念发生史》⑤ 也是采用"历史文化语义学"研究中国古代"文学"概念的成功尝试⑥。充分显示了历史文化语义学范式的

---

① 朱宗昌：《"'封建'社会名实问题与马列主义封建观"研讨会综述》，《史学理论研究》2008 年第 2 期。

② 《"封建"译名与中国"封建社会"笔谈》，《史学月刊》2008 年第 3 期。

③ 详见齐世荣主编：《中学历史七年级上册》，人民教育出版社 2016 年版；齐世荣主编：《中学历史七年级下册》，人民教育出版社 2016 年版。

④ 这三篇文章分别为：冯天瑜：《略论名相辨析》，《中国地质大学学报》（社会科学版）2008 年第 4 期；聂长顺：《Education 汉译名厘定与中、西、日文化互动》，《中国地质大学学报》（社会科学版）2008 年第 4 期；余来明：《"文学"如何"革命"——近代"文学革命"话语的生成》，《中国地质大学学报》（社会科学版）2008 年第 4 期。

⑤ 王齐洲：《中国古代文学观念发生史》，人民文学出版社 2014 年版。

⑥ 冯天瑜：《历史文化语义学与文学观念发生史的建构——读王齐洲〈中国古代文学观念发生史〉》，《江汉论坛》2014 年第 2 期。

方法论指导意义。

二、《"封建"考论》：历史语义学的里程碑

《新语探源》是对术语群在面上的关注和铺开，2006 年推出的考据精深、论述详备的《"封建"考论》则是"选择一个核心术语作为重新认识中国历史发展的切入点，将术语考辨之于历史文化研究的相关性发挥到了极致"①，成了历史文化语义学的里程碑。《"封建"考论》的推出意味着术语群与单个核心术语两条研究路径齐备，同时也成为这一范式完成的标志。《"封建"考论》除了在深度上有所推进外，更是返本开新之作：从"新史学"社会形态进化史观开始思考，吸取历史分期健康方向（"封建"古义或原意）的经验和受"社会形态五阶段论"教条影响的教训，完善历史文化语义学，在给"封建"一词正本清源的同时，最终走出"社会形态五阶段论"的僵化理论框架，得出一家之言，重建中国史与中国文化史分期。

（一）初次综合集成创新

历史文化语义学牵涉到历史学、语言文字学与文化学三个学科，最后又落脚在语义上，所以比考证单一历史事件和历史人物的难度更大。

在 1905 年的《论新学语之输入》中，王国维先生从文化史的大视野出发对于新语传入的历史必然性与合理性早有论列。② 然而，王国维与冯永轩二位先生与同时代的学人虽对新语的使用有所评断，用新语著书立说对新语的引入有所贡献，对新的学科术语的统一工作做过努力，③ 但他们的主要成就放在古文字学考释与研究上，尚未拓展到新语的考释和文化语义研究上。中华人民共和国成立后，第一个论述外来词及其与文化关系的著作大概是罗常培（1899—1958）先生中国文化语言学的开山之作《语言与文化》（1950），而第一部专门的专著是高名凯（1911—1965）与刘正埮（1923—）两位先生的《现代汉语外来词研究》（1958）。高先生生平夙愿是从当时基础深入社会-文化关系及方法论迈进，从而建立外来词学科，可惜未能如愿。④ 这种情况下，冯天瑜先生建立历史文化语义学范式的难度不仅是来自于历史学、语言学、社会学、文化学的跨学科的问题，还来自更大的时空范围：对所考"新语"上古、中古、近世的时间和"中西日"语义"旅行"的三地。这种时空的大开大合是从冯天瑜先生做文化史开始便慢慢掌握乃至到达炉火纯青之境界的。

近代新术语问题一直是冯天瑜先生兴趣关注和用心专研之所在，在 20 世纪 80 年代中

---

① 余来明：《"历史文化语义学"：理论与实践》，《光明日报》，2007 年 3 月 30 日。
② 详见王国维：《论新学语之输入》，《教育世界》1905 年 3 月第 96 号。
③ 冯天瑜：《近代新语的创制及其功用——〈新语探源〉后的思考》，《中国图书评论》2007 年第 3 期。
④ 史有为：《外来词：回忆与思考》，《武汉大学学报》（人文科学版）2005 年第 6 期。

期就曾在珞珈山"明清文化史沙龙"中对这个问题有所讲解。① 80 年代初期对中国文化史探索始便对文化、文明、中华、中国、民主、民族等诸相关概念进行过古今演绎、中外对接的考释。其中,《中华文化史》② 上篇便专列《"封建"辨析》一目,是新时期探讨"封建"这一核心史学术语的较早文字,后来研讨此词者皆绕不开。还有《为"封建"和"形而上学"正名》③、《"革命"、"共和":清民之际政治中坚概念的形成》④ 等探讨术语生成、演化问题的专文。后文更是被誉为与狭间直树(1937—)教授论"民主、共和"专文开辟了从关键词角度研究辛亥革命史乃至中国近代史的路径。⑤

在《新语探源》中冯先生集成了王国维与冯永轩以文化史的方法对古史和古文字词的考释功夫以及自己对新语考证的实践,对诸多与中国近代历史进程息息相关的关键术语群下了莫大的功夫考证、厘定。特别对"'科学''封建''革命'这几个名相的考释上超过了现有成果,订正了诸多流行的看法。在有关'共和'等词的诠解,也突破了以往。此外,关于利玛窦译词'上帝''几何''地球''脑囊'(救正中国认'心'为思维机关的传统之见)'契丹'即'中国'等等的诠解,首先也是由冯先生将词语学与历史学结合起来加以论述的"⑥。冯先生突破王国维与冯永轩考证古史古字词的知识考据在学科与时空的局限,以扎实的考据成果宣告历史文化语义学的诞生。

(二)《"封建"考论》在范式上的综合集成创新

对梁启超新史学世界进步文明史观的集成,使历史文化语义学更上一层楼。世界进步文明史观的认识框架自新史学提出后,虽然亦作为社会进化论而给"社会形态五阶段论"准备了生发空间。然而梁氏的这种史观指导下的历史分期与中国历史实际相符合,当时是一批学者的普遍共识。梁启超要建构的"新史学"及在国民中普及的国史知识谱系中,封建政治史继部落政治后的按宗法血缘分封的地方行政制度,在春秋战国崩溃,虽秦汉后有"余烬",然非主流,秦汉后与封建制对举的以流官管理的郡县制成为地方行政制度主流。⑦ 这种观点不仅在理论框架上是冯先生检讨中国社会历史进程的镜鉴,同时也在具体论点上支撑了冯先生对封建古义的演绎与论断。当然,作为当时研究中国古史的诸位先贤,梁启超、王国维、陈寅恪及其后学冯永轩、吴于廑等人都不约而同地在 1949 年前使用封建政治和封建制度原意,准确地议论"封建"一词及其相关的制度。这成了冯先生

① 武汉大学郭齐勇教授认为:"冯先生是明清至近代思想文化史专家,积累丰厚,多年来一直有兴趣并用心于新语汇。记得上世纪 80 年代中期,业师萧萐父先生请现已故著名历史学家吴于廑先生和当时在湖北大学任教的冯天瑜先生等在珞珈山'明清文化史沙龙'中论学,冯先生就讲过近代语汇问题。"详见郭齐勇:《学术批评的"文明"与"人本"》,《社会科学论坛》2005 年第 4 期。

② 冯天瑜、何晓明、周积明:《中华文化史》,上海人民出版社 1990 年版。

③ 冯天瑜:《为"封建"和"形而上学"正名》,《江汉论坛》1994 年第 9 期。

④ 冯天瑜:《"革命"、"共和":清民之际政治中坚概念的形成》,《武汉大学学报》(人文科学版)2002 年第 1 期。

⑤ 冯天瑜:《学术乃天下公器——答沈国威君》,《社会科学论坛》2005 年第 4 期。

⑥ 郭齐勇:《学术批评的"文明"与"人本"》,《社会科学论坛》2005 年第 4 期。

⑦ 梁启超:《中学国史教本改造案并目录》,《饮冰室合集》第 5 册《饮冰室文集》之三十八,中华书局 2003 年版,第 31 页。

综合集成创新的资源，同时成了历史文化语义学坚持学术正解的一条学术脉络。

《"封建"考论》"意在从'封建'词义的历史考察入手，进而在概念史的论析上展开，故联名'考论'，亦意由词义史之'考'导入思想文化史之'论'"①。该著针对"封建"一词的"名实错置，形义脱节"②，运用历史文化语义学方法，依本溯源，从语源与史学两个方面，对历代特别是近代以来中西日的历史文化背景下关于"封建"指称意义的诠释运用进行了详细的考析，清晰地展示了"封建"所指词义的历史演变。正本清源"封建"的中国古义、西义、马克思主义原义，进而对"封建"制度、"封建"社会、"封建"伦理、"封建"文化等过去名实不符的"误植"情况作出判断，厘清这个词的语义与概念，纠正名实错位，最后达于制名以指实的目的。日本著名汉学家谷川道雄（1925—2013）先生认为该著"既精微，又宏阔，堪称典范！"③

该著的"考据""义理""辞章"结合得非常好，将历史、哲学、文学完美地融汇到历史文化语义学范式中："作者义理、考据相结合的学术理路，不仅将史学当作一门'考据'之学，同时还将它作为一门'义理'之学"④；作为冯先生"20年磨一剑"的成果，真正做到了"出文入史"，"考中有据，论中有证"的考论结合⑤。该书在现象上"知其然"，"指出误植"；在原因上"知其所以然"，"弄清误植的缘由"，这种追根溯源"往往需要长篇大论甚至一本著作论述一个概念，《考论》给我们提供了一个范式"。"中国学界明确地在'历史语义学'层面上，一本书论一个概念，此著当为开山之作。"⑥ 故《"封建"考论》深刻地阐释了陈寅恪所言的"凡解释一字，即是作一部文化史"⑦ 的精义。

冯先生在运用历史文化语义学考释"封建"一词的过程中，以"制名以指实""循旧以造新""中外义通约""形与义切合"等四大语义评判标准审定"封建社会"及泛化"封建"义的名实不符，鞭辟入里。⑧"20世纪30年代以后逐渐被中国的泛化封建观将秦至清的中国社会称为封建社会，这既脱离了'封建'的本义与西义，也有悖于马克思的

① 冯天瑜：《"封建"考论》，武汉大学出版社2006年版，第8页。

② 冯天瑜：《"封建"考论》，武汉大学出版社2006年版，第374页。

③ 谷川道雄、冯天瑜：《关于中国前近代社会"非封建"的对话》，《学习与实践》2011年第1期。

④ 余来明：《〈"封建"考论〉：廓清史学核心概念的坚实努力——"封建社会"再认识学术研讨会综述》，《武汉大学学报》（人文科学版）2007年第2期。

⑤ 郑大华：《史学研究的重大成果——读冯天瑜教授新著〈"封建"考论〉》，《社会科学论坛》2007年第4期。

⑥ 方维规：《一个概念一本书——读冯天瑜先生新作〈"封建"考论〉》，《中国图书评论》2006年第9期。

⑦ 沈兼士：《沈兼士学术论集》，中华书局1986年版，第202页。

⑧ 冯先生认为：（1）称中国自秦汉至明清的两千多年社会为"封建社会"不能反映这一时期中国社会的基本属性，无法表述"田土可鬻"和"专制帝制"等核心内容，故有悖于"制名以指实"。（2）称中国自秦汉至明清的两千多年社会为"封建社会"，此"封建"泛义与"封建"本义（封土建国）指示的方向截然相反，故有悖于"循旧以造新"。（3）泛化"封建"义，与对译的英文feudalism之"封土封臣、领主采邑制"的含义两不相靠，故有悖于"中外义通约"。（4）无法从"封建"词形索引出秦汉以降的"土地可以买卖的地主制"和"中央集权的专制帝制"诸义，故有悖于"形与义切合"。详见冯天瑜：《"封建"考论》，武汉大学出版社2006年版，第374~375页。

封建社会原论。冯天瑜先生新著《'封建'考论》辨析泛化封建观，在综观东西洋封建观念基础上以中国学者的学问视角，对中国传统'封建'概念近百年演化历程的清理和总结，拨开了近百年'封建'概念的迷雾。"① 所以有论者认为，该著"从表面上看好像是在为'封建'一词的意义正名，而实际上更深刻的是为了揭示长期以来在历史社会形态研究中运用'封建'一词内涵意义上的偏误，为中国古代社会形态的性质正名"。"所以我们解读到的不仅仅是一部以'封建'为题的语源、语义演变史，而且还是一部以研究中国古代社会形态为中心内容的史学史。"②

在运用历史文化语义学考论"封建"一词后，冯先生认识到中华人民共和国成立后的主流史学界把秦至清这一段称为"封建社会"是明显的僵化的"社会形态五阶段论"束缚，这"封建"概念不仅与中国古义的封建制度名实不符，与西义封建制度不相通约，与日本的封建制度亦相差甚远，导致从名实错位的误植始直至泛封建说"语乱天下"。为了纠正这一乱象，冯先生在反思梁启超提出的社会形态进化史观中吸收养分并对当代学人批评泛化封建观作出评议后，提出了自己酝酿已久的"宗法地主专制社会"和皇权时代理论，"试图从各主要方面——社会组织形态、经济特点、政治制度特征来概括这个历史阶段"③，以替代社会形态学说下的"封建社会"与"封建时代"理论，这显示了其周密的历史思考。据此，他还拟出了中国历史分期："原始时代（原始群与氏族制）；封建时代（宗法封建制，商周）；皇权时代（宗法专制帝制，秦至清）；共和时代（民主共和制，民国和人民共和国）。"这是冯先生对马克思主义社会形态学说的救正，使中国的社会历史做到循名责实，制名指实和名实相符，冯先生以"封建"一词的考论为突破口，最终引发关于僵化的教条的社会形态史观的大讨论，从而在学术界引起巨大轰动与影响。历史文化语义学在以一个核心术语重新认识中国的历史进程时发挥了关键性作用。

在运用历史文化语义学重新认识并初步纠正了中国社会发展进程的"社会形态五阶段论"后，经过7年的思考，冯先生在《中国文化生成史》④ 中对中国传统分期、传入中国的西方历史分期法和社会形态学说的历史分期法做了评议后，按照历史文化语义学揭示的中国文化自身的特点与演进脉络将中国文化发展史亦分成四期：史前文化；宗法封建文化（夏商周）；皇权文化（秦至清）；现代文化（晚清以降）。这一中国历史文化进程的分期建立在历史文化语义学对关键核心术语的精微的考证与中国社会宏阔的历史文化真实的背景之上，实现了理论建构与历史真实的有机统一。

三、简要结论：一种新的文化研究范式

历史文化语义学作为一种新的文化研究范式，不仅继承历史语义学对古今概念的语义

---

① 张绪山：《拨开近百年"封建"概念的迷雾——读冯天瑜〈"封建"考论〉》，《湖北社会科学》2007 年第 1 期。

② 胡潇：《〈"封建"考论〉读后》，《江汉论坛》2009 年第 6 期。

③ 张绪山：《拨开近百年"封建"概念的迷雾——读冯天瑜〈"封建"考论〉》，《湖北社会科学》2007 年第 1 期。

④ 冯天瑜：《中国文化生成史》，武汉大学出版社 2013 年版。

变迁的历时性考察，更是着力于开掘中西日文化对接与互动过程中语义变化背后所蕴藏的历史文化意涵。这种新的文化范式之要义是：关注"一些关键的、具有重要历史文化意义的术语和概念，通过考察关键术语和概念在不同用例中反映的语义变化，探悉由此传递的政治、经济、文化、风俗等多方面的涵义"①。历史文化语义学包含词语、观念和思想史三重意蕴及三种相应可供借鉴的学理资源，这决定了其可以"通过对若干关键词语的考析，厘清人们特定观念形成的来龙去脉，并确定其在民族思想流变的时、空坐标系中的地位、意义和作用，从而将思想史的研究提升到更加缜密、精细和圆融的水准"②，这是其不同于一般社会语言学和思想文化史的辨异性所在。

历史文化语义学以学术实践成果的方式明晰了这种新的文化研究范式：它在"以基本文化概念形式表现出来的意向世界及其历史"的研究中，借助"历史线索、个案范例和核心人物"等悠长而丰厚的思想资源，探究"历史的文化意蕴和文化的历史源头"，从而完成"对话语正本清源和话语权的拨乱反正，逐步确立起其传统文化方法论原则同时，为传统文化研究确立起社会历史本体论"的目的，实现历史与逻辑的有机统一。③ 历史文化语义学这一研究范式已经深深地镶嵌在中国文化的研究历程中而将与中国文化的研究与发展相始终。

历史文化语义学直承王国维知识考据和梁启超新史学观念，经《新语探源》提出，《"封建"考论》正式确立，在针对《"封建"考论》与历史文化语义学的研讨会中得以在学界确认文化史研究范式地位，由重大项目支持前行，在持续不断的公开论辩、意见争锋中得以昭彰，有中学统编历史教科书鼓舞呼应，由"日文研""冯班"播其广远。历史语义学不仅承载了文化史研究传承与开新的演进变化轨迹，而且成为一种文化史领域研究文化传承与变迁、连接学术与社会实践的方法论。

（作者单位：武汉大学中国传统文化研究中心）

---

① 冯天瑜：《我为何倡导研究"历史文化语义学"》，《北京日报》，2012 年 12 月 10 日，第 19 版。

② 何晓明：《词语观念思想史——历史文化语义学的三重意蕴》，《社会科学动态》2017 年第 6 期。

③ 宫敬才：《构建历史文化语义学何以可能》，《学术月刊》2007 年第 4 期。

《"章门弟子"缪篆哲学思想研究》序

□ 冯天瑜

时下"国学大师"高帽子满天飞，一些严肃学者避之唯恐不及，如季羡林先生一再请辞此称号，因以印度学见长的他，自认实在不宜名之"国学大师"。这既是季先生的谦德，也是切合实际的评断。"国学"自有其界域，不可滥用，"大师"之名更不应该随便赋予。但国学大师固然为世之珍稀，近代以降还是有的，如王国维、陈寅恪、刘师培、钱锺书皆是，与其并列而立的另一高峰，则是章太炎。

太炎先生学问博大精深，在多方面皆有原创性贡献，而关于老子道家之研究，也自成一格，建树独到。近代评老子道家，略有两派，一以"道法自然"为其主旨，乃贯通天地神人之至理；一以阴谋论视之，谓其是乱世道、坏人心之邪术。章太炎兼览阴鸷、清静二说，对道家略作两分，有"黄老足以治天下，庄氏足以乱天下"之辨，又指儒道两家"其治天下同，其术甚异"（见《訄书·儒道》）。太炎先生诸弟子中，多有研儒学、考小学而成名家者，然主攻道家的似不多见。

姚彬彬博士经多年旁搜远绍，发现一位名不见经传的章门才子缪篆（1877—1939），此公出入释、道，多闻博览，兼采"太谷学派"周毂、黄葆年诸君之《易》说，对道家考察尤其真切，有研讨《老子》的论著多种，并由此对中国哲学思想史作别开生面的解析。彬彬所著《"章门弟子"缪篆哲学思想研究》从发掘稀见资料入手，拓荒于野，精考文本，另辟蹊径、补充新知，此诚难能之构。阅此书之博雅君子不知以为然否。

拟于武昌珞珈山南麓
2019 年 4 月 2 日

（作者单位：武汉大学中国传统文化研究中心）

如何通向 "真实的孔子" *

——金安平《论语》英译评介

□　刘永利

　　作为中华文化和儒学思想体系的主要元典，《论语》是传统意识形态和社会原则的主要来源，也是理解中国和传统中国文化的必由之路。然而，如何才能忠实、准确地传递孔子及其《论语》的原意，则是一个需要在方法论上作出深切思考的命题。历史上，《论语》注解存在着训诂、考据、义理等多种诠释方法；依循现代学科体系划分，也形成了语言学、历史学、哲学或宗教学等多种诠释途径。2014 年，企鹅集团（Penguin Group）出版了耶鲁大学历史学家金安平（Annping Chin）的《论语》英译本。这一译本从历史文本（historical text）的文献学类型判断出发，试图在英语世界中实现对孔子思想和《论语》多元诠释史的双重还原，堪称《论语》历史诠释的代表作。从方法论的角度把握金译本的诠释思维、诠释模式，并评估其诠释史价值，有助于加深对《论语》跨语际诠释最新动态的理解，同时也能为预测其未来趋势提供基础。

一、历史诠释的方法论自觉

　　从 19 世纪开始，《论语》英译呈现出较明显的方法论意识。理雅各（James Legge）译本审慎地平衡了汉、清两代儒者的训诂、考据成果和宋儒的义理之学，综合运用了语言学、历史学和哲学等多种方法，被誉为《论语》学术翻译的典范之作。与此同时，威妥玛（T. F. Wade）的译本更为注重汉代注疏尤其是训诂学成果，则体现出鲜明的语言学倾向。① 略晚一点，葛兰言（Marcel Granet）、李约瑟（Joseph Terence Montgomery Needham）开创了一个对中国典籍展开哲学式翻译（philosophical translation）的学术谱系②，刘殿爵（D. C. Lau）译本，以及安乐哲（Roger T. Ames）、罗思文（Henry Rosemont Jr.）译本即从属于这一流派。而作为主流哲学诠释路径的反思，当代西方学者

　　* 本文系教育部人文社会科学研究青年基金项目（13YJC740061）阶段性成果。

①　张德福：《威妥玛与〈论语〉翻译》，《外语研究》2016 年第 1 期。

②　常青、安乐哲：《安乐哲中国古代哲学典籍英译观——从〈道德经〉的翻译谈起》，《中国翻译》2016 年第 4 期。

白牧之和白妙子夫妇（E. Bruce Brook and A. Taeko Brooks）则继承古史辨派基本观念，认定《论语》是层累形成的，并试图推断《论语》各篇章的产生年代、所属学派、具体编者及其含义①，虽有"证据薄弱，颇嫌武断"②之嫌，但仍代表《论语》英译的历史学研究进路。

与白氏夫妇试图考证《论语》文本形成经过不同，金安平译本虽然同属历史学研究，却更注重透过《论语》诠释史来寻绎"真实的孔子"。历史研究方法主要包括两个方面：一是尽可能全面地搜集史料；二是根据证据之多寡、可靠与否对史料做出判断。正如梁启超所说："史料不具或不确，则无复史之可言。"③金安平对此深有会心："离开历史上刊刻成书的评注以及私人笔记、文章中的深入思考，我们也无法接近孔子。"④因此，她将史料的搜集和判断摆在首要位置。史料搜集方面，金安平批评以往的译本"多采纳朱熹的解读，并没有反映出《论语》丰富的解经传统"⑤。朱熹《论语集注》虽然是诠释史上最有影响的注释之一，但客观来看仍不免有疏漏。其强烈的宋代理学品格，也使其注释偏离了客观可靠的原则。因此，那些尊崇朱注的译本，既不足以还原孔子所处的时代、所经历的历史事件，也不足以展现《论语》诠释史上各种差异性的见解，实际上是以朱子的声音取代了孔子的声音。金安平意识到"取信于一种声音或者视野"⑥的局限性，转而以清儒刘宝楠的《论语正义》为依凭。刘氏注疏几乎网罗了《论语》诠释史上几乎全部重要学者——如汉代孔安国、郑玄，三国何晏，六朝皇侃，北宋邢昺，南宋朱熹，以及清代刘台拱、刘宝楠、方观旭、钱坫、包慎言、焦循、刘逢禄、宋翔凤、戴望、毛奇龄、凌曙、周炳中、陈鳣、刘培翚、翟灏、江永、黄式三等的训诂、考据、义理研究成果，"首次以非常宽广的视域，尝试了一种集合史料的方式"⑦来诠释《论语》。金安平以刘氏注本作为英译的参照，也就为其深入《论语》多元诠释史援引历代注疏，提供了可靠的文献保障。

但必须承认，刘氏注本偏好于平行罗列诸家观点，并不以史料判断见长。澄清史料的客观性、可信度和合理性，并清晰而明确地实现跨语际诠释，却是译者必须完成的任务。在此问题上，钱穆的《论语新解》恰好提供了一个以现代历史学思维进行研究的范例。这部著作的特色，一方面在于"备采众说"，即充分吸纳前代重要注疏，尤其是何晏《论语集解》所代表的汉儒注疏、朱熹《论语集注》所代表的宋儒注疏，以及刘宝楠《论语正义》所代表的清儒注疏；另一方面则在于"折衷求是"，即对史料和诸家观点做出判断和综合，最终"以时代之语言观念加以申述"⑧。金安平高度重视钱穆的诠释方法和成

———————————

① 白牧之、白妙子著，王琰译：《〈论语〉之原始篇——〈论语辨〉之辨》，《国际汉学》2017年第1期。

② 李泽厚：《论语今读》，三联书店2008年版，第574页。

③ 梁启超：《中国历史研究法》，上海古籍出版社1998年版，第40页。

④ Annping Chin. *The Analects*. New York：Penguin Books, 2014, pp. xxiv-xxv. 注：本文所引金氏观点均出自其《论语》英译本，并由作者翻译为中文。

⑤ Annping Chin. *The Analects*. New York：Penguin Books, 2014, pp. ix.

⑥ Annping Chin. *The Analects*. New York：Penguin Books, 2014, pp. ix.

⑦ Annping Chin. *The Analects*. New York：Penguin Books, 2014, pp. xxv-xxvi.

⑧ 钱穆：《论语新解》，三联书店2002年版，第2页。

果，其译本先后征引《新解》高达 91 次①，就是明证。更重要的是，面对着众说纷纭的《论语》诠释史，钱穆《新解》也为金氏"从疑问中找到合理性，从观念中找到确证"②，提供了一个方法论上的效仿对象。

刘宝楠的《正义》提供了坚实的文献基础，钱穆的《新解》则提供了参考的结论和方法论的示范。因此当金安平继承二家之言、开展其跨语际诠释时，也表露出自己的方法论选择，即：只有还原《论语》的历史语义和多元诠释史并加以审慎判断，才有可能向英语读者呈现孔子及其《论语》的原意。

二、历史语义的跨语际重现

中国学术传统中存在两条基本路径，实现对《论语》的历史语义还原：一是语言训诂，即"训释古语古字的用义"③；二是历史考据，即对历史事件和古代名物、典章、制度进行考证，使其确凿有据。清代朴学的主要研究方法就是训诂、考据，正如清儒戴震所说："故训明则古经明，古经明则贤人圣人之理义明，而我心之所同然者，乃因之而明。贤人圣人之理义非它，存乎典章制度者是也。"④ 古代圣贤所倡导的义理，体现为具体的典章制度、记载于经籍之中，只要以实事求是为基本态度，通过训诂、考据的方法，将所有字词和典章制度的确切意涵考察清楚，经典中的深层义理就能充分地展现。《论语》英译的读者同样需要理解文本的字词意涵和历史事件，然而耗费多少篇幅来描述字词意涵、还原历史事件，则属于译者的自由裁量权。以韦利（Arthur Waley）、刘殿爵、安乐哲为代表的绝大多数译者，或力图保护文本的可读性，或致力于文本哲学性、宗教性的阐明，刻意采取了简化、省略乃至独断的叙述方式。相较之下，金译本则表现出对训诂、考据的高度关注。

在训诂方面，凡是一节之中出现文义古奥、意涵深刻的字词，金译本均引用前代注疏加以解释；倘若历代学者的解释存在显著差异，也不惮繁难、悉数征引，在对比辩证中明确字词的具体意义。金安平主要偏好汉代儒者如郑玄、包咸和清儒的注疏，其译注的繁复广博，不在以精审著称的理雅各译本之下，对清代学术成果的采撷则犹有过之。以《论语》开篇第一句"学而时习之"为例，理雅各的译注虽然也提到传统观点是将"学"训为"诵"，但他遵循的主要是朱子的解释，即将"学"理解为"效"（"学之为言效也"），将"习"理解为反复练习（"鸟数飞"）⑤。这一训诂更多地反映出哲学义理方面的考量。在朱子的诠释系统中，"学"或"效"的前提是"人性皆善"，其成效指向

① 这一数字据金安平译本"Notes"部分统计。
② Annping Chin. *The Analects*. New York：Penguin Books，2014，p. xxv.
③ 齐佩瑢：《训诂学概论》，中华书局 2004 年版，第 1 页。
④ 〔清〕戴震：《戴震全集》（五），清华大学出版社 1995 年版，第 2614~2615 页。
⑤ 朱注的原文是："学之为言效也。人性皆善，而觉有先后，后觉者必效先觉之所为，乃可以明善而复其初也。习，鸟数飞也。学之不已，如鸟数飞也。"参见〔宋〕朱熹：《四书章句集注》，中华书局 1983 年版，第 47 页。

"明善而复其初"。前者源自战国孟子的性善论，后者则出自唐代李翱的复性论。朱子以后起的哲学观念来训释《论语》，实际上是一种义理的发明或者说是创造性的哲学诠释。因此，当理雅各将"效""明善复初"等均纳入其译注时，也就整体性地接纳了朱注训诂和义理两个方面的解释。① 相比之下，金安平则是纯粹训诂的研究方法。在她看来，"学"就是学习，别无深奥义理，无需深究，真正值得注意的是"时"和"习"两字。据刘氏《正义》的总结，"时"有"及时"和"反复"两义，"习"有"练习/实践"和"重复（练习）"两说②，该如何选择呢？金氏进一步援引清代焦循《论语补疏》的说法，认为此处的"时"与《礼记·学记》所说的"当其可之谓时"③ 乃是同一意思。因此，此句的意思就不是皇侃所说的"日日修习"，也不是朱子所说的"反复练习"，而是通过"及时学习"以完善自己的道德和审美。"习"也不过是"学"的同义词而已。④ 借此一例，便可窥见金氏征引的广博、对遵循某一家观点（主要指宋儒）的警觉以及对训诂学基本方法的运用。因此，金译本的第一个特点就是立足于清儒的训诂成果，并将训诂学的历史语义还原方法引入到《论语》的跨语际诠释中来。

历史考据方面，金氏特别注重引用相关古籍，对《论语》各章中出现的历史人物、事件、典章、制度、名物作出详细解释。金译本引用《左传》53 次、《孟子》39 次、《荀子集解》22 次、《礼记》17 次、《史记》7 次，⑤ 此外还有《诗经》《国语》《尚书》等。这一行为背后的诠释逻辑是：将《论语》置于其所产生的具体历史时空之中，有助于形成对其意涵的准确理解。如"子曰：孟公绰为赵、魏老则优，不可以为滕、薛大夫"（14.11）一章，作为首个在西方产生实质性影响的华人译本，辜鸿铭用 officer（职员）指

---

① 理雅各此句的译注为："学，in the old commentators, is explained by 诵. 'to read chantly.' 'to discuss.' Chu Hsi interprets it by 效, 'to imitate,' and makes its results to be 明善而复初, 'the understanding of all excellence, and the bringing back original goodness.' Subsequent scholars profess, for the most part, great admiration of this explanation. It is an illustration, to my mind, of the way in which Chu Hsi and his followers are continually being wise above what is written in the classical books. 习 is the rapid and frequent motion of the wings of a bird in flying, used for 'to repeat', 'to practice'." 参见 James Legge. *The Chinese Classics* (*Vol.* 1). Taipei: SMC Publishing Inc, 2001, pp. 137-138. 限于篇幅，本文的英文引文多采取部分摘录的方式，或用中文述其大义，下同。

② 〔清〕刘宝楠撰，高流水点校：《论语正义》，中华书局 1990 年版，第 2~3 页。

③ 〔清〕焦循：《论语补疏》，阮元编：《皇清经解》卷一千一百六十四，学海堂咸丰十年补刊本。

④ 金安平此句的译注为："…The character *shi* could mean 'timely' or 'time and time again'; the character *xi* could mean 'to practice' or 'to repeat [like a bird flapping its wings], what one has learned'. The Qing scholar Jiao Xun, for instance, cites the *Analects* 7.8, 6.21, and 11.22 to support his reading of *shi* as 'timeliness.' He says, 'To be able to act in a timely way signifies a higher stage of learning' and so 'gives one pleasure.' Most scholars from the Six Dynasties and the Song prefer the other interpretation. Huang Kan, for instance, thinks that *shi* here means that 'one should review daily what one has learned […].' My decision to side with Jiao Xun has to do with […]" 参见 Annping Chin. *The Analects*. New York: Penguin Books, 2014, p. 1.

⑤ 根据金安平译本"Notes"部分统计。

代"家臣（老）"，用 councillor（政务委员）指代"大夫"①，将孟公绰译为"当时的公众人物"（a public character of the time），将滕、薛笼统称为"小公国"（a small principality），甚至省略赵、魏两个贵族之家不作翻译，显然有过分西化、现代化、非历史化的嫌疑。② 问题是，过滤、遮蔽掉这些历史文化信息以后，读者还能了解孔子评价产生的原因吗？金译本则在正文中严格按照字面意义翻译了原文，同时用译注的方式作出详细说明：赵、魏两个大家族的家老，地位尊隆而无官守之责；滕、薛两个小国的大夫，需要处理繁杂的国政；孔子了解孟公绰"喜静独处、不胜琐事"的性格，故认为他能在家老职位上展现其优长，而不能胜任小国大夫之职。③ 类似的情形还见于"子畏于匡"（9.5）一章。安乐哲、罗思文译本依据《史记》简单描述了事件经过，却没有谈及孔子和阳货的关系④；韦利虽然解释了"匡"这一地名，并说明孔子之所以身陷险境，是因为他的车夫与阳货有关⑤，但没有讨论事情的后续发展。孔子为什么被匡人围困？又如何化解冲突？历史语境的缺失令这两个问题变得极为费解。金安平则引用《左传》的记载和汉儒考据，还原了这一事件的本末：阳货曾侵略匡地，孔子因为与阳货相貌相似，引发了匡人的误解；孔子基于对天意的了解，临危不惧，唱歌三曲；匡人知道其人不是阳货，于是散去。⑥ 由此两例可以说明，金译本的另一个特点是注重已有考据成果的译介，力图跨语际地还原《论语》文本诞生时期的历史文化语境。

总的来说，字词训诂与历史考据贯穿了金氏《论语》译本的始终。作为英译者，金安平的主要成就并不在于实现了训诂、考据工作的重大突破，而是在翻译活动中将已有成果完整呈现出来，从而为读者"想象孔子怎样思考、说话和探究问题"⑦ 提供了历史语义学和历史学的基础。这实际上就是训诂、考据思维在跨文化诠释中的运用，也是金氏历史诠释方法论的主要表现形式。

---

① 辜鸿铭的译文是："Confucius remarked of a public character of the time: 'As an officer in the retinue of a great noble, he would be excellent, but he is not fit to be councillor of State even in a small principality.'" 参见 Ku Hung-Ming. *The Discourses and Sayings of Confucius*. Shanghai: Kelly and Walsh, Limited, 1898, p. 121.

② 刘永利、刘军平：《双重跨越与整体表达——辜鸿铭儒经英译的跨文化阐释》，《湘潭大学学报》（哲学社会科学版）2017 年第 2 期。

③ Annping Chin. *The Analects*. New York: Penguin Books, 2014, p. 225.

④ 安、罗译注为：孔子在自卫赴陈途中，路经匡。匡人误以为孔子是鲁国的阳货，遂将之拘囚扣押。参见 ［美］安乐哲、罗思文著，余瑾译：《〈论语〉的哲学诠释》，中国社会科学出版社 2003 年版，第 103、236 页。

⑤ 韦利在译文中脚注简短表述为："A border town held at various times by Cheng, Wei, Sung and Lu. For the legend as to why he was maltreated here, see additional notes. For 'trapped,' see textual notes." 孔子被困的具体原因则在译文后附注中加以解释，具体为："The people of Kuang are supposed to have taken Confucius for the adventurer Yang Huo (see XVIII, 1) who had formerly created a disturbance in Kuang. The mistaken was made more natural by the fact that Confucius's carriage was been associated with Yang Huo." 参见 Arthur Waley. *The Analects of Confucius*. New York: Vintage Books, Random House, 1938, pp. 139、244.

⑥ Annping Chin. *The Analects*. New York: Penguin Books, 2014, pp. 131-132.

⑦ Annping Chin. *The Analects*. New York: Penguin Books, 2014, p. xviii.

三、多元诠释史的跨语际敞开

训诂、考据为解决诠释纷争、通向《论语》原义提供了一条客观道路，但《论语》在字面意思之下，往往还蕴藏着更为深刻的含义，如何理解这种深层含义，则是一个见仁见智的问题。不止如此，《论语》中还有一些篇章，文辞简易，训诂上没有争议；没有承载历史信息，考据的手段也无法施用。历代注释者们只能基于对孔子学说的整体了解，从义理的角度去推知这些篇章的意旨，由此形成了差异化的、甚至彼此抵牾的解释。针对这些篇章，金安平意识到既然无法直接呈现"历史上真实的孔子"，不如如实呈现"多元诠释史中的孔子"，即通过征引有诠释学分量的解释，在综合比较中凸显出最可能的义理选择。

如"子曰：'父在，观其志；父没，观其行；三年无改于父之道，可谓孝矣'"（1.11）一句，金安平指出历史上有两种解释。汉代孔安国和郑玄认为，孔子是在讨论观察儿子的志行，以判断其是否称得上"孝"：父亲在世时，儿子的行为均出于父亲的命令，故应该观察其志向；父亲过世后，儿子独立自主地立身处世，故应当观察其行为。宋代范祖禹则认为，孔子在此讨论的是儿子面对自己的父亲，应当如何实现"孝"：父亲在世时，儿子观察并顺承父亲的志愿；父亲过世后，儿子应当回忆并继承父亲生前的行为。① 二者差异就在于究竟是旁人观察儿子，抑或是儿子观察父亲？清代钱大昕的意见是，孔子是在讨论什么是孝（"可谓孝矣"），而不是讨论如何评价他人的德性（同上），因而范祖禹的观点更具合理性。金安平据此作出义理选择并表现在译文上："When your father is alive, observe what he would like to do. After your father is dead, reflect on what he has done."② "三年无改"也引发了注疏者的激烈讨论：如果父亲德行不够完美，儿子是否还要继承他的志行？金安平同样列出了两派观点。汉代孔安国认为，在举行丧礼的三年期间，孝子常常觉得父亲似乎还活着，所以不会轻易改变父亲的言行；清代汪中则认为，一旦父亲违背了（礼法和道德的）原则，无论其在世与否，儿子都应当及时劝诫改正。③ 前者是就一般情形下常人的感情而立论，后者则是针对特殊情形的合理之举。故金安平采取了折衷调和的态度："有趣的是，孔子是让人去'观察'或者'思考'，而非'执行'父亲的意愿或者'推进'父亲的行为；当发现父亲品行有缺时，应由儿子决定是否修正父亲错误，继续父亲未尽之事。且只能在服丧三年后，以默默反省父亲行为、不改变父亲行事方式的方法进行。"④ 金氏立足于儒家三年之丧的礼制传统、亲亲相隐的伦理原则来

---

① 郑玄引孔安国语："父在，子不得自专，故观其志而已；父没，乃观其行。"朱子引范祖禹语："以人子于父在时，观父之志而承顺之；父没，则观父之行而继述之。"钱大昕曰："孔子之言，论孝乎？论观人乎？以经文'可谓孝矣'证之，其为论孝不论观人，夫人而知之也。既曰论孝，则以为观父之志行是也。不论观人，则以为观人子之志行非也。"参见〔清〕刘宝楠：《论语正义》，中华书局1990年版，第27~28页。

② Annping Chin. *The Analects*. New York：Penguin Books，2014，p. 8.

③ 汪中曰："三年者，言其久也。何以不改也？为其为道也。若其非道，虽朝死而夕改可也。"孔安国曰："孝子在丧，哀慕犹若父存，无所改于父之道。"金安平在此似乎有一个疏失，她认为刘宝楠与孔安国见解相同，却忽视了他明确赞同汪中的说法，即"汪说是也"。参见〔清〕刘宝楠：《论语正义》，中华书局1990年版，第27~28页。

④ Annping Chin. *The Analects*. New York：Penguin Books，2014，pp. 8-9.

理解此章，无疑是合理的；将诠释的重心从"行"调整到"观"，则更像是在回避而非解决问题，留下可议论的空间。但撇开具体观点，仅就其方法论而言，金译本在呈现出跨语际诠释的历史依据的同时，简明地勾勒出《论语》诠释史上的争论，没有刻意遮蔽不同的观点。这恰恰是以往译本所忽略的地方，如最通行的刘殿爵译本就只提醒读者，此章后半部分在《里仁》篇重复出现①。

在跨语际展示《论语》多元诠释史的同时，金译本客观上也展现出一些重要的思想史景观。如"攻乎异端，斯害也已"（2.16）一句，杨伯峻的解释最为流行："批判那些不正确的议论，祸害就可以消灭了。"② 在此，"攻"被理解为"攻击"，"异端"则等同于"异端邪说"，"已"被理解为具有实义的"停止"。但金安平选择继承郑玄、何晏、皇侃的观点③，将其翻译为："To pursue strange theories or to get sidetracked in your studies can only bring harm."（追求怪异理论或偏离学习轨道只会带来害处。）④ 此处"攻"指"攻读/研习"，"异端"指与五经大道相对的"小道"，而"也已"则是一个表示肯定的语气助词。金安平并不是第一个取信于后者的西方学者，在她之前，安乐哲和罗思文就通过《定州论语》"功乎异端"一语作出过类似的判断⑤。但金译本的可贵之处，就在于进一步指出了历代学者对"异端"一词的时代性解读：孟子指责墨翟学派和杨朱学派为异端；汉儒何晏指责六经以外的诸子百家杂书为异端；宋儒指责佛、老二氏为异端。基于一种现代性的学术观点，金氏并不认同这种儒家中心主义的论调，但她的描述仍为西方读者了解儒家学说的发展历程，以及与其他思想体系的冲突、博弈，勾勒出一幅简洁的思想史图景。这同样是大多数译本所未曾留意的。

多元诠释史的呈现为读者敞开了一个开放、丰厚的诠释空间，为"通向真实的孔子"提供了历史依据。译本最终的义理选择，也是在客观观照多元诠释史的基础上，理性思考、审慎判断的结果。正是在这个意义上，跨语际地再现《论语》多元诠释史就构成金译本历史诠释方法论的第三个特征。

四、金安平译本的诠释模式及其评价

金安平译本有着译文简洁流畅、评注丰富审慎的整体特点。⑥ 除了极少数没有训诂或考据必要或不存在差异性见解的章节以外，金译本的绝大部分章节通过译注来体现译文诠

---

① D. C. Lau. *Confucius: The Analects*. New York: Penguin Books, 1979, p. 61.

② 杨伯峻：《论语译注》，中华书局 1980 年版，第 18 页。

③ 〔清〕刘宝楠：《论语正义》，中华书局 1990 年版，第 58~59 页。

④ Annping Chin. *The Analects*. New York: Penguin Books, 2014, pp. 19-20.

⑤ 安、罗的译文为："To become accomplished in some heterodox doctrine will bring nothing but harm."参见［美］安乐哲、罗思文著，余瑾译：《〈论语〉的哲学诠释》，中国社会科学出版社 2003 年版，第74 页。

⑥ 美国前国务卿基辛格（Henry A. Kissinger）评价该译本为"Highly readable and judiciously annotated"。美国当代著名文学教授，"耶鲁学派"批评家、文艺理论家布鲁姆（Harold Bloomy）也评价该译本是"An astonishing lucid exposition of *The Analects*. A kind of serene insight pervades the commentaries"。参见金安平译本封底。

释的形成轨迹,透过译文来呈现译注中复杂景象的判断结果,并形成了一个固定模式,即:语言训诂+历史考据→多元诠释史呈现→义理选择→正文译文。语言训诂和历史考据为理解《论语》提供了必不可少的历史语义学和历史学信息;多元诠释史的呈现为理解该章意旨提供了历史依据;以此两方面为基础,从客观性、可信度和合理性等方面,对证据和歧说进行比对和校验,形成自己的义理选择;将确认过的义理翻译成英语,最终呈现为译文。以上四个部分互相作用、融为一体,构成金安平《论语》跨语际诠释的基本工作流程。透过这一诠释模式,金译本不仅表露出历史诠释的方法论倾向,同时还彰显出自身的独特价值。

第一,金译本是迄今为止吸纳清代《论语》研究成果最为充分的译本。清儒对《论语》的训诂、考据,达到了一个崭新的历史高度,但其艰深、繁琐也令人望而生畏。而从元代开始,作为科考定本的朱子《集注》就占据了意识形态的优势地位,并一直影响到现代的语内诠释和跨语际诠释。除理雅各等少数几个译本外,绝大多数译本对于清代学术颇有隔膜。金安平基于去意识形态化的研究立场,同时也基于研究方法上的相似性,大力采信清儒的考据、训诂成果,集中且详细地向西方读者介绍清代学术的发展成就。

第二,金译本再现了《论语》的多元诠释史和复杂诠释空间。《论语》拥有一个长达两千多年的诠释史,形成了丰富、庞杂,甚至可能彼此冲突的诠释系统。以往译本多专注于主要观点的呈现,偶或提及一些差异性的诠释,但并没有对多元诠释史做出系统处理的自觉。而历史诠释的方法论,却决定了金安平需要从多元诠释史中寻绎证据,进而逼近她心目中的真实孔子。因此她没有拘泥于一家一派的学说,而是向读者表明,《论语》作为中华文明的元典,本身拥有极为丰富的诠释历史和极为广阔的诠释空间。相较于前一项成就,金译本这一方面的功绩同样是开创性的。

第三,金译本具有翻译伦理和方法论的示范意义。如前所述,绝大多数《论语》译本都省略了歧见的复杂对比,而径直呈现出自己的结论。这意味着译者比读者拥有更多的权力:读者所读到的,只是译者想呈现给他们的。但就实证历史学的角度来说,"证据比阐释更重要"[1]。在这一原则之下,无论是译者还是读者,都应当共享同样的证据,也应当共享译者选择或舍弃某种解释的思路,甚至对译者的最终选择作出判断。事实上,无论注释者如何依赖证据、小心翼翼,他所展现《论语》意义世界仍只是可能的、而非惟一的。但依靠同样充分的证据,却能让"读者在完成阅读后形成自己的观点"[2],从而逼近孔子的意志或丰富《论语》的诠释。因此,金译本就在翻译伦理上提供了一种更为公平的方法。

但金译本及其历史诠释方法并非没有其局限性。《论语》是一个有着哲学、历史、文学、宗教等多重文本属性的经典文本,历代儒者前赴后继地对《论语》展开创造性诠释,推动了儒家学说的发展完善,形成了一个更为复杂和精致的道德哲学体系,而创造性诠释程度的高低,则直接决定了《论语》注本的历史地位——即便是号称集朴学大成的刘宝楠《正义》或程树德《集释》,其影响力至今仍无法与朱子《集注》相媲美[3],即是明

---

① [美] 巴巴拉·W. 塔奇曼著,孟庆亮译:《实践历史》,新星出版社 2007 年版,第 18 页。

② Annping Chin. *The Analects*. New York: Penguin Books, 2014, p. x.

③ 钱穆:《论语新解》,三联书店 2002 年版,第 1~2 页。

证。因此，不区分重要性地平视一切观点，实际上已经对《论语》诠释史作出了主观改变。更重要的是，仅仅将《论语》视作一个历史文本，并将研究方法局限在语言训诂和历史考据上，本质上是一种以文本的固有意义为对象的文本中心论解释学①，虽然有助于解决"是什么"亦即事实世界的问题，却常常陷入"诠释不足"② 的境地而难以过渡到价值世界，更难以开创《论语》语内和语际诠释的当代新意涵。

作为一个有价值的译本，金译本传递出一种新的理解，即只有将《论语》置于自身丰厚的语内诠释传统中，才可能在跨语际诠释中呈现《论语》的文本意旨。而以金安平《论语》历史语义和多元诠释史的跨语际再现为基础，进一步推进在英语世界中《论语》深层义理和可能诠释的呈现，则应当是未来一段时间内《论语》英译与诠释的主要方向和任务。

（作者单位：武汉大学外国语言文学学院暨湘潭大学外国语学院）

---

① 　林忠军：《从文本到义理——焦循经学解释学的转向》，《学术月刊》2015 年第 8 期。
② 　方旭东：《诠释过度与诠释不足：重审中国经典解释学中的汉宋之争——以〈论语〉"颜渊问仁"章为例》，《哲学研究》2005 年第 2 期。